허상문 평론집

오디세우스의 귀환

저자 **허상문**

대구에서 출생해서 영남대학교 영문과와 동 대학원을 졸업하고 연세대학교 대학원·미국 워싱턴주립 대학교·영국 캐임브리지대학교에서 영문학을 수학·연구했으며, 현재 영남대학교 영어영문학과 교수로 재직 중이다.

『오늘의 문예비평』에 평론 「혼돈과 좌절 : 포스트모더니즘시대의 소설들」을 발표하고, 『문예미학』 편집위원을 거치면서 문학평론가로 활동을 시작했다.

주요 저서로 문학평론집 『문학과 변증법적 상상력』 『현대문학비평이론』, 영화평론집 『우리 시대 최고의 영화』, 산문집 『오디세우스의 유랑』 『시베리아는 눈물을 흘리지 않는다』 『실크로드의 지평에 서서』 등이 있다.

허상문 평론집

오디세우스의 귀환

발행일 | 2013년 12월 30일 초판 1쇄

지은이 | 허상문
펴낸이 | 노석균
펴낸곳 | 영남대학교출판부

출판등록 | 1975년 9월 5일 경산 제16-1호

주소 | 경북 경산시 대동 214-1
전화 | 053) 810-1801~3 | FAX 053) 810-4722
홈페이지 | book.yu.ac.kr

ISBN 978-89-7581-477-8 93810

「이 도서의 국립중앙도서관 출판시도서목록(CIP)은
서지정보유통지원시스템 홈페이지(http://seoji.nl.go.kr)와
국가자료공동목록시스템(http://www.nl.go.kr/kolisnet)에서
이용하실 수 있습니다.(CIP제어번호: CIP2013028365)」

허상문 평론집

오디세우스의 귀환

허 상 문 지음

열린시선

책머리에

평론집 『문학과 변증법적 상상력』을 펴낸 지 10여 년 이상의 세월이 지났다. 십년이면 강산도 변한다지만 그동안 세상은 정말 많이 변했다. 온 세상을 뒤흔들면서 시작되었던 21세기도 벌써 10년이 훨씬 지났고, 이 세기의 시작과 함께 떠돌던 무수한 희망의 말들도 숨 가쁜 일상의 역사 속으로 사라져버리고 말았다. 새로운 시대를 위한 구원의 언어들은 언제나 카잔차키스의 말대로 우리의 '맨 몸을 땅과 바다에 밀착시키고 이 사랑스러운, 그러나 덧없는 것들의 존재를 확인'하기 위한 것이었다. 우리의 존재와 언어는 언제나 의식과 물질, 영혼과 육체로 이분화 되거나 이중적인 구조로 양립된 채 온전히 혹은 진실 되게 '지금 여기'에 참여할 수 없었다. 욕망과 억압 사이 환상과 현실 사이를 헤매면서 실존의 아득함과 혼돈은 시작도 끝도 없는 뫼비우스의 띠와 같았다.

지난 세월 내내 우리는 한편 가열한 리얼리즘의 시대를 관통해야 했고, 또 다른 한편으로 암울한 모더니즘의 늪 속에서 허우적대야 했다. 고도자본과 과학기술이 지배하는 이 시대에 세상은 공룡같이 우리를 압도해 왔고 인간을 괴물 같은 존재로 변모시켰다. 그뿐 아니라 현대문학과 예술마저도 송두리째 인공적 구성의 방법으로 그 원래적 상상과 재현의 길을 이탈하게 만들었다. 문학과 예술이 어떻게 소외와 고립의 심화 속에서 예술 자체의 죽음을 촉진하는 폐쇄회로에 갇히게 되었는지는 여기서 새삼 거론할 필요도 없을 정도로 보편화된 사실이다.

개인적으로도 이 암울한 사회적 · 문화적 분위기 속에서 항상 고뇌하는 삶을 살아야 한다고 다짐해 왔지만, 무엇 하나 뚜렷이 이룬 것 없이 말 그대로 손에 남은 것은 허탈함 뿐이다. 그렇다고 내가 문학을 위해서도 딱히 무엇을 했는가를 생각해보면 그 역시 망막함은 더 하다. 생각해보면 수십 년 째 전공으로 삼고 있는 외국문학 공부는 대체 아무리 생각해도 문학의 본질을 보여주거나 설명력을 잃어버린 것이었다. 그것은 언제나 남의 뒤꽁무니나 뒤따르는 죽은 문학공부였다.

나의 초로(初老)가 정신없이 휘몰아치던 지난 시간 동안 삶에 있어서와 마찬가지로 문학에 있어서도 무엇을 거두고 무엇을 잃어버렸는지 아무리 생각해도 가늠할 수가 없다. 언제나 의식과 물질 사이를 기웃거리면서 세계 저 너머에 있는 진실과 진리는 그림자로조차 바라볼 수 없었다. 그런 자조에도 불구하고, 나의 삶과 문학은 이 세상과 인간존재를 초월적 · 미적인 모습으로 환치하기보다는 인간 발전의 서사를 이야기하는 것이어야 한다는 믿음에 더 이끌렸다. 작가와 평론가가 그려내야 할 삶이란 언어 밖의 설명하기 힘든 어떤 초월적 세계라는, 그리하여 삶의 불가해성과 그것을 언어화 하려는 노력을 지지하기 보다는 삶은 인간의 언어와 의식에 의해 새롭게 진화되고 발전해 가야 하는 것이라는 생각을 해왔다. 그래서 지금도 나는 80년대의 문학이 지니고 있던 그 집단적 가열함과 열정을 더욱 사랑한다. 적어도 당대의 문학은 항상 그것을 현재에 살아 있게 하는 것, 과거와 미래의 심연으로가 아니라 현재적 아픔과 무거움을 전제로 존재해야 한다는 정당성을 입증해 보여야 한다는 생각을 해 왔다.

새로운 양상을 보이기 시작한 90년대의 문학도 궁극적으로 앞선 시대의 문학에 관한 안티 테제로부터 자신들의 존재 증명을 받으면서 발전해 온 것이 아니던가. 아무리 문학의 역사가 끝없는 개념 전복의 역사라고 하지만 거대담론이 붕괴된 지금은 개인으로 하여금 존재의 부채를 환기시키지 않아도 되는 시대, 더 이상 자신의 경험을 삶 전체의 그것으로 환원하지 않아도 우리들의 존재 이유를 설명할 수 있는 시대가 되었다. 말하자면 우리시대는 문학이 개인의 경험을 하나의 문학적 의미로 환원하고 그 사회적 당위와 전체성에 구속되는 목소리를 내지 않아도 되는 시대이다. 오히려 이것이 우리들의 삶과 문학을 더욱 힘들게 한다.

피아(彼我)가 명확하게 구분되던 시절은 차라리 행복하던 때였다. 눈앞에 선명하게 보이는 적만 물리치면 생존이 도모될 수 있었다. 그러나 사방이 어두운 안개로 덮여 있고 아무리 눈을 뜨고 주위를 살펴도 가야 할 길을 찾을 수 없을 때 우리는 좌절하고 절망하지 않을 수 없다. 전 지구적으로 확장된 자본의 논리는 그 무엇이든 집어삼킬 수 있는 고래의 이빨과 튼튼한 위장으로 무장한 채 우리에게 달려들고 있다. 이제 우리들에게 물신화가 극에 달한 거대자본의 횡포에 맞설만한 기력과 인간다운 정서와 상상력은 사라진 듯하다. 그 뿐이 아니다. 이 세상은 자본과 과학기술의 논리에 존폐의 위기에 놓여 있다. 북극곰은 녹아내린 빙하 때문에 갈 곳을 잃은 채 인간들을 원망하며 서성대고 있고, 세상 곳곳에서는 지진과 가뭄과 해일이 넘쳐나고 있다. 주변은 온통 안개와 어둠뿐이고 여기저기서는 신음 소리뿐이다. 세상 모두가 병들어 신음을 지르면 아픔의 소리를 아무리 질러도 그 소리는 메아리같이 들릴 뿐이다.

대체 이 같은 아픔과 고통의 현실을 외면하며 들으려 하지 않고 그 목소리를 복원하지 않고자 하는 문학이 무슨 의미가 있을 것인가. 사회적 억압과 폭력, 자연과 문명의 재앙 속에서 사라져간 사람들의 언어를 처절히 번역해 내지 못하는 것이라면 또한 문학은 무엇인가. 폭력과 재앙의 시대는 계속되고 있으되 그러한 경험은 척박한 기억과 깊은 망각 속에서 사라져 가고 있다. 우리들 주변에 문학하는 사람들은 도처에 널려있지만 모순과 허구로 가득 찬 이 암울한 삶의 현실을 문학적 진실로 치열하게 보여주고자 하는 정신을 가진 사람을 찾기란 쉽지 않다. 현실이 암울하던 시절에는 문학이 절망을 넘어서던 희망의 논리이기도 했다. 오늘날 문학 밖의 현실은 온통 절망으로 가득 차 있는데 반해 오히려 문학 속과 그 너머의 현실은 희망으로 넘쳐나는 듯하다. 현실의 허구가 드러나고, 부정성이 보편화되어버린 시대에 과연 문학에는 아직도 희망이 존재하고 있기나 한 것인가? 오래 전부터 예견되어온 '문학의 죽음'이 운위되는 마당에 지금 새삼스레 새로이 '문학의 희망' 운운하는 것 자체가 너무 진부한 논의인가? 문학은 그냥 문학일 뿐이지 문학을 통해 새로운 세상과 꿈을 꾸는 것이 이제 이 포스트 모던의 시대에 어울리지 않는 시대착오적인 발상인가? 그렇다면 이제 문학도 목소리와 자세를 한껏 낮추고 이 시대의 뒤를 조용히 그냥 뒤따라가야 할 것이 아닌가 하는 생각마저 들기도 한다.

그러나 생각해보면 희망의 원리가 사라져가는 것이 문학만의 문제가 아니다. 이 시대에서는 어떤 숭고한 가치와 이념도 상품과 자본의 논리에서 벗어나면 관심의 대상에서 밀려나는 것이 어느 분야에서든 일상화되고 보편화된 일이다. 희망의 논리로서의 문학이 죽었다고 선언되고 문학을 통하여 새로운 세계와 미래를 이야기하기 어려워진 시대에 문학을 하면서 살아간다는 것은 예정된 실패의 길을 가겠다고 자인하는 꼴 밖에 되지 않을지 모른다. 그리하여 이 시대에 문학 텍스트를 읽고 거기서 무슨 대단한 의미를 찾아내고자 하는 것은 죽은 시체를 껴안고 그것을 살리겠다고 부검을 하는 것이나 다르지 않다. 문학이 그렇듯이 텍스트에서 무슨 의미를 찾고 거기서 새로운 초월적 광휘의 순간을 찾는 것은 부질없는 일일 것이다. 그러나 아무리 문학의 죽음과 작가의 죽음이 선언되는 시대라 하더라도 이 전율적인 비관주의와 자포자기적인 언술에서 벗어나야 할 것도 문학의 몫이다. 빛나는 문학의 시대는 지나갔다 하더라도 그 오랜 항해와 유랑의 길을 여기서 포기할 수는 없기 때문이다.

호머의 서사시에 나오는 오디세우스가 그의 지혜로 트로이전쟁을 승리로 이끌고도 고향으로 돌아오지 못하고 또 다시 기나긴 유랑을 거듭했듯이, 인간은 언제나 가야 할 길을 잃고 방황해야 하는 운명을 타고 난 것인지도 모른다. '가야 할 길을 잃고 방황하는 인간'의 이미지는 그동안 동서양의 많은 시인들이 노래해온 영원한 주제이다. 신의 저주에 의해 고향으로 돌아가지 못하고 오랜 시련과 방황의 길을 거쳐 마침내 자신의 집으로 돌아간다는 오디세우스의 이야기에는 인간 삶의 보편성과 특수성의 길항관계가 담겨있다. 집이란 이 세상의 무수한 일들을 발견하기 위해 출발하는 곳이지만 동시에 다시 돌아오는 곳이다.

책으로 만들기 위해 원고를 정리하고 머리말을 쓰면서 문득 고향을 떠나 방랑을 거듭하던 오디세우스가 그리던 집으로 귀환하던 때의 심정이 이러하지 않았을까 하는 생각을 해 본다. 아무리 힘든 고난의 길을 돌고 돌아도 우리가 마지막으로 그리며 돌아가고자 하는 곳은 우리의 집이고 고향이다. 고향으로 돌아온 오디세우스를 맨 먼저 맞아준 것은 그가 사랑하던 늙은 개였다지만, 기나긴 세월동안 바깥세상으로 돌아다니다가 되돌아와도 나를 따뜻이 맞아줄 것은 집 밖에 없을 듯하다. 그 집은 바로 내 마음의 고향인 문학이다.

평론집은 이렇게 구성되었다. 1부는 주로 서구문학에 대한 성찰적 점검을 통해서 다시 우리문학의 가능성을 사유하고 전망해보자 하는 시도들이다. '다시, 문학이란 무엇인가' 라는 제목대로 오늘날 문학담론에서 쟁점이 될 만한 주제를 통하여 문학의 의미와 역할을 다시 한 번 생각해 보자는 의도의 글들이다. 2부 '역사의 허구성, 허구의 역사성'에서는 소설을, 3부 '저기, 다시 피어나는 한 송이 꽃이 되어'에서는 시를 다룬 실제비평의 글들이다. 비교적 최근의 젊은 작가와 시인들로부터 중견 내지 원로작가들의 작품도 폭넓게 다루었다. 다양한 관점을 통해 우리 소설과 시의 현재와 미래를 조망코자 했지만 모아놓고 보니 엉성하기 짝이 없다. 다만 젊은 작가들의 텍스트들을 향한 관심은 우리 문단의 미래를 위한 애정의 표현이기도 하다. 마지막 4부 '글쓰기 욕망의 존재론적 시각'에서는 최근 필자의 또 다른 문학적 관심의 한 분야인 수필비평에 관한 글들을 실었다. 그동안 수필이라는 문학 장르는 시나 소설과 달리 문학의 변방으로 밀려나 있었지만, 오늘날 수필문학에 대한 열기에 비추어 앞으로 더욱 많은 관심과 연구가 이루어져야 할 것으로 보인다.

오랜 방랑 끝에 마침내 고향으로 돌아온 오디세우스와 같이, 나와 우리의 문학도 빛나는 '오디세우스의 귀환'이 되기를 기원하면서 새 평론집의 감상을 마친다.

2013년 12월

허상문

차례

제3부 저기, 다시 피어나는 한 송이 꽃이 되어

제4부 글쓰기 욕망의 존재론적 시각

●제1부

다시, 문학이란 무엇인가

문학의 가치와 효용*

1. 들어가며

문학이란 무엇인가? 우리는 왜 문학을 하는가? 주지하듯이 문학은 개인적으로 혹은 사회적으로 그 자체의 미학적 주관성과 지향성을 갖습니다. 따라서 문학이란 무엇인가라는 질문에 대한 명확한 답을 찾는 것은 너무 거창한 일이거나 다양한 주관적 답변의 가능성을 예상 할 수 있기 때문에 항상 곤혹스러운 일이 되어 왔습니다. 실제 그동안 국내외의 많은 문학연구가들이나 이론가들이 다양하게 문학을 정의해 왔지만, 문학성 혹은 문학적 가치에 대한 서로 다른 인식의 차이나 평가기준으로 인해 누구나 쉽게 수긍할 수 있는 객관적인 정의를 내린다는 것이 그리 용이한 일은 아니었습니다.

단지 그러한 이유때문만이 아니더라도, 필자의 경우에도 정말 부끄러운 이야기지만 거의 수십 년 동안 문학공부와 씨름을 하고 있지만 아직도 이 질문에 대한 명확한 답을 얻지 못하고 있습니다. 이것은 괜

* 이 글은 2012년 10월 영남문화아카데미에서의 강연 내용을 수정 · 보완한 것임.

히 폼을 잡기 위해 짐짓해보는 이야기가 아닙니다. 문학이란 무엇인가? 라는 문학에 대한 본질적 질문에 당도하게 되면, 그에 이어지는 질문은 꼬리를 물게 됩니다. 문학은 왜 중요하고 존중되어야 하는가. 문학이 인간다움의 형성과 교육에 얼마나 중요한 수단이 될 수 있는가, 문학의 사회적·공리적 기능은 무엇인가. 문학은 어떤 모습으로 존재해야 하는가, 그렇다면 궁극적으로 문학의 가치와 효용은 무엇인가 하는 등등의 굵직굵직한 문제제기와 함께 결국 문학의 존엄성에 굴복하는 암중모색에 빠지게 되고 말기 때문입니다. 책을 읽고 글을 쓰는 것을 직업으로 삼고 있으면서도 이런 이유 때문에 문학 행위에 대해서 끝없는 고통과 회의에 빠진 적이 한 두 번이 아닙니다.

그럼에도 불구하고, 속된 말로 문학이 밥을 먹여주는 것도 아니고 살을 찌워주는 것도 아니지만 문학을 하겠다는 사람은 갈수록 늘어나고 있는 듯합니다. 서구에서 19세기 낭만주의 문학 시대 때에는 자신이 쓴 작품을 영혼의 산물로 생각하고 그것을 '상품'과 같이 사고판다는 것은 곧 죽음과 같은 짓이라고 생각한 사람들도 있었지만,[1] 오늘날은 문학작품을 잘만 쓰면 어느 날 갑자기 대박이 터져 부자가 되는 경우도 없지 않습니다. 그러나 대개의 경우, 한편의 글을 쓰기 위해 책상에 앉아서 피를 말리는 고통의 시간을 체험하면서도 별 소득이라고는 없는 문학행위에 대해서 회의를 느끼는 것은 당연한 일이겠지요.

더욱이 요즘같이 책상머리에 앉아서 세상의 모든 흥미로운 정보와 지식을 얻을 수 있는 스마트한 전자제국에서 문학의 아름다움과 가치는 갈수록 매력과 빛을 잃어가고 있습니다. 아무리 생각해도 이제 인간적으로나 사회적으로도 문학의 희망을 이야기할 수 있는 시대는 지나간 듯합니다. 그래서 최근 들어 '문학의 죽음'을 운위하는 것은 더욱

1 Terry Eagleton, *Literary Theory: An Introduction* (Oxford: Basil Blackwell, 1983), 20쪽.

실감나게 들립니다. 전 세계적으로 사람들은 싸이의 '강남스타일'과 같은 요령부득의 대중문화에 열광하고 있지만, 문학의 길에는 어둠의 그림자가 짙게 드리워져 있습니다. 그럼에도 많은 사람들은 아직도 인적 드문 어두운 문학의 뒤안길을 서성이고 있습니다. 대체 우리는 왜 기대할 것도 별로 없고 갈수록 실망과 고통만 더해가고 있는 문학에 이렇게 매달리는 것일까요.

2. 문학하는 그대, 한심한 영혼아!

『희랍인 조르바』라는 소설로 우리들에게도 익숙한 그리스의 작가 니코스 카잔차키스라는 사람은 글 쓰는 자를 '한심한 영혼'을 가진 사람들로 규정한바 있습니다. 카잔차키스는 글 쓰는 사람들에게 "한심한 영혼아, 너는 굶주렸지만 포도주를 마시고 고기와 빵을 먹는 대신에 하얀 종이를 꺼내서 '포도주 · 고기 · 빵'이라고 써 넣고는 그 종이를 먹는구나."라고 말했습니다.[2] 그의 이 말에는 문학의 가치와 효용이 현실적 · 일상적 그것과는 다른 높은 차원의 존재 방식을 가진다는 함의가 담겨 있습니다. 다시 말해 보통 사람들은 그들이 마실 포도주와 먹을 빵에 관심이 있지만, 글 쓰는 사람들은 자신이 마실 포도주보다는 종이에 글로 쓸 포도주에 관심을 가져야 한다는 말이지요. 문학의 가치는 이 세상 사람들이 생각하는 먹는 것, 입는 것 보다 더 중요한 것이라는 사실을 카잔차키스는 우리에게 말해 주고 있으며, 이 말은 문학의 진정한 가치가 무엇인가를 이야기하는데 대단히 중요한 단서를 제공해주는 것이라 하겠습니다.

문학의 가치는 때로 세상을 바꿀 정도로 중요하게 기능한 적이 한

2 니코스 카잔차키스, 『영혼의 자서전, 상』, 안정효 역, 열린책들, 2009, 257쪽.

두 번이 아닙니다. 예컨대 19세기말 영국에서는 인간과 세상에 대한 인식이 혼돈에 빠져 니체가 '신은 죽었다'고 이야기할 정도로 철학·역사·종교가 위기에 처하게 되었지요. 위대한 영국의 인문적 전통의 뿌리가 송두리째 흔들릴 때, 영국사회를 구한 것은 바로 문학이었습니다. 당시 영국의 유명한 문학평론가 매슈 아놀드라는 사람은 유명한 『교양과 무질서』라는 책에서, 영국사회에서의 천박한 자유주의와 무지가 사회를 무질서하게 만들고 있다고 주장하면서 '교양'의 회복을 강조하였지요. '교양'의 수립만이 조화로운 인간과 건전한 사회를 만들 수 있는 지름길이라고 하면서, 교양은 바로 문학교육을 통하여 쌓아질 수 있는 최고의 가치라고 주장하였습니다.[3] 말하자면 아놀드에게는 문학교육을 통한 교양의 축적이야말로 조화로운 인간과 건전한 사회의 추구에 본질이 되어 진다는 것입니다. 이러한 아놀드의 관점은 문학의 본질을 규명하는데도 그대로 적용됩니다. 아놀드는 진정한 문학창조의 능력이 도달해야 할 궁극적 요소를 '사상'이라고 하였습니다. 사상을 통하여 문학은 개인은 물론이고 사회전체에 영향을 미치는 공동체적 기여를 할 수 있다는 사실을 역설했던 것이지요.

> 또한 문학적 재능은 어떠한 지적·정신적 분위기에 의해서, 그리고 어떤 사상을 찾아냈을 때, 그 사상의 질서에 의해서 기꺼이 고무되어지는 능력에 있는 것이고, 그리고 이러한 사상을 고결하게 다루고 그것을 가장 효과적이고 매력적으로 결합하여 제시하는 능력, 요컨대 그 사상으로서 아름다운 작품을 만드는 능력에 있는 것이다. 그러나 그러한 문학적 재능이 자유로이 활동키 위해서는 분위기가 있어야 하고 사상의 질서 가운데서 스스로를 발견해야만 한다. 그런데 이것이 그렇게 쉬운 일은 아니다. 문학에서 위대한 창조의 시기가 드문 것도 이러한 까닭에서이고, 진

3 Matthew Arnold, *The Portable Matthew Arnold*, ed. Lionel Trilling (Harmonsworth: Penguin Books, 1980), 469-471쪽 참조.

정한 천재성을 가진 수많은 사람들이 작품 속에서 불만스러운 일이 그렇게 많은 것도 이러한 까닭에서이다.[4]

아놀드는 문학이라는 것이 단순히 재능 있는 사람들의 개성의 표현이 아니라, 새로운 사상을 발견해서 물결을 일으키고, 그것을 활발하게 사회에 순환시키고 촉진하는 기능을 해야 한다고 주장합니다. 이러한 기능을 제대로 수행치 못하는 문학은 결국 빈약하고 일시적인 것일 뿐이라고 하고 있습니다.

굳이 서구의 예를 들지 않더라도, 우리나라에서도 70, 80년대 김지하의 「오적」과 박노해의 「노동의 새벽」과 같은 시, 황석영의 「객지」와 조세희의 「난장이가 쏘아 올린 작은 공」 같은 소설이 우리사회의 민주화를 이루는 기폭제가 되었다는 것은 주지의 사실입니다. 이렇게 동서양을 막론하고 문학이 개인은 물론 때로 세상과 사회를 바르게 하고 구원하는 역할을 한 경우가 한 두 번이 아니지요.

그런데 사실 생각해보면, 문학이 개인과 사회의 등불이 되고 이를 구원하는 역할을 한다는 것이 그렇게 말과 같이 쉬운 일은 아닙니다. 이것은 그야말로 문학과 인생과 사회를 살아있는 유기적 실체로 볼 수 있는 총체적 시야를 지니고 있어야 가능한 이야기이기 때문이지요. 일차적으로 개인은 누구나 진화의 산물인 두뇌를 가지고 태어나고, 그로 인해 나름대로의 지적 유산을 쌓게 됩니다. 이러한 유산을 통해서 인생과 세상을 보는 것을 배우게 되지요. 우리들이 살아가고 있는 세상과 인생에 대해 폭넓은 인식을 하고 생각하는데 문학은 너무나 중요한 역할을 할 수 있습니다. 우리가 이 세상과 사회 속에서 능동적인 참여를 하고 성숙한 민주주의와 공동체 사회에서 올바르게 살아남기 위해 문학은 반드시 필요한 것입니다. 책을 읽고 그리고 글을 써야 하는 문

4 같은책, 237-238쪽.

학적 행위는 삶의 의지와 가치가 숨 쉬는 깊은 곳까지 움직이게 할 정도로 능동적인 사유와 참여를 요구합니다. 이러한 측면에서 볼 때 문학행위는 수동적이며 배타적이고 이기적인 삶에 대한 해독제 내지는 훌륭한 교정수단이 될 수 있는 것이지요. 또 깊은 사색을 통하여 인간에게 스스로 미래를 열어갈 수 있는 비전을 제공하는 역할을 할 수 있습니다. 그러나 문학의 필요성은 결코 개인적인 차원에만 국한되는 것이 아니지요. 그것은 인간이 공통적으로 지니고 있는 자아의 무한한 가능성을 확대함으로써 공동체 구성원들과의 건강한 관계를 수립하고 구체화시키는 것이기도 합니다.

문학을 통하여 인생과 세상에 대하여 깊이 사유하고 인식할 때에야 말로 우리들의 삶과 사회는 보다 풍요롭고 윤택한 것이 될 것입니다. 이런 의미에서 영국의 문학평론가 레이몬드 윌리엄즈의 다음과 같은 이야기는 문학의 참된 기능과 우리들의 문학하는 자세를 다시 되돌아보게 하는데 깊은 시사를 주고 있습니다.

> 개인은 누구나 진화의 산물인 두뇌를 갖고 태어나고 그로 인해 공통된 인간적 근거를 갖게 된다. 이러한 유산을 통해서 그는 세상을 보는 것을 배운다. 그러나 배운다는 것은 능동적인 행위이며 또 그가 주시하는 세계는 변하고 있고 변혁되고 있는 만큼 새로운 지각·해석·조직의 행위는 가능할 뿐만 아니라 참으로 필요한 것이다.
>
> 이것이 한 개인에게 있어서의 인간적 성장이다. 그러나 보다 본질적인 성장은 그 다음에 일어나는 상호작용에서 이루어진다. 즉 개인이 배운 바를 남에게 전달하고 그것을 이미 알려진 현실과 연관시키며, 말과 일을 통해 새로운 현실을 창조하려는 노력 가운데서 이루어지는 것이다. 현실은 공동의 노력으로 계속 새로 이룩되고 있고, 예술은 이 과정의 가장 높은 형태 중의 하나이다.[5]

5 Raymond Williams, *The Long Revolution* (Harmonsworth: Penguin Books, 1984),

위에서 윌리엄스는 문학은 개인의 인간적 성장을 이룰 수 있는 것은 물론이고 세계를 변화시킬 수 있는 가장 높은 형태의 예술임을 역설하고 있습니다. 그러나 문학의 이런 위대한 가치와 역할이 오늘날 갈수록 쇠퇴하고 위기에 처해 있음은 앞서도 언급한 바와 같습니다.

지금 문학이 처해있는 위기의 상황보다 더욱 두려운 일은 문학의 가치가 갈수록 상실되고 외면당하고 있다는 사실입니다. 문학이 이런 위기의 상황에 놓이게 된 것은 물론 과학기술문명과 대중문화의 득세에 그 근본적인 원인이 있다고 하겠지만, 보다 본질적으로는 문학답지 못한 문학이 판을 치면서 진짜문학의 행세를 하고 있기 때문이라 할 수 있습니다. 문학이 위대하고 중요한 까닭은 문학이라는 이름 때문이 아니라 좋은 문학이 지니고 있는 문학적 가치들 때문입니다. 거죽뿐인 문학은 진정한 문학의 가치나 역할을 하지 못하고 있습니다. 오히려 문학을 위장한 가짜문학은 문학적 가치들을 훼손하고 소외시킵니다. 최근 우리 문학의 현장을 조금만 우려의 시선으로 살펴보면 이러한 현상은 너무나 허다하게 나타나고 있습니다.

문학을 한다는 많은 사람들이 진짜 문학의 가치와 그 효용이 무엇인지를 몰각하고 있습니다. 많은 사람들은 문학을 통하여 자신의 이름과 얼굴을 세상에 알리고 그렇게 해서 '시인'으로 '수필가'로 '소설가'로 자신을 과시하거나 유명해지려고 하고 있는 듯합니다. 더 나아가 문학을 단순히 여가활용의 방편으로 이용하는 '고급사치'를 위한 도구쯤으로 생각하는 듯합니다. 그래서 요즘은 발에 차이는 것이 시인이고, 소설가고, 수필가이지요. '등단장사'를 하는 상업주의적인 문학매체에 편승해서 무슨 상을 받고 무슨 직함을 아무리 쉽게 얻는다 한들, 진정으로 자신의 영혼이 담겨있고 세상의 평가를 올바르게 받는 작품 한 편 제대로 쓰지 못한다면 그것들이 다 무슨 소용이겠습니까. 많은 사

315쪽.

람들이 경쟁적으로 작품집을 출간하고 책을 많이 출간한 것을 자랑으로 삼고 있지만, 그것은 진짜 헛된 명예를 쫓는 것이 아닐 런지요. 아무도 읽지 않고 아무도 평가 해주지 않는 작품집을 출판해서 마구 배포하는 것보다 더 커다란 공해가 어디 있으며, 이보다 더 부질없는 짓이 어디 있겠습니까. 허세나 공명심을 위해서가 아니라 진정으로 문학에 대하여 좀 더 고상한 가치와 목표를 두고 있는 사람이라면, 자기가 살아있는 동안에는 물론이고 앞으로 두고두고 사람들에게 읽힐 수 있고 사랑받을 수 있는 단 한 편의 제대로 된 작품을 만들기 위해 은신하고 고뇌하는 것이 정말 의미 있는 일이 아닐까요.

우리가 문학을 하는 이유가 결코 명성과 권세와 사치를 위한 것이 되어서는 안 될 것입니다. 이 같은 잘못된 문학관이 문학을 갈수록 어렵고 가치 없게 만드는 것은 아닌지요. 문학은 유용한 도구적 방편으로 사용될 수 있는 물건이 아닙니다. 그렇다면 문학의 진정한 존재 가치는 어디에 있을까요? 이 점에서, 정현종 시인의 「시(詩), 부질없는 시(詩)」는 우리들에게 많은 것을 생각케 해 줍니다.

시로써 무엇을 사랑할 수 있고
시로써 무엇을 슬퍼할 수 있으랴
무엇을 얻을 수 있고 시로써
무엇을 버릴 수 있으며
혹은 세울 수 있고
허물어뜨릴 수 있으랴
죽음으로 죽음을 사랑할 수 없고
삶으로 삶을 사랑할 수 없고
슬픔으로 슬픔을 슬퍼 못 하고
시로 시를 사랑 못 한다면
시로써 무엇을 사랑할 수 있으랴

보아라 깊은 밤에 내린 눈
아무도 본 사람이 없다
아무 발자국도 없다
아 저 혼자 고요하고 맑고
저 혼자 아름답다.

-정현종, 「시(詩), 부질없는 시(詩)」 전문

"시로써 무엇을 사랑할 수 있고/시로써 무엇을 슬퍼할 수 있으랴" 라는 시인의 말은 지독한 역설(逆說)입니다. 짐짓 시인은 시가 이 세상의 아무것도 사랑할 수 없고 아무것도 슬퍼할 수 없다고 말하고 있고, 시를 통해 이 세상의 아무 것도 얻을 수 없고 아무 것도 버릴 수 없다고 하고 있습니다. 그러나 기실 시인은 정말 시로써 이 세상의 모든 것을 사랑해야 하고 이 세상의 모든 것을 슬퍼해야 함을 역설(力說)하고 있습니다. 들판에 핀 한 떨기 이름 없는 들꽃의 서러운 모습을 공감하지 못한다면, 주변에서 하루가 머다 하고 무너지고 파헤쳐지는 산과 강의 모습을 보면서도 그들과 함께 개발의 논리를 펼친다면, 오늘도 헐벗고 고단한 우리이웃들의 아픔과 불행을 함께 슬퍼하지 못한다면, 우리가 백편 천편의 시를 썼다고 자랑한들 그게 무슨 소용일까요.

"시로 시를 사랑 못 한다면/시로써 무엇을 사랑할 수 있으랴." 시는 깊은 밤에 내린 눈과 같이 아무 발자국도 없어 아무도 본 사람이 없지만, "아 저 혼자 고요하고 맑고/저 혼자 아름답다." 얼마나 멋있는 말입니까. 진짜 시는 가만히 있어도 존재 자체만으로 고요하고 맑고 아름다운 것이지요. 우리의 문학과 문학하는 자세가 이 정도의 경지에까지 이르지는 못한다고 하더라도, 문학을 고급 장신구와 같이 하나의 도구나 방편으로 삼고자 하는 사람들은 정말 귀담아 들어야 할 말이 아닐까요.

3. 더 외롭고, 더 높고, 더 쓸쓸하게

진부한 표현임을 무릅쓰고, 문학을 한다는 것은 이 세상에서 가장 즐거우면서도 가장 고통스러운 일 중의 하나라고 할 수 있습니다. 문학을 제대로 한다는 것은 분명히 고통스러운 일임에 틀림없습니다. 특히 사람들은 글을 함부로 쓰고 함부로 세상에 내놓지만, 글을 쓴다는 것은 과장해 표현하면 살을 에고 피를 말리는 고통의 작업임에 틀림이 없습니다. 정말 제대로 '글다운 글'을 쓰고자 한다면 말입니다. 옛날 중세시대에는 문학이 쾌락주의를 위한 세속적 기능을 한 적도 있었지만, 문학이 즐거움만을 위해서 존재한다면 무슨 의미가 있을까요. 흔히 사람들은 수많은 고통과 질곡 속에서 진정한 문학이 나타난다고 하고 있지요.

독일철학자 아도르노는 아우슈비치에서의 참담한 살육 이후로 우리 시대에 더 이상 시(문학)는 존재할 수 없게 되었다고 말한 적이 있지만, 그의 어법에 기대면 서정과 감성이 갈수록 상실되어가는 이 시대에 문학이란 존재할 수도 없고 문학의 효용도 별로 없어 보입니다. 이 물질만능과 과학기술로 인한 정신의 위기, 사고(思考)의 획일화가 가중되어 폭력과 독선과 편견이 우리사회에는 만연해 있습니다. 거기다 모든 분야에서 감성과 상상력은 사라지고, 인간다움의 정서를 상실한 사람만이 존재하는 이 세상은 앞으로 어떻게 될까요? 어둠의 동굴 속에서 한 줄기 빛을 기다리는 플라톤의 이데아에 대한 열망도 이제 우리들의 문학사전에서는 영원히 사라지는 것은 아닐지요. 그럴수록 지금 우리들에게 진실로 필요한 것은 문학적 감성과 인문적 상상력을 회복하는 일입니다. 진정한 문학적 감수성이란, 환상적 이미지나 그럴듯한 미문(美文)을 만들고자 노력하는 것을 의미하는 것이 아니라 이 세상과 인간에 대한 따뜻한 사랑과 정서와 상상력을 키우는 것을 말합니다. 다시 말해 진정한 문학적인 상상력이란, 지금 우리가 살아가고 있는 삶과 현실에 존재하는 경험들과의 '살아 있는' 관계를 포착하는 능력, 그리하여 인간과 세상에 대하여 보다 깊고 넓은 전망을 키워 어두운 세상을 밝힐 수 있는 등불이 될 수 있는 능력을 배양하는 것을 말합니다.

이 인간성상실의 시대에 우리에게 무엇보다 필요한 것은 인간다움의 회복을 위한 노력일 것입니다. 물질적 기준만으로 생각한다면, 지금 우리들의 삶의 상황은 빈곤에서 벗어났다는 말이 맞겠지만, 오늘날 인간생활이 아무리 물질적 풍요를 이루었다고 하더라도 이성의 진화를 이루지 못했다고 하면, 인간의 삶은 동물세계의 그것과 하등 다를 바가 없겠지요. 만약 우리가 문학 · 음악 · 미술과 같은 예술과 자연의 가르침을 통하여 인간다운 심성과 양심과 이성을 키우지 못하고 자기 멋대로 살았다고 한다면, 오늘날처럼 위대한 인류문화가 창조될 수가 있었겠습니까. 근대 이후 산업화로 인한 사회발전과 함께 인간은 갈수록 포악해져 남을 해치려 하고 비인간화 · 폭력화되어 가고 있지요. 보다 넓은 공동체 의식, 풍부한 인간적 감성과 상상력의 회복, 또한 우리가 인간답게 살아가는데 반드시 필요한 교양과 이성, 그리고 인간다운 품성을 넓고 깊게 키워 가는데 가장 중요한 것은 문학이라고 생각합니다. 문학이야말로 인간다운 삶을 위한 인문적 가치관이나 정서를 가장 깊고 다양하게 배양해 줄 수 있기 때문입니다. 인문적 가치는 사람과 사람들 사이에서 가장 가치 있는 것, 즉 인간에게 최후의 희망은 언제나 '인간적'이라는 정신에서 우러나오는 것을 말합니다. 문학하는 사람이 '인간적 가치'와 '인간의 조건'을 외면한다면, 그의 문학은 가짜이며 허울일 뿐일 것입니다.

문학을 통해 키워야할 인간다운 가치는 여러 가지가 있을 수 있겠지만, 예컨대 그 중에서도 '겸손'을 기르는 것은 중요한 덕목 중의 하나이겠지요. 겸손하지 못한 마음가짐은 인간의 교만한 마음 때문이라 할 수 있습니다. 교만함은 우리가 지닌 조그마한 지식에 의탁해서 타인 위에 군림하고 억압하고자 하는 태도에서 나오는 것일 테지요. 자신이 조금 안다고 하는 것에 자부하면서 편협해지고 그러면 마음이 닫히는 것은 당연한 일입니다. 겸손의 미학은 자기를 낮추고 상대를 높이는 것일진대, 이것은 고상한 인간적 품성일 뿐만 아니라 우리가 가져야 할 삶의 기본적 지혜이기도 합니다. 겸손한 사람이 훌륭한 일을 했을 때는 공감과 존경이라는 감동이 생기지만, 교만한 사람이 같은 일을 했을 때는 상처와 시기라는 감정을 낳기도 하겠지요.

인간의 교만은 개인의 문제로만 그치는 것이 아니라 사회와 공동체를 파탄과 불행으로 몰고 가는 원인이 되기도 합니다. 이를테면 오늘날 우리사회를 비롯한 전 세계를 심각한 상황으로 몰아가고 있는 생태위기는 인간중심주의의 사고와 인간의 교만한 마음에 따른 결과라고 할 수 있습니다. 계몽주의적 세계관이 등장하면서부터 이성적 존재로서의 인간은 자연을 이용하여 자신을 발전시키고 행복을 얻을 수 있다는 인식을 갖게 되었습니다. 이성을 바탕으로 발전된 과학과 기술을 통해 자연을 개발의 대상으로 생각하면서, 인간과 자연 사이에 존재하는 소중한 관계양식을 무시하고 오직 자연을 도구적 가치나 목적적 수단의 대상으로만 여기게 된 것이지요. 오늘날과 같은 소비만능의 고도자본주의와 생태파괴적인 과학기술의 발달에 의한 인간중심주의는 필연적으로 이기적이고 비인간적인 투쟁과 생명파괴의 현상을 낳을 수밖에 없는 것입니다. 인간이 만물의 영장이라는 교만한 생각은 인간이 항상 정복자의 관점에 서고자 하는 지극히 이기적이고 우월한 존재의식을 가져 온 것이지요. 신의 피조물들 중에서 인간이 가장 우위에 있고 그 다음에 자연이 있다는 서열화를 통하여 자연을 지배하고 그 위에 군림할 수 있다는 인간의 교만한 마음이 오늘날의 모든 생태위기를 유발한 본질이라 할 수 있습니다.

개인적으로든 사회적으로든 겸손한 마음가짐은 여유로움이나 너그러움과 함께 아무리 강조해도 지나치지 않을 인간다움을 위한 가장 중요한 덕목의 하나이고 문학을 통하여 길러질 수 있을 것입니다. 언제나 문학은 인간다움, 즉 겸손함과 너그러움과 여유로움을 키우기 위한 인문적 수단이며 도구가 되어야 할 것이지요. 그러나 문학을 통하여 인간다운 품성을 기르지 못하고, 오히려 아집과 독선에 빠진다면 그 사람에게 문학은 오히려 화가 되고 독이 될 것임은 너무나 자명한 일입니다. 우리들 주변에서 문학한다는 사람들이 시정인들보다 오히려 더 독선적이고 이기적인 사람들이 많은 것을 흔히 보게 됩니다. 문학하는 사람이 보통 사람보다 더 폭력적이고 더 속물적이고 더 독선적이라고 한다면, 그들에게 문학이 무슨 의미가 있으며 문학이 필요한 존재이유가 무엇이겠습니까. 인간의 인간을 위한 논리가 실종된 이 시대에, 온갖 추악한 부조리와 타락이 판치는 상황에서 문학이 내는 소리가 아무리 모기소리만한 외침에 그치는 것이라 할지라도, 문학은 돈과 폭력의 논리보다는 높은 감성과 인간의 논리가 되어야 할 것입니다. 톨스토이의 『전쟁과 평화』, 도스토에프스끼의 『죄와 벌』, 카뮈의 『이방인』을 읽고도, 인간답게 산다는 것이 무엇인가를, 인간에게 선과 악이 무엇인가를, 처절한 인간의 실존적 모습이 무엇인가를 배워서 알지 못한다면, 우리들에게 문학이란 무엇이며 글읽기와 글쓰기란 대체 무슨 의미를 가지겠습니까.

우리 국민의 열 명 중 아홉 명은 하루에 책을 읽는 시간이 채 10분도 되지 않는다는 어느 통계를 본적이 있습니다. 심지어 문학하는 사람들조차 책 읽는 사람을 좀처럼 보기 힘듭니다. 도대체 글 쓰는 사람은 도처에 많은데, 책을 읽지 않으면서 어떻게 글을 쓰는 비범한 재주를 지니고 있는지 알 수 없는 노릇이지요. 반면 TV 시청이나 인터넷 게임과 같은 소모적 전자영상매체에는 하루에 몇 시간씩 쏟아 붓고 있답니다. 이런 통계는 우리가 최첨단 디지털 시대에 살아가야 하는 운명을 잘 보여주는 것이기도 하지만, 환상세계와 다름없는 전자영상매체에 매달려 점차 그것의 노예로 전락해 가고 있다는 징후를 보여주는 것이지요. 전자영상매체에 매달리는 것은 그 자체로도 많은 문제점을 지닌 것이지만, 독서행위에서 멀어지게 만드는 요인이 된다면 그건 더 심각한 문제를 낳는 것이라고 하겠습니다. 영상매체에 대한 몰입이나 탐닉은 인간을 수동적으로 만들어 정신적으로 피로하게 만드는 것은 물론 스스로를 황폐화시킨다고 할 수 있습니다. 전자영상매체는 우리가 그 앞에 앉아 있기만 하면 그냥 가만히 있어도 무언가를 계속 보여주고 있지요. 어느 심리학 보고서에 의하면, TV나 컴퓨터 앞에 앉아 수동적인 상태에 놓인 인간은 갈수록 재미있고 자극적인 것만을 추구해 점점 더 큰 자극을 원하면서 자기 파괴의 폭력적 상태에 쉽게 이를 수 있다고 합니다. 그리고 스스로 노력을 해서 무언가를 얻는 것이 아니라 주어지는 것을 받아들이기만 하면 되니까, 굉장히 편한 상태에 놓인 인간은 갈수록 수동적이고 나태하고 폭력적인 상태로 변모해 가는 것입니다.

그러나 독서행위를 통해서는 뭔가 끊임없이 능동적으로 생각을 하면서 읽지 않으면 아무 것도 받아들일 수가 없습니다. 계속해서 무엇인가를 생각하고 사고한다는 것은 능동적인 인간이 되게 만드는 것은 물론 심리학적으로 볼 때도 지속적인 인격의 형성을 가능하게 하지요. 사물에 대한 활발한 인식의 확대를 통해 자연스럽게 지적인 성장을 이루고, 인간적인 발전이 가능해지죠. 하지만 영상매체가 독서행위를 밀어내는 상황에서는 자연히 문학이 발붙일 수 없는 환경이 되고, 영상매체에 밀린 문학이 결국 위기의 상황을 낳게 되는 것은 당연한 일이겠지요. 우리는 모두가 기계적 작동에 의해 문자 대신 소리를 애용하게 되는 환경에 놓이게 되는 것이지요. 여기서 우리는 영상매체를 가능케 하는 '말'과 문자매체를 가능케 하는 '글'의 의미와 그 기능에 대해 생각해 보게 됩니다.

지금 우리 시대는 분명히 '글'보다는 '말'이 더욱 득세하고 있는 때인 것 같습니다. 프랑스의 데리다라는 철학자는 인류의 삶이 '말중심주의'의 망령에 사로잡혀왔기 때문에 그에 대한 해체가 필요하다 하면서 '해체주의'라는 이론을 주장해서 유명해졌지요. 데리다는 서구 철학이 오랫동안 말에 중심을 두고 글을 회피하는 경향에 젖어 있었다고 주장합니다. 그 이유는 우선 서구인들의 말은 사고의 근원에 가까우므로 직접적인 '현존'의 속성을 지니고 있다고 생각한 때문이라는 것이지요. 다시 말해 사람이 한 말은 직접적으로 자신의 의식을 드러낸 것으로 보이며, 목소리는 그 말에 밀접한 자연발생적인 매체라는 것입니다. 이와는 대조적으로 글을 쓸 때에는 글 쓴 사람이 자신의 생각을 인쇄라는 비인격적인 매체에 맡기게 되고, 인쇄된 글은 항상 의도치 않았던 식으로 묘사되고 인용될 가능성을 지니고 있다는 것입니다. 따라서 글은 기계적 기록에 불과한 이차적인 의사소통 양식으로 여겨져서 플라톤에서 레비 스트로스에 이르는 서양 철학의 전통에서 항상 생명 없고 소외된 표현양식으로 여겨져 왔습니다. 그래서 "말 중심주의, 즉 이 충만한 말의 시대는 늘 글의 근원과 상태에 대한 자유로운 사고를 가두어 왔고, 정지시켜 왔고, 억압시켜 왔다."[6]는 것입니다. 말과 글의 이러한 서열제도, 즉 '폭력적 서열제도'는 해체되거나 번복되어야 한다고 데리다는 주장합니다.

말중심주의와 같은 이분법적 대립의 존재 이유 자체를 무의미하게 만들거나 그 대립을 근본에서부터 해체해야 한다는 것이 데리다의 주장이지만, 분명히 우리는 글보다는 말과 언어가 더욱 진실하게 여겨지

6 Jacques Derrida, *Of Grammatology,* trans, Gayagtri Spivak(Baltimore : The Johns Hokins Univ. Press, 1977), 43쪽.

는 시대에 살고 있는 듯합니다. 과학기술과 물질이 지배하는 이 현대적 삶의 상황에서는 무책임하고 허구적인 말의 논리가 우리들의 삶의 모든 부면을 지배하고 있는 것은 분명합니다. 그래서 우리는 돈과 욕망과 폭력의 논리가 난무하는 이 암울한 '삶의 허구성' 속에서, '문학의 진실성'은 갈수록 굴복당하고 있는 시대에 살아가고 있는 것이지요.

생각해보면, 현대의 인간은 온갖 허구적 욕망에 의해 이끌리며 살아가고 있는 존재인지 모릅니다. 당연히 문학하는 사람들의 가슴에도 끝없는 다양한 욕망과 갈등이 들끓고 있습니다. 욕망은 인간이 살아가는 데 있어서 없어서는 안 될 생명의 근원적인 스펙트럼이지요. 프로이트 같은 심리학자가 우리 인간의 심성을 욕망의 에로스 본능이라고 했지만, 우리의 삶에서 욕망이 다양한 형태를 띠고 나타나는 것은 현대사회에서 인간이 가지고 있는 욕망의 층위가 그만큼 광범위하고 다양하다는 것을 말해줍니다. 프랑스의 정신분석학자 라깡은 프로이트의 유산을 발전시켜 언어에 대한 주체의 욕망과 관련된 여러 문제들을 독창적인 방식으로 해명하고자 하였지요. 라깡은 우리들의 글쓰기 행위는 일종의 욕망의 표현이라고 하면서, 언어 자체를 초월한 곳에 존재하고 있는 무의식적 욕망의 영역을 언어구조를 통해서 설명하고자 했습니다.[7] 라깡은 인간을 말하는 주체로 인식하면서 주체는 끊임없이 욕망의 대상을 갈구 한다고 해석합니다. 그래서 주체는 끝없이 자신이 누구인지를 묻는 자아탐구를 계속하며, 이것이 바로 주체가 대타자를 향해 끊임없이 관계를 맺으며 욕망을 멈추지 않는 까닭이라고 설명합니다.

우리들의 글쓰기 욕망을 라깡의 '욕망이론'에만 기대어 설명할 수는 없는 것이지만, 어떠한 형태로든 우리 인간에게 욕망은 결코 채워지는 것이 아니고 문학은 그 같은 욕망을 끊임없이 확대재생산하게 되는 도구이라는 사실은 인정되어야 할 것입니다. 그러나 최소한 문학하는 사

7 Sean Homer, *Jacques Lacan* (London: Routledge, 2005), 12쪽.

람들의 욕망은 일반사람들의 욕망과는 달라야 할 것이 아닌가 합니다. 일반사람들의 욕망의 눈과 달리, 작가와 시인들은 욕망의 눈으로 세계를 바라보면서도 끊임없이 다른 눈으로 인간과 세상을 성찰해야하고, 세상 사람들이 볼 수 없는 것들까지 마음의 눈으로 포착해내어야 하는 것이지요. 그리고 불의하고 타락한 이 세상에 대하여 부단한 분노로 싸워내기도 해야 하지요. 작가와 시인들은 자아와 세상으로부터 새로운 세계를 일구어 내어야 하고, 이것이 문학 창작의 근본이며 문학의 요체가 되는 인간과 세상 사이의 유비적 상상력과도 일맥상통하는 것이지요. 작가들이 작품을 쓰는 일은 자아와 세상 사이에 있는 문을 열고 닫는 일이라고 생각합니다. 이 물신주의 사회에서 천대받는 문학이 끝끝내 살아남을 수 있을 것이라는 희망을 위해서도, 우리들의 글쓰기 행위는 여전히 우리에게 전생(前生)과 차생(此生) 사이의 마지막 의미가 될 수 있습니다. 그렇기 때문에 더욱 더 작가의 욕망이야말로 세속적 잣대로는 가늠할 수 없는 '열정과 냉정' 사이의 순수한 욕망이 되어야 할 것입니다.

이런 의미에서, 작가와 시인의 욕망에는 최소한의 시적 윤리가 담보되어야 할 것입니다. 시적 윤리는 보편적 의미에서의 윤리와는 그 본질을 달리 합니다. 보편적 의미에서의 윤리가 인간의 전반적인 삶을 규율하고 규정하는 사회적 규범이라고 한다면, 시적 윤리는 시가 지니고 있는 특수하고도 비범한 정신적 윤리를 의미합니다. 때로 시적 윤리는 일반적 사회 규범이나 도덕을 뛰어넘는 곳에 존재하며, 경우에 따라서 시인의 시적 윤리는 이 세상과 사회를 초월하기도 합니다. 그런 점에서 시적 윤리는 일상적이고 보편적인 그것보다는 훨씬 더 높게 형이상학적이고 미적인 차원에 존재합니다. 그렇기 때문에 시의 내부에는 미적 자유와 초월을 향한 시인의 욕망이 끊임없이 꿈틀대고 있는 것이지요. 말하자면 하이데거 같은 철학자가 예술을 존재 사건으로 파악하고, 이를 인간과 존재의 진리가 서로의 공속을 회복하는 사건으로 본 것도 이 때문이지요.[8] 하이데거에 의하면 예술작품의 존재는 두 가지 본질적 특징으로 통일되어져 있는데, 그것은 '세계'와 '대지'라고 표현될 수 있다고 합니다. 세계와 대지는 서로 상반되지만 공속의 관계에 놓여 투쟁하면서 존재자 안에서 그 존립을 드러낸다고 합니다. 예술작품은 존재자로서 세계가 스스로를 열어 보임으로써 그 세계가 놓이는 대지를 감싸 안아 간직하려는 어우러짐 속에서 존립하게 된다고 보았습니다.[9] 하이데거는 이 세계와 대지같이 투쟁적 공속 관계 속에서 자유로움과 초월을 동시에 껴안는 것이 바로 예술작품의 근원이라고 인식하고 있는 것이지요.

요컨대 시인은 세계와 대지라는 투쟁적 공속 관계 속에서 시적 윤리와 미적 자유를 위해서 끊임없이 꿈꾸고 초월하는 자라고 할 수 있습니다. 그렇기 때문에 시인들은 때로 백석(白石)처럼 '외롭지만 높고 쓸쓸하게' 자기만의 초월과 영원의 세계를 꿈꾸어야 하지 않을까요.

가난한 내가
아름다운 나타샤를 사랑해서
오늘밤은 푹푹 눈이 나린다

나타샤를 사랑은 하고
눈은 푹푹 날리고
나는 혼자 쓸쓸히 앉아 소주를 마신다
소주를 마시며 생각한다

나타샤와 나는
눈이 푹푹 쌓이는 밤 흰 당나귀를 타고

8 이선일, 「다시 써보는 『예술작품의 근원』」, 『하이데거의 예술철학』, 철학과 현실사, 2002, 161쪽.
9 M. 하이데거, 「예술작품의 근원」, 『숲길』, 신상희 역, 나남, 2008, 59~60쪽.

산골로 가자 출출이 우는 깊은 산골로 가 마가리에 살자

눈은 푹푹 나리고
나는 나타샤를 생각하고
나타샤가 아니 올 리 없다
언제 벌써 내 속에 고조곤히 와 이야기한다
산골로 가는 것은 세상한테 지는 것이 아니다
세상 같은 건 더러워 버리는 것이다

눈은 푹푹 나리고
아름다운 나타샤는 나를 사랑하고
어데서 흰 당나귀는 오늘밤이 좋아서 응앙응앙 울을 것이다

-백석, 「나와 나타샤와 흰 당나귀」 전문

그렇습니다. 백석의 말대로, 비록 출출이(뱁새) 우는 산골마을의 마가리(오막살이)에 산다고 할지라도, '세상한테 지는 것이 아니라 세상 같은 건 더러워 버리기 위해서' 나타샤를 기다리며 문학을 할 수 있어야 진짜 시인의 마음이 아닌가요. 이제는 대중적으로 회자하는 백석의 이 감동적인 시를 읽으면 언제나 마음이 숙연해지고 가슴이 먹먹해 옵니다. 아! 나는 말의 진정한 의미에서, 진실로 문학을 위해서 얼마나 치열하게 고투했던가. '세상 같은 건 더러워 버리기 위해서'가 아니라, 문학을 빙의하며 세상 속으로 더 깊게 빠져들어 허우적댄 것은 아니었던가하고 스스로 자성해 봅니다.

우리가 이 힘들고 고통스러운 문학을 고집하며 지금도 밤을 도와 원고지 앞에 앉아 있는 이유는 인간을 끊임없이 억압하는 물신주의나 세속적 욕망으로부터 우리들 자신과 이 세상을 구원하기 위해서가 아닌가요. 찔레는 그 하잖게 보이는 찔레꽃을 피우기 위해 깊고 맑게 제 뼈를 녹여낸다고 합니다. 백석은 스스로 자신을 "이 세상에서 가난하

고 외롭고 높고 쓸쓸하니 살아가도록 태어난 존재"로 인식하면서 생의 마지막 정열을 불태우며 시를 써 나갔다고 하지요. 여기에 더 이상 무슨 보탤 말이 필요하겠습니까. 문학이 힘들고 어렵다고 생각할 때마다 시인 백석과 정지용의 아름다운 영혼과 열정을 생각해 봅니다. 눈이 푹푹 나리는 속에서 흰 당나귀를 타고 내게 다가올 백석과 나타샤를 기다리며, 정지용과 같이 "얼룩백이 황소가/해설피 금빛 게으른 울음을 우는 곳"에서 "전설 바다에 춤추는 밤물결 같은" 문학을 생각하며 오늘도 다시 힘을 냅니다.

4. 다시, 다가서는 문학과 악수를 나누며

아르헨티나의 작가 루이스 보르헤스는 자신의 글쓰기 행위는 오로지 '달'을 찾기 위한 것이었다고 말한바 있습니다. 보르헤스의 글쓰기는 이 세상을 놀라게 할 만한 대단한 일이 아니었습니다. 그는 오직 자기 가슴 속에 담긴 달을 찾아내어서 그것을 그려내야 한다는 어떤 은밀한 의무감에 사로잡히곤 했다고 합니다. 최소한 문학하는 사람들의 글과 마음이란 것은 새로운 세상을 창조하는 위대한 단계에까지 이르지는 못한다고 할지라도 보다 나은 인간으로써의 자기 자신에 대한 구원의 역할은 해야 하지 않을까요. 그것이 문학에 대한 최소한의 예의이고 보람이지 않을까요. 보르헤스는 말합니다.

> 난 공허한 이미지로 그 순수한 출현을
> 감히 더럽히고 싶지 않았다.
> 그것은 형용할 수 없고도 구체적인 것으로
> 내 문학의 저편에 있는 것 같았다.

달이나 혹은 〈달〉이란 말은,
많으면서 하나인, 우리의 존재라는
그 이상한 물건에 대한 복잡한 글쓰기를 위하여
창조된 말이란 걸 나는 안다.

-보르헤스, 「달」 일부

「달」은 복잡한 은유와 현학적 암시로 가득 차 있어서 쉽게 이해되지 않는 시이지만, 지금 우리들에게 진정한 문학의 의미와 가치가 무엇인지를 시사해 주고 있습니다. 범박한 말이지만, 다시 한 번 문학은 오래전부터 삶의 진정한 가치들을 추구해왔고 보여주었습니다. 아름답고 숭고한 감정의 고양, 약한 것에 대한 연민, 이웃에 대한 사랑, 생명에 대한 경외와 존중, 자연과 신에 대한 동경과 기쁨을 느낄 줄 아는 능력, 고통과 슬픔에 대한 겸허한 인내, 인간으로서의 기본적 품격을 갖추는 일 등등의 마음을 가질 수 있게 해 주는 것이 문학이었지요. 지금이 같은 심성이 갈수록 상실되어가는 우리 시대에 이러한 마음들을 회복할 수 있는 길은 오직 문학을 통해서 일 뿐이라는 생각이 듭니다. 문학적 상상력은 인간중심적으로 형성된 온갖 규범적인 관념이나 사고를 초월하기 때문입니다.

여태까지 우리들의 논의를 통해서 이제 문학이란 무엇인가, 우리가 왜 어떻게 문학을 해야 하는가에 대한 답은 부족하나마 어느 정도 드러났으리라 생각합니다. 이 암울하고 삭막한 삶의 상황에서 인간과 사회가 갈수록 비인간화되어가고 폭력적으로 되어 가고 있을 때, 문학마저도 이 세상의 비루함과 야수성과 함께 타락해간다면, 우리에게 무슨 희망이 있을까요. 문학이라는 이름에 기대어 말과 글을 통한 폭력을 일삼고 명예와 권력과 사치를 누리고자 하는 사람들은 이 마지막 희망마저 짓밟는 사람들입니다. 그들의 말과 글은 이 세상을 더욱 어지럽고 혼탁하게 만들 뿐일 것입니다. 우리가 비록 불멸의 언어를 남기지는 못한다 할지라도, 우리의 언어가 이 시대와 세상에 커다란 구원이 되지는 못한다 할지라도, 적어도 헐벗고 고단한 이웃들의 손을 따뜻이 잡아줄 수 있고, 여기저기서 부서져 내리는 자연을 바라보며 분노할 수 있고, 우리들의 마음에 들끓고 있는 온갖 나쁜 욕망과 독선과 아집을 다스릴 수 있는 기능은 해야 되지 않을까요.

문학이 인간과 세상의 구원이 되기는커녕 자기존재의 변명조차 되지 못하는 시대를 살고 있다는 암울한 자괴를 벗어날 수 없지만, 그래도 문학은 다시 다정하고 쓸쓸하게 우리에게 다가와 악수를 청해옵니다. 문학의 운명이란 어차피 이 세상과의 끊임없는 불화(不和)에 대한 자괴와 탄식을 거듭하다가 마침내 황홀한 광휘의 순간으로 다가오는 것이 아니던가요. 어두운 미로 속에서 기약 없는 배회와 고통을 마다하지 않겠다고 다짐하며, 이 운명에 동참하기 위해 서성이고 있는 '한심한 영혼'을 가진 그대들에게 따뜻한 공감과 위로를 건네며 마칩니다.

문학과 녹색사유

1

오늘날 우리 사회에서 가장 많이 사용되는 용어의 하나는 '녹색'과 연관된 단어일 것이다. 국가정책으로서 '녹색성장'이니 '녹색산업'과 같은 말이 사용되고 있고, 문화적으로도 '녹색문화'니 '녹색인식' 등등 녹색이란 말이 넘쳐나고 있다. 정치, 경제, 사회, 문화 등의 거의 전 영역에서 환경문제나 생태문제를 중점적 정책과제나 연구주제로 다루고 있어 '녹색'이라는 말이 등장 하지 않은 분야가 없을 정도라고 할 만하다. 역사상 그 유례를 찾아볼 수 없을 정도로 넘쳐나는 논의에도 불구하고 여전히 지구촌은 산업화가 남긴 후유증과 첨단 기술이 발생시키는 환경문제로부터 벗어나지 못한 채 고통에 시달리고 있다. 환경과 생태에 대한 지속적인 위기의식은 사회적인 문제는 물론이거니와 학문적인 담론의 영역으로까지 발전해서 자연과학은 물론 인문과학에서도 중요한 인식의 태도가 되고 있다. 그러나 녹색이라는 용어의 무성한 사용에 걸맞게 이 같은 용어의 사용과 인식이 제대로 이루어지고 있는지는 극히 의심스럽다. 녹색이란 단어에 담긴 함의가 무릇 자연의 가치를 인정하고 아끼고 보전하며 손상된 자연을 회복시키는 것을 가장 중요하게 생각하는 생태적 태도와 가치를 의미하는 것이라고 할 때, 과연 최근의 녹색 담론과 인식이 그 이름에 값하는 것일까?

실제 많은 생태학자들이 우려하는 대로, 현재의 상황은 일상적 삶 자체가 위협받고, 인류와 생명체들의 미래가 보장되지 않는 생태계의 위기이다. 그러나 환경과 생태문제를 둘러싼 담론이 전 지구적 과제로 등장하게 된 것이 최근의 일은 아니다. 서구의 근대 자본주의와 기술문명이 발달함에 따라 생태계 파괴, 인간정신의 황폐화 등의 문제점을 낳게 되면서 심각한 환경과 생태위기를 초래하였다. 인간이 만물의 영장이라는 인식을 바탕으로 인간이 자연보다 우월하다고 생각하는 인간중심주의적 사고는 자연을 열등한 것으로 간주하여 인간이 자연을 이용가치와 개발의 수단으로만 생각하게 하였다. 오늘의 생태위기의 핵심은 바로 이러한 인간중심주의적 사고에서 기인한 것이라 할 수 있을 것이다. 그러나 생태론적인 관점에서 본다면 자연이 인간의 소유물일 수는 없다. 오래 전 과거로부터 생존해온 인간들의 것이며 오랜 후 미래의 인간들을 위한 공유물일 따름이다. 그럼에도 불구하고 인간은 자연을 자신들의 눈앞의 소유물로 착각하고 무분별하게 훼손하고 개발했기 때문에 오늘날과 같은 생태적 위기를 낳게 된 것이다. 늦게나마 '오래된 미래'를 걱정하고 생태 윤리에 입각해서 새로운 삶의 비전을 열어 나가고자 하는 일련의 담론을 전개하는 것은 정말 값진 일이 아닐 수 없다.

그런데 생각해 보면, 자연이나 환경에 대한 담론은 문화적 인식을 통해 얻어지는 사유이며 개념이라 할 수 있는 것이다. 그것은 현상 세계에 하나의 독자적 대상으로 존재하는 것이 아니라 언어와 문화가 복합적으로 만들어 놓은 가치이기 때문이다. 이런 의미에서 생태학자들은 환경 보호와 생태위기 극복을 위한 여러 담론의 필요성을 규제적 담론, 과학적 담론, 시적 담론으로 나누어 정리하면서, 이 세 개의 담론이 상호 보완적 관계를 맺어야 함을 강조하고 있다.[1] 환경 보호를 위한 정책적 담론을 의미하는 규제적 담론이나 환경 과학자들의 담론이라 할 수 있는 과학적 담론에 대해서는 이 자리에서 더 이상 논의할 여지가 없는 것이지만, 여기서 우리의 관심을 끄는 것은 시적 담론이다. 시적 담론이란 예술가나 문학가들이 자연의 가치나 아름다움에 대하여 가지는 담론을 의미한다. 생태학적 논의에서 시적 담론이 특히 강조되어야 하는 이유는 문학 장르가 다른 어떤 예술 장르보다 커다란 상상력을 요구하며, 특히 시에서의 상상력은 인간중심적으로 형성된 합리적이고 규범적인 것으로 인식되는 관념이나 사고를 초월하기 때문이다. 철학자 하이데거(Martin Heidegger)의 표현대로 시는 만물을 향해 열려있는 '신화적 상상력'에 근거하고 있기 때문에 인간언어가 근원적으로 지니고 있던 풍요로움을 부활시켜 준다.[2]

자연과 환경 문제를 다루는 시적, 문학적 담론에 관한 용어가 국내외를 막론하고 아직 통일된 형태로 나타나고 있지는 않다. 한때는 생태주의 문학 혹은 문학 생태학 등의 용어로 사용 되다가 최근에 이르러서는 녹색 문학, 녹색 시학이라는 등의 말로 사용되기도 한다. 그러나 중요한 것은 어떠한 용어를 사용하느냐가 아니라 어떠한 태도와 인식으로 문학과 자연과 환경을 생각하느냐하는 것이다. 문학과 자연의 관계 혹은 문학의 생태학적 인식이 중요한 의미를 가지는 것은 인간의 모든 자연 파괴와 물질문명을 극복하고 자연과 더불어 조화롭게 살 수 있도록 정치적 사회적 문화적 변혁을 기도할 수 있는 녹색의 이념으로

1 김욱동, 『문학생태학을 위하여』(민음사, 1998), 29-30쪽.

2 Laurence Coupe, "Introduction: The Earth, Memory and the Critique of Modernity," *The Green Studies Reader: From Romanticism to Ecocriticism* (Routledge, 2000), 64-65쪽.

작용할 수 있기 때문이다. 위에서 하이데거가 시사해주었듯이, 훌륭한 문학의 기능은 사물과 존재의 본성을 잘 이해하고 생명의 온전한 발현을 존중하는 정신을 바탕으로 한다. 문학의 주요한 특성은 그것이 지식과 깨달음을 주는 이외에 감성을 계발하고 훈련시킨다는 것이다. 따라서 녹색의 이념에 충실한 문학은 녹색미학의 아름다움에 대한 민감한 감성을 자극하고 녹색의 가치를 일깨워줌으로써 과학기술문명이 야기하는 삶의 황폐화에 대한 면역으로 작용할 수 있다. 이러한 감각과 미학의 건강성 회복이 녹색이념에 기여하는 녹색문학의 방식이다. 따라서 존재하는 모든 것들에 대한 사랑과 연민, 그리고 경외감은 녹색문학의 근본정신이면서 동시에 녹색 상상력의 동력일 수도 있다. "사람들은 자연을 훼손하여 자신들의 삶의 터전을 허물면서 문학이 설 자리도 함께 허물어 간다. 이런 상황에서 녹색이념이 우리 시대의 피할 수 없는 당위라면, 그 본질이 녹색인 문학 또한 당위일 수밖에 없다."[3]

2

생태위기는 근본적으로 근대 자본주의의 출발과 더불어 발생한 문제이다. 산업사회의 발전과 더불어 환경오염과 생태계 파괴에 대한 관심이 고조되면서 삶의 위기가 현실로 나타나게 되고, 이 같은 관심은 우리의 삶의 양태에 대한 전면적인 반성을 불러일으키는 계기를 만들게 되었다. 생태계 파괴가 인간은 물론 모든 생명체의 생존 자체의 문제로 대두되고 있는바. 자본주의와 운명을 함께 할 수밖에 없는 생태환경의 문제를 해결하기 위해서는 그에 상응하는 보다 깊이 있는 인간

3 이남호, 『녹색을 위한 문학』 (민음사, 1998), 61쪽.

정신의 탐구와 실천적 논의가 요구되어야 할 것이다.

많은 생태론자들은 오늘날의 생태위기가 인간중심주의와 기계론적 세계관에 따른 당연한 결과라는 지적을 하고 있다. 주지하듯이 인간중심주의와 기계론적 세계관이란 서구의 전통적인 존재론에 그 뿌리를 두고 있다. 존재론의 핵심 개념인 실재 세계란 인간과 독립해 존재하는 것으로 간주된다. 계몽주의적 세계관이 등장하면서부터 이성적 존재로서의 인간은 자연을 이용하여 자신을 발전시키고 행복을 얻을 수 있다는 인식을 하게 되었다. 이성을 바탕으로 하여 발전된 과학과 기술을 통해 자연을 분석하고 이해하며, 그것을 바탕으로 인간의 삶을 발전시켜 온 것이다. 17세기 이후 오늘날에 이르기까지 인간을 지배해 온 세계인식의 방법이 철저히 개체론적 입장이었음은 이 같은 사실을 잘 말해준다. 개체론적 사유란 나와 타자를 철저히 대립적인 입장에서 파악하는 인식이다. 인간과 자연, 인간과 인간 사이에 존재하는 이런 사유방식은 자연을 도구적 가치나 목적적 가치의 대상으로 여기게 되었다. 이를테면 계몽주의의 대표적인 사상가라고 할 수 있는 데카르트는 물질과 영혼을 이원론적으로 엄격히 구분 지운다.[4] 그는 물질과 영혼의 이원적 태도에 기반 하여 각각을 실체로서 인정하고 서로에 대한 침투 불가능함을 이야기 한다. 인간은 영혼과 정신을 가지고 있기 때문에 자연을 지배하는 위치를 차지하고 있지만, 영혼과 정신이 없는 동물은 한낱 자동 기계에 지나지 않는다고 생각한다. 기계 이미지와 함께 데카르트가 자주 쓰는 밀랍의 이미지도 마찬가지이다. 인간은 자신이 원하는 대로 밀랍에게 형체를 부여할 수가 있다. 서구에서 인간을 만물의 영장으로 보고 자연을 정복하며 우주만물에 대한 지배권을 당연시하는 태도는 바로 창세기에 조물주가 우주의 만물을 만든 기록에 뿌리를 두고 있다고 할 수 있다. 데카르트는 창세기에 기록된

4 데카르트, 『철학을 위한 원리』, 원석영 역 (아카넷, 2002), 67쪽.

이런 내용들을 더욱 발전시킨 것이다. 계몽주의 시대이래로 오늘에 이르기까지 자연과 인간관계에 관한 서구사상의 기조는 자연과의 조화로운 삶보다는 자연을 정복함으로써 인간의 욕구를 충족시키는 수단으로 여겨왔다.

개체론적 사유에 대한 반성으로 나타난 것이 관계론적 사유의 방식이다. 관계론적 사유란 인간을 포함한 모든 존재를 상호관계의 구도 속에 파악하는 것이다. 한마디로 자연을 비롯한 모든 생명체는 그 자체의 내재적 의미와 가치 속에서 존재케 된다는 것이다. 또한 이 내재적인 가치는 개체와 개체, 개체와 전체가 서로 관계 맺는 가운데 고양될 수 있다. 이를테면 데카르트의 원자적 자아에 대항하여 전체론적인 자아를 주장하는 스피노자의 철학이나 동양사상, 특히 불교와 같은 종교에 담긴 사상은 데카르트적인 자아를 뛰어넘어 자연의 만물과 스스로를 동일시하는 보다 포괄적이고 우주적인 자아의 가능성을 발견 한다.

오랜 세월동안 서구의 사유체계가 고착시켜 온 자연과 인간, 문명과 야만, 남성과 여성이라는 이분법적이고 개별적인 인식을 타파하고 역동적이고 창조적으로 균형을 유지할 수 있는 인간 공동체의 실현은 인간중심주의와 기계론적 합리주의로는 불가능한 일이다. 이 지구상의 모든 인간과 사물, 그리고 인간과 인간이 서로 화해하고 공존할 때 가능할 수 있는 일이다. 오늘날과 같은 소비 만능의 고도 자본주의와 생태 파괴적인 과학기술의 발달에 의한 인간중심주의는 필연적으로 비인간적인 투쟁과 생명 파괴의 현상을 낳을 수밖에 없는 것이다. 인간이 만물의 영장이라는 생각은 인간이 정복자의 관점에서 하는 지극히 이기적이고 자의적인 주장이다. 신의 피조물들 중에서 인간이 가장 우위에 있고 그 다음에 자연이 있다는 서열화를 통하여 자연을 지배하고 군림하려는 생각이 오늘날의 모든 생태계의 문제를 유발한 본질이다. 인간과 인간, 인간과 자연 사이의 단절된 사고는 갈수록 우리의 삶의 환경을 황폐화시킨다는 사실이 명백하게 밝혀지고 있다. 이러한 관심은 넓게는 20세기 들어 서구 문명의 패러다임의 변화와도 그 맥락을 같이 한다. 오늘날 서구 과학의 전통적인 초석들은 점차적으로 붕괴되어, 확실성이나 객관성에 바탕한 결정론적 기계론적 사고의 가치가 와해되고 유기체적인 세계관이 부상하고 있다.

인간 중심적 태도를 버리고 인간과 자연의 유기체적 조화와 질서를 추구하는 것은 적극적 의미의 생태적 인식이라고 부를 수 있을 것이다. 진정한 생태적 인식이란 인간에게 종속된 것으로 여기고 정복하고자 했던 자연을 그 자체로 인정할 수 있어야 하고, 인간 자신만의 이익을 자제하면서 타자의 이익을 위한 행동을 실천할 수 있음을 의미 한다. 여기서 생태학적 실천은 인간의 윤리적 차원의 문제로 발전하게 된다. 그래서 한스 요나스(H. Jonas)는 과학기술의 무분별한 확장으로 인하여 환경과 생태계가 파괴되었으며, 그로 인하여 인류의 생존까지도 위협받게 된 상황을 주목하면서 인류의 미래를 위한 '책임의 원리'(Principle of Responsibility)를 부각시킨다.[5] 아울러 요나스는 자연에 대한 인간의 경외심을 재현함으로써 현대인의 생태학적 실천을 이끌고자 한다. 자연을 망치면 인간의 자유도 망쳐질 수 있다고 역설하면서, 모든 인간행위가 지상의 진정한 인간적 삶의 지속과 조화를 이룰 수 있는 것이어야 한다고 주장한다. 신마저도 어찌할 수 없을 것같이 보이는 생태계의 파괴를 바라보면서, 요나스는 '자연으로 돌아가라'는 낭만주의적 발상을 거부한다. 환경오염과 같은 부작용은 기술에 의해 산출되었지만 결국 기술에 의해 해결될 것이라는 낙관적 개량주의도 반박한다. 인간에 의해 야기된 위험은 궁극적으로 인간에 의해서만 해소될 수 있지만, 그것은 인간도 역시 자연의 일부라는 사실을 인정하

5 Hans Jonas, *The Imperative of Responsibility* (Univ. of Chicago Press, 1984), 136-138쪽.

는 생태적 태도를 통해서만 가능하다는 것이다. 요나스는 후세대에 대한 책임을 인간과 공생의 관계에 있는 자연생태계와 밀접하게 연관시키면서 과학기술을 책임 있게 사용할 것을 거듭 강조한다. 우리들 다음 세대에 대한 배려는 과학기술시대에 인간의 의무가 되었다. 이같은 배려는 인간에 대한 배려일 뿐 아니라 이 지구상의 자연에 대한 배려이기도 하다.

이러한 의미에서 오늘날의 생태계 위기를 극복할 수 있는 대안적 사고로서 운위되는 우주공동체적 세계관은 상당한 설득력을 가진다. 인간과 자연, 혹은 인간과 인간 사이의 단절된 세계관을 부정하는 자리에서 우주공동체적 세계관이 나올 수 있는 바, 이 세계관 속에서는 이 지구상의 모든 인간과 자연이 다 같은 동반자로서 공동체의 일원이 된다. 여기서 말하는 우주공동체란 우주 전체가 하나의 살아 있는 유기체임을 뜻하는 의미이며, 우주 전체에 존재하는 모든 것은 무생물에서부터 인간까지 모두를 포괄하는 개념이다. 우주공동체의 관점에서 보면 벌레, 별, 바위 등등의 생물체에서부터 이른바 만물의 영장이라고 하는 인간까지 모두 하나의 유기적 관계의 그물로 연결되어 있는 것이다. 인간 아닌 다른 피조물들도 인간과 대립해야 하는 개념이 아니라 하나의 이웃이다. 시애틀의 한 인디언 추장은 다음과 같이 주장한다.

> 우리에게는 이 땅의 모든 부분이 거룩하다. 빛나는 솔잎, 모래기슭, 어두운 숲 속 안개, 맑게 노래하는 온갖 벌레들, 이 모두가 우리의 기억과 경험 속에서는 신성한 것들이다. (…) 우리는 땅의 한 부분이고 땅은 우리의 한 부분이다. 향기로운 꽃은 우리의 자매이다. 사슴, 말, 큰독수리, 이들은 우리의 형제들이다. 바위산 꼭대기, 풀의 수액, 조랑말과 인간의 체온 모두가 한 가족이다.[6]

6 김종철 편, 『녹색평론선집 1』(녹색평론사, 2002), 17쪽.

시애틀 인디언 추장의 발언에는 무엇보다도 세상만물은 하나로 연결되어 있으며, 그래서 인간과 자연만물은 공존해야한다는 의식이 담겨 있다. 따라서 인간이 만물의 중심이라는 사고가 아니라 인간이나 자연계의 모든 생명체는 근본적으로 평등하다는 사고이다. 이런 입장으로는 인간이 뭇 생명을 함부로 지배하거나 정복하고 더 나아가 파괴하는 것은 결코 있을 수 없는 일이다. 인간이 지배와 정복의 개념으로 자연과 환경에 대하여 저지른 오염과 파괴는 결국 인간에게 되돌아와 인간의 생존을 위협하는 현실이 된 것이다.

3

20세기 영국의 대표적인 작가의 한사람인 D. H. 로렌스(Lawrence) 문학의 주요한 정신도 생태학적 인식에서 출발한다. 로렌스는 그의 시와 소설, 그리고 에세이 곳곳에서 모든 인간은 평등해야 하며, 인간과 자연의 관계에서도 인간 중심적이기 보다 모든 생명체의 가치는 동등해야 한다고 역설한다. 또한 유기적인 관계 속에서 자연과 인간이 조화를 이룰 때에만 공생이 가능하다고 주장한다. 이러한 로렌스의 생태적 사유는 위에서 언급한 녹색의 이념과 맞닿아 있다. 특히 로렌스의 문학은 20세기 들어 현대 문명에 대해 근원적 반성을 하면서 예언적인 진단과 비전을 제시했다는 측면에서 그 의의와 가치를 더욱 크게 인정받지 않을 수 없다.

로렌스는 우주에서는 하나의 '낟알'도 아름다운 생명이고 우주의 일부가 된다고 주장한다.

이슬이 우주의 어둠과 접촉하는 것은 얼마나 유연한 일이며,

> 어두운 꽃잎을 가진 광활한 보이지 않는 장미처럼 얼마나 굴곡과 겹침으로 가득 찼는가! 그것은 모든 신보다도 더 충만하고 위대하지 않은가. 우주의 위대한 장미는 내 주위에 기대 있고, 나는 그것의 일부다. 나는 우주의 향기의 낟알과 같고, 그 여자는 우주의 아름다움의 낟알이다. 이제 세계는 여러 꽃잎을 가진 어둠의 꽃이고, 나는 그것에 접촉한 듯 그 향기 속에 있다.[7]

만물의 영장으로 치부하는 인간도 사실은 거대한 우주 속에서 하나의 낟알이고 하나의 꽃잎에 불과 한 것이지만, 이것은 우주와 하나가 되어 소중한 관계를 맺게 된다. 우주와 인간, 자연과 인간에 대하여 가지는 관계론적 혹은 유기체적인 세계관이 바로 생태학적 인식이며 녹색사유의 본질이라 할 수 있을 것이다. 이같은 사유를 바탕으로 하는 문학작품은 인간과 다른 생명체 사이의 평등을 노래함으로써 인간과 자연의 본성과 가치를 추구하며, 동시에 다른 존재들과의 관계 속에서 생명의 가치와 위상을 살펴 그 중요성을 문학적 상상력 속으로 구체화하게 된다. 다시 말해서 생태학적 인식을 갖춘 문학은 모든 존재가치의 평등성과 관계성을 바탕으로 한 세계 인식을 전제로 하고 있는 것이다. 생태학적 비전은 우주적인 인식에서 이루어지는 것이며, 더 나아가 인간의 삶을 우주적인 맥락에서 조망하는 것이다.

로렌스 문학의 생태적 인식을 좀 더 구체적으로 확인하기 위해서는 작가가 이 우주 속의 '작은 것'들에 대해 가지고 있는 관심을 눈 여겨볼 필요가 있다. 오늘날 생태학자들이 흔히 사용하는 표어인 "작은 것은 아름답다"라는 말에서도 시사 받을 수 있듯이, 생태계에서는 큰 것이라고 하여 존중을 받고 작은 것이라고 하여 천대를 받지 않는다. 크기와 상관없이 모든 것들은 그 나름대로의 존재이유가 있기 때문이다.

7 D. H. Lawrence, "The Man Who Died," *The Complete Short Novels* (Penguin Books, 1982), 597쪽.

이러한 관점에서 보면 인간이 낟알이나 꽃잎, 이슬이나 장미와 같은 것과 크게 차이가 없다. 이 지상의 모든 것들은 한결같이 생태계의 한 구성원에 지나지 않는다. 이 땅에 존재하는 모든 것들이 가족과 같은 하나의 구성원이라는 생각, 로렌스의 이러한 인식은 결국 생명은 하나라는 결론에 이르게 된다. 로렌스가 "우리는 육체로서 생명의 일부인 우주의 화신으로서 살아있음을 기뻐하며 춤추어야 한다. 나의 눈이 나의 일부인 것처럼 나는 태양의 일부이다. 내가 대지의 일부라는 것을 내 발은 잘 알고 있다. 그리고 나의 피는 바다의 일부이다."[8]고 했듯이, 모든 인간은 우주와 일치됨으로써 진정하게 살아있는 관계로 확장된다. 실제로 생태론적 인식의 핵심은 생명에 대한 존중이라 할 수 있을 것이다. 모든 생명은 살아서 움직이고, 그 고유의 속성에 따라 생성하여 변화하고 소멸의 과정을 겪는다. 이 과정은 모든 생명체에게 해당되며 생명의 가치는 동등하다. 모든 생물들은 각각의 생존권을 지니고 있으며, 그 자체가 하나의 우주를 이루고 있다. 말하자면 모든 생명체는 고유의 가치를 지니면서 생명의 연쇄적 사슬을 이루고 있는 것이다. 이 사슬을 이루고 있는 생명체는 서로 상보적인 관계의 체계를 이루고 있기 때문에 어느 하나라도 없어진다면 생명체들 사이의 관계는 와해된다. 따라서 인간은 이 지상의 나뭇잎과 꽃들 하나하나의 소중한 생명들을 새롭게 인식하고 죽음과 같이 경직되고 기계적인 움직임과 감정으로부터 거듭 태어나야 한다.

생태적 상상력에서는 모든 생명현상은 순환구조에 의한 연쇄이다. 생태계의 원리를 순환구조로 인식하는 것은 생명현상과 상호관계를 맺으며 무기적인 것들로부터 유기적인 것들에까지 전체적으로 이어진다. 세상의 모든 존재는 순환을 거듭한다. 이는 살아 있는 것들이 죽음을 통해 다른 살아있는 것들에게로 돌려주는 원리를 통해서 확인된

8 D. H. Lawrence, *Apocalypse* (Penguin Books, 1977), 126쪽.

다. 생성과 죽음, 죽음과 부활, 밤과 낮, 봄과 여름의 순환 고리로 이어지며 생명현상은 계속된다. 앞서도 살폈듯이, 로렌스의 「죽었던 남자」에서 죽었던 남자는 봄이 되면 무덤에서 부활하게 되고, 여름에는 농부 집에서 태양열로 상처를 치유하고, 여사제를 만나 결합을 이룬다. “나무에서 오얏나무 꽃잎이 떨어지고, 수선화의 시절이 지나가면 아네모네 꽃이 들판에 만발했다가 사라지고, 콩밭의 향기가 대기 속에 가득했다. 모든 것이 변했다. 우주의 꽃들은 꽃잎의 모양이 변해서 다른 방식으로 모습을 드러내었다.” 이 작품에서 로렌스는 시간의 연속 속에 만물의 생성과 소멸이 반복된다는 순환론적 사유의 한 방식을 보여준다. 모든 존재는 소멸됨으로써 다른 생성물의 에너지가 되고 또 새로운 생성물로 존재하게 되는 거와 마찬가지로 인간 역시 이런 순환의 과정을 밟는다는 의식이 자리해 있다. 자연의 다른 존재들과 마찬가지로 인간 역시 똑같은 위치에서 생태적 순환질서 속에 자리하고 있는 것이다.

4

생태적 순환질서 속에서는 모든 것들이 공존한다. 그러므로 생태계에서 무엇보다도 중요한 일은 다른 피조물들과 함께 사는 방법을 배우는 일이다. 만약 공생의 원칙이 없다면 생태계는 균형과 조화를 잃어버릴 수밖에 없다. 물론 생각해보면 순환질서에 의존한 세계관은 인간의 생산 활동을 주로 자연 질서에 의존했던 농경시대의 산물이라고 이야기 할 수 있을지 모른다. 이른바 후기산업사회 혹은 정보화 시대라고 불리는 오늘의 현실에 이르러서는 순환질서에 따라 생태환경의 원리를 파악하고자 하는 의식이 거의 눈에 띄지 않는다. 오늘의 도시 중심의 삶의 현실에서는 자연과 함께 생활하며 농업 생산양식에 의존하던 시대와는 달리 실제로 죽음과 부활, 소멸과 생성의 순환의식이 거의 남아 있지 않은 것이 사실이다. 순환의 질서가 여전히 전체적인 생태환경을 규정하고 지배하고 있기는 하지만 좀 더 간접화되어 인간의 눈에 잘 띄지 않는 곳으로 한껏 물러나 있는 것이 오늘의 현실인 것이다. 산업혁명 이래 근대적 생산양식의 변화로 인해 순환구조로서의 생태환경은 함부로 파괴됨으로써 인간과 자연 사이에 지금까지 존재하지 않았던 적대적 모순관계가 생기게 되었다는데 비극이 있다.

이런 관점에서 보면, 현대의 생태 위기는 의식의 혁명과 정신의 개혁 없이는 해결될 수 없다고 주장하는 심층생태론자들이 동양의 종교와 사상에 주목한 것은 당연하다. 심층생태론자들은 그동안 주도적으로 인간사유를 지배해온 서구의 전통에 대한 대안으로 소크라테스 이전의 자연철학자들, 스피노자, 화이트헤드 등의 철학에 눈을 돌리는 한편, 동양의 사상과 종교, 특히 불교와 도교의 사상에 주목한다. 이들은 서양 전통보다는 동양의 전통이 만물의 유기적 통일성과 생태적 평등주의를 강조하고 있으며, 인간들이 스스로만 중요하다고 생각하는 환상에서 깨어나 보다 성숙한 지혜를 가질 수 있게 한다고 주장한다.[9]

지금까지의 논의에서도 알 수 있듯이, 생태적 인식을 바탕으로 녹색사유를 해야 하는 이유는 인간과 자연, 인간과 우주 사이의 보다 나은 관계, 보다 올바른 관계를 모색하고 정립하는 데 초점이 있다. 여기서 말하는 올바른 관계라는 것은 자연과 인간의 참다운 조화와 균형의 관계, 즉 참다운 공동체의 관계를 형성한다는 것은 말할 나위가 없다. 그것은 이 지상에 존재하는 모든 생명 현상과 사물들 사이의 좀 더 본원적인 관계에 대한 깊이 있는 탐구 속에서 이루어져야 함은 물론 이다.

9 Bill Deval, Eds., *Deep Ecology: Living As If Nature Mattered* (Gibbs Smith, 1985), 100쪽.

오늘의 생태적 노력이 눈앞의 공해나 오염문제와 같은 단기적이고 미시적인 과제에 주목하고, 그것의 폐해를 고발하고 질타하는 차원에 그쳐서는 안 되는 이유도 여기에 있다. 지금까지의 인간과 자연의 관계를 고려하여 보다 본질적이고 근본적인 변화를 지향해야 하는 당위성이 요구되고 있다는 뜻이다. 자연계의 모든 생명체는 모두 내재적이고 본질적인 가치를 지니기 때문에 자연과 모든 피조물에 대한 존중심과 '생명중심적 전망'(biocentric outlook)을 가지는 태도가 무엇보다 중요하다. 생명중심적 전망을 가질 때에야 인간중심주의로 인하여 파괴된 생태계를 새롭게 회복할 수 있을 것이다. 자연이 의미하는 바가 무엇이든, 우리는 인간이 자연과 어떻게 조화를 이루어야 할 것인지를 결정해야 하고, 사회와 자연이 맺는 관계에 대해서도 답을 해야 한다. 이러한 문제에 대한 답변도 하지 못하고 충분한 논의도 하지 못한다면 우리들은 환경문제에 대한 윤리적 방향을 상실하고 말 것이다.

그러나 생각해보면, 인간중심주의를 비판하고 경계해야 하는 것도 궁극적으로 인간 자신이 할 일이다. 인간과 자연의 관계를 새롭게 정립하고 오늘의 생태환경의 문제를 극복해야 하는 주체는 결국 인간이며, 왜곡된 생명의 순환질서를 바로잡고, 그에 따라 삶의 구조를 재편하는 일도 역시 인간의 몫인 것이다. 생태론자들은 자연과 인간의 본질적 조건과 관련하여 여러 가지의 소중한 교훈을 우리에게 주고 있지만, 무엇보다도 중요한 것은 세계관의 문제, 세계인식의 문제이다. 무엇이 인간다운 삶인가, 혹은 어떤 사회가 진실로 인간다운 사회인가 하는 것에 대한 기준이 없을 때 서구의 근대적 발전사관이 낳은 위기 상황을 근본적으로 극복할 수 있는 길은 존재할 수 없다.

과학기술시대의 삶과 문학

1

현대의 과학과 기술은 하루가 다르게 엄청난 속도로 진보와 발전을 거듭하고 있다. 과학기술이 시시각각 새로운 차원에 도달함으로써 우리의 삶의 상황도 본질적으로 변화되고 있음을 느끼며 살아가게 된다. 과학기술의 모든 체계들이 인간의 삶의 한가운데에 자리 잡고 인간의 행위는 물론이려니와 사고와 의식까지 지배하게 되면서, 우리는 과학기술시대에 살아가는 것을 피할 수 없는 운명으로 생각하기에 이른 것이다. 그러나 현대의 과학기술의 수준과 힘이 엄청난 것이라고 해도, 이것이 인간의 삶의 바탕과 우리가 살아가고 있는 세상과 우주의 근원을 모두 해명해주는 것이라고 할 수는 없다. 과학과 기술문명의 힘에 의해서 인간은 분명히 과거보다는 풍요롭고 편리한 삶을 누리고 있지만, 오늘날 우리가 체험하고 있는 과학기술과 자본의 논리에 내재한 논리의 결과는 갈수록 인간적 사회적 자연적 위기를 증가시키고 있고, 이러한 상황은 결국 인간의 삶을 인류사에서 유례를 찾을 수 없는 총체적 위기의 상황으로 이끌어 가고 있기 때문이다.

과학기술문명의 발달은 인간 생존의 조건과 직접적으로 관련된 것임으로 그 위력이 인간을 그야말로 만물의 영장이 되게 했다는 점에서 결코 간과할 수 없는 의의를 지니고 있다고 할 수 있다. 또한 과학기술문명이 인간의 지식과 삶의 진화에 기여한 긍정적 영향마저 모두 부정될 수는 없을 것이다. 이를테면 인간 지식의 발전 과정을 말 그대로과학화시킴으로써 자연과학을 위시한 학문의 제 분야에 획기적 이론을 수립케 하고 원리와 법칙성에 바탕한 탐구를 가능케 했다든가, 과학기술이 발생하기 이전 단계의 인류의 물질적 미개상태에 비해 엄청나게 다양하고 편리한 인간생활을 가능케 했다는 사실들은 모두 기술문명의 결과였다고 할 수 있을 것이다. 그러나 과학과 기술이 산업혁명기와 19세기 후반부터 밀접하게 결합하게 되고, 더 나아가 과학기술문명이 압도적으로 지배하는 현대사회가 출현하면서 과학기술의 발전에 따른 문제점은 인류가 상상치 못한 단계에까지 이르게 된다. 인간은 과학기술과 산업화를 통해 인간의 상태를 넘어선 초인의 단계에 도달케 되었지만, 인간 능력은 스스로를 괴물로 만들 가능성까지 동시에 드러내고 만 것이다.

과거에 비해 과학기술이 가져온 수많은 이기와 다양한 편의들로 인해 현대 인간은 모두 과학과 기술공학을 만능으로 믿으며 그것이 인간의 삶을 풍요롭게 해주는 유일한 수단으로 알고 있다. 마치 과학기술문명이 인간의 편리만을 위해서 모든 것을 마련해 나가는 것으로 여기고 있는 것이다. 이러한 편의의 증대에 사로잡혀 사람들은 그것으로 인해 봉쇄되고 희생되는 다른 일체의 가능성과 소중함을 잊어버리게 되었다. 과학기술에 대한 맹신으로 인해 우리가 희생시켰던 수많은 것들, 이를테면 우리의 정신세계를 지탱해주는 감정과 상상력의 훼손, 오랜 세월동안 인간 삶의 근원으로 존재해 왔던 농촌사회의 붕괴와 공동체 의식의 상실, 자연의 파괴와 생태계의 위기 등등을 우리는 오늘날 너무나 쉽게 간과하고 있는 것이다. 인간에 의해서 만들어진 과학기술의 체계들은 그것이 거꾸로 인간의 삶을 본질적으로 바꾸어 놓았지만 과학과 기술의 미래와 그 발전방향에 대해서는 거의 무관심한 듯하다. 이러한 문제에 무관심하다는 것은 우리의 미래의 삶과 운명에 대해 눈감겠다는 것과 다를바 없는 태도이지만 현대인들은 이러한 문제의 제기 자체를 두려워하고 있는 것이다. 그래서 과학기술시대에서 우리들 행위의 궁극적인 목적과 한계에 대한 인식의 부재는 오늘날 현대문명의 한 특징으로까지 간주되기에 이르렀다. 이런 의미에서 현대야말로 인간의 사고와 감정이 가장 위축된 시대이며, 따지고 보면 현대산업사회의 핵심적 위기의식의 근원도 삶의 본질적 의미와 가치를 생각하기 싫어하는 데에서 비롯된다고 할 수 있다. 이러한 인식의 부재는 현대인들을 끊임없이 상품과 소비의 세계로 몰아가고 인간 에너지를 온갖 저급한 욕망과 경쟁 속에 내던지도록 강요하고 있는 것이다.

산업사회 속에서 인간 욕망의 구체적 성격이 어떠한 것인가를 따져보는 작업은 사회학이나 심리학에서 다루어질 까다로운 과제이지만, 자본주의 사회에서 인간의 욕망이라는 것이 대체로 상품소비체제와 연관되어진 것이라는 사실은 우리가 쉽게 이야기할 수 있을 것이다. 자본주의 체제가 본질적으로 상품을 통한 이윤 추구를 근본동기로 하고 있는 만큼 인위적인 수요를 극대화하고 그럼으로써 인간들의 소비에 대한 욕망을 끊임없이 부추기기 때문이다. 말하자면 자본주의 시장경제체제는 다분히 인간적 목적이라기보다는 이윤 추구의 수단으로 기능하면서, 인간 사이의 관계를 착취적 억압적 경쟁관계로 만드는 것이다. 물론 자본주의 사회에서 이윤 추구가 배제될 수는 없고 또 그로 인해 개인적 국가적 부의 증대도 이루어 질 수 있다. 그러나 그렇다고 하더라도 그것이 착취적 억압적 관계 속에서 경쟁적으로 이루어지고 있기 때문에 인간관계는 파괴되고, 더 나아가 주체적 인간 품성마저도 손상 받게 되는 것이다. 그래서 과학기술이 압도하는 산업화시대에서 인간의 대부분의 의사결정은 주체적인 개인의 판단과 주관에 의해서 이루어지고 있다기보다는 다분히 수동적 피동적으로 이루어지고 있다고 해도 과언이 아니다. 예컨대 상품소비사회의 상징으로 여겨지는 백화점의 다양한 물건들 중에서 우리가 하나의 상품을 골랐을 때, 그 선택이 우리의 주체적인 의사에 의해서 이루어졌다고 생각되기 쉽지만 기실 그것은 그 백화점이 행한 광고, 진열, 포장 등의 영향에 의해서 이루어진 강요된 선택이기 쉬운 것이다. 또한 백화점에 진열된 수많은 물건들을 보고 오직 충동적 욕망에만 사로잡혀 그것들을 사는 것과 그러한 욕망을 억제하는 것과는 엄청난 차이가 있다고 할 수 있다. 하나는 자본주의 상품소비사회에서 무의식적으로 자신을 피동적 소비자로 인정하는 것이고 다른 하나는 이를 거부하는 것이다. 이러한 거부나 억제의 행위는 스스로가 자본주의 사회에서 피동적으로 이끌려가는 소비자가 아니라 주체적인 인격을 가진 책임있는 인간임을 보여주는 것에 다름 아닌 것이다. 상품소비사회에서 우리는 일견 주체적 삶을 누리며 자유롭게 살아가는 듯하지만 대부분 주체적 인간품성이 상실된 채 피동적 수동적 삶을 살아가고 있다고 할 수 있다.

여기서 우리는 과학기술과 산업문명의 경쟁적 발전이 과연 진정한 의미에서 인간과 삶에 얼마만한 기여를 해왔는가 하는 의문을 다시 한 번 가지지 않을 수 없다. 오늘날 이 지구상에서 인간의 일이 그렇게 많은데도 계속된 기술경쟁 속에서 인간의 욕망을 끊임없이 자극하는 소비재 상품의 대량생산이 그렇게 중요한 일이며, 그리고 현재의 상태로도 모자라 인간의 지능, 판단력, 심미감까지 대신할 수 있는 컴퓨터를 만드는 일이 인간 삶을 위해서 그렇게 의미있는 일이 될 수 있을까. 문제는 이들이 벌이는 과학기술 경쟁 그 자체가 아니라 이러한 물질적 발전과 경쟁이 결국 우리의 정신세계를 파멸시키고 우리의 삶의 터전을 파괴하고 있다는데 있다. 이를테면 오늘날 전자화 정보화 시대의 총아로 여겨지는 컴퓨터는 이러한 전범을 보여준다고 할 수 있다. 컴퓨터는 기억이나 정보의 처리 능력 등에 있어서 인간보다는 뛰어나다는 이점 때문에 오늘날 많은 사람들이 컴퓨터에 의존하고 있지만, 이를 이용하는 인간은 결과적으로 그러한 기능에 의존하게 되면서 인간 스스로의 능력을 도태시키고 있다는 사실을 생각하지 못하고 있다. 컴퓨터는 우리로 하여금 어떤 인식의 단계를 생략하고도 결과를 얻게 해줌으로써 컴퓨터 기억장치의 효율에 의존하는 습성은 모든 일에 있어서의 단계와 과정보다는 결과만을 중요시하는 사고방식을 조장케 되는 것이다. 결국 이러한 사고방식은 인간 자신의 주관적 판단의 가능성을 봉쇄하고 인간도 궁극적으로 거대한 기계복합체의 부품으로 전락해 버릴 위험성을 내포하고 있는 것이다. 그래서 조만간에 우리의 자식들은 전자계산기 덕택으로 우리가 어린 시절 애쓰며 외우던 구구단도 외울 필요가 없게 되고, 컴퓨터 교육으로 인하여 연필이나 크레용의 재질이나 감촉을 신기하게 맛보며 글씨를 쓰거나 그림을 그리며 보내던 어린 시절을 상실해 버리고 말 것이다. 더 나아가 그들의 감정과 상상력은 갈수록 위축되고 메말라 컴퓨터는 기막히게 잘 조작하면서도 인간에게 사랑이 무엇인지 그리고 사랑이 왜 필요한 것인지를 모르는 사람이 되지 않을까. 또한 그들은 왜 땀 흘려 일하는 것이 소중한 것인지, 땀의 의미가 무엇인지를 모르는 사람이 되지 않을까.

사실 현대산업사회에서 노동은 갈수록 감소되거나 소멸되는 방향으로 나아가고 있다. 현대산업문명 하에서의 컴퓨터의 활용에 의해서 노동이 단순 용이한 작업으로 바뀌어 가는 것이 오늘날의 상황이고, 적어도 기계화와 자동화가 절정에 이른 선진공업국가에 있어서 인간의 노동은 갈수록 줄어드는 것으로 이야기되어진다. 그렇다고 할 때, 노동의 감소내지는 소멸이 인간 삶에 있어서 가장 중요한 요소를 빼앗아 갈 것이 아닌가 하는 생각이 드는 것이다. 이렇게 이야기하는 것이 산업문명 하의 노동의 질곡에서 허덕이는 인간해방을 원치 않는 것이 아닌가하는 인상을 주기가 쉽다. 그러나 여기서 이야기하고자 하는 것은 노동으로부터의 해방이 이미 그 자체로서 비인간적인 요소를 지니고 있다는 사실이다. 오늘날 현대사회의 많은 퇴폐와 이기적인 타락은 노동의 감소나 소멸과 연관된 것인지도 모른다. 흔히 노동의 창조적 국면은 마르크스주의의 가치구조 속에서 특히 그 중요성이 강조된다. 그러나 노동의 존엄성에 대한 인식과 기계로 인해 강요되는 타락과 자본주의 제도에 의한 착취로부터 노동을 보호해야 한다는 마르크스주의의 이념에 매달리지 않더라도, 언제나 진실로 윤리적인 사회에서 근본적인 것은 건강하고 양심적으로 행해지는 노동에 대한 자부심, 땅에 밀착되어 힘들게 일하는 삶 속에서 찾아질 수 있다는 사실이 현대사회에서 갈수록 잊혀져 가고 있는 것이다. 현대산업사회에 만연한 인간소외의 본질도 이러한 노동의 소외에서 비롯된다고 할 수 있다. 말하자면 현대의 소외 문제는 인간 자신의 노동의 산물이 전도되어 인간에게 낯선 위력으로 다가오는 사회적 관계의 산물인 것이다. 사실상 세계가 인간의 노동의 산물인데, 이 산물이 인간에게 적대적이고 낯선 것으로 나타나게 됨에 따라 인간이 스스로 노동의 주체가 되지 못하고 또한 노동의 산물이 인간 자신에게 낯선 것으로 다가오는 한 인간은 소외되기 마련이다. 오늘날의 산업화시대에서 인간소외를 극복하려면 노동의 필요성과 그 긍정적 의미를 회복해야 할 것이며, 또한 노동이 인간 본질의 실현과정이 되려면 무엇보다 노동의 주체성이 회복되어야 할 것이다.

과학기술문명은 자연현상의 본질을 묻는 의문을 논리적으로 추리하고 그에 대한 체계적인 답을 얻으려는 시도를 하면서 출발했다고 할 수 있기 때문에 그것은 다분히 현세주의적이고 물질적인 경향을 지니고 있었다고 할 수 있다. 말하자면 경험주의적 진리에 대한 신뢰가 정신세계에 대한 인간의 관심을 능가하면서 과학기술의 발전은 가능했던 것이다. 이러한 믿음을 과학적 방법론을 일반화한 실용주의로 나타나게 되었고, 실용주의는 곧 과학기술문명의 사상을 대표하는 것으로 여겨지게 되었다. 실용주의는 모든 가치를 도구주의적으로 보는 정신을 수반한다. 말하자면 앞서 컴퓨터의 예를 들면서도 이야기했듯이 모든 타당성이 결과에 의해서 평가되어야함으로, 그런 결과를 가져오는 도구로서의 가치만이 중요하게 여겨지는 것이다. 그런데 과학기술이 지배하는 현대사회로 이를수록 이러한 도구주의는 인간정신과 인간관계라는 정신적 가치를 송두리채 부정하거나 약화시키게 된다. 과학기술 자체가 인간을 위한 도구로서 개발된 것이지만 역으로 그것은 인간마저도 도구화하는 가치의 전도현상이 나타나게 된 것이다.

실제 현대 인간은 하버머스(J. Habermas)가 이야기 하는 바의 도구적 이성주의에 철저하게 함몰되어 주변의 모든 것을 도구화하려는 위험에 빠져있다. 자기보다 열등해 보이는 사람들을 도구로 삼아 착취하고자 하고 신비와 경외의 대상이었던 자연마저도 하나의 도구로 보고 정복하고자 하는 것이다. 그래서 도구적 이성은 인간과 인간, 인간과 자연의 관계를 지배와 억압의 상황으로 몰고가고 있다. 현대산업문명이 낳은 여러 폐해 중에서도 가장 심각한 문제의 하나로 등장한 생태학적 위기도 자연에 대한 철저한 도구적 물질적 이해에서 비롯되는 것이라고 할 수 있다. 자연이 그 자체로서 살아있는 주체이며 자연도 인간과 마찬가지로 상처받으며 분노하는 존재로 파악되었더라면 자연을 맹목적인 정복의 대상으로만 생각지는 않았을 것이다. 자연을 효용가치를 지닌 경제적 도구나 물질로 보는 이러한 사고는 인간을 지배하고 땅을 지배하고 급기야는 서구의 식민사관을 합리화하는 논리로까지 발전하게 되었으며, 이것은 오늘날까지 지배와 착취의 관계를 정당화하는 신식민지적 사고방식으로 엄존하고 있는 것이다.

인간과 자연을 하나의 도구로만 생각하는 도구적 이성은 우리들 스스로가 전적으로 개인적이고 독립적 존재일 뿐이라고 생각하는 개체성에 대한 집착에서 생겨나고 있다고 할 수 있다. 이러한 인식을 우리 인간이 타인의 선, 공동의 선과는 아무런 관계가 없다고 생각하는 극단적 이기주의와 개인주의를 낳게 된다. 그러나 당연한 이야기이지만 인간 삶의 역사는 항상 개인적이고 독립적으로만 존재하는 것이 아닌, 한 사람의 선이 공동의 선과 상호연결 되어 있다는 사실을 보여준다. 앞서도 시사했듯이 과학기술시대에 인간의 가치규범 중에서 가장 커다란 결함은 전체적 공동체적 인간규범이 부재하다는 것이다. 다시 말해서 과학기술시대 하에서의 인간의 모든 행위는 개인적 자아중심적 사고에 의해서 이루어진다고 할 수 있다. 따라서 모든 인간의 행위는 자아와 타자, 인간과 자연, 인간과 사물 등의 대별 하에서 이루어지며, 이러한 상황 속에서는 인간의 전통적인 가치규범인 전체의 선이나 공동의 선이 존재할 수 없게 되는 것이다. 우리사회의 환경파괴와 생태계의 위기의 본질도 이러한 개인주의적 인간규범에서 비롯되는 것이라고 할 수 있다.

그래서 페놀을 방류한 악덕 기업에 대해서는 욕을 해대면서도 우리는 매일 엄청난 양의 합성세제를 사용해서 물을 오염시키고, 산과 강에는 온갖 쓰레기와 폐기물을 버려서 산천을 더럽히고, 그러면서도 그것이 결국은 강과 바다에서 자유롭게 노는 물고기를 기형으로 만들듯이 언젠가는 우리 자신은 물론이고 가족과 후손들을 기형의 인간으로 만들 것이라는 생각은 못하고 있는 것이다. 그뿐인가, 도대체 이 땅의 얼마나 많은 사람들이 언제부터 골프를 치지 않고는 살 수 없기에 경관 좋은 산야만 골라가며 수십 만 평씩 허물어 골프장을 만들고 농약을 끊임없이 들이부어 우리의 농지와 자연을 처참하게 황폐화시키고 있는가. 또한 자동차가 내뿜는 매연이 우리가 숨 쉬고 있는 공기를 더럽히고 결국엔 인간 삶의 태반인 오존층에 구멍을 뚫는다는 사실은 생각치 못한 채 자동차는 하루가 다르게 증가하고 있으며 좋은 차를 위한 경쟁은 더욱 심해져 가고 있지 않은가. 자연을 망가뜨리는 것이 곧 우리의 삶의 바탕과 근원을 무너뜨리는 것이라는 생각을 조금이라도 한다면, 아름다운 산천만 찾아다니며 파헤치고 허물어서 골프장을 만들고 별장을 짓고 호화 가족묘지를 세우고 하지는 않을 것이다. 그래서 계절마다 우리들 주변에 나타나던 소중한 자연의 친구들마저 서서히 우리들 곁을 떠나고 있다. 해마다 봄이면 어김없이 찾아와 흥부와 놀부의 교훈을 일깨워주던 제비는 쉽게 찾아보기 힘들게 되었고, 반딧불이나 메뚜기를 위시한 온갖 풀벌레들은 서서히 사라져 가고 있고, 국토 구석구석을 아스팔트와 콘크리트로 뒤덮음으로써 이제 흙을 밟아보는 일조차 어렵게 되었다. 우리의 산과 강과 바다가 이렇게 병들어 죽어가고 있는데 나 혼자만 온전히 살아남기를 바라는가. 다행히 우리는 살아남는다고 한들 우리의 후손들은 어떻게 할 것인가. 얼마 전 우리는 오존층에 노란색 구멍이 뚫린 지구대기권 사진을 엄청난 충격으로 본 적이 있다. 오존층에 뚫린 그 노란색 구멍은 지난 이백 여 년 간 산업화에 따른 지구 환경파괴의 실상을 우리에게 상징적으로 보여주는 것이라고 할 수 있다. 만약 이 노란색의 구멍이 지구 전체를 뒤덮는 때가 온다면 인류는 파멸을 맞게 될지도 모른다. 여과없이 내리쬐는 자외선으로 온도가 올라가고, 빙하가 육지로 들이닥치면 인간들은 더욱 좁아진 땅, 황폐한 자연 속에서 온갖 질병과 고통에 시달리게 될 것이다. 물론 인간들은 그러한 극한 상황이 오기 전에 또 다른 과학기술이 자신들을 구해줄 것이라고 생각할 것이다. 그러나 오늘날과 같이 무절제한 현대의 산업생활 양식과 자연 파괴행위가 근본적으로 바뀌지 않는 한 언젠가 지구 파멸의 순간은 도래할 수밖에 없다. 미국의 문명비평가 제레미 리프킨이 쓴 『엔트로피』란 책은 이같은 위기를 충격적으로 제시해 주고 있다. 그는 이 책에서 우리가 과학시간에 배운 에너지 보존의 법칙과 질량불변의 법칙을 뛰어넘는다. 기존 이론에서 에너지는 형태만 변할 뿐 순환, 보존된다고 하지만 리프킨은 지구상의 모든 자원과 에너지는 사용가능한 에너지에서 궁극적으로 사용 불가능한 에너지로 변한다는 이론을 제시하고 있다. 말하자면 엔트로피는 재생 불가능한 쓰레기를 가리킨다. 우리가 일으키는 온갖 환경오염은 엔트로피의 다른 이름인 것이다. 산업혁명 이후 인류는 산업화로 치달으면서 수 억 년 동안 축적해온 자연에너지를 불과 200여년만에 고갈시켰고, 그 대가로 엔트로피의 엄청난 증가를 가져와 환경오염, 생태계 교란, 식량위기, 기상이변 등을 유발시킨 것이다.

어쨌든 이러한 묵시록적 전망 속에서 우리가 살아남을 수 있는 길이 있을까? 그것은 무엇보다 근원적인 윤리적 도덕적 인간성 회복을 통해서 가능할 수 있을 것이다. 우리는 항상 이웃을 생각하며 세상과 더불어 살아야 하고, 생명과 자연의 신비를 존중할 줄 알아야 하는 것이다. 오늘날 우리에게 무엇보다 절실히 요구되는 가치규범은 우리가 지금까지 타자라고 생각해왔던 모든 대상 속에서 선을 찾아낼 수 있는 공동체적 삶의 조망이라고 할 수 있다. 이 세상에 존재하는 것은 모두 관계를 이루고 있으며, 이러한 관계가 모여 우리의 삶이 형성되는 것이라는 사물에 내재하고 있는 본질적 이치를 되새김으로써 상대방으로 존재하는 타자 역시 나의 환경의 일부를 이루고 있다는 사실을 인정해야 한다. 우리의 삶의 위기는 단지 외부적인 것만이 아니다. 근원적으로는 우리 자신의 개체적 삶의 인식에서 생겨나는 인간다움의 상실에서 그러한 위기는 만들어지고 있는 것이다. 인간의 사회관계가 그대로 인간의 자연에 대한 관계에 다름아니다는 면에서는 오늘날의 생태학적 운동이라는 것도 단순히 환경이나 자연을 보호하자는 차원이 아니라 본질적으로 인간과 삶에 대한 인식을 바꾸어야 한다는 인간성 회복의 운동이어야 할 것이다. 우리의 내부에 들끓는 온갖 욕망과 이기주의로 인간이 인간에 대한 지배를 정당화하게 되면 결국 인간의 자연에 대한 지배도 정당화하게 되고, 그러면 인간성의 피폐와 자연의 파괴는 물론이고 삶의 총체적 파국도 막을 수 없을 것이다.

2

여태 우리는 과학기술시대에 현대인간이 처한 삶의 상황을 여러 각도로 이야기해 왔지만, 이제 이 같은 삶의 상황이 우리들의 삶의 공간을 죽음의 그곳으로 만들어 가고 있다. 이제 인간의 삶의 환경은 사스, 조류독감, 신종플루가 인간의 목숨을 많이 빼앗아가는 곳이 되어버렸다. 그리고 광우병사태와 구제역사태가 발생해서 인간과 동물들이 함께 공멸해가는 모습을 보이고 있다. 또한 전 지구에서는 얼마 전에 일본 원전 방사능 유출사고가 보여주듯이 핵위험으로부터 공포에 떨게 되었다. 과학기술문명에 대한 인간의 맹신의 결실인 세계의 핵무기는 지구가 수백 번 멸망할 정도의 양이라고 한다. 원전 몇 기만 사고가 나도 공기 오염, 수돗물 오염, 바다 오염, 채소 오염 등으로 난리인데 인간들은 핵무기 개발에 더욱 박차를 가하고 있다. 이것은 단순히 생태계 위기의 문제가 아니라 이 지구촌과 인류의 파괴라는 절대 절명의 문제이다. 이같은 삶의 상황에서 우리 인류는 과연 새로운 세기를 맞이할 수 있을까? 아이들이 건강한 몸으로 태어나 밝게 살아갈 세상을 만들기 위해 우리 어른들이 무엇을 해야 할 것인가. 이제 우리들이 뛰어놀던 아름다운 강과 그곳에서 피어나던 꽃과 풀들은 사라지고 없다.

이러한 정황을 이승하 시인은 「황지에 와서 토하다」에서 이렇게 노래한다.

부랄 두 쪽 달랑거리며 물장구쳤었는데
언제부터 시름시름 앓기 시작한 것일까
"낙동강 천삼백 리 예서부터 시작되다"
황지못 근처 낙동강 발원 표석에서
강의 지병은 시작된 것일까

황지의 달이 파르르 떨고 있다
석포리 아연공장과 폐기물 처리장
굴뚝의 검은 연기 하늘에 금 그을 때
폐광의 갱출수 강바닥을 하얗게 채색할 때
철 성분 강바닥을 붉게 물들일 때
미 공군 전투기 폭격 연습을 할 때

모든 욕망이 예서 발원하는구나
물고기 종적 감춘 황지의 입 틀어막고
높다랗게 세워진 밤의 카지노 옆
폐석 더미가 고대 유적 같다
시가지 곳곳에 괴물처럼 서 있는 타워크레인
누구의 입을 또 시멘트로 봉할 것인지

모든 슬픔이 예서 발원하는구나
붉은머리오목눈이, 노란턱뫼새, 매비둘기
텃새들이 터전 잃은 이곳 황지 근처
흑부리오리, 고방오리, 흰쭉지, 저어새
겨울 철새들은 더 이상 머물 수 없으리

누군가의 눈물이 모여 저 강 이루리
돈 잃은 자들 술 퍼마시고 돈 상태에서

거리 곳곳에 게워낸 토사물
강으로 스며들면 또 우리가 마실 테고
부랄 달랑거리며 물장구쳤던 강의 발원지
황지.

-이승하, 「황지에 와서 토하다」 전문

현대인간의 온갖 욕망과 그 욕망을 충족시키기 위한 극단적 이기심은 인간의 건강한 정신상태를 손상시키고 자연생태계와 조화롭게 유지해온 인간의 본래적 삶의 관계를 단절시키게 됨은 물론이다. 현대문명이 지배하는 이러한 삶의 상황은 결국 끔찍한 '공룡'이 되어 우리에게 다가오고 이것은 우리의 진짜 적이 되었다.

i) 질주하는 자동차들 탁탁 꼬리를 잘라내며
불빛의 틈새 그늘을 찾는 벌레들
두려워 오, 저녁이 오면 내 속에 울리는 발소리가 무서워
매달린 전신주 수신 없는 통화와
불러도 대답없는 담장들
담장의 붉은 혀들

(중략)

공룡이 오고 있다 공룡이
발악하며 소리쳐도 들리지 않는 어둠 속
눈을 뜨면 얼룩진 천장무늬 겹겹이 눈에 박히고
흐린 형광등 그 넓은 들판 속으로 모래먼지 일으키며
한 때의 공룡이 오고 있다.

-권대웅, 「공룡이 온다」 일부

ii) 적이 사라지면서
더 커다란 적이 나타났다
그것은 결코 없었던 것이 아니라
이념의 적 속에 숨어 있었다.
이념의 적 속에 갇혀 있었다.
그러나 사실은 그들은 적이 아니었다.
누가 적이란 말인가

(중략)

하이타이와 공장이 아니
우리의 모든 욕망이 바로
우리의 적이라는 사실을
자 이제 어떻게 할 것인가
우리를 둘로 갈라놓으면서 끝없이
더 큰 적을 숨겼던 조국은
이제 인간과 자연을 돌보라
국토와 생명을 보호하라.

-고형렬, 「진짜 적」 일부

i)의 시에 의하며 이제 한 때의 '공룡'이 흐리고 바람 부는 도시에 몰려와 현대도시는 마침내 공룡에 의해 지배된다고 이야기된다. 그동안 인간을 소중하게 감싸주던 담장도 붉은 해를 내밀고 불러도 대답 없는 담장이 되어 인간과의 관계를 거부한다. 기술과 정보가 지배하는 과학주의의 삶은 한 때의 공룡이 되어 인간과 인간의 삶을 짓밟게 된 것이다. 물론 이 시에서 시인은 현대사회의 기계와 정보라는 문명의 집적을 공룡에 비유함으로써 그 속에서 함몰되어갈 인간의 모습을 충격적으로 보여주고자 하고 있지만 이것은 곧 과학기술이 지배하는 현대적 삶의 한계를 보여주는 것이기도 하다. 오늘날의 현대사회를 지배

하는 것은 주체적 인간성을 갖춘 인간이 아니라 과학주의라는 눈에 보이지 않는 삶의 체계이다. 이제 인간이 과학과 기술을 지배하는 것이 아니라 과학과 기술이 공룡이 되어 인간을 짓밟게 된 것이다. 그래서 이러한 문명의 집적과 그에 대응하고자 하는 인간의 욕망을 ii)의 시인의 지적대로 이제 우리에게 이념이나 분단보다도 더욱 커다란 '진짜 적'으로 존재케 되었다.

현대문명에 대한 절망과 상실감은 시인들을 존재론적 회의에 빠져들게 한다. 과학기술문명이 압도하는 현대사회의 비인간화 양상은 시인들에게 주체적 존재로서의 인간의 의미와 삶의 지향할 바를 근본적으로 되묻게 하기 때문이다. 현대인간들이 당면하고 있는 이러한 삶의 상황은 현대문학과 예술의 지배적인 배경을 이루고 있는 것이기도 하다. 과학기술이 지배하는 현대사회는 상품소비사회로 일컬어질 수 있는 사회체제로 발전해 왔고, 이러한 사회체제 속에서는 과학기술의 산물인 온갖 상품에 대한 소비를 항구화하는데 뒤따르는 저열한 욕망과 낭비적 심성이 대중적으로 확산되어가게 되었음은 이미 이야기한 바대로다. 따라서 이러한 사회체제에 몸담고 있는 작가들도 현대산업사회에서 일어나는 다양한 삶의 양상을 자신들의 문학적 제재로 삼지 않을 수 없게 된 것이다. 오늘날 우리가 현대문학에서 일관되게 접할 수 있는 현상들, 이를테면 과학기술이 압도하는 자본주의 산업문명 속에서의 주체적 인간상실과 생존의 의미에 대한 물음, 진리와 중심부재의 절망적 상황에 대한 자조적 전망, 혼돈과 좌절의 현실에 대한 극단적 허무주의 등은 어찌보면 당연한 것인지 모른다. 비인간화한 값의 현실로부터 전망과 지향이 상실당한 시인들은 존재의 흔들림을 인식케 된다.

이제 시인들은 도시의 병(病) 속에서 자신들의 마음이 뒤틀리고 금이 가며, 흔들리는 것을 느끼게 된다. 또한 내가 하는 소리는/내 귀까지 들어오지 못하고 내가 하는 행동은/내 눈으로 볼 수 없는나 라는 존재의 극단적 상실을 맛보게 된다.

i) 삐그덕 삐그덕거리는 소리가 며칠째 내 몸 안에서
나기는 나는데 어디서 나는지 볼 수가 없다.
이 도시의 病을 내 몸이 함께 앓는 것일까,
마음이 뒤틀리고, 금이 가며, 흔들리는, 물질적 열반

-최승호, 「물질적 열반의 도시」 일부

ii) 내가 하는 소리는
내 귀까지 들어오지 못하고
어떤 망가진 타이프라이터에 열심히 기록된다
내가 하는 행동은
내 눈으로 볼 수 없고
어떤 숨겨진 비디오 카메라에 낱낱이 붙잡힌다.

-하재봉, 「비디오/없다」 일부

위의 두 시에서 시인들은 오늘의 삶의 현실을 물질적 열반 이나비디오/없다 는 역설적 아이러니로 표현하고 있다. 이러한 아이러니 속에는 부서지고 사라져가는 자신들과 자신들이 살아가는 삶의 공간에 대한 절망이 담겨있다. 자신들을 뒤흔들고, 눈감게 하는 현대 문명의 파괴적이고 위력적인 힘 앞에서 시인들은 긴장과 공포를 느끼며, 여기에 비인간적인 세계를 인간적인 세계로 변형시키고자 하는 의지는 개입할 수 없게 된다. 현실로부터 삶의 의미를 찾지 못하고 존재론적 회의에 빠져드는 것은 현대문학이 드러내는 하나의 보편적 특징이 되어버렸지만, 어쨌든 현대문명으로부터 삶과 존재의 참된 모습을 확인치못한 시인들은 내면세계로 침잠해서 존재와 삶에 대한 새로운 확인을 하고자 한다. 그러나 그들이 빠져드는 내면세계에서 존재와 삶의 본질적

의미나 이해가 구해질 수는 없다. 당면한 현실세계를 외면하고서는 어떠한 세계에서도 진정한 존재와 삶의 의미가 찾아질 수 없기 때문이다. 결국 이들의 내면세계에의 침잠은 현실에 대한 전망을 차단한 채 현대문명에 대한 더 커다란 무력감과 허무감을 드러낼 뿐이다. 이제 이들의 시는 절망적 허무주의나 아름다웠던 과거에의 향수로 울게된다. 마침내 시인들은 자신들을 낳고 키워온 어머니와 고향과 땅을 그리게 된다. 그러나 그들에게 다가온 그 고향과 땅은 이미 부서지고 망가진 곳일 뿐이다.

i) 봄이 되어도 꽃이 붉지를 않고
비를 맞고도 풀이 싱싱하지를 않다
햇빛에 빛나던 바위는 누런 때로 덮이고
우리들 어린 꿈으로 아롱졌던 길은
힘겹게 고개에 걸쳐져 있다
썩은 실개천에서 그래도 아이들은
등 굽은 물고기를 건져 올리고
늙은이들은 소줏집에 모여 기침과 함께
농약으로 얼룩진 상추에 병든 고기를 싸고 있다
한낮인데도 사방은 저녁 어스름처럼 어둡고
골목에는 고추잠자리 한 마리가 없다
바람에서도 화약 냄새가 난다
종소리에도 개스 냄새가 난다

-신경림, 「이제 이 땅은 썩어만 가고 있는 것이 아니다」 일부

ii) 가을 햇볕에 공기에
익는 벼에
눈부신 것 천지인데,
그런데,
아, 들판이 적막하다-

메뚜기가 없다!

오 이 불길한 고요-
생명의 황금고리가 끊어졌느니

-정현종, 「들판이 적막하다」 전문

iii) 오, 정글어가는 한 마을이
저 모든 것들을 오래오래 길러온 어머니였습니다.
그 어머니 이제, 가실비 젖은 짚벼눌처럼
온 삭신 흙 속으로 꺼져가려 합니다
꺼져가는 어머니 안간힘으로 일으켜 세우기라도 하려는 듯
숲이란 숲 온갖 새들이 울대가 터져라
어둠이 터져라 일제히 악다구니로 일어쌉니다
귀 먹먹한 새 울음에 툭 술방울 하나 구르다 멈추는 그곳,
깊이깊이 정글어버린 한 마을이 있습니다.

-유하, 「정글어가는 하나대를 바라보며」 일부

최근 우리 시에서 드러나는 두드러진 경향의 하나는 문명비판 시들과 더불어 자연지향의 시들이 많이 나타나고 있다는 사실일 것이다. 그러나 이들의 자연에 대한 동경이 전통적인 낭만주의 시들에서 흔히 접할 수 있는 바의 절대적 초월의 세계와 조화로운 이상 세계로서의 자연에 대한 그것에 그치고 있는 것이 아님은 물론이다. 오늘날 현대시에서 나타나고 있는 자연은 과학기술문명으로부터 파괴되고 살실된 인간의 본원적 삶의 공간을 회복코자 하는 시인들의 의지를 보여주는 의미를 지닌다고 할 수 있다. 다시 말해서 이들의 시에서 자연을 자본주의 물질문명 속에서 찌들고 왜곡된 현대인간의 인간성 회복과 인간다운 삶의 복원에 대한 갈망의 표상으로 나타나고 있다. 그러나 인간다운 삶을 보존시켜 줄 마지막 공간인 자연마저 현대기술문명의 침투

에 따라 처참하게 파괴되고 소멸되어가고 있다. 시 i)이 보여주듯이 이제 우리의 자연은 봄이 되어도 꽃이 붉지를 않고 실개천에서는 등 굽은 물고기를 건져 올려야 하고 골목에는 고추잠자리 한 마리가 없다. 이 땅은 농약과 화약 냄새와 가스 냄새로 얼룩져 있다. 이러한 현상은 마침내 ii)의 시에서와 마찬가지로 인간을 위시한 모든 생명체들의 유기적 관계인 생명의 황금고리가 끊어지게 한다. 우리는 현대기술문명에 탐닉한 채 온갖 삶의 이기와 혜택을 누리며 욕망의 충족을 이루고 있지만, 그 반작용으로 우리 주변에서 생태계가 오염되고 생명활동의 유기적 관계마저 파괴되어 이제 우리에게서 땅과 고향이 영원히 사라져버릴 것이라는 사실을 인식치 못하고 있는 것이다. iii)의 시인은 이에 대해 절규하듯 외친다. 이 시에서 시인의 고향 하나대는 시인 자신뿐만 아니라 저 모든 것들을 오래오래 길러온 어머니였다. 그러한 어머니와 같은 고향과 자연은 오염되고 파괴된 채 흙 속으로 꺼져가려 하고 있다. 숲 속의 새들이, 아니 시인 자신이 울대가 터져라/어둠이 터져라 일제히 악다구니를 지르지만 하나대는 사라지고 그곳에는 또 다른 압구정동이 들어서게 될 것이다. 시인이 아무리 절규해도 할머니와 갈대 숲이 있는 하나대와 같은 고향과 자연은 공해와 인파로 가득 찬 병든 도시로 변화되어갈 것이다.

3

과학기술이 지배하고 있는 현대문명으로부터 구겨지고 망가진 인간 삶에 대한 근원적 성찰과 복원을 위한 노력이 절실하게 요구되어짐에도 불구하고, 오늘의 현대문학은 우리의 삶의 상황을 묵시록적인 위기로 상정하고 도저히 인간의 힘으로는 어떻게 해볼 수 없는 절망적인 것으로 파악하고 있다. 20세기 초반부터 자본주의 물질문명과 과학기술의 엄청난 발전으로 급격히 악화되어온 인간 생존의 위기를 극복하고자 하는 의지가 현대문학과 예술에서는 상실되어있고, 이러한 상실감은 현대예술을 끝없는 폐쇄성과 허무주의적 태도를 띠게 하고 있는 것이다. 그래서 현대문학은 인간의 내면세계에서 존재와 삶의 의미에 대한 새로운 모색을 하고 그러한 시도의 일환으로서 언어에 대한 해체와 의미의 유희를 되풀이하기도 하는 것이다. 따라서 이들의 문학에서는 현실의 문제가 극단적으로 개인적 주관성의 문제로 환원되고 있다. 말하자면 현대문학에서는 현대과학기술문명의 삶의 상황이 그런 것과 마찬가지로 인간과 인간, 사물과 인간의 공동체적 전체성이나 연대감을 찾아볼 수 없으며 삶의 현실로부터 개인은 언제나 고립되고 분리되어있을 뿐이다.

물론 이러한 현상은 서구문학과 예술에서 출발한 것이고 이것을 오늘날 다원주의적 세계관에 바탕한 자유주의 문학이니 포스트모더니즘이라고 명명하고 있지만, 이러한 현상은 우리문학과 예술에도 깊이 침투해 들어와 근년에는 하나의 압도적인 경향으로 나타나고 있다. 앞으로 우리의 삶의 양태가 서구의 과학기술과 산업사회의 그것을 더욱 가속적으로 뒤쫓을 것은 뻔한 이치여서 이제 우리의 문학에서도 고향, 땅, 자연과 같은 원초적 차원의 삶에 대한 동경은 영원히 사라지고 말 것이 아닌가 하는 생각마저 든다. 그래서 문학에서 이러한 원초적인 것에 대해서 노래하는 것을 아주 먼 옛날 고전적 낭만주의에서나 찾아볼 수 있는 유토피아의 동경으로 여겨지게 될 것이다. 새삼스러운 이야기이지만, 거칠게 말해서 문학행위란 본질적으로 땅에 대한 관심과 이해에서 출발하는 것이 아닌가. 인간은 하늘과 땅을 살펴 삶의 의미와 만물의 이치를 깨닫고 그 가운데에서 마음의 동요가 일어나고 거기서 말이 솟구쳐서 그것을 글로 옮기면 문학이 되는 것이다. 그러나 오늘의 문학은 우리의 삶이 그러하듯이 과학기술과 산업화 속에서 갈수록 찌들어가고 있다. 지난 수 십 년 동안 우리의 암울한 역사 속에서 문학이 사회와 인간의 민주화를 위한 투쟁의 대열에서 선도적 역할을 감당해 냈을 때 우리는 문학의 역할의 위대함에 새삼 경의를 나타냈지만, 이제 우리의 문학은 위기에 처한 인간과 삶의 복원을 위해서 또 다시 나설 때이다. 우리의 삶의 과학주의와 메마른 합리주의에 오염된 채 위기의 상황에 처해있을수록 문학은 시대와 문명을 넘어서서 인간적이고 원초적인 것을 이야기하고 또한 그러한 것에 대한 그리움이 사라지지 않게 해야 할 책무가 있기 때문이다.

마르크스주의 문학이론의 현대적 변용

1

마르크스주의 이데올로기가 붕괴 된지는 이제 꽤 오랜 세월이 흘렀지만 마르크스주의라는 이름과 결부된 이론적, 사회적 실천의 노력은 그치지 않고 있다. 여기에는 물론 여러 가지 이유가 있을 수 있겠지만, 마르크스주의가 철학, 경제학, 정치학 등과 같은 제 학문 영역 전반에서 여전히 세계와 인간 사유의 발전 법칙을 위한 살아있는 사고의 실체로서 작용해 왔기 때문이라고 할 수 있다. 다른 학문 영역에서와 마찬가지로 문학의 경우에 있어서도 마르크스주의는 마르크스와 엥겔스가 제시한 이른바 변증법적 사적 유물론이라는 이론을 바탕으로 문학연구사상 전대미문의 새로운 비평적 접근과 문학이론을 수립하게 되었으며 후대의 비평가들에 의해서도 마르크스주의 문학이론은 다양한 발전과 변용을 거듭하게 되었다.

마르크스주의 문학이론은 그동안 다양하고 복잡한 형태로 전개되어 왔지만 하나의 간명한 전제를 공통적으로 지니고 있다. 이를테면 문학은 사회역사적 현실이라는 커다란 테두리 속에서 만이 올바르게 이해될 수 있다는 것이다. 문학과 현실이 맺는 역동적 상관관계에 대한 인식에 기초한 이 같은 문학논의에 따르면, 문학을 어떤 독자적 자율적 존재양식이 아니라 사회적 역사적 실체로서 이해하고자 하며 사회의 구체적인 삶과 어떻게 연관되어 있는지를 해명코자 한다. 여기서 문학이 본질적으로 사회적 · 역사적이라는 이야기는 일체의 문학적 현상을 어떤 특정한 삶의 상황과 연관시킨다는 이야기일 뿐 아니라 무엇보다 문학이 고도의 정신적인 영감이나 천재적인 작가의 재능에 의해 이루어지는 절대적 가치이기를 거부하는 태도이다. 다시 말해 문학이 추구하는 정서적 의미나 신비적 미적 가치를 넘어서서 문학이 얼마만큼 당대의 사회현실을 훌륭하게 반영하고 재현하느냐 하는 문제에 관심을 기울이게 된다. 이 문제에 관한 구체적 해명을 위해서 그동안 수많은 문학이론가들이나 예술가들의 노력이 있어왔고 또한 커다란 성과가 있어온 것이 사실이지만, 우리는 마르크스와 그의 계승자들이 문학을 사회역사적 현상의 하나로 규정지우고 이를 정당화하고자 한 지적실천적 노력을 통해서 이러한 문제의 단초들을 발견케 된다.

마르크스와 엥겔스가 이미 오래 전에 『경제학 철학 수고』, 『자본론』, 『독일이데올로기』 등의 수많은 저술들을 통하여 미적 활동 및 지각 속에서의 객체와 주체, 물질적인 것과 이념적인 것의 상관관계, 예술작품의 기원과 계급의 문제, 당파성과 민중연대성의 문제, 예술과 노동, 예술발전의 합법칙성과 예술적 반영의 문제들을 논구했을 때, 그것은 모두 문학을 전체적 시야에서 사회 역사적 현상의 하나로 통합시키고자 한 노력이었다. 물론 마르크스와 엥겔스의 이런 문제의 제기는 오랜 세월동안 서구사회의 지적 풍토를 지배해오던 인간의 정신세계가 물질세계를 앞선다고 하는 헤겔 류의 관념철학의 가설을 무너뜨리고 자신들이 제기하는 이른바 유물론적 변증법이라는 세계관에 입각한 것이다. 앞으로 더욱 상세히 살펴보겠지만 마르크스는 물질적 삶의 생산양식이 사회적, 정치적, 정신적 생활과정 일반을 조건지우는 것으로 보고, 이것이 국가, 법, 도덕, 종교, 과학 등 일체의 사회적 현상들을 해명하기 위한 열쇠가 된다고 본다. 마찬가지로 예술도 사회적 의식의 한 형태이기 때문에 그것의 모든 변형의 궁극적 원인은 인간의 사회적 존재, 즉 사회의 물질적 토대 속에서 찾을 수 있다. 말하자면 인간의 정신이나 사상의 집적인 문학과 예술은 반드시 그 사회의 경제적 토대인 물적 세계의 반영으로 나타나게 되다는 것이다. 이른바 반영이론이라고 불리게 되는 이 예술의 개념은 기존의 미적 사유양식과 체계에 가히 혁명적 변화를 가져오며 문학과 예술의 본성과 구조, 특히 사회역사적 관점에서 문학의 이론과 실천을 심화 발전시키는데 외면할 수 없는 개념이 되었고, 더 나아가 문학과 예술의 발전 단계가 어느 정도로 인간의 의식과 세계관에 효과적인 영향을 미치며 사회를 변화시킬 수 있는가를 규명하는 데에도 엄청난 도움을 주었다.

그러나 마르크스주의에 입각한 문학의 사회적 탐구와 미적 지각에 대한 인식이 문학과 예술을 새롭게 이해하는데 차지한 비중은 엄청난 것이었음에도 불구하고, 오늘날과 같은 현대적 삶의 상황이 제기하는 새로운 예술적 실천에의 요구로 인하여 상당한 변용을 거치게 된다. 그 예로서 우리는 과학기술혁명이 사회의 발전은 물론이려니와 문학의 역할에 끼치게 된 영향을 들 수 있을 것이다. 주지하듯이 과학기술혁명은 노동생산성을 제고시키고 근로 대중의 물질적 생활수단을 향상시킴으로써 그들의 물질적 정신적 삶의 상황을 새로운 형태로 전환시켰다. 부르조아 사회에서 과학기술혁명은 자본주의의 근본 모순, 즉 노동과 자본 및 도시와 농촌 간의 모순을 심화시키게 되고, 사회의 계급적 성격, 사회적 생산력의 발전수준과 생산관계, 더 나아가 사회 내에서의 생산의 일반적 목적에 의해 구성되는 물적 정신적 생산과 분배의 상황을 다양화시키게 된 것이다. 사회적 삶의 신속한 발전과 생산 및 소비 속도의 극대화를 낳는 과학기술시대 하에서 인간의 미적 사고와 문학예술의 수용에 대한 대중들의 욕구도 변화시켜 새로운 문학과 예술이론의 출현을 불가피하게 했다. 이것은 한편으로 초현실주의, 상징주의, 실존주의와 같은 부르조아 예술미학의 출현을 가속화시키기도 했고, 반면에 마르크스주의 예술미학을 새로운 형태로 발전시키는 계기를 제공하기도 했다. 발터 벤야민 같은 문예이론가가 유명한 「기술복제시대의 예술작품」과 같은 글에서 잘 밝혀주고 있듯이, 이제 마르크스주의 미학자들은 문학이 어떻게 자본주의사회의 삶의 양식과 연관되어지는가를 새로운 시각에서 해명해 내어야 했고, 또한 그들이 부르조아 사회질서 및 그 속에서의 특징적인 삶의 상황을 어떻게 해명하고 근거지우며 정당화해야 하는지를 필연적으로 보여주어야 했다. 예술은 사회적 의식의 한 형태이기 때문에, 그것의 모든 변형의 궁극적 원인은 인간의 사회적 존재, 즉 사회의 물적 토대 속에서 찾아질 수 있다는 마르크스의 관점은 불가피하게 수정을 요구받게 된것이다. 마르크스의 예술미학은 이제 예술 속에서의 물질적인 것과 이념적인 것, 전체와 부분, 반영과 생산에 관한 상호연관성의 문제들을 새로운 각도에서 조명하게 되었다. 벤야민, 브레히트, 마셔레이, 이글턴과 같은 서구 마르크스주의 문예이론가들은 바로 이러한 일련의 변화를 직접 체험하고 또 이를 이른바 생산이론이라는 이름으로 이론화한 사람들이다.

마르크스주의 문학이론의 이 같은 변용은 마르크스 문학이론 자체에 대한 재고의 노력은 물론이려니와 현대자본주의 사회에서 일어나고 있는 일련의 사회적 변화와 더불어 제기되고 있는 소위 마르크스주의 유산의 지양 내지는 극복이라는 문제와도 맥락을 같이하는 것이라고 할 수 있다. 따라서 이 글은 마르크스주의 문학이론에 대한 일반적 고찰을 바탕으로 마르크스 문학이론의 다양한 현대적 전개과정을 살펴보고자 한다. 이 과정에서 특히 마르크스주의 문학 논의에서 항상 핵심적 쟁점이 되어온 반영이론의 개념을 구체적으로 살펴보고 그 현대적 변용으로 나타나게 된 생산이론과 이를 이론적으로 체계화한 이론가들의 제 입장과 문제점들을 검토해 보고자 한다.

2

마르크스와 엥겔스는 역사상 최초로 사회발전을 변증법적 유물론이라는 관점에서 해명했다. 그들은 사회, 자연, 사유의 발전을 부분의 상호합법칙적으로 결합된 하나의 통일적 과정으로 이해하고, 인간 상호간의 사회적 관계는 그들의 물질적 삶을 생산하는 방식과 밀접한 관계를 갖는 것으로 본다. 오늘날 이른바 변증법적 유물론으로 불리는 이 관점을 보다 구체적으로 이해하기 위하여 그들의 유명한 토대와 상부구조의 모델에 관한 설명을 살펴볼 필요성이 있을 듯하다.

> 삶의 사회적생산과정에서 인간들은 자신의 의지와 필수불가분하고도 독립적인 관계, 즉 그들의 물적 생산〈력〉의 일정한 발전단계에 상응하는 〈생산관계〉 속에 들어가게 된다. 이러한 생산관계의 총화는 사회의 경제적 구조와 진정한 토대를 구성하게 되며, 이 토대에 기초하여 법률적이며 정치적인 상부구조가생겨나고 또한 이 토대에 상응하여 일정한 형태의 사회의식이 생겨난다. 물질적 삶의 생산양식은
>
> 사회적, 정치적, 지적 삶의 과정을 전체적으로 조건 짓는다. 인간의 의식이 그들의 존재를 결정짓는 것이 아니라, 반대로 인간의 사회적 존재가 그들의 의식을 결정짓는다.[1]

마르크스는 어떤 사회의 물적 경제적 요소를 그 사회성격의 궁극적 결정 요인으로본다. 따라서 사회적 조건은 '생산력'과 '생산관계'의 결합으로 경제적 '토대'가 형성되고, 이 경제적 토대 위에서 국가, 정치, 법률, 도덕과 같은 '상부구조'가 생겨난다. 그래서 토대는 상부구조의 원인이 되어주고 상부구조는 토대를 반영하게 된다. 이 관점은 상부구조의 또 다른 형태인 문학과 예술의 경우에도 그대로 적용되어, 예술 또한 생산양식의 불가분한 변증법적 통일인 생산력과 생산관계가 그 물적 토대를 이루는 전체적인 역사적 과정의 일부로 이해된다. 말하자면 다른 상부구조와 마찬가지로 예술은 사회적 의식의 한 형태이기 때문에 그것이 행하는 모든 변형의 궁극적 원인은 물적 경제적 토대 위에서 찾아질 수 있다는 것이다. 사회구조가 물적 경제적 토대 위에서 결정되고 문학과 예술을 비롯한 상부구조의 제 현상들의 합법칙성이 이 같은 인식 위에서 규정지워진다는 이야기는, 문학이 한 사회의 이데올로기의 일부이며 사회적 인식구조의 한 부분임을 말해주는 것이다.

이 같은 마르크스의 관점에 따르면 문학의 세계에 대한 정신적 인식은 객관적으로 주어져 있는 현실에 대한 반영이며, 또한 문학을 올바르게 이해한다는 것은 문학이 반영하고 있는 사회적 과정 전체를 이해한다는 것을 의미한다. "우리는 현실적이며 활동적인 인간에서 출발해서 그들의 현실적인 삶의 과정을 토대로 그 삶의 과정의 이데올로기적 반영과 반향의 발전을 설명한다. 인간의 두뇌 속에서 형성되는 온갖 환상들 역시 그들의 물적 삶의 과정의 승화물일 수밖에 없다. 이 물적 삶의 과정은 경험적으로 검증 가능한 것, 물적 전체들에 매인 것들이다. 그래서 도덕, 종교, 형이상학, 그 외의 모든 이데올로기, 그리고 그에 상응하는 의식 형태들은 더 이상 독립성을 지닐 수 없다.[…] 삶이

1 Karl Marx, *A Contribution to the Critique of Political Economy* (Moscow: Progress Publishers, 1971), 20-21쪽.

의식에 의해 규정되는 것이 아니라, 의식이 삶에 의해 규정된다."[2]는 거듭된 언명에서도 확연히 드러나듯이, 마르크스주의 문학이론에서 반영의 개념은 인식이 스스로의 정신적 과정에서 산출된다고 보는 관념론적 사유와 대립되는 유물론적 개념이다. 외부 세계에 대한 이해는 모두 인간의식 내에 외부세계가 반영된 것으로 보며 이에 따라 문학 역시 일정한 방식으로 객관적 현실이 인식에 반영된 것이라고 본다. 마르크스와 엥겔스의 이런 관점은 오랜 세월동안 문학을 신비로운 영감에 의해서 이루어지는 것으로 보거나 정신적 관념의 형태로 이해하고자 하는 태도에서 벗어나 문학을 구체적인 사회적 관계의 산물, 즉 경제적 생산양식과 그 발전단계의 측면에서 밝히고자 노력함으로써 문학논의의 새로운 지평을 연 것이라 할 수 있다.

그러나 마르크스주의 문학이론이 문학작품을 이데올로기나 생산력, 혹은 사회적 관계에 대한 기계적 반영이라고 보는 것은 아니다. 그들은 사회의 경제적 구조가 사회의 사유양식을 조건 짓는다고 하는 일반적인 방법론을 강조하고 있지만 토대와 상부구조 간의 일대일의 기계적인 대응은 부정코자한다. 마르크스는 1857년 그의 『정치경제학 비판 서문』의 서론에서 '물질적 생산의 발전이 예술적 생산에 갖게 되는 불균등한 관계'의 문제를 이야기하며 고대 그리스의 낙후된 물질문화와 고도로 발전된 예술 사이의 명백한 모순관계에 대해서 논증한다. 마르크스는 "예술이 최고로 발전된 시기가 일반적인 사회의 발달과, 그리고 그 사회조직의 물적 토대 내지 골격 구조와 반드시 일치하지 않는다는 사실은 널리 알려져 있다. 그리스인들을 현대인들이나 세익스피어와 비교해 보라."[3]고 말한다. 그리스 문명은 인간의 유년시절에

2 K. Marx and Frederick Engels, *The German Ideology* (Moscow: Progress Publishers, 1965), 37-38쪽.

3 K. Marx and F. Engels, *On Literature and Art* (Moscow: Progress Publishers, 1978), 18-21쪽.

해당하는 것이고 경제적으로도 충분히 발전되지 못한 사회였지만 위대한 예술적 업적을 성취해 내었고 이들의 예술은 오늘날까지 하나의 도달할 수 없는 예술적 규범으로 존재하며 엄청난 미적 즐거움을 제공하고 있다. 따라서 그리스 예술의 위대한 성취를 낳게 된 것은 그 정신적 신화적 상부구조에서 비롯되는 것이지 경제적 물적 토대에 기인하는 것만은 아니라고 한다. 마르크스의 이야기대로 그리스인들은 사회의 미발달상태에도 불구하고 아니 오히려 그 사실 때문에 위대한 예술을 만들어 낼 수 있었으며, 자본주의 사회의 생산력과 생산관계가 낳은 물화된 사회구조와 달리 그리스와 같은 고대사회에서의 조화롭고 자연스러운 인간과 자연의 관계에 의해 위대한 예술은 성취될 수 있었던 것이다.

이러한 입장은 후기의 많은 마르크스주의 문학비평가들이 생각한 것과는 달리 마르크스와 엥겔스가 예술과 문학을 단순히 계급적 이데올로기적 반영으로만 생각한 것이 아님을 말해준다. 그들은 문학과 예술의 상당 부분이 당대 사회의 계급이나 이데올로기의 시각에서 수렴된다는 공시적인 측면을 강조하고 있을 뿐만 아니라 그에 내포된 통시적 의미를 강조하고 있다. 말하자면 문학과 예술은 어떤 사회의 전체적 발전과 연관된 사회적·역사적 의미를 갖게 마련이지만 반면에 어느 정도 예술적 자율성을 갖게 마련이라는 것이다. 실제 엥겔스도 문학이 사회구조를 반영하는 거울과 같은 것이라는 점을 강조하면서도 문학을 경제적 토대의 반영과 예술적 자율성이라는 상반된 관점에서 이해하고자 한다. 그에 따르면 철학과 신학 같은 '고차원적 이데올로기'들과 마찬가지로 예술과 문학은 직접적이고 순수한 이데올로기인 까닭에 그 내용은 다양하고 불투명한 성격을 지닌다. 물론 사회적 제 요인들이 예술의 내용에 중대한 영향을 끼친다는 사실을 엥겔스는 부인치 않고 있지만, 정치학이나 경제학과 같은 여타 학문 영역과 비교해서 문학과 예술은 다분히 독립적 성격을 지니고 있으며 사회와의 관계 또한 훨씬 복잡하고 모호하게 은폐되어 있어서 문학이 담고 있는 내용은 엄밀히 말해 때로 이데올로기적이지만은 못한 성격을 지닐 수도 있다는 것이다. 예컨대 엥겔스가 사회주의자였던 민나 카우츠키의 소설 『옛것과 새것』(1885)과 메리 하크네스의 소설 『도시의 소녀』(1887)에 대해서 언급할 때 이러한 관점은 잘 드러난다. 엥겔스는 이 두 소설을 논평하면서 작품에서 작가의 정치적 성향이 지나치게 공공연히 드러나서는 안된다는 사실을 주지시킨다. 한편의 예술작품이 훌륭한 것이 되기 위해서 작가의 정치적 관점은 작품 자체에서 지나치게 부각되지 않는 것이 좋으며, 문학작품의 주요한 관심사가 정치적 이데올로기만이 되어서는 곤란하다는 것이다. 따라서 어떠한 예술작품에서든, 이를테면 한편의 소설에서 그 핵심적 내용은 그 속에서 묘사되는 상황과 행위로부터 자연스럽게 나오는 것이어야 한다. 더 나아가 엥겔스는 작가가 묘사하는 사회적 갈등이 반드시 미래의 역사적 해결책을 제시해야 하는 것은 아니라고 생각한다. 사회주의적 경향을 지닌 소설이 충분히 그 목적을 성취하고자 한다면 작가가 어떤 명백한 해결책을 제시하거나 특정한 입장을 지지하지 않으면서도 기존의 인습적 환상을 깨뜨리면서 그것을 성실히 묘사해서 부르조아의 낙관론을 와해시키고 기존질서를 회의하게 만들어야 한다는 것이다. 엥겔스의 이런 입장은 발자크에 대한 평가에서도 잘 확인된다. 발자크는 구교도였고 정치적으로는 반동이었으나 그는 자신의 정치적 이해관계와 계급적 공감에 반하는 작품을 썼다. 발자크는 그의 보수적인 세계관에도 불구하고 근대 부르조아 자본주의사회가 드러내는 역사적 발전의 필연성을 강조하는 가운데 세계를 통일하는 새로운 힘을 창조해 낼 수 있었다는 것이다. 엥겔스는 "이렇게 발자크가 자신의 계급적 공감과 정치적 편견에 맞서 나아가지 않을 수 없었다는 것, 자신이 좋아하는 귀족들의 몰락의 필연성을 알아채고 그들을 몰락할만한 인물로 묘사해 냈다는 것, 그리고 미래의 진짜 인간의 모습을 그 당시에 발견해 낼 수 있었다는 것, - 이러한 사실을 나는 가장 위대한 리얼리즘의 승리의 하나로, 그리고 발자크의 가장 위대한 특성의 하나로 생각한다."[4] 그래서 엥겔스는 리얼리즘을 추구하는 작가는 누구나 자신들의 작품 속에 '대표적인 인물들'을 창조해내어야 한다고 주장하며, 그 이유는 리얼리즘의 개념이 세부의 진실을 벗어나 '전형적인 상황 하에서의 전형적인 인물의 진실한 재현'이라는 의미를 포함하기 때문이라고 한다. 발자크에 대한 엥겔스의 평가는 그야말로 작가의 정치적 입장과 예술적 창작 사이의 모순을 간파한 것으로 예술사회학에 새로운 과학적 탐구의 가능성을 열어놓은 것으로 보인다. 아울러 그의 이 같은 입장은 예술적 진보성과 정치적 입장이 공존할 수 있으며, 현실에 대한 충실한 묘사와 반영을 하는 작가는 어떠한 형태로든 그 시대에 영향을 미칠 수밖에 없음을 보여주고 있다.

그러나 예술적 자율성에 대한 마르크스와 엥겔스의 강조에도 불구하고 이들의 이론은 여전히 우리가 쉽게 해명할 수 없는 문제들을 함유하고 있다. 이를테면 엥겔스가 강조하는 바의 리얼리즘 문학작품에서 한 작가가 대표적인 인물의 창조에 성공했는가의 여부를 과연 누가 어떻게 판단할 것이며, 현실의 역사적 필연성에 대한 작가의 진실된 묘사를 담보해 줄 기준은 무엇인가 하는 등등의 문제가 그것이다. 여기서 이런 문제들을 상세히 살펴볼 겨를은 없으나 실제 엥겔스가 리얼리즘을 추구하는 작가들이 세부의 진실을 벗어나 전형적인 상황 아래에서 전형적인 인물의 진실한 재현을 구현해야 한다고 했지만, 그가 리얼리즘의 승리를 거둔 작가로 본 발자크의 작품에서 전형적인 인물이 어떻게 창조되고 있는가에 대해서는 구체적으로 해명치 못한다. 발

4 같은 책, 92쪽.

자크의 소설에 등장하는 다양한 인물 유형들, 즉 『도시의 처녀』에 나오는 노동자 계급이나 『인간극』에서 당대 프랑스 사회의 모습을 극명하게 보여주는 수많은 등장인물들은 사실 사회적으로 모두 상당히 동질적인 인간상을 공유하고 있다. 이 인물군들은 그야말로 그가 신랄하게 비판했던 '경향소설'의 관점에 충실한 인물들의 범주에 든다고 해도 과언이 아니다. 따라서 엥겔스가 제시하는 전형의 개념은 문학작품을 통한 다양한 전형들의 전시를 통해 반영되는 지배적인 경향들을 보여줌으로써 사회와 시대를 비추고자 하는 규율이라고 할 수 있을 것이다. 다시 말해 마르크스와 엥겔스는 한편으로 예술, 법률, 종교와 같은 사회의 상부구조를 구성하는 각 요소들이 그들이 말하는 바의 계급투쟁이나 경제적 조건에 의해서 환원될 수 없는 자체의 발전 양식과 전개상황을 지니고 있음을 간파하고, 그래서 주어진 상황에서의 모든 요인들 사이에는 이데올로기적이든 물적이든 지속적인 상호작용이 있음을 잘 인식함으로써 그 자율성을 강조하면서도, 다른 한편 사회의 물적 경제적 토대와 문학적 상부구조 사이의 대응관계라는 도식에 얽매어 있다고 할 수 있다. 이렇게 마르크스와 엥겔스의 저작에서 드러나는 문학적 반영의 개념은 어떻게 보면 적잖은 모호함과 혼돈이 드러나고 있고, 그들의 이념을 계승한 후계자들도 마르크스주의 문학이론이 지니고 있는 이런 문제점을 극복치 못해 왔다.

마르크스주의 문학이론이 지니고 있는 이 같은 혼돈상을 극복코자 하면서 새로운 형태의 반영이론을 제시한 사람은 G. 루카치일 것이다. 그는 현대 마르크스 미학자들 중에서도 가장 일관되고 지속적으로 문학과 현실의 관계를 구명코자 한 사람의 하나이다. 루카치는 마르크스와 엥겔스와 같이 문학이 대상을 반영하는 거울처럼 현실을 반영하는 것으로 보지는 않았다. 그는 문학이 현실에 대한 인식임을 강조하면서도, 이 인식이 외부의 사물과 인간정신의 사상 사이에서 일 대 일의 대응적 관계에서 맺어진다고 보지는 않았다. 현실은 우리가 의식 속에서 그것을 인식하기 이전에 이미 외부에 실재하는 것으로 보고, 그것은 나름대로의 형태를 지니고 반응과 모순을 일으키는 변증법적 전체라고 루카치는 생각한다. 의식과 현실의 관계에 대한 이 같은 인식은 기본적으로 변증법적 유물론에 입각한 것이면서도 또 다른 형태의 예술적 반영의 기본 전제가 된다. 문학이 반영해야 할 대상으로 외부적 현상 세계보다는 그 뒤에 감추어진 실재를 더욱 강조하는 루카치의 입장은 다분히 헤겔의 관념론적 세계관에 기초한 것이지만, 루카치는 이 같은 전제에 따라 문학과 현실을 기계적으로 파악코자 한 통속적 모방이론을 수정코자 하고 있다. 이를 구체적으로 해명하기 위해서 루카치는 '총체성'의 개념을 제시한다. 그는 진정한 예술은 최대한의 심오성과 완전성을 추구하며 삶을 포괄적인 총체성 속에서 파악하는 것이어야 한다고 주장한다.

> 이렇게 진정한 예술은 최대한의 심오성과 종합성을 열망하며 전체적인 총체성 속에서 삶을 이해코자 한다. 즉 진정한 예술은 외양 뒤의 현실을 가능한 한 깊이 고찰하며, 현상으로부터 유리되게 현상과 반대되게 추상적으로 그것을 재현치 않는다. 오히려 현실이 외양으로 변형되어 하나의 현상으로 나타나는 역동적인 변증법적 과정을 재현시키고, 또한 유동적 현상이 그 자체의 특별한 현실을 드러내는 다른 면의 과정을 보여준다. 더 나아가 이런 개별적인 양상은 변증법적 운동, 즉 상호 간의 전이를 내포할 뿐 아니라, 지속적인 과정의 요소로서의 지속적인 상호작용을 갖게 된다. 이렇게 진정한 예술은 총체성 속에서, 역동성 속에서, 발전과 진화 속에서 삶을 재현시킨다.[5]

5 Georg Lukács, "Marx and Engels on Aesthetics," *Writer and Critic* (London: Merlin Press, 1978), 77쪽.

루카치는 삶의 총체성의 개념을 구체화하기 위하여 또 다른 자신의 중요한 개념으로 전형성의 개념을 도입한다. 루카치 반영이론의 중심 개념의 하나인 전형성을 그는 앞서 엥겔스가 강조한 바의 '전형적인 상황 하에서의 전형적인 인물의 진실한 재현'이라는 의미에서 도출한다. 그는 한 사회가 어떻게 구성되며, 그 사회 속에서 인간은 어떻게 존재하며 어떻게 살아가고 있는가를 충실히 재현하는 것, 그리고 그 존재의 질서 속에서 인간은 어떻게 그 질서를 변화시켜 나아가는가를 충실히 반영하는가를 보여주는 것이야말로 전형성의 원리에 입각한 삶의 총체성을 드러내는 것이다. 루카치의 전형은 역사와 시대의 가장 심층적 본질을 전달하는 것을 의미하며, 따라서 시대의 최상의 가치들이 살아남을 수 있는 것은 오직 전형의 창조를 통해서만 가능하다고 주장한다. 예컨대 그는 발자크의 『환멸』에 대한 에세이에서 전형은 역사의 진보적 변화에 대한 예술가의 인식에서 나온다는 것, 사회란 고정불변의 것이 아니라는 것, 그리고 사회는 유동적인 관계의 총화로 구성되어 있다는 사실을 인식하는 것이라고 밝힌다. 발자크의 인물들은 자기 완결적이고 구체적이며 복잡하게 층화된 사회에서 살아가고 행위하며, 인물의 총체성은 항상 사회과정의 총체성과 연관되어있음을 보여준다. 그리하여 발자크는 『환멸』에서 뉘생장이나 크레발과 같은 전형적 인물을 창조함으로써 리얼리즘의 승리를 거둘 수 있었고, 이것은 곧 진보적인 사회변화에 대한 예술가의 인식의 승리이기도 했다.

그러나 스탈린의 분석대로 1830년대 이후로 자본주의사회는 승리를 거두었고 그 사회의 부르조아들은 새롭게 억압적이고 속물적인 지배계급을 형성해서 급기야 1848년 혁명 이후로 유럽의 문화와 문학은 자연주의, 상징주의, 초현실주의와 같은 분위기가 지배케 되었다. 따라서 전 시대의 작가와 비평가들은 역사적 과정 속에서 능동적인 참여자로서 역사와 시대의 의미를 찾아내고 그것을 서술(narrate)하려고 했지만, 자본주의사회의 예술가들은 예술에의 방관자가 되었으며 사회체제의 한 구성원으로서 자족하며 세계를 묘사(describe)하는 것에 만족케 되었다는 것이다.[6] 작가들은 점차적으로 전형보다는 일반적이고 평균적인 것을 그려내고자 했으며, 자신들의 삶의 상황에 대한 주관적이고 세부적인 묘사에 그치거나 진정한 인물의 창조에는 관심이 사라지게 되었다. 루카치가 다른 마르크스주의 문학이론가들과 달리 문학에 있어서 특히 형식을 강조하는 것도 이 때문이다. 그는 문학에 현실을 올바르게 반영하기 위해서는 작가가 끊임없이 창조적인 형식 부여의 작업을 거쳐야 한다는 점을 주지시킨다. 그에게 문학작품의 올바른 형식은 현실의 형식을 반영하는 것을 의미한다. 루카치의 이 같은 형식의 강조는 서사시에 있어서 작중인물이나 그들의 행동이 역사에 형식을 부여하는 수단이라고 한 헤겔의 형식개념을 연상시키는 것이지만, 그렇다고 해서 루카치에 의해 강조되는 형식이 훗날 형식주의나 구조주의에서 주장되는 문학적 기법이나 언어적 측면에서 의 형식 개념이 아님은 물론이다. 그에 의해 강조되는 형식은 어떤 내용에 주어진 미적 형태, 즉 한 작품에의 시대나 작중인물과 사회상황 사이의 관계를 드러내는 기법적 특질을 의미하는 것이다. 루카치는 『농꾼』을 논평하면서 그 작품에 나타나는 귀족지주와 부르조아와 농꾼이라는 다양한 계급의 인물들의 관계 속에서 의미 있는 형식을 찾고자 한다. 이 작품에 구체화되어 있는 작중 현실과 실제 현실을 통해 구현된 심미적 형태를 규명키 위해 그는 작중인물들 사이의 사회적 관계를 하나의 형식으로 간주하는 것이다. 이런 의미에서 "형식의 객관성이 창작과정의 한 국면이다."는 언명대로 루카치에게 형식은 곧 문학 작품을 의미 있는 구성으로 만들어주는 내용과 같은 것이다. 다시 말해 그에게 형식은 가장 객관적인 방법으로 현실을 반영하는 것이며, 발자크, 톨스토

6 G. Lukács, "Narrate or Describe?" *Writer and Critic,* 110-148쪽 참조.

이와 같은 19세기 작가들의 소설에서 나타나는 형식은 그야말로 자본주의사회의 모순에 관한 인식을 구체화하기에 가장 훌륭하고 정확한 형식으로 간주된다.

루카치의 이러한 관점은 E. 블로흐와의 표현주의 논쟁이나 브레히트와 벌인 리얼리즘 논쟁에서 보다 분명한 형태로 드러나고 있거니와, 그가 개인과 사회에 내재한 모순과 갈등을 변증법적 통일 속에서 구현시키고자 한 전형성의 개념은 모더니즘으로 대변되는 현대의 부르조아 문학에서는 거의 상실된 것으로 보인다. 따라서 현대문학에 대한 루카치의 비판은 그것이 세계에 대한 객관적 전망을 상실했다는 점에 초점이 맞추어진다. 전망이 없는 현대문학은 현실의 의미있는 국면과 피상적인 국면을 구별할 수 없으며, 현실의 중요한 것과 사소한 것을 변별해 낼 수 없다. 조이스, 카프카, 무질 같은 현대작가들에게서 볼 수 있듯이, 현대문학은 오직 작가의 주관적 경험을 현실로 받아들이고 인간을 파편적이고 부분적인 것으로 이해함으로써 인간과 사회의 의미 있는 관계를 모두 상실해버린 소외되고 고립된 병적인 것으로 묘사할 뿐이다. 이들과 대조적으로 발자크나 디킨즈, 톨스토이 등과 같은 작가들을 위대한 리얼리스트로 평가할 수 있는 것은, 이들의 문학이 결코 수동적인 문화적 향수가 아니라 자본주의 사회현실에 의해 야기된 왜곡되고 비인간적인 결과를 사회주의를 통해 제거하려는 투쟁의 일부분이기 때문이다. 루카치가 보기에 서구 리얼리스트들의 작품에 나타나는 사회주의야말로 완전히 통합된 인간성에 대한 위대한 전망을 보여주는 이데올로기이다. 그러나 사회와 역사에 대한 어떠한 전망도 없는 모더니스트들은 단순히 부분적 현실을 전체로 이해하고 인간과 사회의 관계를 왜곡된 방식으로 보여줄 뿐이다. 자연히 그들에게 전형적 인간의 모습은 파편화되고 소외된 인간의 모습으로 대체되고, 총체성은 주관적이고 제한된 인상주의에 의해 대체된다. 모더니즘 예술이 안고 있는 항구적인 '불안'과 '소외'를 극복할 수 있는 길은 현대 자본주의사회가 낳은 부르조아 휴머니즘을 넘어서서 사회주의의 성취를 위해 투쟁하고, 그래서 사회주의 리얼리즘을 재생시킴으로써만이 가능하다. 결국 현대예술가들은 20세기에 있어서 거의 유일하게 발자크와 톨스토이 같은 위대한 진보적인 문학적 전통을 이어받은 토마스 만을 택할 것인가, 아니면 20세기 부르조아 예술의 불건전하고 형식적인 전통의 대표적인 작가인 카프카를 택할 것인가를 선택해야 하는 기로에 놓여 있다고 루카치는 결론짓는다.[7]

루카치의 문학이론은 문학작품이 단순히 현실을 반영하는 거울이 아니라 작중의 인물과 사회, 서술과 묘사, 내용과 형식 등의 관계가 얼마만큼 자율적인 구조로서 반영되어 있는가, 즉 얼마만큼 변증법적인 관계를 이루고 있는가를 밝혀내고자 하고 있다. 이러한 점에서 루카치는 속류 마르크스주의가 주장해 온 기계론적 반영이론의 한계를 상당 부분 극복하고 있다고 할 수 있다. 그러나 루카치가 제시하는 리얼리즘, 총체성, 전형성의 개념에도 적잖은 문제점이 담겨 있음을 간과할 수 없다. 우선 그가 반영이론의 핵심적 개념으로 사용하는 전형이나 총체성의 개념이 문학작품에 대한 판단을 위한 명백한 변별적 기준이라기보다는 가치판단에 대한 규범이론이 아닌가 하는 점이다. 말하자면 이러한 개념은 흡사 헤겔이 사용하는 '이데아'나 '절대정신'의 개념과 마찬가지로 예술을 일종의 이미지로서 이해하고자 하는 태도라고 할 수 있다. 루카치의 문학이론에서 드러나는 헤겔의 관념론적 철학의 잔재는 많은 이론가들이 이미 비판적으로 이야기한 바 있지만, 예술을 삶의 실재에 대한 인식으로 이해함으로써 예술을 실재로 환원시키고자하는 편협성을 드러내는 측면이 없지 않다. 사실 그가 제시하는 리

7 G. Lukács, "Franz Kafka or Thomas Mann?" *The Meaning of Contemporary Realism* (London: Merlin Press, 1978), 47-92쪽 참조.

얼리즘 이론은 변증법적 총체성과 전형성이라는 탁월한 개념에 의해 도출되고 있음에도 불구하고 특정 양식에 도식적으로 고정되어 있다는 느낌을 짙게 풍기며 스스로 비판하는 속류 마르크스주의로의 환원이라는 혐의를 낳고 있다. 말하자면 그의 리얼리즘 이론은 19세기의 발자크, 디킨즈, 톨스토이 같은 작가들이 보여주는 바의 고전적 리얼리즘의 틀에 지나치게 의존함으로써 거기서 벗어나고자 하는 시도를 전혀 하지 않는 규범적 성격을 지니고 있다는 비판을 가져오게 한다. 그래서 마르크스주의적 예술철학의 근본 구상과는 어울리지 않게 특정 시대의 리얼리즘 문학을 모범적인 문학으로 간주하며 그에 반하는 자연주의 내지 상징주의 문학을 퇴폐적이고 비진보적인 것이라고 간단히 처리하는 이론적 독단을 드러내고 있는 것이다. 이런 경우 그에 의해 강조되는 실재의 개념도 사회질서 속에 내재하는 사회적 역사적 모순이나 갈등의 제시에 불과한 것으로 그치게 되고 그러한 제시를 하지 못하는 문학은 모두 거부의 대상이 될 뿐이다. 진정한 의미에서 리얼리즘 예술을 그야말로 사회적 역사적 모순과 갈등을 드러내는 유기적 예술원리로 본다면 루카치의 다분히 인위적인 리얼리즘론은 또 다른 극복의 대상이 된다.

3

생산이론은 반영이론과 마찬가지로 마르크스주의를 그 주된 사상적 배경으로 하면서도 문학과 현실의 상관관계를 새로운 각도에서 발전시키고자 했던 일단의 이론가들에 의해 전개된다. 그들은 형식주의와 구조주의 혹은 모더니즘 예술이념이 제기했던 문학생산의 의미와 그 역할의 가능성을 다양하게 수용하고자 했고, 그에 따라 현대사회에서 변화된 문학과 현실의 관계를 보다 신중하게 정초지우고자 하는 입장을 취했다. 그동안 반영이론에서 거의 방치되다시피 했던 문학생산의 성격에 대한 이해를 새롭게 해서 문학을 사회인식의 산물로 이해할 뿐 아니라 자본주의 체제 하의 새로운 사회적 물질적 성격과 연관 지어 문학을 이해하고자 한 것이다. 즉 생산이론에 따르면 문학작품은 사회현실을 묘사하거나 재현하는 의미의 구조일 뿐 아니라 이것은 곧 하나의 상품이며 문학작품을 생산하는 작가 역시 이데올로기의 생산자인 동시에 노동자로 간주된다. 이런 논리에 따르면 문학 내지 예술이 이제는 더 이상 토대-상부구조의 관계에 의해서만 조명될 수 없으며 경제적 토대의 일부분으로 규정지워져야 하고, 문학작품은 하나의 사회적 텍스트로 이해되는데 그치지 않고 사회과학적 실천적 생산양식의 일종으로 간주된다. 생산이론의 이 같은 입장은 반영이론에서 주장한 바와 같이 사회구조와 양상에 천착하며 당대 현실을 얼마만큼 충실하게 반영해내었는가에 따라 훌륭한 문학작품의 수준을 가려내고자 한 작업과는 그 성격을 달리 할 수밖에 없다. 생산이론을 강조하는 이론가들에 이르러 비로소 문학의 사회적 정치적 역할과 의미의 문제는 보다 과학적인 성격에서 조명될 수 있게 된다.

그런데 문학의 과학적 성격과 그에 근거한 문학성의 문제를 체계적으로 다룬 문학이론에 대한생각이 미치면 우리는 먼저 러시아 형식주의라는 문학이론을 연상케 된다. 20세기 초 러시아에서 상징주의를 거쳐 구조주의에 이르는 과정에서 생겨나게 된 러시아 형식주의 문학이론은 예전에 볼 수 없었던 문학의 과학적 성격과 '문학성'에 대한 체계적 연구로 문학이론사에 가히 혁명적인 영향을 미쳤다. 그들은 우선 시적 언어와 일상언어 사이의 차이점에 주목하면서 문학을 일상적 담론과 구별해주는 형식적이고 언어적인 성질, 즉 '문학성'의 문제를 중점적으로 연구코자 한다. 특히 이들은 문학이 현실의 정확한 반영이나 재현이 아니라 기호로 구성된 현실의 의미화임을 강조하면서 이른바 '낯설게 하기'라는 개념을 제시한다. 낯설게 하기란 우리들에게 일상적 담론이 일상화되거나 습관화된 지각을 낳는데 비해 문학 언어는 독자의 의식에 일상화된 지각을 떨치고 새로운 지각을 가능케 하는 특수한 언어라는 것을 보여주기 위해 제시된 개념이다. 러시아 형식주의자들의 이 주장은 소외와 단절을 낳는 지배이데올로기에서 벗어나 세계를 바라보는 새로운 시각을 확보하고자 하는 문학적 노력에 논리적 근거를 제공하게 된다. 또한 그 당시까지의 문학이론가들에 의해 거의 도외되다시피 했던 문학과 독자의식의 상관관계, 이를테면 문학이 어떻게 독자의 의식에 영향을 미치는가를 주목함으로써 문학을 통해 독자의식을 변혁시키고, 더 나아가 사회현실을 변화시키고자 했던 후대의 생산이론가들에게도 지대한 영향을 끼치게 된다. 물론 이런 기여에도 불구하고 러시아형식주의는 문학발전을 문학 자체 내에서 내재적으로 작용하는 발전적 경향의 결과로 이해해서 그 형식적 측면만을 강조하는 메카니즘에 빠지는 치명적 오류에 빠지게 되지만, 그럼에도 불구하고 이들의 낯설게 하기의 개념이 제시한 새로운 문학적 의미는 생산이론가들에게 적잖은 영향을 미쳤다고 할 수 있다.

생산이론을 이론적으로 체계화한 사람으로 우리는 먼저 W. 벤야민을 꼽아야 할 듯하다. 그는 마르크스와 엥겔스의 생산력 발전에 따른 생산관계의 변화라는 정식을 미학이론에 적용하여 예술과 사회의 관계에 대한 이해에 새로운 지평을 열었다. 오늘날 현대의 서구 문학이론가들 중에서 생산이론의 관점에 충실한 대표적 비평가인 F. 제임슨이나 테리 이글턴과 같은 이론가들은 거의 직간접적으로 벤야민의 이론으로부터 영향을 받았다는 점에서 벤야민은 생산이론의 선구적 입장에 서 있다고 해도 과언이 아니다. 이미 우리가 살펴보았듯이 마르크스주의 비평은 전통적으로 문학이 당대의 생산력과 생산관계와 맺는 상관관계를 밝히는데 주력해 왔다. 그러나 벤야민에게 일차적으로 문제가 되는 것은 당대의 생산관계 내에서 문학작품의 위치가 어떤 것인가 하는 점이다. 그는 예술이라는 형식이 낳는 다양한 생산기법들, 이를테면 회화, 출판, 공연 등이 모두 특정의 어떤 양식들에 의존하고 있다는 사실을 강조한다. 모든 예술적 생산 기법들은 바로 예술적 생산력의 일부이며 예술적 생산의 발달단계이고, 또한 예술생산자와 그 수용자 사이의 일련의 사회적 관계를 내포한다. 물론 마르크스주의 예술이론에서도 생산양식의 제 발달단계에는 반드시 특정한 사회적 생산관계가 내포되었고, 그래서 생산력과 생산관계가 상호 모순에 처하게 될때 충돌을 일으키거나 혁명에 이르게 되기도 한다. 그런데 벤야민에게 중요한 것은 진정한 혁명적 예술가는 자본주의 사회 하의 예술적 생산력과 생산관계를 어떻게 발전시켜야 할 것인가를 주목하고 이를 어떻게 직접 예술상황 자체에 적용시키느냐 하는 것이다. 이를 관철시키기 위하여 그는 현대예술을 보는 시각 자체를 바꿀 것을 요구하고 있다.

벤야민은 「기계복제시대의 예술작품」이라는 글에서 사진과 영상매체의 발달이 예술의 실제와 개념에 엄청난 변화를 일으켰다고 본다. 주로 19세기 말과 20세기 초부터 발달하기 시작한 사진예술과 영상매체가 전통적인 예술의 기능과 개념에 일대 변혁을 일으켜 인류예술사에 결정적 전환을 일으키게 되었다는 것이다. 그에 의하면 사진과 같은 복제기술이 등장하기 이전에 예술은 근본적으로 종교적 제의적인 토대와 밀접하게 관련되어 있어서, 예술작품은 숭배의 대상이었고 이를 생산하는 예술가와 감상자도 경배의 마음가짐으로 예술작품을 보고자 했다. 그러나 현대에 이르러 기술적 수단에 의해 예술작품의 복제가 가능해짐에 따라 전통적인 예술의 이미지는 완전히 변화하게 된다. 그런데 문제는 예술작품의 기술적 복제는 아무리 완전하다해도 원작 그대로의 느낌을 파괴해버리고 말게 된다는 사실이다. 여기서 벤야민은 신비한 '분위기'라는 개념을 도입하게 되는데, 이것을 벤야민은 "아무리 가까이 있다 해도 거리감을 지닌 독특한 현상"이라고 정의한다. 기술복제가 가능해진 현대에 있어 이런 예술의 신비한 분위기는 갈수록 파괴되면서 전통적인 예술의 순수성과 성격은 상실된다. 말하자면 벤야민은 전통예술이 지니고 있던 '분위기'가 기술복제가 가능한 현대에는 상실됨에 따라 예술의 수용적 성격이 향수보다는 충격의 효과가 주된 기능으로 등장할 수 있음을 본 것이다. 이때부터 예술작품은 자본주의 시장의 메카니즘에 종속되어 상품적 가치만을 지니게 되고 예술작품의 수용자도 대중적이며 과학적이고 실용적인 태도만을 갖게 된다.

> 기계복제 시대의 예술의 분석은 이 같은 관계를 정당화해야 한다. 왜냐하면 이런 관계들은 우리를 아주 올바른 통찰력의 길로 인도해 주기 때문이다. 세계역사상 최초로 기계복제는 예술작품을 의식(儀式)에 대한 기생적인 상태로부터 해방시킨다. 복제된 예술작품은 점점 더 커다란 복제 가능성으로 예술작품을 이끌어 간다. 예컨대 사진의 원판으로부터 우리는 얼마든지 많은 인하를 해낼 수 있으므로 '진짜' 인하를 요구하는 것은 무의미한 일이다. 그러나 옳고 그름의 기준이 더이상 예술생산에 적용될 수 없게 되는 순간, 일체의 예술적 전 기능은 뒤집혀지게 된다. 이제 예술의제의적인 토대 대신에 다른 의식(儀式)이 나타나게 되고, 이후로 이 의식은 정치에 토대를 두게 된다.[8]

벤야민의 미적 인식은 르네상스 이후로 간직되어 온 예술의 자율성의 이념이 제의적 토대의 소멸과 더불어 사라져 버렸음을 말해주는 것

8 W. Benjamin, "The Work of Art in the Age of Mechanical Production," *Illuminations* (New York: Schoken Books, 1969), 243-244쪽.

이다. 또한 이것은 마르크스주의 미학, 즉 상부구조로서의 예술이 물적 토대와 맺는 상관관계에 대한 문제에 근본적인 도전을 의미하는 것이기도 하다. 벤야민은 자본주의라는 현대적 생산관계와 생산력 및 기술 속에서 예술작품의 의미와 기능을 보다 본질적으로 밝히고자 하고 있기 때문이다. 이 문제를 보다 구체적으로 살펴보기 위해서는 이 같은 예술적 상황 속에서 예술가 내지 작가의 역할과 기능이 어떠해야 하는가에 대한 벤야민의 관점을 살펴보는 것은 유효할 듯하다. 진정한 혁명적 예술가는 예술대상에만 관심을 두지 말고 그 생산수단에 관심을 기울여야 하며, 마찬가지로 예술적 '참여'의 의미 또한 자신의 예술에 올바른 정치적 견해들을 표현하는 문제일 뿐 아니라 얼마만큼 예술가가 자기의 뜻대로 예술형식들을 전향시키는가에 달려있다고 벤야민은 생각한다. 그의 견해는 「생산자로서의 작가」라는 글에서도 잘 표명된다. 그는 예술가를 일정한 생산관계 속에서 생산수단을 가지고 예술적 생산을 하는 '생산자'로 규정하고 당대의 생산관계 속에서 문학작품의 위치를 규명하고자 한다. 현대의 예술가들은 자본주의의 생산수단, 즉 텔레비전, 신문, 잡지 등과 일정한 관계를 맺으며 기술적 대중매체를 어쩔 수 없이 이용해야 하고 이런 생산과정에서 자신의 지적 생산물을 거의 기계적으로 재생산해 낼 수밖에 없다. 더우기 이 생산관계 속에서 자본주의사회는 이들을 정신적으로 철저하게 소유하고 있어서 예술가들은 자신의 사회적 입장이나 정치적 위치에 대해서는 거의 인식치 못하게 된다. 그래서 벤야민은 자본주의적 생산관계 속에 수동적으로 예속화된 예술가들의 위치와 기능을 새롭게 인식시키고, 현대의 기술적 생산기구를 새롭게 변혁시킴으로써 적극적으로 사고하고 행동할 수 있는 실천적 작가, 즉 진정한 의미에서의 정신적 생산자를 출현시켜야 한다고 주장한다. 말하자면 혁명적인 예술가는 현존하는 예술적 생산력을 무비판적으로 수용해서는 안되며 그러한 생산력을 발전시키고 혁명화함으로써 예술가와 수용자 사이에는 창조적인 사회관계가 수립될 수 있다는 것이 벤야민의 입장이다. 벤야민의 주장은 예술가의 정치적 사회적 기능의 본질적 전환을 의미하는 것이지만, 그는 그 구체적인 예를 1920년대 소비에트 작가들에게서 찾고 있다.

20년대 소비에트 작가들이 지닌 예술적 실천은 부르조아 작가들과 달리 생산현장에 직접 가담함으로써 생산과정의 일부가 되고 민중의 일원이 되며 그래서 문학과 예술을 생산과 생활에 밀착시킴으로써 가능했다. 이와는 대조적으로 현대의 부르조아 작가들뿐만 아니라 20, 30년대 독일의 좌파 문학인들조차도 프로레타리아와의 실질적인 연대감을 가지지 못한 채 이념적으로만 동조함으로써 생산자로서의 진정한 체험을 하지 못했다는 것이다. 따라서 그들은 생산관계 속에서 자신의 위치와 기능을 철저하게 반성치 못하고 생산관계 밖에서 단지 이데올로기적 비판만을 행하게 되었다는 것이다. 이들의 관념적 개인주의적 태도는 바로 현대의 기술적 상황과의 해결될 수 없는 관계에서 생겨난 것이라고 하면서, 그 예술적 정치적 한계를 '정신적 엘리트주의' 내지는 부르조아들의 '신즉물주의'에 다름 아니라고 벤야민은 비판한다. 벤야민의 지적이 아니더라도 부르조아 문학인들은 자신이 속한 계급으로부터 교양이라는 생산수단과 특권을 스스로 타고난 까닭에 자신들의 계급에 동조할 수 밖에 없는 한계를 지니고 있다. 이를 극복할 수 있는 유일한 길은 부르조아 생산수단과 현대의 기계복제적 기술을 역으로 이용한 예술적 실천을 통해 생산관계를 변화시켜야 한다. 다시 말해생산력 발전을 통한 예술양식의 변화, 더 나아가 독자의 혁명적 참여로 인한 사회변혁의 잠재적 가능성을 벤야민은 찾고 있는 것이다.

자본주의 하의 삶의 양상이 단편화 파편화 되어감으로써 삶의 총체성이 상실되고 결국 이러한 상황이 문학에 있어서의 자연주의 내지 상징주의라는 경향을 낳게 되었다고 보는 루카치와는 달리 벤야민은 오히려 이러한 삶과 예술의 상황 속에서 실천적인 예술형식을 찾고 있다. 문학을 단순히 현실의 반영으로 파악한 루카치를 비롯한 마르크스주의 비평가들과는 달리 벤야민은 문학 내지 예술을 일종의 사회적 생산물로 파악하고 모든 문학은 실재를 반영하는 텍스트라기 보다는 예술과 기술, 그리고 생산과 기술 및 생산관계의 의미에서 문학을 사회적 생산의 한 형태로 파악코자 한 것이다. 더 나아가 테리 이글턴과 같은 비평가에 의해 '혁명적 비평'으로 명명된 바와 같이 벤야민의 문학이론은 예술생산에서 내용의 변화와 더불어 양식의 변화 또한 중요한 것이다는 점을 밝히며, 혁명적 예술가는 내용을 기존의 매체에 담는 것뿐만 아니라 매체 자체를 혁명화해야 한다는 점을 강조하고 있다.[9] 그의 이러한 미학적 이론이 근본적으로 어느 정도 타당하며 또 어느 정도까지 삶의 상황에 적용될 수 있는가에 대해서는 다각도의 실증적 검토가 뒤따라야 하겠지만 20세기 서구 예술이론 및 미학적 논의에 신선한 자극을 주며 생산이론이란 새로운 문학 논의의 장을 연 것은 분명하다. 벤야민이 주장하는 예술생산에 대한 이러한 관심과 실천의 문제는 20세기의 또 다른 마르크스주의자들인 독일의 브레히트에 의해서 실제적으로 예술작품에 적용되기도 하고, 프랑스의 문학이론가 마셔레이, 영국의 비평가 이글턴 등에 의해 더욱 확대된다.

4

문학을 외부 현실의 반영으로 파악하고자 한 반영이론의 관점과 달리 벤야민의 문학이론을 살펴보면서 시사 받았듯이 생산이론은 문학

9 Terry Eagleton, *Walter Benjamin or Towards a Revolutionary Criticism* (London: Verso, 1988) 참조.

이 어떠한 사회적 관계에서 생산, 유통, 소비되며 문학을 통해 어떻게 세계를 변혁시키는가에 촛점이 모아지게 된다. 종래 마르크스주의 문학비평의 불모지로 여겨지던 영미비평계에서 테리 이글턴은 문학과 이데올로기의 상관성, 문학생산의 사회적 물적 조건의 문제를 독특한 이론체계를 통하여 수립함으로써 문학생산이론을 폭넓게 제시한다. 이글턴은 그의 초기 저서 『비평과 이데올로기』에서부터 최근의 『미학의 이데올로기』에 이르기까지 문학 텍스트와 이데올로기의 상관성의 문제에 관하여 일관된 관심을 보이며 마르크스주의 문학이론을 형성하는 주요양식인 역사현실-이데올로기-문학 텍스트라는 기본구조 속에서, 문학텍스트에 개입하는 것은 현실역사가 아니라 이데올로기임을 강조하고 이데올로기라는 매개를 통해서 문학텍스트에는 현실역사가 매개된다는 사실을 밝히고자 한다. 그는 마르크스주의 문학이론에서 문학텍스트를 구성하는 제 요소를 '일반적인 생산양식', '문학적 생산양식', '일반적인 이데올로기', '작가의 이데올로기', '미학적 이데올로기', '텍스트'로 분류했음을 상기시키면서, 문학텍스트는 이러한 제 요소들과의 상호관련성 속에서 검토되어야 하며, 비평의 임무는 텍스트를 생산해 내는 이 구조들의 복합적인 상관관계를 분석해 내는 것이라고 본다.[10] 말하자면 이글턴은 문학텍스트의 생산구조를 밝히는데 있어서 그 생산을 규정하는 제반 이데올로기 간의 상호결정관계를 강조하면서, 여태 역사현실은 곧 문학텍스트라는 마르크스주의 유물론적 비평의 범주를 뛰어넘으며 문학텍스트가 단순한 역사현실의 이데올로기적 반영이나 재현이 아니라 자체의 이데올로기를 스스로 생산해 내는 것이라는 입장을 취한다. 문학텍스트와 역사현실의 관계에 관한 보다 구체적 해명을 위해서 이글턴은 극작가와 공연의 관계를 원용한다. 문학작품은 흡사 연출가가 극작품을 무대 위에서 상연하듯이 삶

10 Terry Eagteton, *Criticism and Ideology* (London: Verso, 1978), 44-63쪽.

의 현실을 재현한다. 그런데 무대 위에서 상연되는 공연은 결코 극작가가 쓴 작품을 그대로 재현시키는 것은 아니다. 그야말로 그것은 텍스트를 독특한 생산형태로 변형시킴으로써 공연의 특수한 요건과 상황에 따라 재생산해 낸다. 이글턴에 의하면 무대 위에서 상연된 연극은 연출자의 세계관과 예술관에 따라 변형되어 원래의 텍스트와 같아질 수 없는 극작가와 연출가 사이에서 새롭게 생겨나게 된 생산물이다. 다시 말해 무대에서 상연되는 연극은 그것의 기반이 되는 대본을 재현하거나 반영하는 것이 아니라 대본을 독특한 하나의 새로운 실체로 변형시킴으로써 그것을 생산하는 것이다.

> 문학텍스트는 이데올로기를 '표현'하는 것이 아니며, 이데올로기 또한 사회계급을 '표현' 하는 것이 아니다. 아니 '텍스트'는 어떤 의미에서 연극의 연출을 유추케하는 일종의 이데올로기의 '생산'이다. 연극의 연출은 그것이 근거하는 텍스트를 '표현하거나' '반영하거나' '재생산하는' 것이 아니라, 텍스트를 독특하면서도 회복할 수 없는 실체로 변형시켜 '생산하고자'한다. 거울에 비친 영상이 대상에의 충실한 반영이라고 생각하는 식으로 연극의 연출이 텍스트에 충실한 것이라고 판단할 수는 없다. 텍스트와 연출은 서로 나란히 놓여 상응하는 구성체가 아니라 그들의 거리와 관계를 우리는 두 물질 사이의 거리를 재듯이 생각해야 한다.[11]

문학텍스트가 반영이나 재현이 아니라 생산의 산물이라고 보는 이글턴의 입장은 문학을 현실의 충실한 반영으로 본 반영이론에 정면으로 맞서는 것임을 알 수 있다. 아울러 이것은 우리들에게 독일의 극작가 브레히트의 유명한 서사극 이론을 연상시킨다. 사실 브레히트는 앞서 우리가 살펴본 벤야민의 문학이론을 실제 예술작품에 적용시키고

11 같은 책, 64쪽.

자 한 사람으로 널리 알려져 있지만, 그의 서사극이론은 마셔레이와 이글턴과 같은 생산이론가들에게도 지대한 영향을 미쳤다. 여기서 브레히트의 연극이론을 살펴보는 것은 이글턴이 주장하는 생산이론에 대한 구체적 지침을 얻는데 적잖은 도움이 될 것으로 보인다. 브레히트는 그의 연극이론을 통하여 한편으로 루카치의 리얼리즘 이론을 비판하고, 다른 한편으로 벤야민에게서와 같은 식의 예술의 정치적 내용뿐 만이 아니라 그 생산양식 자체를 어떻게 변용시킬 것인가를 밝히고자 했다. 그는 유명한 서사극 이론을 통해서 무대와 관객, 텍스트와 연출가, 연출가와 배우 사이의 기능적 관계를 근본적으로 뒤바꿈으로써 새로운 연극의 개념을 제시하고자 했다. 브레히트는 전통적인 자연주의 연극과 부르조아 연극은 관객들에게 주로 현실에 대한 환상을 심어주고자 하는 가정에 기초하고 있다고 비판하고 새로운 연극양식을 제시코자 한다. 전통적인 연극은 현실세계에서 일어나고 있는 삶의 실재를 무대 위에서 직접 재현하거나 반영해야 한다는 가정을 당연시한다. 그럼으로써 현실에 대한 환상의 효과를 통해서 관객들에게 공연에 감정이입이 되게 하고 공연에서의 상황에 완전히 빠져들 수 있게 만든다. 전통연극과 부르조아 극에서의 관객은 완전하고 불변하는 예술적 대상에 일방적으로 이끌려 가는 소비자에 불과한 존재여서 그들이 삶의 실재를 비판적으로 사고하고 인식하는 기능을 박탈당한 존재들이다. 이런 연극에서 관객들은 연극에서 인물과 사건이 어떻게 제시되는가, 극에서의 극적 환상은 어떠한가 하는 등등의 연극의 형식과 행위에 대해 비판적으로 사고하는 것은 불가능케 된다. 따라서 브레히트는 전통연극에서의 이 같은 미학이 삶의 실재를 객관적이며 고정불변의 것이라는 입장에 기초한 것이다는 점을 간파하고, 연극에서의 전통적인 관객과 무대의 관계를 파괴해서 새로운 관계를 수립할 것을 주장한다. 삶의 실재가 인간이 만들어 내는 끊임없이 가변화는 불연속적 과정이며, 마찬가지로 연극의 과제도 불변의 현실의 재현이나 반영이 아니라 어떻게 인물과 사건이 역사적으로 산출되는가, 어떠한 모습으로 변혁될 수 있는가를 밝히고자 하는 것이 브레히트의 관심사다. 연극이란 바로 그런 생산과정의 한 모델이 되며, 단순히 사회현실의 반영이라기보다는 사회현실을 제작하고 생산하는 과정이 된다.

실제 브레히트는 그의 서사극에서 낯익은 실재의 양상들을 낯설게 만들어서 관객들이 연극의 인물들과 사건에 정서적으로 말려들지 않도록 하기 위해 여러 가지 효과를 사용한다. 예컨대 전통적인 연극에서 거의 최면적으로 관객을 이끌고 가던 유기적인 연극의 구성이나 관습적인 구성을 파괴하고, 안무, 노래, 에피소드와 같은 다양한 연극형식들을 이용해서 전통적인 연극의 유기적 통일성을 깨트린다. 그에 따라 관객 역시 이 같은 낯설고 생경한 연극 형식들에 의해 다중적 인식을 하게 되고 새로운 문제의식을 갖게 된다. 브레히트의 목적은 관중에게 비판적 태도가 생기게 하고 무대에서 재현되는 삶의 현실을 단순히 받아들이기보다 그것에 반항하도록 자극코자 하는 것이다. 그래서 부르조아 극에서와 달리 관객들은 공연의 인물과 사건에 의해 완성된 소비자가 되기보다는 연극에 적극적으로 가담하는 협력적 실천자가 된다. 이른바 소격효과로 불리우는 브레히트의 이 이론은 그야말로 작가와 관중 모두에게 사물과 세계를 새롭게 보고 인식케 하고자 하는 시도라고 할 수 있다. 브레히트의 서사극 이론은 러시아 형식주의에서 말하는 바의 '낯설게 하기'의 개념과도 적잖은 유사성을 드러내고 있지만, 문학의 효과적 측면을 강조하며 독자의식을 변혁시키고자 한 러시아 형식주의에서 더 나아가 브레히트는 작가의식과 독자의식 모두에 주목함으로써 예술의 생산과정 그 자체를 중요한 관심의 대상으로 삼은 것이다. 삶의 실재를 단순히 재현하거나 반영하는 것이 진정한 예술적 행위가 될 수 없다고 보고, 예술가는 변화무쌍한 삶의 실재를 표현하기 위해서 항상 새로운 표현방법을 모색해야 한다는 브레히트의 예술 이론은 나중에 이글턴을 위시한 많은 생산이론가들에게도 영향을 미쳐 작가는 이상적이고 창조적인 정신이 아니라 기존의 사회적 역사적 상황 속에서 외부적인 예술 생산조건과 직면해야 하는 존재로 인식된다.

브레히트에 의해 시사되고, 앞서 벤야민도 예언했듯이, 작가는 이제 '생산자'로 간주되며 그들의 작업은 가능한 기술적, 물질적 도구를 사용하여 문학작품을 생산해 내는 존재로 인식된다. 마찬가지로 이글턴 또한 다른 사회적 실천행위와 같이 문학은 일정한 생산수단을 사용하여 특정한 생산물로 변형된 것이다는 입장을 취하게 된다. 이글턴의 이런 입장은 벤야민이나 브레히트의 이론을 수용하면서도 다분히 문학의 사회적 "실천은 일정한 생산수단을 사용하여 일정한 원료를 특정의 생산물로 변화시키는 과정, 즉 일정한 생산수단을 사용하여 일정한 인간의 노동력에 의해 이루어지는 변화 과정"[12]을 의미하는 것으로 본 알뛰세나 마셔레이의 관점을 추종한 것으로 보인다. 그러나 이글턴의 문학텍스트와 이데올로기와의 연관성 규명이 알뛰세의 관점을 그대로 따르고 있는 것은 아니다. 알뛰세가 문학은 이데올로기에서 생겨나고 이데올로기를 필수적인 구성요소로 삼고 있는 것으로 보고 있지만 문학텍스트를 단순히 모순되는 제 계급들 간의 이데올로기가 드러내는 재현과 인식의 터전으로 생각함으로써 문학텍스트가 현실변혁을 위한 올바른 이해와 반영을 제공할 수 없다고 생각한 반면에, 이글턴은 문학텍스트에 드러난 현실이 객관적인 역사 그 자체가 아니면서도 이데올로기적으로 부여된 역사현실이라고 생각한다. 문학텍스트의 생산구조는 그 생산을 규정하는 제반 이데올로기들 간의 상호복합성과 중층성에 의해 구성되기 때문에 문학텍스트가 담고 있는 이데올로기는 자율적 양식을 지닐 수 밖에 없고 이데올로기가 생산된 역사현실을

12 Louis Althusser, *For Marx*, trans. Ben Brewster (London: Verso, 1986), 166쪽.

드러내 준다고 보는 것이다. 말하자면 이글턴은 마르크스주의 문학이론이 담고 있는 문학텍스트-이데올로기-역사라는 환원주의적 통일성의 개념을 극복하고 이데올로기의 중층적 복합원리에 의해 그것을 구성하는 전체 구조를 파악코자 했으며, 이런 인식에 기초할 때에야 문학과 역사현실에 대한 보다 과학적 이해에 접근할 수 있다고 본다. 그는 이 문제를 보다 분명히 하기 위해서 문학텍스트의 생산-유통-소비라는 사회적 물적 구조에 더욱 관심을 기울인다. 문학텍스트의 생산을 규정하는 제반 이데올로기를 올바르게 규명키위해서는 우선 사회의 일반적 생산양식의 문제와 이것이 문학생산양식과 예술생산에 어떻게 영향을 미치는가 하는 문제가 제기된다.

이미 연극에의 비유를 통해서도 밝혔듯이, 이글턴은 문학이나 예술과 같은 미학적 이데올로기는 인간의 보편적 가치나 신념체계인 일반적 이데올로기가 제공하는 원료를 변형시키는 생산과정으로 보았다. 이런 변형 과정은 작가가 채택할 수 있는 일련의 문학적 기법과 장치와 같은 문학생산의 도구로서 행해진다. 다시 말해 이데올로기의 문학텍스트로의 변형과정은 특별한 문학생산의 양식의 맥락 속에서 이루어지게 되며, 이 과정에서 각 이데올로기들은 각기 분리된 물적 존재양식을 지니는 중층구조로 이루어지게 되기 때문에 각 구조는 탈중심화된다. 따라서 텍스트 생산에는 무수한 층위의 이데올로기의 중층화, 복 합화가 이루어지고 문학텍스트는 독자를 향하여 열려진 구조가 된다. 더 나아가 문학적 실천은 단순히 완성된 생산품에 대한 '소비'의 차원에서가 아니라 텍스트의 재생산 속에서 이루어져야 한다. "우리는 이데올로기가 우리를 위하여 읽어 주는 (생산해 주는) 것을 읽는다(소비한다.). 읽는다는 것은 텍스트의 특정한 이데올로기적 생산 속에서 그것의 결정적 물질을 소비한다는 것이다. 왜냐하면 문학텍스트는 항상 텍스트 그 자체가 기여하는 비판적 수용성이라는 이데올로기적 관습에 의해 채택되고, 읽힐만한 것으로 간주되고, 해독되는 이데올로기를 위한 텍스트이기 때문이다."[13] 이글턴에게 문학텍스트를 생산하고 그것을 소비하는(읽는) 모든 행위에서의 의미와 가치는 모두 이데올로기의 중층적 관점에 의해 결정되어 질 수 밖에 없는 행위가 된다. 문학텍스트와 마찬가지로 독서도 특정의 역사적 이데올로기가 텍스트의 내용으로 하여금 읽힐 수 있는 생산품으로, 즉 이데올로기적 대상으로 기능하고 있기 때문이다.

그러나 이글턴의 이 같은 생산이론의 관점이 그의 후기 비평에서까지 계속 지속되는 것은 아니다. 그는 문학텍스트와 이데올로기 간의 연관성을 밝히는 데 지나치게 주력한 나머지 스스로 규정했던 이데올로기의 개념의 틀에서 현대 자본주의사회가 드러내는 계급사회의 물적 구조, 이를테면 이데올로기와 역사현실 간의 상관성이나 이와 연관된 문학과 역사현실과의 관계에 대한 구체적 규명이 부족했다는 사실을 스스로 인식케 된다. 그는 이데올로기 개념을 지나치게 확장시킨 나머지 스스로 그 정치적 역사적 효용성을 무화시키는 결과를 빚게 되었다는 사실을 천착한다. 이후 이글턴은 『발터 벤야민-혁명적비평을 위하여』와 같은 저서에서부터 일정한 자기비판을 거치면서 이데올로기 개념을 "우리가 말하고 믿는 것이 우리가 사는 사회의 권력구조, 그리고 권력관계들과 연관되는 방식이다"고 새롭게 정의 내리게 된다. 그래서 이데올로기를 사회적 현실과의 연관 하에 새롭게 인식함으로써 문학과 현실변혁의 상관성에 대하여 또다른 형태의 관심을 보이기 시작한다. 이는 곧 그의 초기 비평에서 드러났던 알뛰세와 마셔레이의 과학주의적 현실관으로부터 브레히트와 벤야민이 제기했던 '혁명적 사유' 내지 '예술의 정치화'로의 입장 전환을 의미하는 것이기도 하다. 이제 그는 문학텍스트를 생산해내는 제 이데올로기들 간의 상관관계

13 Terry Eagleton, *Criticism and Ideology,* 167쪽.

나 중층구조의 규명문제, 즉 문학텍스트의 생산구조의 문제를 밝혀내는 문제뿐만 아니라 텍스트에 이데올로기적으로 재현되는 역사적 사회적 현실의 모순과 갈등의 문제에 주목하게 되고, 그러한 현실의 변혁을 위해서 문학이 해야 할 기능이 무엇인가를 밝히는 데 주력하게 된다. 그는 이런 노력의 일환으로 자신의 또 다른 주요 저서인 『문학이론입문』에서 문학과 예술의 위상을 당대의 생산관계 속에서 규정짓고자 함으로써 '정치적 비평'을 수립코자 한다.

『문학이론입문』에서 이글턴은 영문학이 어떻게 영국사회에서 지배집단에 의해 민중교화의 이데올로기적 수단으로 사용되어져 왔는가를 추적하면서 이러한 민중교화가 어떤 사회적 메카니즘을 통해 가능했는가를 집요하게 보여 준다. 이를 예증하기 위해 그는 대학에서의 문학교육에 주목하면서 20세기 들어 영문학이 대학 내에서 중심적인 학문분야의 하나로 위치하게 된 것은 대영제국의 정치적 경제적 쇠퇴에 따른 일종의 문화적 방어전략에 기인한 것임을 밝히고 있다. 오랫동안 영국 대학에서의 문학교육은 제도문학의 담화를 유지하고 통제하여 확장시킴으로써 지배권력의 이데올로기적 필요가 충족되고 그 종사자들을 재생산하는 주요한 민중교화의 이데올로기로 작용하여 왔다. 그래서 영문학은 제국주의 이후로 상처받은 영국 지배계급 쪽에서 행한 일종의 정신적 해결책으로서 영국인을 재결합시키는 토대의 구실을 하며 기존의 지배질서의 불변성을 선전하는 도구적 역할을 수행키도 했다는 것이다. 이글턴의 이런 분석은 문학을 현대 자본주의사회의 주요한 이데올로기적 장치의 일부로 봄으로써 대학에서의 문학교육에 대한 자기각성의 의미를 지니는 것이며, 더 나아가 문학과 예술 생산의 사회적 물적 구조에 대한 탐색과 현실변혁을 위한 문학 및 문화투쟁의 의미를 모색코자 하는 노력으로 보인다.

그렇다면 현실변혁을 위한 구체적 전략으로서의 문학연구 내지 문화투쟁을 위한 이글턴의 방법론은 무엇인가. 그는 문학의 영역을 사회적 담론행위의 전 영역으로 보고, 담론이 생산해 내는 영향과 그 영향을 생산하는 과정을 규명할 수 있는 레토릭의 재창출을 주장한다. 그는 데리다의 해체이론과 푸코의 권력 및 권력행위의 행사로서의 담론이론에 근거한 문학의 내적 본질에 대한 규정을 부정하면서 문학 개념을 사회적 담론행위 전 영역으로 확대시키고자 한다. 그가 제시하는 레토릭은 "문학텍스트를 구성하는 담론의 구성방식과 조직방식을 읽어내고 이런 형식과 장치가 실제 상황 속의 특정 독자에게 어떤 영향을 미치는가 하는 점을 검토"하는데 있다. 이는 곧 사회적 담론의 전 영역으로 확장된 문학텍스트의 의미 작용체가 행사하는 이데올로기적 영향력에 대한 분석이며, 아울러 문학작품의 의미작용에 대한 정치적 효과를 풍부히 하자는 것이다. "레토릭은 그 주요 양상에 있어 사람들의 언어 체험과 직관적으로 관련된 '휴머니즘'도 아니고 언어기법을 분석하는 데만 몰두하는 '형식주의'도 아니다. […] 레토릭은 말과 글을 미학적으로 명상하게 하거나 끊임없이 해체시킬 텍스트의 대상으로 볼 뿐 아니라 작가와 독자, 연설가와 청중 사이의 더 폭넓은 사회적 관계로부터 분리 불가능한 '활동' 양식으로, 그리고 그들이 몸담고 있는 사회적 목적과 조건을 벗어나서는 대개 이해하기 힘든 것으로 인식한다."[14] 이 담론 개념은 문학은 실체의 개념이 아닌 상관적인 개념이며 따라서 대상이 명확하게 설정되어져 있지 않고 또한 독자적인 방법이 주어져 있는 것도 아니라는 입장의 표명이다. 마찬가지로 이글턴에 의해서 제시되는 레토릭에 의한 전략적 방식이란 대상이 무엇이고 대상에 접근하는 방식이 어떠한 것인가를 묻기 전에 대상과 접촉하는 이유를 고찰하고자 하는 것이다. 따라서 이제 이글턴에게 문학작품에 대

14 Terry Eagleton, *Literary Theory: An Introduction* (Oxford: Basil Blackwell, 1983), 206쪽.

한 가치평가의 문제는 그러한 담론행위를 산출해내는 객관적 현실에 대한 인식과 현실변혁의 문제와 분리불가능의 관계에 놓이게 된다.

이글턴은 자신이 주장하는 '정치적 비평'이 지향하는 목표가 올바른 정치적 입장으로 상대방을 전향시킬 수 있는 레토릭의 효과를 생산하는데 있다고 보고 문학을 당대현실의 정치적 이데올로기와의 밀접한 연관 속에서 살핌으로써 이른바 문학의 '탈정전화'라는 이름으로 문학사에서 위대한 작품들로 평가되어온 가치를 재규명 하고자 한다. 그 예로 영문학사에서 대표적 고전으로 알려져 온 세익스피어 작품의 위대함이 실제로는 영국의 자본주위적 지배질서가 자신들의 체제강화를 위해 구성해 온 '정전'이라는 것이다. 이글턴의 정치적 비평은 이 같은 정전에 안주하며 기존의 체제온존적 비정치적 문학비평을 파괴하고 지배체제의 강화에 복무하기를 거부하고자 하는 심각한 자기반성이 담겨진 것이라고 할 수 있다. 더 나아가 이글턴은 현대의 문화적 정치적 실천의 중요한 영역의 장으로 반제국주의 투쟁과 여성해방운동, 문화사업, 그리고 노동계급의 글쓰기 운동 등을 들고 있는데, 이는 곧 문화 내지 문학운동이 정치적 투쟁과 밀접한 관계를 맺으며 문학과 현실변혁운동의 상관관계를 역설하는 생산이론의 주요한 핵심적 내용이 된다. 특히 현대에 이르러 제반 과학기술의 눈부신 전개와 연관지어 생산력 발전의 문제에 주목하면서 문학생산관계의 변화를 규명하고, 또한 광범위하게 대중 속으로 침투해 들어 갈 수 있는 새로운 문학이론의 개발을 통해 대중을 현실변혁의 장으로 이끌고자 하는 정치적 비평이라는 테제는 이글턴의 생산이론이 담고 있는 간과할 수 없는 실천적 노력이라고 할 수 있을 것이다.

5

"문제는 세계를 어떻게 해석해내느냐 하는 것이 아니라 어떻게 변혁시키느냐 하는 것이다"는 명제를 앞세우며 제시된 마르크스주의 문학이론은 다양한 변용을 거치면서 현대에 이르게 되었다. 특히 마르크스와 엥겔스에 의해 그리고 그들의 이념을 가장 충실하게 전승한 레닌이 러시아의 문호 톨스토이를 가리켜 '러시아 혁명의 거울'이라고 부르면서 발전시킨 반영이론은 자신들의 이론적 착종에 의해 또한 역사의 변화에 직면에 의해서 다양한 변화를 요구받게 되었다. 이 같은 요구는 마르크스와 엥겔스가 일관되게 강조해 온 상부구조의 능동적 기능에 해당되는 예술이 반드시 토대의 물적 조건의 반영이라는 도식으로 현대사회에서 적용될 수 없다는 사실로 입증된다. 이런 요구에 부응하며 나타난 것이 벤야민, 브레히트, 마셔레이, 이글턴 등에 의해 제창된 생산이론이다. 이들은 다양한 이론적 가설을 내세우며 문학을 비롯한 예술이 단순한 삶의 현실을 모방하거나 재현시키는 것이 아니라 오히려 그것을 변형시키거나 재창조하는 것이라는 입장을 취하게 된다. 생산이론을 강조하는 이론가들은 문학을 현실을 반영하는 텍스트로 보기보다는 오히려 사회적 활동, 즉 사회적 경제적 생산의 한 형태로 이해코자 한 것이다. 이들의 이론은 현대의 기술적 삶의 상황에서 문학을 비롯한 예술의 위상과 역할을 새롭게 조명하고자 한 노력이기 때문에 반영이론에 내재하고 있던 문제점과 한계를 일정하게 극복하고 있는 것으로 보인다.

그러나 여기서 강조되어야 할 것은, 생산이론이 결코 기왕의 반영이론의 개념을 용도 폐기하는 대체적 개념일 수는 없다는 점이다. 우리가 반영이론과 생산이론의 범주적 관계를 새삼 강조해야 하는 이유는 반영이론의 이론적 바탕에 근거하지 않는 생산이론은 자칫 그야말로 이론적 바탕이 없이 실천적 의미만을 강조하는 이론적 표류이기 쉽기 때문이다. 또한 마르크스와 엥겔스, 그리고 레닌이 여러 차례 강조한 의식의 반영적 성격은 인간의 대상적 실천의 전 과정을 내포하는 것이지 삶의 상황의 단편을 창조하거나 생산해내는 것은 아니기 때문이다. 따라서 생산이론이 반영이론과 별개의 이론으로 객관적 의미를 찾고자하는 것은 결국 자본주의 사회가 내포하는 갈등과 모순의 현실을 간과하면서 또 다른 이론을 '생산'해 내고자 하는 거와 다를 바 없다. 물론 생산이론의 본유적 관심은 이론가들이 주장했듯이 문학이 어떤 사회적 관계 속에서 생산-유통-소비되는가의 문제를 해석해내는데 있는 것이 아니라 이러한 관계의 해명을 통해서 어떻게 세계를 변혁시키는가 하는 데 있다. 이러한 점에서 생산이론은 기본적으로 현대의 형식주의나 구조주의와 같은 문학이론이 지니고 있는 이론에의 매몰 내지는 도식을 탈피하고 있다. 그러나 이들의 문학 논의도 따지고 보면 자신들의 의도에 관계없이 실천을 위한 원론적 논의의 수준에 불과하기 때문에 생산이론을 그야말로 구체적 삶의 상황에 적용시키기 위해서는 보다 충실한 실천적 검증이 뒤따라야 할 것이다.

마르크스와 엥겔스가 마르크스주의 문학이론을 제시한 이래로 오늘에 이르기까지 엄청난 발전과 변용을 거듭하며 자기 확장을 이루어왔지만, 마르크스주의 문학이론은 역사적 변화의 추이에 따라 세계변혁을 위한 끊임없는 자기갱신의 노력이 더욱 더 요청된다. 이러한 요청은 앞으로 마르크스주의가 위기의 상황이 심화될수록 피할 수 없는 역사적 당위이다.

새로운 문화이론의 정립을 위하여

- 레이먼드 윌리엄스의 문화이론을 중심으로 -

1

21세기의 이른바 고도전자정보시대에 살고 있는 우리는 극심한 삶의 '패러다임의 위기'에 시달리고 있으며, 시간을 더해 갈수록 그 위기적 상황은 더욱 심화되어 가는 느낌이다. 물론 여기에는 여러 가지의 이유가 있겠지만, 탈냉전 시대 이후로 미국이 중심이 된 독점자본주의의 물결이 우리의 삶 전반을 압도적으로 지배해 감에 따라 서구에서 유행하는 자본주의 소비문화와 대중문화가 시간적 지역적 격차 없이 우리사회 전반에 무차별하게 유입되어 들어오는 현상 때문이라고 할 수 있을 것이다. 역사는 20세기라는 한 순환을 마감하고 새로운 순환을 시작하고 있지만, 세계는 고도 자본주의라는 단일 체제로 나아가고 있으며 이제 그 지배세력인 독점자본은 어떠한 저항도 받지 않고 전 지구적으로 위세를 강화해 나가고 있는 것이다.

실제 오늘날 전 세계를 지배하고 있는 독점자본주의의 경제과정은 과학기술과 학문, 예술, 종교 등의 제도화된 문화 및 이데올로기적 장치의 전 영역은 물론 개인들의 일상생활과 주관의 영역까지 깊게 침투되어 있다. 우리사회 전반에 유행하고 있는 대중매체, 오락산업, 소비문화의 팽창 등이 바로 사회와 개인의 물질화 현상을 잘 말해 주고 있는바, 이 같은 현상은 대중의 문화적 생산을 확대재생산 함으로써 사회 전 영역에 걸쳐 욕망과 욕구를 자극하는 각종 기호체계를 낳고 있다. 서구문화의 압도적 위세 속에서 우리는 싫든 좋든 타자의 문화를 몸으로 느끼며 살지 않을 수 없는 상황에 놓여 있지만, 한편 많은 사람들은 독점자본의 전 지구적 지배로 인간 삶이 위기에 빠진 지금이야말로 새로운 인문적 모색과 창조를 이루어 내어야 할 시기라는데 공감하고 있다. 이 격변과 위기에 대한 반응과 대안의 모색은 다양하게 이루어지고 있지만 그 일련의 시도로서 제안되고 있는 것은 올바른 문화이론의 수립이다. 문화는 바로 사회를 재생산하는데 지대한 기능을 하는 이데올로기 작동의 중심이면서 동시에 사회변화의 기저가 될 수 있는 영역이며, 더 나아가 문화는 한 인간이나 시대 또는 집단의 특정 생활방식을 이끄는 개념이기 때문이다. 따라서 문화에 대한 올바른 인식을 확보하는 일은 현 단계의 삶에 대한 정확한 대응이면서 동시에 사회변혁의 단초를 여는 일이기도 하다. 그 노력의 일환으로서 지난 몇 해 사이에 우리사회에서도 다양한 문화담론을 생산해 내면서 본격적으로 문화에 대한 논의가 이루어지기 시작했다.

그러나 이러한 문화담론의 증가와 발전에도 불구하고 정작 문화논의에 가장 중요하게 요구되는 본질적인 개념들이나 범주, 혹은 다양한 문화논의의 계보에 대한 탐색은 미흡한 것이 아니었던가 하는 생각이 든다. 아이러니컬하게도 우리들의 문화논의는 무수한 이론과 탐색의 과정에서 오히려 그 높은 파고에 빠져 새로운 혼미를 가져오는 경우도 없지 않았다. 이러한 측면에서 현대문화비평의 한 방법론으로서 영국의 문학비평가 레이먼드 윌리엄즈가 주장하는 '문화유물론'은 우리에게 많은 시사를 던져 줄 것으로 보인다. 그 동안의 문화논의가 그 개념설정과 인식범주에 있어서 매우 불충분한 것이었다고 한다면, 비판이론과 문화이론의 결합 형태라고 할 수 있는 문화유물론을 통해 우리는 좀더 분명하게 대중소비시대의 문화의 성격과 문제점을 이해하고 인식할 수 있을 것이다. 또한 서구문화 중심으로 우리사회에서 전개되고 있는 타자의 비판문화이론을 수용하는데 따르는 문제점도 동시에 경계할 수 있을 것이라 생각된다.

따라서 이 글은 윌리엄즈의 문화유물론의 이론적 특징과 사상적 계보를 살펴보고, 아울러 이것이 함축하는 새로운 문화이론으로서의 이론적 문제점과 가능성을 점점 하기 위함이다. 아울러 이 검토는 후기구조주의와 해체론과 같은 현대문학비평의 이론 틀에 대한 문학적 대응 방안을 모색하는 일인 동시에 이른바 포스트모더니즘으로 일컬어지는 후기자본주의 문화논리에 맞설 대응책을 점검해 보는 일이기도 할 것이다.

2

서구사회에서 급진적 관점을 지닌 문예이론가들의 지적 노력이 문학과 예술 분야에서 거둔 성과는 괄목할 만한 것이었다고 할 수 있다. 마르크스와 엥겔스는 말할 것도 없고 G. 루카치, 루이 알뛰세, W. 벤야민, H. 마르쿠제, A. 그람시 등은 역사와 사회현실에 대한 실천적 관심을 바탕으로 서구의 진보적인 문화예술운동과 문학이론을 전개시키는데 중요한 기여를 한 사람들로 우리들에게 알려져 있다. 그러나 영미의 경우 이러한 예술운동이나 문학적 노력을 찾아보기란 그다지 쉬운 일이 아니다. 세계적인 경제공황과 정치문제가 첨예화되었던 1930년대에 마르크스적인 세계관과 문예이론이 서구의 주요한 사상적 흐름으로 작용하고 있을 때에도 영국과 미국에서는 좌파의 지적 활동이 크게 활발치 못했다. 뿐만 아니라 50년대와 60년대를 거치면서 서구사회가 독점자본주의가 지배하는 후기산업사회적인 구조로 변모되어 갈 때에도 영미비평계는 새로운 방향모색이나 자기반성을 하기는 커녕 오랜 세월동안 자신들의 사유양식으로 존재해 온 경험론적·실증주의적 사고틀에 매몰되어 있다시피 했다.

물론 영문학 비평에 있어서 급진주의적 관점을 지닌 문학이론의 전개가 전혀 없었던 것은 아니다. 1930년경부터 C. 코드웰과 같은 이론가들이 당시의 세계적인 경제공황과 계급문제를 경제적인 생산 양식의 준거 속에서 이른바 유물론적 비평이라는 이름으로 선보이게 된 것이다. 이들은 스탈린주의와 마르크스주의의 이상에 일방적으로 편향된 채 영국사회의 문화전통으로부터 고립되었을 뿐만 아니라 상부구조로서의 문화이론에 대한 인식이 결여되었음에도 불구하고 나름대로 마르크스주의 미학을 발전시키는데 정진한다. 그러나 이 속류 마르크스주의는 내용위주의 결정론적 이해에 주력함으로써 방법론상으로 소박한 환원론에서 크게 벗어나지 못했고, 더 나아가 서구 사회가 서서히 후기산업사회로 변모해감에 따라 코드웰 식의 접근 방법으로는 문화와 사회를 이해하는 유효성의 상당 부분을 상실하고 만다.

이러한 사정은 영국의 경우 1970년경부터 조금씩 변모하게 된다. 오랫동안 진보적인 학문적 전통이 부재했음에도 불구하고, R. 윌리엄스나 E. P. 톰슨과 같은 이론가들이 나타나 마르크스주의적인 사유로 현대사회를 이해하고자 하는 새로운 인식틀을 제공하고, 그것을 확대시키고자 하는 노력을 활발하게 시작한 것이다. 유럽 사회에서도 가장 보수적인 영국사회에서, 또한 총체적인 사회 인식으로서의 마르크스주의의 전통도 빈약한 영국 사회에서 이 같은 지적 움직임이 나타나게 된 것은 물론 우연이 아닐 것이다. 60년대 말부터 미국을 휩쓴 뉴 레프트 운동과 같은 급진적 학생운동이 기존체제에 반발하며 자신들의 사회가 처한 제반 모순에 변혁을 요구한 것에 고무된 탓도 있겠지만, 어느 사회이론가의 표현대로 거의 50여 년 동안 인간과 사회에 대한 근본적인 인식을 보여주지 못하며 그야말로 '중심부재'의 양상을 보여온 영국문화에 대한 비판적 각성이 일어난 때문이었다.[1] 사실 앤더슨의 지적대로 오랫동안 유럽의 다른 국가들에 비해서 영국은 사회와 인간에 대해서 거의 총체적인 인식을 보여주지 못해 왔다. 영국사회에서는 총체적인 사회이론으로서의 마르크스주의가 발붙일 지적 풍토도 조성되지 못해 왔거니와 그에 맞설만한 고전적 사회과학도 창출되지 못한 채로 19세기 후반부터 '중심부재'의 상태를 지속해 온 것이다. 그래서 영국의 지적 문화적 풍토는 심미적 관념적인 것으로 지배되어 오다시피 했다. 뿐만 아니라 60년대 이래 미국에서 전개된 후기자본주의 사회체제는 현대인간의 삶을 과학기술과 상품소비 체계 속에서 단편화시키고 세계에 대한 진정한 역사적인 인식과 전망을 불가능케 했다.

영미의 이같은 분위기는 결국 70년대 이후로 마르크스주의적인 지적 움직임이 재고되고 고양되는 직접적 계기로 작용하게 되었고, 문학이론의 분야에 있어서도 윌리엄스, T. 이글턴, F. 제임슨, E. 싸이드와 같은 이론가들이 영미문학 비평계의 보수적인 분위기에서는 이례적일 정도로 주도적인 위치를 차지하게 되었다. 이들의 급진주의적 관점은 여태 영미비평계에서는 오랫동안 억압되고 은폐되어 온 것들이라는 점에서 오늘날 더욱 더 커다란 관심을 끌게 된다. 그동안 영미비평의

1 Perry Anderson, "Components of the National Culture," *New Left Review 50* (June-August, 1968), 12쪽.

주류가 언어적 담론체계에 바탕 한 구조주의와 형식주의 및 해체론을 포함한 후기구조주의에 의해 이끌려 왔고, 이런 이론에서 비평의 실천적 함의는 거의 찾아보기 힘들게 되었다. 급진주의적 관점을 지닌 비평가들의 이론이 바로 현대비평의 이런 주도적 흐름을 비판하고 대결하는 과정에서 형성되어 왔다는 점에서 우리의 주목의 대상이 되지 않을 수 없는 것이다. 물론 급진주의적 관점을 지닌 영미 비평가들의 입장이 일관되게 정연한 논리를 보여주는 것은 아니다. 그들은 구조주의나 형식주의적 면모를 드러내는가 하면, 속류 마르크스주의에서와 같이 지나치게 토대-상부구조론에 집착함으로써 환원주의적 관점을 드러내는 등 비평적 입장에 따라 다양한 이론적 편차를 드러내고 있다. 그러나 어떠한 형태로든 이들의 기본적인 비평적 관점이 마르크스주의 문화이론에 근거해서 사회와 문화에 대한 일정한 실천적 인식을 보이고 있다는 점에서는 일치한다.

3

영문학 비평에 있어 급진주의적 관점이 본격적으로 나타나기 시작한 것은 윌리엄스의 비평적 업적으로부터라고 할 수 있다. 1960년경부터 윌리엄스가 『문화와 사회』, 『장구한 혁명』, 『마르크스주의와 문학』과 같은 주목할 만한 저술들을 연이어 발표하며 비평 활동을 시작했을 때 자신에게 주어진 문화유산이란 19세기 낭만주의의 이상주의, 속류 마르크스주의, 부르조아 경험주의와 같은 것들뿐이어서 앞선 세대로부터 물려받을 진보적 전통이란 거의 없었다. 자기보다 앞선 세대인 코드웰의 속류 마르크스주의는 윌리엄스에게 거의 조롱의 대상이 될 정도로 조야한 것이였고, 19세기 낭만주의는 그 급진적 이념에도 불구하고 이상적·보수적 전통을 보여줄 뿐이었다. 윌리엄스가 거의 유일하게 영향 받은 지적 전통은 바로 F. R. 리비스와 『검토』에서 나타난 정치적 주장과 거기서 추출된 급진적 요소들이었다. 이글턴의 표현대로 윌리엄스는 검토가 강조하는 공동체, 전통, 도덕적 가치, 그리고 '삶'의 의미와 같은 정치적 문화적 개념에 의존하여 코드웰류의 마르크스주의의 극복을 시도한 '좌익 리비스주의'자였다.[2] 말하자면 윌리엄스 비평의 핵심적인 내용을 이루는 문화와 공동체적 삶과 같은 이데올로기를 규정짓는데 마르크스주의와 리비스의 검토는 거의 결정적 영향을 제공한 것이다.

윌리엄스의 비평의 일차적 관심은 문학비평과 문화의 관계를 규명하는데 모아진다. 초기의 중심 저서인 『문화와 사회』에서부터 『모더니즘의 정치학』에 이르기까지 윌리엄스는 일관되게 문학 및 문학비평의 담론을 통하여 문화적 유물이론을 수립하고자 하는 시도를 해왔다. 그래서 그의 비평적 작업은 바로 문학과 비평의 문화적 사회적 기능을 회복시키고자 하는 그 나름의 실천적 노력의 일환이라는 점에서 우리의 관심을 끈다. 윌리엄스는 영국사회에서 오랫동안 '문화'와 문화를 낳게 되는 '의사소통'의 기능을 부차적인 것으로 보는 고정관념이 유지되면서 올바른 문화 논의가 이루어져 오지 못했다고 보고 있다. 비단 영국의 경우가 아니더라도 사실 문화의 개념은 인간들의 보편적인 삶의 방식을 지칭하는 개념으로 사용되어 그 정신적인 측면만을 강조해 왔고, 특히 고도로 농축된 정신적 활동을 문화의 핵심적 내용인 것으로 이해해 왔다. 그래서 대체로 문화는 관념론적인 의미로, 이를테면 인간의 정신적 활동과 그 산물, 그리고 그와 관련된 제도와 관습 내지는 삶의 양태를 지칭하거나 더 나아가 문학·예술·종교 등과 같은 제도적 양식을 지칭하는 의미로 사용되어 온 것이 사실이다. "문화는

2 Terry Eagleton, *Criticism and Ideology* (London : Verso, 1978), 22-26쪽.

'지적인 삶'과 '예술'로 매개되어 특수화된 내면적 과정을 의미하는 명사가 되었다"[3]는 윌리엄스의 지적대로, 문화는 형이상학적이고 관념적인 체계와 연관된 하나의 질서 개념으로 여겨져 온 것이다. 이렇게 윌리엄스의 문화론은 기존의 문화이해에 대한 문제의식에서 수립된다. 그는 영국사회에서 문화에 대한 기성관념이 변화되기 시작한 것은 18세기경에 이르러 사회와 인간에 대한 인식이 바뀌게 되면서 부터라고 본다. 예컨대 18세기에 이르러 '스스로의 역사를 만드는 인간'의 중요성을 강조하며 사회와 인간을 형성하는 한 형식으로서의 문화개념을 제시한 이태리의 역사사회학자인 G. 비코에 의해서 비로소 그 가능성은 찾아지게 된다. 『새로운 학문』에서 비코는 인간이 사회질서를 이해하고 구축하는 능력을 강조하기 시작하는데, 그가 제창한 문화와 사회에 대한 해석은 오늘날의 시각에서 보면 별다른 흥미를 끌지 못하는 내용들이지만 아마 '문화'의 사회적 의미를 제시한 최초의 일이라고 윌리엄스는 주장한다. 또한 그의 계승자인 J. G. 헤르더에 의해서 문화는 보다 다양하고 복합적인 사회적 의미를 지닌 것으로 해석되고 마침내 마르크스에 이르러 문화에 대한 유물론적 인식이 대두되기 시작했다는 것이다.

문화의 사회적 의미를 거의 최초로 강조한 비코와 헤르더에게서 진정한 문화 개념을 찾고자 한 윌리엄스의 태도에서 우리는 문화를 철저하게 사회적인 실천적 의미의 원천으로 생각하는 그의 문화관의 기본정신을 엿보게 된다. 아울러 그의 문화관은 물적 개념으로서의 언어이해에 기초하고 있다는 점에서 마르크스주의적 문화인식과도 맥락을 같이 한다. 그에게 문화란 특정하고 상이한 '삶의 양식'을 창조해 내는 사회과정으로서의 개념이며 이것은 곧 한 시대와 사회의 물적 토대를

3 Raymond Williams, *Marxism and Literature* (Oxford: Oxford Univ. Press, 1978), 17쪽.

구성하는 개념이었다.[4]

'문화유물론'으로 요약되는 윌리엄스의 문화이론은 이 같은 기본 전제에 바탕하고 있다. 문화유물론은 우선 '공동의 문화'에 대한 강조로서 시작된다. 공동의 문화란 특별한 계급이나 지배그룹의 가치를 확장하는 것이 아니라 모든 사람이 동등하게 문화적 자산을 소유한다는 개념이다. 그야말로 문화가 소수 특정인의 특별한 활동이 아닌, '문화는 평범한 것이다'는 윌리엄스의 명제대로 일상적이고 범상한 것이라는 의미를 담고 있다.

> 대안적 개념을 탐구하고, 이 복잡한 영역에서 어떠한 관점을 발견하는 방식으로, 공동의 문화 혹은 공동 속의 문화에 대해 이야기하고 싶다. 이러한 주장은 문화는 평범한 것이라는 주장과 연관된 것이다. 일반적인 의미에서나 특별한 예술과 신념에 있어서도, 의미와 가치들의 창조에 참가하는 특별한 계급이나 혹은 집단이 있는 것은 아니다. 아무리 재능이 있다 하더라도 그런 창조가 소수에 얽매일 수는 없으며 실제 그렇게 얽매이지도 않았다. 어떤 특정 시대의 한 민족의 특정한 삶의 형태가 지닌 의미들은 그들의 공동의 경험의 총화에서 그리고 그 복잡한 전반적인 결합관계에서 나오는 듯하다.[5]

위 인용문에서도 잘 드러나듯이, 윌리엄스가 보기에 문화 창조의 주

4 윌리엄스의 문화론은 그의 언어관을 통해서도 잘 드러난다. 그는 언어가 곧 현실의 반영이라는 식의 기계적 반영이론에 반발하고, 언어 그 자체를 하나의 물적 실천의 개념으로 파악코자 한다. 18세기에 비코와 헤르더가 행위로서의 실천적 언어개념을 제시하기 이전에 소크라테스에서 데카르트에 이르는 고전적 언어관에서는 언제나 '언어'와 '현실'은 분리되어 왔고, 이들의 철학적 탐구의 대상도 명백히 상반된 이분법적 질서에 대한 것이었다. 그래서 고전주의적 언어관은 언어에 대한 자의적 해석과 기능만을 부각시킴으로써 언어와 대상의 관계를 추상적 교환가치로 신비화시키기까지 했다. 언어에 대한 이 물화된 이해의 주요한 이론적 표현은 20세기 들어 소쉬르의 구조주의적 언어관과 야콥슨을 중심으로 한 형식주의적 언어관을 통해 더욱 확대되었다고 윌리엄스는 본다(*Marxism and Literature*, 21-24쪽).

5 Raymond Williams, *Resources of Hope* (London: Verso, 1989), 34-35쪽.

체는 특별한 계급이나 집단이 아니다. 올바른 문화는 공동의 경험의 총화로서 이질적 요소와 집단의 전체적인 결합관계에서 우러나오는 것이다. 그가 강조하는 공동의 문화는 사회를 구성하는 어떤 계급이나 집단이 상호 배제하지 않는 평등한 관계 속에서 공동으로 의미와 가치를 창조하고 결정하는 열린 과정을 의미하는 것이기 때문이다. 윌리엄스의 공동의 문화에 대한 관점은 문화와 관련된 이데올로기 분석틀에서도 잘 드러난다. 윌리엄스는 문화를 중층구조로 이루어진 이데올로기로 생각하며 이데올로기를 1) 특정계급 혹은 집단의 특별한 신념체계, 2) 진정한 혹은 과학적인 지식에 대비될 수 있는 환상적인 신념—허위의 이념이나 허위의 의식—의 체계, 3) 의미와 사상을 낳는 보편적인 생산과정으로 분류한다.[6]

문화와 연관된 이데올로기의 세 분류 중에서 윌리엄스는 세번째 개념을 특히 강조한다. 1)혹은 2)의 테제의 경우와 같은 문화를 형성하는 이데올로기는 지배계급의 입장에서 볼 때 자신들이 지배이익에 봉사하는 잉여가치로서 혹은 허위개념으로 보여질 수 있고, 또한 그들이 끊임없이 감시와 억압적 기능을 수행해야 하는 부정적 역할을 담당할 수 있다. 그러나 윌리엄스가 선택하는 문제틀은 자본주의사회 자체의 이데올로기적 기능을 긍정적으로 인정하는 데에서 수용된다. 다시 말해 자본주의의 생산과 지배의 체제를 정당화하면서 그 자체의 의미와 사상을 낳는 보편적인 생산과정으로서의 이데올로기에서 문화는 확보될 수 있게 된다.

문화의 보편적 가치와 의미에 대한 윌리엄스의 인식은 그의 글 여러 군데서 다양한 형태로 나타나고 있지만, 그가 문학과 예술에서 탈정전화 내지 탈범주화를 주장하는 것이나 대중문화에 대한 적극적 수용의 태도에서도 여실히 드러난다. 영문학에는 사실 오랜 세월동안 '문학'

6 *Marxism and Literature*, 55쪽.

과 '미적인' 것을 규정짓는 '정전'이나 '범주'가 있어서 이것은 문학 내지 문화 일반의 가치기준으로 존재해 왔다.[7] 이 정전은 리비스의 '위대한 전통'에서 윌리엄스 자신의 '장구한 혁명'에 이르기까지 위대한 문학과 그렇지 못한 문학, 그리고 미적인 것과 그렇지 못한 것을 구획 지우는 준거가 되어왔다. 또한 이 같은 '구획 지우기'는 거의 시간과 공간을 넘어서는 하나의 모델로 작용하기 때문에 문학적 글쓰기도 언제나 사실과 허구, 객관적인 것과 주관적인 것의 이원화라는 과정을 거쳐 글의 다양성을 통제하고 특수화시켜 부르조아 문학이론의 중심 개념을 이루어 왔다고 할 수 있다. 그러나 통제적이고 특수화된 정전이나 범주를 다양성과 객관성의 위협이라고 진단하는 윌리엄스는 총체적 인식이 상실된 시대에 글쓰기의 다양성과 문화적 인식의 객관성을 획득하는 방식은 특수화된 범주를 해체하는 길 뿐이라고 주장한다. 범주의 억압적이고 통제적인 성격은 그 자체에 이미 부르조아적인 권위주의가 내재해 있기 때문에 이것에 의존해서는 글쓰기의 다양성과 주변세력으로 소외된 담론의 실천적 운동을 담보해 낼 수 없다는 것이다. 그래서 정전과 범주의 폐기는 여태 가치 있는 범주에서 주변화 되고 소외되었던 대중문화에 대한 관심을 유발시킬 수 있고, 문학과 비문학, 개인과 사회, 정신과 세계의 대립적 관계를 뛰어넘을 수 있게 한다. 실제 윌리엄스는 본격 문학과 예술 못지않게 영화나 대중잡지, 혹은 TV나 공상과학소설과 같은 '대중문화'의 중요성을 여러 곳에서 강조하고 있다.

흔히 대중문화에 대한 우리의 비판은 다양한 형태로 이루어진다. 대중문화는 지배이데올로기 전달의 매개체의 역할을 담당함으로써 허구적 욕망을 양산하고 대중을 수동적 피동적 존재로 만들어 올바른 현실 인식을 불가능케 한다든가, 혹은 대중문화는 그 자체로 자본주의사회

7 *Marxism and Literature*, 145-150쪽.

의 상업적 성격을 지니는 규격성과 상품성을 강조하기 때문에 대중의 미적 인식과 사고를 성숙치 못하게 한다는 등의 해악적 기능에 대한 지적은 다양하게 있어 왔다. 그러나 이러한 비판에도 불구하고 윌리엄스는 대중문화를 적극적으로 수용함으로써 정치적 경제적으로 소수에 의해서 지배되는 문화영역이 대중적으로 공유될 수 있다고 본다. 특히 그는 문학의 경우 대중문학이 폭넓게 수용되어야 하는 이유를 다양한 경위로 설명하고 있다. 윌리엄스는 오늘날의 문학작품이나 비평과 같은 본격적 문학행위는 그것을 수용할 수 있는 극소수의 사람들에게 제한되어 있음을 지적하고, 이 현상은 현대 '계급사회의 불균등성'에 기인하는 것이라고 본다. 말하자면 '독서대중'들이 문학을 읽을 수 있는 능력과 배움을 제공받을 수 있는 기회의 불균등성이 문학을 수용할 계급을 극소수로 한정시켰고 급기야 이런 현상이 본격문학의 위기상황을 낳게 되었다는 것이다.

따라서 문학작품의 창조와 수용의 불균등성을 해결해서 대중들의 접근가능성을 여는 일은 문학행위의 대중적 확대일 뿐 아니라 계급적 분리를 극복하는 일이기도 하다. 대중문화와 대중문학의 적극적 수용이라는 윌리엄스의 주장은 대중추수주의라는 역기능을 낳을 수 있는 가능성을 지니고 있는 것이지만, 문학과 문화가 단지 지배계급의 이익을 위해서만 봉사하는 것이 아니라 대중의 이익을 위해서도 동등하게 기여해야 한다는 문화의 가치중립적 입장을 취한 것이라 하겠다.

윌리엄스의 문화유물론이 강조하는 또 다른 내용은 총체성의 개념으로서의 문화이다. 고전적 마르크스주의 문화론에서는 문화를 토대의 단순한 반영으로 인식하고 문화적 논의는 토대-상부구조의 틀 속에서 이루어져 왔다. 이를테면 고전적 마르크스주의에서 문화는 항상 사회 형성의 토대가 되는 경제적 바탕 위에서 이루어진다고 여겨져 왔다. 그러나 이런 방식의 문화이론은 문화와 사회구성체의 복잡한 관계와 작용을 해명하기에는 지나치게 기계적이고 환원적이라는 비판을 상투적으로 받아왔다. 윌리엄스는 토대와 상부구조 사이에 단순한 반영 또는 재생산이 일어난다는 명제를 거부하며 올바른 문화 논의를 위해서 토대-상부구조의 관계를 새롭게 정의 내려야 한다고 주장한다. 그에 의하면 "상부구조는 반영되거나 재생산된 혹은 특별히 의존적인 내용에서 벗어나 문화적 실천과 연관된 영역 쪽으로 재정의 되어야 하고, 토대는 고정된 경제적 혹은 기술적 추상의 개념에서 벗어나 본질적 모순과 변화를 내포하고 따라서 항상 역동적 과정의 상태에서 실제적인 사회경제적 관계 속의 특수한 인간행위를 향하는 것으로 재정의 되어야 한다."[8] 마르크스에게 현실이란 인간에게 외적인 단순한 객관 자료가 아니며 인간 의식을 통하여 형상화되고, 더 나아가 물적 토대는 객관적 경제적 사실만이 아니라 인간 의식과 행위의 조직으로 이해된 것이다. 마르크스주의에 대한 올바른 이해는 그 동안 왜곡되고 잘못 사용되어져 온 토대-상부구조 모델에 대한 새로운 관점의 수립에서 가능하다고 윌리엄스는 주장한다.

> 우리는 결정론을 한계의 설정과 압력의 행사라는 방향으로 재평가하면서 예언 예시 통제되는 요소들과 그것을 분리시켜야 한다. 우리는 '상부구조'를 연관된 문화적 실제의 영역 방향으로 재평가하면서 반영 재생산 또는 특정하게 종속되는 내용과 그것을 분리시켜 놓아야 한다. 그리고 냉정하게 우리는 '하부구조'를 고정된 경제적 기술적 추상화의 관념으로부터 떼어 놓고 재평가하면서, 그것을 근본적인 모순과 변주를 내포한 현실의 사회경제적 관계에서의, 따라서 동태적인 과정의 상태에서의, 특정한 인간행위라는 방향으로 나아가도록 해야 한다.[9]

8 Raymond Williams, *Problems in Materialism and Culture* (London: Verso, 1980). 34쪽.

9 *Problems in Materialism and Culture,* 34쪽.

마찬가지로 문화에 대한 이해에 있어서도 물적 토대와 상부구조에 대한 구별은 물질과 정신의 구분뿐만 아니라 의식적인 인간 행위와 인간 의식 간의 구별로서, 전자는 인간 생활의 조건을 창조하고 보존하는 것을 지향하며, 반면에 후자는 그 행위가 일어나는 특정 형식을 위한 도덕적 정당화와 합법성의 양식 및 이성을 제고해 주는 것이다. 이는 곧 마르크스주의 관점에 입각한 훌륭한 예술이란 토대나 상부구조의 어느 한 가지에 관여하거나 기능하는 것이 아님을 말해주는 것이다. 유익한 문학과 예술이란 토대로서의 인간 의식의 생산행위 중 일부로서 외부 세계의 물리적 정신적 소유 및 그것의 재형성에 차지하는 예술의 역할을 의미할 뿐 아니라 상부구조로서의 이데올로기적 허위의식의 제 국면을 말하는 것이 된다. 따라서 마르크스주의적 관점에 입각한 문학과 예술의 의미와 역할은 철저하게 변증법적 인식에 의해 규명되어야 한다.

전통적 마르크스주의의 명제와 달리 토대-상부구조에 관한 윌리엄스의 이 같은 정의는 문화형성에 있어서 경제적 요인이 과연 절대적인가 하는 의문에서 생긴 것이다. 물론 경제적 제 요인이 한 사회의 문화를 형성하는데 중요한 영향력을 행사하는 것임에는 틀림이 없다. 그러나 토대의 상부구조로서의 문화에 대한 마르크스의 상정과 달리 문화는 항상 경제적 요인 이외에도 사회적 정치적 제 요인에 따라 그 모습이 변화하게 된다. 물론 마르크스 자신도 토대와 상부구조 사이에는 시간상의 연장, 발전의 낙후, 다양한 기술적 복잡성 등이 존재함을 인정하고 특히 문화 영역에서는 토대의 현실을 상부구조가 반드시 그대로 반영하거나 재생산하는 것이 아니라고 하고 있다. 이를테면 마르크스는 '물질적 생산의 발전이 예술적 생산에 갖게 되는 불균형한 관계'의 문제를 이야기하며 고대 그리스의 고도로 발전된 예술과 낙후된 물질문화 사이의 모순관계에 대하여 논증한다. 그리스는 흡사 인간의 유년시절에 해당하는 시기이고 경제적으로도 충분히 발전되지 못한 나라였지만, 위대한 예술적 업적을 성취해 내었고 이들의 예술은 현재까지 훌륭한 예술적 규범으로 존재한다는 점을 예시하며, 이 사실은 바로 예술발전과 사회의 물적 토대가 반드시 일치하지 않음을 말해주는 것이었다.

예컨대 자본주의라는 동일한 물적 토대를 가진 사회일지라도 미국사회와 영국사회가 문화에 대한 경제적 변화와 영향력이 같은 것일 수 없고 마찬가지로 그들의 문화도 사회적·역사적·정치적 이유 때문에 뚜렷이 다를 수밖에 없는 것이다. 그래서 윌리엄스는 우리가 한 사회의 문화를 진정으로 이해하고자 한다면, 경제적 요인을 위시한 사회의 복합적 현실인 '삶의 전체 양식'에 대한 연구가 이루어져야 한다고 주장한다. 올바른 문화이해의 관건으로 윌리엄스가 내세우는 삶의 전체 양식이라는 개념은 그의 초기 저서인 문화와 사회에서 후기 저술에 이르기까지 지속적으로 나타나고 있다.[10] 말하자면 삶의 전체 양식에 대한 연구는 인간의 삶과 그 삶이 형성해 가는 역사에 대한 총체적 연구이며, 이에 대한 연구가 선행될 때에야 문화에 대한 올바른 이해가 이루어질 수 있다는 것이다. 삶의 전체 양식에 대한 개념을 수립하는데 윌리엄스는 루카치의 '사회적 총체성'의 개념을 원용한다.

주지하듯이 루카치의 총체성은 토대-상부구조 모델의 층위 구분을 거부하고 그 대안으로 제시된 개념이다. 총체성의 개념은 의식을 결정짓는 사회적 존재의 개념과도 맥락을 같이 하지만 이것이 반드시 토대-상부구조의 관점에서 이루어져야 한다는 것은 아니다. 윌리엄스는 루카치의 총체성 개념이야말로 토대-상부구조라는 이분법적 단절을 극복하는 것으로 보고 이를 자신의 문화론의 중심개념으로 설정한 것

10 Raymond Williams, *Culture and Society, 1780-1950* (Harmondsworth: Penguin Books, 1961), 272쪽 및 *Marxism and Literature*, 17쪽.

이다. 따라서 윌리엄스의 문화유물론은 루카치의 문학작품에 대한 정의, 즉 예술 작품이 반영하는 외연적 총체성이 아니라 삶의 전체 과정에서 나타나는 존재와 운동의 '총체성'이라는 개념을 적극적으로 수용한다. 루카치는 마르크스주의 이론을 단순한 경제결정론으로 이해한 속류 마르크스주의자들과 그 이론들을 통렬하게 반박하면서 경제, 철학, 정치 등의 사회적 전체 제 국면을 완벽하면서도 끊임없이 상호 작용하는 '총체성'의 관점에서 이해하고자 했다.

> 총체성의 범주란 인식 대상뿐만 아니라 주체까지도 결정한다. 부르조아적 사고는 사회 현상을 의식적이든 무의식적이든 소박하게든 민감하게든 전적으로 개인의 관점에서만 판단한다. 그러나 개인적 관점에서 나오는 것은 어느 길에서도 총체성에 이를 수 없다. 그것은 기껏해야 특정한 일면이거나 단편적인 부분들, 즉 아무런 의미 없는 '사실들'이거나 추상적이고 특별한 법칙에 불과한 것이다. 대상의 총체성은 오직 대상을 수립하는 주체 자체가 하나의 총체성을 이룰 때에야 수립될 수 있다.[11]

루카치에게 위대한 예술이란 바로 이 같은 삶의 조화로운 총체성을 다시 찾아 재건할 수 있는 예술이다. 소외와 분열을 낳는 자본주의 사회 속에서 위대한 예술은 일반적인 것과 특수한 것, 감각적인 것과 이성적인 것, 개인적인 것과 사회적인 것을 복합적인 총체성 속에서 변증법적으로 통일시킨다. 그래서 훌륭한 문학 작품은 소우주적인 형식 속에서 사회 전체의 복합적인 총체성을 반영한다. 다시 말해 이때의 총체성은 삶의 외연적 양적인 것을 의미하는 '외연적 총체성'이 아니라 객관적인 시각에서 보아 삶의 결정적인 중요한 전체를 묘사하고 반영하는 '내포적 총체성'이다. 내포적 총체성은 바로 본질적인 것과 비

11 Georg Lukács, *History and Class Consciousness: Studies in Marxist Dialectics* (Cambridge, Mass.: The MIT Press, 1971), 28쪽.

본질적인 것을 가려내며 사회와 역사의 방향을 제시해주는 유기적 원리이다. 위대한 예술은 다양하고 풍부한 총체성의 세계의 이미지를 반영하면서 자본주의 사회의 소외와 분열에 맞서 대항한다. 루카치는 이 같은 예술을 '리얼리즘'이라고 부르면서 그 대표적인 작가들로 세익스피어, 발자크, 톨스토이 등을 꼽는다. 리얼리즘 문학에서는 인간과 사회, 인간과 역사 사이의 복합적인 관계가 포괄적이고도 풍부하게 드러나며, 마르크스주의 관점에서 볼 때 이 관계들은 역사의 특정한 국면을 전형적으로 드러내는 것을 의미한다. 여기서 '전형적'이란 어느 사회에서건 역사적으로 가장 의미 있고 진보적인 사회의 내적인 구조와 에너지를 드러내는 잠재력을 말한다. 리얼리즘 작가의 과제는 현실감 있는 개별인물들을 통하여 이 전형적인 경향과 힘을 역사적으로 구체화시키는 것이다. 그렇게 함으로써 작가는 개인을 사회와 역사에 연관지우고 개별적인 사회적 삶의 요인들을 구체적이고도 특수한 역사의 힘으로 만들어 낼 수 있게 되는 것이다. 따라서 전형적인 인물들은 역사의 힘을 구체화하며 그럼에도 불구하고 풍부한 개성을 잃지 않는다. 작가가 그런 역사적 힘을 극화해 내기 위해서는 루카치에 의하면 그의 예술이 진보적이어야 한다. 여기서 진보적이란 흡사 발자크의 경우와 같이 작가의 의식적인 정치적 노선이 어떠한 것이든 변혁과 성장을 촉진시키는 한 시대와 역사의 힘의 잠재력을 보여주는 것이어야 한다. 따라서 진정한 리얼리즘 작가는 사회적 삶의 부차적인 현상을 꿰뚫고 상황의 본질적인 요소를 찾아내어 그것들을 하나의 총체적인 형식으로 결합하여 삶의 현실에 구체화시켜야 한다는 것이다. 요컨대 "루카치에 의하면 작가가 어떤 일을 할 수 있는가 아닌가는 작가 개인의 기술뿐만 아니라 역사 내에서의 그의 위치에 달려 있다. 위대한 리얼리스트는 역사가 명백히 형성되어가고 있는 중에 나타난다. 예를 들면 역사소설은 19세기 초반 혁명적 혼란기에 나타난 문학 장르인데, 그

때에는 작가 자신이 역사를 현재로 인식하는 것, 아니면 루카치의 말대로 하면 과거사를 현재의 전사로 이해하는 것이 가능했던 시기였다. 세익스피어, 스코트, 발자크, 톨스토이가 주요한 리얼리즘예술을 생산할 수 있었던 것은, 그들이 역사적 혼돈이 태동하는 시기에 살았으며, 또한 그럼으로써 그들 사회의 생생하게 드러난 '전형적' 갈등과 역동성 속에 극적으로 참여할 수 있었기 때문이다. 이들의 형식적 업적의 바탕에 있었던 것은 바로 이 같은 역사적 내용이다."[12]

윌리엄스는 서사시시대 이후로 총체성이 상실된 상황에서 확보되기 어려운 공동체 문화에 대한 향수를 통해서 루카치가 주장하는 바의 내포적 총체성을 추구하고자 한다. 그래서 공동체 문화에 대한 향수는 그의 리얼리즘론의 핵심을 이루는 내용이 된다. 예컨대 「리얼리즘과 현대소설」이라는 글에서도 잘 드러나듯이 현대소설에 대한 윌리엄스의 심각한 회의도 공동체 의식의 상실이라는 문제에서 비롯된다. 20세기에 들어와서 개개 인간들의 가치를 중심으로 '삶의 전체 양식'을 보여주는 소설은 거의 찾아보기 어렵게 되었다는 윌리엄스의 우려가 아니더라도, 사실 20세기 초반의 조이스나 울프 같은 모더니즘 소설은 단편화된 개인적 삶의 현상에 대한 관찰과 심리묘사에만 주력해 왔다. 이 같은 현상이 바로 '진정한 공동체 의식'의 상실에서 생겨난 것이라고 진단하는 윌리엄스는 공동체 의식과 공동체 문화가 상실된 20세기에 이를 회복할 수 있는 길은 리얼리즘 문학의 복원뿐이라고 주장한다.[13]

12 Terry Eagleton, *Marxism and Literary Criticism* (London: Methuen & Co. Ltd., 1976), 29-30쪽.

13 Raymond Williams, *The Long Revolution* (Harmondsworth: Penguin Books, 1965), 300-316쪽.

4

'문화유물론'으로 요약될 수 있는 윌리엄스의 비평이론은 오늘날 서구사회가 당면하고 있는 역사적 변화와 문화적 다양성을 설명해 주는 강력한 패러다임을 제공해 준다고 할 수 있다. 윌리엄스의 문화이론은 바로 서구사회에서 진행되고 있는 문화이해와 문학 논의 자체에 대한 새로운 자기반성과 자아정립을 위한 요청에서 생겨난 것으로 볼 수 있기 때문이다. 다시 말해 그의 비평이론은 오랜 세월동안 자신들을 지배해 온 서구의 자유주의적·실증론적 사유양식과 그에 근거한 구조주의 내지 형식주의적 비평틀에 묶여있던 영미비평계에서 제기된 자기갱신의 강력한 요청에 따라 등장케 된 것이다. 지금까지 살펴본 바로도 알 수 있듯이, 윌리엄스의 비평이론은 그야말로 '이론'의 틀 속에 갇혀 있던 현대문학비평의 양식에서 벗어나 후기산업사회에서 진정으로 필요한 문화이론과 문학이론이 무엇이며 왜 그것이 필요한 것인가를 밝히는데 주력하고 있다. 또한 그들은 속류 마르크스주의에 맞서서 정통마르크스주의가 강조해 온 상부구조의 기능과 역할을 현 단계 자본주의사회에 연계시키고자 노력하고 있다.

윌리엄스의 문화이론은 문화가 하부구조 내지 어떠한 대상의 부차적 반영이 아니라 한 사회 속에서 공동으로 의미와 가치를 창조하고 결정해 가는 과정, 즉 '삶의 전체 양식'으로서의 문화개념을 보여주고자 하는 것이었다. 그래서 공동문화에 대한 신념을 구현키 위해서 그의 문화론은 대중문화와 대중교육에 대한 적극적 수용의 태도를 보이게 된다. 또한 그의 문화유물론이 강조하는 총체성의 개념은 현대사회가 당면하고 있는 산업화·자본화·대중화로부터의 '장구한 혁명'을 수행해야 할 주체로서의 인간이 마땅히 지녀야 할 역사의식과 사회의식에 대한 역설이라고 할 수 있다. 윌리엄스의 문화론이 적시하고 있는 이러한 상황인식과 진단은 실제 삶에 굳게 바탕하고 있다는 강점을 지니고 있으며 문화이론의 현실적 지평과 방향을 제시해 준다는 점에서 크게 평가받을 수 있다.

그러나 한편으로 윌리엄스의 문화유물론에 담겨있는 문제점을 지적하는데 소홀할 수 없다. 여기서 윌리엄스 문화론의 한계를 길게 이야기할 수는 없으나 예컨대 문학의 탈범주화의 주장이나 대중문화에 대한 적극적 수용의 태도는 자칫 대중추수주의적 경향을 낳아 본격문학과 사이비 문학 혹은 문화와 비문화 사이의 경계에 엄청난 혼란을 가져와 문학과 문화에 대한 논의 자체를 무력화시키는 상황을 초래할 수 있다. 특히 문화의 확충으로 계급 간의 분리를 좁히고 문화적·인간적 평등을 확보해 낼 수 있다는 윌리엄스의 평화주의적 발상은 현대 계급사회가 낳은 경제적 불평등을 도외시하는 그야말로 이글턴과 같은 비평가의 날카로운 지적대로 관념론적 인식 체계를 드러내는 개량주의일 수도 있다. 이글턴은 윌리엄스 비평의 한계는 그의 세계관의 한계라고 지적하며 그의 저작들에 담겨있는 대중주의와 개량주의는 혁명적 전통의 결여와 노동계급 이데올로기의 부족 등에 의해 생긴 것이라고 신랄하게 비판한다.[14]

또한 총체적 인식에 기초한 전통 마르크스주의의 토대-상부구조 명제 허물기와 리얼리즘 범주의 지나친 확대는 자본주의적 삶의 양태가 야기하는 소외를 위시한 온갖 부정적 측면에 대한 적확한 인식을 불가능케 하고, 더 나아가 그에 대한 문학의 비판적 기능도 도외시 할 수 있다는 혐의를 걸 수 있다. 윌리엄스의 문화유물론의 의의와 위상에 대한 평가는 이 이론이 지니고 있는 문화변혁의 전망이 얼마만큼 실천적으로 전환될 수 있는가 하는 점검이 뒤따른 후에야 올바르게 이루어질 수 있을 것이다.

14 Terry Eagleton, *Criticism and Idelolgy.* 34쪽.

이 같은 한계와 문제점에도 불구하고, 윌리엄스의 문화이론은 앞서 지적한대로 후기자본주의적 삶의 상황에서 제시되는 새로운 삶과 문화에 대한 구상이며 대안이고, 또한 오랜 세월동안 자신들을 지배해 온 서구의 사유양식과 그에 근거한 문학과 문화적 인식의 틀을 극복하고자 하는 자기갱신의 노력이었다는 점에서 높이 평가되어야 할 것이다.

● 제2부

역사의 허구성, 허구의 역사성

여성으로 살기, 여성으로 글쓰기

- 신경숙, 함정임, 은희경의 소설 -

1. 여성소설의 거듭나기

오늘날 여성주의 혹은 페미니즘은 우리 사회에서도 가장 주요한 문화적 인식의 하나로 제기되고 있다. 1970년대와 80년대를 거치면서 여성운동은 범세계적인 차원으로 활성화되기 시작했는데, 페미니즘은 바로 이 같은 여성운동과 맥락을 같이하면서 등장하여 자체의 독립된 방법론적인 시각을 형성하고 있다. 따라서 여성주의는 발생론적인 차원에서부터 정치 사회적, 그리고 문화적 함축을 지니고 있는 까닭에 단일하게 정의되기 어려운 실정이다. 이러한 사정은 문학의 경우에서도 마찬가지다.

문학적 여성주의는 생리적 성별 위에 덧붙여진 사회적·문화적 성차별의 이데올로기를 문제 삼는 시각으로 기존의 남성중심적 문학에 대한 다양한 반론을 제기함으로써 새로운 문학적 관점으로 부각하게 되었다. 이를테면 기존의 서사문학의 경우 작가와 비평가는 스스로가

속해 있는 사회가 구축한 성의 의식적, 무의식적인 가치기준에 따라 텍스트를 설정하고, 그에 따라 작가의 성별이라든가 인물의 성별을 감안하지 않은 채 문학작품의 보편성을 규정해 왔다고 할 수 있다. 문학에 내재하고 있는 이러한 여러 문제의식을 인식하고 이를 재해석해 내고자 하는 데에서 여성문학은 출발한다. 말하자면 문학적 페미니즘은 문학과 사회에 편재해 있는 남성의 성차별주의 이데올로기에 대한 공격에서부터 여성들에 의해 이루어진 문학작품을 발굴해 내고 해석해 냄으로써 여성문학의 전통을 새롭게 확립하고자 하는 태도를 보여주고 있다. 따라서 여성주의 문학은 기존의 남성 중심적 문학에 대한 보완적, 혹은 역전적 인식을 이룸으로써 문화 분석의 새로운 틀을 구축하고자 노력하고, 또한 여기서 더 나아가 이 같은 바탕 위에 수립된 성적, 계급적 이데올로기의 관계를 무너뜨리고자 한다. "물론 어떤 작품이 인간적이고 따라서 혁명적이기 위해서 반드시 그 내용이 여성해방적일 필요는 없다. 혁명적인 예술은 거짓 이데올로기를 영속화시키기 보다는 인간조건의 본질을 들추어내는 것이다."[1]

우리문단에서도 1990년대의 가장 큰 특징의 하나는 여성작가들이 대거 등장했다는 점일 것이다. 이 시대는 가히 여성작가의 시대라고 불릴 정도로 그동안 문단의 주변부에 머물렀던 여성작가들이 대거 문단의 중심에 등장하게 되었다. 물론 그동안 박경리, 오정희, 박완서와 같은 작가들이 남성작가들과 함께 탁월한 작가로서 우리문단에 자리하고 있었지만, 80년대부터 은희경, 함정임, 신경숙과 같은 작가들이 문학적 성과를 인정받으며 우리 시대의 중요한 작가들로 급부상하게 되었다. 이들 여성작가들의 가장 중요한 문학적 관심은 전시대의 거대서사가 사라진 뒤 나타나는 일상성과 여성의 성과 사랑소통의 부재에

1 Toril Moi, *Sexual/Textual Politics:Feminist Literary Theory* (London: Routledge, 1985), 7쪽.

서 오는 현대여성의 소외와 고립 등이었다. 이들은 각각의 개성과 독특한 글쓰기로 가부장제 하에서 억압받는 여성의 모습을 그려내기도 했다. 여성작가들은 전통적인 가부장제 하에서의 여성에 대한 무관심성과 억압이라는 비윤리적이고 탈정치적인 면과 각각 화해할 수 없는 거리를 유지하며, 여성주의 소설의 미학적 가치를 새롭게 구현해 내는 가능성을 이루어왔다. 말하자면 우리시대의 여성주의소설은 그러한 화해할 수 없는 거리를 변증법적 사유를 통해 통합시킴으로써 나름의 미학적 정체성을 이루고자 한 것이다.

근대화 이후 우리사회가 한편으로 가부장적 구질서를 일부 와해시키며 상대적으로 자유롭고 개방적인 근대적 변화를 겪고 있었으나 근대 자본주의 구조는 여전히 여성을 보다 더 의존적이고 억압받는 존재이면서도 여성 자신의 딜레마가 미학적으로 형상화되기도 한다. 그러나 이들의 주체적 의지는 여전히 가부장적 사회에서 수용되기 어려운 것이었으며, 따라서 오랜 세월동안 여성주의 소설은 박경리의 『토지』에서 여실히 드러나듯이 로고스와 파토스, 질서와 부조화 등의 상충되는 이념들 속에서 갈등하는 여성의 모습을 드러내었고, 여성을 하나의 주체적 존재로 인식하기는 힘들었다.

이에 반해 90년대 여성소설은 남녀관계의 상투성과 그로인해 초래되는 소통의 단절, 그리고 그 이면에 내재한 사랑에 대한 갈망 등 남녀관계의 다양한 양상을 예리한 문제의식과 함께 새로운 형태로 표현해 낸다.[2] 이제 여성소설은 여성과 연관된 사회적 모순을 표출하고 여성의 자아정체성을 새로운 모습으로 보여주고자 하는 여성성의 실현의지를 본격적으로 보여주기 시작한 것이다. 여성의 정체성을 소설적으로 표현하고 있다는 것은 어디까지나 자신들의 존재에 대한 열망을 미

2 90년대의 우리 여성소설이 동일한 기원을 가지면서도 다양한 극단적인 평가의 대상이 되는 것은 여성의 타자성을 보여주는 증거일 것이다. 김은하, 「90년대 여성소설의 세 가지 유형」, 『창작과 비평』, 1999, 12, 242쪽.

학화 했다는 의미이며, 이 사실은 여성소설 그 자체가 실존적, 정치적 맥락에서의 미적 시도를 했다는 사실을 의미하는 것이기도 하다. 따라서 이 시대 여성소설의 미학은 전통적인 의미에서의 남성적 강박관념이거나 그 권위에서 탈피하기 위한 시도가 아니며, 현재적 의미에서의 남성과 여성, 이론과 현실을 통합하고 조화하는 계기로서 이해되어야 할 것이다. 말하자면 90년대 여성소설은 다양하고 중층적인 사회적 · 인간적 억압으로부터 끊임없이 해방되고자 하며 여성으로 거듭나기 위한 존재론적 욕망의 추구를 지배적인 특징으로 한다.

2. 여성의식의 문학적 형상화 : 신경숙

신경숙은 1985년에 『문예중앙』 신인문학상에 중편소설 「겨울우화」가 당선되어 작가생활을 시작했다. 1990년에 동명의 작품집을 출간했으나 별다른 주목을 받지 못하다가, 『풍금이 있던 자리』(1993)가 나오면서 침체기를 보이고 있던 한국문단에서 일약의 스타의 대열에 오르게 된다. 이 후로 장편소설 『깊은 슬픔』(1994), 자전적 체험의 장편소설 『외딴 방』(1995), 『오래 전 집을 떠날 때』(1996), 『기차는 7시에 떠나네』(1999)를 연이어 내놓으면서 1990년대를 대표하는 여성 작가로 부각된다. 2000년대에 이르러서도 『딸기밭』(2000), 『바이올렛』(2001), 『종소리』(2003), 『리진』(2007), 『엄마를 부탁해』(2008) 등을 잇달아 출간하면서, 한국일보문학상(1993), 오늘의 젊은 예술가상(1993), 현대문학상(1995), 만해문학상(1996), 동인문학상(1997), 한국소설문학상(2000), 21세기문학상(2000), 이상문학상(2001) 등 중요한 문학상을 휩쓸다시피 했다. 워낙 다작의 작가인지라 그의 작품과 그 세계를 일목요연하게 정리한다는 것은 용이치 않는 일이지만, 이 글에서는 그의 출세작이면서 주요 작품인 『풍금이 있던 자리』와 『외딴 방』을 통하여 신경숙의 문학세계의 일면을 살펴보고자 한다.

'사랑'이라는 주제는 주지하다시피 문학사에 있어서 가장 오래되고, 또한 가장 빈번하게 다루어지는 주제 중 하나이다. 소설이라는 문학장르는 그 발생사적 역사 이래 남녀 사이의'사랑' 이야기를 가장 중요한 주제로 다루어 왔다. 서구문학의 경우, 최초의 소설의 발생은 바로 『파밀라』라는 하녀의 사랑이야기를 다룬 것도 우연이 아니다. 작가들에 의해 사랑이야기는 끊임없이 만들어지고, 지금도 다양한 형태로 새롭게 재창조된다. 정도의 차이는 있겠지만 거의 모든 문학 작품 속에서 사랑이 다루어지고 있다고 해도 과언이 아닐 것이다. 그만큼 사랑은 우리 인생의 중요한 관심사이기 때문이다.

신경숙의 『풍금이 있던 자리』는 그 숱한 문단과 매체들, 그리고 독자들로부터 거의 '열광적'으로 찬사를 받은 작품이지만, 이 같은 찬사의 이면에는 이 작품에 담긴 사랑이야기 때문이다. 작품의 서두인 에피 그라프에서부터 이 같은 암시는 잘 드러난다. 문학작품에 있어서의 에피 그라프는 작품의 서두에 붙는 다른 문학작품이나, 신문기사, 혹은 잡지 등의 글에서 인용한 인용문을 말하며, 이는 앞으로 전개하려고 하는 작품의 전체적인 주제나 의미를 독자들에게 예고하는 역할을 한다. 마치 서문과도 같이 작품 문두에 인용이 되는데, 독자들은 이 인용문을 보고 앞으로 이 작품이 어떤 분위기로 어떤 내용의 이야기가 전개될 것이라는 것을 미리 예감하게 된다. 『풍금이 있던 자리』는 이렇게 시작한다.

> 어느 동물원에서 있었던 일이다. 한 마리의 수컷 공작새가 아주 어려서부터 코끼리거북과 철망 담을 사이에 두고 살고 있었다. 그들은 서로 주고받는 언어가 다르고 몸집과 생김새들도 너무 다르기 때문에 쉽게 친해질 수 있는 사이가 아니었다. 어느덧

수공작새는 다 자라 짝짓기를 할 만큼 되었다. 암컷의 마음을 사로잡기 위해서는 그 멋진 날개를 펼쳐보여야만 하는데 이 공작새는 암컷 앞에서 전혀 반응을 보이지 않았다. 그러고는 엉뚱하게도 코끼리거북 앞에서 우아한 날개짓을 했다. 이 수공작새는 한평생 코끼리거북을 상대로 이루어질 수 없는 사랑을 했다.

-『풍금이 있던 자리』에서

『풍금이 있던 자리』에서 작가는 작품이 시작되기 전에 수 공작새의 코끼리거북에 대한 이루어질 수 없는 사랑의 이야기를 작품 앞부분에 배치함으로써 앞으로 전개될 이야기가 주인공의 이루어 질수 없는 사랑임을 예고하고 있다. 스포츠센터의 강사로 일하는 '나'는 어느 날 비를 맞고 서 있다가 우산을 씌워줬던 남자와 만나 사랑에 빠지게 된다. 그러나 그는 한 가정을 이루고 있는 유부남이다. '나'는 남자의 제의를 받고 시골 고향집으로 돌아온다.

이 소설은 그 고향집에서 주인공인 여성 화자가 '양잿물을 들이마신 것 같이 쓰라리게' 그 남자를 그리워하며 그 남자에게 쓴 자신의 마음을 고백하는 편지글 형식을 취하고 있다. 『풍금이 있던 자리』는 넓게는 불륜의 사랑을 통한 욕망의 담론이라는 요약될 수 있을 것이다. 여자의 편지형식으로 되어있는 이 작품은 독자들에게 몰래 누군가의 일기를 훔쳐보는 듯한 느낌을 가져다준다. 그리고 이러한 형식은 독자들에게 주인공을 심리적으로 한층 쉽게 이해할 수 있게 만든다. 작품의 기본적 에피소드는 처녀와 유부남의 불륜의 사랑을 불륜이지만 작가는 이를 가슴 아픈 사랑이야기로 탈바꿈시킨다. 사랑을 해서는 안 될 사람과 사랑에 빠지게 된 '나'의 마음 밑자락에는 여성 화자의 아버지가 들였던 소실, '내'가 일곱 살이던 어느 날 봄볕을 거느린 듯 열린 대문으로 들어서 화사한 빛으로 섰던 또 다른 여자에 대한 기억이 일종의 원체험으로 들어 있다. 여자가 어린 시절을 회상하는 장면에서는 또 다른 여자(새엄마)의 아픔이 나온다. 새엄마 또한 불륜의 상대였고 상처를 안고 떠나게 된다. 그 여자는 떠나면서 어린 '나'에게 "나 … 나처럼은 … 되지마."라는 말을 남기지만, 이미 '나'의 마음은 그녀가 남겨놓은 환한 빛과 향기의 세계에 대한 동경으로 가득 차 있다. 그 여자는 '머리에 땀이 밴 수건을 쓴 여자'의 세계를 벗어나 현실의 삶 저 너머에 있는 새로운 삶에 대한 상징이며 동경하고자 하는 대상이었다. 그래서 나는 사랑하지만 가정이 있는 남자에게 편지를 쓰지만 끝내 전해주지 못한 채 슬픔과 자신의 감정을 안녕이란 단 한마디로 편지를 끝내는 장면에서 독자들은 이유모를 슬픔과 연민을 느끼게 된다. 서간체 양식의 소설인 『풍금이 있던 자리』는 젊은 여성인 '나'의 여성으로써의 삶의 운명과 그 운명을 견뎌내어야 하는 우리 시대의 여성상을 보여주는 소설이다. 황국명은 서간체 소설로서의 『풍금이 있던 자리』의 의의를 다음과 같이 말한다.

> 서간체 소설이란 무엇인가. 그것은 "반모방적 특성"과 함께, "장르 경계의 일탈, 성역할의 전복, 글쓰기를 통한 저항, 연인이 부재하는 극단적인 고독 속에서의 글쓰기"에서 태동하는 소설이다. 그것은 화자의 내면적 사유와 기억에 크게 의존하기 때문에 "객관적 현실의 전체적 반영이라는 소설의 규범에서 벗어나고, 또 이미지에 의한 묘사나 시적 비유가 강조적으로 드러난다는 점에서 탈장르적 시적 성격"을 띤다.[3]

말하자면 『풍금이 있던 자리』에서 작가는 전통적인 의미에서의 성의 전복과 일탈, 그 속에서의 극단적인 상황에서의 인간관계를 보여주고 있는 것이다. 우리가 이 작품에 쉽게 빠져드는 이유도 한 시대의 전통적 남녀관계의 풍속과 윤리 규범을 거스르는 사랑에 빠진 주인공

3 황국명, 「욕망의 담론과 설득의 수사」, 『작가세계』, 1997년, 여름호, 102쪽.

여성 화자의 자아와 삶의 모습에 공감하고 있기 때문이다.

『외딴방』은 오로지 오늘에만 충실하며 열심히 살아가는 현대인들에게 과거의 의미는 무엇인가, 그리고 과거의 어려웠던 그 시절을 되짚어 보게 함으로써 현재를 어떻게 살아야 할 것인가를 자성하게 한다. 작품 속에서 작가가 "따지고 보면 그리움이란 멀리 있는 것이 아니다 내안에 남아있는 너를 찾는 일이다. 너를, 너와의 추억을 샅샅이 끄집어내 내 가슴을 찢는 일이다."(『외딴방』)라고 말하고 있듯이, 우리는 현재의 삶은 과거의 시간과 '너와의 추억'을 되씹는 일이다. 예컨대 우리가 산업화라는 미명아래 사라져간 당대 여성노동자들의 운명과 젊음을 꽃피워보지도 못하고 스러져간 1970년대 여성노동자들의 삶의 모습이 어떠했는지를 기억하고 있는가. 그러므로 『외딴방』에서 화자가 '희재언니'를 통하여 기억하고자 하는 일은 당대 여성노동자들과 인간적인 대우를 박탈당했던 그들의 삶에 대한 뼈아픈 공감이며, 동시에 급속도로 발전하던 한국의 자본주의가 1970년대에 가난한 여성노동자에게 요구된 것은 여성으로서가 아니라 노동자로서의 정체성이라는 사실이다.

암흑기에 사회생활을 시작한 이 땅의 여성노동자들은 삶에 대한 어떠한 선택의 여지없이 고통스런 삶을 살아야 했다. 『외딴방』에서 여실히 표현되고 있는대로 수출이 끊겨 회사에서 자리를 잃고 "마음놓고 앉을자리" 하나 없음을 상처로 안고 살아야 했던 시절에는 노동자였던 '나'와 '공순이'는 어디에서나 거부당하는 존재였다. 주변의 사회적인 현실은 더욱 기가 막힌 것이었다. 사람들은 어느 날 갑자기 '삼청교육대'에 끌려가 사라지고, 시가전을 방불케 하는 광주사태가 발생하며, 장파열이 나도록 얻어맞기도 하며, "감히 상상조차 할 수없는 인간도살장" 자행되던 시대였다.

이 같은 시대에 소설가인 '나'는 산업체 특별 학급의 동급생이었던 친구(하계숙)로부터 걸려온 전화가 계기가 되어 지난 시절의 이야기를 쓰기로 결심한다. 농촌에서 살고 있던 열여섯의 '나'는 1978년에 외사촌 언니와 함께 고향을 떠나 서울로 온다. 그 뒤 취업을 위해 직업 훈련원에 다니던 '나'는 큰 오빠와 함께 가리봉동의 '외딴 방'에 기거하며 구로공단에 자리 잡은 동남전기주식회사에 다닌다. 그 시절 가난한 농촌 출신의 여공들이 대개 그랬듯이, 한편으로는 열악한 노동현장에서 고된 노동에 시달렸고 다른 한편으로는 가난과 고독과 절망에 시달렸다. 그러나 소중하게 품고 있었던 문학적 열망을 위해서 그녀는 배움을 포기할 수 없었다. 성적유린에 분개한 여성들은 알몸시위를 벌이고, "신민당사에서 뛰어내린 김경숙"은 스물한 살의 젊은 나이에 생을 마감한다. 이름 없이 쓰러져간 당대 여성 노동자들은 열악하고 비인간적인 노동현장에서 일그러져갔고, 사용자들의 잔인한 횡포와 산업화 과정의 온갖 모순 속에 힘겹게 인간의 존재를 지켜간다. 산업화의 과정에서 시골 출신들의 도시로의 이주, 그들이 노동 현장에서 겪는 노사갈등, 군사정권의 폭력과 인권의 침탈 등 결코 가볍지 않은 주제들이 독자들에게 생생하게 전달되고 있다. 그러면서도 작가는 이런 주제들을 다루는데 결코 흥분하지 않고 짐짓 담담하고 섬세하게 묘사하고 있다. 아픔으로 가득 찬 노동자들의 삶이 작가 특유의 섬세한 필치로 그려지면서 이전 노동소설의 암울하고 저항적인 분위기가 쉽게 넘보지 못할 리얼리즘적 성취를 이루고 있다. 이 같은 노력은 글쓰기에 대한 작가의 고투를 통해서도 극명하게 드러난다.

> 언니가 뭐라구 해도 나는 언니를 쓰려고 해. 언니가 예전대로 고스란히 재생되어질지 어쩔지는 나도 모르겠어. 때로 생각했지. 언젠가 내가 그녀들을 내 친구들이라고 부를 수 있을 때, 그때 언니와 그녀들이 머물 의젓한 자리를 만들어주고 싶다고. 사회적으로 혹은 문화적으로 의젓한 자리 말야. 그러려면 언니의

진실을, 언니에 대한 나의 진실을 제대로 따라가야 할 텐데. 내가 진실해질 수 있는 때는 내 기억을 들여다보고 있는 때도 남은 사진들을 들여다보고 있을 때도 아니었어. 그것들은 공허했어. 이렇게 엎드려 뭐라고 뭐라고 적어보고 있을 때만 나는 나를 알겠었어. 나는 글쓰기로 언니에게 도달해보려고 해.

-『외딴방』에서

위 글에서 작가가 고민하는 것은 "언니의 진실을, 언니에 대한 나의 진실을" 정확하게 객관적으로 그려내지 못하는 데에 있지 않다. 작가는 희재 언니에 대한 '나의 진실'에 대해 고민하고 있는 것이다. 그에게는 기억도 사진도 공허하고 글쓰기만이 자신을 진실하게 한다는 욕구에 충실하고자 하고 있는 것이다. 그리하여 신경숙의 글쓰기는 자기 존재와 자신의 정체성을 분명히 하는 것이기도 하다.

작중에서 '나'에게 가장 결정적인 사건은 희재 언니를 만나게 되면서부터였다. '나'는 희재 언니와 자연스럽게 가까워지고 친밀한 사이가 된다. 그러나 희재 언니는 "사는 게 왜 이렇게 힘든 거니?" 라는 말을 남기고 자살하게 되고 만다. 자신이 잠근 방안에서 일어난 희재 언니의 죽음으로 외딴방에서 그녀는 탈출하듯 도망하면서 작품은 끝을 맺는다. 주인공의 정서적 혼란은 바로 이 지점부터 시작된다. 그녀가 섬뜩한 마음으로 뛰쳐나온 '외딴방'과 "그 때의 시간과 공간"들은 세월에 묻혀 "하얗게 증발"되어버리지만, 때때로 꿈에서 "구더기가 들끓는 그녀의 축 늘어진 몸"을 만나는 일은 삶의 현실을 넘어서는 문제이다. 희재 언니의 죽음은 삶과 현실의 부당함을 일깨우고, 인간이 존재 이유를 잃으면 마지막 선택은 죽음일 수밖에 없으리란 암담한 실존적 선택을 일깨운다. 결국 희재 언니가 이 같은 현실을 낳게 된 것은 남성과 사회와의 불협화음 결과이며, 우리 시대를 살아가는 수많은 여성들의 정서적 공감일 수 있다. 신경숙은 『외딴방』 에서 희재 언니나 그

밖의 공장 노동자들의 삶을 그려냄으로써 사회와 연대하는 '개인 차원의 진정한 변화'가 수반되는 '시대의 증언'이나 '사회현실의 고발'만이 뜻있는 사회변화를 가져올 수 있으리라는 믿음을 갖게 하고자 한 것인지도 모른다.[4]

그러나 여기서 문제가 되어야 할 것은 '희재 언니'의 죽음이 대변하는 당대의 삶의 현실에 대한 작가의 대응이 지나치게 정서적, 개인적 차원에 머물러 있다는 사실이다. 『외딴방』의 가장 두드러진 특징은 과거 회상과 현실의 글쓰기 상황을 순간순간 환기하며 병치해 나간다는 데 있고, 주인공의 내면세계에 대한 섬세한 묘사에 있다. 예컨대 평론가들이 지적하고 있듯이, 신경숙은 구문의 비약, 잦은 쉼표, 미완결의 문장 등을 되풀이 하고 있는데, 이것은 바로 여성인물의 심리적 갈등과 변화를 섬세하게 드러내기 위한 장치로 보인다. 그러나 이것은 자칫 현실과 삶의 문제점을 극복하기 위한 의지의 퇴화를 보여주는 것일 수도 있는 것이며, 더 나아가 여성성의 내면으로 좌절하는 작가의식을 드러내는 것이라는 혐의를 낳을 수도 있는 것이다. 그래서인지 신경숙이 『외딴 방』을 통해 보여주는 사적인 삶의 모든 조각들은 역사적 현실과 유기적으로 접목되지 못하다는 인상을 지울 수 없다. 예컨대 신경숙의 문학을 끈질기게 비판하는 대표적인 비평가의 한 사람인 김정란의 지적도 이에 다름 아니다.

> 신경숙의 '개인성'은 내면성이 아니다. 그녀의 문학적 자아는 그냥 시골을 떠나와 혼자 있는 민감한 한 '개인'의 특성이 있을 따름이다. 그녀의 문학의 집은 단층집, 아니 오히려 방, 그녀 자신의 말마따나 『외딴 방』일 뿐이다. 그녀의 문학의 집에는 구조가 없다. 그녀의 자아는 구축된 자아가 아니기 때문이다. 한국 문단은 이 혼자 있는 착한 여성의 '개인성'을 '내면성'이라는 말

4 백낙청, 「『외딴방』 이 묻는 것과 이룬 것」, 『외딴방』, 문학동네, 1999년 개정판, 440쪽.

로 바꿔치기함으로써, 자연인인 개인을 인식적 · 언어적 구축에 의해 탄생하는 근대적 자아와 혼동하게 하는 결과를 가져왔다.[5]

그리하여 언제부터인가 신경숙의 소설에는 시간 너머 시간 속에 존재하는 엄마 혹은 상징적 동일성에의 기입을 거부하는 히스테릭한 주체로서의 여성 혹은 '엄마의 흔적'이 마땅한 육체를 만나지 못나 유령처럼 떠다니고 있는 것인지도 모른다. 엄마의 흔적은 신경숙 소설 곳곳에 스며있다. 그리하여 신경숙 소설은 "엄마의 목소리로 현존재들의 고독을 위무하고 또 모든 차이와 이질성을 감싸 안는 모성성으로 흩어져 메말라가는 현존재들을 다시 묶어세우려"[6]하고 있다.

우리 사회가 한편으로 가부장적 구질서를 일부 와해시키며 상대적으로 자유롭고 개방적인 근대적 변화를 겪고 있었으나 현대의 자본주의 구조는 여성을 보다 더 의존적이고 억압받는 존재로 만들었다는 사실은 부인키 힘들다. 그럼에도 불구하고 신경숙은 현대사회의 단절된 인간관계를 통하여 희생된 여성성을 회복하고자 노력하고 있다. 가부장적인 사회와 남성 중심의 권력에 억압당하고 있는 여성들에게 신경숙의 소설은 한 개인의 성장을 둘러싼 자기의지를 성공적으로 감싸 안으려 하고 있다. 그리하여 그의 소설은 여성의 문제를 개인적 사회적으로 어떻게 긍정적으로 극복할 수 있는가에 대한 가능성을 보여주고 있다. 이것은 여성 자신의 딜레마를 여성작가가 문학적으로 형상화하기 위한 노력이기도 하다.

5 김정란, 「1990년대 문학의 가능성」, 『동서문학』, 1999년, 여름호, 128쪽.
6 류보선, 「'엄마'라는 유령들」, 『한국문학의 유령들』, 문학동네, 2012, 85쪽.

3. 부유하는 삶, 부유하는 사랑 : 함정임

함정임은 1990년 「동아일보」 신춘문예에 단편 「광장으로 가는 길」이 당선되어 등단했다. 그는 작가로 등단했지만 소설뿐 아니라, 국내외 예술기행과 미술, 번역 작업을 아우르는 다양한 작업을 해왔다. 그래서 소설집 『이야기, 떨어지는 가면』(1992), 『밤은 말한다』(1996), 『동행』(1998), 『당신의 물고기』(2000), 『버스, 지나가다』(2002), 『네 마음의 푸른 눈』, 중편소설 「아주 사소한 중독」(2001), 장편소설 「행복」(1998)을 펴냈고, 이 밖에 산문집 『하찮음에 관하여』(2002)을 비롯하여 번역서와 기행산문집 등을 내놓았다.

함정임의 작품은 전통적인 소설문법을 거부한 채 내밀한 심리묘사와 이미지가 강한 문체로 일상을 천착하는 독특한 경지를 이루어낸 것으로 평가된다. 여성으로서의 존재의 모습을 감추는 동시에 드러내기 위해 때로는 엷은 옷으로 때로는 두터운 옷으로 무장한 채 사실주의적 세계의 틈새를 포착하는 여성성이 두드러진다. 여성성으로서의 글쓰기, 그러나 스스로는 여성작가라는 범주를 뒤집어씌우는데 반발한다. 어느 대담에서 그는 다음과 같이 여성작가의 의미를 이야기 한다. "여성성이 여성작가만의 전유물도 아니고요. 저는 차별이 아닌 구별로서의 여성이 존재한다고 생각합니다. 따라서 여성이 포함된 중성의 문학을 추구하지요. 이제는 90년대가 양산한 '여성작가'들에게서 '여성'이란 범주를 해체하고 작가적 개성에 주목해야 할 시기라고 봅니다."

90년대에 들어 문학의 역사성과 사회성이라는 거대서사가 무너진 이후 한꺼번에 터져 나온 목소리들은 하나하나 의미 있는 소리이면서도 거대한 소음이면서 울림으로 세상에 쏟아져 나왔다. 여기에 더해 우리문학의 외연확대와 문학의 죽음이란 모순적 상황까지 겹쳐 90년대는 작가들에게 혼돈과 좌절의 시기이었다. 그곳을 관통하면서 함정임은 세기가 바뀔 무렵에야 작가로서의 자기천명이 가능해졌음을 느꼈다. 소설은 언제나 서사적 사고를 넘어서 서정적 사고를 이루어야 한다는 것, 언어와 세계의 끊임없는 갈등과 마찰, 이미지와 삶의 조화로움이 이루어져야 한다는 자각이 있었던 것이다. '입 속의 검은 잎'을 쓴 요절시인 기형도를 끔찍이 좋아했던 함정임은 기형도의 시를 소설에서 구현하는 것이 자신의 문학이라고 일찌감치 생각했다. 그는 세계와 자신의 충돌, 그로 인한 정신의 불화가 존재하지 않는다면 문학을 하는 이유가 어디에 있겠는가를 묻고 있다. 그러나 이 세계에서도 문학에서도 쉽게 찾을 수 없는 것이 나의 모습이다. 이 같은 작가의 모습은 장편소설 「행복」에서도 잘 드러나고 있다.

> 요즘은 작은 설렘이나 불길한 어떤 것도 느껴지지 않는다. 무언가 내 안에서, 아니 내 인생에서 잠시 쉬고 있는 듯하다. 내면의 거울이 있다면, 거울에 비치는 것이 없다. 내가 없다. 나라고 느끼는 것이 없다. 그것은, 사랑이 없어서일까.
>
> -「행복」에서

요절한 작가 김소진과의 운명적인 만남과 사랑, 그리고 사무치게 가슴 아픈 사별의 기억을 기록한 「행복」에서 함정임은 산다는 것, 사랑의 의미, 진정한 행복의 의미를 묻고 있다. "내가 없다. 나라고 느끼는 것이 없다. 그것은, 사랑이 없어서일까."라는 질문에서 잘 드러나듯이, 함정임에게 '나'의 부재는 곧 '사랑'의 부재로 이어지고, 그의 소설 전편에서는 '사랑'의 부재와 그 확인의 작업은 가장 중요한 주제가 된다. 외로움은 쉽게 해소되지 않는다. 그래서인지 함정임의 소설에는 유독 '습기'를 표상하는 이미지가 자주 등장한다. '곰팡이' '젖다' '습기' '축축하다' '물방울' 등이 직조하는 섬세한 내면의 결은 일상의 고단함과 삶의 고립을 잘 대변해 준다.[7]

『버스, 지나가다』에는 같은 제목의 표제작을 비롯해 「조용한 날들의 계단」, 「치사」(致死) 「그의 즐겨찾기」, 「꽃구경」, 「휴일」 등 11편의 단편소설들이 담겨있다. 이 소설들의 저변에 흐르고 있는 중심적인 이미지는 고달픈 삶의 상황에서 겪게 되는 자아의 모습과 사랑의 의미 찾기이다. 「치사」에서 돌아오지 않는 미스 유를 기다리는 주인공 봉수에게 기다림은 살아가는 방편이자 죽어가는 과정이다. 「버스, 지나가다」, 「사랑처럼」, 「사랑인가」에서 사랑을 통해 인간의 모습을 묻고 있다. 사랑할 수 없는 사람을 통해 사랑을 묻고, 삶과 죽음을 서로 엇갈려 비껴가게 하는 것은 모두 아이러니이면서 역설이다. 그 역설의 극치라고 할 수 있는 「버스, 지나가다」를 비롯해서 「사랑인가」에서 베네치아를 꿈꾸는 '나', 「꽃구경」에서 거짓말을 밥 먹듯 하는 애인의 얘기를 늘 믿어주는 척하는 '미호', 「사랑처럼」의 영신과 재인도 모두 아이러니컬한 모습으로 수동적으로 스스로의 운명을 받아들인다.

함정임의 소설은 언제나 외롭고 낯설다. 존재하지만 부재하고, 잡힐 듯하지만 잡히지 않는, 환상과 환영의 세계, 그 곳에 함정임의 소설이 있다. 그런 이유로 그녀의 소설은 읽을수록 우리에게 더욱 새로운 의미로 다가온다. 『버스, 지나가다』에서 다양한 모습으로 사랑을 변주했던 작가는 『춘하추동』에서 새로운 모습으로 너울거리는 사랑의 불꽃을 보여준다. 『춘하추동』은 최초의 여성 서양화가 나혜석의 삶을 모티프로 삼은 장편소설이다. 나혜석은 '불꽃처럼 살다간 근대 여성'이다. 그러나 이 소설이 단순한 페미니즘 소설이라는 식으로 범주에 가두고자 하는 것은 작가의 뜻을 오독하는 것이 된다. 작가가 작중에 숨겨놓은 다양한 암호들은 바로 복잡한 수사를 거두고 "'두 사람의 사랑을 위하여'가 이 책에 드리는 헌사"라고 말했다.

7 고인환, 「일상의 습기 견디기 혹은 다스리기」, 『공감과 곤혹사이』, 실천문학사, 2007, 183-184쪽.

두 사람은 서른 두 살의 여자 주인공 가은과 그의 애인 M이다. M에게는 아내와 아들이 있다. M을 버려두고 스페인으로 떠났던 아내는 되돌아온다. 가은은 M에게 매달리지도 관계를 청산하지도 않은 채 길을 떠난다. 나혜석의 삶을 다룬 시나리오를 써야 하는 작가 가은은 그의 궤적을 좇아 파리, 도쿄 등지로 옮겨 다닌다. 그 여정의 끝에서 그는 문득 해답을 얻는다. 이야기가 진행되어도 등장인물들은 불륜과 질투에 휩싸이며 싸우지 않는다. 작가는 그런 통속성에서 멀리 물러서서 소설의 긴장감을 더하고 있다. 여기서 가은이 M과 부적절한 관계에 있다고 해서 가은과 나혜석을 동일시 할 필요는 없을 듯하다. 역설적으로 가은은 나혜석이라는 여성을 통하여 그녀가 가졌던 뜨거운 예술적 열정과 거침없는 사랑을 통해 자유연애를 구가한 여성으로서의 자아의 정체성을 직시하게 된다. 그리하여 그녀는 '나는 인간으로 살고 싶다'고 외치는 여성이 된다.

우리의 삶이란 방랑하는 여행자의 그것인지 모른다. 함정임의 소설을 관통하고 있는 가장 중요한 주제는 사랑과 떠돌이의 삶이다. 사랑에 지친 여성들은 이제 흡사 작가 자신이 그러하듯이 정착보다는 떠돌이의 삶을 통하여 자신의 정체성을 찾고자 한다. 『곡두』에서 이러한 모습은 다양하게 드러난다. 소설은 '곡두'라는 제목처럼 잡히는 것 없이 떠돌고 인물들도 정착하지 못한다. 여기 저기 삶의 언저리를 떠돌거나 정착할 어딘가를 찾아 떠난다. 10편의 단편 중 「곡두」, 「자두」, 「상쾌한 밤」은 연작소설의 형식을 취한다.

표제작 「곡두」는 두 남녀의 동거 이야기로 시작한다. 결혼을 앞둔 여자는 결혼식에 함께 들어가야 할 사람이라며 배다른 오빠를 찾아 통영으로 떠난다. 5년 전, 결혼할 남자를 만났을 때 '누군가가 네 손을 잡아줘야 할 것 아니냐' 는 노모의 말에 오빠를 찾아 나선 적이 있다. 그러나 가는 곳마다 그는 이미 떠난 상태였고, 사람들의 말을 통해 오빠의 일상을 접한다. 하지만 당시 아버지의 빚 때문에 오빠는 개인파산자가 되어 떠돌아다니던 상태였다. 이번에도 그녀는 오빠를 만나는데 실패한다. 대신 그녀는 손가락으로 그림을 그리는 지두화가가 됐다는 오빠의 작업실에 들러 오빠가 머물렀던 흔적만 확인한다. 한 번도 만나 적 없는 오빠의 존재가 그녀에겐 곡두가 아닌가.

「곡두」가 떠도는 여자의 이야기라면, 「자두」는 남자의 이야기라 할 수 있다. 「곡두」에서와 같이 여기서도 두 남녀가 등장한다. 남자와 여자는 둘 다 이혼경력이 있으며 여자에겐 아이도 있다. 상견례를 앞둔 남자는 화가였던 전처와의 기억을 회상하고, 여자는 오빠가 그린 심장 두 쪽이 한 몸처럼 엉겨 붙은 형상의 자두 그림을 올케에게서 받는다. 전처의 그림이 거실에 걸려있는 집은 쉽게 팔리지 않고, 남자는 지난 삶을 되돌아보며, 새롭게 펼쳐질 삶을 생각한다.

「상쾌한 밤」은 여자의 오빠 이야기다. IMF로 인해 떠돌이가 된 오빠는 결혼을 앞둔 이복동생과 목소리로 처음 만난다. 오빠는 한 번도 보지 못한 여동생의 얼굴을 떠올리지만, 개인파산자 신세인 자신과 점점 멀어져가는 아내의 얼굴만 어른거릴 뿐이다. 세편의 소설은 여자, 남자, 오빠의 시선으로 무기력하게 떠도는 삶의 의미를 추적한다. 환영이라는 뜻을 가진 제목 '곡두'처럼, 소설 속 인물들은 서로 이어지지 못한 채 거리를 유지하며 서로를 찾아 헤맨다. 「곡두」에서 그녀는 「자두」에 등장하는 그의 연인이기도 하며, 「상쾌한 밤」의 하린의 이복여동생이기도 하다. 작가는 '이곳'이 아닌 '저곳'을 바라보며 떠돌아다니는 인물들의 무의미한 듯한 실존적 모습을 섬세한 시선으로 그려낸다.

「환대」, 「구름 한 점 - 환대2」도 연작 형태를 보인 소설이다. 여기서 작가는 죽음으로 인한 부재와 이별의 의미를 추적코자 한다. 평론가 김윤식은 함정임 씨의 소설 표제작 「곡두」는 안경 없이 맨눈의 시력으로 가족을 보고 있다고 한다. 보고 있되 아주 깊은 데를 보고 있으며, 작가는 윤리적 명제로 감싸인 생물학적 가족이라는 초 논리적 운명 덩어리인 핏줄에 대하여 이야기하고 있다고 말한다. 말하자면 「곡두」는 여로형 정석을 따른 소설이며. 서울에서 거제도를 거쳐 무려 여덟 시간을 달려 통영까지의 여로는 다름 아닌 뿌리 찾기의 탐색과정이라 할 수 있다.

함정임의 소설엔 갑작스레 길을 떠나고, 떠도는 군상들을 통해 부유하는 삶을 보여준다. 그것은 지친 일상을 달래기 위한 단순한 휴식이나 여행이 아닌 정착할 이유를 찾지 못해 부유하는 삶이다. 그래서 그들은 모두 쓸쓸하고 외롭다. 함정임의 소설에서는 모든 인물들이 부재하는 사랑을 찾아 사람을 찾아 떠돈다. 이것이 작가 자신의 가슴 속에 간직된 깊은 트라우마에 의한 것이며, 이것이 그의 문학과 삶이 존재하는 이유인지도 모른다. 최근에 나온 광기 어린 삶과 예술을 소설로 표현해낸 『내 남자의 책』도 이와 다르지 않다. 존재 자체가 예술이 된 잔혹극 창시자 '앙토냉 아르토'의 자취를 좇는 '나'와 '동주', 지금 살아 숨 쉬는 또 다른 예술가들에 대한 이야기인 『내 남자의 책』은 이 세상의 낯선 곳을 헤매고 다니며 인생과 예술을 이야기하는 작품이다. 작품의 「작가의 말」에서 함정임은 이렇게 말한다.

> 살다 보면, 또는 쓰다 보면, 길이 아닌 것 같은 곳에서 우연히 한 길이 나나고, 한동안 그 길이 필연인 양, 그래서 운명인 양 그 길로 흘러간다. 개인에게 그것은 삶이 되고, 인류에게 그것은 역사가 된다. 그래서 어느 한 순간 역사는, 아니 삶은, 필연이 작동시킨 우연이 아닌가, 착각 아닌 착각을 하게 된다. 앙토냉 아르토는 '인간이란 무엇인가'라는 나의 오랜 질문 속에서 만난 존재이다. 조이스와 호머에게 '율리시스'가 있었다면, 이 소설에 관한 한, 나에게는 아르토가 있었다.
>
> -「작가의 말」에서

4. '보여지는 나'에서 '바라보는 나'로 : 은희경

은희경은 1995년 동아일보 신춘문예에 중편소설 「이중주」가 당선되고, 같은 해 첫 장편소설 『새의 선물』로 문학동네 소설상을 수상한 이후, 소설집 『타인에게 말걸기』(1997), 『마지막 춤은 나와 함께』(1998), 『행복한 사람은 시계를 보지 않는다』(1999), 『마이너리그』(2001), 『상속』(2002), 『그것은 꿈이었을까』(2003), 『비밀과 거짓말』(2005), 『아름다움이 나를 멸시한다』(2007) 등의 작품과 함께 활발한 작품 활동을 하고 있다. 그리하여 은희경 소설은 "문체의 역동감과 단단함, 사물에 대한 진지한 관찰력, 그것을 만들어가는 심리파악과 그 이동의 놀라운 속도성"과 같은 장점으로 인해 많은 평자들의 주목을 받고 있다.[8]

1995년에 발표된 은희경의 첫 장편소설이며 대표적인 소설로 꼽히는 『새의 선물』은 한 소녀의 인간성숙의 과정을 그린 뛰어난 성장소설이자 우리사회의 세태를 실감나게 그린 세태소설이란 평가를 받는 작품이다. 『새의 선물』은 서른여덟 살의 강진희가 26년의 세월을 뛰어넘어 열두 살 때부터의 자신의 자아의 체험을 회고하는 형식을 띄고 있다. 작품은 화자의 회상적 고백형식을 통하여 현재의 '나'를 인식하는 과정을 보여준다. 작품 곳곳에는 1960년대의 사회 상황과 삶의 풍속이 매우 실감나게 그려진다. 박정희 대통령의 연임부터 월남전의 한국군 파병, 북한의 무장 공비 침투 등과 같은 당시의 정치상황, 윤정희와 문희 같은 여배우들의 모습이 등장하기도 한다. 외견상 이 작품에는 1960년대의 정치적, 사회적, 문화적 현실이 담겨 있다. 그러나 이 작품에서 작가의 의도는 단순히 당대사회의 풍속의 재현에 그치는 것이 아니다. 이러한 한 시대의 모습은 작품의 뒷면에 자리하고 있을 뿐 작품의 전면에 부각되어 있지는 않는다. 보다 중요한 것은 진희라는

8 김주연, 「모순과 그 힘: 은희경론」, 『동서문학』 224, 1997. 3, 234쪽.

한 소녀의 인간으로의 성장과정이다. 한 소녀가 정신적으로 성장하는 밑그림을 통하여 그녀의 자아의 성장 과정을 보여주고자 하는 것이다. 작가는 주인공을 통하여 당대사회의 보편적 지배 이념과 제도로부터 이탈하면서 한 인간의 성장과정을 면밀하게 추적한다.

작품의 배경은 어느 시골 서흥동 감나무 집이다. 감나무 집의 두 살림집 중 오른쪽은 주인집으로 진희와 외할머니, 이모, 삼촌, 네 식구가 살고, 왼쪽 집은 방 하나에 장군이네가 세 들어 살고, 다른 방 하나는 최 선생님과 이 선생님이 함께 하숙을 하고 있다. 대문 쪽에 자리 잡은 가겟집 네 칸은 모두 사람들이 세를 들어 살고 있다. 이 감나무 집 공간 중 가장 중심이 되는 공간은 집 한가운데 있는 '우물'이다. 이 우물은 감나무 집 모든 식구들의 생활공간이며 "정보 교환이 이루어지는 곳"이자 "우리 집의 모든 소문과 비밀의 샘터"이며 "삶의 구심점"으로서 열두 살 진희의 성장이 진행되는 곳이다. 진희는 감나무집 사람들의 귀여움을 받으며 하나둘씩 그들의 비밀을 공유해 나가게 되고, 그 속에서 열두 살이라는 어린 나이에 삶의 이면과 진실을 깨달으며 나이답지 않는 빠른 성장을 이루게 된다. 작품의 프롤로그에서 진희는 "나는 삶을 너무 빨리 완성했다. '절대 믿어서는 안되는 것들'이라는 목록을 다 지워버린 그때, 열두 살 이후 나는 성장할 필요가 없었다."고 고백한다. 주인공은 스스로 열두 살에 이미 '성숙'이 완료해 버린 상태로 규정해버린다. 이는 미성숙한 주인공들이 어떠한 경험을 통해 성장해가는 과정을 보여주는 거와는 다른 모습을 보여주는 것이라 할 수 있다.

작품에서 진희의 삶을 바라보는 방식은 지극히 이성적이고 현실적이다. 더 이상 성숙할 것이 없다고 말하는 열두 살 '진희'는 삶에 대해 냉소적이다. 더 성장할 것이 없다고 스스로 말하지만, 자신은 이 세상의 주체가 아닌 객체가 되어 다른 사람들을 관찰하고 비밀을 공유하면서 인생과 세상을 알아간다. 또한 삶에서 스스로가 주체가 되지 못하고 사랑을 하고 그리하여 상처 받은 후 후회하기도 한다. 정신적인 성장과 함께 육체적인 성장도 이루어가게 된다. 진희는 자신을 분리 시켜 대상을 냉소적인 시선으로 바라본다, 내가 삶과의 거리를 유지하는 것은 나 자신을 '보여지는 나'와 '바라보는 나'로 분리시키는 데서부터 시작된다. 나는 언제나 나를 본다. 진희는 자신을 다음과 같이 말한다.

> 물론 그 중에서 진짜 나는 '보여지는 나'가 아니라 '바라보는 나'이다. 남의시선으로부터 강요를 당하고 수모를 받는 것은 '보여지는 나'이므로 '바라보는' 진짜 나는 상처를 덜 받는다. 이렇게 나를 두 개로 분리시킴으로써 나는 사람들의 눈에 노출되지 않고 나 자신으로 그대로 지켜지는 것이다.
>
> -『새의 선물』에서

내 삶을 이끌어가게 하는 것은 '보여지는 나'이고, 내 삶을 보도록 하는 것은 '바라보는 나'이다. 진희는 스스로 누가 나를 쳐다보면 나는 먼저 나를 두 개의 나로 분리시킨다. 하나의 나는 내 안에 그대로 있고 진짜 나에게서 갈라져나간 다른 나로 하여금 내 몸 밖으로 나가 내 역할을 하게 한다고 말한다. 이렇게 진희는 사회적 이념과 제도로부터 이탈하여 자아의 성장을 이루어간다. 진희는 "삶을 거리 밖에 두고, 미심적인 눈으로 그 이면을 엿보는" 삶과의 거리두기를 통하여 삶을 응시하고 삶을 영위해가는 방식을 취한다. 그 결과 주인공 진희는 '바라보기'에 의한 '거리 두기'와 '훔쳐보기'를 통한 '다가가기'라는 이율배반적인 욕망을 동시에 만 족 시키면서 "삶의 비밀에 빨리 다가가게 되었다." 이 같은 자기 분열이라는 고통스러운 대가를 치르면서 그녀는 성장해가게 된다.[9]

작품이 진행될수록 작가는 남녀관계의 문제에 초점을 맞추게 되는

데, 작품에서 주인공의 이모 영옥은 주목할만한 인물이다. 진희는 이모를 통해 사랑의 실상을 알게 되고, 그 깨달음으로 여성들이 느끼는 사랑의 좌절과 상처를 밝혀낸다. 그리고 진희는 "이모의 비밀"을 통하여 여성들의 사랑의 아픔과 좌절도 전해준다. 『새의 선물』의 대부분은 여성의 삶과 그들의 사랑의 모습을 묘사하는데 할애된다. 상대적으로 작품에서 남성등장인물들은 빈약하게 나타나거나 부정적으로 묘사된다. 양복집주인인 병역기피자 광진테라아저씨, 능글맞고 징그럽다면서 이모가 '기다니이선생'으로 부르며 질색하는 최선생님, 하찮은 존재로 취급되는 무능한 교사인 이선생님 등은 모두 여성인물의 삶에 비하면 빈약하고 무능한 존재들이다. 남성인물들에 대한 이 같은 설정은 일종의 아이러니 기법을 통해 남녀 간의 사랑을 희화화하고 여성의 가치를 새롭게 인식해야 함을 강조하고자 하는 작가의 의도라고 할 수 있을 것이다. 이런 의미에서 진희가 겪은 최초의 사랑은 황혼을 배경으로 한 염소와 남자의 실루엣에서 시작하는 것도 흥미롭다.

> 염소를 풀어주지 못해 미안한 그는 염소 옆의 돌 위에 앉는다. 그리고는 주머니에서 하모니카를 꺼내 분다. 염소는 자기를 위로하는 하모니카 연주에 깊은 인상을 받았는지 울음을 멈추고 가만 있는다. 그 하모니카 소리, 그리고 황혼을 배경으로 한 염소와 남자의 실루엣이 내마음 속으로 들어온다. 웬일인지 내 마음 속은 휑하니 비어 있었던 모양이다. 하모니카와 염소가 들어오자 비로소 꽉 찬 느낌이 든다. 정확히 표현하자면, 벅찬 느낌이.
>
> -『새의 선물』에서

황혼을 배경으로 염소를 위해 하모니카를 불어주던 허석으로 착각한 진희는 허석에게 사랑의 감정을 품게 된다. 그리고 늘 어린아이처

9 김화영, 「숨은 그림 찾기로서의 소설」, 『소설의 꽃과 뿌리』, 문학동네, 1998, 320쪽.

럼 연기를 하던 진희는 허석에게만은 본래 자신의 성숙한 모습을 보여주며 다가간다. 그러나 허석에 대한 사랑이 '사랑의 환상'의 어리석음을 느끼게 된 그녀는 바로 '바라보는 나'와 '보여 지는 나'로 자신을 분리하여 상처 없이 이별을 받아들이는 방법을 터득한다.

『새의 선물』은 1990년대의 "무궁화호발사성공"과 1960년대의 "아폴로11호 달 기착" 소식을 병치시키면서 끝을 맺는데, 이 또한 시대의 흐름 속에서도 여성의 삶과 그 전망부재의 모습을 보여주고자 하는 뜻을 내포하는 상징적 의미라고 할 수 있다. 여성주의는 사회의 흐름과 함께 새로운 사회적 문화적 인식의 관점으로 등장하고 있지만 여성들은 여전히 억압된 삶의 주변에서 서성대고 있다. 진정한 여성주의란 가부장적 사회 속에서의 여성들의 고통스런 삶의 과정에서 벗어나 보다 순화된 마음으로 사회 속의 개인으로 적응하여 살아가는 부차적인 효과까지도 아우르는 개념이라고 할 때, 『새의 선물』은 여성의 자아에 대한 새로운 성찰을 통하여 사회적 존재가치의 제고와 새로운 전망의 획득이라는 진실을 내포하고 있다. 『새의 선물』에서와 같이 미성숙한 주인공은 행복한 유년의 시절을 거치면서 세계와 갈등하고 분리되는 체험을 한다. 그리고 세계와의 갈등을 극복하고 세계와 조화를 이루어 나간다. 이들은 세계를 비판하고 갈등하지만 이것은 진실, 역사의 발전, 사랑 등의 가치에 대한 믿음을 전제로 한 것이며, 비록 그것이 현재에 존재하지 않는 것이라고 할지라도 주체의 노력에 따라 복원 될 수 있으리라고 믿는다.[10]

은희경의 세 번째 작품집 『상속』에는 첫 소설집 『타인에게 말걸기』, 두번째 소설집 『행복한 사람은 시계를 보지 않는다』 이후 발표한 중·단편 여섯 편과 이상문학상 수상작 「아내의 상자」가 실려 있다. 그

10 류보선, 「두 개의 성장과 그 의미 - '외딴방'과 '새의 선물'에 대한 단상」, 『문학동네』, 2001, 봄호, 421쪽.

렇다고 이 창작집이 이전 세계의 단순 반복에 그치는 것은 아니다. '탈낭만주의적 사랑'과 '세계와 삶에 대한 냉소'에 지나치게 파묻혀 있다는 그동안의 자신의 작품세계에 대한 우려를 의식하기라도 한 듯 그는 자신의 새로운 작품세계로 나아가고자 한다.

평론가 김동식이 책 말미의 해설에서 「열성(劣性) 유전자의 발생학, 또는 문화적 유전자로서의 진화론」으로 설명했듯이, 작품의 배경에는 작가의 숨어 있던 무의식이 펼쳐진다. 거기에서는 다시 『새의 선물』에서와 같은 '보여지는 나'와 '바라보는 나' 사이에서 생겨나는 새로운 삶이 그 근원을 드러낸다. 이 작품집에서 주인공의 유년기가 주요한 작중 에피소드가 되는 것은 그 때문이다. 물론 유년의 화자가 그에게 새로운 것은 아니다. '새의 선물'의 진희가 그 예가 되듯이, 「누가 꽃피는 봄날 리기다소나무 숲에 덫을 놓았을까」에서의 소연이나 「딸기도둑」에서의 은혜가 그들이다. 진희가 한사람의 여인으로 성장해가면서 여성성을 획득해 나가듯이 소연과 은혜도 모두 성인이 돼 작품 속에 화자로 등장한다.

말하자면 「누가 꽃피는 봄날 리기다소나무 숲에 덫을 놓았을까」에서의 소연이나 「딸기도둑」에서의 은혜는 모두 『새의 선물』에서의 진희의 분신들이라 할 수 있다. 성인이 되면서 그들은 모두 몸을 통해 삶의 고통을 터득하게 되고 사회를 외면하고 웅크리는 모습으로 그려진다. 은혜의 비정상적인 성생활과 성적 탈선과 가출, 소연의 외도가 보여주듯이 은희경의 여성들은 거의 예외 없이 왜곡된 성을 통해 고통스런 삶을 살아가면서 진정한 여성으로 성장해 나간다. 그것은 「내가 살았던 집」의 화자도 마찬가지다. 미혼모에다 사생아 임신과 낙태에 이르기까지 마치 여자의 몸에서 이뤄질 수 있는 잔혹한 현실이 모두 다 드러난다. 그러나 작중의 인물들에게 육체적 성장은 있으되 정신의 성숙은 없다. 은희경의 세계가 비관적이며 냉소적이라는 평가를 받게 되는 이유도 여기에 있다. 연약한 존재로서의 여성들의 삶을 예리하게 간파하고 있지만, 그 극복과 승화를 찾기 못하고 있다는 점에서 한계를 지닌다.

불임 여성의 이상적 심리상태에서 빚어지는 광경을 포착하고 있는 「아내의 상자」와 「딸기도둑」을 비롯한 여러 작품에서 비루한 운명의 여성이 어떻게 생을 살아가는가를 보여줌으로써 깊은 여운을 남기고 있지만, 표제작 「상속」은 가장 특이한 작품으로 보인다. 「상속」에서는 혼자 죽어가는 노인을 통해 죽음과 삶의 문제를 냉정하게 관찰한다. 「상속」은 작가 자신이 아버지의 죽음을 겪으면서 느낀 단상들을 소재로 해서 일생 동안 주인공 사내를 따라다녔던 "자기불신과 고독의 짙은 어둠"을 치밀하게 묘사해내고 있다. 작품에서 사내는 가족들과 철저하게 거리를 유지하며 자신만의 베일에 싼 삶을 살아가고자 한다. 죽음에 임박해서조차 자신의 절대적인 고독을 위로받으려 하지 않고, 모든 고통을 오롯이 혼자서 떠안고 가려 한다. 암 선고를 받고도 가족에게 간단히 통보만 한 뒤 혼자 수술을 받는다. 수년 뒤 암이 재발했을 때도 그는 가족들과 마지막 길을 공유하려하지 않고 사업을 확장하려 하는 등 별스런 행동으로 오해를 산다. 그러한 남편과 아버지를 바라보는 가족들은 내연의 여인에게 재산을 빼돌리려는 것으로 오해를 하기도 한다. 그런 사내는 끈질기게 자신이 선택한 삶의 길을 혼자서 가려 한다. 드디어 죽음 직전에 이르러 가족에게 무언가 메시지를 전하려 하나 이마저 할 수 없는 상태에 이른다. 이런 아버지를 딸과 아들의 시선으로 번갈아 조명한다. 결국 아들은 아버지가 죽은 뒤, 아들은 아버지가 남긴 무언의 메시지를 통해 "고독을 무시하거나 이기려 들지 않고 자신의 천분으로 받아들이게" 된다. 딸도 그 옛날부터 면면히 이어온 생명의 오고감에 대한 허무를 느끼게 된다. 인간이 당면하게 되는 인생의 빛과 그림자, 그리고 원초적인 고독이 담담하게 전달되는 작품이다.

인간을 동물과 구분지우는 가장 중요한 준거로서의 인간에게 가장 중요한 규범이라 할 수 있는 윤리와 도덕이라는 것이 아무런 의미가 없는 것이라고 한다면, 인간을 인간답게 만들어주는 것은 무엇일까. 소설집 『상속』 곳곳에서 작가는 인간의 정신 못지않게 인간을 인간답게 만들어 주는 것은 인간의 '몸'이라는 점을 강조하고 있다. 작가는 말한다. "한 사람의 육체가 생겨나기까지 자신이 알지 못하는 수많은 사람들의 육체가 시간 속에서 생멸을 거듭해왔다는 것도, 제 몸 속에 죽음이 들어 있다는 사실도 처음 깨닫는 일이었다"(「상속」).

실제 인간이 육체적 존재인가, 이성적 존재인가. 실제 이 질문에 대한 명쾌한 답을 얻기란 쉬운 일이 아니다. 서양철학은 오랜 세월동안 인간존재를 규명함에 있어서 인간의 육체를 이성적 존재로써의 그것으로 이원론적인 관점에서 규정해왔다. 말하자면 육체는 위대한 이성이다는 식의 헤겔의 어법은 절대적으로 '위대한 이성'을 육체로 돌리고 있다. 말하자면 정신이 아니라 육체가 이성의 위대한 주인이기 때문에 이성은 부차적인 것으로 전락할 수 있다는 것이다. 그러나 우리는 때로 정신과 육체가 따로 존재하는 허다한 이중적 모순에 직면하게 된다. 정신과 육체, 욕망과 억압, 환상과 현실 사이를 헤매는 현대적 실존의 아득함과 혼돈은 결국 뫼비우스의 띠와 같이 시작도 끝도 없다. 몸은 내가 지금 살아 있다는 것, 그리고 이 세상의 모든 것을 환희로 느낄 수 있게 해주는 역할을 한다. 그러나 문제는 그것을 느낄 수 없게 하는 부재의식에 대해 항상 절망하게 된다.

한국문학에서 90년대는 거대담론의 위용이 흔들리고, 새로운 삶의 징후에 대한 면밀한 관찰과 다양한 탐색이 이루어지면서 미시담론과 주변담론이 이루어진 시기였다. 이 시기에 등장한 여성작가들 중에서도 은희경은 그동안 미시적이고 주변적이었던 여성의 자아정체성과 새로운 남녀 관계의 지형을 그리기 위해 가장 선구적으로 고민한 여성작가라고 할 수 있다.

퓨전시대의 불온한 작가들

- 김영하. 김연수, 박민규의 소설 -

1. 퓨전문화의 의미

오늘날 우리 삶의 모든 분야에서는 경계가 소멸되고 다양한 요소들이 서로 혼합되어 뒤섞이는 이른바 퓨전의 상황이 일어나고 있다. 원래 사전적 의미로 퓨전이라는 단어의 어원은 라틴어의 '섞다(fuse)'라는 뜻으로, 이것이 영어식으로 명사화되어 '퓨전(fusion)'이란 말이 생겨난 것이다. 말 그대로 '융합, 융해, 연합, 합병, 또는 제휴' 등의 뜻을 가지고 있는 퓨전은 두 가지 이상의 요소가 만나 새로운 조화를 이루는 것을 의미한다. 전혀 어울릴 것 같지 않은 서로 다른 요소들이 만나 새로운 것을 창조해 내는 것이 바로 퓨전이다.

이런 의미에서 퓨전은 새로움에 대한 무한한 호기심의 발로라고 할 수 있으며 이것은 곧 상상력을 통한 새로운 것에 대한 탐구라 할 수 있다. 여러 가지의 상반된 요소를 함께 섞은 이후에 나타나게 될 현상에 대한 호기심과 도전의식, 여기에 새로움에 대한 무한한 상상력이 결합해서 생겨난 것이 곧 퓨전인 셈이다. 이를테면 검은색과 흰색을 혼합하면 회색이 나타나듯이 서로 다른 요소들이 만나 새로운 무엇인가를 만들어 내는 결과의 총화를 퓨전이라 할 수 있는 것이다.

그러나 퓨전이 사전에만 존재하는 언어적 개념만으로 그치는 것은 아니다. 오늘날 우리는 현재의 현상에 안주하지 못하고 뭔가 서로 다른 것들을 하나로 섞어서 전혀 새로운 무언가를 만들어 내고자 하는 퓨전의 시대에 살고 있으며, 이런 현상은 현대의 시대적 흐름으로 더욱 발전해 가고 있다. 더 나아가 이런 현상은 문화전반에 걸쳐 새로운 경향을 일으키고 있는 현 시대의 특성을 잘 반영하는 문화현상으로 발전해 나아가고 있다. 여러 문화의 융합으로 새롭게 태어난 퓨전이라는 문화현상이 그 자체로 살아남아 21세기의 문화현상으로 발전될지는 앞으로 좀 더 지켜봐야 할 일이지만, 퓨전 문화는 그 최대 특징인 신선함을 유지하면서 절실하고 중요한 문화로 부각된 것은 틀림없다. 더욱이 퓨전문화는 문화 패러다임의 변화에 따라 생겨난 새로운 문화현상으로 빠르고 정확하게 시대의 변화를 파악하고 그것에 대처하는 한 현상으로 자리잡아가고 있다.

당대의 문화가 어떤 특정한 양식을 보여주고 있다면 그것을 '문화코드'라고 부를 수 있을 것이다. 이런 문화코드는 당대 사회의 정치, 사회, 경제적 지형을 구체적으로 보여주며, 역사 변화의 과정 속에서 형성되는 것이지만, 동시에 공시적 맥락과 밀접히 연결되어 가변적이면서도 정형화된 형식을 띠고 있다. 20세기 문화가 분열과 대립의 것이었다고 한다면 21세기는 조화와 결합을 모색하는 퓨전의 시대이었고, 이 같은 변화가 21세기의 문화와 과학기술을 주도하는 키워드가 되었다. 문화 영역 내에서의 장르와 장르 간, 과학기술 분야에서의 융합으로 시작된 퓨전 현상은 이제는 장르와 영역을 넘어서서 전 분야에서의 새로운 창조를 향해 흘러가고 있다. 특히 문화 분야에서의 현재와 같은 퓨전 현상은 동양과 서양, 전통과 현대, 장르간의 벽을 허물고 국경 없는 문화를 만드는 '세계문화'의 지향이라는 긍정적인 측면을 무시할 수 없다.

반면 이런 퓨전문화가 본질적으로 자본주의 사회에서의 문화상품이어서 상업적이고 소비자들의 욕구를 쫓아 만들어지는 것이라는 측면에서 일방적으로 대중의 기호를 추종하는 경박한 대중문화적 측면을 지니고 있다는 점은 지적되어야 할 것이고, 이런 점은 퓨전문화가 지닌 태생적 한계로 지적되지 않을 수 없다. 뿐만 아니라 퓨전의 종합과 혼합이 나름의 시대성을 띈 문화현상이기 때문에 퓨전의 소재는 사회가 공유하는 유행이나 시대분위기에 따라 늘 변하게 된다. 그래서 독립적이고 독자적인 소재만으로는 이 시대의 변화와 충격에 뒤따를 수 없기에 다른 종과의 이종교배를 이룰 수밖에 없는 절충문화적 성격을 지닌다. 따라서 21세기를 대변하는 문화현상인 퓨전문화가 주도적 문화로 자리하려면 단순한 혼합에 의한 이종교배와 같은 현상이 아니라 새로움과 지속성을 지닌 문화로 거듭나야 한다는 과제를 안고 있다. 최근 들어 우리문단에서 가장 '신선한' 작가로 평가되는 김영하. 김연수, 박민규의 소설은 이 같은 퓨전문화적 성격을 지닌 작품으로 많은 시사를 준다고 할 수 있다.

2. 디지털 시대의 글쓰기와 글읽기 : 김영하

김영하는 1995년 대중문화평론지 『리뷰』에 「거울에 대한 명상」으로 등단한 후 『나는 나를 파괴할 권리가 있다』로 1996년 제 1회 '문학동네' 신인상을 , 1999년에는 「당신의 나무」로 제44회 '현대문학상'을 수상하면서 90년대 후반 문단에서 가장 주목받는 작가의 한사람으로 작품 활동을 하고 있는 작가이다. 그가 문단의 주목을 받는 이유는 다른 무엇보다도 그의 작품들이 기존의 소설문학의 형식과 내용을 파격하면서 영상과 인터넷 같은 디지털 세대의 상상력을 바탕으로 현실과 환상, 가상현실과 경계를 넘나드는 새로운 소설미학을 보여주고 있다는데 있다. 디지털 시대를 살아가는 김영하의 소설에서는 한 작가의 다양한 매체적 경험이 축적된 미디어적 취향은 무한한 문학적 상상력을 가능케 하는 도구로 작용하고 있다. 새로운 세대의 풍부한 매체 경험은 사진, 그림, 만화, 게임, 광고, 영화와 컴퓨터 등 모든 매체의 체험을 포함하고 있다. 예컨대 한 장의 사진이라는 정지된 화면은 김영하의 소설 속에서 움직이는 영상으로 살아나서 가상현실과 현실의 경계가 모호한 시뮬레이션의 세계로까지 확장된다. 사진이나 그림과 같은 시각 매체에 대한 가상현실의 경험은 그것이 실제현실로 살아나서 탄탄한 서사성이 부여된 채 환상과 현실은 문학적 상상력의 폭을 넓히게 된다. 김영하에게 이러한 문학적 상상력이 가장 잘 드러나는 의미있는 작업이 바로 그의 두 번째 장편소설인 『아랑은 왜』이다. 이 소설은 90년대 이후의 이른바 '새로운 글쓰기'의 모습을 전형적으로 보여주는 작품이다.

『아랑은 왜』는 아랑 전설이 배태된 시대를 주목하면서 이본이 지닐 수 있는 판본의 상이함을 토대로 추리기법을 동원하여 '아랑 전설'에 대해 '새로운 이야기 만들기'라는 방식의 메타픽션이다. 또한 『아랑은 왜』는 이미 쓰여 있는 다양한 기존의 텍스트들을 참조하면서 소설의 진행에 대한 독자의 반응을 고려하고, 작가는 현재와 과거를 넘나드는 대화적 글쓰기를 진행하고 있다는 점에서 하이퍼텍스트적 성격을 지닌 소설로 볼 수도 있다. 말하자면 이 작품은 이야기를 진행하는 화자인 작가가 기존의 소설과 달리 작가가 자신의 독자의 요구에 따라 자유롭게 이야기를 이끌어가면서 독자와 게임을 하듯이 다양한 가능성을 펼쳐 보여준다. 기존의 고정된 플롯의 흐름에 위반하여 화자는 여러 가능성 중에서 어떤 것도 선택할 수 있으며 어떤 것을 선택하느냐에 따라 이야기의 판본은 무수하게 생겨날 수 있다. 그것은 단순히 이야기를 만드는 작가만의 책임이 아니라 독자에게도 책임이 있음을 상기시킨다. 마찬가지로 현실 또한 이야기와 같이 무수한 선택과 우연에 의해 종잡을 수 없게 이루어진다.

김영하의 소설에서 보듯이 이제 소설에서는 단순히 현실을 재현하지 않는다. 과거의 소설은 현실과의 유기적인 유대와 반영이라는 영향관계 속에서 탄생했다. 그러나 이제 소설과 현실의 관계는 단절을 이루면서 현실의 자리에 다양한 기록물과 텍스트들이 들어서게 되었다. 소설의 이야기는 현실 속에서 만들어지는 것이 아니라 이미 존재하는 이야기와 텍스트 사이에서 만들어지는 것이다. 이야기는 현실을 일차적으로 참조하고 반영하기 보다는 이미 존재하고 있는 다른 텍스트들을 참고하면서 이차적으로 구성되고 만들어 질 수 있게 되는 것이다.

작가는 옛날에 아랑의 전설을 만들어 퍼뜨리던 이야기꾼들처럼 자신도 이야기를 전달하는 하나의 징검다리에 불과한 존재라고 하면서, 이것이 이야기를 만드는 사람들의 운명이라고 말한다. 실제 『아랑은 왜』는 기존의 아랑 전설을 재구성하는 것을 소설의 틀로 삼고 있다. 이미 존재하고 있는 문서의 기록을 통하여 이미 종결되었다고 생각되는 사건에 개입하여 흩어진 단서들을 모아 그동안 발견하지 못했던 '틈'을 새로이 발견하여 진상을 규명하는 추리소설의 방식을 취하고 있다. 작가의 말대로 세상 모든 이야기에는 어떤 틈이 있다. "이 틈이야말로 이야기가 어떻게 만들어졌는가를 짐작할 수 있게 해 주는 중요한 단서다. 어떤 이야기가 덧붙여지거나 이미 있던 이야기의 요소가 사라질 때, 거기에는 언제나 작은 흔적이 남기 마련이다(…) 그러므로 아랑의 전설을 토대로 새로운 형식의 역사소설을 만들겠다고 한다면 이런 틈을 그냥 지나쳐서는 곤란하다. 피살자의 시신을 부검하여 사인을 밝혀내는 법의학자의 자세로 아랑 전설을 전면적으로 재검토하여야만 한다."(『아랑은 왜』) 서술자로서의 작가는 '아랑전설'에 나오는 이야기를 변형 없이 그대로 가져오는 것이 아니라, 거기에 새로운 형식을 부과하여 재창조하기 위해서 원래의 이야기에서 '틈'을 발견해내어 그 틈에 문학적 상상을 부여해서 새로운 이야기를 만들어 나가겠다고 하는 것이다. 작가는 아랑 전설에서 이야기꾼으로서 이러한 틈을 메우기 위해 진짜 사료와 가짜 사료와 소설을 뒤섞어 놓았다는 것이다(「아랑은 왜 나비가 되었나」). 소설을 쓴다는 것은 김영하 자신의 표현을 빌리면, '일종의 퍼즐 게임'과 같은 것이다. 김영하는 널리 알려진 아랑 전설을 수많은 퍼즐 조각으로 분해하고, 그것을 새로운 이야기로 재구성하여 새로운 서사의 가능성을 제시하고 있는 것이다. 작가 자신도 작중에서 이 같은 내용의 이야기를 하고 있다.

> 우리는 살인 사건을 조사하는 형사나 추리소설에 투입된 탐정이 아니라 아랑전설을 재구성하는 사람들일 뿐이다. 그래도 최소한 작가인 너는 뭔가 알고 있을 게 아니냐고, 다 알고 있으면서 감질나게 눈곱만큼 씩 보여주고 있는 거 아니냐고 의심하지 않았으면 좋겠다. 나 역시 서툰 요리사처럼 이 흥미로운 재료를 이리저리 조물락거리고 있을 뿐이다.
>
> -『아랑은 왜』에서

『아랑은 왜』를 구성하는 이야기는 세 가지의 기본 플롯으로 전개된다. 첫째로는 작가가 아랑의 전설을 재구성하고 재해석하는 과정으로 이루어지고, 둘째로는 작가가 그렇게 구성해놓은 조선 중기 아랑의 전설 이야기이고, 셋째는 '박'과 '영주'의 이야기이다. 여기서 '박'은 작가가 의도적으로 작품 속에 배치한 무명작가이고 그와 동거하는'영주'

라는 여인은 미용실에서 근무하는 여자이다. 이 세 가지 플롯은 서로 다른 사건과 인물이 등장하는 별개의 서사를 이루면서도 교묘하게 얽힌다. 그러나 작품이 전개 되면서 그러나 '박'은 소설을 구성하기 위해 고민하는 작가 자신임이 드러나고 아랑은 '박'에게 환영처럼 나타났다 사라진다. 작가는 새로운 아랑의 이야기를 만들기 위해 과거의 이야기를 통하여 현대의 '박'과 '영주'라는 인물의 이야기로 만들어 나간다. 아랑 전설이 그러했듯이, 현대인간들이 만나게 되는 기묘한 우연과 인연의 경험을 통하여 작가는 이야기의 허구성을 삶의 허구성에 대입하고자 한다. 흡사 현대소설의 모든 것을 보여준다는 제임스 조이스의 『율리시즈』가 사회와 인간의 중간에서, 또한 정신과 육체의 중간에서 과거와 현재 그리고 미래 사이를 항해하며, 신화와 현대를 결합한 거와 같이, 『아랑은 왜』에서 작가는 아랑의 전설을 현대적으로 해체하고 재해석하면서 전통적인 이야기가 가지고 있는 비현실성과 환상성은 깨뜨리면서 현대적 현실을 다시 보여주고자 한다.

작가는 허구와 복사를 통해 현실을 재생산하고, 익숙한 아랑 전설을 '낯설게'하고자 시도하는 것이다. 작가는 이제 더 이상 단순히 객관적 현실을 반영하거나 진리의 재현을 하는 이야기의 주체가 아니라, 이야기를 새롭게 구성하는 사람들에 불과한 존재가 되어버린 것이다. 이제 현대에 생산되는 소설들은 과거와 같이 합리적이고 원본이 분명한 하나의 텍스트로 존재하는 것이 아니라 사이버 공간에서 이 텍스트와 저 텍스트를 넘나들며 서로 교류하고 이탈하면서 텍스트들의 재생산과 재구성을 하게 된다. 『아랑은 왜』가 보여주는 이 같은 새로운 소설적 모습은 바로 우리 시대에서 감각으로 느끼고 체험되는 가상의 공간, 즉 '디지털'의 힘일 것이다.

3. 거대한 도시에서 살아남기 : 김연수

롤랑 바르트는 언젠가는 "작가가 곧 독자가 되고 독자가 곧 작가가 되는 전복적 놀이"가 될 것임을 이야기 한 적이 있다. 글쓰기와 글읽기는 그 사이의 분리를 겪지 않으면서 한 덩어리가 될 것이고 어떤 상황 속에서도 서로서로 연결되어 공유되어 갈 것이다. 바르트는 다시 말한다. "글쓰기는 독자에게 작가의 메시지를 담은 완성된 산물로서의 작품이 아니라 무한한 생산으로서의 텍스트를 넘겨준다. 이 경우 독자의 '독서' 행위는 끝없는 재창조, 끝없는 '다시쓰기'가 될 것이다." 퓨전시대의 작가들은 내용과 형식의 모든 면에서 다양한 텍스트 쓰기를 하고 있으며 마찬가지로 독자들도 끊임없는 새로운 독서행위를 하게 된다. 김연수는 우리시대에 새로운 글쓰기와 글읽기를 가능케 하는 작가의 한 사람이며, 그러한 이유에서인지 그의 소설집 『세계의 끝 여자친구』는 한동안 침체했던 소설문학에서 이례적으로 4만부 이상 팔리면서 일대 문학적 사건으로 기록되었다. 동시에 김영하와 함께 2000년대 이후 동인문학상 등 유명 문학상을 휩쓸면서 평론가들의 찬사도 한 몸에 받았다. 특히 김연수의 소설은 서사성과 서정성을 동시 동시에 갖춘 작품으로 평가된다. 그의 소설은 한편으로는 한 개인의 삶에서 빚어지는 삶의 생성과 소멸이라는 거대한 담론들을 그 과정에서 빚어지는 미세한 디테일의 아름다움을 섬세하게 그려냄으로써 낸다. 거대함과 왜소함, 아름다움과 추함의 혼효를 통한 아포리즘을 절묘하게 조합해낸다. 모든 개인의 삶은 때로 허무하게 때로 덧없이 사라지면서 한 편의 서사를 남기지만, 그 이야기는 어떻게 쓰느냐에 따라서 끝없이 갈라지는 길의 연속이라고 김연수 소설은 말한다. 그 길 위에서 인간은 자신의 삶을 이야기하면서 삶의 순간을 재배치하고, 세계의 끝을 온몸으로 한없이 밀어낸다는 것이다. '나'의 이야기를 찾아 내부에서 꿈틀대던 작가의 눈과 귀는 서서히 '우리'를 향해, 그리고 '자아'로부터 시작하여 '세계'를 향해 점점 더 크게 열려간다. 그의 이야기 속에는 어느 날 문득, 미세하게 균열을 일으키며 무너지는 '나/우리', '자아/세계' 사이에서 이야기는 새롭게 전개되고, 그리고 다시 한쪽 끝에서 무너진 세계는 또 다른 한쪽 끝의 세계와 연결되면서 또 다른 이야기가 만들어진다. 그래서 김연수는 말한다. "우리는 이 삶에 감사해야만 한다. 그건 전적으로 우리가 사랑했던 나날들이 이 세상 어딘가에서 이해되기만을 기다리며 어리석은 우리들을 견디고 오랜 세월을 버티기 때문일지도 모른다." 그에게 있어 인생이란 도서관에 꽂혀있는 한 권의 책과 같이 그 모두가 존재의 의의가 있는 것이다.

> 도서관에 있는 그 어떤 책을 들춰봐도 거기 죽은 자가 다시 살아났다는 이야기는 없었다. 또 늙은 노인이 다시 젊어져 새로운 인생을 살아갔다는 이야기도 나오지 않았다. 어이없게도 삶은 단 한 번뿐이며 지나간 순간은 두 번 다시 되풀이 되지 않는다고 그 도서관에 있는 책들은 말하고 있었다. 도서관에는 그처럼 많은 책이 있으니 그중에는 단 한 권뿐일지라도 자기 같은 인생도 이 세상에 필요했다고 말해주는 책이 있을 것 같았다.
>
> -「내겐 휴가가 필요해」에서

김연수가 문단에 모습을 드러낸 1990년도는 이제 거대한 집단보다는 '나'가 사회적 화두였던 시대였다. 앞서 살펴보았듯이 김영하가 그 '나'를 파괴하겠다며 자의식의 거울을 부수고자 했듯이 여러 문화적 코드에 바탕한 작품들이 제각각 다른 모습을 드러내며 마구 쏟아져 나왔다. 오랫동안의 대 사회적 이데올로기인 투쟁이나 의식은 이미 구시대의 유물같이 옷장 깊숙이 처박히게 되었고 그동안 억압되었던 개인의 욕망이 불거져 나오기 시작했고, 왜곡된 방식으로 사회의 모순된 구조가 드러나기 시작했다. 앞 시대의 이 같은 부채의식에 짓눌려 있기에 작가의 상상력의 궤적은 더욱 크게 나타났고 그의 문학적 상상력과 지적 호기심은 더욱 경쾌했다. 말하자면 서영채의 말대로 김연수에게 문학적 글쓰기는, 자신의 진실을 고통스럽게 토로하는 것보다는 상상력을 통해 세계를 재구성하는 쪽에 훨씬 더 가까웠다 (서영채, 「유토피아 없이 사는 법」). 예컨대 그의 세상인식은 여태까지의 작가들과는 분명히 남다른 바가 있었다.

> 이렇게 거대한 도시에 사는 한, 평생 하루에 한 번씩 택시를 탄다고 해도 우리는 죽을 때까지 같은 택시를 탈 수 없는데, 그런데도 때로 우리는 원래 만나기로 한 것처럼 누군가를 만나고 또 사랑에 빠지고, 코발트블루에서 역청빛으로 시시각각 어두워지는 광활한 밤하늘 속으로 머리를 불쑥 밀어 넣는 것과 같은 황홀한 순간을 맞이하게 된다면, 그 이유는 이 도시와 청춘의 우리가 너무나 닮아 있기 때문이리라. 도저히 빠져나올 수 없을 것만 같은 극한의 절망과 다른 선택을 전혀 고려하지 않는 완강하고도 그만큼 멍청한 확신 사이를 한 없이 오가면서 그 무엇도 아닌 존재에서 이 세상 그 누구라도 될 수 있는 어떤 사람들. 시시각각 변하는, 그러므로 이루 말할 수 없이 많은 얼굴을 지녔지만, 결국 단 하나 일수 밖에 없는 사람들.
>
> -「당신들 모두 서른 살이 됐을 때」에서

실제 이 세상과 시대에 대한 우울한 정서는 그의 문학의 형식과 내용에 새로운 관심과 실험을 가져오지 않을 수 없게 되었다. 스스로 그는 「내가 아직 아이였을 때」에서 등장하는 시대적 배경들과 그 소설 전체를 관통하는 우울의 정서를 표현하기 위해서 "이 소설만큼은 연필로 쓰기로 결심했다."라는 고백을 하게 한다. 이 같은 사실은 김연수의 소설에서 전후 한국 현대사와 그에 이은 80년대적 시대적 상황에 대한 고뇌가 그대로 잔존하고 있다는 사실을 의미하는 것이지만, 중요한 것은 그러면서도 그가 언제나 인간의 문제에 대한 관심을 집중하고 있다는 사실은 흥미롭다. 그는 언제나 우리가 누군가를 사랑하는 한, 우리는 노력해야만 한다는 사실을, 우리가 다른 사람을 이해한다는 일이 쉽게 가능한 일이 아니다는 사실을, 그리하여 우리는 대부분 다른 사람들을 오해하며, '네 마음을 내가 알아,'라고 말해서는 안 된다는 사실을 인식해야 한다고 말한다. "내가 희망을 느끼는 건 인간의 이런 한계를 발견할 때이다. 우린 노력하지 않는 한, 서로를 이해하지 못한다. 이런 세상에 사랑이라는 게 존재한다. 따라서 누군가를 사랑하는 한, 우리는 노력해야만 한다. 그리고 다른 사람을 위해 노력하는 이 행위 자체가 우리의 인생을 살아볼 만한 값어치가 있는 것으로 만든다. 그러므로 쉽게 위로하지 않는 대신에 쉽게 절망하지 않는 것, 그게 핵심이다."(「세계의 끝, 여자친구」)고 작가는 말한다.

이런 의미에서 김연수 소설에서 인간 소통의 의미는 다분히 실존의 조건에서 벌어지는 윤리적 성실성과 무관치 않다. 현대사회라는 소통불가의 시대에서 소통의 욕망은 쉽게 포기되지 않는 가장 중요한 주제의 하나이다. 같은 맥락에서 작가의 글쓰기는 소통불가능의 세계에서 생겨나는 역설적인 소통의 욕망이라는 점에서 다분히 윤리적 행위가 된다. 윤리적 행위로서의 글쓰기는 개인의 진실이나 상상이 전제되는 것이라고 할 때 이것은 세상에 대한 작가의 생생한 인식과 이해를 전제로 하는 것이다. 여기서 세상에 대한 작가의 인식과 이해를 전제로 한 생생한 삶의 이야기란 인과적 합리성에 기초한 삶의 개인적 기록이다. 김연수의 소설에 드러나는 그런 이야기는 세상과 개인 사이에 존재하는 서로 공명하고 연결된 삶의 기록이다. 김연수의 이런 글쓰기는 소설이 본질적으로 합리적인 이성이나 과학적 논리로만으로 해명되지 못하는 예외적인 인간의 삶과 인간의 삶을 지탱할 수 있는 허구적 기록이라는 소설일반론과 조응하는 것이다. 그러나 소설은 삶과 언어 사이의 사실을 생생하게 살려서 이를 허구적인 삶으로 재현해준다. 독자는 이런 허구적 이야기를 통해 재현된 삶을 되씹으며 삶과 인간에 대한 새로운 인식을 이루게 된다. 김연수의 소설은 이러한 소설론에 잘 반응하고 있지만 그에게 있어서 글쓰기란 불가해하고 소통불가한 세상과 인간 속에서 흔히 좌절하고 고통스럽고 외롭다.

그러나 중요한 것은 김연수에게 있어서의 작가적 관심이 단순히 소통불가시대의 인간과 세상에 대한 관심이 지대한 작가라는데 그치지 않고 있다는 데 있다. 그에게는 우리시대의 작가들에게서 흔히 볼 수 있는 포스트모던적 글쓰기나 불가지론적인 사고를 넘어서는 세계에 대한 냉철한 인식의 차원과 같은 그 무엇이 있다는 사실이다. 앞서도 이야기한대로 그의 세계인식은 단순한 냉소적 허무주의에 그치지 않고, 진실은 어디에선가 찾아질 수 있다는 식의 세상과 인간에 대한 끝없는 관심 때문이다. 스스로 '나는 유령작가입니다'라고 선언할 정도로 이 세상의 한복판에서 항상 '언어'에 대한 고민에서 벗어나지 않고 있다는 점이다. 이 같은 진지한 의지와 고민 같은 것들이 김연수를 해체적 허무주의자라는 평가로부터 지켜낼 수 있게 한다. 따라서 그의 소설에 대한 진정한 평가는 이 세상과 인간을 위한 언어를 통한 새로운 글쓰기와 글읽기의 수행 행위를 바탕으로 해서 그의 진정성을 이해할 때에야 가능할 수 있을 것이다.

4. '포스트모던 리얼리즘' 소설 : 박민규

문학의 사회비판적 역할이 축소되고 심지어 '소설의 죽음'까지 예견되고 있는 이 시점에 2003년 한국 문단에 신선한 돌풍을 일으키며 등단한 이후, 늘 새로운 상상력과 실험정신으로 많은 한국의 문인들이 2000년의 대표적인 소설가로 뽑고 있는 박민규의 소설에서 나타나는 문학적 글쓰기와 소설의 힘에 대한 희망을 찾아볼 수 있다. 과거 리얼리즘 문학의 경직성과 무거움을 탈피하고 새로운 소설 작법을 통해 이 시대의 부조리함을 구체적으로 보여주는 박민규의 작품들은 문학적인 방식으로 세계의 균열에 대해 대결하는 모습을 잘 보여주고 있다.

현대사회의 가치와 질서를 추동하고 사회를 움직이는 자본주의의 물화된 권력은 시간을 더해 갈수록 점점 더 확산 되어가고 있는 양상이다. 이러한 후기 자본주의 사회의 가장 큰 문제점은, 산업화 이래의 자본주의의 사회적 문화적 영역에까지 교환가치의 논리가 침투한다는 것이다. 우리시대의 문학의 위상을 걱정하는 많은 비평가들의 이야기대로 이제 자본주의사회의 문학이 인간 환경을 파괴하는 현실 한복판에 있겠지만 더 이상 그 역할을 문학에 기대하기는 힘들게 되었다는 사실을 인정하지 않을 수 없게 되었다. 실제로 오늘날 문화라는 영역 내에서 문학의 비중이 점점 감소하고 문학의 사회적 교훈적 역할 또한 갈수록 위축되고 있는 것은 사실이다. 그리하여 90년대 이후 우리문단의 대표적인 작가로 활동을 하였던 김영하, 김연수, 박민규와 같은 젊은 작가들은 근대 리얼리즘의 인식과 서사의 틀을 깨뜨림으로써 자본주의와 과학기술시대의 포스트모던적 양상들을 그대로 드러내고 있다. 이들은 현실을 총체적이고도 전형적으로 인식하고자 했던 리얼리즘의 규범에 더 이상 연연하지 않으며 새로운 내용과 형식의 소설 쓰기를 실현코자 했다. 후기자본주의 시대의 문화논리인 포스트모더니즘은 '거대서사'에 대한 불신과 회의 에서 출발한다. 이제 근대의 기본적인 신념들인 인간 경험의 총체적 인식이나 객관적 재현은 불가하게 되었다. 이에 따라 90년대 이후 등장한 젊은 작가들의 작품들이 이성중심주의의 지배 문화의 억압으로부터 탈피하고자 한다.

궁극적으로 서사란 보다 더 나은 세상을 향한 사회 구성원들의 욕망운동이다. 즉 세계의 혼돈과 갈등을 체험한 인간이 개인의 희망이나 소망을 총체적으로 그려내려는 욕망의 산물인 것이다. 봉합된 사회의 균열을 고발하고 권력주체의 메커니즘을 보여줄 수 있는 강력한 실천력을 문학은 갖고 있다. 현대문학은 포스트모던한 전략과 현실인식 및 현실대응 문제를 핍진하게 그려내는 노력이 동시에 필요치 않을 수 없게 된 것이다. 현실의 본질과 전망을 포착해내는 기존의 전통적인 리얼리즘 소설들과는 달리 박민규 소설은 포스트모던한 상상력을 도입함으로써, 예컨대 거침없는 환상의 세계로의 비약이나 해체적 전망, 알레고리 등을 통하여 기존의 소설에서는 볼 수 없는 기발한 상상력과 새로운 기법들을 사용하고 있다. 박민규 소설의 이러한 특징에 대해 우리는 '포스트모던 리얼리즘'이라는, 즉 포스트모더니즘과 리얼리즘이라는 상호 배리적인 두 단어로 결합된 경향을 엿볼 수 있다. 예컨대 박민규의 대표적인 소설 『삼미슈퍼스타즈의 마지막 팬클럽』과 『죽은 왕녀를 위한 파반느』에서는 포스트 모던적인 환상과 해체적 전망이라는 요소들이 현실에 바탕을 둔 이른바 하이퍼 리얼리티의 모습을 보이며 나타나고 있다. 이에 따라 두 소설에서는 현실을 살아가는 다양한 삶의 모습이나 자본주의 사회에서의 실제적인 풍경들이 허구적 가상적으로 묘사되어 있다. 『삼미슈퍼스타즈의 마지막 팬클럽』은 '삼미'라는 실제 있었던 프로야구팀을 제재로 하여 현대적 삶과 사회에서의 교묘하게 침투해있는 사회적 문화적 지배전략을 폭로한다. 『죽은 왕녀를 위한 파반느』에서는 못생긴 여자를 진심으로 사랑하는 한 남자의 이야기를 통해 자본주의 사회가 만들어 놓은 외모 이데올로기를 비판하고 주체적 삶에 대한 성찰을 한다. 이 두 소설들은 현실 세계의 경계를 허물고 들어온 현대적 환상과 은유를 통하여 현실 깊숙이 자리하고 있는 삶의 모습을 핍진하게 묘사한다. 환상과 은유를 통해 드러나던 세상에 대한 부정의식이나 부조리는 이제 주인공들이 현실 속에서 감당해야 하는 삶의 현실이 되었다.

『삼미슈퍼스타즈의 마지막 팬클럽』의 책머리에서 작가는 이렇게 썼다. '1할2푼5리의 승률로 세상을 살아가는 모두에게, 그래서 친구들에게'라고. 프로만이 살아남는다며 온통 프로가 판치는 사이비 프로 세상. 우리는 프로가 되려고 얼마나 몸부림을 치고 있는가. "프로는 아름답다, 프로는 끝까지 책임을 진다"라는 화려한 수식어구를 사용해가며 프로의 세계로 뛰어들 것을 강요한다. 그러나 문제는 그것이 누굴 위한 싸움인지, 누굴 위한 행복인지도 모른 채 뛰어든다는 것이다. 단지 프로라는 판에 끼어든 이상 패배는 낙오를 의미하며, 낙오는 견딜 수 없는 치욕이란 것만 알고 있을 뿐이다.

> 그랬다. 소속이 문제였다. 소속이 인간의 삶을 바꾼다. 건강한 신체의 건강한 정신을 담은 소년이 왜 전철안에서 조롱을 받는가? 삼미슈퍼스타즈의 잠바를 입고 있기 때문이다. 아버지는 고등학교 동창인 조부장에게 왜 굽실거려야 하는가? 삼류대학을 나왔기 때문이다. 소속이 인간의 삶을 바꾼다. 소속이 인간이 거주할 지층을 바꾸는 것이다.
>
> -『삼미슈퍼스타즈의 마지막 팬클럽』에서

자본주의 시대에 있어서 잉여가치를 낳는 잉여생산의 의미는 어떠한 것일까. 들뢰즈와 가타리의 『천 개의 고원』에는 다음과 같은 얘기가 나온다. 남아메리카에 돌도끼를 쓰는 인디언 부족이 존재하고 있었다. 이 부족을 접한 서양인은 그들에게 돌도끼보다 10배나 많은 생산력을 지닌 쇠도끼를 선물로 주었다. 그런데 부족은 10배의 생산력을 지닌 쇠도끼를 가지고 이전보다 10배 많은 나무를 베는 것이 아니라, 일하는 시간을 10분의 1로 줄였다. 10배의 생산력이 있으니까 일하는 시간을 10분의 1로 줄여도 그전과 같은 양의 나무를 벨 수 있었기에, 그들은 그전보다 10분의 1만큼만 일했다는 것이다. 그들에게는 잉여 생산물이 의미가 없기 때문이다. 쓸 만큼만 생산하면 되는 것이지, 쓰지도 않은 물건을 만들 필요도 또 그것을 위해 일해야 할 필요도 못 느낀 것이다. 그야말로 "원시인의 '게으름'과 한가로움은 생산력 부족 때문이 아니라, 잉여가 무의미하고 불가능한 이런 배치와 결부되어 있다"(이진경, 『노마디즘 2』).

산업화가 인간의 삶에 도래한 이래 자본이 지배하는 인간사회에서 잉여란 무의미하고 불가능한 것이었다. 끝없는 경쟁과 생존의 논리만이 존재할 뿐이다. 『삼미슈퍼스타즈의 마지막 팬클럽』은 경쟁을 강요하는 자본주의적 생존 논리를 거부하고 '진짜 인생'을 찾아가는 삶의 모색을 그린 작품이다. 여기서 '삼미 슈퍼스타즈'는 프로 야구 역사에서 최하의 성적을 기록한 팀으로, '프로'라는 이름으로 경쟁과 노력을 강요하는 자본의 논리를 거스르는 구원적인 존재를 의미한다. 작가는 '삼미 슈퍼스타즈'의 야구를 구현하며 잃어버린 삶의 여유와 방향성을 되찾는 주인공의 모습을 통해 경쟁을 강요하는 사회의 문제점을 폭로하면서 그 의미를 우리에게 묻고 있다.

『삼미슈퍼스타즈의 마지막 팬클럽』과 마찬가지로 『죽은 왕녀를 위한 파반느』도 자본주의 시스템이 본격적으로 가동되기 시작한 80년대 중반의 서울을 배경을 무대로 하고 있다. 정상적인 인간관계를 거부받을 정도로 못생긴 아가씨와 잘생기고 번듯하지만 부모에게 버림받은 트라우마를 공유하고 있는 두 명의 청년은 백화점 아르바이트 현장에서 우연히 만난다. 그리고 이들의 우정과 사랑의 이야기에는 기존의 전복적 세계관이나 포스트모더니즘적 키치 유머 대신에 상처받은 인간의 내면 깊은 세계가 드러난다. 부조리와 편견으로 가득한 현대사회의 벽 앞에서 절망할 수밖에 없고 그리하여 무참히 사회의 바깥으로 추방당한 사랑의 기억을 찾아서 박민규는 80년대의 자본주의 사회 속으로 깊숙이 들어간다.

『죽은 왕녀를 위한 파반느』에서 죽은 '왕녀' 곁에 선 '시녀'가 상징하는 것은 비단 주인공의 못생긴 연인만이 아니다. 그것은 80년대에 대한 우리들의 추억 그 자체라고 할 수 있다. 죽은 '왕녀'는 자본주의 시대를 살아가며 우리들이 신봉해 온 자본주의의 꽃인 부와 아름다움이다. 기실 그 꽃은 지위와 부를 가진 소수 권력자들이 자신들을 유지하기 위해 설정해 놓은 지배 이데올로기임에도 불구하고 우리는 그 꽃을 찬미하며 부러워한다. 주인공인 '나'는 이미 달콤하고 아름다운 성공의 꽃을 찾아 가족의 삶을 유기해 버린 아버지로부터 상처를 받기도 한다. 박민규 소설 속에서 아버지들의 모습은 대체로 일그러진 모습이거나 심지어는 존재감 없는 나약한 존재로 그려진다. 그들은 주체성을 갖고 살아가지 못하며 때로는 패배자적 이고 비도덕적인 모습이다.

박민규 소설에서가 아니더라도 아버지란 기존 질서나 사회 체제를 의미하는 절대적 권위를 의미하는 것이다. 그의 소설 대부분이 아버지가 부재하거나 일그러진 모습으로 그려지고 있는 것은 기존의 권위와 정신에 대한 저항과 비판의식에서 나온다는 것을 알 수 있다. 이것은 바로 포스트모더니즘 소설들이 눈감아버린 거대권력에 대한 불편한 진실들을 박민규 소설에서 보다 개인의 모습을 통하여 그려내고자 한 작가의 의도라고 할 수 있을 것이다. 자본주의라는 거대권력이 대다수의 사람들에게 어떻게 작동하며 그것에 대해 사람들은 어떻게 대응해야 하는지를 작가는 묘사해 내고자 한 것이다. 그리하여 자본주의가 지배하는 포스트모던 사회에서 아름다움과 추함, 부유와 빈곤은 전도된다. 작가 박민규가 보는 현대적 삶과 인간의 모습은 이렇다.

길고 긴 인생의 터널을 생각하면 더없이 짧은 시기였지만 그 순간의 빛을 기억하면서, 나는 기나 긴 터널의 어둠을 지나왔다는 생각이다. 나는 그 무엇도 이해할 수 없었고, 그 무엇도 믿지 않았다. 따라 뛰는 사람들, 피리소리를 따라 어디론가 달려가던 사람들과… 날이 갈수록 발전하는 세상의 풍경들을 그저 우두커니 바라볼 뿐이었다. 아름다워지는 여자들… 아름다워 「져야만」 하는 여자들과… 학력을, 차를, 또 집을… 말하자면 힘을 「가져야만」 하는 남자들… 서로에 의해, 서로에 비해, 올라선 서로를 위해 구축하던 프리미엄과… 올라서지 못한 서로에게 요구되던 또 그만큼의 스펙에 대해… 그러나 전혀 달라지지 않는 삶의 성질에 대해… 오로지 스펙과… 프리미엄만 늘어날 뿐인 이 삶에 대해… 하여 어떤 의미가 있는 걸까, 아무리 생각해 보아도 알 수 없었다.

-『죽은 왕녀를 위한 파반느』에서

'나'는 실체를 알 수 없는 꽃들의 향기에 염증을 느끼고 오히려 못생긴 '그녀'에게서 진정한 사랑의 토대를 발견하게 된다. 그의 소설에서 발견되는 자본주의 지배구조의 역학관계에 대한 비판의식은 '외모 이데올로기'에 희생당하고 있는 여성의 입장은 『죽은 왕녀를 위한 파반느』에서 새롭게 부각된다. 작가는 자본의 힘에 의해 서 혹은 외모에 의해서 인간을 이끌고 구속하는 그 '꽃의 힘'에 대해 문제를 제기한다. 작가의 말대로 그것은 록음악이기도 했고, 소설이기도 했으며, 늘 성공을 꿈꾸던 우리들 보통사람의 삶이기도 하다. 마돈나, 마이클 잭슨, 할리우드의 온갖 삼류영화들 틈바구니에서 문득 자신들의 비루한 삶에 눈물을 삼키곤 했던, 그래서 예뻐지고 싶고, 부유해지고 싶고, 세련되고 싶어 하는 것이 우리의 모습들이다. 자본주의의 꽃인 부와 아름다움을 모습을 바라보고 찬탄하며 그것에 우리들의 삶을 동화시키고자 한다. 부를 거머쥔 극소수의 인간이 그렇지 못한 절대다수에 군림해 왔듯이, 미모를 지닌 극소수의 인간들이 그렇지 못한 절대다수를 사로 잡아온 역사는 그 자체가 소수가 절대다수를 지배하는 역사적 오류에 다름 아닌 것이다.

푸코가 논의한 것처럼 후기자본주의의 권력은 법과 규율의 방식이 아니라 삶의 과정을 통해 행사된다. 법의 권력이 이성에 의한 규율의 강요와 욕망의 억압이었다면 삶의 권력은 물신화되고 자본화된 규율로써 욕망과 타락을 증진시킨다. 인간의 욕망과 타락은 갈수록 증대되는 가운데 그곳에서 주체의 무력화와 허무의식도 동시에 강화되어가게 되는 것이다. 박민규는 그의 소설에서 후가자본주의사회 내에서의 인간주체의 권력관계의 모순을 드러내는 데 환상이라는 요소를 적극적으로 사용하고 있으며, 환상성이 도입된 새로운 리얼리즘의 양상은 박민규 소설의 한 특징으로 자리하고 있다. 중요한 것은 박민규 소설에서의의 환상은 기존의 포스트모던 소설에서 흔히 볼 수 있는 현실세계와 유리된 몽환적 실험적 환상에 그치는 것이 아닌 언제나 현실과 연계된 환상이다. 삶의 현실 속에 적극적으로 개입된 환상은 포스트모더니즘 소설들이 상실해버린 주체와 서사를 다른 모습으로 드러냄으로써 새로운 리얼리티를 보여주고 있는 것이다. 이런 의미에서 박민규의 소설은 현대자본주의 사회 속에서 인간이 향유하는 일상적 삶에 숨겨진 자본과 권력의 탈주체화 전략이 여실히 드러나고 있으며, 그의 작품을 '포스트모던 리얼리즘' 소설이라고 부를 수 있게 한다.

역사의 허구성, 허구의 역사성

-『칼의 노래』를 읽는 관점 -

1

최근 김훈의 소설이 누리고 있는 인기는 거의 폭발적이라고 해도 과언이 아닐 정도로 등장하는 소설마다 침체된 출판계에 그야말로 낙양의 지가(紙價)를 올리고 있다. 김훈은 오랫동안 언론계에 종사하다가 1995년 『빗살무늬토기의 추억』으로 소설가로 등단하였으며, 『칼의 노래』를 위시한 그의 주요 작품은 역사소설의 새로운 양상을 제시하면서 평단의 관심과 독자들의 인기를 끌고 있다. 『칼의 노래』를 위시해서 『현의 노래』, 『남한산성』 과 같은 역사소설이 이런 엄청난 호응을 불러일으키고 있는 것은 물론 근래의 독서 경향이 갈수록 흥미위주의 서사적 스토리를 선호하는 독자들의 기호에 일차적 원인이 있겠지만, 김훈의 역사소설이 누리는 인기의 배경에는 80년대의 『토지』, 『장길산』, 『객주』와 같은 역사소설에 주어졌던 관심과 인기와는 다른 그 무엇이 개재해 있음을 느끼게 한다. 특정한 시대의 특정한 인물을 배경으로 전개되는 역사소설의 성격과 이에 주어지는 일반의 관심을 제대로 이해하기 위해서는 그들을 낳게 된 우리시대의 사회문화적 현실과 성격, 그리고 그에 대한 독서대중들의 관심과 인식에 대한 이해가 포괄적으로 이루어져야 할 것으로 보인다.[1]

서사문학의 여러 장르 중에서도 현실을 가장 총체적으로 반영할 수 있는 것이 장편소설이고, 우리문학사에서 탁월한 장편소설은 거의 역사소설의 형식을 취하고 있음은 널리 알려져 있는 사실이다. 더욱이 수난과 질곡의 역사적 격랑을 겪어온 우리에게 역사소설의 의미는 더욱 각별한 것이어서 흔히 민족문학의 길잡이 역할을 해오기까지 했다. 이를테면 오랜 세월동안 서구적 영향과 미학 양식에 편향되어 오다시피 하던 우리소설이 근대문학사에서 거의 최초로 민족문학의 한 형식으로 자리 잡게 된 것은 벽초의 『임꺽정』과 같은 위대한 역사소설이 있었기 때문이라고 해도 과언이 아니다. 식민지 시대의 무수한 다른 소설들과 달리 『임꺽정』은 민중들의 삶의 모습을 통해 당대 역사와 현실을 가장 풍부하고 생생하게 보여주었기 때문에 민족문학의 전범으로 평가받게 된 것이다. 더 나아가 80년대 우리문단의 가장 커다란 수확의 하나로 간주되는 박경리의 『토지』, 김주영의 『객주』, 황석영의 『장길산』 등은 침체해 있던 우리소설의 새로운 지평을 제시한 대하 역사소설들로 평가받게 되었다. 물론 이들은 70년대 후반 이후 민중의식의 성장과 더불어 역사적 맥락에서 현재를 이해하고자 하는 시대적 분위기에 고무된 탓도 있겠지만, 무엇보다 이 역사소설들은 반봉건적 분단체제적 가치관으로부터 민중적 공동체적 삶의 가치를 역사적 맥락에서 고

1 역사소설은 흔히 역사를 소재로 한 소설이라는 동어반복적인 말로 정의되고 있는데, 이런 식의 정의는 역사소설의 성격을 규명하는데 별반 도움이 되지 않는다. 본격적인 역사소설의 성립의 조건은 역사의식과 현실인식이 동시에 전제되어야 한다. 여기서 역사의식이란 현재를 역사의 소산으로 보고 과거를 현재의 전신(前身)으로 파악하는 정신을 말한다. 이러한 관점에서 역사소설을 규정한 국내의 예로는 백낙청, 『역사소설과 역사의식』, 창작과 비평사, 1967, 참조.

양시켰다는 점에서 중요한 문학적 의의를 부여받고 있다.

역사소설에 대한 긍정적 평가와 함께 부정적 시각 또한 엄존하고 있다. 우선 역사소설이 다루고 있는 내용이 아무리 급진적이고 민중적인 성격을 지니고 있다고 하더라도 통념상 과거의 역사를 주제나 소재로 삼아야 하기 때문에 당면한 현실로부터 도피적인 성격을 지닐 수밖에 없다는 것이다. 이럴 경우 역사소설은 당대의 현실문제와 정면으로 맞설 용기나 의욕이 모자라는 작가들이 과거의 역사 속으로 도피하고자 하는 의도에서 쓰여 지는 것으로 여겨지게 된다. 그래서 어떤 의미에서는 잘못 쓰인 역사소설은 당대의 삶의 현실을 충실하게 묘사하고자 하는 범속한 사실주의 류의 소설보다도 더 현실과 동떨어지게 과거의 역사를 신비롭게만 그려보이게 된다. 사실 사회적 관점에서 볼 때 역사소설은 거의 정치적 권력의 억압이 혹독해서 당대 현실에 대한 비판의 자유가 상실되었을 때나 변혁에 대한 민중적 전망이 부재한 상황이 되었을 때 현실도피적인 대중적 호기심을 자극하며 크게 유행하는 경우가 없지 않다. 실제 우리 근대문학사에서도 이런 현상은 쉽게 찾아볼 수 있는바, 1930년대에 역사소설이 크게 번창했던 것도 그 한 예라고 할 수 있을 것이다. 일제 강점 하에서 사회와 문화에 대한 탄압이 노골화됨에 따라 많은 작가들은 당대의 현실보다는 역사적 과거를 다루는 경향을 현저하게 보였다. 현실문제에 대한 직접적인 표현이나 비판이 어려웠던 당시의 상황에서 작가들은 역사적 과거로 시선을 돌리게 되고, 거기에서 자신들의 문학적 제재를 찾을 수밖에 없었던 것이다. 이광수의 『마의 태자』, 김동인의 『운현궁의 봄』, 『연산군』, 현진건의 『무영탑』, 『흑치상지』, 박종화의 『금삼의 피』, 『다정불심』 등 30년대에 유행했던 수많은 역사소설들은 거의 공통적으로 조선시대나 고려시대, 심지어 신라시대라는 아득한 과거까지 거슬러 올라가서 과거를 현재의 비유로 이용하고자 했고 과거의 역사에서 현재적 교훈을 찾고자 했다. 심지어 방금 열거한 역사소설들과는 본질적으로 성격을 달리하면서 식민지시대 최고의 역사소설로 평가받는 『임꺽정』마저도 이런 범주에 포함시키는 경우가 없지 않다.

그러나 과거의 역사를 신비화하고 거의 맹목적으로 과거에서 현재적 교훈을 얻고자하는 역사소설은 거의 작가의 주관적 의도에 따라 역사적 사실을 왜곡하는 우를 범하게 된다. 현재의 현실과 과거의 사실 사이의 본질적 차이를 간과하고 과거의 사실에서 이끌어내고자 하는 교훈이 현실에 대한 유효한 답이 될 수는 없기 때문이다. 이런 의미에서 역사소설은 단순히 지나온 과거 역사의 재현이 아니라 진실이라는 프리즘을 통해 그것을 다시 보는 작업이기도 하다. 여기에 더욱 문제가 되는 것은 역사소설이 역사적 과거에 의존해서 대중들의 통속적 호기심을 유발하거나 통속 취미에 영합하는 흥미위주의 소설로 발전해 나가게 된다는 것이다. 흔히 역사소설은 작가의 현실도피적 의식과 대중들의 통속적 취향이 교묘하게 야합하는 분위기에서 크게 유행하게 된다. 역사소설의 상당부분이 야담류의 통속소설이라는 지배적 편견도 여기에서 나온다. 이런 의미에서 역사소설이 크게 유행했던 1930년대와 오늘날은 어떻게 보면 그 시간적 공간적 거리의 엄청난 차이에도 불구하고 사회적 시대적 분위기는 적잖은 유사성을 지닌다고 할 수 있다. 이 두 시대는 무엇보다 거의 공통적으로 사회적 실천에 대한 회의가 증대되던 시기였다. 1930년대는 알려 진대로 파시즘의 압력이 점차 가속화됨에 따라 어떠한 사회적 변혁에 대한 기대도 좌절되고 오직 개인적 삶과 운명에 관심이 집중되던 시기였다. 마찬가지로 지금 우리사회에서는 사회적 역사적 인식과 전망이 좌절을 보이던 시기이다. 우리사회에서 고조되던 정치사회적 관심의 퇴조와 더불어 포스트모더니즘이라는 서구의 사상이 본격적으로 유입되었고 이제는 그마저도 구질서로 물러나고 있는 시기다. 이념이 실천화될 수 있었던 시대의 문학은 문학작품과 독서 그 자체가 현실변혁의 한 방법일 수도 있었다. 그러나 이념과 사회적 실천에 대한 회의는 급격히 증대되어 갔고, 이념에의 지향 자체가 무의미해진 정치사회적 상황에서의 무력감은 작가와 독자 모두에게 더 이상 진지하기를 거부하게 된 것이다. 더욱이 각종 전자정보 매체와 함께 성장해오다시피한 새로운 세대의 독자들은 정치적 허무주의와 정신적 분열 증상을 반영하는 현실도피적이고 감각적인 작품을 선택할 수밖에 없다. 이 시대 역사소설의 인기는 어찌 보면 우리시대의 탈이념화 내지는 탈정치화의 경향을 나타내는 또 다른 문학적 분위기의 반영이라고도 볼 수 있을 것이다.

2

역사소설을 크게 보아 과거의 역사를 현재의 비유로 이용해서 작가 나름으로의 교훈을 제시하고자 하는 허구적인 작품과, 과거의 사실에 충실해서 역사적 진실성을 추구하고자 하는 사실적인 작품으로 분류할 수 있다면, 『칼의 노래』는 전자에 속한다고 할 수 있다. 소설 『칼의 노래』가 많은 대중을 사로잡은 재미는 무엇보다 일차적으로 이 소설이 이야기 전개의 탁월함에 있다고 하겠다. 이 소설은 사건전개의 원인을 주로 등장인물들의 심리적인 긴장관계의 차원에서 구하고 있기 때문에 작품을 읽는 과정에서 독자는 시종 팽팽한 긴박감에 몰입하게 된다.

소설은 이순신이 백의종군을 하는 대목에서부터 시작해, 철수하는 적을 노량 앞바다에서 맞아 싸우다 최후를 맞이하는 장면에서 끝나고 있다. 작중에서 이순신은 끊임없는 전투를 한다. 적과의 전투의 앞장서서 싸움을 하는 것은 물론, 멀리서 교서만 내려 보내는 임금과 싸우고, 자신의 목을 노리는 조정의 대신들과 싸운다. 적들은 칼로 자신을 외롭게 하고, 내 편이어야 할 임금과 임금을 가까이에서 보좌하는 신료들은 그를 끊임없이 시기하고 견제한다. 그는 안과 밖의 적을 동시에 감당하며 두 전선에서 전쟁을 치러내야 하는 고립무원의 처지다. 외롭기만 한 그는 결코 영웅이 아니다. 밥 먹고 숨 쉬고 여인의 몸을 그리워하는 보통의 사내일 뿐이다. 아무렇게나 널브러진 시신들이 썩는 누린내에 진저리를 치고, 매일 감당해야만 하는 고된 일상의 일로 인해 잠자리에서 식은땀을 흘리며 악몽을 꾼다.

> 군법을 집행하던 날 저녁에는 흔히 코피가 터졌다. 보고서 쪽으로 머리를 숙일 때, 뜨거운 코피가 왈칵 쏟아져 서류를 적셨다. 코피가 터지고 나면 머릿속에서 빈 들판이 펼쳐지듯이 두통이 났고 열이 올랐다. 종을 불러서 옷을 갈아입고 자리에 누우면, 실신하듯 밑 빠진 잠이 쏟아졌다. 나는 바닥없는 깊이로 떨어져 내렸고, 잠에서 깨어나는 새벽에는 식은땀에 젖었다. 의식이 다시 돌아올 때 나는 어둠 속에 걸린 환도 두 자루를 응시하고 있었다. 임금의 몸과 적의 몸이 포개진 내 몸은 무거웠다.
>
> -『칼의 노래』, 1권에서

이순신의 싸움은 그 어떤 보상도 이루어질 수 없는 상황, 그 어떤 가치도 정당화될 수 없는 것이기에 그는 절망한다. 그래서 정작 이순신이 싸워야 하는 진정한 대상은 바로 자기 자신이다. 그는 자기 마음과 싸운다. 이순신의 인간적 고뇌와 비극은 "나를 살려준 것은 결국은 적이었다"는 역설에서 비롯된다. 이순신을 고통스럽게 한 것은 전쟁이라는 현실이라기보다 전쟁에 대한 이순신의 생각이었다. 이순신은 적들이 다 떠나버린 바다에서 겨냥할 곳을 잃은 내 칼을 보는 것이 죽기보다 싫다고 생각하고, "나는 각오되지 않는 죽음이 두려웠다(『칼의 노래』, 2권)."고 말한다. 모함을 당해 임금의 칼에 죽는 것을 견딜 수 없을 것이라는 불안함, 즉, 전쟁이 없다면 허무해질 것이라는 불안함이 이순신을 죽을 때까지 따라다닌다. 그를 계속해서 고통스럽게 한 것은 바로 이런 생각이었다. 이런 의미에서 『칼의 노래』는 작가 김훈이 정의롭지 않은 자들이 오히려 정의로운 자들이 되는 전도된 세상 밖으로 나가는 출사표이자 선언문인 셈이다.[2]

그는 위기에 빠진 나라를 건진 사람이었다. 이순신은 헤아릴 수 없이 많은 적선들 앞에 초라한 숫자의 배를 몰고 나가 세계 해전사에 유례를 찾을 수 없는 대승을 거둔 명장이다. 한 국가의 운명을 단신의 몸으로 보전한 당대의 영웅이며, 정치 모략에 희생되고, 장렬히 전사한 인물이다. 그가 그 시대에 없었다면 수 백 년이 지난 오늘, 그 나라의 이름조차 있을 수도 없는 소위 '영웅'이었다. 이런 무인으로써의 이순신의 삶 속에서, 선조와의 갈등, 그 시대의 상황변화에 따른 개인적인 고통, 전쟁을 수행해 나가는 장수로서의 과정을 '영웅 이순신'이 아닌 따뜻한 가슴과 피를 가진 '인간 이순신'으로 작가는 부활 시켜 낸 것이다. 작가는 철저히 이순신 장군을 역사적 영웅으로 다루지 않고 조선 시대의 '이순신'이라는 한 남자의 내면을 바라보는 시선으로 다룬다. 그러나 이순신이 역사적 인물이라는 것을 배제하지 않으면서도 냉정하게 그의 내면세계를 그려냄으로써 그의 인물묘사는 오히려 더욱 빛을 발하고 있다. 예컨대 작중에서 일견 임진왜란 때의 상황이나 전투장면에서 우리는 과거의 여느 역사소설에서 흔히 볼 수 있는 장면을 연상할 수도 있지만, 이순신의 고독한 내면을 풀어내는 장면에서는 조선시대와 현대를 관통하는 통시적 인간이해에 공감하게 된다. 작가는 이순신의 고독한 실존의 모습을 이렇게 그려낸다.

2 류보선, 「현명한 자는 길을 잃는다. 그러나 단순한 자는…-김훈 소설이 우리에게 알려준 그것」, 『한국문학의 유령들』, 문학동네, 2012, 21쪽.

나는 하루 종일 혼자 앉아 있었다. 텅 빈 바다 위로 크고 무서운 것들이 다가오고 있었다. 사각사각 사각, 수평선 너머에서 무수한 적선들의 노 젓는 소리가 들려왔다. 그 환청은 점점 커지며 내 앞으로 다가왔다. 나는 고개를 흔들어 환청을 떨쳐냈다. 식은 땀이 흘렀고 오한에 몸이 떨렸다. 저녁 무렵까지 나는 혼자 앉아 있었다.

-『칼의 노래』, 1권에서

이 소설이 1인칭 주인공 시점을 사용하고 있는 이유도 여기에 있을 것이다. 왜냐하면 작가가 이 소설 전체를 통해서 이야기하고자 한 것은 이순신이라는 한 인간의 고뇌와 고독과 절망, 그리고 거기서 떨쳐 나오는 인간적 도덕과 용기였기 때문이다.[3] 우리는 모두 자신의 관점으로 이 세상과 인간을 바라보고자 한다. 특히 현대인간이 고립되고 소외된 눈으로 세상을 바라보고자 하는 것은 우리가 현대예술의 모습에서도 잘 확인하는 바이다. 1인칭 시점은 바로 이러한 인간의 고립과 소외를 표현하기에 가장 적합한 것인지도 모른다. 1인칭 시점은 전쟁이라는 극한상황 속에서 이순신 자신의 고독과 불안을 잘 보여주는데 적극적으로 기여한다. 1인칭 서술자 이순신의 목소리는 바로 작가 자신의 목소리다. 이순신이 모멸과 치욕이라는 허구적 역사 현실 앞에서 드러내는 자의식은 실은 김훈 자신의 자의식이다. 이순신의 삶과 죽음 그리고 문(文)과 무(武)에 대한 인식, 한 나라의 생사를 책임진 장군으로서의 고뇌, 정치와 권력의 무의미성과 폭력성에 대한 절망 등등은 모두 박제된 역사적 인물로서의 그것이 아니라 살아있는 인물의 구체

3 김윤식은 1인칭 시점을 쓸 수밖에 없는 작가의 심리를 흥미 있게 분석한 바 있다. 김윤식에 의하면, 오랫동안 3인칭시점으로 육하원칙에 의해서 기사를 쓰던 기자출신의 작가가 그러한 직업상의 정신적 예속에서 벗어나고자 하는 몸부림으로 1인칭 시점에 더욱 집착하게 되었다고 하고 있다. 또한 연필을 깎아 글을 쓰는 김훈의 모습은 컴퓨터에 의존해서 글을 쓰는 오늘날의 작가들에 비교하면 '신석기인'의 그것과 같다고 비교하고 있다. 김윤식, 「어떤 신석기인의 글쓰기와 그 표정」, 『문학동네』 2003년, 봄호, 273-306쪽 참조.

적 현전이다. 이런 의미에서 『칼의 노래』의 자아는 봉건적 왕조체제의 인물이 아닌 근대적 자아라고 할 수 있으며, 『칼의 노래』는 역사와 국가의 범주에서 벗어나 탈중심화·반서열화·반의미화의 지향점에 서 있다고 할 수 있다.[4]

1인칭 시점의 활용과 함께 이 작품에서 또 하나 주목할 만한 것은 작가의 문체이다. 우리가 『칼의 노래』를 읽다보면 사족이나 군더더기가 없다는 것을 느낀다. 한 단어 한단어가 제자리를 지키며 펄떡이는 생명력을 가진 듯하다. 마치 푸른 바다에서 퍼득대는 생명을 가진 고기와 같다. 좋은 문장을 쓰려고 노력하는 사람이라면 반드시 지켜야 할 것으로 강조하는 규칙이나 문장에서의 동어반복이 예사로이 이루어진다. 그러면서도 각 단어와 문장은 살아서 꿈틀대면서 김훈만의 문체를 만든다. 예컨대 다음과 같은 문장을 보자.

> 끼니는 어김없이 돌아왔다. 지나간 모든 끼니는 닥쳐올 단 한 끼니 앞에서 무효였다. 먹은 끼니나 먹지 못한 끼니나, 지나간 끼니는 닥쳐올 끼니를 해결할 수 없었다. 끼니는 시간과도 같았다. 무수한 끼니들이 대열을 지어 다가오고 있었지만 지나간 모든 끼니들은 단절되어 있었다. 굶더라도, 다가오는 끼니를 피할 수는 없었다.
>
> -『칼의 노래』, 1권에서

이렇게 대단한 힘이 느껴지는 문장은 이 작품의 분위기를 만들어 내는 힘으로 작용한다. 반복되고 긴장된 문장과 그 문장의 우울한 분위기 사이에서 독자는 끊임없이 흔들리는 배를 탄 듯 이런 저런 감정의 기복 속에서 흔들리게 된다. 일몰의 바다를 묘사하는 작가의 눈과 감

4 장석주, 「들뢰즈, 카프카, 김훈-천개의 고원 그리고 한국문학의 지평」, 『작가정신』, 2006, 39-61쪽.

성에 독자들은 감탄사를 자아낸다.

> 바다는 내가 입각해야 할 유일한 현실이었지만, 바람이 잠든 저녁 무렵의 바다는 몽환과도 같았다. 먼 수평선 쪽에서 비스듬히 다가오는 저녁의 빛은 느슨했다. 부서지는 빛의 가루들이 넓게 퍼지면서 물속으로 스몄고, 수면을 스치는 잔바람에 빛들은 수억만 개의 생멸로 반짝였다. 석양에 빛나는 먼 섬들이 어둠 속으로 불려 가면 수평선 아래로 내려앉은 해가 물 위의 빛들을 거두어들였고, 빛들은 해지는 쪽으로 몰려가 소멸했다. 바람 거센 어느 날, 그 물위에서 일어서는 흰 칼날을 바람 잠든 저녁 바다에서는 생각할 수 없었다. 바다는 전투의 흔적을 신속히 지웠고 함대와 함대가 부딪히던 물목은 늘 아무 일도 없었다. 빛이 태어나고 스러질 뿐, 바다에는 늘 아무 일도 없었다.
>
> -『칼의 노래』, 1권에서

각 장이 끝날 때마다, 마치 일기에 쓰듯이 "바다에는 늘 아무 일도 없었다"거나 "놀이 붉었다"거나 "새들이 울었다"는 식으로 아주 짧게 묘사해놓은 문장을 통하여 주인공의 복잡한 심경과 감정을 요약해 낸다. 그 표현의 힘이 단순히 감정의 과잉이 아닌 절제의 우아함에서 우러나온다는 데 그 중요성이 있다. 그럼으로써 작가는 표현의 정제를 통하여 작품 전체에 드리워진 처연한 분위기를 문학적 아름다움으로 승화시킨다. 그리고 이순신의 인간적 고뇌를 절절히 묘사해 낸다. 극도로 통제되고 절제된 김훈의 문체는 이순신의 생의 국면을 끌고 가는 실존적 사유는 물론 집중력을 지니게 하는 경지로 이끌어 간다.

이 같은 작가의 인식은 '칼'에 대한 묘사에서도 잘 드러난다. 작품에서 작가는 칼을 통한 삶과 죽음에 대한 선험적 인식을 이룬다. 왜 상대를 죽여야 하는지 모른 채 왜 나 자신이 죽어야 하는지를 인식하지 못한 채 이순신은 죽는다. 그 죽음은 작가의 죽음에 대한 선험을 이룬다.

김훈은 이순신을 통해 선험적으로 삶과 죽음을 경험한다. 작가는 이순신이 걷는 고난의 행로와 죽음을 면밀하게 그려내면서, 과연 이런 삶과 죽음이 우리 시대에 어떤 의미를 지니고 있는가를 묻고 있다. 젊은 왜군 포로를 심문할 때 이순신의 인식은 여실히 드러난다. "내 속에서 나 아닌 내가 그렇게 소리치고 있었다. 아베를 죽여서는 안 된다는 울음과 아베를 살려두어서는 안 된다는 울음이 내 몸속에서 양쪽 다 울어지지 않았다."(『칼의 노래』, 1권) 칼은 인간의 사유에 따르기보다는 자신의 타고난 숙명대로 움직인다. 칼의 움직임을 칼의 숙명으로 용납하지 않을 때 그 칼은 적이 되어 나를 벤다. 먼저 베지 않으면 내가 베이는 것이 칼의 운명이다. 칼은 적과 나 그리고 선과 악을 분별하지 않는다. "이 끝없는 전쟁은 결국은 무의미한 장난이며, 이 세계도 마침내 무의미한 곳인가. 내 몸의 깊은 곳에서, 아마도 내가 알 수 없는 뼛속의 심연에서, 징징징, 칼이 울어대는 울음이 들리는 듯했다. 나는 등판으로 식은땀을 흘렸다. 캄캄한 바다는 인광으로 뒤채었다."(『칼의 노래』, 1권)라는 대목이 잘 드러내고 있고, 작가의 인식은 다분히 허무주의적이다. 그런 점에서 칼의 도덕은 무도덕이다. 칼은 베는 것으로써 존재의 소임을 다한다. 분별하는 것은 칼의 몫이 아니다. 칼을 든 자는 죽느냐 사느냐의 기로에서 사유를 앞질러가는 칼의 무도덕을 비극으로 체화할 뿐이다.[5] "알 수 없었고 벨 수 없었고 조준할 수 없었다. 벨 수 없는 것들 앞에서, 나는 다만 적의 종자를 박멸하려 했다."(『칼의 노래』, 1권) 같은 문장에서도 잘 드러나고 있듯이, 이 작품이 지닌 진정한 의의는 바로 이순신이라는 인물을 통하여 보여주고자 하는 역사적 의미이다.

5 장석주, 「김훈-이 지독한 허무주의자가 나아간 자취」, 『나는 문학이다』, 나무이야기, 2009, 950-955쪽.

3

개인의 삶을 중심으로 전개되는 역사전기소설은 그것이 아무리 개인의 삶을 중심내용으로 다루어지는 것이라 하더라고 주인공을 진실성 있는 인물로 그려내기 위해서는 주인공과 역사의 관계에 대한 폭넓은 이해를 바탕으로 하지 않으면 안 된다. 소설진행의 중심에 위치하는 주인공의 삶의 역정은 그것이 아무리 독특한 것이라 하더라도 역사적 사회적 성격의 것으로 이해되어야 하기 때문이다. 더욱이 한 시대와 역사 속에서 그 인물이 차지했던 영향력과 비중이 중대했으면 했을수록 그에 대한 평가와 묘사는 더욱 조심스럽고 신중하게 이루어져야 한다. 개인이 몸담았던 시대적 지역적 사정과 그 사회의 특수한 사회규범 속에서 개인을 이해한다는 것은 전문 역사가도 감당키 어려운 작업이기 때문에, 역사 속의 전기적 인물을 사회적 역사적배경과의 연관하에서 제대로 이해하고 묘사한다는 것은 그만큼 힘든 일이 될 것이다. 따라서 역사전기소설에서 역사적 개인을 자의적이거나 추상적으로 그려낼 때 결국 그는 사회 속의 일반적 추상물로 형상화될 수밖에 없다.

이런 관점에서 『칼의 노래』에서 이순신의 모습은 다분히 개인적 차원의 오랜 수난과 고뇌의 극복 후에 얻어지는 인간승리의 이야기로 그려지고 있다. 그런데 위작품의 주인공들이 벌이는 삶과의 처절한 대결이 얼마만큼 보편적 의미와 가치를 지닌 것인가는 별개의 문제로 치더라도, 여기서 문제가 되는 것은 이순신이 흔히 우리들이 유약하기 쉬운 부분인 민족주의적 감성에 의존해서 역사적인 인물들 고뇌와 삶을 무조건적으로 이상화하거나 신비화하고 있다는 점이다. 개인을 신비적 영웅적인 인물로만 그려내는 이런 현상은 역설적이게도 가장 역사적인 인물을 가장 비역사적인 인물로 묘사하는데 그치게 될 수도 있다. 많은 역사전기소설에서의 주인공들이 일정한 사회적 역사적 역할을 하는 민중적 삶을 사는 존재로는 그려지지 않고 있다. 그들은 거의 온갖 시련과 고통을 겪으면서 살아가는 창조적 개인으로서의 인물상으로 그려지게 된다. 다시 말해 그들의 개인으로서의 창조적 천재성은 강렬하게 부각되고 있지만 이들을 통해 부조리한 집단이나 사회와 대결하고자 하는 모습은 쉽게 찾아 볼 수 없다.

말하자면 『칼의 노래』에서 볼 수 있듯이, 창조적 역량을 지닌 개인의 모습은 실존적으로 잘 그려지고 있지만 그들에게서 당대현실에 대한 투철한 사회적 역사적 이념이나 인식은 찾아보기 힘들다. 그들에게 부조리한 역사와 사회는 오직 개인적인 실존과 도덕의 문제에 함몰되어 있다시피 하다. 역사소설은 사실로서의 역사와 허구로서의 소설의 결합으로 이루어진다. 사실과 허구의 결합은 이미 그 자체에 미적인 모순을 지닐 수밖에 없는 것이어서 역사전기소설에서 과거의 역사적 인물이 현재의 오늘에 아무리 탁월한 위인으로 그려진다고 하더라도, 거기서 얻어지는 감동 속에 진정한 역사의식이란 쉽게 찾아질 수 없다. 그런 의미에서 오늘의 문제를 역사적 과거에 기대어 해답을 찾고자 하는 대체주의적 대응은 결국 현재의 정신적 사상적 빈곤을 드러내는 것일 수밖에 없다. 현실의 모순과 문제를 해결하는 방식은 과거에 의존해서 이루어질 수 있는 것이 아니라 현실에 대한 더 깊은 천착과 논구에 의해서 일 뿐이다. 요컨대 『칼의 노래』는 이처럼 이전에는 보기 힘들었던 전혀 새로운 시각으로 한반도의 역사 전체 혹은 호모 사피엔스의 역사 전체를 재구성하고 재배열한다.[6]

역사전기소설이 태생적으로 지니는 이 같은 한계에도 불구하고 『칼의 노래』는 허구의 인물로써의 이순신을 통해서 개인의 실존적 삶의 모습을 보여주는 단계를 넘어서서 역사 속의 허구성의 의미를 동시에

6 류보선, 같은 책, 27쪽.

생각케 해준다는 측면에서 통속적 역사소설 이상의 성공을 거두고 있다. 김훈은 이 소설을 통해 공동체와 역사에 책임을 져야 할 위치에 선 사람들이 지녀야 할 윤리, 역사 속에서 개인이 가질 수 있는 삶의 태도, 4백 년이라는 긴 시간 속에서도 달라진 바 없는 인간과 삶의 의미를 이야기한다.

존재와 초월의 언어
- 이청준론 -

1

1965년 『사상계』에 「퇴원」을 발표하며 등단한 이청준은 40년이 넘는 기간 동안 총 140편의 중 단편과 15편의 장편소설을 집필하면서 우리시대 최고의 작가의 한사람으로 평가되고 있다. 그가 이루어낸 이 같은 문학적 성취는 그 자체만으로도 한국현대문학사에서 가장 중요한 작가의 한사람이라는 사실이 확인된다. 그에 값할 만큼 그에게 부여되는 평론가들의 수식어도 다양하다. '글 쓰는 행위의 근원을 묻고 있는 지적인 계보에 속한 작가'(김윤식, 「감동에 이르는 길」), '다양한 소재로 현실의 눈에 보이지 않는 감추어진 세계를 끊임없이 찾아가는 작가'(김치수, 「언어와 현실의 갈등」), '우리 시대를 대표할 만한 가장 지적인 작가'(이태동, 「부조리 현상과 인간의식의 진화」) 등등의 다양한 평가를 낳고 있다.

이청준의 초기 텍스트들은 사회적 정치적 질서에 종속된 억압적 상황 속 인간의 모습과 그로부터 탈피하여 새로운 세계를 지향하고자 하는 주체의 모습을 보여준다. 오랜 세월 동안의 작가생활 중 이청준이 구현한 작품세계는 표면적으로 볼 때 다양한 주제를 담고 있는 듯하지만, 그의 작품과 작품을 연결하는 심층적 끈은 대체로 억압적인 삶의 상황과 인간의 본질에 대한 집요한 탐구로 요약될 수 있다. 다시 말하면 그의 작품세계는 현대의 억압적 폭력적 상황 속에서 삶의 진실을 발견키 위한 탐색에 뿌리를 두고 있고, 더 나아가 이러한 삶의 상황에 맞서는 세계는 언제나 예술이나 종교와 같은 정신의 세계이다. 따라서 모순과 부조리로 가득 찬 삶의 상황 속에서 그에 대한 구원을 가능케 하는 예술과 종교의 본질적 의미에 대한 모색, 이것이 이청준 문학의 주된 주제라고 거칠게 정의할 수 있다.

이청준은 소설 속 인물들을 통해 타자에 대한 지배와 억압에 맞섬과 동시에 자신의 욕망을 실현하고자 하는 자기 배반에 부딪히게 된다. 말하자면 이청준 소설에서 인물은 언제나 주체 자신의 자유를 위협해오는 타자의 존재에 어떻게 대응해야하는가라는 질문으로부터 시작된다. 그것은 홀로서기의 주체가 짊어진 존재의 무게로부터의 억압과 굴레로부터 벗어나기 위한 시도로 해석된다. 이청준 소설의 주체는 자기를 보존하고자 하는 동시에 자기 보존으로부터 비롯된 존재의 무게로 인해 자기 자신으로부터 이탈하고자 한다. 예컨대 그의 등단작이고 작품세계의 구심이 되고 있는 「퇴원」의 주인공이 우주에 깊숙이 묻혀있는 어머니에 대한 본원적인 사랑을 추구하며 자기발견을 이루어 가는 과정, 그의 출세작인 「병신과 머저리」 에서 불의의 사고로 병원 일을 집어치우고 소설을 쓰기 시작한 의사인 형에 대한 동생의 내적 탐구, 「매잡이」에서 '작가란 누구인가', '소설이란 무엇인가'라는 문학의 본질에 관한 물음 등은 모두 자기 보존과 그 대극에 놓인 타자로써의 현실에 대한 대립으로 인해 야기된 문학적 논구들이다. 이청준 초창기

소설들에 나타난 몽상적이거나 자학적인 자기 파괴는 현실의 삶과 유기적 관계를 갖지 못한 인간의 모습을 보여준다. 말하자면 이 시기 소설들의 노력은 관념적 지식인의 내적 한계를 극복하기 위한 노력으로 해석될 수 있다. 이렇게 이청준의 소설은 언제나 우리에게 긴장감을 부여하며 한국에서 사는 삶의 의미와 소설과 문학에 대한 근본적인 의미를 생각하게 한다.[1]

이청준에게 제2회 동인문학상을 안겨준 출세작 「잔인한 도시」에서 작가는 새로운 문학적 인식을 보여주기 시작한다. 이 작품에서 감옥의 그림자를 짊어지고 나온 외로운 수인(囚)이 날개 잘린 새와 함께 찾아가고자 하는 남쪽 마을이 보여주는 작중상황과 주제와 모티브는 물론 다양한 인간의 모습과 삶의 실체에 대한 의미 찾기의 과정이다. 작가는 어두운 현실과 밝은 이상을 설득력 있는 구상적 이미지로 다 같이 부각시킴으로써 관념적인 주제에 박진감 있는 현실성을 부여하는 데 성공하고 있다. 「잔인한 도시」는 70~80년대 절대적 사회의 부정적인 국면을 드러내면서 인간구원의 절대적 문제를 부각시키면서 삶과 예술의 본질적 의미에 대한 작가의 모색이라고 할 수 있다.

초창기 소설 이후로 「떠도는 말들」로부터 81년 「다시 태어나는 말」을 발표하기까지 이청준 소설에서 다소 추상적으로 제기되던 개인과 사회, 지배와 피지배세력 사이의 불화와 갈등은 정치적 사회적 문제는 언어의 문제, 정치의 문제로 발전하며, 이 제시된 문제들은 결국 작가가 무엇인가라는 예술의 본질적인 문제로 귀결된다. 따라서 자기 보존의 욕망으로 인해 초기 소설들에서 유보되었던 인간과 사회 사이의 억압과 초월이라는 주체의 본질적 문제는 이 시기에 전면화 되는 양상을 보인다. 이청준은 「지배와 해방」의 소설가 이정훈의 목소리를 통해 작가로써의 소명과 소설작업이 지닌 의미를 다음과 같이 밝힌다. 자신의

1 김치수, 「언어와 현실의 갈등」, 『이청준 깊이 읽기』, 문학과 지성사, 1999, 81-82쪽.

소설관은 세계를 보다 효과적으로 그리고 가능하다면 완벽하게 지배하기 위한 것이라고 하며, 그래서 자신은 항상 새로운 세계의 질서를 꿈꾼다고 이야기한 바 있다. 그리고 그 질서란 규제와 억압이 아닌 '자유의 질서'이기 때문에 삶을 해방시키는 기능을 한다는 견해를 피력한다.[2]

이청준의 이 같은 언명은 독자와 세상에 대한 작가의 욕망이 자유와 초월의 질서로 승화되고 있다는 의미를 품고 있다. 실제 작가의 이야기가 아니더라도 우리들의 삶의 제 부면에서는 끊임없는 폭력적이고 억압적인 과정을 필연적으로 준동하고 있다는 점을 상기할 때, 이러한 작가의 진술은 이청준 자신의 소설관이 지니고 있는 이율배반 즉 그것은 개인과 사회, 죄악과 구원, 존재와 초월임을 함축하고 있는 것임을 알 수 있다. 이것이 바로 그가 자신의 소설을 통해서 부단히 구명하고자 한 문제이기도 하다는 점에서 그의 소설 해석에서 핵심적 단서를 제공해준다.

2

이청준의 대표적인 작품의 하나인 『당신들의 천국』은 앞서 언급했던 「지배와 해방」에서 '자유의 질서를 통한 지배'라는 명제, 즉 글쓰기 주체의 자기실현을 위한 해답 찾기라고 할 수 있을 것이다.

소록도 병원을 배경으로 한 『당신들의 천국』은 총 3부로 구성된다. 제 1부는 조백헌이 소록도 병원장으로 부임하여 축구팀을 결성하여 우승할 때까지의 과정을, 2부는 득량만 매립 공사를 실행하여 조 원장이 섬을 떠날 때까지의 과정을, 3부는 조 원장이 섬에 다시 돌아온 후 윤해원과 서미연의 결혼까지 일어난 사건들을 중심으로 전개된다. 조

2 이청준, 「지배와 해방」, 『자서전들 쓰십시다』, 열림원, 2000, 132쪽.

백헌 원장은 소록도를 문둥이들을 위한 천국으로 건설하겠다는 약속을 하지만 원생들의 기대나 소망을 불러일으키지 못한다. 그 본질적인 이유는 원생들이 거듭된 주정수 원장의 거짓말과 배반, 각 마을 상관단의 총지휘자격인 사토라는 간호장의 허위, 그리고 이순구 순시에 의해 자행되었던 무수한 억압과 위선과 배반의 역사를 생생히 기억하고 있기 때문이다. 이상욱을 포함해 소록도 원생들에게 망각될 수 없는 기억으로 생생하게 각인되어 있는 위선과 배반의 역사는 일제 강점기 때 소록도의 네 번째 병원장이었던 주정수 시대로 거슬러 올라간다.

작품에서 이상욱과 조백헌사이의 갈등은 중심적인 축으로 전개되지만, 이상욱은 소록도를 원생들의 낙원으로 만들려는 조백헌 원장과 번번히 대립한다. 그와 조백헌 원장과의 갈등과 대립은 서로를 향한 회의적인 감시의 시선을 통해 형상화된다. 두 사람사이의 갈등은 다음과 같은 대화에서도 극명히 드러난다.

> 그들은 결국 그런 식으로 어느 원장에게서나 똑같은 주정수 원장의 연설을 듣게 되었고, 그의 동상을 보게 되었습니다. 그런 경험을 그들은 열 번 이상씩이나 되풀이하고 있었습니다. 원장님께선 아까 이 섬 전체가 온통 불신과 배신으로 가득 차 있다고 말씀하셨습니다만, 그런 불신과 배반이야말로 바로 그 수많은 주정수의 동상으로부터 비롯된 것이라 할 수 있습니다. 죄송한 말씀입니다만, 그렇다면 그 사람들은 아마 원장님께 대해서도 마찬가지가 될 수밖에 없었겠지요. 원장님의 말씀이 계속되는 동안 그자들은 또 한 번 그 주정수의 연설을 들으면서 원장님에게서 그의 동상을 찾으려 하고 있었을 게 틀림없었으리라는 말씀입니다.
>
> -『당신들의 천국』에서

이상욱은 원장의 약속에 대해 회의적인 태도로 일관하고 있는데, 그가 조원장의 낙원 건설에 대한 의지를 부정적으로 바라보는 이유는 조원장에 대한 비판적 의식은 물론 자시 스스로에 대해서도 회의적인 의식을 지니고 있기 때문이다. 이상욱이 이 같은 의식을 지니고 있는 이유는 스스로 자신의 비밀이 드러나길 두려워하며 배반을 자행할 소지를 지니고 있는 모순적 존재라는 사실을 잘 알고 있기 때문이다. "그의 생애를 통해 30년 이상을 혼자 가슴속에 지녀온 비밀"의 정체는 그가 "섬사람들이 육지로 물을 건너가는 탈출거점"인 "구북리 돌부리 해변가"에서 있었던 한 소년, 즉 이상욱의 이야기이다. 그럼에도 불구하고 작가는 이상욱이 일정한 거리감각, 자기 반성적 의식을 드러내게 하면서 별개의 인물처럼 서술하고 있다. 이 같은 작가의 태도는 소록도라는 닫힌 삶의 공간과 그 속에서 살고 있는 인물들을 통하여 '감금'과 '유폐'의 주제를 제시하고자 하는 것임을 알 수 있다. 이 '감금'과 '유폐'는 소록도라는 특수한 공간 안에서 이루어진 것이기 때문에 더욱 중대하게 여겨진다.[3]

이상욱이 느끼는 '감금'과 '유폐'의 의식은 소록도의 문둥병자들이 건강인들의 시선으로부터 공통적으로 느끼는 불안의식이기도 하다. 문둥병자들은 그들의 신체적 차이로 인해 건강인들로 부터 차별과 멸시를 받아온 자들이며, 이상욱이 체험한 감금은 바로 그들이 겪어온 건강인들로 부터의 차별과 멸시를 대변하는 것이기도 하다. 그의 감금 체험은 섬이라는 공간을 기준으로 구분해본다면, 나병환자들이 거주하는 소록도와 건강인들이 존재하는 육지라는 공간에 의해 나오는 것이다. 소록도와 그 육지로의 구분에는 신체적 감금과 격리는 공간적 의미는 물론 거기에는 사회적 문화적 차별과 단절의 논리가 숨겨져 있다. 따라서 소록도의 원생들은 한편 훼손된 신체를 가진 사회적 소수

3 김윤식, 「『당신들의 천국』의 세 가지 텍스트론」, 『우리 소설과의 대화』, 문학동네, 2001. 204쪽.

자라는 의미와 정상인들과는 다른 의미에서의 격리된 타자라는 두 성격을 동시에 지닌다. 그래서 소록도에서는 건강인과 나환자, 육지와 섬, 자아와 타자가 철저하게 구획되고 단절되어 있다는데 비극이 있다. 이러한 지배원리를 이미 주정수 원장 시대의 경험을 통해 깨닫고 있는 원생들에게, 조 원장이 소록도를 "꿈처럼 아름다운" 낙원으로 만들겠다고 약속하는 이상은 구획되고 단절된 타자화의 논리를 은폐하기 위한 수단에 지나지 않는다. 따라서 조 원장의 약속에 대해 원생들이 침묵과 회의적 반응으로 일관하는 것은 그 같은 논리를 은폐하는 지배 권력에 대한 저항이라고도 할 수 있을 것이다. 이러한 점에서 『당신들의 천국』에서 조 원장이란 지배 권력에 대한 섬사람들의 저항은 '침묵'과 '탈출'의 행위로 나타나고 있으며, 이것은 자신의 지배체제를 완성하려는 독재 권력을 비판하는 정치적 알레고리로 해석될 수도 있다.

작가도 시사하고 있듯이 조백헌이 꿈꾸고 계획했던 '천국'은 '정상인과 환자의 구분과 차별을 더욱 공고히 하는 수단'이자, '그들에게 환자라는 의식을 심어주기 위한 장치'로 재규정된다. 그들도 근본적으로 '환자'이기 이전에 한 '인간'이며, 환자로서의 생존 양식과 일반의 그것을 구별짓기에 지쳐버린 자들은 종종 환자로서의 자신의 특수한 처지를 벗어버리고 보다 깊은 생존의 충동에 따라 섬을 벗어나기를 원하게 된다.

> 환자다운 환자들에게만 천국일 수 있는 천국, 환자로서의 불행을 스스로 수락하는 체념 위에서라야 비로소 천국일 수 있는 천국, 오직 그런 뜻의 천국일 뿐이었습니다. 원장님의 천국이 섬사람들에게도 천국일 수 잇는 것은 원장님의 천국의 윤리에 섬사람들의 생각이나 욕망이 스스로 한정당하고 익숙해지기 시작할 때뿐이었습니다.
>
> -『당신들의 천국』에서

1부에서 작품의 초반인 1부에서 이상욱을 비롯한 타인들에 의해 객체화되었던 조 원장은 2부에서는 오히려 타자를 객체화함으로서 다시 자신을 주체화된 인물로 서게 된다. 그래서 제2부는 중심인물이 된 조 원장과 또 다른 타자로 제시되는 황 장로와 섬사람들의 갈등을 주축으로 하여 전개된다. 이상욱, 조백헌, 황희백으로 이어지는 초점자의 변화에 따라 각 인물들은 타자를 자신의 인식의 대상으로 삼으며 자신의 존재영역을 확대해나간다. 이런 과정은 흡사 나를 중심으로 형성되어 있던 세계가 타자와의 의식을 통해서 새롭게 형성되어 간다는 사르트르의 인식을 연상시킨다. 이제 조 원장에게, 이상욱은 소록도의 모든 사람을 배반과 불신으로부터 구해내기 위해 가장 먼저 구원받아야할 대상으로 인식된다. 그에 대한 조 원장의 관심은 "육지 사람들의 생활과 의식 속으로 자신을 섞여들어 보려"해도 섞일 수가 없는 "섬에 돌아가야 할 숙명"을 지닌 인물이 된다. 더 나아가 원생과 건강인의 존재 조건을 동시에 지닌, 또한 섬과 육지의 구획되는 경계에 위치하는 특수한 존재가 되어버린다. 그는 이 경계적 위치를 통해 조 원장을 향한 원생들의 침묵을 해석하여 전달하기도 하고 그들의 입장을 대변하며 조 원장에게 저항하며 맞서야 하는 양면적 역할을 동시에 행하게 된다.

조 원장에 의해 주도되는 오마도 간척 사업은 여러 가지 측면에서의 함축적 의미를 우리에게 던져 준다. 오마도 간척 사업은 인간과 자연 사이에서의 동일성의 원리에 따라 지배하는 계몽적 주체의 의지를 드러내는 사건이다. 간척사업의 과정에서 바다라는 자연은 조 원장의 의지와 목적에 의해 그 자체의 거대한 힘을 상실하게 되고 지배 가능한 수단으로 격하된다. 일견 주체의 의지가 상실된 듯한 자연 앞에서 조 원장은 자신의 의지에 대한 자부심에 사로잡힌다. 이를테면 이것은 제2의 천지창조와 같은 것이었다. 천지창조란 신의 권능을 거부하고 모독하는 것이며 그것은 신의 힘에 대한 존엄함과 보살핌을 거부하고 인간 자신의 의지와 노력으로 새로운 세상과 우주를 이룩하겠다는 의지를 보인 것이었다. 조 원장은 눈부신 오후의 태양 아래에서 하얗게 떠올라 있는 해면 위의 돌기둥을 내려다보고 있다가 자신도 알 수 없는 어떤 두려운 전율을 느낀다.

"눌편하게 바다가 드러누워 있어야 할 그곳에 330만 평의 광활한 대지가 솟아올라와 있"는 모습을 본 원장과 섬사람들은 자신들이 이룩해낸 역사(役事)의 결과를 보고 감격한다. 조 원장이 자신의 의지에 대한 경이감을 느끼는 것도 잠시 일뿐, 조 원장과 원생들이 이루어낸 간척지는 흔적도 없이 사라지고 말지만, 자연은 자연을 도구화하는 조 원장의 의지를 무화시킨다. 여기서 작가의 의도가 무엇이든 자연은 인간의 도전 의지에 결코 굴복하지 않고 끈질기게 버티고 있는 두려운 생명체를 지닌 대상으로서 존재한다. 아도르노가 근대 계몽의 기획을 미지의 것, 낯선 것으로 다가오는 뒤엉킨 자연에 대한 공포로부터 벗어나기 위해, 동일성의 논리에 입각하여 자연을 우리가 조정할 수 있는 지배대상으로 인식했듯이, 자연은 인간에 의한 목적과 의도에 지배받지 않는 존재로 엄존한다.

작품의 마지막 부분에서 이상욱이 조백헌과 대립할 수밖에 없던 진짜 이유가 무엇이었는지, 그리고 이상욱과 원생들이 조 원장의 '천국'을 위한 제안을 거부할 수밖에 없었는 이유가 무엇인지가 밝혀진다. 이상욱의 편지를 통해 밝혀진 이유는 '사랑'과 '자유' 때문이라는 것이다. 이상욱은 '자유'를 자신의 존재원리로 삼고 있고, 반면에 조백헌은 '사랑'의 가치를 기반에 두면서 자신의 '천국'을 실현하려 한다. 사르트르에 따르면 사랑은 내적 부정을 보유하는 동시에 의식 개체 사이의 무를 극복하기 위한 무한지향의 체계이다. 따라서 나를 바라보는 타자의 자유를 획득하기 위해 나는 나를 객체화 시키는 작업을 진행할 수

밖에 없다.[4]

이상욱은 섬사람들의 생각이나 욕망이 스스로 한정당하고 익숙해지기 시작할 때에만 원장님의 천국에 실천이 가능해진다고 진술한다. 이상욱의 이러한 진술이 의미하는 바는 곧 바로 섬사람들에게 자유에의 포기를 강요하는 것에 다름 아니다. 이는 소록도라는 특수한 환경에 구속당한 자들에게 이중의 억압이며, 그것은 주정수 원장의 시대에 그들이 경험했던 비참한 수난과 배반의 과거를 되풀이 하겠다는 것이다. 또한 건강인-문둥이라는 신체적 차이로 인해 또 더 나아가 육지와 섬에 거주하는가에 대한 차별과 배척의 반복이다. 이들은 신체적 결함으로 인해 자유를 스스로의 힘으로 가질 수 없는 한계에 놓여 있으며, 따라서 조 원장이 약속하는 '천국'이 아무리 '사랑'에 기초해 있다고 할지라도 그들의 '자유'에 한계를 가져오는 공허한 메아리일 수밖에 없다는 것을 알고 있는 것이다.

> 자유라는 거 누가 가만 앉아 있어도 우리 문둥이들한테 가져다바쳐 주는게 아닌 터에, 어차피 그건 제 힘으로 빼앗아 가져야 하는 거 아니던가 이 말씀야. (중략) 생각해보면 자유라는 거 그거 믿음이 먼저 앞서야만 하는건데, 믿음이 없이는 함부로 행할 것이 못 되는데, 우리 문둥이들한텐 그게 부족했거든. 믿음이 없이 억지 자유를 하자니까 불신과 미움밖에 번지는 것이 없었단 말씀야.
>
> -『당신들의 천국』에서

황장로의 말에 따르면, '자유'를 자신의 존재 원리로 삼는 이상욱과 문둥병자들은 '자유'를 획득하기 위해 투쟁해야하기 때문에 '믿음'을 갖지 못하며 불신과 미움을 키운다. 마찬가지로 조백헌 원장과 이상욱

4 장 폴 싸르트르, 『존재와 무』 2권, 손우성 역, 서울, 삼성출판사, 1990. 96쪽.

사이에서의 사랑과 자유의 양립 가능성은 거의 없었다고 할 수 있다. 자유의 문제와 관련해 조백헌 원장에 대해 이상욱이 더욱 거세게 반발했던 이유는 그와 섬사람들이 공동 운명체로서 존재하지 못했다는 사실에 있다. 조백헌 원장이 아닌 일반인으로 섬에 돌아왔다는 점에서 운명을 함께 할 수 없는 한계를 지니고 있었다. 텍스트의 마지막에서 이상욱이 알 수 없는 웃음을 지으며, 결혼식 축사를 연습하고 있는 조백헌을 바라보는 장면은 작가의 의도를 잘 짐작할 수 있게 한다.

조백헌의 천국에 대한 실패와 좌절은 동시에 그 문제점을 상기시키면서 동시에 새로운 가능성과 전망을 제시하고 있다. 결국 이 두 사람이 생각한 사랑과 자유의 개념은 바로 작가의 소록도 사람들을 위한 구원과 초월을 위한 것으로 제시되고 있지만, 이 새로운 가능성은 작가의 의도에 관계없이 충분히 설득력 있게 독자들에게 다가오지 못하고 있다는 아쉬움을 남기고 있다. "인간은 자유로울 것을 중단할 자유가 없다"라고 사르트르는 말했지만 인간의 삶의 과정은 타자의 자유를 중단시킴으로써 자신의 자유를 획득하는 투쟁의 연속이다. 이 같은 점에서 조백헌과 이상욱의 자유와 사랑의 실천은 한계에 부딪히게 된다.

> 자유나 사랑을 행함에는 차이가 큰일이었지요. 섬사람들과의 한 운명 단위 속에서 서로 믿음을 얻고 나면 일단 그 자유나 사랑을 함께 행해나갈 수는 있습니다. 하지만 그 자유는 무엇으로 행해가겠소. 사랑은 무엇으로 행해가겠소. 자유나 사랑을 행함에는 절대로 힘이라는 것이 전제가 되어야 합니다. 힘이 없는 자유나 사랑은 듣기 좋은 허사에 불과할 뿐입니다.
>
> -『당신들의 천국』에서

소록도는 자유를 위한 탈출을 통해서만 '생명을 지닌 살아있는 인간의 섬'이 된다. 그리하여 그들은 말한다. "탈출은 생명을 받고 살아 있는 자의 마지막 자기 증거였습니다. 그리고 그것은 이 섬이 아직도 슬픈 유령들의 무덤이 아니라 살아 있는 인간의 섬일 수 있는 유일한 증거이기도 했습니다"(『당신들의 천국』). 탈출이 계속되는 한에서만 이 섬은 아직도 숨을 쉬는 인간들의 그것으로 살아남을 수 있었던 것이다. 이 탈출이 조 원장이 원장의 신분을 벗고 일반인으로 섬에 돌아온 이후에도 끊이지 않는다는 사실은 조 원장과 이상욱의 대립, 조 원장과 섬사람들의 대립과 갈등이 지속되고 있음을 보여주는 것은 주체와 타자가 서로 동일화되거나 합일 되지 못한 채 존재하고 있음을 드러낸다. 『당신들의 천국』에서의 인물들의 대타적 존재방식은 "나는 나의 대타존재의 책임자이기는 하지만, 그러나 나는 나의 대타존재의 근거인 것은 아니다"[5]라는 사르트르의 이야기와 다르지 않다.

3

이청준 문학의 또 다른 주제의 하나는 한(恨)과 원(怨)으로부터의 초월을 위한 문학적 구현이라 할 수 있다. 이런 의미에서 『서편제』는 이 모색의 과정에서 나타난 그의 문학세계의 새로운 분기점을 이루는 작품으로 평가되어야 할 듯하다. 연작 소설집 『서편제』 는 90년대 상반기부터 대중적인 통속 소설 류에 억눌려 있던 순수소설의 자존심을 회복시키고 있다. 이것은 물론 『서편제』가 영화화되어 엄청난 관객동원에 성공함으로써 대중적 인기를 거둔 데에도 그 원인이 있겠지만, 무엇보다 『서편제』에 담긴 예술적 미학이 뒤늦게나마 제대로 평가받게 된 때문이라고 하겠다. 『서편제』에 수록된 「서편제」, 「소리의 빛」, 「仙鶴洞나그네」, 「새와 나무」, 「다시 태어나는 말」, 「눈길」, 「살아있는 늪

5 장 폴 싸르트르, 95쪽.

」, 「해변 아리랑」의 8편의 연작소설은 모두 한국인의 의식이나 감정구조에 깊이 뿌리박고 있는 한을 예술적으로 형상화하고 있다. 소설의 작중화자와 주인공이 이중, 삼중으로 겹쳐지는 방법을 통해 삶과 예술의 본질적 의미를 다양한 각도에서 이해하고자 하는 노력을 보여주고 있다. 이청준은 『서편제』에서 예술이 인간 최고의 정신적 미학임을 입증하기위해 여태 그의 작품들과는 다른 독특한 모티브를 사용하고 있다. 그것은 바로 '소리'의 모티브이다. 한과 소리, 억압과 초월에 대한 주제를 다룬 소설 『서편제』는 기구한 운명을 타고난 소리꾼 남매의 가슴 아픈 한에서 피어나는 소리의 예술을 형상화한 작품이다. 작품의 내용은 일정한 직업없이 떠돌아 다니는 소리꾼이 자기 딸 또한 소리꾼으로 묶어두기 위해 두 눈을 멀게 한다. 딸이 잠자는 사이 두 눈에 청강수를 넣는 것이다. 그렇게 하면 눈으로 뻗칠 사람의 영기가 귀와 목청 쪽으로 옮겨가서 목소리가 비상해진다는 것이다. 좋은 소리를 위해서 일부러 두 눈을 멀게 한다는 비극적인 분위기를 담고 있다. 『서편제』는 첫 장면부터 여인의 소리와 사내의 장단소리로 가득 채워진다.

> 여인은 초저녁부터 목이 아픈 줄도 모르고 줄창 소리를 뽑아내고, 사내는 그 여인의 소리로 하여 끊임없이 어떤 예감같은 것을 견디고 있는 듯한 표정으로 북단장을 잡고 있었다. 소리를 쉬지 않는 여인이나, 묵묵히 장단 가락만 잡고 있는 사내나 양쪽 다 이마에 힘든 땀방울이 솟고 있었다.
>
> -『서편제』 에서

목의 통증마저 잊어버린 여인의 소리는 이미 여인의 육체를 벗어나 홀로 허공을 때리고 있고, 장단가락을 잡고 있는 사내는 그가 내는 소리보다는 어떤 예감에 사로잡힌듯 북소리도 의식치 못할 정도이다. 그런데 두 남녀가 내는 이 소리는 인간이 내는 소리의 차원을 벗어나 인생의 희노애락을 낳는 한과 원(怨)의 표현으로 나타나고 있다. 『서편제』에 실린 여러 작품들은 바로 이 같은 소리의 '절대음'을 찾아나선 소리꾼들의 행보를 추적하고 있다. 한이 섞인 득음(得音)의 경지를 위해 딸의 눈을 멀게 하는 소리꾼 아비, 그 아비를 용서함으로써 원한을 넘어선 한의 음성을 목소리에 실은 여인, 그리고 여인을 찾아 남도(南道)를 떠도는 사내. 여인은 아비가 죽은 뒤 소리를 하면서 떠돌아다니고, 오라비가 되는 사내는 마침내 여인을 찾아내지만 그녀의 한을 다치지 않기 위해 다시 길을 떠난다. 『서편제』의 줄거리를 이루는 이같은 내용을 통해서 작가는 인간의 한과 원이 어떻게 예술로 승화될 수 있는가를 보여 준다.

전남 장흥(長興) 출신의 작가에게 남도소리는 소설의 소재이기에 앞서 그의 생래적 운명이 깊이 박혀 있는 정신이나 마찬가지다. 이를테면 『서편제』 연작에서 제시되는 남도소리는 남도라는 삶의 현실로부터 강한 생명성을 희원하는 작가의식의 외침이다. 이 책의 제목 '서편제'가 암시해 주듯이 오랜 세월동안 남도는 한 많고 고난받는 민중들의 삶의 터전이었고 그 한은 우연적인 것이라기보다는 필연적이고 숙명적인 것으로 여겨져 왔다. 그래서 판소리의 세계에서도 동편제와 갈라진 서편제의 세계는 별도로 존재한다. 따라서 『서편제』에는 한과 해원(解怨)의 세계가 하나로 통일되는 생명의 공간이 전개된다. 남도 소리꾼들의 득음의 과정 속에서 남도의 삶과 죽음, 원한과 구원, 의식과 물질의 대립들이 어떻게 해체되어 그것이 하나의 조화로운 생명성을 획득해나가는가를 『서편제』는 보여준다.

작가 스스로 자신의 고향 땅이 "마음과 삶의 고픔을 통해 우리 인간 살이와 세상을 배우게 해준" 곳이며, "소설이란 그러므로 우리의 삶에 대해 말로 구어 지는 일종의 꿈"(『서편제』)이었다고 밝히고 있듯이, 작가는 자신의 고향이자 꿈이었던 남도와 그 소리의 정서에 삶의 이야기를 붙이고자 하는 것이 오랜 소망이었다. 소리를 뽑아내기 위해 딸의 눈을 멀게 하는 아비의 행위와 그 부녀를 찾아다니는 한 사내의 모습은 다름 아닌 소리의 득도과정을 통해 남도의 치열한 예술혼과 한의 실체를 찾아나서는 유랑의 길이기도 하다. 따라서 이들의 한은 흡사 생명현상의 인과론적 질서와 같이 이어져 있다. 『서편제』에서 소리꾼 유봉이 자신이 못다 이룬 판소리를 딸에게 의탁하여 이루기 위해 딸의 눈을 멀게 하는 행위가 이 작품에서 가장 강렬하고 핵심적인 에피소드로 작용하는 이유도 여기에 있다. 눈을 멀게 하면 눈으로 뻗힐 사람의 정기가 목과 귀로 옮겨져 유창한 목소리가 날 것으로 생각하고 잠자는 딸의 두 눈에 청강수를 넣는 유봉의 행위는 무엇보다 예술을 위해 무엇이든 희생할 수 있다는 예술가의 한 과 집념으로 이해될 수 있다. 유봉은 여러 가지 면에서 한 많은 소리꾼이었다.

그의 삶은 소리로 인하여 좌절과 비극을 낳은 것이기 때문에 소리는 곧 삶 자체만큼이나 소중한 것이었다. 남도의 수많은 소리꾼은 광대라는 주변의 업신여김과 엄청난 질시에도 불구하고 이들은 오직 소리 하나 만을 위하여 파란만장한 생애를 살아왔다. 그들의 뼈를 깎는 고통과 예술에 대한 집념은 개인적인 이기나 욕망을 뛰어넘는다. 『서편제』의 유봉 또한 소리꾼이었기에 세상으로부터 온갖 멸시와 천대를 받게 되고, 심지어 사랑하는 여인과 사별하기까지 한다. 그러나 유봉은 가난과 좌절과 이별 등의 기구한 삶을 겪으면서도 소리에 대한 꿈을 성취하지 못하고 좌절함으로써, 소리에 대한 꿈은 한으로 남아 깊어지게 된다. 그의 소리에 대한 한은 삶 그 자체에 대한 한과 같은 것이었으며, 소리에 대한 집념은 더욱 짙어간다. 이러한 집념으로 인해 그는 사람의 눈보다도 소리를 더 중요한 것으로 여기게 되고, 자신이 이루지 못한 채로 남아있는 소리에 대한 한을 딸에게 투사시키게 된다. 말하자면 유봉은 예술을 위해 딸의 눈을 멀게 만들고 그럼으로써 딸에게 또 다른 한을 낳게 만드는 것이다. 물론 이 같은 유봉의 딸을 통한 한의 예술화 과정은 개연성과 핍진성이 모자란다는 비판을 가능케 할 수도 있다. 예컨대 유봉의 소리에 대한 집념이 아무리 강렬하다고 하더라도 예술을 위해서 딸의 눈을 멀게 한다는 것이 상식적으로 가능하겠느냐하는 의문을 우리는 쉽게 가질 수 있다. 그러나 유봉의 이 같은 행위는 그야말로 소리의 세계에서 최고의 경지에 도달하기 위해서 자신의 개인적 이기적 일체를 포기할 수 있다는 판소리꾼의 결연하고 치열한 삶과 예술정신에서 우러나오는 것이라 할 수 있다. 마찬가지로 물론 유봉의 행위가 딸의 소리공부에 집착하는 외에도 그녀를 자기 곁에 두고자하는 사적 의도에서 나온 것이라는 추측도 가능하지만, 작중에서 유봉의 성격이 그렇게 이기적인 것으로 그려져 있지도 않고, 그의 행위가 작중인물들의 주체 형성에 직접 관여치도 않는다.

이런 사정은 「서편제」의 속편이라고 할 수 있는 「소리의 빛」에서도 잘 드러난다. 「소리의 빛」에서는 「서편제」에서 미루어 졌던 두 주인공, 즉 의붓남매의 상봉이 장흥읍을 십여리 남겨둔 탐진강 자락의 주막집에서 이루어진다. 「서편제」에서 원한으로 남아있던 감정들이 「소리의 빛」에서는 한과 그리움이 되어 나타난다. 주막집에서 일하는 눈먼 여동생을 오랜 방황 끝에 만나게 된 오래비는 그의 누이에게 심청가를 부르게 하면서 스스로는 북장단을 들고 밤새 소리판을 벌인다. 눈이 멀었기 때문에 내면 깊숙이 쌓여진 한을 소리에 담는 것이 아니라, 그 한의 매듭을 풀기 위해 소리를 하는 누이동생 앞에서 사내는 한이 화해와 용서의 경지로 초월되는 과정을 목도한다. 이는 흡사 작가 자신이 "자기모습을 잃어버리고, 돌아가려고 해도 돌아가지 못하는 아픔을 한이라고 본다"면서 "한풀이를 지향할 때 한은 원한이 되지만, 그 한을 초극하는 화해와 용서를 거칠 때 한은 창조적인 해소가 가능하다"고 한 발언을 연상시킨다. 그래서 누이를 찾아 밤새도록 회포를 풀고서도 이 작품의 제목 「소리의 빛」이 그야말로 민질 수도 볼 수도 없는 '소리'일 뿐임을 시사하듯이, 오라비는 다음날 아무런 말없이 누이 곁을 떠나고 만다. 한이 화해와 용서의 경지로 나아가는 순간부터 사내는 등에 소리가락을 짊어진 채 세상을 떠돌아야 하는 자신의 운명에 갇힌다.

> 쉬엄쉬엄 소리를 뿌리며 산길을 지나가던 일행이 이윽고 한 산마루의 고갯길을 올라서자, 사내는 이제 거기다 아주 자리를 잡고 주저앉아서 새판잡이로 다시 목청을 놓기 시작하는 것이었다. 가을산은 붉게 불타고 골짜기는 뽀얗게 멀어져 있었다. 사내는 그 산과 골짜기에서도 깊은 한이 솟아오르는 듯 오래 오래 소리를 계속하고 있었다.
>
> -『서편제』에서

> 소년은 여전히 그 무덤가 잔디에서 진종일 계속되는 노랫가락 소리를 들어야 했고, 소리를 들어면서 허기에 지친 잠을 자거나, 소리를 들어면서 그 잠을 다시 깨어야만 했다. 잠을 자거나 잠을 깨거나 소년의 귓가에선 노랫소리가 떠돌고 있었고, 소년의 머리 위에는 언제나 그 이글이글 불타오르는 뜨거운 햇덩이가 걸려 있었다. 소리는 얼굴이 없었으되, 소년의 기억 속엔 그 머리 위에 이글거리던 햇덩이보다도 분명한 소리의 얼굴이 있을 수 없었다.
>
> -『서편제』에서

이제 소설은 소리의 차원을 넘어서 예술과 삶의 진정한 의미를 찾아가는 구도의 과정을 드러낸다. 위 인용에서의 자연의 이미지를 통해서도 잘 드러나듯이, 마침내 소리와 한은 자연을 통하여 초월되는 단계에 이른다. 「서편제」에서 인용된 첫 번 째 인용문에서는 산의 이미지를 통해서, 그리고 두번째의 「소리의 빛」의 인용문에서는 태양의 이미지를 통해서 소리는 자연과 함께 어우러지며 마침내 한은 구원과 초월의 단계에 이르게 된다. 특히 이 과정은 「仙鶴洞 나그네」에서 선명하게 드러난다. 한이 화해와 용서의 경지에 이른 딸은 마을을 떠난지 20여년 만에 중년여인이 되어 아비의 유해를 들고 그것을 선학동에 묻기 위해 나타난다. 눈먼 딸은 아버지의 유해를 묻고 떠났는데, 기이하게도 그때부터 선학동에 학이 날기 시작하게 된다는 것이다.

> 여자가 마침내 소리를 시작하고 있었다. 한데 사내는 그 여자의 오장이 끓어오르는 듯한 목소리에서 자신도 문득 그것을 본 것이다. 사립에 기대어 눈을 감고 가만히 여자의 소리를 듣고 있자니 사내의 머리속에서 오랫동안 잊혀져 온 옛날의 그 비상학이 서서히 날개를 펴고 날아오르기 시작한 것이었다. 그리고 여자의 소리가 길게 이어져 나갈수록 선학동은 다시 옛날 포구로 바닷물이 차오르고 한 마리 선학이 그곳을 끝없이 노닐기 시작했다.
>
> -『서편제』에서

더우기 놀라운 것은 눈이 먼 여자가 누구보다 먼저 선학동의 학을 다시 보기 시작했다는 사실이다. 눈먼 여자가 포구에서 학이 나는 모습을 본다는 것은 불가능한 일이지만, 선학동 사람들은 "여자가 떠난 것이 아니여. 그 여자는 이 선학동의 학이 되어 버린 거여. 학이 되어서 언제까지나 이 고을 하늘을 떠돈단 말이여"라고 말하게 된다. 따라서 『서편제』에 실린 여러 작품에서 인간의 한과 소리의 관계는 자연이라는 매개를 통하여 새로운 예술적 차원으로 승화되고 있다고 할 수 있다. 김주연이 잘 밝혀주고 있듯이, 인간의 한과 그 한이 자연을 통해 수용되는, 현대 한국소설에서는 드물게 보는 자연과 인간의 교통이 이루어지며, 그것은 김주연이 해석하듯이 원한-한-자연-초월로 이어지는 현실구조, 생명구조에 대한 새로운 인식이다(김주연, 「억압과 초월, 그리고 언어」).

그래서 자연과 인간의 진정한 예술인으로 승화하고자 하는 소리꾼들의 삶의 비애에 대한 연민과 공감이 『서편제』의 전편에서는 잔잔한 감동으로 흐르고 있다. 그것은 예술가들이 끊임없이 추구하고 모색하는 '생명'과 '자유'와 '사랑'에 대한 기구인지도 모른다. 작가는 이 작품의 「후기」에서 이렇게 적고 있다.

> 나는 새들을 찾아 들판을 헤매 다니는 나무를 생각할 수는 없다. 그 대신 나는 높고 울창한 나뭇가지 속에서 갖가지 새들이 날아들어 그 낭자한 노랫소리로 하여 나무와 새가 하나의 삶으로 어우러져 합창을 하는 그런 사랑의 나무를 꿈꾼다. 그것이 내가 나의 소설로 꿈꿀 수 있는 가장 아름답고 힘찬 생명과 삶의 나무, 혹은 자유와 사랑의 빛의 나무인 것이다. 새가 깃들지 않는 나무를 생각할 수 없듯이 깃들 나무가 없는 새도 또한 생각할 수 없다. 그것은 나무가 곧 그 새의 자유와 사랑과 새로운 비상의 터전이기 때문이다.
>
> -「후기」, 『서편제』에서

『서편제』는 떠돌이 소리꾼들의 기구한 삶의 과정과 그들의 삶이 내포한 한이라는 민족정서를 예술적으로 표상화해 보여 주고 있다. 『서편제』는 한 작가가 예술의 본질적 의미에 대한 집요한 탐색의 과정 끝에 나타난 결실이지만, 또한 이 작품은 판소리라는 훌륭한 민족 음악양식을 문학적으로 표현해 내고 인식시키는 데 성공하고 있다. 사실 오랜 세월동안 우리의 문화는 주체성을 잃고 방황해 왔으며 지금도 외래문화에 대한 열등감을 극복치 못하고 있는 것이 현실이다. 우리 선조들의 전통적인 가락과 소리를 진지한 향유의 대상으로 삼지는 못할 망정, 그것을 단지 오락이나 흥미의 대상으로 삼아 온지 오래다. 그래서 왜색가요에 젖은 기성세대나 국적불명의 외래음악에 열광하는 신세대들은 우리의 가락이나 소리를 갈수록 생소하게만 여겨 온 것이다. 『서편제』는 여기에 담긴 깊은 문학적 의미를 떠나서라도 우리의 것을 새로이 인식하고 자각하는 계기를 제공하게 되었다.

작가는 『잃어버린 말을 찾아서』 라는 또 다른 연작소설집에서 "말을 정제하면 시로 가지만, 말의 자의성과 유희성을 확대하면 판소리가 된다"고 하면서 "진정한 말과 소리를 찾아서 하나로 합치는 것이 내 소설의 꿈"이라고 밝힌바 있다. 『서편제』에 실린 소설들은 말과 소리가 어우러져 작가의 이러한 소망을 성취시키고 있다. 그 말과 소리에는 한과 원의 이야기가 담겨 있다.

4

여태 우리는 이청준의 대표적인 작품으로 평가될 수 있는 『당신들의 천국』, 『서편제』를 통하여 그의 문학을 관통하고 있는 구원과 초월의 미학을 살펴보았다. 40년이 넘는 기간 동안 지속적인 작품 활동을 통해 그 양과 질에 있어서 우리시대 최고의 문학적 경지를 이룬 이청준의 문학세계를 몇 마디로 요약해서 정리한다는 것이 그리 용이한 일은 아닐 것이다. 그러나 그가 이 세계와 독자를 향한 작가의 사회적 책임을 다하기 위해 부단하게 노력한 작가이며, 그러한 관점에서 그가 일관되게 추구한 주제의 하나는 현대사회에서의 개인적 욕망과 그에 대한 사회적 윤리적 책임의 문제를 집요하게 추구한 것은 분명하다. 이청준 소설은 독자들에게 개인과 사회의 대립 속에서 개인의 욕망을 초월하는 길, 다시 말해 진정한 개인의 자유를 보존하는 길이 무엇인가에 대한 질문을 던지며 전개된다. 초기 이청준 소설에서 주체는 자신의 주체성과 자율성을 무화시키는 타자를 배제하며, 자신의 주체성을 더 공고히 해 줄 수 있는 타자만을 받아들인다. 이들에게는 타자에게 사로잡힘이나 예속은 존재하지 않는다. 이들은 주체의 자기 보존과 자기 유지에만 골몰하는 자기애에 사로잡혀 있으며 이런 자기애적 관계에서는 타자의 자유나 타자의 고통을 포착할 만한 시선이 부재한다.

초기 이청준 소설은 타자의 삶을 주체의 소설쓰기를 위한 대상으로 삼는다. 이러한 타자의 삶에 대한 대상화, 객체화는 이청준 소설에 반복되어 나타나는 중층구조가 지속적인 의미망을 형성하게 된다. 타자는 더 이상 주체에게 새로운 시간과 공간을 열어 주는 타자가 아니라 주체가 서사를 통해 증명하고자 한 주체의 관념, 즉 주체의 진리를 증명해 줄 대상화되고 객체화된 타자로만 남게 된다. 타자의 삶을 전유하는 이청준의 소설 속 주체에게 윤리란 주체 자신의 타당성과 정당성을 획득하는 것으로 정의되는 자기 보존의 윤리이다. 이러한 주체의 윤리에는 타자가 들어설 자리가 존재하지 않는다. 타자의 타자성이 배제된 주체의 논리는 타자에 대한 폭력을 감추고 있다.

이렇게 초기 이청준 소설에서 주체는 홀로서기를 방해하는 타자의 타자성을 혼돈으로 규정하며 자기를 유폐한다. 이로부터 초기 이청준 텍스트의 주체들이 겪는 자기 망각과 자기 망실이 의미하는 바를 우리는 쉽게 유추할 수 있다. 그것은 홀로 서기의 주체가 짊어진 존재의 무게로부터 벗어나기 위한 시도로 해석된다. 이청준 소설의 주체는 자기를 보존하고자 하는 동시에 자기 보존으로부터 비롯된 존재의 무게로 인해 자기 자신으로부터 일탈하고자 한다. 자기를 보존하려는 욕구가 커지면 커질수록 구심력과 원심력의 관계에서처럼 그의 자기망각의 욕망은 커지고, 그 욕망은 주체의 통제를 벗어나 환상과 같은 형태로 발현된다. 「매잡이」의 '민태준'과 매잡이 '곽돌'의 죽음, 『씌어지지 않은 자서전』의 '왕'의 죽음, 「가수」의 두 '주영훈'의 죽음은 모두 주체의 자기 망각의 욕망으로 해석될 수 있다. 이들의 '죽음'은 주체가 자기 무게를 벗어나는 자기 망각의 결과이다. 이청준 소설 속 타자의 죽음은 주체의 고독을 깨뜨리는 타자성의 경험으로 기능하기보다는 주체의 자기 보존을 완성하는 계기가 된다. 그들의 죽음은 절대적 외재성을 가져다주지 못하며, 주체 자신을 해체시킬 수 있는 자기망각을 타자에게 부과함으로써 주체는 그 자기망각으로부터 자신을 보존할 수 있게 한다. 이처럼 초기 이청준 텍스트들에서 타자들은 주체에 대해 종속적 관계를 맺으며 주체의 자기보존에 복무한다.

이청준 소설에서의 주체들은 언어적 문제에 관심을 두면서 새로운 타자를 만나기 위해 나아간다. 이 타자들은 실체와의 약속을 저버린 언어들처럼 주체의 기대를 빗나가 버리는 존재이기도하며, 주체에 숨겨진 욕망을 감시하는 시선이며, 권력을 지니고 주체를 지배하는 존재이기도 하다. 주체는 이 타자들에게 저항하지만 주체 역시 그 타자들과 마찬가지로 지배와 권력을 추구하기 때문에 자기 배반의 한계에 부딪히게 된다. 이제, 작가의 언어는 배반의 대상이 아닌, 배반의 주체로 변모하게 된다. 그리고 이러한 변모에 의해 주체와 언어의 위치는 역전된다. 인간에 의해 지배되고 통제되었던 언어는 인간에 의해 형성되었던 규율과 질서로부터 이탈됨으로서 인간을 지배하고 통제하는 기능을 하게 된다. 언어는 그 주체와의 결합을 이루지 못하게 되면서 언어 질서와 지배로부터 저항하고자 하는 노력을 보여주게 된다. 마침내 이청준 소설에서의 타자에 대한 저항은 언어에 대한 저항으로 이어진다. 「떠도는 말들」에서 작가는 다음과 같이 말한다.

그들은 너무나 많은 말을 하여 말들의 주소를 바꿔놓음으로써 말들을 혹사했고 말들을 배반했고, 결국에는 그 말들이 기진맥진 지쳐나게 했다. 말들은 그들의 고향을 잃어버렸고 자신들의 고향에 대한 감사와 의리를 잃어버렸다. 그래서 배반당한 말들의 자유였다. 그들이 태어날 때 지은 모든 약속에서 말들은 자유였다.

-「떠도는 말들」에서

이제 모든 말들은 길을 헤매고 있고, 사람들은 아무 말을 하지 않는다. 각박한 현대사회에서는 같은 언어권에서도 여전히 '바벨탑의 언어'가 우리를 가로막고 있으며 주체만 있고, 타자는 존재하지 않는다. 그런 상황 속에서 우리들은 '떠도는 말들' 속에서 영원히 구원과 초월을 갈망하는 존재론적 운명에 처해 있는 것인지 모른다.

어둠의 구체화 혹은 개인사와 역사의 뿌리찾기

- 김원일론 -

1. 들어가며

김원일은 1967년 『현대문학』지에 장편소설 「어둠의 축제」가 뽑혀 문단에 등단한 이래 오늘날까지 독특한 작품세계를 구축하며 우리 시대에 가장 주목받는 작가의 하나로서 자기 위치를 굳건히 하고 있다. 「어둠의 축제」로 부터 『어둠의 혼』(1973), 『오늘 부는 바람』(1976), 『노을』(1978), 『도요새에 관한 명상』(1979), 『환멸을 찾아서』(1983), 『불의 제전』(1983), 『겨울 골짜기』(1987), 『마당깊은 집』(1988), 『늘푸른 소나무』(1990) 등에 이르는 그의 문학 공간을 살펴보면 일관되고 지속적인 자기 확대와 발전의 궤적으로 가득 채워져 있음을 짐작하게 된다. 말하자면 그는 25년 여의 작가생활을 통해 특정시대의 문학적 편향이나 시류에 흔들리거나 풀어짐 없이 일관되게 자신의 독특한 문학 세계를 견지하면서 우리 문학사에 하나의 새로운 전기를 마련해 나가는데 결정적 역할을 하고 있는 것이다.

김원일의 문학 세계가 보여주는 이러한 지속성과 일관성은 때로 그의 문학의 한계에 대한 지적으로 이어지는 것이기도 했다. 가령 그의 작품활동이 가장 왕성하게 이루어졌던 80년대의 우리 작가들에게 강력하게 요구되었던 것은 어떤 형태로든 당대의 사회적 문제와 핵심적인 역사적 사건에 대한 발언을 해야 한다는 것이었고, 이 시대의 많은 작가들이 자의든 타의든 이런 분위기에 빠져들지 않을 수 없었다. 또한 이 시기 문학평론가들의 관심과 평가도 동시대의 첨예한 시대적 문제나 역사적 사건을 진보적 시각에서 다룬 작품들에 집중되었다. 이러한 의미에서 그동안 김원일의 소설은 때로 "분단의 고착화를 적극 조장하는 반공문학"일 뿐이라든가, "매몰된 가족사의 복원과정"을 보여주는데 그치고 있다는 폄하된 평가를 받기 일쑤였다. 심지어 오늘날에 이르기까지 적잖은 평론가들로부터 김원일의 문학이 거둔 성과는 제대로 인정받아오지 못한 것이 사실이다.

그러나, 이런 사실은 곧 김원일 문학이 새로운 각도에서 이해되고 평가되어야 할 필요성을 말해주는 것이기도 하다. 적어도 김원일은 시대의 문학적 흐름이 어떠하든 자신에게 주어지는 비판이 어떠한 것이든 흔들림 없이 나름대로의 삶과 문학에 대한 관점에 따라 창작활동을 해왔다. 「어둠의 혼」, 「어둠의 축제」 등 초기작에서 보여준 바와 같은 열정과 진지함을 거의 25년이 지난 『늘푸른 소나무』에 이르기까지 일관되게 지속시키고 있는 것이다. 문제는 편견과 선입관에 입각한 성급한 비판에 앞서 그의 작품 세계와 거기에 담긴 의미 구조가 무엇인지를 다시 한번 정확하게 살펴보는 작업이 필요할 것이다. 사실 그동안의 김원일 문학에 대한 이해는 그의 독특한 소설 양식과 주제가 지니고 있는 밀접한 관계가 올바르게 파악되지 못한 채로 이루어져 왔다. 작품을 조금만 주의를 기울여 면밀하게 읽으면 그의 소설 양식과 구조는 자신의 비극적인 개인적 삶의 체험과 그를 통한 역사의 의미찾기라는 상반된 소설 주제가 복합적으로 얽혀 있음을 발견할 수 있게 된다.

김원일의 대부분 소설에서 설정되고 있는 시기는 대체로 해방으로부터 6·25 전쟁에 이르는 역사의 격동기이다. 이 무렵 소년기를 보낸 작가에게 해방과 전쟁이라는 엄청난 경험들은 개인사적으로 결코 잊을 수 없는 기억으로 남게 되었을 것이다. 또한 이 시기의 이데올로기의 양극화가 빚어낸 혼돈과 무질서는 작가에게 개인적인 어둠의 체험이기도 했거니와 역사의 어둠이기도 했다. 그래서 그는 어둠으로 점철된 개인사와 역사의 의미에 대해서 남다른 인식을 하게 되었을 것이다. 김원일의 많은 문학 작품에서 우리는 '어둠'을 목도하게 되고, 어둠이 그의 문학의 주된 배경이 되고 있는 이유도 이러한 때문일 것이다. 표면적으로 볼 때, 그의 작품에서 어둠을 배경으로 비극적 주제를 펼치고 있는 것이 비교적 초창기의 『어둠의 축제』, 『어둠의 혼』, 『노을』에 그치고 있는듯 하지만, 그 이후의 작품들인 『불의 제전』, 『겨울 골짜기』, 『늘푸른 소나무』들 역시 초기 작품들과 마찬가지로 '어둠의 문학'에 속한다고 할 수 있다. 물론 이 작품들은 다양한 의미층들로 구성되어있지만, 이들의 중심적 주제는 어둠 속에 담겨있는 개인사와 역사의 의미가 무엇인가 하는 것이고 작가는 그 의미를 추적해서 구체화하고자 한다. 말하자면 김원일이 그의 작품에서 구체화하고자 하는 어둠은 잔혹한 역사적 힘이기도 하고 개인적인 인간의 실존이기도 하다. 그의 작품의 많은 등장인물들은 거대한 역사적인 힘에 듸해 파괴되어 가지만, 그들은 그 속에서 개인적 인간가치는 물론 인간의 생존을 위해 애쓴다. 그래서 김원일 소설의 주인공들은 대부분 극한적인 역사적 상황에서 밀려오는 어떤 거대한 힘에 시달리지만 그 속에서 투쟁하며 개인과 역사의 의미를 새롭게 확인하게 되는 것이다.

이렇게 김원일 소설은 개인사와 역사의 의미찾기라는 다층적 구조로 얽혀있다고 할 수 있다. 우리가 김원일 소설에서 읽어야 할 핵심적인 내용도 개인사와 역사라는 혼재된 복합적 의미망을 올바르게 판별하며 읽는 일이다. 그동안 김원일 문학에 대한 많은 논의에도 불구하고 충분한 해명이 미흡했던 이유도 그의 작품이 지니고 있는 이러한 다층적 의미 구조와 양식에 대한 이해가 부족했기 때문이라고 할 수 있다. 그래서 적잖은 비평가들이 김원일 문학을 때로 분단현실이라는 역사의 단면을 다룬 작품으로, 혹은 비극적 가족사를 제시한 작품으로나 평면적으로 해석해버리고 마는 경향이 짙었다. 이 글은 그의 주요 소설에 나타나고 있는 의미 구조 및 양식이 어떻게 구성되어 있으며, 그것이 소설주제와 어떠한 관계를 지니는가를 폭넓게 살펴봄으로써 김원일 문학의 세계를 새롭게 조명해내고자 한다.

2. 어둠의 뿌리를 찾아서

김원일의 초창기 작품들, 이를테면 『어둠의 혼』에 실린 여러 작품들이나 첫 장편 『어둠의 축제』 등을 살펴보면, 그 속에 그려져 있는 작중 상황의 다양함에도 불구하고 일관되게 나타나고 있는 분위기는 '어둠'이다. 외면적인 형태로 드러나는 가난, 질병, 살인 등의 상황으로부터 작중 인물들이 내면적으로 맛보게 되는 좌절, 절망, 공포 등에 이르기까지 그의 작품들은 철저하게 어둠의 분위기로 점철되어 있다. 그런데 그의 작품에서 어둠은 단순한 배경이나 분위기에 그치는 것이 아니라 등장인물들에게 자신의 의지를 넘어선 불가해한 힘으로 작용한다. 김원일 소설에서의 어둠은 겉으로 보기에는 등장인물들의 삶의 상황을 설명해주는 것이기도 하지만, 이것은 그들의 삶에 깊게 침투해 들어와 저항할 수 없는 운명적인 힘으로 작용한다. 이 어둠의 상황에 대응하는 인물들의 행위도 자기파멸적인 극단적 것이거나 무기력하게 함몰하기도 하는 것이다.

사실상 김원일 소설세계의 출발점을 보여주는 것으로 이야기되는 『어둠의 혼』에 실린 여러 작품의 인물들은 개인을 둘러싸고 있는 전율적이고 폭력적인 어둠의 세계 속에서 파멸해가는 인간의 모습을 극명하게 보여주고 있다. 『어둠의 혼』은 분단이라는 비극적 상황 속에서 한 가족이 파괴되어가는 과정을 그린 작품이다. 작중의 화자인 소년 '나'의 아버지는 오로지 공산주의에만 정신이 팔려 집안은 극도로 빈궁에 빠져있고, 마침내 아버지가 폭동 주모자로 체포된 뒤에는 그의 임박한 죽음으로 온 식구가 슬픔에 잠기게 된다. 그러나 '나'에게 아버지의 행동의 의미와 공산주의의 정체는 '수수께끼'처럼 여겨진다. 또 나는 "쌀 한 톨 생기지 않는 일에 목숨을 걸고 산길을 타고 다닌 아버지의 요술"(『어둠의 혼』)을 이해할 수 없으며, "제가 무슨 볼셰비키라고 오뉴월 개처럼 제물이 되겠다는 게야. 차라리 유관순처럼 진작 못 죽고, 해방된 마당에서 동포의 손에 개 값도 못하고 죽어…."(『어둠의 혼』) 라는 찬길이 형의 불평의 의미도 모른다. 마치 '닭과 달걀' 중 어느 쪽이 먼저인지를 몰랐듯이 "내가 알아야 할 수수께끼가 너무나 많은 이 세상"(『어둠의 혼』)에 대한 나의 의문은 이모부의 안내로 아버지의 시체를 보게 됨으로써 극대화된다.

아버지의 주검이 던져주는 충격과 슬픔 속에서 나는 자신에게 닥친 어둠의 의미를 각성하면서 한 사람의 성인으로 성장해 간다. 말하자면 이 작품은 '나'가 이 세상의 수수께끼에 대한 의문이 어둠으로 각인되면서 그 어둠의 의미에 대한 각성을 해나가는 구조로 이루어진다. 이 작품은 등장인물의 삶과 그의 삶의 공간이 이미 결정되어있는 것이 아니라 작중 현실과 더불어 발전적으로 성장해가고 있다는 의미에서 다분히 교양소설 내지 성장소설적인 성격을 지니고 있다. 여기서 우리가 유의해야 할 것은 나의 성장이 개인적 차원에서 그치고 있다는 것이 아니라 역사적 성격으로 진전해 나가고 있다는 사실이다. 『어둠의 혼』에서 나에게 비친 어둠의 의미는 일차적으로 아버지의 행위와 그로 인한 가난과 절망이라는 개인적 차원에서 출발한다. 그러나 이 어둠은 개인의 각성과 성장을 통하여 전쟁이나 분단과 같은 더 커다란 역사적인 의미를 생각케 하는 배경으로 존재하는 것이다.

『어둠의 혼』에서 주인공 소년 '나'와 마찬가지로 김원일 소설의 개인들에게 세계는 언제나 수수께끼이고 불가해하고 낯선 것으로 여겨진다. 이러한 세계는 거대한 어둠으로 작용하며, 이 어둠의 힘 앞에서 개인과 가족들은 절망과 좌절과 자기파멸을 맛보게 된다. 그러나 김원일 소설에서 개인은 각성과 성장을 통하여 어둠의 두께를 뛰어넘고자 하며 더 나아가 자신들이 맛보는 절망과 고통을 역사적 차원으로 승화시키고자 한다. 그동안 적잖은 비평가들이 지적했듯이 물론 「어둠의 혼」에서 제시되는 아버지의 삶과 그의 죽음이 던져주는 어둠의 의미는 어떻게 보면 다분히 개인적 가족사적인 차원에 그치고 있는 듯 하다. 「어둠의 혼」에서 나의 인식도 세계와 역사에 대한 총체적인 것이라기보다는 일차적으로는 개인적·개체적 성격을 강하게 띠고 있는 것이 사실이다. 그러나 김원일의 인물들은 이러한 인식에 매몰되지 않고 더 커다란 역사적 차원으로서의 분단 이데올로기와 시대의 모순에 대한 의미를 캐묻는 방향으로 나아가고 있다. 요컨대 김원일의 소설은 개인의 비극적 삶의 체험을 제시하고 그러한 개인적 삶의 체험을 통하여 세계와 역사의 의미를 묻고 있는 것이다. 그의 소설이 지니고 있는 이런 의미 구조는 대부분의 초창기 소설에 지배적으로 나타나고 있으며, 더 나아가 이것이 그의 전체 소설 양식에 하나의 특성으로 나타나게 된다.

김원일의 처녀 장편 『어둠의 축제』의 주제 또한 어둠의 분위기와 더불어 전개된다. 6·25라는 전쟁의 상처가 채 가시지도 않은 상황 속에서 4·19를 맛보게 되는 여러 젊은 주인공들에게 삶의 의미는 그 자체가 '어둠'일 뿐이다. 이 작품의 젊은 주인공들이 행하는 음주, 재즈, 섹스, 자살 등은 낯설고 불가해한 세계의 어둠에 대한 의미 찾기의 행위라고 할 수 있다. 당대의 암울한 사회의 어둠 속에서 그들은 자신들에게 밀어닥친 정신적 고아의식, 4·19와 남북 분단이라는 사회적 역사적 의미를 점검해보고자 하고 있는 것이다.

초기의 단편소설 「薄命」도 어둠이 지배적인 분위기가 되어있는 소설이다. 경상북도 산골 출신인 만수는 서울에서 구두닦이, 소매치기, 식당 종업원 등을 전전하다가 마침내 강도 살인을 하고 쫓겨 다니다 자신의 어린애를 가진 식모 처녀와 귀향한다. 그러나 형사대가 시골에까지 추격해 옴에 따라 자신은 어둠으로 가득 찬 시골길을 도망쳐 나오고, 버림받은 여인은 절망한 나머지 헛간에서 목매어 죽는다. 만수가 집을 떠나 도망치는 시골길은 그야말로 "먹물같은 어둠"으로 가득 차 있다.

> 사내는 뒤돌아보지 않고 삽짝을 나섰다. 그리곤 어둠과 드센 바람 속에 빨려들 듯 사라졌다. 아낙이 아들의 이름을 불렀으나 그 소리는 곧 바람 속에 감겨 사그라지고 말았다. 삽짝까지 맨발로 뒤쫓아 나갔던 아낙의 갈퀴 같은 손에 잡히는 것은 먹물 같은 어둠과 살을 에는 바람뿐이었다.
>
> -「薄命」에서

이 어둠 속에서 우리는 만수의 개인적 삶의 의미와 그 시대의 어둠의 의미를 생각케 된다. 우리가 여태 한 두 편의 초기 작품의 예들을 통해 살펴보았지만, 김원일의 문학은 어둠의 분위기가 주조를 이루고 있고 이것은 앞으로 그의 문학 전체를 지배하는 분위기가 된다. 그 어둠 속에는 고통과 절망으로 점철된 개인사가 담겨있고, 이데올로기와 전쟁과 분단이라는 역사가 담겨있다. 김원일 문학은 바로 어둠의 구체화 작업이라고 할 수 있으며, 그 첫번째 압권이 그의 작가적 기반을 확실하게 해줄 장편소설 『노을』에서부터 본격화된다. 이 소설도 외견상 김갑수라는 인물이 삼촌의 부음을 받고 고향인 진영이라는 곳으로 내려가서 거기서 29년 전에 자신이 체험했던 개인사와 가족사를 기술하는 형식으로 이루어지고 있다. 전체가 7장으로 구성된 작품은 '나' 김갑수가 고향을 방문한 70년대라는 현재의 시점과 29년 전의 쓰라린 체험이 극복되지 못한 채로 남아있는 과거가 교차하며 제시된다. 작가는 김갑수의 개인사를 통하여 과거의 삶을 연역하고 현재의 삶을 유추하는 방식을 사용하고 있는 셈이다.

갑수는 자신을 혁명가로 키우고자 하던 아버지의 소망에도 불구하고 어느 출판사에 입사하여 가정과 사회에서 비교적 안정된 지위를 확보하게 된다. 그는 현실에 대해서 어떠한 관심도 제시하지 않은 채 오로지 소시민적 삶을 영위코자 한다. 갑수의 이러한 의식의 바닥에는 자신의 아버지가 백정이라는 열등감과 빨갱이라는 죄책감이 깊게 자리하고 있으며, 그의 고향에 대한 인식도 언제나 달려가고 싶은 향수어린 곳이 아니라 악몽과 고통을 안겨주는 어둠의 공간으로 남아있다. 그에게는 고향이 "공포가 무엇인지를 가르쳐 준" 곳이며, 아버지는 빈곤과 고통과 비애를 몸소 보여준 사람이었다. 그런 만큼 그는 고향 진영에서의 사건을 이미 지나간 과거의 일로 간주하고자 하고 자신의 지난 과거사를 애써 어린 '나'의 시점에서 제한시키고자 한다. 그러나 그가 아무리 외면하고자 해도 29년 전 진영에서의 어둠의 체험은 현재 속에서 역사적 알레고리의 의미를 지니고 부각된다.

「어둠의 혼」에서와 마찬가지로 이 작품에서도 소년 갑수가 진영에서 체험하게 되는 최초의 어둠은 아버지로부터 이다. 갑수의 아버지 김삼조는 작중에서 단순한 하나의 등장물 이상의 여러 상징적 의미를 지니고 나타난다. 우선 그는 봉건적인 신분 관념이 엄존하고 있던 당대에 백정이라는 신분으로 인해 희생당하는 역사적 희생물이라고 할 수 있다. 김삼조가 백정이라는 이유 때문에 당하는 개인적 수난과 모멸은 극심한 것이었다. 이를테면 그는 누구나 외면하는 빈궁한 집안 출신의 문둥이 동생과 결혼해야 했고, 자신의 여동생도 사귀던 남자와 결혼을 못해서 자살을 하게 되고, 나중에 갑수에게 마저도 천민의식 내지 그런 종류의 열등감이 "낮밤을 가리지 않고 불시에 머리를 내밀어" 그를 괴롭힐 정도이다. 김삼조가 좌익 폭동사건에 가담케 되는 결정적 동기도 그의 내부에 도사리고 있는 이런 천민의식과 백정이라는 신분적 열등감 때문이라고 할 수 있을 것이다. 아뭏든 김삼조는 갑수에게 잔인과 악의 화신으로 비친다. 실제 김삼조는 무지와 포악의 극치를 이룬 인물로서 주변사람들로부터 "개삼조(犬三祚)라고 불릴 정도이고, 심지어 그의 아들로부터도 "개만도 못한 자식"이라고 욕을 먹을 정도이다.

김삼조의 잔인성과 폭력성이 모두 그의 백정이라는 직업의 영향이거나 개인적 품성의 탓이라고 보기는 힘들 것이다. 김삼조의 이러한 잔혹성 속에는 해방을 전후한 시기에 우리 민중들이 맛보아야 했던 가난과 궁핍이 담겨있고, 이 가난과 궁핍은 이데올로기의 분열을 조장하는 결정적 원인이기도 했다. 실제 『노을』의 인물들이 맛보는 가난과 궁핍의 모습은 참담할 정도이다. 김삼조가 자신이 도살한 소의 피를 마심으로써 허기진 배를 채운다든가, 갑수 형제는 "몬 묵어서 대낮에도 허깨비가 뵐"정도이고, 심지어 가난한 갑수의 집에 빌붙어 사는 또출이 할머니와 같은 존재들도 모두 가난과 궁핍의 표상이라고 할 수 있다.

진영의 어둠으로 작용하는 이러한 왜곡된 계급의식, 그리고 가난과 궁핍은 이데올로기의 대립을 불가피하게 한다. 결국 김삼조를 위시한 배도수, 이중달, 장태분 등은 좌익 이데올로기에 빠져 개인적 원한과 증오를 해소하기 위해 잔혹한 짓을 서슴치 않게 되고, 배주사, 배판사, 조합장 등은 이데올로기에 의해 이유없이 수난을 당하게 되는 것이다. 마찬가지로 이 작품에 등장하는 여인들도 자신의 의사에 관계없이 이데올로기에 연루된다. 평생을 남편의 모진 구박과 가난으로 산 김삼조의 아내 상남댁, 아들 장태문으로 인해 깊은 상처를 받게 되는 물금댁, 이중달의 아내 밤나무댁, 이들은 모두 이데올로기의 제물이 되었다가 역사의 잔해로 남아있는 인물들이다. 『노을』의 인물들에게 엄습하는 신분과 가난과 이데올로기의 갈등은 그들에게 모두 어둠의 현실로 부각된다. 이제 그들은 자신의 생존을 위해 왜곡된 현실에 맞서 때로 폭력과 파괴로서 저항하지 않을 수 없게 된다. 사실 해방 후 우리 현대사를 되돌아보면 『노을』에서와 같은 시대의 다수 민중들이 처한 삶의 상황에서 이들이 저지르는 폭력과 파괴가 전적으로 부정될 수 만은 없는 측면이 분명히 있다.

해방이라는 대사건이 우리 민족에게 던져준 역사적 하중은 엄청난 것이었다. 해방 후 권력의 공백 상태와 이데올로기의 갈등 속에서 일제 식민 통치의 잔재를 청산하고 새로운 사회의 건설을 위한 요구는 다양한 형태로 나타나기 시작했다. 민족의 완전한 해방은 물론 토지관계를 위시한 모든 봉건적 요소에 대한 완전한 소탕이 요구되기 시작한 것이다. 오랜 세월동안 착취와 억압 속에서 살아온 사람들에게 해방은 기존의 온갖 가치와 규범으로부터의 탈피를 가능케 했고 이제 그들은 그야말로 자유롭고 새로운 세계를 꿈꿀 수 있게 되었다. 그러나 일제는 퇴각했으나 새로운 제국주의의 영향이 대두되기 시작 한데다, 토착 지주와 일부 신흥 부르조아 계층이 외세와 결탁함으로써 오히려 민족의 완전한 해방을 저해하고, 심지어 토지 관계를 비롯한 봉건적 요소가 새로운 양상으로 전개됨으로써 이것이 계급적 대립을 더욱 첨예화하게 되었다. 해방 직후의 정치적 열기 속에서 진행되던 진보적 개혁의 움직임으로부터 새로운 삶에 대한 열망에 들떠있던 민중들은 자신들에게 닥친 새로운 좌절에 엄청난 분노를 터뜨릴 수밖에 없었다.

물론 『노을』에 등장하는 인물들의 폭력성과 파괴성이 당대의 이런 시대적 상황을 그대로 대변해 주는 것은 아니지만, 적어도 김삼조를 위시한 여러 인물들에게 시대적 이념이 매개되어 나타나고 있다는 사실이 전적으로 부인될 수는 없을 듯 하다. 이렇게 읽을 때 소년 갑수의 체험은 그것이 개인적 어둠이면서 동시에 역사의 어둠으로서 우리에게 다가온다. 소년 갑수가 성인으로 성장해가면서 어둠의 정체를 확인해 나가는 것과 마찬가지로 우리도 진영에서의 어둠이 곧 역사의 눈먼 파괴성과 폭력성의 그것이라는 것을 인지케 되는 것이다.

이 작품에서 작가는 가난과 계급투쟁과 이데올로기의 상극으로 점철된 역사의 어둠에 대한 나름대로의 대안을 제시하고 있는데, 그것은 바로 사랑과 화해의 세계이다. 작가가 제시하는 사랑과 화해의 세계는 바로 이치모의 적극적인 농촌활동이나 배도수가 부인과 함께 과수원 경영을 하는 데에서 잘 나타난다. 특히 한때 공산주의의 이론적 지도자였다가 전향한 배도수가 자연 속에서 묻혀사는 것은 인간이 저지른 온갖 폭행과 죄악을 자연이라는 원초적 상태에서 씻어내고자 하는 속죄의 의미를 지닌다고 할 수 있다. 더 나아가 그의 자연으로의 복귀는 바로 어둠이라는 현실세계의 속박에서 벗어나 사랑과 화해로 가득찬 세계로의 귀환을 의미하는 것이다. 그래서 갑수가 진영을 떠나 상경하는 차창에 비친 노을의 빛깔은 "어둠을 맞는 핏빛 노을이 아니라 내일 아침을 기다리는 오색찬란한 무지개 빛"이 된다.

> 산 위에 거린 쌘구름이 노을빛에 물들어 있었다. 노을은 산과 가까운 쪽일수록 찬란한 금빛을 띠고 차츰 거리가 멀어질수록 보라색 쪽으로 여리어져, 노을을 단순히 붉다고만 볼 수는 없었

다. 자세히 보면 그 속에는 여러 가지의 색이 교묘히 섞여 있음에도 불구하고 사람들은 노을을 붉다고만 말한다. 진노란색, 옅은 푸른색, 회색도 저 속에 섞여 있지 않은가, 그런데도 세상 사람들은 그렇게 무엇인가 한가지로 뭉뚱그려 구별지어 버리기를 좋아하는 것일까 (…) 미송이가 그렇게 날으는 희망을 키우는 만큼 그의 눈에 비친 하늘은 분명 어둠을 맞는 핏빛 노을이 아니라 내일 아침을 기다리는 오색찬란한 무지개 빛이리라. 그와 마찬가지로 지금 차창 밖을 내다보고 있는 현구의 눈에 비친 아버지의 고향도 반드시 어둠을 기다리는, 그런 상처 깊은 고향이기보다는 내일 아침을 예비하는 다시 오고 싶은 고향일 수도 있으리라.

-『노을』에서

『노을』의 마지막 장면에서 갑수의 눈에 비친 노을이 29년 전 진양의 지독한 가뭄 속에서 내리쬐던 폭양과 피 빛의 어둠이 아니라 다양한 색채의 조화로 바뀌어 가는 것은 여러 가지의 의미를 시사해 준다. 이것은 무엇보다 그동안 진영에 드리워졌던 가난과 이념과 계급이라는 어둠의 굴레를 벗어나 사랑과 화해의 세계가 도래하기를 바라는 작가의 염원을 의미해주는 것이라고 할 수 있다.

그러나 여기서 작가가 우리에게 제시해 주는 사랑과 화해의 세계가 진정한 의미에서의 어둠의 역사에 대한 구체적 대안이 될 수 있을까하는 의문은 뒤따른다. 이 의문의 제기는 사실 이제까지 우리가 이 작품을 읽으면서 밝혀 온 여러 소중한 의미에 중대한 손상을 가져올 정도의 결함으로 작용할 수도 있다. 작가가 제시하고 있는 사랑과 화해의 세계는 당면한 현실에 대한 작가의 혐오와 좌절에서 우러나온 대안이라고 할 수 있는 것이다. 그러나 역사의 현실이 아무리 혐오와 좌절의 대상이라고 하더라도 그에 대한 치유책은 구체적인 현실 속에서의 실천적인 행위와 연계될 때 의미 있는 것이 된다. 어둠의 현실에 맞설 대안으로서의 사랑과 화해는 아무래도 추상적, 관념적 해결방식이라는 느낌을 지울 수 없게 하고 있다. 또한 작가는 나중에 '나'가 이치모를 만나게 하거나 자연에 귀의한 배도수의 모습을 통해서 역사의 상처를 회복하고자 하는 노력을 보여주고 있지만, 이것이 어떠한 구체적인 미래에의 전망이나 왜곡된 역사 치유의 방책이라기보다는 다분히 작가의 인도주의적 관점의 제시에 그치고 있다. 따라서 『노을』에서 소년 갑수가 아버지의 삶으로부터 가지는 과거의 인식은 필연적인 역사과정의 구체성을 확보하지 못한 채 다분히 관념적으로 파악되거나 인도적 차원에 머물고 말았다는 비판이 가능한 것이다. 『노을』이 드러내고 있는 이러한 약점은 『불의 제전』에서 상당 부분 극복된다.

3. 어둠의 축제 혹은 어둠의 환멸

『불의 제전』은 1950년대 전후를 시대적 배경으로 삼고 있고, 작중공간 또한 경남 진영을 배경으로 하고 있어서 얼핏 보면 「어둠의 혼」이나 『노을』의 연장선상에 놓이면서 이들과 유사한 주제와 의미구조를 지니고 있는 것으로 보인다. 그러나 『불의 제전』은 한반도의 급변하는 시대상의 와중에서 다양한 계층의 인물들이 겪게 되는 사건과 삶의 모습을 형상화시킴으로써 새로운 문학적 경지를 보여주고 있다.

실제 『불의 제전』에서 우리가 가장 먼저 주목하게 되는 것은 앞선 작품들과 달리 여러 다양한 인물군이 등장하고 있으며 그들에 의해서 우리의 왜곡되고 훼손된 근 현대사의 삶의 실상이 기술되고 있다는 점이다. 이 작품에 등장하는 인물들은 간단히 범주화시키기 어려울 정도로 다양한 개별성을 지니고 있지만, 그들은 크게 세 부류로 나누어 질 수 있다. 첫 번째 부류는 다수의 민중적 삶과는 절연된 채 오직 개인적인 부와 권력만을 도모하는 우익 집단이라고 할 수 있다. 염색 공장을 하는 대지주이면서 진명중학 이사장인 심동호, 소설의 서두에서 소작농 차구열에게 살해되는 지주 서유하, 서용하, 그리고 이들과 더불어 민중들을 억압하며 자신들의 신분적 이익만을 추구하는 경찰서장 한주임과 강차석,읍장 등은 바로 이 부류에 속하는 인물들이라고 할 수 있다. 두 번 째의 그룹은 철저하게 이데올로기로 무장된 채 현실에 증오와 적의를 드러내는 좌익 집단이다. 빨치산 대장으로 진영 좌익 세력의 지도적 역할을 하는 조민세, 지주의 아들이자 인텔리인 배종두, 박귀란, 이문달 등은 바로 이 좌익 그룹에 속하는 인물들이다. 마지막으로 이 작품에서 가장 우리의 관심을 끌고 있으며, 작가도 거의 이례적일 정도로 적잖은 지면을 할애해서 묘사하고 있는 인물 집단이 바로 민중 내지 민중지향적 인물들이다. 진영중학교 교사이면서 적색농로운동에 가담해서 여러 차례 옥고를 치르는 발도선, 급진 좌경주의를 동경하다 좌절케 되는 심찬구, 유교에 경도하며 신중한 민중지향적인 안천총, 허정우, 홍세호 등은 비록 좌절과 부침을 거듭하지만 민중적 삶과 긴밀한 관계를 맺고자 애쓰는 인물들이다. 이들 뿐만 아니라 민중의 염원을 몸소 실천적으로 구현하고자 하는 인물들도 제시된다. 지주 서유하를 살해하는 소작농 차구열과 그의 아내 아치골댁, 김오복 부자, 김강보, 모필태 등은 그야말로 자신들에게 밀어닥치는 수난과 곤욕의 삶을 이겨나가는 민초들이다.

『불의 제전』은 이렇게 다양한 계층의 인물들과 그들의 삶을 압축적으로 형상화시키고 있다. 그래서 「어둠의 혼」, 『노을』에서 보여준 작가의 역사인식이 쉽게 용서와 화해를 구하는 다소 관념적. 추상적인 것이었음에 비해 이 작품에서는 보다 철저하고 투철한 역사인식을 보여주게 된다. 이것을 우리는 작품의 서두에서 소작농 차구열이 지주 서유하를 살해하는 사건에서부터 확인케 된다.

소작농 차구열이 지주 서유하를 찔러 죽이는 이 사건은 단순히 서유하에 대한 차구열의 개인적 감정이나 우발적 충동에 의한 것이 아니라, 그 내면에는 당시 사회에서 반드시 해결해야 했던 지주 소작 관계의 뿌리 깊은 적의가 담겨 있다고 할 수 있다. 전통적으로 이 땅의 조 산업은 농업이었고, 농업은 대체로 지주 소작 관계로 영위되어 왔다.

지주는 읍면 토지의 절대 면적을 소유하며 대대로 권세를 누려오는 세족 출신들로써 자신들의 토지를 가노들이나 이웃들에게 소작 주고, 그들로부터 가혹할 정도로 고율의 소작료를 징수함으로써 소작인들은 자신들의 노동에도 불구하고 항상 헐벗고 굶주린 상태를 벗어날 수 없었다. 더 가뭄이나 홍수 같은 자연재해가 닥쳐 농사를 망치는 해에는 빈궁의 극에 달한 빈종들의 지주들에 대한 감정은 악화된 형태로 나타나기 일쑤였다. 지주와 소작인 사이의 관계는 특히 일제 식민지 시대부터 가장 악화된 형태로 나타나 커다란 사회적 문제로 등장했는데, 해방 후에도 이 문제를 해결하는 일은 주요한 과제 중의 하나였다. 『불의 제전』의 배경이 되고 있는 진영 또한 농지 경작인들의 대부분이 소작인이었고, 서유하를 살해하는 차구열은 바로 서씨 가문의 하인 출신으로써 그 집안의 소작농이었던 것이다. 말하자면 차구열의 행위는 일제하부터 시작해서 오랜 세월동안 자신들을 착취하고 수탈해 온 지주 계급에 대한 소작인의 항거라는 의미를 지닌다고 할 수 있다.

차구열에 의해 살해되는 서유하는 진영 바닥의 대지주들 뿐 아니라, 그는 일제치하이래 일본의 독점자본에 기생해 온 매판자본가의 전형으로 나타난다. 식민지시대 이래 본격적으로 파쇼체제로 돌입한 일본의 경제정책에 의해 한국의 민족자본은 완전히 예속 자본화되었고 이에 타협 않는 자본가는 존재할 수 없었다. 그래서 식민지 시대 초창기부터 일제는 농민층의 생산수단인 토지와 노동력을 수탈하는 원시적 착취 과정을 밟기 시작했고, 이 과정의 주구 노릇을 하며 상업자본의 증식에 일찍 눈뜬 사람들은 해방 이후에까지 대지주로서, 실업가로서 행세할 수 있게 된 것이다. 작중에서 서유하, 심동호 등은 바로 이런 인물의 전형이라고 할 수 있다. 실제 이 작품에서 작가가 이들 우익 세력의 편성과 그들이 드러내는 반민중적 성격에 대한 비판은 만만찮다. 이들이야말로 일제 식민주의의 억압과 착취와는 불가분의 관계를 맺고 있는 인물인 것이다. 심동호 같은 인물에게 보이는 작가의 비판적 시선은 완강하다. 그는 바로 일제 때 "남 먼저 창씨개명까지 하여 왜놈들에게 붙어먹어" 왔으면서도, 해방 후에도 계속 일본에 의존해서 자신의 사업을 증식시키는 존재이다. 역사적 모순을 바로 잡기위해서 심동호 같은 친일 세력은 반드시 단죄되어야 할 인물로 작가는 그리고 있다. 그러한 의미에서 진영의 농지위원장 심동호가 주도했던 농지개혁이 민중의 염원과 달리 허구로 끝나게 된 사실에 분개하는 민중들의 모습에 대한 작가의 묘사는 우리에게 적잖은 감동을 던져주기까지 한다.

> 「배고파서 못살겠다. 불쌍한 소작농의 살길을 달라!」 모필태가 기를 쓰고 외쳤다. 그의 목청이 드높은 만큼 갈라진 탁음에는 격한 울음기가 섞여 있었다. 「배고파서 몬살겠다. 불쌍한 소작농의 살길을 다알라!」 농군들의 복창이 한결 높아져 장터 마당을 쩌렁 울렸다. 구호 내용이 자기네의 절박한 처지를 구체적으로 표현하자 그 작극이 금세 효과를 냈고, 이심전심 마음의 뜻이 전해져 표정들이 제법 진지하고 숙연해졌다. 부끄러워 얼굴을 숙인 자나 한눈을 파는 자도 줄어들었다.
>
> -『불의 제전 2』에서

이 작품에서 제시되는 차구열의 지주 살해 사건이나, 조민세의 열차 탈취사건, 그리고 농지위원장 심동호에 대한 조작인들의 집단쟁의 등은 당대의 구체적 삶의 상황과 역사적 본질에 대한 작가의 인식을 보여주는 중요한 구도라고 할 수 있다.

그러나 작가의 이러한 인식은 이 작품에서 민중지향적 인물들에 의해 더욱 심화. 발전되지 못하고 번번이 좌절되거나 실패하고 만다. 앞서도 소개했듯이 이 작품에서는 다양한 인물군들이 등장하고 있으며, 이념적으로 좌우익으로 양분되는 이들의 어느 편에도 작가는 긍정적 의미를 부여하지 않는다. 작가는 또 다른 인물군들을 창출하고 있는데 이들이 민중지향적 인물들이다. 이들은 민중적 삶을 형상화해 주며 민중들과 긴밀한 관계를 맺음으로써 좌우익 양대 세력에 대한 비판적 중도세력으로 등장한다. 작가에 의해 가장 공들여 그려지고 있는 심찬수, 박도선, 안천총, 허정우 등은 자신들의 지식이나 계급적 기반으로 인해 좌우익으로 대변되는 당시의 역사적 맥락을 잘 파악하고 민중의 목소리도 객관적으로 수용할 수 있는 인물들이다. 그러나 이들은 역사의 진행과 더불어 역사적 변화와 혼돈 상황을 극복하지 못하고 쉽게 좌절하고 만다. 예컨대 심찬수와 같은 인물은 한때 급진 좌경주의에 경도되었지만, 필리핀으로 강제 징집되어 한 팔을 잃고 구사일생으로 목숨을 건진 이후 허무주의에 빠져 역사를 하나의 혼돈으로 인식할 정도로 좌절하고 만다. 그는 지식인다운 비판력과 통찰력도 지니고 있었지만 스스로 어떠한 실천적 의지도 포기해버림으로써 결국 역사에 대한 관망자가 되어버리고 만다. 마침내 그는 "팔일오 광복은 삼팔선의 분단과 좌우익의 피를 부르는 극단적인 대립을 가져왔고, 그 혼란은 숨구멍을 트려는 정신에 오히려 독가스를 불어넣는 격이 되고 말았다. 역사의 진행이란 역시 악순환일 뿐이다.(…) 역사의 도도한 흐름에 부생하다 죽고 태어나는 인간의 생사는 아메바와 하나 다를 바 없다"(『불의 제전 2』)는 비관적 역사 인식에 사로잡히게 된다.

『불의 제전』에 등장하는 심찬수를 위시한 중도파의 모습을 통해서 우리는 역사적으로 해방 이후 좌우합작운동을 전개한 여운형이나 김규식 같은 인물을 연상케 된다. 이들의 좌우합작운동이란 좌익과 우익의 극한적 대립을 완화하여 정치적 안정을 이룩하고 새로운 민주정부를 수립하자는 것이었다. 그러나 역사적으로 이들의 좌우합작의 논리는 전혀 현실적인 힘을 얻지 못했다. 이들이 지니고 있던 논리의 소박성, 민중의 염원을 대변할 수 있는 세력으로서의 열세, 그리고 당시 미군정의 절대적 지지를 받고 있던 극우파의 우세 등등의 원인으로 중도파는 해방 후 역사적 실체로 존재할 수 없었다. 그렇게 볼 때 『불의 제전』에 등장하는 중도세력에 대한 작가의 지나친 관심은 그것이 작가의 의도이든 아니든 역사적 진실성의 문제에 부딪힐 수밖에 없다. 사실상 그것은 역사에서 이미 좌절하거나 실패한 중도파의 논리를 새롭게 부각시키고자 하는 의도에 다름 아니기 때문이다. 실제 『불의 축제』에 나타나는 중도파는 정도의 차이에도 불구하고 심찬수, 박도선, 홍세호의 경우에서 보듯이 이데올로기의 열정에만 사로잡혀 좌익운동에 가담했다가 전향하게 되는 이상적 민족주의자이거나, 또 이들 중도적 인물들은 흥미롭게도 한결같이 병자이거나 신체적 결함을 지닌 인물들이다. 다시 말해 이들은 처음부터 민중의 염원을 대변하는 세력으로서나 좌우로 갈라진 민족 분단을 극복할 수 있는 세력으로 기능할 수 없었던 것이다.

역사가 지식인들의 관념에 의해서보다는 민초들의 실천적 행동에 의해 더욱 강인하게 움직일 수 있음을 이 작품에 등장하는 민중들의 생생한 모습을 통해서도 확인할 수 있다. 중도적인 회의적 지식인들에 비해 차구열과 그의 아내 아치골 댁, 농지개혁의 허구성을 항의하며 심동호의 집에 소작농들을 이끌고 가는 모필태, 김강보 등의 모습은 훨씬 생동적인 이미지를 지니고 있는 인물들이다. 이들은 당대의 민중들이 겪어야 했던 갖은 수난에 억눌려 신음하면서도 끈질기게 삶을 영위해 간다. 『불의 제전』에서 완전히 극복되지 못한 삶과 이데올로기의 문제는 지식인의 관념 속에서 찾아질 것이 아니라 민중들의 현실적 갈구와 분투 속에서 천착되어야 했을 것이다.

4. 개인사와 역사의 어둠 속에서

『겨울골짜기』는 소위 거창양민학살사건이 일어났던 거창군 신원면의 어느 마을이 무대가 되고 있다. 거창양민학살사건은 널리 알려져 있듯이, 6·25의 막바지에 지리산 일대에서 활약하던 빨치산들의 활동이 기승을 부려갈 즈음 빨치산들의 토벌을 명령받은 군경 토벌대가 신원면 마을의 양민 수백 명을 무차별하게 집단으로 학살한 사건이다. 『겨울골짜기』는 바로 이 역사적 어둠의 배경 속에서 전쟁이 가져온 이데올로기의 분열과 그에 일정하게 대응해야 하는 개인의 극한적 모습이 탁월하게 그려지고 있다. 이 작품은 동생 문학득이 소속되어 있는 3·15 빨치산 부대에 속한 산사람들의 삶의 모습과 형 문한돌이 살고 있는 신원면 마을사람들의 삶의 모습이 교차하여 제시되고 있다. 따라서 이 소설은 산에서 살고 있는 빨치산들과 마을에서 살아가고 있는 마을사람들의 상반된 삶의 논리가 주된 구성을 이루게 된다. 이들의 상반된 삶의 논리는 바로 동족상잔의 전쟁이 만들어 낸 것이며, 작가 또한 「작가의 말」에서 "전쟁이 얼마나 혹독한 굶주림으로 인간을 옥죄이고, 살아남음에 따른 고통의 극한을 인간은 어느 한계까지 견디어 내는가. 나는 그 두 문제에 초점을 두고 이 소설을 썼다"(『겨울골짜기 上』)고 창작의도를 밝히고 있다.

그러나 이 소설이 단순히 전쟁이라는 극한적 상황에 당면한 개인의 생존의 의미를 밝히거나 전쟁의 비판에 그치고 있는 것은 아니다. 작가의 의도가 어떻든 이 소설에는 전쟁의 체험을 통해서 이데올로기의 실체를 드러내고 그 허구성을 폭로하고자 하는 의도가 짙게 깔려있다. 다시 말해 『겨울골짜기』에서 우리가 주의 깊게 읽어야 할 것은 전쟁에 대한 혐오라든가 전쟁으로 인해 개인의 삶이 이러하게 위해 받았다는 사실 그 자체보다 이데올로기의 정체를 집요하게 드러내고자 하는 작가의 의도이다. 실제 이 작품의 주된 두 배경인 산과 마을 사이에는 이데올로기라는 쉽게 건널 수 없는 깊은 심연이 가로놓여 있다. 작가는 작품의 제1장 「겨울들머리」, 제3장 「첫경험」, 제 5장 「하루살이」를 통해서 빨치산들의 입산 경위와 그들의 산 생활을 여태까지의 어느 분단소설보다 더 면밀하게 그려 보여주고 있는 반면에, 제2장 「들피진 삶」, 제4장 「빼앗긴 사람들」, 제6장 「먼봄, 겨울 끝」에서는 빨치산과 토벌대라는 이중의 적으로부터 생명을 유지해야 하는 마을사람들의 모습을 제시하고 있다. '산'과 '마을'은 바로 좌우익 이데올로기로 인해 갈라진 삶의 공간을 형성하고 있는 것이다. 여기서 살아가는 인물들도 본인들의 의사와 관계없이 어떠한 형태로든 이데올로기와 연관된다. 그런데 이 작품에서 흥미로운 사실은 등장인물들 모두가 이데올로기에 직 간접으로 연관되어 있으면서도 이들이 어떠한 이데올로기에 투철하거나 그에 따른 행동을 하지는 않는다는 점이다.

산 속의 삶의 주역인 문한득은 국민학교도 못나온 소작농 출신이다. 작가도 암시하고 있듯이 문한득이 인민군 전사가 된 것은 아주 우연한 일이었다. 큰형 문한병이 해방 후 남로당 활동을 하다가 6.25 직후 검속에 걸려 총살을 당했는데, 문학득은 큰형 밑에서 심부름을 하고 다니다가 아무런 의식도 없이 입산하여 인민군 소년병이 되었다. 그는 배반하면 가족을 몰살시키겠다는 인민군 군관들의 협박에 못 이겨 마을을 습격할 때는 용맹을 발휘하기도 하지만, 그의 머리속에는 오직 고향과 어머니와 달분이 생각뿐이다. 문한득이 빨치산 부대에 입대한 것은 전혀 자신의 의사에 의한 것이 아니었고 거기에는 어떠한 이데올로기의 무장이나 투철한 인식도 없다. 엄밀한 의미에서 그는 공산주의라는 이데올로기와는 전혀 상관없는 인물인 것이다. 예컨대 신원면 공격을 앞두고 3·15 빨치산 부대의 작전참모가 하는 연설을 들으면서 문한득이 하는 다음과 같은 다짐에서도 이 점은 잘 드러난다.

> 하늘의 핏빛처럼 땅도 핏빛으로 물들여 가며 저북지 어디에서인가 지금도 전쟁은 계속되고 있으리라. 이제 나도 난생 처음으로 전쟁터로 나가는구나, 그리고 총도 쏘아 보게 되는구나, 그런 말은 되씹자 가슴속에서 한아름 불기둥이 목구멍을 치받고 올라왔다. 불쾌하지 않은 흥분이었다. 아니, 등골이 저릿해 오는 쾌감이었다. 추위로 옹송그러지는 몸과 살점을 쥐어뜯는 발가락의 통증에도 불구하고 그의 심장만은 용광로처럼 달아올랐다. 싸우자, 같은 동포끼리 무엇을 위해 싸우는지 그 이유는 잘 모르지만, 무엇보다 나를 위해 싸우자. 싸워 이겨야만 내가 살아남을 수 있고, 내가 살아야 가족을 만날 수 있다. 공산주의를 하는 사람들은 나에게 약속을 했다. 내 땅에 내 손으로 씨앗을 뿌려 곡식을 거두어 먹을 수 있다고, 그 정도의 이유만으로 그냥 싸우는 거다.
>
> -『겨울골짜기 上』에서

여태 산 속에서 그렇게 모진 고생을 해가면서도 왜 싸워야 하는지 그는 한번도 근본적으로 묻지도 않았고, 그에게는 오직 살아남아야 한다는 생각만이 있을 뿐이다. 문한득과 마찬가지로 그가 산 생활에서 만나게 되는 대부분의 인물들에게서도 이데올로기로 무장된 동지애나 연대감은 찾아보기 힘들다. 비정한 원리주의를 내세우며 잔인한 폭력을 일삼는 송중대장, 기계적인 군인일 뿐인 팔로군 출신의 김풍기 분대장, 작전참모 등은 자신들이 당면한 현실에서 다른 선택의 여지가 없기 때문에 이데올로기에 투철한 듯한 모습을 보일 뿐, 그들의 산생활에서 진정으로 중요한 것은 이념의 실현을 위한 것이라기보다는 오직 '살아남기 위한' 개인적 생존일 뿐이다. 산 생활에서 문한득과 가장 가까이 지내는 김익수에게서도 이 점은 더욱 분명하게 확인된다. 김익수는 흡사 『불의 제전』에 등장했던 심찬수, 박도선 등과 유사한 회의적 지식인으로써 그 역시 이데올로기에 자발적이고 능동적인 헌신을 보여주기 보다는 이승만 정권에 환멸 했던 공산주의 이론에도 찬동할 수 없는 회의주의자로 나타나고 있다. 『겨울골짜기』에서 작가가 우리에게 제시코자 하는 핵심적 주제가 이데올로기의 폭력성이나 허구성을 폭로하고자 하는 것이 사실이라면, 작가의 의도를 직접적으로 표출이나 하려는 듯이 김익수의 좌우익 이데올로기에 대한 비판은 작중의 여러 군데에서 신랄하게 이루어진다.

문한득의 형 문한돌을 중심으로 전개되는 마을사람들의 상황 역시 이와 다를 바 없다. 문한돌의 삶은 어떠한 이념이나 가치를 추구하지 않는 소박하고 평범한 인물의 그것이다. 그는 그야말로 "땅이나 갈며, 커가는 자식"들이나 보며 소시민적 삶을 평화롭게 누리고자 한다. 그러나 목숨을 유지하기 위해 어쩔 수 없이 빨치산과 내통함으로써 경찰로부터 통비분자로 지목받거나, 혹은 경찰이나 토벌대를 도움으로써 빨치산으로부터 반동분자로 몰리어 공격 대상이 된다. 거창군 신원면의 다른 마을 사람들과 같이 문한돌도 알게 모르게 서서히 좌우익 이데올로기에 연루되고 비극을 맛보게 되는 것이다.

『겨울골짜기』는 빨치산과 마을사람들의 상반된 삶의 양상을 세밀하게 추적함으로써 개인적 삶과 이데올로기의 관계를 선명하게 그려주고 있다. 개인의 삶의 구체를 통해서 이데올로기의 실체를 밝히고자 하는 작가의 노력을 이 작품의 여러 등장인물들이 비극적 삶의 종말을 맞게 되는 과정을 통해 더욱 극적으로 그려진다. 개인적 생존의 욕구에 의해 빨치산에 가담치 않을 수 없었던 문한득을 죽게 하는 것이나,

이데올로기에 가장 충실한 인물 인 듯하던 송중대장을 허망하게 죽게 하는 것이나, 더 나아가 작품의 말미에서 빨치산과 토벌군들 사이에서 이중의 고통을 당하며 살아가던 순진무구한 신원면 마을사람들이 집단학살 당하는 모습을 제시한 것은 모두 이데올로기의 허구성과 폭력성을 우리에게 보여주고자 하는 작가의 의도일 것이다. 작가의 말대로 김원일은 『겨울골짜기』에서 거창 사건을 다루었지만 그 자체를 소설화하고자 하는 의도보다는 사건을 유발한 이데올로기의 실체를 밝히고자 했다. 사실 작중에서도 사건이 일어나게 된 인과관계나 사건의 현장에 대한 생생한 묘사는 없다. 다만 작품의 마지막에 이르러 신원면에서의 양민학살사건이라는 절정 부분이 나타나고 거기서 전 부락민이 죽어가는 가운데 새로 태어난 아이 덕분으로 죽음을 모면한 문한돌이 "저 많은 죽음의 보상으로 이렇게도 모질게 한 목숨이 세상에 태어났는가. 그는 이제 핏줄을 이을 아들을 두었음에 그 어떤 보람이나 기쁨도 느낄 수가 없었다."(『겨울골짜기 下』)고 독백케 하고 있다. 따라서 『겨울골짜기』에서의 이데올로기 비판은 어떠한 과학적. 이론적 인식에 기초하고 있다기보다는 구체적인 개인적 삶의 영역에 대한 천착으로부터 이루어지고 있다고 할 수 있다. 말하자면 이 작품에서의 이데올로기 비판은 역사 속에서 살아가는 개인적 삶의 체험의 구체성에 대한 작가의 객관적 시각의 확보에서 우러나오고 있는 것이다. 이미 지적했듯이 이 작품에 등장하는 인물들이 어떠한 이데올로기로 무장된 채 행동하는 것이 아니라 개인적 생존의 절박함으로 인해 이데올로기를 선택하게 된다. 그들에게 이데올로기는 맹목적이며 비인간적인 것일 뿐이다. 역사 안에 도사리고 있는 이데올로기의 폭력성과 허구성을 보는 작가의 입장이 다분히 비극적인 것도 바로 이런 이유에서 일 것이다. 이 작품의 많은 인물들이 좌우의 이데올로기 갈등의 밖에서 관망자의 입장을 취하고, 이데올로기의 맹목성과 폭력성에 대한 관념적인 사색에 그치고 있는 이유도 우리는 어느 정도 이해하게 된다. 『겨울골짜기』 뿐만 아니라 이데올로기 문제에 대한 본격적 접근은 80년대 분단소설의 중요한 특징으로 나타나고 있다. 또한 이데올로기 문제를 다룰 때에도 지나치게 우익 편향적인 시각도 많이 수정되었고 좌익에 대한 냉정한 평가를 이루려는 노력도 적잖게 나타나게 되었다.

『겨울골짜기』는 물론이고 조정래의 『태백산맥』 같은 작품에서도 좌우익의 이데올로기에 대한 새로운 점검의 노력이 현저하게 나타나고 있다. 그러나 이 작품들 역시 거의 강박관념에 쫓기듯이 좌익 콤플렉스에서 벗어나지 못하고 있고, 등장인물들도 좌우 이데올로기의 객관적 실체를 드러내는데 오히려 부작용을 초래할 정도로 주관적이고 관념적인 인물로 묘사되고 있다. 『겨울골짜기』의 김익수를 위시해서 『태백산맥』의 핵심인물인 김범수 같은 인물들은 좌우 이데올로기나 민족분단의 문제에 대해서 고민하다가 결국 보편적 인류애의 관점에서 이데올로기를 비판하는데 그침으로써 문제의 핵심에서 벗어나 버리고 마는 것이다. 물론 이들의 이런 태도를 통해서 우리는 당대의 정치적, 사회적 상황 하에서의 이념적 갈등이 얼마나 격렬하고 첨예했는가를 짐작할 수 있지만, 중요한 것은 이들의 삶과 좌우의 이데올로기를 보는 시각이 얼마만큼 민족현실과 미래전망에 실천적 기여를 하느냐 하는 것이다. 이런 점에서 『겨울골짜기』에 등장하는 여러 이념형의 인물들은 전쟁의 의미와 이데올로기의 실체를 캐내고자 한 작가의 의도와는 달리 일정한 한계를 보여주었다고 할 수 있다. 그러나 이런 한계에도 불구하고 『겨울골짜기』는 좌절된 좌익 지식인의 내면을 통하여 좌익 이데올로기의 활동과 역사적 성격을 보여주고자 했고, 또한 과거의 역사에 대한 해명이 현재의 현실이해와 미래의 전망을 위해서도 필수적인 것이라고 할 때, 이 작품에서 보인 작가의 역사적 상상력은 높이 평가되어야 할 것이다.

5. 어둠을 헤쳐 나오며

『늘푸른 소나무』는 1910년대를 시대적 배경으로 식민지 시대의 우리 민족사를 문학적으로 재구성한 3부작의 대하수설이다. 예정된 전체 9권 중 현재까지 6권까지 밖에 발간되지 않아서 아직 이 작품에 대한 구체적 평가를 내리는 것은 성급한 일이 되겠으나, 지금까지 발간된 6권까지 만으로도 이 작품의 개략적인 의미와 김원일 문학의 새로운 위상을 밝혀낼 수는 있을 듯하다. 1978년에 발표된 단편 「절명(絶命)」을 모태로 한 이 작품은 일본의 조선 강제 점령기 전반에 해당하는 1910년대에서 20년대를 가로지르며 제국주의의 압제에 맞서는 민족해방 운동과 피압박 민족의 참담한 정황을 그리고 있다. 일제 강점기라는 암울한 현실과 이상의 간극에서 고뇌하며 실천적 삶을 위한 인생유전을 거듭하는 주인공 석주율의 삶의 행적을 통해 작가는 다음과 같은 인간상을 부각시키고자 했음을 밝히고 있다.

> 삶으로서의 실천, 또는 소설로서의 성취감이 사람과 사람이 호혜하여 평화스러운 공동체의 사회를 만들어나가는 데도 희망의 줄기가 닿아 있다면, 작가는 그런 사회를 만들기 위해 자신을 헌신적으로 내던진 인물을 형상화해보고 싶은 간절함을 누구나 품게 마련입니다.
>
> 저는 현실과 이상의 간극에서 고뇌하는 주인공을 그런 유형의 하나로 내세워보았습니다. 한 인간이 닫힌 자아의 문을 고통스럽게 열어 이웃과의 관계맺음을 통해 참다운 '사랑'을 실천해나갈 때, 그 길이 순탄하지만은 않음이 이 세계의 진상입니다.
>
> -『늘푸른 소나무 1』에서

"한 인간의 닫힌 자아의 문을 고통스럽게 열어 이웃과의" 진정한 사랑을 획득하는 과정을 그리고자 했다고 작가는 밝히고 있지만, 이 작품에서 석주율의 고행에 가까운 삶의 행로는 개인적 '자아'의 성장을 통하여 역사와 사회라는 '이웃'과의 폭넓은 지평으로 나아가고 있는 셈이다. 지금까지 여러 작품을 통해서 밝힌바 대로 김원일 소설에 등장하는 개인들은 거의 "'나는 누구인가'란 질문에서부터 출발한 산 인간의 성장 과정을 추적"(『늘푸른 소나무 1』)하고, 그로부터 역사의 의미를 캐내는 데로 발전해 나아가고 있다. 『늘푸른 소나무』에서 이 과정은 더욱 확대되어 "개인과 현실, 사회와 민족, 나아가 세속과 초월, 완성으로서의 인간의 도정-이런 자아실현에 따른 생의 총체적인 풀이"(같은 책, iv면)로 나타난다. 따라서 이 작품에서 석주율이라는 개인이 추적케 되는 역사적 뿌리는 더욱 거대하고 갚은 것이 된다. 그야말로 작가는 석주율이라는 개인적 인간의 삶의 도정을 통하여 역사적 보편성의 세계를 추적하고 있는 것이다.

『늘푸른 소나무』에 나타나는 석주율의 삶의 행로는 그야말로 고행의 그것이다. 종의 자식으로 태어나 불교와 기독교의 참사랑의 정신과 그 실천을 꿈꾸는 그는 빈민운동을 하다가 감옥생활을 체험하게 되고, 여기서 민족자존과 뿌리에 대한 깨달음으로 만주행을 결심해 청산리 전투에도 참전하게 된다. 또한 그는 전장에서 타인을 죽이는 절대적 고뇌와 비극적 상황에서 진정한 자아의 발견을 위해 몸부림치고 이후 민족종교인 대종교에 의지해서 비폭력 저항을 펴나가기도 한다. 간략히 살펴본 삶의 행로를 통해서도 알 수 있듯이, 석주율의 삶은 끊임없이 변신과 유전으로 점철되어 있다. 소작 하인에서부터 독립운동을 하는 승려에 이르기까지 변신하는 등 당대의 시대적. 역사적 흐름에 따라 신분 이동을 하고 있고, 또한 불교, 기독교, 민족종교로의 종교적. 정신적 편력을 거듭하고 있다. 석주율의 이 끊임없이 신분이동과 정신적 편력은 좌절과 통한의 민족사를 감싸 안고 핍박받는 삶을 살아 온 민중들의 이야기이며, 동시에 전환과 변동의 역사적 현실이기도 한 것이다.

『늘푸른 소나무』에서 또 한 가지 우리의 주목을 끄는 것은 작가가 그의 어느 소설에서보다도 당대의 습속과 풍광을 실감나게 그려내고 있다는 사실이다. 이를테면 작가는 1910년대 북간도 지방의 독립투쟁사를 상세하게 보여주고 있는데, 그럼으로써 작가는 분단문제를 잉태한 일제침략기의 역사적 의미를 우리에게 새롭게 환기시키고 있다. 합방 이후 국권이 송두리째 상실되고 민주적 전통이 좌초되어가는 상황에서 사회구조가 기층에서부터 와해되어진 것은 당연한 현상일 것이다. 작가는 바로 당대의 암울하던 역사적. 사회적 현실에 대한 치밀한 묘사를 통하여 석주율로 대변되는 민중들이 어떻게 자신들의 삶의 뿌리를 지켜나가며 새로운 시대로의 변화를 수용하고 민족적 정통성을 지켜나가는지를 밝혀내고 있다.

『늘푸른 소나무』에서 김원일 문학이 이룬 성과는 그 폭이나 깊이에 있어 절정에 이른 듯한 느낌이다. 여태 많은 비평가들이 그의 문학의 중대한 한계로서 지적해 왔고 필자도 이 글에서 간간이 지적했던 김원일 문학의 약점들, 이를테면 지나치게 가족사 중심적인 스토리의 전개, 과다한 관념적. 인도주의적 관점의 노출, 민중의식의 결여 등등이 『늘푸른 소나무』에서는 거의 상쇄되어 있다고 해도 과언이 아니다. 그만큼 이 작품에서 작가는 개인과 역사, 사회와 민중, 세속과 초월 등의 인간 삶의 도정 전반에 관하여 '총체적인 풀이'를 해보여주고 있기 때문이다.

김원일 소설의 많은 부분들은 작가의 개인적인 체험에 근간을 두고 있다. 이를테면 여러 작품에서 작가의 고향인 진영이라는 구체적 지명이 등장한다든지, 주요 등장인물이 작가의 개인적 삶의 이력과 상당한 유사성을 보여주고 있다는 점들이 이 사실을 뒷받침해 준다. 모든 문학 작품은 작가의 내면세계에 자리 잡고 있는 개인적 체험의 형상화라는 진부한 이야기를 상기치 않더라도, 김원일 문학에 담겨있는 개인적 체험은 그의 작품을 성공한 것으로 만들 수도 있고 실패한 것으로 만들 수도 있다. 중요한 것은 이 개인적 체험이 한 개인의 삶의 체험으로 머물고 마느냐 아니면 그것을 통하여 역사와 세계에 대한 보편적 체험을 획득하느냐 하는 것이다. 개인적 체험이란 그것을 통하여 개인을 넘어선 세계의 질서와 역사의 의미에 대한 이해로 이어질 때에야 구체성과 보편성이 획득된다. 김원일의 개인사적 체험은 그의 문학 속에서 역사와 세계의 차원으로 확대되고 있다. 그의 소설은 개인의 비극적 삶의 체험을 말해주는 것은 물론이려니와 그것이 역사와 세계와 어떠한 관계를 이루고 있는가를 보여준다. 김원일은 언제나 나와 가족을 통하여 역사와 사회를 보고자하기 때문이다. 「어둠의 혼」에서 『노을』로, 다시 『불의 제전』에서 『겨울골짜기』로, 그리고 『늘푸른 소나무』에 이르기까지 김원일은 '어둠'으로 점철된 우리의 개인사와 역사의 뿌리를 찾으며 길고 힘든 여정을 걸어 왔다.

다시 읽는 『태백산맥』

1

『태백산맥』을 제외하고 한국현대문학사를 쓴다는 것은 거의 의미가 없다고 이야기 될 정도가 『태백산맥』(이하에서는 『태백』으로 표기함)은 우리 문단의 가장 커다란 성과가 되었다. 『태백』은 그 규모나 다루고 있는 내용에 있어서도 거의 독보적인 작품으로 평가되고 있다. 소설 전체가 제4부 10권으로 구성되어 외형적 규모로도 워낙 방대해서 웬만한 끈기를 지닌 독자가 아니고서는 읽어내기 힘들 정도이고, 그 배경과 등장인물의 다양성도 대하소설이라는 이름에 걸맞다. 더욱이 작가는 이런 배경과 등장인물들을 통하여 몇몇 개인이나 가족들의 흥망사를 보여주는 단계에 그치는 것이 아니라, 해방 이후부터 우리 민족의 최대 비극이라고 일컬어지는 6·25전쟁에 이르기까지 분단과 전쟁으로 왜곡되고 현대사 전체를 다룸으로써 우리에게 생생한 시대적·역사적 체험을 가능케 하고 있다.

물론 『태백』이 출간된 80년대를 전후해서 전쟁과 분단현실을 다룬 작품이 적잖게 발표되었지만 이들의 대부분은 전쟁이라는 극한 상황에 처한 개인의 모습을 묘사하는데 그치거나 혹은 이를 탈피했을 경우에도 오랜 세월동안 우리들의 의식에 주입되어왔고 반공주의라는 이데올로기적 편견으로 인해 구체적인 사회적·역사적 현실의 전망을 성취한 작품은 드물었다. 이를테면 한국전쟁을 그 이데올로기적 측면에서 작품에 수용해서 전쟁일반이 갖는 보편적 특성은 물론이려니와 한국전쟁의 특수성이 갖는 문제점들, 즉 한국전쟁의 역사적 원인이 무엇이며 그 주체인 자유와 공산 양 진영이 갖는 이데올로기의 문제에 대한 폭넓은 천착은 그간의 문학 작품에서 찾아보기 힘들었다. 분단과 이데올로기 문제를 다룬 그간의 분단소재 소설들은 기껏 약소민족으로서의 비극이라는 불가피론 내지는 당위론 속에서 양비론을 전개하거나 그러한 상황에서의 인간성 회복을 주장한 것에 그쳤다. 한국소설사에서 거의 최초로 분단 문제를 정면으로 다룬 작품으로 평가되는 최인훈의 『광장』은 분단이후 우리 사회에서 거의 금기시되어오다시피 한 이데올로기의 문제를 최초로 다루었다는 면에서 주목의 대상이 되었다. 그러나 이 작품은 이명준이라는 한 회의적 지식인을 통하여 이데올로기의 문제를 지나치게 관념적으로 수용하려고 했다는 점에서 구체적인 역사를 오히려 관념적·추상적 문제로 환원시키고자 했다는 비판을 초래하게 되었다. 작가는 주인공 이명준을 통하여 당대 현실을 진단하기 위한 방법론적 상징으로서 '광장'과 '밀실'을 제시하고 이를 통하여 한국사회의 이분화 된 두 이데올로기의 모습을 제시코자 했다. 그러나 주인공은 이분화 된 관념의 틀 속에 스스로 빠져들어 고뇌하다가 격동하던 분단 현실과 이데올로기의 실체를 조망하고 진단할 수 없게 된다. 『태백』과 거의 같은 시기에 나온 이문열의 『영웅시대』의 경우도 사정은 마찬가지다. 이 작품도 두 주인공인 동영과 정인의 상반된 의식 세계와 남북으로 갈라진 두 사람의 시점을 교차시킴으로써 동영-정인이라는 이원적 대립구조를 통하여 이데올로기 비판을 시도코자 한다. 그러나 작가는 이 작품에서 이데올로기나 분단 현실자체에 대한 어떠한 극복의 의지를 드러내기 보다는 오히려 이원적 대립구조를 통하여 분단의 고착화를 암시하거나 이데올로기에 대한 허무주의나 관념적 편향을 드러내고 있다.

분단과 전쟁을 다룬 기왕의 작품들이 지니고 있던 이러한 한계는 『태백』에 이르러 비로소 상당 부분 극복된다. 작가는 『태백』에서 분단이 이 땅에서 어떠한 과정을 통해 이루어져 왔으며 분단 극복은 무엇을 위해 왜 필요한지를 구체적으로 묻고 있다. 여순반란 사건에서 6·25에 이르는 우리 민족의 수난의 역사를 통하여 『태백』은 우리 민족이 당면할 수밖에 없었고 또한 극복해야 할 역사적 진실성의 문제를 정면으로 껴안고 있다. 그럼으로써 작가는 우리의 분단 상황에서 수없이 굴절되고 왜곡된 역사를 올바르게 이해하고 그에 따라 역사의 진실을 밝혀냄으로써 역사적 모순의 확대재생산을 피하고자 한 것이다. 말하자면 『태백』은 민족 분다의 비극을 총체적으로 제시하고, 그 속에서의 역사의 왜곡과 모순을 점검함으로써 분단극복의 새로운 방향을 모색하고 있다. 그러나 『태백』이 우리 소설사에서 거두고 있는 전례 없는 문학적 성취에 비해 그간의 연구 성과는 거의 초보적 단계에 머물러 있다고 해도 과언이 아니다. 민족 내지는 민중을 동사적 시각에서 이 작품을 보는 입장에서도 그 소재와 주제의 특이함에 대한 일방적 찬사를 보내기는 하지만 『태백』이 성취하고 있는 역사적·사회적 의미에 대한 포괄적 탐구는 이루지 못해왔다. 심지어 작품의 내적인 측면, 즉 미학적 분석이 시도되었을 경우 『태백』이 지닌 미학적 형상화의 성공을 인정하면서도 이념적 진보성에 대해서는 강한 거부감을 표출하기까지 했다. 어떠한 형태로든 『태백』에 대한 올바른 비평과 분석은 역사의 과거성과 현재성에 대한 소설적 입증을 통해서 이루어 질 수 있을 것이다 『태백』은 해방에서 부터 6·25에 이르는 역사적 공간을 통하여 이 땅의 역사에 대한 현재적 인식을 얻고자 하는 작업에 다름 아니기 때문이다. 더 나아가 작가의 이러한 작업이 80년대 우리 사회에서 일어나기 시작한 분단시대에서 통일지향시대에로의 대전환점에서 통일에의 전망을 보여주는 것이라면 이것은 그야말로 문학적 전망을 넘어서서 역사적 실천을 위한 노력이기도 할 것이다. 따라서 『태백』에 대한 올바른 이해는 무엇보다 역사적 진실성에 도달하고자 하는 작가의 상상력을 올바르게 조명하고 진단하는 일에서부터 이루어 질 수 있을 것이다.

2

『태백』의 구체적인 시대적 배경은 대체로 여순반란사건이 일어났던 1948년 10월부터 6·25가 발발하고 난 후 휴전협정이 진행되고 있던 1950년 10월경까지의 2년여에 걸친 동족상잔의 비극적 역사의 시기이다. 따라서 크게 보아 「한의 모닥불」이라고 명명된 『태백』의 제1부(1~3권)는 바로 여순반란사건의 발발과 토벌대의 진압, 반란군의 산악지대로의 도주, 그리고 반란군이 빨치산 부대로 편성되어 이들이 율어를 해방구로 장악하는 내용으로 구성되어 있으며, 제2부(4~5권)는 빨치산의 유격전과 군경의 토벌작전, 1949년 10월 소작농들의 봉기 등이 주된 내용을 이루고 있다. 그리고 제 3부(6~7권)와 4부(8~10권)는 6·25 전쟁의 발발로부터 미군 참전, 인천상륙작전, 휴전 협정의 조인까지의 과정을 다루고 있다. 『태백』에서 이루어지는 모든 사건의 단초적 역할을 하는 여순반란사건은 주지하듯이 제주도 4·3폭동을 진압키 위해 제주도 토벌 작전을 기다리던 14연대 인사계 지창수 등이 남로당 세포당원 40여명과 함께 일으킨 무장반란 사건이다. 1948년 10월 19일 여수에서 폭발하여 3000여명에 이르는 동조자를 얻고 인근 지역으로 무섭게 확대되는 이 사건은 사건 발생 일주일 만에 진압군에 의해 순천 · 보성 · 벌교가 차례대로 탈환되고 10울 27일에는 여순 마저 탈환되어 일단락된다. 그러나 진압군으로 부터 생존한 폭동군의 주력부대는 남로당의 기간조직, 좌익 성향의 청년, 노동자, 농민 등을 이끌고 인근 산악지대로 도피하여 이후 빨치산으로 활동하게 된다. 여순반란사건의 주된 동기와 배경은 아직까지 구체적으로 밝혀지지 않았으나, 분명한 것은 이 사건의 바탕에는 해방이후의 계급 간의 좌우익 간의 대립과 갈등이 내재하고 있었으며, 그 필연적인 결과로서 6·25라는 동족상잔의 비극이 발생했다는 사실이다. 간략히 살펴본 여순반란사건의 배경과 의의는 『태백』을 관통하는 전체 주제와도 결코 무관한 것이 아닌 것으로 보인다. 『태백』 1부에서부터 '여순반란사건'이라는 명칭이 작가에 의해 '여순사건' 으로 바뀌고 있음을 통해서도 시사되고 있듯이, 이 사건의 내용은 단순한 좌익계 폭동이 아니라 사회와 계급모순에 항의한 민중 봉기로 작가는 이해하고 있다. 여순사건의 역사적 동기는 일제 강점기로 부터 해방, 미군정, 6·25전쟁에 이르기까지 항상 정치적·경제적으로 억압받고 착취당해온 농민을 위시한 민중들의 수난의 삶의 상황에 기인한 것이다. 더욱이 일제가 붕괴되고 그에 기생하며 살아가던 친일세력들이 몰락하면서 해방을 맞게 되고, 민중들에 대하여 일제 식민지 시대 때에 못지않은 정치경제적 억압과 착취는 계속되었고 민중들은 더욱 고통스런 삶의 수렁에 빠져들게 되었다. 따라서 해방을 전후한 우리 현대사에서 해결해야 할 항구적 과제는 토지개혁을 통한 식민지 경제구조의 변혁, 친일파 반역자들의 처단, 자주 독립국가의 수립 등이었다. 이 과제들을 해결하기 위한 민중들의 헌신적인 투쟁은 끊임없이 계속되었다. 『태백』이 시작되는 1948

년 10월, 이 시점에도 민중들이 당면하고 있던 과제는 동일했다. 민중들의 여망에도 불구하고 토지개혁을 통해 민중들의 경제적 생존을 보장하는 것은 요원한 일이었고, 이승만 정권은 친일파 민족반역자들을 오히려 영웅시 했다. 이러한 상황에서 자주 독립국가의 수립은 상상조차 할 수 없는 일이었다. 작가가 작품의 시점을 여순반란사건의 좌절과 반란군의 산으로의 퇴각이 이루어지던 1948년 10월 24일 밤으로 잡고 있는 것도 이 사건에는 바로 방금 이야기한 바와 같은 우리 현대사 내내 민중들이 끊임없이 전개하고 있는 투쟁의 핵심적 의미가 담겨 있다고 보았기 때문일 것이다.

여순사건을 통한 작가의 역사적 의미 찾기의 첫 번째 노력은 지주, 소작인 사이의 결코 해결되지 못할 계급 갈등의 관계이다. 말하자면 지주-소작인, 자본가-노동자 사이의 갈등 양상은 이 작품의 기본 줄거리를 형성하며, 이 갈등이 해방 이후의 정치적·사회적 제 노선들이 드러내는 이데올로기와 어떠한 관계를 형성하는가를 밝혀내는 것이 『태백』의 주요한 의도이다. 작가의 의도는 작품의 첫 장면을 통해서 이미 잘 확인할 수 있다. 『태백』은 막막한 어둠 속에서 새벽이 밝아오는 장면으로 시작된다. 소설의 전체적 맥락에서 볼때 작품의 제1부의 이 첫장면은 새로운 역사의 시작을 알리는 새벽이라는 의미를 지닌다고 할 수 있다. 말하자면 여순사건과 더불어 밝아오는 새벽은 8·15라는 해방의 격동에 이어서 이 땅에 38선 이라는 이름으로 드리워진 분단현실에 대한 가열한 항거의 의미를 담으면서, 동시에 그것은 일제 식민지시대이래 인간적 수난과 경제적 착취를 겪어 온 민중들이 역사의 어둠을 뛰쳐나와 새로운 시대를 맞이하게 된다는 상징적 의미를 지니고 있는 것이다. 또한 작품의 주 무대가 되고 있는 벌교라는 땅도 새로운 역사의 도래라는 함축성을 제시하고 있다고 할 수 있다.

『태백』은 전남 일대의 여러 지역 중에서도 벌교가 중심이 되어 대부분의 사건이 전개되고 있고, 주요 등장인물들의 삶도 벌교에 집중되어 있다시피 하다. 작가가 순천이나 여수 등지를 작품의 주된 배경으로 삼지 않고 벌교읍을 선택한 것은 등장인물들의 성격을 규정하는 역사적·지리적 정황과 인물들 간의 물적 정황, 이를테면 여순사건에서 나타나는 바와 같은 좌우익 간의 갈등을 지주-소작 관계의 측면에서 형상화하기에 적절하다고 생각한 때문인 듯하다. 벌교읍이 속해있던 보성군의 1940년대의 삶의 상황은 전체 군민의 8할 가량이 농업에 종사하고 있었고, 또 이들의 7~8할 가량이 소작농이었다. 이 비율은 전남 전체 지역 중에서도 가장 높은 것이어서 일제 때부터 오랜 세월동안 지주-소작인 사이의 소작쟁의를 비롯한 갈등이 벌교에서 가장 극심하다시피 했다. 당연히 이 지역에서는 좌파적 성향의 강한 인물들이 많이 배출되었고, 이들이 첨예한 계급 갈등의 중심에 자리하게 된 것이다. 이를테면 작가는 이미 작품의 서두에서 낙안벌의 삼대 토호 지주인 유씨, 김씨, 최씨에 대한 소개를 하며 그 중에서도 후에 빨치산의 핵심인물로 등장하게 되는 염상진이 바로 낙안벌의 악명높은 지주 최씨 가문의 노비의 후손으로 생겨난 인물임을 보여준다. 물론 염상진에게 공산주의자로서의 투철한 정신이 심어진 것이 전적으로 낙안벌의 악명높은 지주 최씨네의 영향이었다고 할 수는 없겠지만, 염상진이 사범학교를 나와 교사노릇을 포기하면서 까지 농사꾼이 된 것은 그에게 계급혁명의 열망이 들끓고 있었기 때문이라고 할 수 있다. 어쨌든 지주와 소작인 사이의 해소될 수 없는 계급간의 대립 양상을 효과적으로 담아내기 위해서는 벌교와 같은 농촌을 주된 배경으로 삼는 것은 당연한 일이었는지 모른다. 그럼으로써 작가는 당시 염상진을 비롯한 빨치산들의 투쟁을 민중의 생존적 요구와의 직접적인 관련 속에서 조명하고 평가하고자 한 것이다. 또한 독자들 입장으로서는 굳이 김범우·서민영과 같은 양심적 지주 계급 출신의 인물이나 입산한 빨치산들의 입을 통하지 않더라도 벌교의 무수한 민중들이 벌이는 투쟁의 역사적 의미와 정당성을 설득 받게 된다. 작중에서 양심적 지주이면서 비판적 지식인의 역할을 수행하고 있는 서민영 같은 인물이 지적하고 있듯이 『태백』에서 벌교의 민중들이 빨치산의 대열에서 우익세력과 투쟁을 벌이는 것은 어떻게 보면 좌우익이라는 이념 그 자체보다는 다분히 생존의 차원에서 출발한다.

> "(. . .) 그들이 마르크스 철학에 대한 신조가 있었던 것도 아니고, 공산주의 사상으로 무장된 정치의식이 있었던 것도 아니야. 다만 감상적이거나 소영웅적인 지식인이나 지하 공산조직이 그들을 이용했을 뿐이야. 지금도 형편은 마찬가지지. 당장 농지개혁을 단행해 논밭을 무상으로 분배해봐. 벌교 지역을 예로 들더라도, 이번에 입산한 농민들의 수십 퍼센트는 아마 하산하게 될 거야. 자기네들의 절대 목적이 성취됐는데 공산주의를 추종할 이유가 없지 않는가 말야. 현 정부는 그 간단명료한 원인해결은 하려 하지 않고 공산주의만 척결하려 하고 있어. 말이 해방일 뿐이지 정치하는 방식이나, 지주들이 그대로 군림하고 있는 것이나, 변하지 않은 소작조건이나, 그대로 일정기대의 연장인 게야. 그러니 소작쟁의가 계속될 수밖에, 친일파 지주계급들, 참 짐승만도 못한 족속들이야. 일제 때의 죄를 뉘우치기는커녕 군정과 야합해서 더 부자가 되지 않았는가 말이야. 적산을 차지한 게 다 그들 아닌가. 그 부귀영화를 지키기 위해서 앞으로도 반대세력은 계속 공산주의자들로 몰아붙이겠지. 이미 정치적으로 국토와 민족이 분단됐는데, 그것도 모자라 반쪽에서나마 민족 분열까지 조장하고 있는 게야. 이런 식으로 나가다간 점점 더 문제거리가 생길 거야. 이 나라 장래가 큰 걱정이네."
>
> -『태백』 제3권에서

서민영이 잘 해명하고 있고 이미 앞에서도 잠시 언급했듯이, 식민지

시대 때나 해방 이후에도 친일파나 민족반역자는 거의 대부분이 지주였고, 그들이 일제 치하에서 누린 부귀와 영화에 대해서는 반드시 사죄해야 했다. 아울러 모든 소작인들은 일제하에서 겪은 고통과 궁핍에 대한 대가로 마땅히 지주들로부터 소유를 분배받아야 했다. 그러나 지주계급들은 미국의 영향력과 이승만의 집권 야욕에 편승해서 오히려 자신들의 기득권을 강화코자 했으며 자기 생존을 도모키 위해 농민이나 반대세력을 무조건 공산주의로 몰아 박해했다. 예컨대 『태백』에서 최씨 문중출신의 최익승과 같은 인물이 전형적이다. 그는 경성제대 법학부를 나와 고등고시를 몇 번이나 떨어지고 난 후 일본인 이름을 내걸고 서울에서 사업을 시작해서 크게 성공하고, 고향의 땅을 닥치는 대로 사들여 낙안벌 최대의 지주가 된다. 그 후 해방이 되어 새 정부가 들어섰을 때에도 온갖 수단 방법을 가리지 않고 부를 축적하던 중 미군정과 이승만정부의 비호를 받던 한민당의 당원이 되어 마침내 국회의원이 되기까지 한다. 그에게는 해방 전에는 일본이 그랬고, 해방 후에는 "미국이야말로 생광의 나라요, 은혜의 나라요, 부모의 나라가 아닐 수 없었다. 죽을 때까지 하늘처럼 우러러 받들어도 그 은혜 갚음이 모자랄 것만 같은 황공하고 또 황공한 대국이라고 그는 마음속 깊이 절절히 느끼고 있었다."(『태백』 제2권) 최익승의 이 발언은 친일파의 해방 이후의 위선과 반민족·매판적 지배집단의 한 전형을 보여주는 것이지만, 『태백』에 등장하는 유주성, 최익달, 정현동, 윤영호, 양병갑, 송기묵 등의 벌교 지역의 지주와 자본가들은 언제나 시국의 변화에 영리하게 대응하고 소작인과 농민들의 고통스런 삶을 담보로 해서 자신들의 경제논리를 강화해 나간다. 작품의 1·2부의 도처에서 나타나듯이 토지개혁 문제와 같은 자신들의 이해관계에 얽힌 일에 가장 민감하게 대응하는 것도 이들이다. 당연히 이들은 일제 때부터 해방 이후까지 지속되어 온 농지개혁이나 반봉건적 토지 소유 관계의 청산을 위한 민중들의 움직임을 저지키 위해 온갖 노력을 기울였고, 민중들이 적극적 지지자였고 실천자들이었던 빨치산들은 증오의 대상이었고 그로 인한 좌우의 이념적 대립은 갈수록 격화되어 갈 수 밖에 없었다.

『태백』은 우리 현대사 전반을 통해서 계속된 해소 될 수 없는 계급 간의 대립과 갈등은 결국 가진 자와 가지지 못한 자 사이의 생존의 차원에서 출발되었고, 이것은 좌우라는 이념적 불화로 발전되어 급기야 6·25라는 형태의 비극을 초래하기에 이르는 과정을 보여주고 있다. 따라서 작품의 1·2부의 상당부분에서 작가는 지배계급으로부터 억압받던 민중들의 주체적 삶의 과정을 통해서 이들이 세계와 맺게 되는 역사적·사회적 관계의 구체화를 그려보여 주기 위해 노력하고 있다. 물론 역사의 전면에 나서서 투쟁하던 민중들은 때로 비극적 영웅이 되어 명멸하다 사라지기도 한다, 그러나 작가는 이들을 통하여 왜곡되고 훼절된 해방 이후의 우리 역사를 올바른 시각에서 형상화하고 그럼으로써 진정한 역사의 의미를 찾고자 노력하고 있는 것이다.

3

『태백』에 등장하는 인물들은 때로 뚜렷한 개인적 특성을 지니거나 혹은 일정한 부류의 집단적·계급적 특성을 지니기도 하면서 다양성 형태로 나타난고 있다. 그래서 『태백』의 문학적 성공은 무엇보다 이 작품에 등장하는 인물 묘사에 성공하고 있기 때문이라고 해도 과언이 아니다. 작가는 이 작품에서 수많은 인물들을 등장시키고 있다. 염상진, 하대치, 김범우, 안창민, 이지숙, 정하섭, 소화, 심재문, 이학송, 강동석, 선우진, 외서댁, 죽산댁, 들몰댁, 염상구 등등이 그들이다. 그러나 『태백』에서 중요한 것은 이들 등장인물 하나하나가 아니라 이들의 삶 자체이다. 시실 이 작품에는 개별적인 주요인물이 없으며, 모든 인물들은 역사적 상황 속에서만이 존재할 뿐이다. 이들의 삶은 역사적 상황 속에서 그 의미를 지니며 그 하나하나가 역사적 주제를 낳는다. 작가는 그 시대와 사회에 존재했던 모든 계층의 인물들에게 관심을 나타내고 그들을 통하여 당대의 인간들의 삶의 상황과 시대상을 볼 수 있도록 한다. 말하자면, 개개 등장인물들의 삶을 통하여 민중생활 전체의 사회적·역사적 상황을 이해할 수 있는 전형성을 창출하고 있는 것이다. 개개 민중의 삶의 조건과 그들에게 닥치는 삶의 위기를 통하여 사회와 역사의 비극적인 상황의 원천을 우리들에게 이해케 하고 있는 것이다. 예컨대 작중에서 온갖 악역을 도맡아 하며 희화적으로 그려지는 염상구 같은 인물도 개인적 특성뿐만 아니라 집단적 특성을 잘 드러내준다. 작가는 염상구를 본능적이고 탐욕적인 인간의 면모를 부여함으로써 독자들에게 증오와 적개심, 살의와 긴장의 감정을 불러일으킨다. 특히 작가는 염상구에게 걸쭉한 전라도 고유의 사투리와 욕설을 그대로 사용케 함으로써 민중들의 핍진한 삶의 양태를 박진감 넘치게 형상화 해 주고 있는 것이다.

"지길, 나는 또 무신 소린가 혔소. 촌놈이라고 시퍼보는(무시하는)줄 알고 속이 불끈혔지라. 쪼깐 들어봇씨요. 나도 일본놈 뱃때지에 칼질허고 내빼갖고 뜬구름맹키로 사방천지 떠돔시로 서울물도 쪼깐 묵어봤구만이라. 헌디, 서울말 고것이 워디 붕알 단 남자덜이 헐 말입디여? 밀구녕 째진 것덜이나 헐 말이제. 밥 먹었니이? 잘 잤니이? 고 간사시럽고 방정맞고 촐싹거리는 말니 워디가 좋다고 배우것듭디여.서물말에 비허면 전라도말이 을매나 좋소. 묵직허고 듬직허고 심지고. 대장님도 전라도에 온 짐네 전라도말 싸게 배우씨요. 남자가 헐 많헌 말잉께요."

-『태백』 제2권에서

위 인용에서 염상구가 사용하는 전라도 사투리에서도 드러나듯이, 이것은 바로 민중적 삶의 한 언표이자 이들의 생존의 원동력이기도 하다. 여기에는 바로 민중들의 얼과 혼이 담겨 있는 것이다. 그러나 염상구라는 인물을 통해서도 작가가 목표하는 바가 민중적 삶의 구현에만 그치는 것은 아니다. 작가는 그의 형 염상진과의 대립적 구도를 설정함으로써 무식하고 올바른 가치관이 없는 염상구가 극우이데올로기에 빠져들 수밖에 없었던 과정을 보여준다. 그럼으로써 작가는 분단 상황으로 인해 맞이하게 되는 민중들의 실제적 삶의 위기와 좌우의 적대적 관계로 이념적 대결을 벌여야 했던 인간적·역사적 의미에 대한 물음을 묻고 있는 것이다. 어쨌건 『태백』에서 명멸하는 수많은 인물들은 단순히 하나의 등장인물로서의 역할에 그치고 있는 것이 아니라 이들을 통하여 우리는 당대의 인간들의 삶의 상황과 시대상을 이해할 수 있게 된다. 이들은 때로 역사의 전면에 서서 스스로의 몸을 내던지며 왜곡되고 모순된 역사를 바로 잡고자 하는 즉자적 민중으로써의 역할을 하는 존재들이가하면, 반면에 자신들의 일정한 행동의 한계를 인정하면서도 스스로의 실체를 주장코자 하는 대자적 존재들이기도 하다. 작가는 이들을 적재적소에 배치시킴으로써 독자들을 분노케 하기도 하고, 안타까워 눈물 흘리게 하기도 한다.

역사적 주체로서의 민중과 그 의식적 실천자들인 빨치산들을 다루는데 있어 우리가 우선 주목하게 되는 것은 빨치산 투쟁에 대한 작가의 새로운 시각이다. 여태까지의 다른 작품에서와는 달리 『태백』에서 작가는 빨치산 투쟁에 대해 새로운 의미를 창출하고 있다. 사실 빨치산 투쟁이라는 것은 멀리 임진왜란 때부터 시작되어 우리 민족과 민중이 대외적으로 수난을 겪을 때마다 결집되어 면면히 지속되며 그 생명력을 유지시켜 왔다. 말하자면 빨치산 투쟁은 민족의 수난기 때마다 민중적 삶의 한 양태였으며 민족적 생존 양식이기도 했다. 『태백』에서 작가는 빨치산 투쟁에 대한 이러한 인식을 바탕으로 그들에 대한 역사적 정당성을 확보하고 훌륭한 인물의 형상화를 이루고 있는 것이다. 『태백』에서 수많은 빨치산들이 역사를 신뢰하며 처참하게 죽어감으로써 그들은 현실적인 패배를 하고 있지만 그 속에 민중들의 투쟁의 사회적·역사적 정당성은 엄존하고 있으며 언제나 그 생명력을 또 다른 역사 창조의 힘으로 남게 된다. 작중에서 빨치산 투쟁의 선구적 역할을 하는 인물인 염상진을 통해서 우리는 이러한 사실을 확인케 된다. 염상진은 이미 어린 시절부터 천민 출신으로서의 신분 상승욕구를 넘어서, 사회주의 혁명을 꿈꾸기 시작하지만, 그의 실제 투쟁은 1948년 3월 경 남한의 단독 정부 수립을 위한 선거 실시가 공표되었을 때 전국적인 좌익 폭동이 일어나면서부터 시작된다. 이때부터 염상진은 조직적으로 부하들을 이끌고 경찰서를 습격하고 하대치·강동석 등과 함께 조계산으로 잠복해서 새로운 조직을 강화해 사상교육과 무장투쟁을 시작하게 된다. 앞서 우리는 여순사건 이후 벌어진 농민과 빨치산들의 투쟁의 본질이 지주-소작인 사이의 갈등 관계에서 출발했음을 살핀바 있지만, 빨치산 전사들은 율어를 해방구로 설정하고 지주들로부터 빼앗은 토지를 농민들에게 분배하는 등의 투쟁을 거듭해나감에 따라 그들의 투쟁에는 커다란 역사적 의미가 담겨있음을 인식하게 된다. 염상진이 보기에 반도 땅의 반만년의 역사는 그야말로 "배부른자, 인민대중의 생혈을 빨고 살아온 부르조아계급들의 타령이고 최면술"이었다. 이 역사가 "진정 자랑이 되려면 계급 없는 사회"(『태백』 제2권)가 되어야 했다. 빨치산 투쟁이 계속되면서 염상진의 이런 다짐은 점점 더 굳어만 가고 투쟁의 의미도 새로워진다.

> 해방은 반도 땅의 역사 위에서 단순한 의미일 수가 없다. 자멸한 조선 종건왕조 위에 새 역사를 창조해야 할 중차대한 기점이 바로 해방인 것이다. 봉건계급제도가 일소된 나라, 착취계급을

> 온전 소탕해버린 나라, 그야말로 홍익인간의 정신을 되살리는 새 나라를 세우는 것이 해방의 의미였다. 그런데, 역사의 물줄기는 다시 봉건왕조로 거슬러 올라가고 있는 것이다. 남쪽 땅에는 민주주의라는 미명 아래 지주계급과 친일세력이 합세하여 남쪽만의 나라를 세우고 만 것이다. 결코 용납될 수 없는 일인 것이다. 사회주의의 건설, 그것만이 최선의 길이고 유일한 길일뿐이다. 그 목적 달성을 위해서 투쟁, 오로지 투쟁이 있을 뿐이다.
>
> -『태백』 제2권에서

염상진의 다짐을 통해서도 시사 받을 수 있고, 앞서도 지적했듯이, 『태백』이 이루어낸 성취의 중요한 부분의 하나는 무엇보다 그동안 역사적 기록에서 깊이 침윤되다시피 했던 빨치산 투쟁의 의미를 우리들에게 새롭게 부각시켰다는 점일 것이다. 빨치산 투쟁에 대한 이러한 의미부여는 기존의 반공소설에서 흔히 볼 수 있던 빨치산들의 투쟁에 짙게 드리워져 있던 편견에 대한 항변의 의미를 담고 있다고 할 수 있다. 기존의 분단소설 내지 반공소설에서는 언제나 빨치산 투쟁이 좌우 정치이데올로기 간의 갈등과 투쟁이라는 단순히 이념적 차원에만 고정된 채로 반공이념을 통해 일방적으로 매도되기 일쑤였다. 그러나 『태백』에서 빨치산 투쟁의 의미는 지주-소작인 간의 처참한 생존 문제에서 출발하여 지배자와 피지배자 사이의 계급투쟁의 차원으로 더 나아가 반제·반봉건의 역사적 실천의 차원으로 발전해 나아가고 있는 것이다. 작가의 이러한 노력은 빨치산들의 투쟁적 면모에 대한 묘사와 더불어 그들의 인간적 정서와 감정에 대한 묘사에서 더욱 확연하게 드러난다. 여태 많은 반공소설에서 공산주의자들은 거의 공산주의자라는 이념으로 경직된 존재이거나 조직의 부산물일 뿐이어서 인간적 정서나 감정은 완전히 고갈되어 있었다. 그러나 기존의 작품들이 무자비하고 비인간적인 인물들로 못박아놓은 공산주의자들에 대한 상투성을 『태백』은 잘 극복하고 있다.

『태백』의 인물들은 이념과 투쟁에 대한 확고한 신념을 지닌 공산주의자들이면서도 인간적 정서와 감수성을 풍부하게 지닌 존재들로 나타난다. 예컨대 염상진이 투쟁의 의지를 새롭게 가다듬을 때마다 하늘에서 달과 별을 바라본다든지, 소설의 마지막 장면에서 염상진의 무덤가에서 어둠을 가르며 타오르는 봉화불꽃을 보면서 최후까지 싸울 것을 다짐하는 하대치 모습은 이 작품 전체에 서정성을 부여하는 동시에 빨치산 투쟁의 무한한 생명력을 환기시키는 역할을 한다. 또한 『태백』에서는 엄청난 현실적 고통과 역사적 격랑 속에서도 적잖은 사랑의 이야기가 나온다. 투쟁과 혁명의 과정에서 감당할 수 없는 고통이 인간들을 감싸고 있지만 그 속에서 애틋하고 감동적인 사랑 이야기와 남녀관계가 나타나는 것이다. 이를테면 장하섭과 소화, 안창민과 이지숙, 심재모와 순덕 사이에서 이루어지는 감동적인 사랑을 비롯해서 염상구와 외서댁, 하대치와 장터댁, 백남석과 하숙집 모녀의 불륜하고 왜곡된 남녀관계에 이르기까지 다양한 형태로 나타나고 있다. 이들의 사랑과 남녀관계는 단편적이고 작위적인 구석도 적지 않지만 우리를 안타까움과 분노로 이끌어 가며 각박한 고난의 현실 속에서 사랑의 의미를 새롭게 음미할 수 있게 한다.

사실 생각해보면 어느 시대에서나 혁명과 투쟁에 가담하는 인물들은 유토피아를 꿈꾸는 낭만주의자들이거나 이상주의자들인지 모른다. 여명의 새벽을 바라보거나 붉게 타오르는 노을을 바라보면서 혁명의 의지를 불태우고 혁명의 당위성을 깨닫는 그들의 모습을 통해서 그리고 주체할 수 없는 현실의 고통 속에서 애틋하게 나누는 사랑을 통해서 작가는 인간적 순수성과 진정성을 표현해내고자 한 것인지 모른다. 물론 빨치산들의 이런 모습이 보기에 따라서는 투쟁적 의지의 상실에 기인한 것이고 그래서 전망의 동반자로 자연을 선택한 것이라고 비판

할 수도 있다. 그러나 말의 진정한 의미에서의 역사적 전망이나 총체성 확보란 사회적·계급적 측면뿐만이 아니라 인간적·정서적 측면까지도 모두 내포할 수 있어야 이루어 질 수 있을 것이다. 혁명이란 특정한 계급의 전망이 관철되는 과정이기도 하거니와 진정한 인간다움에 이르기 위한 도정이기도 하기 때문이다.

그러나 이 작품에서 빨치산의 투쟁과 삶을 그려내는 작가의 태도에 문제가 전혀 없는 것은 아니다. 예컨대 작가가 빨치산의 투쟁과 삶을 그려내는데 있어 이들에게 지나칠 정도로 주관적 애정을 드러내거나 작품에서의 내적 비중을 과다하게 부여하고 있는 것이 아닌가 하는 점이다. 그래서 일정한 역할을 하는 빨치산들의 수가 지나치게 많고 또 여타 등장인물들과의 상관관계가 유기적이지 못하다는 생각이 들게 한다. 더욱이 작품이 후반부로 넘어갈수록 빨치산들의 투쟁과 그들의 산에서의 생활에 대한 세부 묘사가 다소 지루할 정도로 계속됨으로써 작가가 너무 지엽적 문제에 매달리고 있는 것이 아닌가 하는 느낌마저 드는 것이다. 물론 이것은 최대한 사실 복원에 충실하고자 하는 작가의 의도이기도 하겠지만, 빨치산들에게 가장 중요한 투쟁과 변혁운동에 대한 구체적 전략이나 방책은 제시되지 못한 채 이들의 투쟁 자체가 다분히 관념적이고 추상적인 차원으로 떨어지게 된다. 예컨대 작품의 말미에서 염상진을 위시한 빨치산들은 미래의 역사 발전을 꿈꾸며 현실투쟁에서 역사투쟁의 길로 나설 것을 다짐한다.

> "(…) 동지 여러분! 모두 똑똑하게 들으십시요. 우리의 투쟁은 이제 현실투쟁이 아니라 역사투쟁 속에 있습니다. 여러분들은 그동한 학습을 열심히 해왔으므로 현실투쟁이 무엇인지, 역사투쟁이 무엇인지 다 아실 것입니다. 현실투쟁은 인민해방을 우리가 살아 있는 동안 눈앞에서 성취시키는 것이며, 역사투쟁은 인민해방을 우리가 목숨을 바쳐 뒷날 역사 속에서 성취시키

는 것입니다. 여러분, 역사투쟁은 바로 목숨을 바치는 죽음의 투쟁입니다. 우리 앞에 놓인 투쟁은 오직 한길, 우리보다 먼저역사투쟁을 벌이고 죽어간 수많은 동지들의 뒤를 따라가는 것입니다. 여러분, 앞서 죽어간 그 많은 동지들은 우리의 정의로운 싸움이 역사 속에서 기필코 승리한다는 것을 믿었습니다. 또한 인민해방의 진리를 지키는 싸움에 바친 자신들의 목숨이 역사 속에서 틀림없이 되살아난다는 것을 믿었습니다. 그렇습니다, 우리도 그 사실을 철통같이 믿어야 합니다. 역사와의 싸움은 깁니다. 우리는 그 역사의 승자입니다. 우리는 그 역사의 주인입니다. 우리가 흘리고 죽어간 피는 인민해방의 꽃으로 역사 위에 찬란히 피어날 것입니다."

-『태백』 제10권에서

염상진, 하대치, 안창민 등이 그동안 지리산을 중심으로 벌인 투쟁에서 그들은 그렇게 염원하던 '계급 없는 사회'도 '사회주의 건설'도 쉽게 이루지 못한다. 오히려 작품의 말미에서 수차례에 걸친 토벌대의 집중 공격으로 치명적 타격을 입은 데다 미군과 중공군이 개입하게 된 전선이 38선 부근에서 교착하게 되자, 그들은 패배와 죽음을 맞이하게 된다. 이제 역사투쟁은 그들에게 피할 수 없는 운명적 선택이 되어버린다. 그러나 염상진이 주장하는 역사투쟁이란 과연 무엇인가 위 인용문에서도 드러나듯이 역사투쟁이란 "인민해방을 우리가 살아있는 동안 눈앞에서 성취시키는 것"이며, "목숨을 바치는 죽음의 투쟁"이라고 염상진은 설명한다. 다분히 추상적이고 관념적으로 표현되는 역사투쟁은 그들이 이제 마지막 극한상황에 도달했음을 말해주며 그러한 상황 앞에서의 결연한 의지를 엿 볼 수 있는 대목이다. 그러나 그들은 역사투쟁을 하면 "인민해방의 진리를 지키는 싸움에 바친 자신들의 목숨이 역사 속에서 틀림없이 되살아난다는 것"을 믿을 뿐, 구체적인 역사투쟁의 전략과 방식에 대해서는 어떠한 설명도 하지 못한다. 물론 현실적 투쟁 문제에 대한 방식과 해답을 제시하는 일 까지도 문학이 감당해야할 몫이냐는 것은 의심스러운 일이지만 이 작품에서의 빨치산들의 역할과 비중에 비추어 빨치산들이 당면한 이러한 한계에 대해서 작가 나름으로의 대안적 전망정도는 제시되었어야 하지 않을까 하는 생각이 드는 것이다. 결국 이런 모색의 부족은 빨치산들의 역사적 투쟁의 한계에 작가 자신도 주저 안고 말았다는 비판을 낳기에 충분한 것이다.

그러나 이런 부분적 약점에도 불구하고 『태백』의 탁월함은 여전히 등장인물, 특히 민중들을 소설적 전형의 인물로 그려내고 있다는 사실에 있다. 작품이 후반부로 접어들수록 전반부를 이끌어가던 염상진, 안창민, 정하섭 같은 인물들의 역할이 축소되고 하대치, 천점바구, 외서댁, 이해룡, 김종연, 서인출 등 이른바 기층민중 세력들의 역할은 더욱 커진다. 그래서 지식인들이 오히려 이들로부터 무언가 배우고자 하는 자세까지 나타나게 된다. 이를 테면 타고난 여성으로서의 육체적 매력으로 인해 염상구로부터 온갖 수난을 당하고 남편까지 살해당한 외서댁이나 하대치의 아내로서 두 자식과 함께 온갖 수모를 겪던 들몰댁이 훌륭한 빨치산 대원으로 변신하는 것이다. 지주 서운상을 살해하고 빨치산 부대에 합류하는 소작농 김종연이나 서인출 등등의 모습은 단순히 개인적 원한을 보복키위해서가 아니라 고난 받는 민중들이 스스로 하나의 역사적 존대로서 상징해나감을 입증해 보여준다. 다시 말해 소설의 후반부에서 기층 민중들이 작품의 전면으로 대거 등장하는 것은 시대적 현실의 변모에 따라 민중들이 역사적 근거를 확보하는 당연한 결과일 것이다. 전쟁을 비롯한 온갖 역사적 상황의 변화는 기층민중들에게서 사회적 역할을 부여하게 되고 빨치산화된 그들의 의식 또한 변증법적 변모와 발전을 거듭하게 되는 것이다.

『태백』에서 제시되는 여러 인물군들 중에서 민중들 못지않게 작가가 애정을 기울이고 있는 인물이 김범우이다 김범우는 해방에서 분단에 이르는 역사현실에 대한 작가 자신의 표현통로로 이용되고 있으며 사실상 독자들을 위한 작품의 안내자의 역할을 하고 있기도 하다. 그만큼 『태백』에 대한 비평적 접근에서 김범우는 여태 가장 많은 논란을 낳은 인물이고 이 인물에 대한 올바른 이해가 이 작품의 이념과 역사적 성격에 대한 이해와 직결된다고 해도 과언이 아닐 정도이다. 김범우는 벌교지역의 양심적 지주인 김사용의 둘째 아들이자 독립 운동에 평생을 바치고 6·25 이후 인민군 서남 지구 사령관으로 나타나게 되는 김범준의 동생이다. 그는 학도병에 끌려갔으나 탈출하여 미첩보기관 OSS 훈련에 가담하기도 하는 파란만장한 삶의 역정을 겪는 인물이다. 그는 반공주의자 선우진을 철저하게 경멸하면서도 미군정의 폭력성을 비판하는 반미·반소주의자로서, 외견상 친일파의 처단을 강조하며 토지개혁을 강력히 주장한다는 점에서 염상진이나 안창민과 크게 다를 바 없다. 염상진과 유사하게 김범우도 "지주의 아들로서 소작농들이 헐벗고 굶주리는 비참한 생활에 대하여 자책과 죄의식을 느끼고, 인간다운 삶을 영위할 수 있는 이상적 평등사회를 이룩하려면 필연적으로 봉건 계급제도를 없애야 한다는 인식"(『태백』 제1권)을 가진다. 그러나 염상진과 김범우가 동지적 관계를 지속할 수 없게 되는 것은 김범우가 학병에서 돌아오고 난 후부터이다. 염상진과 안창민이 주장하는 사회주의적 혁명과 달리 김범우는 이른바 민족의 발견을 내세우며 백범 김구 식의 민주주의 통일 노선을 실현시키고자 한다. 김범우에게는 미군정의 폭력성과 마찬가지로 소련의 팽창주의적 공산주의 노선이 모두 자신들이 민족 이익을 위한 행위에 불과해 보였던 것이다. 따라서 그는 경찰청과 군정청을 드나들며 빨갱이 구명운동을 하고 좌경학생 들에게는 소련의 공산주의 노선이 결국 무모한 폭력일 뿐이라는 사실을 설득하기에 바빴다. 그러나 염상진이 보기에 김범우가 표방하는 '민족' 개념은 일제하에서나 어울리는 것이었을지 모르나 이것은 또 다른 '주의'가 될 수 없었으며 현실적으로 대치해 있는 공산과 자유 진영에서 제 삼의 세력이 될 수 없는 환상에 불과했다. 이를테면 김범우가 민족과 이데올로기의 개념을 수평적 관점에서 파악하고 민족 개념을 중시한 데 반해, 염상진이나 안창민은 오로지 계급개념이 민족개념에 우선하는 것으로 인식한 것이다. 김범우의 이러한 남한 사회를 보는 시각에서 더욱 분명하게 드러난다.

> "삼팔 이남을 점령해서 자기네 깃발을 꽂으면 소련의 세력을 직접 견제함과 동시에 태평양 전체를 자기네 정원의 연못으로 만들 수 있다는 대전제 아래 그들은 우선 조선 땅을 일본의 식민지로 철저하게 규정했습니다. 그래야만 전리품을 줍는 것으로 점령이 합법화되는 거지요, 그 맥락에서 임정은 당연히 부인당했고, 몽양의 인공(조선인민공화국)도 부인당했습니다. 자기네의 뜻대로, 지기네를 위한 정권을 자기네의 손으로 세워야 한다는 대원칙을 그들은 자기네 조상인 링컨이 정의한 민주주의 뜻에 대입시켜 남쪽을 제멋대로 칼질하기 시작했습니다. 민족주의 세력 경원, 공산당활동 불법화, 친일반역세력 홍호, 경찰력의 확대, 대구십일폭동을 계기로 남쪽 전역의 인민위원회 조직 파괴, 제주도 사삼사건 발발, 단정수립, 여순사건을 거쳐 지금입니다. (…) 그리고 공산당의 입장에서는 더욱 그 점을 정확하게 판단해야 합니다. 미군정 기간은 공산당이 당한 수난에 앞서, 살기 좋은 새 나라가 세워지기를 바라며 행동으로 나섰던 대중들의 수난기였다고 생각합니다. 대중들이 당한 수난에 비하면 공산당이 당한 수난은 별로 대단한 게 아니라고 봅니다. 군정은 지기네들이 행위를 정당화하고 책임회피하기 위해서 무고한 대중들을 무조건 좌익이나 그 동조세력으로 몰아붙였고, 또 공산당 쪽에서는 대중들이 그렇게 일어난 것은 자기네들의 영향 때문이었다고 공적과시를 하고 있는데, 그건 아전인수의 큰 착각입니다. (…) 미군은 물러갔지만 그건 표면적 현상일 뿐이고 그들이 가

지고 있던 힘은 군대와 경찰의 힘으로 바뀌어 상존하고 있다는 걸 알아야 합니다."

-『태백』 제8권에서

김범우의 이러한 논리는 물론 우리의 역사현실이 지니고 있는 모순의 핵심을 찌르고 있는 것인지 모른다. 사실 기본모순으로서의 계급모순을 강조하는 논리가 우리 현실이해의 지배적인 흐름인 것은 틀림없지만, 주요모순으로서의 민족모순을 강조하는 논리 또한 우리 현실의 올바른 이해를 위한 부정될 수 없는 시각이다. 계급모순이 갈수록 확대 심화되고 있는 것도 사실이지만, 전체적인 우리 현실의 모순은 여전히 민족적인 범주의 것이기 때문이다. 『태백』의 여러 인물들에 의해 강조되고 있는 분단모순과 식민지적 모순은 민족모순의 안과 밖을 형성하는 것이라 할 수 있다. 분단모순과 식민지적 모순은 이 땅의 구체적인 비극적 현실을 형성하는 규정태의 역할을 하며 민족모순의 틀을 만들어 왔고, 이것은 자본주의의 제 모순과 더불어 계급모순을 심화시켜 온 것이 사실이다. 분단모순과 식민지적 모순이 해결되지 못한 상황에서 이 땅의 현실은 계급모순과 민족모순이 점차 극대화되어 온 것이다.

마찬가지로 투쟁관에 있어서도 김범우는 염상진이나 안창민이 벌이는 폭력적 무장 투쟁과는 다른 방식을 모색코자 한다. 앞서 언급한 빨치산들의 현실투쟁과 역사투쟁에 대해 김범우는 쉽게 동조할 수 없었다. 물론 김범우는 사회주의 혁명운동을 추진하는 조직의 일원으로서 염상진의 과감하면서도 격렬한 행동을 크게 비난하지는 않았다. 어떻게 보면 그의 행동은 전체 조직의 통일된 방법이었고, 그런 방식이 동원되기 까지는 현실적인 필연성과 당위성이 있기도 했다. 이들이 무장 투쟁을 전개하지 않을 수 없었던 것은 결과적으로 미군정의 무력탄압에 그 본질적인 원인이 있었으며, 따라서 이들의 폭력 행위는 '방어적 폭력'이었고 '상대적 폭력'이었다. 해방 이후 미군정은 친일파 핵심 세력인 한민당은 옹호하면서 공산당 활동은 일방적으로 불법화하고 청년단을 구성해서 백색테러와 공산당원을 무차별하게 체포 폭행하고, 또한 남한 단독 정부수립으로 이어지는 폭력행위를 조직적이고 단계적으로 감행해 온 것이다. 그 과정에서 남로당이 미군정의 무차별한 폭력 앞에서 자기를 지킬 수 있는 방법은 폭력적 대응뿐이었고, 그에 대해 미군정은 더욱 가혹한 폭력을 행사할 수 있는 명분과 근거를 만들었다. 그러나 조직과 힘에 있어서 항상 약세였던 남로당의 폭력적 대응은 공산당의 자멸의 길뿐인 것으로 김범우에게는 보였다. 염상진을 위시한 사회주의 혁명론자들이 주장하는 방어적 폭력이 십일 폭동, 이칠 구국 투쟁, 사삼 사건을 겪으면서 오히려 공산주의 조직의 약화를 가져올 뿐이라고 김범우는 생각한 것이다. 이런 의미에서 작가는 염상진과 상반된 입장에서 김범우의 관점을 빌어 당시의 남로당의 잘못된 노선과 대미관계에 관한 극좌적 모험주의에 대한 비판을 시도하고 있다고 할 수 있다. 말하자면 작가는 이 땅의 지주계급을 비롯한 지배 집단의 반동성과 미국에 대해 격렬히 비판하면서도 동시에 남로당의 전술에 대한 비판적 입장을 견지하고 있는 셈이다. 즉 미국이 이 땅에서 벌이는 무분별한 만행을 비판하고 아울러 그에 맞선 남로당을 위시한 공산주의자들의 대응 논리에 대해서도 전술 전략적 실패를 간과치 않음으로써 독특한 민족주의적 관점을 드러내고 있는 것이다. 작가는 김범우 같은 양심적 지식인을 통하여 좌우익을 중간에서 냉정히 관찰하면서 이들의 이데올로기적 모순과 왜곡을 동시에 비판코자 하고 있다. 아울러 작가는 그를 통하여 우리가 처하고 있는 분단극복의 가능성을 모색하고 있다고 할 수 있다. 그러나 김범우를 통한 이러한 가능성의모색은 이작품의 장점이면서 동시에 결함으로 작용하기도 한다.

『태백』이 성취한 문학적 탁월함에 대한 인정에도 불구하고, 여태 적잖은 비평가들이 지적했듯이 이 작품에 주어지는 가장 커다란 비판은 바로 이 작품이 포괄하고 있는 역사와 시대에 대한 작가의 시각이 김범우가 드러내는 바와 같은 식의 지나치게 중도적인 그것에 머물고 있다는 점이다. 즉 주로 김범우를 통하여 제시되는 『태백』의 역사적 관점이 주로 중간파적인 것이어서 당파성 내지 투철한 계급적 인식이 결여되어 있다는 것이다. 아울러 작가의 이러한 관점이 역사에 대한 총체적 인식을 불가능하게 한다는 비판을 낳기도 한다. 사실 『태백』은 당시의 지배계급과 민중계급, 민족세력과 반민족 세력, 혁명과 수구, 진보와 보수 사이의 대립구도에서 이 양자 모두에게 문제가 있다는 식의 중도적 양비론적 관점을 보여주고 있는 측면이 없지 않다. 그리고 김범우를 위시한 다수의 중도 세력을 중심인물로 내세움으로써 그들을 통하여 당대의 민감한 상황들, 이를테면 여순사건, 토지개혁문제, 이승만과 한민당, 미군정문제 등을 이야기하게 하거나 해석시키고 있다.

그러나 우리가 염두에 두어야 할 것은, 소설의 중심적인 인물이 중도 세력으로 설정되었느냐 아니냐 혹은 이들이 얼마만큼 투철한 당파성과 계급의식으로 무장해 있느냐 아니냐가 중요한 것이 아니라 작가의 관점이 얼마만큼 진보적이고 민중의 편에 서 있느냐 하는 점이다. 비교컨대 솔로호프이 『고요한 돈강』의 주인공 그레고르는 사실 결코 투철한 혁명가는 아니고 오히려 혁명 세력과 반혁명 세력 사이를 오가는 반동에 가까울 정도의 중도적 인물로 설정되어 있지만 주인공의 이러한 태도를 두고 솔로호프의 관점이 비계급적이라든가 당파성이 결여되었다고 하는 사람은 아무도 없는 것이다. 중요한 것은 작가의 관점이 얼마만큼 계급적이고 당파적이냐 하는 것이다. 실제 『태백』의 중도 세력들이 중도파로 더 혁명 세력과 반혁명 세력을 오가며 우유부단하고 기회주의적인 속성을 보여주는 인물에 그치는 것도 아니다. 그들은 오히려 작중의 기층 민중들이나 혁명세력들에 모자람이 없을 정도로 진보적이고 혁명적이다. 그들은 거의 지배계급보다는 민중지향적이고, 친일파를 처단하고 토지 개혁을 성취해야한다고 주장하고, 민족자주의 바창 위에서 분단이 저지되고 통일이 이룩되어야 한다는 입장을 취했다. 차라리 우리가 문제로 삼아야 할 것은 김범우 일가에게서 볼 수 잇는 봉건주의적 요소의 잔재이다. 『태백』을 읽으면서 우리에게 계속 남게 되는 의문은 김범우 일가가 민중들의 삶고 의식에 밀착해 있으면서도 이들이 어떻게 해서 결코 무너지지 않는 지주가문으로서 민중들 위에서 군림해야 하는가 하는 점이다. 『태백』에서 지주와 소작농 사이의 관계에 있어서 김범우 일가는 거의 소작농의 관점에서 개혁이 이루어 져야 한다는 소신을 지니고 있으면서도 그들은 정신적·사회적·경제적 제 측면에서 소작농과 농민들 위에서 군림하고 있다. 식민지배 때부터 지주들의 억압과 착취에 대한 반감이 확산되어 여순사건, 6·25 전쟁의 와중에서 웬만한 지주 계급은 어떠한 형태로든 수난을 겪었지만 유독 김범우 일가만은 온전히 민중들 위에서 군림이 가능했을까 하는 것은 의문이 아닐 수 없다. 이것은 물론 김범우 일가의 민중들에 대한 경제적 시혜와 그들의 인간적 품성에 기인한 것일 수도 있겠지만, 아무래도 김범우 일가를 위시한 중도파들에 대한 작가의 묘사가 다분히 의식적이고 작의적이라는 느낌을 감추기 힘들다. 또 하나 지적되어야 할 것은 김범우가 역사 상황의 변화와 발전에 따라 지나치게 계속적인 변모를 거듭 하는 인물로 나타나고 있다는 것이다. 물론 작가는 김범우를 위시한 지식인들이 역사 상황의 변화와 발전에 따라 변화하는 가변성을 지닌 새로운 인물로서의 역할을 부여하고자 했고, 그럼으로써 오늘의 현실에서도 수없이 존재하는 김범우와 같은 지식인의 존재와 그들의 역사 현실에 대한 책임과 의무를 묻고자 했는지 모른다. 그러나 이 경우 역시 김범우의 지나친 변모는 자칫 역사적 양심과 현실적 안주 사이에서 고뇌하는 지식인상으로만 이해되기 쉽고,

더 나아가 그가 당대 역사의 중심에 버티고 서서 역사의 본질을 정확히 파악하는 실천적 존재가 될 수 없었다는 비난을 피할 수 없는 것이다. 작가는 김범우를 통하여 다양한 투쟁노선과 변혁노선의 타당성을 점검케 하고, 또한 그를 통하여 당대의 역사적 비극의 본질과 그에 대한 해결책을 다각도로 모색케 한 것은 분명한 듯하다. 김범우의 다양한 모색에도 불구하고 동시대의 현실과 모순에 대한 핵심적 해명이나 문제제기는 이루어지지 못하고 만다. 그러나 생각해보면 이것은 김범우와 작가의 논리적 한계이기 이전에 해방이후 오늘날까지 격변의 역사적 소용돌이 속에서도 분단극복과 민족통일의 가능성을 찾지 못하고 있는 우리 사회와 역사의 한계라고 할 수 있을 것이다.

4

『태백』은 역사에서 정당한 윤리적 진행을 기대한다는 것이 얼마나 어리석은 일인가를 우리에게 새삼 확인케 한다. 역사로부터 우리가 바라는 간절한 기대와 소망이 여지없이 무너져 내릴 때 우리가 역사 앞에서 느끼는 감정은 전율과 절망뿐 이다. 그러나 아무리 암울한 것일지라도 우리가 역사의 지평을 어떠한 장식으로든 초월할 수는 없다. 우리가 새롭게 출발해야 한다면 그 출발은 또 다시 우리가 살아 온 과거라는 역사의 연장선상에서 이루어 질 수밖에 없기 때문이다. 따라서 아무리 되돌아보기 싫다고 하더라도 우리는 상처투성이의 과거를 되돌아보아야 하고, 그를 통하여 역사의 의미를 생각해 보아야 하는 것은 불가피한 숙명이다.

『태백』은 과거를 통하여 현재의 역사적 의미를 생각케 하는 현재성에 그 중요한 문학적 의의가 담겨 있다. 『태백』은 '80년대'라는 우리에게 역사의 진보를 향한 거대한 격랑이 휩쓸고 간 시대적 의미와 함께 다가온다. 80년대는 이른바 서울의 봄과 광주민중항쟁으로 개막되어 지배와 피지배, 해방과 억압, 통일과 반통일 이라는 해방 전후부터 이어져 온 갈등과 대립의 모든 현상들이 폭발된 시기였다. 특히 광주에서의 처참한 살육의 충격은 그에 대한 모순의 근원을 규명코자 했고, 그 결과 역사의 진보에 충실한 연구가들의 관점을 해방 전후사로까지 이끌고 갔으며 그 역사적 진실은 새로운 각도에서 인식되고 조명되기 시작했다. 『태백』은 바로 80년대라는 이 시대를 꿰뚫어 보고자 하는 문학적 노력의 일환이다. 작가는 어느 대담에서 80년 광주항쟁을 지켜보면서 이제야말로 이 지역에서 일어났던 분단의 원초적인 열매였던 여순사건을 다뤄야 할 때가 되었다고 한 바 있지만, 『태백』은 바로 시대와 역사를 가장 치열하게 껴안고자 하는 한 작가의 열정과 고통의 총체라고 할 수 있을 것이다. 이러한 의미에서 『태백』을 만들어 낸 것은 작가의 역사의식은 물론이려니와 80년대라는 삶의 상황과 그 시대를 살아간 민중들이었다고 할 수도 있을 것이다.

『태백』이 성취한 또 다른 문학적 의의는 여태 다른 역사소설류와 달리 총체성을 확보하고 있다는 데 있다. 어느 시대나 사회가 역사적 갈등과 변동의 소용돌이에 휩싸여 있을 때 거기에는 언제나 다면적·다층적 모순구조가 내재해 있기 마련이다. 우리가 역사와 시대를 제대로 이해하는데 있어서 총체성의 확보를 중요하게 되는 이유도 여기에 있다. 『태백』은 소작인과 지주의 계급적 갈등, 양심 세력과 비양심세력 사이의 사회구조적 대립 관계를 총체적으로 파악해서 소설화시키고 있다. 그래서 이 소설은 앞서 지적했던 부분적 결함에도 불구하고 우리의 삶과 역사를 총체적으로 그려내는데 성공하고 있는 것이다. 더 나아가 이 땅에서의 분단과 전쟁의 원인을 밝혀내는데 있어서도 작가는 기존의 분단외인론을 내세워 우리 민족 내부에 엄존하고 있었던 갈등과 모순을 은폐하고자하는 태도를 탈피해서, 이 땅에서의 보다 본질적인 분단과 전쟁의 원인을 민족내부의 계급갈등과 모순 구조에서 찾고자 한다. 뿐만 아니라 브루스 커밍스가 『한국전쟁의 기원』에서 개진하는 바와 같은 식의 분단내인론에만 빠져 미국과 소련이 우리 민족에게 저지른 온갖 잘못과 비행을 간과치도 않는다. 작가는 우리 민족 내부의 갈등과 모순은 그것대로 인정하면서 미·소가 이 땅에서 저지른 횡포와 비행의 무게와 비중을 동일하게 다룸으로써 한국의 분단과 전쟁의 원인에 대한 총체적 전망을 얻고자 노력한 것이다.

결국 『태백』은 역사를 향하여 열린 전망을 보여주며 대미를 장식한다. 이 작품의 마지막 장면은 이러한 의미에게 우리들에게 시사하는 바 크다.

> 그는 가슴을 펴며 숨을 들이켰다. 그와 함께 밤하늘이 그의 시야를 채웠다. 그는 문득 숨을 멈추었다. 그는 눈앞이 환하게 열리는 것을 느꼈다. 그가 본 것은 넓게 펼쳐진 광대한 어둠이 아니었다. 그가 본 것은 어둠 속에서 수없이 빛나고 있는 별들이었다. 그는 멀고 깊은 어둠 저편에서 명멸하고 있는 무수하게 많은 별들을 우러러보았다. 가을 별들이라서 그 초롱초롱함과 맑은 반짝거림이 유난스러웠다. 그 살아서 숨 쉬고 있는 별들이 가슴을 뭉클하게 했다. 그 별들이 모두 대원들의 얼굴로 보였던 것이다. 먼저 떠나간 대원들은 죽은 것이 아니었다. 그들은 모두 혁명의 별이 되어 어둠 속에서 저리도 또렷또렷한 모습으로 빛나고 있었던 것이다. 그는 봉화가 타오르고, 함성이 우리고 있는 가슴에다 그 별들을 옮겨 심고 있었다.
>
> 끝 간 데 없이 펼쳐진 어둠 속에 적막은 깊고, 무수한 별들이 반짝거리는 소리인 듯 바람소리가 멀리 스쳐 흐르고 있었다. 그림자들은 무언가를 벗어나기 시작했다. 그리고 광막한 어둠 속으로 사라져가고 있었다.
>
> -『태백』 제10권에서

이 작품의 첫 장면이 어둠 속에서 새벽이 밝아오는 장면으로 시작되었듯이 소설의 마지막도 다시 어둠과 새벽의 이미지가 대비된다. 거의 평생을 투쟁의 동반자로 지냈던 염상진의 묘를 참배하고 하대치는 부하들과 함께 어둠 속으로 사라져 간다. 하대치가 가는 길, 그가 가는 멀고 깊은 어둠의 저편에는 무수한 별들이 명멸하고 있다. 그 별들은 바로 염상진을 비롯한 먼저 떠나간 대원들의 혁명의 얼굴로 빛나고 있는 것이라 할 수 있다. 그들은 바로 역사와 민중의 새벽을 밝혀 줄 찬란한 별들인 것이다.

『태백』은 80년대에 이르러 우리 사회에 나타나기 시작한 분단시대에서 통일지향시대에로의 민족사적 대전환기에서 기존의 문학들이 보여주던 분단고착화적 가치관을 일시에 허물어뜨리고 있다. 다시 말해 『태백』은 이제 분단소재 문학의 틀을 부서 버리고 통일시대의 가치관의 한 전범으로서의 문학적 성공을 이루고 있는 것이다. 여기서 문학적 성공이란 문학 작품으로서의 『태백』의 성공은 물론이려니와 80년대의 분단극복과 민족통일운동을 확대시킬 수 있었던 문학외적 성공까지를 의미한다.

작가는 우리의 분단 상황 속에서 그동안 수없이 왜곡되고 굴절된 역사 현실을 올바르게 보여주고 그 속에서 역사의 진실을 찾아내고 그 진실의 바탕 위에서 모두의 잘못을 올바르게 검증하는 길이 곧 분단의 극복이며 진정한 통일의 길이라고 생각하고 있는 것이다. 『태백』은 분단과 통일이라는 우리시대의 가장 핵심적 과제를 작가의 치열한 역사적 상상력을 통하여 문학적으로 형상화시키는데 성공하고 있다.

타락한 사회의 타락한 이야기

- 오을식론 -

1. 머리말

프랑스의 유명한 문학평론가 루시앙 골드만은 『소설사회학을 위하여』에서, 소설을 "타락한 사회에서 타락된 방식으로 진정한 가치를 추구하는 이야기"[1]라고 정의한 바 있다. 골드만의 소설사회학적 관점은 소설문학의 형식에 나타나는 사회 경제적 현상을 간파한 결과이다. 그는 문학(소설)의 형식 변화가 자본주의 사회구조와 밀접한 관계를 맺고 있음을 발견했는데, 이는 단순히 문학 텍스트 내용 자체에서 사회적 사실이나 징후를 찾아내고자 하는 협의의 의미가 아니라 문학 텍스트의 구조 발생 및 그 변화 자체를 사회구조적 배경 속에서 이야기하고자 하는 것이다. 말하자면 그가 인식하는 소설은 한 개인의 순수한 창작물일 뿐만 아니라 작가의 초개인적 가치와 경험을 담는 동시에 자본

1 Lucien Goldman, *Towards a Sociology of the Novel* (London: Tavistock, 1975), 6쪽.

주의 경제구조로 타락한 사회 환경적 요소를 담고 있다. 요컨대 소설은 개인적이면서 동시에 사회적인 이중적 성격을 지니면서 타락한 방식으로 진정한 가치를 추구하는 문학양식이라는 것이다.

골드만의 '소설사회학'에 기대지 않더라도, 모든 위대한 문학작품은 작가 나름대로의 세계관의 표현이며, 그 세계관은 작가나 사상가의 집단의식 속에서 개념적 명확성을 얻은 현상이다. 이는 한 사회집단의 구성원들을 서로 맺어주고, 또 그들을 다른 사회집단의 구성원들에게 조화시키고 전파시키는 사고와 감정의 복합체를 지칭하는 것이다. 따라서 훌륭한 작품은 한 사회의 집단의식이 특별한 개인인 작가의식을 통하여 탁월하게 표현되는 것이라 할 수 있다.

작가 오을식은 1993년『자유문학』에「비련사 가는 길」을 발표하여 등단한 이래 최근에는 제3회 〈현진건 문학상〉의 수상자로 선정됨으로써 우리소설계에서 주목받는 작가의 한 사람으로 자리하게 되었다. 그는 데뷔작인「비련사 가는 길」에서부터 최근의「고기국수」에 이르기까지 비교적 과작(寡作)의 작가이다. 그럼에도 불구하고 그는 자본주의 사회가 지배하는 삶의 상황과 그 속에서의 인간성 파괴라는 우리시대와 사회의 병리 현상을 보여주는 중후한 작가의식을 보여주고 있다. 이 글은 오을식 소설이 작금의 한국소설이 당면하고 있는 포스트모던적 단편성과 파행성을 넘어 삶의 총체성과 전형성을 향해 나아가고 있다는 전제 아래, 그의 주요 소설들을 중심으로 문학적 성취를 검토해 보고자 한다.

2. 타락한 사회에서 살기, 꿈꾸기

골드만의 소설 사회학의 주요한 골간을 이루고 있는 내용은, 소설 형식이 시장 생산에 의해 이루어진 개인주의적 사회 내에서의 일상생활을 문학적 차원으로 전환시키는 것이라는 인식이다.[2] 소설이라는 문학 형식과 시장사회 내에서의 인간과 상품 간의 일상적 관계, 나아가서 인간과 다른 인간들 간의 일상적 관계 사이에는 엄격한 상동 관계가 존재한다. 실제로 인간과 물질과의 자연스럽고 건강한 관계는 생산이 소비에 의해서, 즉 '사용가치'에 의해 지배되는 관계이다. 그러나 현대의 시장 생산을 특징짓는 것은 '교환가치'라는 형태에 의해 만들어진 새로운 경제 현상이고, 이 때문에 인간의 모든 의식과 관계는 '물화'(物化) 되어버리게 된다.[3] 따라서 현대의 사회생활 가운데서 가장 중요한 몫을 담당하는 경제적 생활에 있어서 모든 사물들과 존재자들이 맺는 진정한 관계는 점차 사라져가고, 인간과 인간 사이의 관계나 인간과 사물 사이의 관계는 타락된 관계로, 다시 말해 순전히 물질적인 교환가치의 관계로 대체 되어간다. 마찬가지로 소설에서 등장하는 인물들의 경제적 생활은 교환가치라는 '타락한 가치'를 지향하는 사람들로 구성되며, 그들은 사회에서 밀려나 '문제적 개인'이 되는 것이다. 이러한 문제적 개인들은 자본주의 시장구조의 원리 속에서 자신들의 욕망을 쟁취하기 위해 타락한 행위를 하기 마련이다. 그리하여 그들은 대도시의 주변부에서 '야만의 상태' 혹은 '고립의 상태'로 살아가면서

2 소설이 하나의 중요한 문학적 장르로서 등장할 수 있게 된 것은, 19세기의 산업화로 특징지워지는 부르조아 계급의 형성과 뗄 수 없는 관계에 있고, 또한 산업화 이전 단계의 이른바 봉건주의 사회에서의 봉건적 질곡에서 해방된 시민계급의 문화를 반영하는 산물이라는 생각은 이제 거의 일반화된 사실이다. 이에 대한 보다 자상한 해설을 위해서는 Lionel Trilling, *The Liberal Imagination: Essays on Literature and Society* (New York: Charles Scribners Sons, 1976), 205-222쪽 참조.

3 Lucien Goldman, 같은 책, 7-8쪽.

인간다운 행동과 정서를 상실하게 된다.[4]

오을식 소설에 등장하는 인물들은 거의 예외 없이 자본주의의 삶의 현실 속에서 다양한 형태의 타락된 모습을 보인다. 현대적 삶의 현실은 인간을 한치 앞을 내다보지 못하게 하고, 그 같은 사회현실 속에서 극심한 정체성의 혼돈을 겪으며 살아가게 된다. 인간에 의해 만들어진 사회 경제적 질서가 잘못된 방향으로 길을 틀어버리고, 그로 의해 눈에 보이거나 보이지 않는 고통과 혼란은 인간 삶을 왜곡된 방형으로 이끌게 된다. 일상적인 갈등과 불화에서 벗어나 진정한 가치를 발견하고 새로운 삶의 모습을 만들어내고자 하지만 인간들은 갈수록 문제적 개인이 되어간다. 소설가는 바로 이런 타락한 삶과 박치기하며 살아가야 하고, 그 속에서 문제적 개인을 만나야 하고, 또한 새로운 세상을 꿈꾸어야 한다. 이같이 암담한 소설가의 운명을 오을식은 이렇게 말한다.

> 이 땅에서 소설가로 산다는 것은 혼자 자진해서 지구를 머리에 이고 무시로 열중쉬어를 하는 것과 별반 다르지 않은 것 같다. 지상의 까다로운 존재이자 흔적인 인간과 인생을 각기 다른 방식으로 오비어파는 과정에서 드러나는 유익하고 재미있는 진실을 소설이라고 할 수 있을 때, 그 진실을 찾는 과정에서 필연적으로 마주치게 되는 세상 모든 2인칭과의 갈등과 불화야말로 작가가 생을 걸고 감당해야 할 일종의 '머리박기'가 아닌가 싶은 것이다.
>
> -「머리말」, 『비련사 가는 길』에서

"진실을 찾는 과정에서 필연적으로 마주치게 되는 세상 모든 2인칭과의 갈등과 불화" 그리고 그들과의 '머리박기!' 그것이 소설가가 감당해야 할 운명이다. 작가는 오늘도 이야기를 찾아 세상을 두리번거리

4 Walter Benjamin, *Illumination* (New York: Schocken Book, 1968), 174쪽.

다가 인간의 둥지 어디에든 머리를 박고 어금니를 깨물어야 한다.

〈제31회 한국소설문학상〉을 수상한 작품 「새장을 열다」에서부터 오을식은 이 세상과의 처절한 갈등과 불화를 겪는 '2인칭'을 만난다. 이 작품에는 자본주의사회에서 타락하고 병든 다양한 '문제적 개인'들이 등장한다. 밤업소에서 일본인 관광객들에게 몸을 팔며 살아가는 다찌(여성)인 '나'와 영미, 그들에게 일자리를 만들어 주고 엄청난 돈을 가로채어가는 장마담, 다찌를 사서 온갖 추악하고 저질스런 성행위를 하는 일본인들. 우리는 「새장을 열다」에 등장하는 자본화되고 도구화된 인간 군상들을 통하여 물질에 의한 인간성 상실의 극단적인 모습을 보게 된다. 온갖 인간 이하의 대우를 받으면서도 일본인 관광객들에게 몸을 팔아야 하는 '나'의 삶의 세계는 바로 자본주의 사회에서의 사물화 된 전형적인 모습이다. 자본주의 사회에서는 모든 것이 상품화되고 사물화 되어 매매의 대상이 된다. 상품화는 인간과 인간, 인간과 그의 노동생산물과의 관계를 사물과 사물의 관계로 전락시킨다. 상품은 인간으로부터 독립하여 인간에게 낯선 법칙성을 통해 인간을 지배한다. 이때부터 인간은 이미 주체가 상실되고, 경제력에 의해 혹은 권력에 의해 무심하게 이용되는 객체가 되고 만다.

「새장을 열다」에서 이 같은 상황은 작가에 의해 극명히 그려진다. '나'는 시골에서 살고 있는 딸 혜진이와 병든 엄마를 위해 어쩔 수 없이 몸을 팔아야 한다. 괴물같이 온갖 변태 짓을 한다는 일본인 관광객 야마다에게 몸을 팔기위해 그의 방으로 다가가는 나에게 두려움보다는 오히려 가학적인 비장함이 생긴다. 작품에서 현대기술문명의 상징이라 할 수 있는 휴대폰은 수시로 울려오면서 화자의 가슴을 비수같이 후빈다. "가자! 나는 어금니를 물고 복도를 따라 걷기 시작한다." 이러한 절망과 고통 속에서도 '나'는 새로운 삶을 꿈꾼다.

눈을 감고 고향집을 떠올려 본다. 내일이면 가 있을 고향집. 가서 엄마를 병원에 모셔가 치료를 받게 하고, 퇴원하면 엄마와 내 딸과 내가 손을 잡고 목욕탕을 갈 것이다. 내가 엄마의 등을 밀면 내 딸도 내 등을 밀어 줄 것이고, 내 딸이 내 등을 밀어주면 나는 이제 마지막 비누질을 시작할 것이다. 마치 기도를 하는 마음으로, 참회하는 마음으로 정성을 다해 비누칠을 시작할 것이다.

-「새장을 열다」에서

소설에서 주인공은 진정한 가치를 추구하는데 반해 사회는 타락되어 있다는 점에서 양자 사이에는 뛰어넘을 수 없는 간극이 있다. 소설 속 주인공은 진정한 가치를 추구하기 위해 몸부림치지만 타락된 사회가 제공하는 방식은 타락된 것일 수밖에 없다는 점에서 작가는 고통스러워한다. 또한 주인공과 사회 사이에는 해결될 수 없는 갈등과 불화가 대립하고 있다는데 대해 작가와 독자는 동시에 절망한다.

이러한 절망의 표현은 작품의 마지막 장면에서 잘 드러난다. 야마다가 있는 1018호 앞에 도착했으나 혜진으로 부터 할머니가 숨을 쉬지 않는다는 휴대폰전화를 받다가 '나'는 현기증으로 무릎이 꺾인 채 쓰러진다. 진홍색 카펫에 피를 흘리면서 "병든 개처럼"(「새장을 열다」) 기어가는 주인공의 처참한 모습을 바라보며 작품을 덮으면서, 우리는 자본주의사회의 어둡고 황량한 뒷골목을 거닐다가 빠져나온 듯한 형언할 수 없는 좌절감과 열패감에 휩싸이게 된다.

「꽃잠」에서도 사회와 인간에 대한 작가의 환멸과 절망은 계속된다. 작품의 플롯은 자신의 정부(情婦)였던 교수가 주례를 하고, 신혼여행에서 첫날밤 남편과 성관계를 가지면서도 계속해서 술에 취해서 정부를 불러대는 여인에 대한 이야기로 이루어져 있다. 이들의 부정한 사랑에 대해 첫날밤을 보낸 남편은 "나는 당신들의 사랑을 탓하는 게 아니라, 나를 왜 거기에 불러냈느냐는 겁니다. 내가 참을 수 없는 건, 당신들이 사랑했다는 사실이 아니라, 나를 최 교수로 알고 받아들인 반쪽 꽃잠이 아니라, 바로 당신의 남자가 내결혼식의 주례를 섰다는 사실이요! 내 일생에서 가장 화려한 축복을 받아야할 결혼식에 왜 당신의 연인을 주례로 세운 거죠?"(「꽃잠」)하고 절규한다. 남편의 절규는 우리시대의 타락한 사랑의 모습이 어떠한 것인지를 잘 보여준다.

'사랑'이 그 참된 의미를 잃고, 인스턴트식 사랑과 이혼이 난무하는 우리사회의 성풍속도는 언제부터인가 일반화 되었다. 이제 어쩌면 현대사회에서 진실한 사랑은 책이나 영화 속에서만 존재하게 되는 것인지도 모른다. 사람들에게 이제는 정신보다는 육체, 영혼보다는 물질을 중요시 하는 것은 보편화된 현상이다. 앞서 「새장을 열다」에서도 잘 드러나고 있듯이, 오늘날 몸은 그 자체로 하나의 자본이고 상품이다. 따라서 몸은 그 사람 자신의 것이기도 하고, 언제든 소유나 교환의 대상이기도 하다. 아름답고 젊고 건강한 몸을 유지하기 위해서, 어디에서나 돋보이고 취업도 잘되기 위해서, 여인들은 얼굴을 고치고 젊은이들은 근육을 빚는다. 그러나 메를로 퐁티의 말대로, 우리들의 몸은 각각 세계를 향해 살아가는 몸으로서의 인간 존재와 사회적 맥락에서 구성되는 몸으로서의 인간 존재를 동시에 보여준다.[5] 수천 년 동안 지속되어온 인간의 역사 속에서 처음에는 진솔했던 '사랑'이라는 감정이 현대사회에서는 전염병처럼 계속 타락해 나가서 그 진실함의 끝자락조차 잡기도 힘들 게 되어 집단적 타락현상을 낳게 되었다.

오을식은 그의 작품에서 집요할 정도로 우리시대의 인간의 타락 양상을 그리고 있다. 그의 소설에 등장하는 인물들의 집단적 정신타락현상은 어떻게 설명될 수 있는가? 세상에 몇몇 특정한 악인이 존재할 수 있다는 점에 대해 큰 문제의식을 품는 사람은 별로 없을 것이다. 하지

5 강미라, 『몸 주체 권력: 메를로퐁티와 푸코의 몸 개념』(이학사, 2011)의 3장 "메를로퐁티의 몸-주체" 참조.

만 악이라는 정신적 타락이 평범한 사람들에까지 집단적 현상으로 전이되어 나타난다면, 이것은 결코 간과할 수 있는 문제가 아니다. 이러한 집단적 정신타락현상이 우리사회를 뒤흔든 '도가니사태'와 같은 사건을 낳고 있다. 「꽃잠」에서 확인할 수 있듯이, 현재 우리사회의 여러 현상과 사건들을 돌아볼 때 우리 사회의 건전성을 얼마나 확신할 수 있을 것인가? 오을식의 인물들은 흔히 물질적 궁핍에 휩싸여 정신과 육체가 분리된 채 오직 생존본능에 따라 움직이고 있으며, 그들은 결국 불행에 휩싸이게 된다. 자본주의 사회에서의 물질만능의 추구와 정신경시의 풍조가 이들에게 불가피한 정신의 황폐화와 의식의 붕괴를 가져오게 된 것이다.

이 같은 상황은 최근작인 「고기국수」에서도 그대로 이어진다. 이 작품에서 '나'는 준수라는 아이와 함께 아내와 가정을 이루고 평범하게 살아가는 소시민이다. 그러나 박충배라는 단위농협조합장을 지낸 인물이 나타나면서 아내와 가정은 풍지박산 나게 된다. 박충배가 동네에 대형 저장창고를 짓는다는 명목으로 투자 할 것을 권유하는 바람에, 나는 선대부터 내려온 밭을 선뜻 창고 터로 내주고 건축비의 절반을 부담하기로 한다. 그리고 "땅 짚고 헤엄치기 보다 더 쉬운 이 일을 위해" 기꺼이 농협에 대출 신청도 하고 자신의 논과 집을 담보로 맡기고, 깨면 손해인 줄 알면서도 그동안 부어왔던 적금을 모두 해약한다. 그 후 심지어 아내마저도 바람둥이인 박충배에게 몸을 바치고 만다. 나와 가정에는 이때부터 파탄이 생기게 된다. 아내는 가출하여 단란주점과 고기국수집에서 일하며 나날을 이어가고, 나와 아들은 길거리를 전전하며 아내를 찾아 헤맨다. 아내를 찾아 제주시 전역을 헤매고 다니다가 등대에서 생긴 살인사건으로 알게 되었던 수사관의 도움으로 마침내 고기국수집에서 아내를 만나게 된 나의 눈에는 눈물이 가득 고이게 된다.

나는 김이 모락모락 오르는 국수 그릇을 바라보다가 어느 순간 여자와 눈이 마주쳤다. 나는 자리에서 벌떡 일어섰다. 여자의 손에 든 고기국수 그릇이 출렁이다가 곧 파르르 떨렸다. 여자의 눈에 눈물이 그렁그렁 열렸다가 쟁반 위로 떨어졌다. (…) 시야가 뿌옇게 흐려졌다. 나는 손등으로 여자의 눈물을 닦아주었다. 여자는 나를 자리에 앉힌 다음 곁에 서서 내 고기국수 그릇에 양념장을 넣고 섞었다. 김이 모락모락 나는 내 고기국수 그릇에 다시 또 눈물이 툭 떨어졌다.

-「고기국수」에서

타락한 세계의 가치에 희생되어 불행한 삶의 나락으로 떨어진 나와 아내를 비롯한 가족들, 이들은 바로 현대의 자본의 물결이 낳은 물화된 인간의 자화상이다. 자본주의 사회의 발전과 함께 공동체적 삶의 정신은 붕괴되었고, 오직 살아남기 위해 개인들은 영악해지고 자아는 갈수록 분열되어가고 있다. 근대 이후, 문제적 주인공들의 등장과 그들이 영위하는 삶의 모습은 작가들의 소설에서 가장 빈번하게 나타나는 양상이 되었다. 자본주의 사회체제를 반영하는 사회적 현상을 보여주는 문제적 개인들이 소설의 주인공으로 등장하지 않을 수 없게 된 것이다. '자본'은 나 자신을 진정한 나로서 존재하지 못하게 하고 한낱 사회의 부속품으로 전락시켜 버린다. 그것도 모자라 자신도 모를 존재로 스스로를 타락시켜 간다. 만약 '경찰'과 '이웃'의 눈길이 없다면, 우리들 주변에서는 더 많은 '박충배'가 나타나 우리들을 괴롭힐 것이다. 이 모든 절망적인 상황이 우리가 자본주의에서 살아가고 있기 때문이라고 치부 한다고 해도 우리들의 미래는 어찌될 것인가.

「고기국수」에서 아내와 재회한 내가 '고기국수' 그릇 위에 흘리는 눈물은 바로 자본주의의 비극적 상황이 흘리는 눈물인지도 모른다. 그러나 앞으로 이 자본주의 사회에서 어떻게 살아야 할 것인가에 대한 의문은 여전히 우리들의 가슴 속에 남는다.

3. 주체 상실의 고통, 고통의 글쓰기

소설을 비롯한 어떠한 문학작품에서든 존재의 의미를 묻는 일은 가장 본질적이고 근원적인 것이다. 아니 근대적 의미에서 존재의 의미는 자기주체성을 규명하는 기본이었다. 근대 이후로 주체는 언제나 이성적이고 합리적이어야 하며 이런 존재가 곧 성숙한 개인을 의미했다. 한 사람의 시민으로서, 아내로서, 남편으로서, 아버지로서 거기에 어울리는 정의롭고 도덕적인 행동을 하는 것이 가장 이상적인 인간상이었다. 이런 합리주의적인 관점에서 주체는 타락한 세계와 어울리면서 문제적인 개인이 되고, 구체적인 사회현실과 부딪히며 갈등과 파국을 맞게 된다. 이상적인 근대시민의 모습은 저만치 사라져 버리고, 소설 속 주인공들은 험난하고 지난한 길 찾기의 기나긴 여정을 떠나야 한다. 부조리한 사회현실과 투쟁해야 하는 리얼리즘 소설의 주인공들이 언제나 비장하고 엄숙한 것은 그 때문이다. 화해할 수 없는 세상과 투쟁해야 하고 상황에 따라 자신을 변신시키면서 주체의 상실이라는 고통을 맛보아야 한다. 그리고 주체가 상실된 그들의 삶은 비극적일 수밖에 없게 된다.

비극적이든 희극적이든 많은 현대소설들이 인간 정체성의 문제에 관심을 기울인다고 할 때, 스토리 전개를 위한 시점(視點)의 선택은 소설기법상 대단히 중요한 의미를 지닌다고 할 수 있다. 여기서 우리는 오을식 소설의 시점이 현대소설에서 흔히 볼 수 있는 3인칭이나 전지적 시점을 취하기보다는 주로 1인칭의 시점을 사용하고 있다는 점을 유의할 필요가 있다. 알다시피 3인칭시점과 달리 1인칭 시점은 독자와의 강한 연대를 이루며 이야기 전개를 가능할 수 있게 하는데, 이는 복잡다단한 현대적 삶의 세세한 부분까지 독자들에게 속삭이듯 이야기할 수 있게 한다. 작가는 1인칭 시점을 취함으로써 '나'가 이 타락한 세상과 불화를 이루어가는 인물들의 심리적 갈등과 고통의 모습을 세밀하게 보여주고 그것을 독자들에게 전달할 수 있게 한다. 물론 이 같은 시점의 선택이 이른바 리얼리즘문학에서 이야기 하는 바의 전형적 인물 제시를 힘들게 하고 자연주의적 성격을 짙게 한다는 비판을 낳을 수 있는 것이지만, 오을식 작품에서의 '나'의 모습은 고통과 갈등으로부터 화해에 이르는 복잡한 삶의 과정을 보여 주고 있다는 점에서 더욱 의미 있는 것으로 보인다.

예컨대 「비련사 가는 길」을 보자. 이 작품은 현대사회에서 인간성 상실의 고통과 좌절을 극명하게 보여주고 있다. 작품의 중심적인 축은 군대생활을 함께 하던 혜련법사가 김중위인 '나'를 비련사에서 다시 만나는 것으로 이루어진다. 혜련법사는 비련사를 찾아온 나에게 두 가지 부탁을 한다. 한 가지는 비련사의 가람배치를 다시 해 달라는 것이고, 두 번째는 그의 '피'를 빌리자는 것이다. 가람배치를 다시 해 달라는 부탁도 거창한 것이지만, 나에게 더욱 힘든 일은 요사채에 거주하고 있는 불임의 보살 여인을 위하여 '씨내림'을 하자는 제안이었다. 여기서 나의 고민은 현대의 근원적인 삶의 문제에 대한 것으로부터 시작된다. 무분별하고 상품화한 성(性)에 대한 도덕적 무장해제를 해야 하는가. 아니면 아기를 갖지 못하는 여인의 고통의 무게와 부피를 덜어 그녀의 한을 풀어주어야 하는가.

그러나 이야기가 진행되면서 작품은 극적 반전에 이르게 된다. 혜련스님은 주지임명을 둘러싼 승려들과의 무력충돌로 인해 왼쪽 뇌가 함몰되는 손상을 입었고, 그로인해 정신적인 이상이 있는 상태이었다. 혜련스님은 요사채에서 거주하는 보살인 그의 여동생을 걱정하지만,

그의 여동생이 비련사에서 치성을 드리는 이유는 오빠의 쾌유를 비는 것이었다. 성(聖)과 속(俗)이 뒤엉킨 상태에서 육신을 다친 혜련 스님은 비록 몸은 법당에 있지만, 영혼은 벌써 법당을 떠나 있다고 여동생은 말한다. 여기서 오누이의 서로를 향한 간곡한 사랑은 종교마저도 세속화되고 타락한 이 세상에서 사랑의 힘이 얼마나 필요한 것인가에 대한 깊은 시사를 던져준다. 현대사회는 소외와 고립으로 이루어져 있고, 우리들의 인간관계 또한 그 연장선상에 놓여있어 타자보다는 자아만을 생각한다. 작가는 타자성의 배제가 아니라 타자성을 포용하고 존중함으로써 갈등으로 점철된 현대사회의 현실을 넘어설 새로운 길을 꿈꾸고 있는 것이다.

사람들은 오로지 사랑을 가능케 하는 상대방이나 대상에 의해 사랑이 성립된다고 믿고, 오직 사랑을 받는 대상만을 사랑하는 것이 그 사랑을 강렬하게 입증하는 것이라고 믿는다. 그러나 에리히 프롬이 그의 『사랑의 기술』에서 강조했듯이, "사랑은 대상과의 관계가 아니라 세계 전체와의 관계를 설정하는 것이다."[6] 다시 말해 진짜 사랑은 타자와의 관계는 물론 이 세상과의 관계를 결정하는 태도에 달린 것이며, 사랑의 대상에 대한 열린 마음은 이 세상과 타자성에 대한 깊은 사랑의 감정을 가질 때에야 진정한 것이 될 수 있다는 것이다. 비련사의 법당에는 오누이의 서로를 위한 애틋한 사랑의 마음이 넘실댄다. 그리고 이 사랑의 모습은 현대사회에서의 사랑이 과연 어떠해야 할 것인가를 여실하게 우리들에게 보여준다. 「비련사 가는 길」은 현대적 삶의 상황에서의 인간성 상실의 고통과 좌절을 통하여 사랑에 대한 범상한 인식을 비범하게 묘사해 주고 있다.

소설 「잃어버린 가방」의 이야기는 밤마다 단장을 하고 외출을 하는 어머니 때문에 가족들이 긴장하는 것으로 시작된다. 평생을 목석같이

6 에리히 프롬, 『사랑의 기술』, 황문수 역 (문예출판사, 2006), 57쪽.

지내다 노인이 다된 어머니가 뒤늦게 애인이 생겨 낮에 나갔다가 새벽에 들어 올 때도 있다. 어머니가 만나는 사람은 바로 공원에서 북을 치며 엿장수를 하는 사람이었다. 심지어 어머니는 엿장수를 돕기 위해 파출부를 하거나 하우스단지에서 배추를 뽑는 일까지 하신다. 온 가족이 동원되어 어머니의 뒤를 미행하고 마침내 어머니를 잡아 그동안의 행적을 추궁한다. 뜻밖에도 어머니가 만나고 도움을 주는 엿장수는 화자의 동생 강민이 광주에서 다니던 대학 써클 선배였다. 강민은 "그해 오 월, 이 땅의 어느 산등성이에든 진달래가 만발했던 그 때, (…) 사람을 잡는 '백정'들"(「잃어버린 가방」)에 의해 희생당한 사람이었다. 엿장수는 바로 강민으로부터 북치는 것을 배웠고, 광주에서 살아남은 이후로 조선팔도를 떠돌면서 북을 치고 다닌다는 것이다.

> 그가 다시 양손에 북채를 잡고 둥,둥,둥 북을 치기 시작했다. "저 북소리를 들어보면 그 속에서 아주 귀에 익을 소리가 들릴 것이다. 바로 느그 동생의 목소리 말이다. 더 자세히 들어보면 그놈 웃음소리가 들리고 그러다가 엄니, 하고 우는 소리도 들리고, 그리고 뭐라고 혼자서 흥얼거리는 소리도 들리고 그럴 것이다."
>
> -「잃어버린 가방」에서

어머니는 자신이 파출부를 하고, 농장에서 배추 뽑는 일을 했던 것은 바로 엿장수에게 새 북을 하나 사주기 위해서였다고 말한다. "그것이 이 못난 어미가 우리 강민이한테 해주는 마지막 선물일 거라 그렇게 생각"(「잃어버린 가방」) 했다는 것이다. 자식들의 어리석은 기우와는 달리 어머니의 마음은 훨씬 높은 차원에 도달해 있었다. 어머니의 그 마음은 이 암울한 사회 속에서 자기정체성을 지키고자 하는 노력이라 할 수 있을 것이다. 현대적 의미에서의 자기정체성이란 지극히 모순적이고 가변적인 것이지만, 합리적이고 이성적인 의식적 주체가 존재한다고 믿었던 데카르트 이래로 이 문제는 지속적으로 제기되어 왔다. 주체가 동일하고 합리적이고 불변적인 것이라기보다는 사회적이며 무의식적이라는 가설은 프로이드와 같은 사람에 의해 무너졌다. 주체는 동일하고 합리적인 것이라기보다는 타자의 거울을 통해 새롭게 형성된다. 특히 현대와 같이 모든 것이 전복적이고 폭력적이고 불안정한 삶의 상황으로부터 우리 내부에 이미 존재하는 정체성은 항상 새롭게 채워진다. 사람들은 수많은 각자의 사회적 자아를 지니고 있으며 그에 맞는 가면을 쓴다. 우리가 세상을 연극무대라고 이야기하고 그 무대 위에서 춤추는 배우라고 말하는 이유도 여기에 있다. 이 같은 상황에서도 꿋꿋이 자신의 정체성을 지키며 산다는 것이 얼마만큼 가능한 일인가.

탐욕과 폭력으로 가득한 현대적 삶의 상황 속에서 고귀하고 진정한 내면적 가치를 유지하며 존재한다는 것은 그만큼 힘든 일이다. 진정한 내적 가치를 유지하며 산다는 것은 자신의 삶이 생생히 깨어있게 한다는 것을 의미하는 것이며, 우리사회와 현대적 삶이 나아가야할 방향을 일러 주는 것이기도 하다. 「잃어버린 가방」에서 인간다운 내면적 자기 정체성을 지키며 보여준 어머니의 모습이야말로 이 타락한 시대에 진정한 인간의 모습이 어떠해야 하는지를 침묵으로 보여준다. 작품의 마지막에서 엿장수는 사라졌지만 그가 치던 빠르고 거센 북소리는 우리들의 가슴에도 깊은 떨림으로 울려온다.

사회의 변화나 발전 속에서 긍정적 형태의 전망을 찾지 못할 때, 그리하여 소설이 진정한 가치를 추구할 수 없을 때, 소설가들은 '글쓰기란 무엇인가' 혹은 타락한 사회에서 오롯이 결백하게 문학을 하는 사람들의 존재이유가 무엇인가라는 질문의 한가운데에 놓이게 된다. 오을식의 경우, 자신이 바라보는 암울한 현실세계를 날카로운 눈으로 비판하면서도, 그것을 문학적으로 형상화하여 진정한 가치를 얻어내고자 하는 어찌 보면 쉽게 양립하기 어려운 과제를 감당하고자 한다. 작가는 냉정하고 이성적으로 세상을 바라볼 수 있어야 현실을 보다 깊이 있게 들여다 볼 수 있지만, 역으로 작가 자신의 미적 감각을 온전히 보존할 수 있어야 세상을 보는 눈도 보다 넓어질 수 있을 것이다. 타락한 사회에서 진정한 가치를 추구하고자 하지만, 문학이 이 삭막한 삶의 세계에서 어떠한 구원의 가능성을 보여줄 수 없다고 느껴 질 때, 작가의 글쓰기는 고통의 그것일 수밖에 없다. 그럼에도 불구하고 오을식의 문학은 이 타락한 세상과 인간에 대한 깊은 사랑과 관심으로 가득하다.

4. 맺는말

우리사회의 발전과정이 잘 보여주고 있듯이, 급속한 경제발전을 이루기 위한 사회의 산업화는 경제적인 이윤추구와 물질적 부의 축적을 향한 인간의 욕망을 점증하게 만들었다. 물질적 풍요와 기술의 발달로 인해 인간의 삶에 있어서의 정신과 영혼은 탈신비화 되는 경향이 나타나게 되었고, 모든 인간행위가 경제적이고 실용적인 욕망에 의해서 조정되고 기획되면서 인간의 삶의 영역은 물화된 욕망구조에만 사로잡혀 버리고 만 것이다.

훌륭한 작가들치고 당면한 삶의 현실과 인간의 문제를 두고 치열하게 고민하지 않는 사람은 없겠지만, 여태 살펴 본대로 오을식은 자본주의 사회가 가져온 타락하고 암울한 현실에 대한 성찰을 통해 우리 사회가 당면하고 있는 인간과 삶의 문제를 깊게 고민하고 있는 작가이다. 그의 작품에서는 예외 없이 고도 자본주의 사회에서 살아남기 위해 몸부림치다 참담한 좌절과 고통을 맛보는 파편화된 인간의 모습이 나타난다. 그들을 통하여, 자본이 난무하는 도시의 삶의 환경에서 소외된 자들의 세계, 남녀의 타락한 애정관과 사회의 윤리, 가족공동체의 붕괴과정에서 일어나는 크고 작은 사건들이 그려지고 있다. 오을식 소설에 등장하는 인물들은 당연히 자본주의 사회에서 탄생되는 '문제적 개인들'이다. 그들은 허다하게 일그러지고 망가진 존재들이지만 타락한 사회에서 진정한 가치를 추구하기 위해서 몸부림친다.

이들을 바라보는 오을식의 시선은 냉철하고 때로 가차 없는 독설로 이루어져있지만 작가는 이들을 깊은 애정의 눈길로 바라본다. 작가는 '일상적 가치'를 위해 몸부림치는 그들로부터 어떻게 '초월적 가치'를 얻을 수 있을 것인가를 생각한다. 이렇게 오을식은 우리사회의 병리와 같은 타락상을 보여주는데 잠시도 눈길을 소홀히 하지 않고 있지만, 그렇다고 자본주의 사회에 대한 강력한 문학적 항의만으로 그의 문학의 효용이 한정되는 것은 아니다. 자본화된 우리사회와 그 속에서의 인간들의 타락상을 예리한 작가의 눈으로 투시하고 있다는 그 자체만으로도 만만찮은 문학적 성취를 엿볼 수 있는 일이지만, 그의 문학이 지니는 진정한 가치는 이 시대의 절망의 체험을 타인들과 함께 나누어야 한다는 것, 그 절망과 혼돈을 이겨내어야 한다는 것, 그리하여 마침내 우리사회를 희망이 서식하는 곳으로 바뀌어 질 가능성을 보여주고 있다는데 있다.

희망의 산, 절망의 산

- 지리산의 사상과 문학 -

장강(長江)과 대하(大河)의 물결은 도도하되 쉽사리 소리를 내지 않는다. 그러나 장강 대하도 때로 굽이치거나 급작스런 벼랑을 만나게 되면 성난 짐승처럼 포효하게 된다. 산(山)도 이에 다를 바 없다. 산은 자신의 품안에 온갖 생명을 껴안고 그들을 다독거리며 말없이 웅크려 있을 뿐이다. 흡사 우리네 어머니들이 그렇듯이 이 대지의 여인은 모진 비바람과 눈보라에 쓸리고 흔들릴망정 말없이 자신의 품안에서 숨 쉬고 있는 생명들을 다독거리고 있을 뿐인 듯하다. 그러나 그 산하에 치솟은 봉우리와 깊은 골짜기마다 찢기고 할퀴고 멍든 사연으로 인해 산은 오늘도 안으로 안으로 소리쳐 운다.

아, 지리산! 지리산은 말없이 웅크리고 있지만 우리 민족의 수많은 한과 고통을 안으로 간직한 채 오늘도 안으로 소리 높여 울부짖고 있다. 지리산은 바로 이 땅의 현대사의 비극을 고스란히 간직하고 있는 곳이기 때문이다. 일제 치하의 나라를 빼앗긴 민족의 슬픔에 더해 육이오라는 분단의 고통을 바라보아야 했던 지리산은 봉우리 하나하나

골짜기 마다마다에 사연이 없는 곳이 없다. 그래서 지리산은 그냥 산이 아니다. 지리산은 그 품안에 안겨드는 사람들에게 생성과 풍요를 베풀면서 그들의 아픔을 도맡아 주고자 했다. 어느 시인의 표현대로 지리산은 흡사 어머니의 품과 같다.

> 나는 알고 있다 여인의 이름을
> 인류가 한 차례 재앙을 겪어내고
> 똑 같은 지구 안에 두 개의 세상이
> 따로이 들어서던 20세기 후반
> 점령군과 원주민이 맞붙어 싸울 때
> 자식들을 위하여 제 한몸 내맡긴
> 여인의 이름은 여인의 이름은
> 여인의 이름은 지리산이었다
>
> 아시아의 작은 반도에서 살고 있는
> 여인의 몸뚱이는 인민들의 것
> 한때 젖꼭지는
> 군량을 배급하는 거대한 창고요
> 가랑이는 더없을 천연의 요새였다
> 지상에서 가장 강력한 적과
> 지상에서 가장 영웅적인 전사들이
> 맞싸울때 쓰여진
> 등덜미 젖가슴 팔 다리 이마
> 나는 그 이마에 빛나던 별빛을 기억한다
>
> (중략)
>
> 몸둥이가 다 타는데 반달
> 4천만 겨레가 반만 년 누려 온
> 여인의 사랑이 연기로 변하여
> 하늘에 오르는데 보름이 걸렸다

노여운 하늘이
죽창을 던지듯 장대비를 뿌리고
대지는 엎드려 일주일을 울었다

-김형수, 「지리산」 일부

지리산은 이 나라 백성들의 아픔과 고통을 모두 감싸 안을 정도로 그 높이와 품이 크다. 지리산은 한반도 남쪽의 지붕으로 제주도의 한라산을 제외하면 남한에서 가장 크고 높은 산이다. 전라남도, 전라북도, 경상남도의 삼개 도에 걸쳐 있고, 구례, 남원, 산청, 하동, 함양의 5개 군을 감싸 안고 있는 지리산은 그 이름도 여러 가지여서 백두산의 맥을 전해왔다고 해서 두류산이라고 불렀고, 신선이 사는 산 즉 삼신산의 하나로 여겨져서 방장산이라고 불렀으며, 그 둘레가 팔 백 리를 넘을 만큼 덩치가 크고 생김새가 두리두리해서 두리뫼라고 불리기도 했다. 이 산은 높이가 1,915m로 한라산보다 35m가 낮지만 그 넓이는 한라산의 3.3배로 438.9 평방 km에 이른다. 동서로 뻗은 길이만 보더라도 동쪽의 경남 산청군 삼장면에서 대원사를 거쳐 함안군의 의탄으로 넘어가는 쑥밭재를 기점으로 잡고, 또 그 주 산맥의 끝을 구례군 천은사에서 전북 남원군 산내면의 실상사로 넘어가는 노고단, 종식대 넘어 시암재 고갯마루로 한정하더라도 장장 그 길이는 70km에 이른다. 흔히 등산객들이 등산 가능한 종주거리를 주봉인 천황봉에서 노고단까지로 재지만 이 거리도 50km에 달한다. 지리산은 그 길이와 넓이뿐만 아니라 깊고 후미진 봉우리와 골짜기가 민중들의 삶의 터전으로 기여하기에 족했다. 봉우리의 평균 높이가 자그마치 1,300m이며, 1,400m 이상의 봉우리만 해도 높이 1,915m의 천황봉을 필두로 1,806m의 제석봉, 1,713m의 촛대봉, 1,690m의 영신봉, 1,538m의 덕평봉, 1,586m의 명선봉, 1,538m의 토끼봉을 포함해서 20여개나

된다. 또한 천황봉을 중심으로 해서 북쪽으로 뻗으며 전라북도와 경상남도를 가르는 산줄기와, 남쪽으로 뻗으며 경상남도와 전라남도를 가르는 산줄기와, 서쪽으로 전라북도와 전라남도를 가르는 산줄기는 전체 길이가 140km에 이른다. 이처럼 크게 세갈래로 뻗어가는 산줄기는 저마다 수많은 곁가지를 쳐서 길이 10km가 넘는 가지만 해도 15개가 되고, 또 그 가지는 사이사이에 긴 골짜기를 수없이 이루어 놓게 된다. 남동쪽에서 남, 서, 북 쪽으로 방향을 돌려가며 보더라도, 조개골, 장단골, 용추골, 법천골, 도장골, 거림골, 대성골, 빗점골, 연동골, 피아골, 화엄사골, 천은사골, 심원골, 달궁골, 뱀사골, 한신골, 내림골, 칠선골, 국골 등등 이루 셀 수가 없을 정도이다. 골짜기마다 새겨있는 비극적인 역사의 자취 중에서도 토지면 외동리에서 연곡사까지 이어지는 피아골 골짜기는 임진왜란 석주관 전투 때에 왜병들에 맞서 싸우던 의병들이 흘린 피가 그 골짜기를 붉게 물들였기 때문에 피아골이라는 명칭이 붙여졌다고 하며, 또 그때에 죽은 이들의 넋이 피어올라 가을이면 이곳 단풍이 유난히 붉게 타오른다고 이야기된다. 또 어떤 이는 육이오 전쟁 때에 이 골짜기에서 남한 군대와 북한 군대가 치열한 싸움을 벌여 죽은 이의 피가 많이 흘렀다는 뜻으로 피아골이라는 이름이 붙었다고 전해지기도 한다. 뿐만 아니라 거림골, 달궁골, 대성골, 빗점골 등은 빨치산과 토벌대 사이의 치열한 격전지로 널리 알려져 있다. 특히 이 산의 동쪽 기슭, 천황봉의 동쪽 써리봉 품안에서 벌어져 대원사 계곡 장단골을 몰아 덕천강으로 마무리되는 산청군 삼장면은 골짜기가 얼마나 깊고 후미졌던지 경남 서부 일대에서는 '그 사람 삼장 갔다'고 하면 못 찾는 것으로 알라는 뜻으로 통할 정도이다. 또한 이 삼장면의 반대편, 즉 천황봉의 북쪽으로 임천강까지 이 산의 주능선 길이의 꼭 절반인 장장 24km에 걸치는 험하고 길기로 소문난 칠선계곡에는 대처에서 온존한 삶을 누릴 수 없었던 사람들의 안온한 은신

처였다. 지리산은 때로 범법자들의 피신처로서 불륜한 애정행각의 도피처로서 혹은 새로운 세상을 꿈꾸는 사람들의 투쟁의 거점지로 사용되기도 했다. 박경리의 『토지』에서 지리산은 구천과 별당아씨의 맺어질 수 없는 불륜의 사랑의 도피처로 나타나지만, 이병주의 『지리산』에서는 지리산이 비극적 분단의 상징이자 민족 수난사의 현장으로 나타난다. 『지리산』의 주인공 하준규는 원래 1943년 말 경 덕유산 은신골에 거점을 잡았으나 이후 1944년 9월경 지리산 칠선골로 거점을 옮기게 된다. 칠선골에서 하준규는 반천골의 김은하, 거림골의 차범수, 이현상과 더불어 해방이 되기까지 항일 연대투쟁을 전개하게 된다.

입산한 사람들에게 지리산은 언제나 아늑하고 풍요로운 곳이다. 고려 고종때 이인로는 그의 『파한집(破閑集)』에서 지리산의 깊고 아늑함을 다음과 같이 전한다. "지리산은 두류산이라고 하는데, 이산을 둘러싼 고을이 10여(州)에 이르고, 이 산의 신비를 다 살필 양이면 얼마만큼의 세월이 걸릴지 모른다. 옛 노인들이 서로 전하기를 이 산 속에 청학동이라는 곳이 있는데, 길이 극히 좁아 겨우 사람이 지나칠만하며, 어떤 곳에서는 아주 길이 막혀 기고 엎드리고 하여 가까스로 수리를 들어가면, 비로소 광활한 별천지가 벌어진다. 거기는 양전옥토로 곡식을 심기에 적당하며 오직 청학이 서식함으로 그런 이름이 전한다." 이인로가 묘사하는 곳은 오늘날에는 널리 알려진 경남 하동군 청학동이지만 역사의 굴곡과 탐관오리가 득실거리는 세상을 떠나 지리산에 들어가면 청학이 살고 있는 낙원을 만날 것이라는 희망을 안고 많은 사람들은 지리산으로 모여 들었다. 뿐만 아니라 조선왕조 중기에 이중환이 이 나라 산천을 두루 살펴보고 지은 『택리지』에는 이 땅에서 가장 기름지고 살기 좋은 땅으로 전라도의 남원과 구례, 경상도의 성주와 진주를 꼽고, 특히 지리산이 "산속에는 백리나 되는 긴 골짜기가 많은데, 바깥쪽은 좁고 안쪽은 넓어서 이따금 사람이 알지 못하는 곳이 있다"고 적고 있다. 더욱이 "남해에 가깝고 기후가 따뜻하여 산속에 대가 많고 또 감과 밤도 대단히 많아서 가꾸는 사람이 없어도 저절로 열고 저절로 떨어지고 높은 봉우리 위에 기장과 조를 뿌려도 무성하지 않은 곳이 없다"고 하며, 그래서 지리산의 땅이 사람살기에 가장 적당하다고 하고 있다. 이렇게 지리산은 예부터 전해오는 그 열 가지의 아름다움(천황봉의 해돋이, 반야봉의 낙조, 노고단의 구름바다, 피아골의 단풍, 세석평전의 철쭉, 벽소령의 달, 불일폭포, 연하천의 선경, 칠선계곡, 섬진강의 맑은 물)과 풍요로움으로 인해 많은 사람들이 모여들게 된다(김장호, 「지리산」, 『한국의 발견: 전라남도』).

> 남녁 태백산맥에서 발원하는 봄기운과 북녁 백두산맥에서 뻗어 내린 봄기운이 내려오다 올라가다 얼싸안는 곳에서 어여쁘구나 지리산이여 대명천지 어머니들 일어나 장엄한 젖줄을 쓸쓸한 땅에 물리니
>
> 그 한줄기는 소백산맥으로 받아내고 그 한줄기는 노령산맥으로 받아내고 그 한줄기는 백악산맥으로 받아내고 그 한줄기는 차령산맥으로 받아내고 그 한줄기는 광주산맥으로 받아내는 곳에서 눈부시구나 지리산이여 벌건곤 어머니들 일어나 둥글디둥근 수평선을 이루며 수려한 치마폭을 황량한 땅에 덮으니
>
> (중략)
>
> 그 바람 압록과 청천에 이르고 그 바람 대동과 두만에 이르고 그 바람 금강 일만이천봉에 이르고 그 바람 묘향산과 구월산에 이르고 그 바람 북만주땅 요동벌에 이르고 그 바람 북방을 휩쓰는 곳에서 우뚝우뚝하구나 지리산이여
>
> -고정희, 「지리산의 봄 7」 일부

그러나 아름답고 풍요로운 이 지리산은 소설 『토지』에서 그려진 대로 인간의 근원적인 한이 배여 있기 때문에 역사 속에서 번번이 수난의 장소가 되고, 그 골짜기와 계곡은 난리 때에는 어김없이 피로 얼룩지게 된다. 백제와 신라의 국경지대로서 항상 분쟁에 휘말려야 했던 삼국시대의 이야기는 접어두고서라도 임진왜란 때에는 하동 포구로부터 섬진강을 거슬러 내륙지방으로 들어왔던 왜적에게 짓밟히기 일쑤였다. 특히 동에서 서에 이르기까지 대원사, 법계사, 쌍계사, 연곡사, 화엄사, 천은사, 실상사 등의 유명한 사찰을 많이 끼고 있어서 승병과 의병의 활동 근거지가 되고, 이들의 본거지를 없애려던 왜군의 칼에 더욱 많은 피를 흘렸으며 절과 거기에 달린 귀중한 문화재들이 불길에 휩싸이기도 했다. 또한 해방 뒤에는 여순반란사건과 6·25 전쟁의 와중에서 빨치산과 토벌대 사이의 피나는 격전지가 되기도 한다.

지리산은 이산의 토착민들에게는 물론이고 이 땅에 새로운 역사를 만들어내고자 하는 입산자들에게는 이념과 계급투쟁의 터전이 된다. 입산한 사람들은 제각기 나름대로 필유곡절의 사연에 의하여 지리산을 피신처로 삼았으나 이들의 가슴 속에는 거의 공통적으로 당대 사회의 체제와 모순에 대한 비판의식과 저항의식이 들끓고 있었다. 그래서 이들은 지리산에 몸담게 되면서부터 특정 체제와 이념에 대한 단호한 항거를 하게 되고 역사의 변혁주체로 떠오르게 된다. 실제 8·15를 전후한 사회적 갈등의 핵심은 당시의 사회 지배계층이 지닌 부도덕성과 지배계층과 피지배계층 사이에 놓여 있던 계급적 모순이었다. 소설 『태백산맥』이 제1부의 제목을 '한의 모닥불'이라고 명명했듯이, 해방 이후 우리사회가 해결해야 할 핵심적 과제는 친일파의 숙청과 토지문제를 둘러싼 기층 민중들에 대한 인간다운 대우였다. 그것은 역사적이고 구조적인 필연성을 내포한 문제였다. 봉건주의 시대가 해체되고 일제시대와 해방에 이르게 되기까지도 농민들은 항상 정치적으로 억압받고 경제적으로 착취당하고 인간적으로 온갖 수모를 당하면서 노예상태로 지내왔기 때문에 그들의 한은 누대에 걸쳐서 쌓여왔다. 그러나 일제가 붕괴되고 그에 기생하여 활개 치던 지배세력은 잠시 몰락하는 듯 했으나 또 다른 외세의 점령으로 인해 친일 세력과 식민통치기구는 부활되었으며 식민지 시대의 사회경제적 모순과 착취는 엄존하였고 민중들의 삶은 더욱 고통의 수렁으로 빠져 들게 되었다. 『태백산맥』에서 작가 조정래가 우리 현대사의 비극의 단초적 사건으로 여순반란사건을 상정하고 있는 것도 이 사건이 단순히 특정 이데올로기의 대립으로 인해 촉발된 것이 아니라 그 배후에는 지배계급과 피지배계급 사이에 역사적이고 구조적인 모순과 갈등이 내재해 있는 것으로 본 때문이다. 『태백산맥』에서 최익달, 최익승, 정현동, 남인태, 선우진, 염상구 등과 같은 친일 지배세력들에게 친일파 숙청이니 토지개혁을 주장하는 자들은 여지없이 빨갱이로 간주되었다. 문서방이 김범우에게 "나라가 공산당 맹글고, 지주덜이 빨갱이 맹근당께요"라고 말했듯이, 지배계층은 민중들의 고통을 외면한 채 자신들의 부의 축적에만 전념하고 이에 항의하는 민중들은 모두 빨갱이로 치부될 뿐이었다. 이러한 상황에서 염상진과 하대치를 위시한 기층 민중 세력들은 새로운 세상을 꿈꾸며 지리산으로 입산하지 않을 수 없게 된다.

> 지리산에 들어가면 살 수 있습니다
> 운봉 구례
> 하동
> 대원사 달려와
> 지리산에 가면 살 수 있습니다
> 도저히 살 수 없는 사람일지라도
> 거기 가면 살 수 있습니다
> 총쏘아
> 그 총소리 수십 개 메아리로 다할 수 없는 산

지리산에 가면
얼마든지 살 수 있습니다

지리산에 들어오면 싸울 수 있습니다
시대에 맞서
고려 강토의 젊은이 철철이 모여들어
이제 바람치는데
원수를 향하여 나갈 수 있습니다
아무리 천치 백치일지라도
여기 오면 동토 싸우는 사람 아니고는 안됩니다
목숨 바쳐
온통 핏방울 튀는 사람입니다
널린 꽃과 잎이여

-고은, 「지리산에 들어가면」 일부

이병주의 『지리산』, 이태의 『남부군』, 조정래의 『태백산맥』에 등장하는 수많은 인물들은 모두 지리산에서 새로운 세상을 꿈꾸며 명멸하다 사라지게 된다. 『지리산』은 박태영과 하준규라는 인물을 등장시켜 지리산 입산투쟁의 과정을 통해 이 땅에서 좌익운동을 하다 실패한 전형적 인간상을 보여준다. 박태영은 함양의 빈농에서 태어나 중학시절부터 막심 고리키의 작품을 읽으며 일찌감치 사회주의 사상에 몰두하다 일본으로 건너가 수학하면서부터 본격적으로 사회주의에 빠져들게 된다. 그 이후 조선인 강제징집을 피하기 위해 귀국을 서두르던 중 고향 선배 하준규를 만나 둘은 지리산 입산을 결심하게 된다. 이때부터 이들은 지리산에 입산해서 지리산 빨치산의 전설적 영웅이던 이현상을 만나게 되고 이후 본격적으로 지리산을 중심으로 이상 국가를 수립할 것을 꿈꾸며 본격적인 좌익 활동을 하게 된다. 8·15와 6·25라는 역사의 소용돌이 속에서 그들은 입산과 하산을 거듭하면서 지리산을 삶의 터전으로 삼게 된다. 1955년 8월 31일 같이 기거하던 여 빨치산 순이를 하산시키고 정복희와 함께 죽을 때까지 박태영의 삶은 그야말로 지리산과 더불어 생사고락을 같이하게 되는 실패와 좌절의 그것이다.

이태의 『남부군』 또한 저자 자신이 1950년 9월부터 52년 3월 토벌대에 체포될 때까지의 짧은 빨치산 생활을 그려 보여주고 있는 작품이지만, 여기에는 분단 상황에 처한 이 땅의 산야와 인간이 겪어야 했던 슬픔과 한이 담겨 있다. 이태는 조선중앙통신사 종군기자로 근무하던 전주를 떠나 순창에서 후퇴부대를 따라나선 이래 회문산과 덕유산을 거쳐 지리산에 이르기까지 수많은 죽음의 고비를 넘기게 되고, 자신은 전북부대에서 남부군으로 배속되면서 빨치산으로서 대장정의 삶을 살아가게 된다. 이태가 산속에서 때로 점령군이 되기도 하고 토벌꾼에 쫓기기도 하면서, 또한 박민자와 같은 사랑하는 여인과 "전쟁이 끝나면 우리 또 만날 수 있을까요?" 라는 이별의 말을 던지고 헤어지는 가운데, 산은 언제나 저자에게 역사와 인생과 이념에 대한 깊은 통찰력을 길러주게 된다. 그래서 산은 『남부군』에서 살아남은 자에게 "사람의 행복이라는 것은 기준을 정하기에 달렸다고 하지만, 전쟁전 같았으면 저기서 어찌살랴 싶었을 납작한 초가삼간이 추위를 참고 어둠 속에 웅크리고 앉아 있는 그때의 내 눈에는 마치 지상천국처럼 행복하고 부럽게만 보였다"고 진술하게 한다.

『지리산』과 『남부군』에 비해 『태백산맥』은 우리에게 지리산이 숨겨왔던 문학의 보고로서의 신비를 더욱 선명하게 드러낸다. 이미 비쳤듯이 『태백산맥』은 우리 근현대사의 모든 비극적 현상을 토지소유관계의 모순이라는 맥락에서 설명하고자 한다. 절대량의 토지를 소유한 지주들이 벌이는 경제력과 노동의 착취에서 생겨나는 반봉건적 토지소유관계, 해방을 전후한 대립과 갈등의 혼란상이나 한국전쟁의 비극의 핵심은 여기에서 출발한다는 것이 작가의 생각이다. "핍박받고 착취당하고 살아온 계급들의 체험이 응축된 수난사인 동시에 정신의 응결"은 『태백산맥』에서 관류되는 역사전환의 원동력으로 작용한다. 『태백산맥』에서 염상진과 하대치를 비롯한 수많은 인물들이 역사투쟁의 대열에 나서는 것은 이러한 이유에서이다. 봉건왕조시대이래 일제를 그치면서 민중들의 삶의 터전인 땅에 대한 수탈은 원천적 불행을 야기시키는 원인이 된 것이다. 염상진, 하대치, 안창민, 손승호와 같은 인물들은 이 시대의 온갖 모순과 갈등을 극복하고 미래의 역사발전에 대한 희망을 불태우며 지리산으로 지리산으로 모여들게 된다.

지리산은 어떠한 견딜 수 없는 현실의 고통에도 불구하고 꿋꿋하게 역사의 격랑을 헤쳐 나가고자 하는 자들을 말없이 껴안아 준다. 흡사 끝없는 인고의 세월을 살아오면서도 맹목적 삶의 의지로 버티어 가는 우리의 어머니와 같이, 역사의 거대한 물결에 참여하기도 하고 휩쓸려 가기도 하는 수많은 사람들의 삶과 한을 끌어안아 준다. 지리산에서 새로운 세상을 꿈꾸었던 사람들의 한과 그들의 꿈을 이루어주고자 애쓰며 골골이 간직하게 된 지리산의 원은 과연 언제나 풀리게 될까?

> 눈 쌓인 산을 보면
> 피가 끓는다
> 푸른 저 대삾을 보면
> 노여움이 불붙는다.
> 저 대 밑에
> 저 산 밑에
> 지금도 흐를 붉은 피
>
> 지금도 저 벌판
> 저 산맥 굽이굽이
> 가득히 흘러
> 울부짖는 것이여

깃발이여
타는 눈동자 떠나던 흰옷들의 그 눈부심

한자루의 녹슨 낫과 울며 껴안던 그 오랜 가난과
돌아오마던 덧없는 약속남기고
가버린 것들이여
지금도 내 가슴에 울부짖는 것들이여

얼어붙은 겨울 밑
시냇물 흐름처럼 갔고
시냇물 흐름처럼 지금도 살아 돌아와
이렇게 나를 못살게 두드리는 소리여
옛 노래여

눈 쌓인 산을 보면 피가 끓는다
푸른 저 대삶을 보면 노여움이 불붙는다
아아 지금도 살아서 내 가슴에 굽이친다
지리산이여
지리산이여

-김지하, 「지리산」 전문

지리산의 수많은 골짜기와 봉우리에 얽히고 맺힌 한과 원은 제대로 밝혀지지 못한 채 오늘도 그냥 덮혀 있다. 이것들을 우리문학이 제대로 모두 밝혀내는 날에야 지리산의 한과 원도 풀리게 될 것이며 비로소 이 땅에서 이데올로기의 대립과 분단의 슬픔도 치유될 것이다. 그날이 되면 지리산도 울부짖지 않고 평화롭게 잠들 수 있을 것이다.

●제3부

저기, 다시 피어나는 한 송이 꽃이 되어

사막을 횡단하는 방법

- 함민복, 문태준, 유홍준의 시 -

스티브 도나휴는 『사막 건너기』라는 책에서 인생이란 갈 길이 뚜렷하게 보이는 산보다는 시시각각 지형이 변하며 어디로 가야 할지 막막한 사막을 건너는 것과 더 닮았다고 주장한다. 생텍쥐페리가 죽음의 땅 사하라 사막을 건너면서 "나는 지도를 보면서 하룻밤을 꼬박 새웠다. 하지만 다 소용없는 일이었다. 내가 어디에 있는지 알 수 없었으므로."라고 고백했듯이, 우리의 방황은 목적지에 이르는 방법을 몰라서가 아니라 자신이 진정 원하는 것이 무엇인지, 자신이 지금 서 있는 곳은 어딘지 확신하지 못하는 데서 비롯되는 것이다. 실제 우리가 인생을 살다 보면 적막한 사막에 내던져진 것처럼 길을 잃을 때도 있고, 오도 가도 못하는 상황에 빠지기도 하며, 신기루를 쫓기도 한다. 그리하여 우리의 여행은 끝이 없는 것처럼 느껴진다. 우리는 사막을 건너는 중인가? 아니면 산을 오르고 있는가? 대체 우리가 가야 할 길은 어디인가?

좋은 시는 칠흑같이 어두운 사막의 처절한 공허함 속의 달빛같이 우리에게 갈 길을 보여준다. 또한 좋은 시는 독자들에게 쉼 없이 다가오는 수평선의 파도처럼 생명의 활기를 불러 온다. 치열한 현실 인식이 도저한 문학적 실험 정신과 어우러져 수평선처럼 그어진 시는 새로운 발견과 깨달음을 전달한다. 그리하여 좋은 시란 결국 몸과 영혼이 뒤섞여 물살을 만들어내는 바다의 파도와 같은 감동을 지니고 있다. 감동이란 반드시 깊은 인식이나 선험적 판단에 의해 나오는 것이 아니다. 사막이 그냥 모래와 함께 누워 존재하듯이, 파도가 무시로 바다에서 달려 나와 출렁이듯이, 그것이 서사적 이성에서 나왔든 서정적 감성에서 나왔든 우리에게 다가와 가야할 길을 감동적으로 보여주는 시가 훌륭한 시라 할 수 있다. 그리하여 좋은 시들은 쓸모없는 지도보다는 더욱 우리들이 가야 할 삶의 방향을 잘 일러주는 마음의 나침반이 되어 우리들을 오아시스로 인도하면서 무사히 사막을 횡단할 수 있게 도와준다. 함민복, 문태준, 유홍준은 우리시대의 험난하고 고달픈 삶의 사막을 횡단하는 방법을 보여준다.

1. 따뜻한 긍정의 힘 : 함민복

함민복은 『우울씨의 하루』(세계사, 1990), 『자본주의의 약속』(세계사, 1993), 『모든 경계에는 꽃이 핀다』(창작과 비평사, 1996), 『말랑말랑한 힘』(문학세계사, 2005) 등의 시집을 발표하면서 90년대 우리 시단에서 가장 주목받는 시인으로 등장했다. 그 후 오랫동안의 정체기를 거친 후에 다섯 번째 시집 『눈물을 자르는 눈꺼풀처럼』(창비시선, 2012) 등을 출간하면서 다시 새로운 모습을 선보였다. 『우울씨의 하루』에 실린 거와 같이 그의 초기 시는 주로 자본주의 문명사회에서의 소외된 인간과 삶에 대한 부정을 노래하면서, 산업화된 도시의 공포를 보여주고자 했다

(함성호, 「공포의 서정, 환유의 시학」). 함민복의 초기 시가 거대 자본주의의 절망적 현실에 대해 "이 시대에는 왜 사연은 없고/납부통지서만 날아오는가/아니다 이것이야말로/자본주의의 절실한 사연이 아닌가"(「자본주의의 사연」)라고 노래하면서, 그의 초기 시는 노동자 계급의 청년문화의 한 전형을 보여주기 까지 했다(김용희, 「대중적 할례 속의 시인들」). 그러나 후기로 넘어갈수록 그의 시는 현실과 사회에 대한 격렬한 저항의 몸짓과 현란한 수사를 하지도 않고 지나치게 주제의식에 매달리지도 않는다. 그저 솔직하게 있는 대로의 일상적 삶과 가난을 받아들이며 절제된 언어로 현실에 대하여 담담히 이야기한다.

특히 세 번째 시집 출간 후 강화도로 삶의 거처를 옮긴 시인은 더 이상 자본화된 사회와 문명에 대하여 거듭된 의문을 제기하지 않는다. 자본주의와 문명에 대한 맹렬한 적의는 사라지고 이 세상에 대하여 서정적 감성과 위안의 세계를 구축하고자 한다. 시인은 세 번째 시집에서 이 같은 심정을 "뱀처럼 징그럽고 빠른 세월이 지나갔다. 3년 사이 전농동 시장, 양주산골, 금호동 한강변, 신림동 하숙촌을 지나 이제 강화도에 와서 시집을 묶는다. 이곳 강화도에서는 좀 오래 살았으면 좋겠다. 구르는 돌처럼 떠돌아 이끼도 끼지 못한 가슴에 푸른 이끼 한 소댕 푹신 앉을 때까지 머물렀으면 좋겠다. (…) 그렇게 갓길을 살아온 날들의 여독을 여기 묶는다."(『모든 경계에는 꽃이 핀다』) 라고 표현한다. 대문을 열면 눈앞으로 끝없이 펼쳐져 있는, 먼지도 일지 않는 바닷길과 거대한 수평선은 삭막한 땅위에 수직의 길로 세워진 거만한 문명을 일순간에 지운다. 이제 시인은 문명이나 도시보다는 자연과 인간을 그리워한다.

> 사람 그리워 당신을 품에 안았더니
> 당신의 심장은 나의 오른쪽 가슴에서 뛰고
> 끝내 심장을 포갤 수 없는

우리 선천성 그리움이여
하늘과 땅 사이를
날아오르는 새떼여
내리치는 번개여

-「선천성 그리움」 전문

위의 시에서 잘 드러나듯이, 시적 자아는 모든 물리적 거리를 사람의 품에 안음으로써 해소코자 한다. 존재와 존재 사이의 근원적 거리감은 '선천성 그리움'을 만들고, 그 그리움의 힘으로 영원한 평행의 공간 사이에서 새떼는 날아오르고 번개는 내리치게 되는 것이다. 차창룡이 말했듯이, 이것은 하강하고 상승하는 마음의 구조이며 그 마음의 구조는 바로 우주의 원리이기도 하다(차창룡, 「달빛과 그림자의 경계에 서서」).

시인 자신의 말대로, 섬처럼 떠 있는 시인의 마음은 밀려왔다 밀려가는 파도와 같이 가득 채워지고 또 다시 비워진다. 그렇게 채워지고 비워진 지 어언 10년, 어느 사이 시인의 마음은 부드럽고 말랑말랑한 뻘 밭이 되었다. 그리하여 시인의 내부에 자리한 이 '말랑말랑한 힘'은 문명 속에서 생명의 힘이 되어 꿈틀대고 이 세상과 우주의 힘을 거부하지 않고 수용하는 긍정의 힘이 된다. 그의 대표적인 시의 하나로 인용되는 「긍정적인 밥」을 읽어보자.

시(詩) 한 편에 삼만 원이면
너무 박하다 싶다가도
쌀이 두 말인데 생각하면
금방 마음이 따뜻한 밥이 되네.

시집 한 권에 삼천 원이면
든 공에 비해 헐하다 싶다가도
국밥이 한 그릇인데

내 시집이 국밥 한 그릇만큼
사람들 가슴을 따뜻하게 데워 줄 수 있을까
생각하면 아직 멀기만 하네.

시집이 한 권 팔리면
내게 삼백 원이 돌아온다.
박리다 싶다가도
굵은 소금이 한 됫박인데 생각하면
푸른 바다처럼 상할 마음 하나 없네.

-「긍정적인 밥」 전문

「긍정적인 밥」은 시인으로서의 삶에 대한 긍정적 인식을 여실히 보여주는 작품이다. 이 시의 시적 화자는 인세(印稅)를 받는 시인 자신이다. 시인은 시를 써서 세상의 돈을 번다. 시인은 처음에 자신이 창작하는 시에 대한 물질적인 가치에 대해 개탄스러워 한다. "시(詩) 한 편에 삼만 원" "시집 한 권에 삼천 원" 밖에 안 되는 현실에 불만스러워 하지만 , 곧 이것이 "따뜻한 밥"이 되고, "국밥이 한 그릇"이고, "굵은 소금이 한 됫박" 이라며 스스로를 위안한다. 그러므로 이 시에 나타난 '밥', '국밥', '소금'과 같은 이미지들은 단순히 물질적인 의미만을 지닌 것이 아니라 세상 "사람들 가슴을 따뜻하게 데워 줄 수 있는" 그 무엇이다. 물질적 의미에만 집착한다면 시의 참다운 가치와 의미는 어떻게 존재할 수 있을 것인가를 스스로 묻고 있다. 아무리 보잘것없어 보이는 일이라도 긍정적 사고로 바라본다면 "푸른 바다처럼 상할 마음 하나" 없는 세상이라고 시인은 말하고 있다. 「긍정적인 밥」은 제목 그대로 시의 가치와 효용을 새롭게 성찰하면서 우리에게 숭고한 노동의 의미와 긍정적인 사고의 중요성을 일깨워 준다. 이런 긍정적인 태도에 대해 박혜경은 "삶에 대한 깊은 절망과 죽음에 대한 고통스러운 인식을 거쳐서 마음의 포용력을 갖게"(박혜경, 「견고한 의지와 투명한 무구의 세계」)된 것이라고 말한다. 그의 또 다른 시 「눈물은 왜 짠가」에서도 긍정과 사랑의 정신은 여실히 드러난다.

지난 여름이었습니다. 가세가 기울어 갈 곳이 없어진 어머니를 고향 이모님댁에 모셔다 드릴 때의 일입니다. 어머니는 차시간도 있고 하니까 요기를 하고 가자시며 고깃국을 먹자고 하셨습니다.

어머니는 한평생 중이염을 앓아 고기만 드시면 귀에서 고름이 나오곤 했습니다. 그런 어머니가 나를 위해 고깃국을 먹으러 가자고 하시는 마음을 읽자 어머니 이마의 주름살이 더 깊게 보였습니다. 설렁탕집에 들어가 물수건으로 이마에 흐르는 땀을 닦았습니다.

"더울 때일수록 고기를 먹어야 더위를 안 먹는다. 고기를 먹어야 하는데... 고깃국물이라도 되게 먹어둬라."

(중략)

나는 그만 국물을 따르시라고 내 투가리로 어머니 투가리를 툭, 부딪쳤습니다. 순간 투가리가 부딪치며 내는 소리가 왜 그렇게 서럽게 들리던지 나는 울컥 치받치는 감정을 억제하려고 설렁탕에 만 밥과 깍두기를 마구 씹어댔습니다. 그러자 주인아저씨는 우리 모자가 미안한 마음 안 느끼게 조심, 다가와 성냥갑만 한 깍두기 한 접시를 놓고 돌아서는 거였습니다.

일순, 나는 참고 있던 눈물을 찔끔 흘리고 말았습니다. 나는 얼른 이마에 흐른 땀을 훔쳐내려 눈물을 땀인 양 만들어놓고 나서, 아주 천천히 물수건으로 눈동자에서 난 땀을 씻어냈습니다. 그러면서 속으로 중얼거렸습니다.

눈물은 왜 짠가 ?

-「눈물은 왜 짠가」 일부

「눈물은 왜 짠가」는 설렁탕집에서 이루어지는 모자 사이의 애틋한 사랑과 설렁탕집 주인아저씨의 따뜻한 인정이 독자들에게 전달되는 작품이다. 어머니와 시적 화자가 설렁탕을 먹는데, 시인의 어머니는 가난한 아들의 그릇에 당신의 설렁탕국물을 주인이 보지 않게 더 부어준다. 국물을 받다가 아들은 그만하라는 표시로 자기 그릇으로 어머니의 그릇을 '툭'하고 친다. '툭'이라는 이 소리는 둔탁한 의성어에 불과한 것이지만, 그 소리를 통하여 시인은 슬픔의 정서와 눈물을 담아내고자 한다. 화자는 "순/간 투가리가 부딪치며 내는 소리가 왜 그렇게 서럽게 들리던지 나는 울컥 치받치는/감정을 억제하려고 설렁탕에 만 밥과 깍두기를 마구 씹어댔습니다"고 말한다. 그러면서 시적 화자는 "눈물은 왜 짠가?"를 느끼게 된다. 사실 '눈물'이란 견줄 곳 없는 비애나 기쁨의 극한에서 나온다. 눈물은 인간이 가장 진실한 마음의 자세를 지닐 때 나오는 것이며, 그 진실함이란 자신이 극도의 슬픔과 고뇌에 차 있을 때 나오는 것이다. 여기서 시인은 사람에게 눈물이란 이 세상의 얼마나 보잘 것 없고 하찮은 욕망과 소유에 대한 인식의 결정체로 나타날 수 있는 것임을 보여주고자 하면서 동시에 그 의미를 겸허하게 수용할 것을 충고하고 있다. 그야말로 이제 함민복의 시는 절망의 분위기에 익숙해 있다. 그리하여 그의 시에서는 희망과 절망이 공존하면서도 절망을 통하여 희망을 읽을 수 있게 된다(함성호, 「공포의 서정, 환위의 시각」).

『말랑말랑한 힘』을 낸 지 7년 만에 함민복은 다섯 번째 시집 『눈물을 자르는 눈꺼풀처럼』을 낸다. 표제 시로 대표되는 「눈물을 자르는 눈꺼풀처럼」 에서와 같은 수평적이고 일상적 삶에 대한 희망을 노래한 시들, 제 몸을 감싸 안고 있는 줄자, 고장난 시계, 녹슬어 버려진 저울, 폐타이어 등의 극히 일상적이고 주변적인 사물과 그들의 기능을 통해 존재론적 의미를 추적하는 시들, 초기 시에서 드러났던 자연에 대한 인간의 물질적 도구적 욕망으로 훼손된 자연을 보여주는 시들로 이 시집은 구성되어 있다. 시집에 실린 문혜원의 「해설」대로, 시인은 "가난이 자연적인 소재와 어우러질 때 그것이 갖는 소박함, 내어줌 혹은 비워둠 등 훼손되지 않거나 일부러 채우지 않는 여유와 자유로움을 상징"하면서 동시에 시인은 가난한 삶 속에서도 희망의 불씨를 지피는 여유로움이 배어 있는 삶의 철학과, 타자와 더불어 살아가는 세상을 꿈꾸는 "경험에서 이끌어낸 실존론적 사유"의 세계관을 펼쳐 보인다.

시인 자신의 말대로 『눈물을 자르는 눈꺼풀처럼』은 "뜨겁고 깊고/단호하게/순간순간을 사랑하며" 세상을 살지 못한다는 자성으로 가득 차 있다. 강화도에서 소박한 삶을 살아가는 그이지만, 자신의 삶은 늘 주변 사람들과 수평으로 연대하고 그들의 아픔에 동참하는 실천이 부족하다고 생각한다. 그러나 딴전 부리는 사이 시간은 계속 흘러 죽음을 향하면서도 '눈물을 자르는 눈꺼풀처럼' 언제나 새로운 삶의 경이로운 순간에 대한 갈망으로 가득하다.

뜨겁고 깊고
단호하게
매순간을 사랑하며
소중하다고 생각하는 바로 그것들을
당장 실천하며 살아야 하는데
현실은 딴전
딴전의 힘으로 세계가 윤활히 돌아가고
별과 꽃이 아름다운 것 같기도 하지만
늘 딴전이어서
죽음이 뒤에서 나를 몰고 가는가

죽음이 앞에서 나를 끌어당기고 있는가
그래도
세상은 세계는
눈물을 자르는 눈꺼풀처럼
단호하고 깊고
뜨겁게
매순간 나를 낳아주고 있다

-「눈물을 자르는 눈꺼풀처럼」 전문

'눈꺼풀'은 우리의 삶에 어떤 의미를 지니는 것일까. 시인의 '눈꺼풀'에 대한 깊은 사유는 세상을 보는 깊은 통찰에 다름 아니다. 그의 시가 초창기에서부터 일관되게 바라보아온 이 세상과 현실의 혼돈상과 타락상에서의 현실과 이상, 그리고 육체와 영혼의 경계에 눈꺼풀이 있다. 우리는 이 세상의 모든 사물을 보는 행위를 통하여 무지를 깨닫고 행동으로 표현한다. 무엇인가를 보는 행위를 통하여 수동적인 사유에서 능동적인 행동으로 이상에서 현실로 나아가게 된다. 함민복은 자신의 시를 "인간과 세계를 번역하는 것"이라고 말한 적이 있지만, 그의 시에 의해서 우리는 삶과 문명과 현실의 새로운 의미를 획득한다. 그의 시에서는 보이지 않는 것, 애써 보지 않으려는 것들이 "눈물을 자르는 눈꺼풀처럼/단호하고 깊고/뜨겁게/매순간 나를 낳아주고 있다." 그리하여 우리는 재탄생한다.

이렇게 『눈물을 자르는 눈꺼풀처럼』에 실린 많은 시편들에는 부드러운 서정의 힘을 통하여 자연 속에서 살아가는 자연과 인간의 삶의 철학, 그리고 더불어 살아가는 평등한 삶을 지향하는 사유가 담백하게 드러나고 있다.

보름달 보면 맘 금세 둥그러지고

그믐달에 귀 기울이면 움푹 비워진다

달은
마음의 숫돌

모난 맘
환하고 서럽게 다스려주는

달

그림자 내가 만난
서정성이 가장 짙은 거울

-「달」 전문

함민복의 시에서 모성은 달의 이미지와 맞닿아있다. 이 시에서도 달은 모성의 이미지와 중첩되고 있다. 달의 포근함과 생명성은 어머니가 생명의 원천인 거와 같다. 그리하여 그의 시적 자아는 언제나 영원한 생명의 원천인 자궁과 달에 대한 욕망에 사로잡혀 있다(박혜경, 「견고한 의지와 투명한 무구의 세계」). 마찬가지로 언제나 그의 시에는 가난하고 평범한 삶 속에서도 희망이 샘솟는 여유로움이 배어 있다. "달은/마음의 숫돌//모난 맘/환하고 서럽게 다스려주는" 달과 같이 타자와 더불어 살아가는 세상을 꿈꾸는 세계관이 담겨 있다.

함민복에 의해 묘사되는 삶은 결코 지나치게 시적인 수사나 과장 없이 솔직하고 담백하다. 또 다른 시 「흔들린다」에서 "나무는 최선을 다해 중심을 잡고 있었구나/가지 하나 이파리 하나하나까지/흔들리지 않으려 흔들렸었구나/흔들려 덜 흔들렸었구나/흔들림의 중심에 나무는 서 있었구나//그늘을 다스리는 일도 숨을 쉬는 일도/결혼하고 자식을 낳고 직장을 옮기는 일도/다/흔들리지 않으려 흔들리고/흔들려 흔들리지 않으려고/가지 뻗고 이파리 틔우는 일이었구나"(「흔들린다」) 라고 묘사되듯이, 시인은 가지치기 할 때 전해지는 나무의 떨림을 지켜보면서도 평범한 삶을 유지하는 일의 고통과 고뇌를 노래한다. 그러나 함민복의 시에서 다시 한번 강조되어야 할 것은 그의 시가 언제나 이 세상과 현실에 대한 관심을 견지하고 있다는 사실이다.

이렇듯 함민복의 시편들은 우리들에게 따듯한 공감을 불러일으키며 잔잔한 울림을 던져준다. 이것은 바로 그의 시가 삶의 한순간 한순간도 가벼이 보지 않고 소중한 의미로 받아들이며 세상의 모든 존재들에게 의미를 부여하면서 그들에게 다가 가기 때문이다. 그의 시의 소중함은 이 암울한 세상과 인간을 다시 일으켜 세우고자하는 따뜻하면서도 건강한 긍정의 힘에서 우러나온다.

2. 새로운 서정을 꿈꾸며 : 문태준

문태준은 1994년 '문예중앙' 신인문학상에 「처서」 외 9편이 당선되어 문단에 나왔으며, 시집으로 『수런거리는 뒤란』(2000), 『맨발』(2004), 『가재미』(2006), 『그늘의 발달』(2009), 『먼 곳』(2013)이 있다. 그는 '동서문학상(2004)', '노작문학상(2004)', '유심작품상(2004)', '미당문학상(2005)', '소월시문학상(2006)' 등을 수상하면서 우리시대에 가장 왕성한 활동을 하는 주목받는 시인의 한 사람이다

"누가 바람을 빚어낼까요/서쪽에서 불어오던 바람이 산죽의 뒷머리를 긁습니다"(「수런거리는 뒤란」)에서부터, "나는 그녀의 옆에 나란히 한 마리/가재미로 눕는다//가재미가 가재미에게 눈길을 건네자/그녀가 울컥 눈물을 쏟아낸다"(「가재미」)와 "나는 엎드린 그늘이 되어/밤을 다 감고/나의 슬픈 시간을 기록해요/나의 日記에는 잠시 꿔온 빛"(「그늘의 발

달」)을 거쳐 "나는 이별의 말을 한움큼, 한움큼, 호흡한다/먼 곳이 생겨난다"(「먼 곳」)에 이르기까지 아름답고 서정적인 시적 역정을 보여준다.

문태준은 평론가들로부터 "뜨거운 뼛속에서 구워낸 시"(장석남)인 동시에 "삶 자체의 향기를 들려주는 시"(김명인)라는 다양한 평가를 받았듯이, 동시대의 젊은 시인들과 차별되는 독특한 시세계를 펼쳐 보여주고 있다. 그러나 그에게 주어지는 평가 중에서도 가장 주목할 만한 것은 "한국 서정시 가문의 적자(嫡子)"(신형철)라는 사실이다. 실제 문태준의 시에서 일관되게 나타나는 분위기는 바로 서정적인 시적 경향이라 할 수 있다. 그의 첫 시집 『수런거리는 뒤란』에 실린 「수런거리는 뒤란」에서부터 그는 우리시대의 시에서 상실되어가는 '서정성의 복원'과 '느림에 대한 성찰'로 주목받기 시작했다. 「수런거리는 뒤란」은 이렇게 시작된다.

> 산죽(山竹) 사이에 앉아 장닭이 웁니다
> 묵은 독에서 흘러나오는 그 소리 애처롭습니다
> 구들장 같은 구름들은 이 저녁 족보만큼 길고 두텁습니다
> 누가 바람을 빚어낼까요
> 서쪽에서 불어오는 바람이 산죽의 뒷머리를 긁습니다
> 산죽도 내 마음도 소란해졌습니다
> 바람이 잦으면 산죽도 사람처럼 둥글게 등이 굽어질까요
> 어둠이, 흔들리는 댓잎 뒤꿈치에 별을 화나 박아주었습니다
>
> -「수런거리는 뒤란」 전문

「수런거리는 뒤란」을 비롯한 『수런거리는 뒤란』에 실린 시 세계에는 자연의 생명력과 생활의 활력이 충만하다. 이제는 사람들에게 잊혀가는 산촌의 '뒤란' 풍경을 문태준은 법석거리는 삶의 장터 풍경으로 부각시킨다. 시인의 시선에서 산촌생활의 풍속과 자연의 풍경은 단지

삶의 독특하고 절실한 추억이라는 자리에 안주하기를 거부한다. 그 신선은 추억의 자리를 바라보면서 유년시절이라는 과거를 현재의 삶의로 잡아 맬 수 있는 실마리를 찾아낸다. 그 속에서 과거의 풍속이나 풍경을 재현해 내는 것은 물론 존재의 속성이나 삶의 이치를 포착하고자 한다(이경호, 「자연과 풍속의 내면화-문태준론」).

시인은 자신이 태어난 추풍령 황학산 오지마을에서의 삶의 체험에서 자연과 생명의 존엄함을 배웠다고 한다. 자연과 인간의 융합된 분위기에서 사람과 사물 모두가 소중한 존재라는 것을 배웠으며 이것이 그의 시의 많은 부분을 형성하는 체험이 되었다고 하고 있다. 이러한 어린 시절부터 체화된 시적 체험은 그의 시의 서정성을 가능케 하는 동력이 된 것이 아닌가 한다. 문태준 시의 서정성은 그의 두 번째 시집 『맨발』에 실린 시편들에서 더욱 짙게 드러난다.

> 어물전 개조개 한 마리가 움막 같은 몸 바깥으로 맨발을 내밀어
> 보이고 있다
> 죽은 부처가 슬피 우는 제자를 위해 관 밖으로 잠깐 발을 내밀어
> 보이듯이
> 맨발을 내밀어 보이고 있다
> 펄과 물 속에 오래 담겨 있어 부르튼 맨발
> 내가 조문하듯 그 맨발을 건드리자 개조개는
> 최초의 궁리인 듯 가장 오래하는 궁리인 듯 천천히 발을 거두어
> 갔다
>
> 저 속도로 시간도 길도 흘러왔을 것이다.
> 누군가를 만나러 가고 또 헤어져서는 저렇게 천천히 돌아왔을
> 것이다.
> 늘 맨발이었을 것이다.
> 사랑을 잃고서는 새가 부리를 가슴에 묻고 밤을 견디듯이 맨발
> 을 가슴에

묻고 슬픔을 견디었으리라
아----, 하고 집이 울 때
부르튼 맨발로 양식을 탁발하러 거리로 나왔을 것이다
맨발로 하루 종일 길거리에 나섰다가
가난의 냄새가 벌벌벌벌 풍기는 움막 같은 집으로 돌아오면
아----, 하고 울던 것들이 배를 채워
저렇게 캄캄하게 울음도 멎었으리라

-「맨발」 전문

위의 시 「맨발」에서 시인은 어물전 개조개 한 마리가 움막 같은 몸 바깥으로 맨발을 내밀어 보이는 상황을 통하여 인간의 삶에 대한 성찰로 바꾸어 나가는 탁월함을 보여주고자 한다. 그리하여 이 지상의 모든 작은 사물을 통하여 삶에 대한 통찰을 이루고자 한다. 마찬가지로 삶의 원형이 훼손되지 않은 유년시절로 돌아가 유년시절의 고갯길, 나무, 숲, 밭, 사찰 뒤뜰 등의 장소를 자신의 시적 배경으로 등장시킨다. "열무를 심어놓고 게을러/뿌리를 놓치고 줄기를 놓치고/가까스로 꽃을 얻었다 공중에/흰 열무꽃이 파다하다/채소밭에 꽃밭을 가꾸었느냐/사람들은 묻고 나는 망설이는데/그 문답 끝에 나비 하나가/나비 데려온 또 하나의 나비가/흰 열무꽃잎 같은 나비 떼가/흰 열무꽃에 내려앉는 것이었다. (…) 내 열무밭은 꽃밭이지만/나는 비로소 나비에게 꽃마저 잃었다"(「극빈」)에서와 같이 시인은 자신의 서정성을 잘 드러낸다. 그는 자신의 정서를 잘 드러내면서 게으른 화자가 겨우 얻은 열무꽃마저 나비에게 잃었다며 가난을 넘어선 '극빈'의 아름다움을 이야기한다.

문태준의 이름을 시단에 크게 알린 것은 2005년 문인들이 뽑은 최고의 시로 알려진 「가재미」이다. 김소월, 백석, 박목월, 조지훈 등 한국 서정시의 계보를 잇고 있다는 평단의 상찬을 받는 「가재미」는 '투

병 중인 그녀' 옆에 나란히 누워서 수평적 사랑의 방식을 그려낸다.

김천 의료원 6인실 302호에 산소마스크를 쓰고 암 투병 중인 그
녀가 누워 있다
바닥에 바짝 엎드린 가재미처럼 그녀가 누워있다
나는 그녀의 옆에 나란히 한 마리 가재미로 눕는다
가재미가 가재미에게 눈길을 건네자 그녀가 울컥 눈물을 쏟아
낸다
한쪽 눈이 다른 한쪽 눈으로 옮겨 붙은 야윈 그녀가 운다
그녀는 죽음만을 보고 있고 나는 그녀가 살아온 파랑 같은 날들
을 보고 있다
좌우를 흔들며 살던 그녀의 물속 삶을 나는 떠올린다
그녀의 오솔길이며 그 길에 돋아나던 대낮의 뻐꾸기 소리며
가늘은 국수를 삶던 저녁이며 흙담조차 없었던 그녀 누대의 가
계를 떠올린다
두 다리는 서서히 멀어져 가랑이지고
폭설을 견디지 못하는 나뭇가지처럼 등뼈가 구부정해지던 그 겨
울 어느 날을 생각한다
그녀의 숨소리가 느릅나무 껍질처럼 점점 거칠어진다
나는 그녀가 죽음 바깥의 세상을 이제 볼 수 없다는 것을 안다
한쪽 눈이 다른 쪽 눈으로 캄캄하게 쏠려 버렸다는 것을 안다
나는 다만 좌우를 흔들며 헤엄쳐 가 그녀의 물속에 나란히 눕는다
산소 호흡기로 들어 마신 물을 마른 내 몸 위에 그녀가 가만히
적셔 준다

-「가재미」 전문

평론가 이광호는 시집 해설에서 "문태준처럼 고요한 시가 빠른 속도로 시단의 중심에 진입한 것은 그의 시가 가진 서정시로의 전형성 혹은 균질성을 이유로 생각할 수 있을 것"이라며 "그의 시에서 작은 존재들과의 사소한 교감을 통해 시적 자아는 자신의 존재론을 조심스

럽게 탐문한다"고 말한다(이광호, 「극빈의 미학 수평의 힘」). '가재미' 연작 3편은 가까운 친척의 죽음을 겪으며 그를 기억에서 떠나보내는 일련의 심정을 담고 있다. "김천의료원 6인실 302호에 산소마스크를 쓰고 암투병 중인 그녀"를 위해 "나는 그녀의 옆에 나란히 한 마리 가재미로" 누워 "그녀가 살아온 파랑 같은 날들을"(가재미) 떠올린다. 친척이 죽은 뒤 "그녀가 정붙이고 살던 개를 데리고 골목을 지나 내 집으로 돌아"(가재미2)오고, "그녀의 집 아궁이의 재를 끌어"(가재미3)내며 피붙이와의 이별을 담담히 받아들인다. 그는 "다섯살 아이에게 수두가 지나가듯 우리 인생도 홍반처럼 돋았다가 사그라드는 것 같다."고 말한다. 그의 시적 관심사는 사라지고, 변화하는 존재의 본질을 찬찬히 들여다보는 것이다. 계절이 순환하듯 모든 존재는 생성하고 소멸한다. 이것은 바로 그가 어린 시절부터 보았던 자연과 삶과 인간에 대한 깊은 인식의 결과라고 할 수 있을 것이다. 시인은 존재의 사라짐을 자연의 섭리로 순하게 받아들인다.

물론 「가재미」는 사랑, 정열, 분노 등의 다양한 감정이 고요를 흔드는 격렬한 파장으로 우리에게 전달된다. 이런 다양한 감정들은 병실을 흔들어대는 것 같아 섬뜩할 정도다. 사랑하는 이가 아파하는 모습을 밤새워 지켜본 사람들은 보호자 침대라는 것이 물리적으로도 심리적으로도 얼마나 고통스럽고 슬픈 자리인지 잘 안다. 그곳에 누워 환자와 눈을 마주치는 일이 "한쪽 눈이 다른 한쪽 눈으로 옮아 붙은" 그리고 "한쪽 눈이 다른 쪽 눈으로 캄캄하게 쏠려 버렸다는 것" 같은 가재미라는 이미지는 정말 경이로울 것이 아닌가. 시인은 아픈 그녀가 이미 바깥세상을 이제 볼 수 없다는 사실을 잘 알고 있다. 그저 나란히 누울 뿐, 그녀가 살아온 파랑 같은 날들을 더듬으며 "폭설을 견디지 못하는 나뭇가지처럼 등뼈가 구부정해지던 그 겨울 어느 날을 생각한다." 그런데 절망의 마지막 순간에도 시인은 그녀에게서 받은 위안을 말한다. 마지막 구절 "산소호흡기로 들이마신 물을 마른 내 몸 위에 그녀가 가만히 적셔준다"고 하면서 최후의 순간까지 슬픔을 다독이며 그녀를 안도시키고자 한다.

「가재미」는 일견 서정적이라기보다는 오히려 산문적인 어법으로 구성되어 있다. 그러나 시를 읽다보면 평온한 수면 위로 서서히 파문이 일며 삶과 죽음, 슬픔과 기쁨, 사랑과 증오의 감정들이 서정적으로 교차하면서 우리에게 다가온다. 「가재미」는 암울한 죽음조차 평온한 분위기 속에서 진술되고 있다. 문학에 있어 '죽음'의 주제는 가장 강렬한 알레고리로 나타난다. 문학이 새로운 형태의 삶을 생성시키고 촉발하는 능력을 가졌다는 것은 바로 죽음이나 소멸이라는 동기를 부여하기 때문이다. 「가재미」는 죽음과 소멸을 통하여 삶과 생존의 방식을 찾고 있다는 점에서 탁월한 시적 성취를 이루고 있다. 「가재미」에서 죽음 앞에 가재미처럼 누워 눈물을 쏟는 그녀의 마음, 얼마나 한가롭고 조용한지 단풍나무 잎새 하나에도 화들짝 놀라고(「빛깔에 놀라다」), "벽이 끝나는 곳에서/가로로 누운 제 목을 칭칭 감아 죽을 넝쿨처럼"(「넝쿨의 비유」), "누렇게 늙어 누운 오이 같은 그녀"(「기러기가 웃는다」)의 모습들은 모두 삶과 죽음의 이미지 속에서 진정한 존재의 의미를 찾고자 하는 시인의 노력이라 할 것이다.

시인은 그의 다섯 번째 시집 『먼 곳』을 출간하면서 '먼 곳'을 바라보고자 한다. 시인 허수경은 이 책의 「추천사」에서 "짧고 간결한 제사, 투명하게 슬픈 제사, 풀벌레와 새소리, 낙과와 울퉁불퉁한 과일과 쓸쓸한 어머니를 위한 제사. 이 아득한 아름다움은 본래 우리의 것이었다. 그러나 얼마나 오래전에 아름다움은 우리를 떠나갔나. 문태준의 시들은 그 '본래 아름다운' 것들을 우리 앞으로 데려온다."고 말한다.

오늘은 이별의 말이 공중에 꽉 차 있다

나는 이별의 말을 한움큼, 한움큼, 호흡한다
먼 곳이 생겨난다
나를 조금조금 밀어내며 먼 곳이 생겨난다
새로 돋은 첫 잎과 그 입술과 부끄러워하는 붉은 뺨과 눈웃음을
가져가겠다
고 했다
대기는 살얼음판 같은 가슴을 세워들고 내 앞을 지나간다
나목은 다 벗고 다 벗고 바위는 돌 그림자의 먹빛을 거느리고
갈 데 없는 벤치는 종일 누구도 앉힌 적이 없는 몸으로 한곳에
앉아 있다
손은 떨리고 눈언저리는 젖고 말문은 막혔다
모두가 이별을 말할 때
먼 곳은 생겨난다
헤아려 내다볼 수 없는 곳

-「먼 곳」 전문

이제 문태준의 작품에는 뭔가 깊은 슬픔이 배어 나오고 있다. 존재의 근원, 그 곳으로부터 우러나오는 슬픔이 자꾸 솟구쳐 나온다. 시인은 지나온 길을 다시 걸으며 자꾸만 반성하며 그동안 걸어왔던 길들을 다시 펼쳐놓는다. 먼 곳이 다시 가까워지길 바란다. 이별의 말이 공중에 꽉 차 있다. "이별의 말을 한움큼, 한움큼, 호흡한다" 그러면 "모두가 이별을 말할 때/먼 곳은 생겨난다." 조금조금 밀어내며 먼 곳이 생겨난다. 이제 그는 이별의 슬픔을 자신만의 방식으로 꾹꾹 눌러 참는 '견딤의 시학'을 보여주는 단계에까지 이른다. 문태준이 저기 먼 곳을 가리킨다. 이제 그는 "혼(魂)이 오늘은 유빙(流氷)처럼 떠가네/살차게 뒤척이는 기다란 강을 따라갔다 돌아왔다/이곳에서의 일상은 강을 따라갔다 돌아오는 일"(「강을 따라갔다 돌아왔다」)에서 새로운 서정을 꿈꾼다.

3. 몸과 관념 사이 : 유홍준

경남 산청에서 태어난 유홍준 시인은 1998년 '시와 반시' 신인상을 받으며 등단했으며 진주에서 활발한 작품 활동을 펼치고 있다. 그는 『상가(喪家)에 모인 구두들』(2004), 『나는, 웃는다』(2006), 『저녁의 슬하』(2011) 등 3권의 시집을 펴냈으며, 유홍준 시에 대해 평자들은 삶의 치욕을 너무 일찍 보아 버린 나머지 육체와 영혼이 너무 뜨겁게 대립하고 있다고 지적한다. 해서 그의 시는 너무 소멸지향적이어서 암울하고 절망적인 삶의 냄새가 묻어난다고 이야기된다. 그러나 그의 시는 언제나 어둠 속에서 빛을 찾고 있고, 죽음 속에서 삶을 이야기하며 관념과 물질 사이의 갈등을 말하고 있다. 생각해보면 바로 이 같은 역설과 반전 속에 그의 시가 지니는 특성이 담겨 있다고 할 수 있다. 그를 일약 주목받는 시인으로 만들어준 「喪家에 모인 구두들」을 읽으면서 우리는 일견 이 시가 던져주는 어둡고 축축한 죽음의 이미지를 생각하기 쉽지만, 몇 행을 읽어 내려가기 전에 금세 이 시가 밝고 친숙한 분위기로 우리에게 다가오게 됨을 느낄 수 있게 된다.

> 저녁 喪家에 구두들이 모인다
> 아무리 단정히 벗어놓아도
> 문상을 하고 나면 흐트러져 있는 신발들
> 젠장, 구두가 구두를
> 짓밟는 게 삶이다
> 밟히지 않는 건 亡者의 신발뿐이다
> 정리가 되지 않는 喪家의 구두들이여
> 저건 네 구두고
> 저건 네 슬리퍼야
> 돼지고기 삶는 마당 가에
> 어울리지 않는 화환 몇 개 세워놓고

봉투 받아라 봉투,
화투짝처럼 배를 까뒤집는 구두들
밤 깊어 헐렁한 구두 하나 아무렇게나 꿰 신고
담장 가에 가서 오줌을 누면, 보인다
北天에 새로 생긴 신발자리 별 몇 개

-「喪家에 모인 구두들」 전문

이 시는 "저녁 喪家에 구두들이 모인다/아무리 단정히 벗어 놓아도/문상을 하고 나면 흐트러져 있는 신발들"로 시작해서 "담장 가에 가서 오줌을 누면, 보인다/北天에 새로 생긴 신발 자리 별 몇 개"로 끝난다. 이 시를 읽고 나면 우리들에게 두려움과 어두움의 대상인 죽음이 오히려 지극히 일상적인 한 폭의 풍경화 같이 친숙하게 그려진다. 죽음을 통하여 제시되는 이 같은 친화력은 상가에서 문상객들이 벗어놓은'구두'의 이미지에서 나온다. 어수선한 상가 현관의 비속한 풍경과 그에 이어지는 '젠장' 이라는 말들은 절묘하게 어우러진다. 이어서 시의 화자는 "구두가 구두를/짓밟는 게 삶이다/밟히지 않는 건 亡者의 신발뿐이다" 고 말함으로써 구두들의 풍경에서 삶과 죽음의 이미지를 이끌어낸다. 우리가 흔히 느끼듯이 바쁜 현대인을 상가로 불러 모으는 것은 산 사람이 아니라 죽은 사람이라는 현실은 아이러니다. 이 시의 배경은 분명 죽음이지만, 시인은 그 상가에 놓인 구두를 통하여, 즉 죽은 사람의 분신이며 산 사람의 실체인 구두를 통하여 우리들의 삶과 죽음의 세계를 이야기하고 있다. 시인은 상가에서의 신발을 통하여 인간의 삶과 죽음의 자리를 새롭게 자리매김함으로써 하나의 대상으로 전체를 대치하고 있는 것이다.

현대사회에서 인간은 끊임없이 자기 자리보다 더 높고 편하고 힘이 센 자리, 더 돈이 생기는 자리를 향해 전진하고자 한다. 그리하여 "돼지고기 삶는 마당 가에/어울리지 않는 화환 몇 개 세워놓고/봉투 받아라 봉투,” 에만 관심이 있다. 그리하여 시인에 의해 이 세상을 움직이는 힘은 “구두가 구두를/짓밟는 게 삶”이라는 개인적인 차원에서 “아무리 단정히 벗어놓아도/문상을 하고 나면 흐트러져 있는 신발들” 이라는 사회적인 차원으로 전이되고 있다. 시인은 신발의 모습을 통해 우리사회의 어지럽고 흐트러진 삶의 한 단면을 희화화한다.

이 시의 마무리 또한 죽음이라는 엄숙한 풍경을 오줌 누는 풍경으로 해학적으로 환치시키고 있다. “담장 가에 가서 오줌을 누면, 보인다/北天에 새로 생긴 신발자리 별 몇 개”는 다시 ‘신발자리’다. 우리들 삶의 모든 부면에서는 적당한 자리를 찾지 못하여 비극을 낳거나 불행을 낳는 경우가 허다하다. 하물며 북천에 뜬 별에서 오죽 할 것인가. 예로부터 인간이 죽으면 북쪽 하늘로 가고 거기서 별이 된다고 믿어왔듯이, 북천의 뜬 별은 곧 죽음을 의미한다. 작은 별자리 하나라도 잘못 놓이게 되면 우주에 커다란 재앙이 된다. 결국 우리 인간도 자기 자리를 벗어나게 되면 불행과 슬픔을 초래하게 된다는 사실을 ‘喪家에 모인 구두들’ 이라는 작은 질서와 움직임을 통하여 우리에게 일러준다.

시집 『喪家에 모인 구두들』과 『나는 웃는다』를 출판한 이후 긴 침묵을 지키던 유홍준은 5년 여 만에 거침없고 대담한 시적 세계로 성큼 나아간 세 번째 시집 『저녁의 슬하』를 펴낸다. 여기서 그는 「사람을 쬐다」「작약」「슬하」 등의 수작을 통하여 시적대상을 한층 구체적이고 직접적인 감각으로 묘사함으로써 우리의 삶을 더욱 새로운 시각으로 묘사해 낸다.

한동안 우리 시단을 지배해 오다시피 했던 해체시와 민중시 사이에서 벗어나서 유홍준의 시는 특이한 발성법으로 독자적인 행보를 보였다고 평가받게 된다. 그는 『저녁의 슬하』에서 또 다른 변모를 시작한 것이다. 이제 그의 시는 곧 삶 자체이고 삶이 곧 그의 시가 된다. 그는 자신이 직접 보고 듣고 느끼는 비루하고 남루한 삶과 그 비애를 직접적으로 시 속에 녹여낸다. 이제 그의 시에서는 비루한 삶의 세계를 의외적이고 도발적인 방식으로 묘사하는 거침없는 시세계가 드러난다. 『저녁의 슬하』에 실린 작품 중에서 가장 주목받는 「사람을 쬐다」를 살펴보자.

사람이란 그렇다
사람은 사람을 쬐어야지만 산다
독거가 어려운 것은 바로 이 때문, 사람이 사람을 쬘 수 없기 때문
그래서 오랫동안 사람을 쬐지 않으면 그 사람의 손등에 검버섯
이 핀다 얼굴
에 저승꽃이 핀다
인기척 없는 독거
노인의 집
군데군데 습기가 차고 곰팡이가 피었다
시멘트 마당 갈라진 틈새에 핀 이끼를 노인은 지팡이 끝으로 아
무렇게나 긁
어보다가 만다
냄새가 난다, 삭아
허름한 대문간에
다 늙은 할머니 한 사람 지팡이 내려놓고 앉아 지나가는 사람들
바라보고
있다 먼 눈빛으로 사람을 쬐고 있다

-「사람을 쬐다」 전문

고단한 삶을 거의 마치고 노년에 이르러 가장 그리운 것은 가족과 이웃의 따스한 말 한마디와 눈빛이다. 기본적으로 이 시는 '사람은 사람을 쬐어야지만 산다'는 사람 사는 세상에 대한 메시지를 우리에게 던져주고 있다. 우리는 모두 돈을 쬐고, 권력을 쬐고 명예를 쬐고 하느라 사람을 쬐지 않은 지 오래됐다. 시인의 말대로 "홀로이 남겨진 독

거노인의 모습은 적막하기 그지없다. 인기척 없는 독거/노인의 집/군데군데 습기가 차고 곰팡이가 피었다." 사람의 생기가 사라진 곳 그것에는 생의 의욕과 열기도 사라지고 만다.

이 시에서 "오랫동안 사람을 쬐지 않으면 그 사람의 손등에 검버섯이 핀다 얼굴/에 저승꽃이 핀다"고 하였는데, 그것은 아마 사람을 쬐지 못하는 가운데 우리의 영혼이 시들어 가는 증좌가 아닌가 한다. 사람이 서로 만나 닳고 닳으면 '사랑'이 된다고 했지만, 사람을 쬐어야 살 수 있다는 말은 오랫동안 우리들의 가슴에 남는다. 이 시를 읽다 보면 이제 유홍준 시인의 시는 사람살이와 인간관계에 대한 어떤 통찰과 인식의 경지에 이르게 된 것이라는 느낌을 가지게 된다. 「작약」을 읽으면 이 같은 느낌은 더욱 짙게 다가온다.

유월이었다
한낮이었다
있는 대로 몸을 배배 틀었다
방바닥에 대고
성기를 문질러대는 자위행위처럼
간질을 앓던 이웃집 형이 있었다
꽃송이처럼 제 몸을 똘똘 뭉쳐
비비적거리던 형이 있었다
번번이 우리 집에 와서 그랬다
오지 말라고 해도 왔다 오지 말라고 할 수가 없었다
피할 수가 없었다
이상한 냄새가 났다
무작정 꽃피기만을 기다렸다
무작정 꽃송이만을 바라보았다
마루 끝에 앉아 오래 끝나도록 지켜보았다

-「작약」 전문

이경호가 유홍준 시의 특징을 '상처와 욕망의 가계(家系)'라고 표현했듯이, 유홍준 시에는 언제나 욕망의 흔적들이 상처의 흔적과 독특한 연결고리를 만들어내며 그의 삶과 시 세계를 이끌어가고 있다(이경호, 「상처와 욕망의 가계(家系)-유홍준론」). 「작약」에서 작약이 피는 모습을 통하여 유년시절의 두려운 추억의 고통에 담긴 연민과 부끄러운 성욕에 대한 호기심을 되새기고 있다. 이웃집 형의 간질을 앓는 모습이라는 원관념을 작약이 피는 모습의 보조관념으로 형상화시킨다. '간질을 앓던 이웃집 형'과 '작약' 은 서로 대조를 이루며 유월의 한낮에 작열한다. 간질을 앓는 세상이든, 작약이 꽃피는 세상이든, 우리는 그저 "무작정 꽃피기만을 기다렸다/무작정 꽃송이만을 바라보았다." 시인의 말대로 우리는 "마루 끝에 앉아 오래 끝나도록 지켜" 볼 수밖에 없는 존재들 아니겠는가. 이 세상에서 모든 인간과 사물이 아무리 아우성을 쳐도 세상은 무심히 '간질'처럼 꽃을 피웠다 지우며 흘러간다. 세월과 함께 인간도 왔다 가고, 꽃도 피었다 지고.

「슬하」에서 삶과 인간에 대한 인식은 더욱 발전된 형태로 나타난다. 우리의 삶에서 시간의 의미는 무엇이며, 그 시간의 흐름 속에서 살아가는 존재의 의미는 무엇일까. 작가는 묻는다. 우리의 저녁에는 무엇이 담겨 있나? 또 밤이 다가오면 밤은 묻는다. 도대체 밤에는 무엇이 있나? 그러면 또 인간이란 무엇인가? 우리들의 이 물렁한 살 아래에 구더기가 무리지어 살고 있을지도 모른다는 생각을 해본다. 시인은 「슬하」에서 우리 삶에 있어서 가장 묻기 힘들고 두려운 존재론적 질문을 던지며 그에 대한 답을 구한다. 이 세상 모든 것의 '슬하'에 무엇이 있나?

고인의 슬하에는
무엇이 있나 고인의 슬하에는
고인이 있나 저녁이 있나

저녁의 슬하에는 무엇이 있나
저 외로운
지붕의 슬하에는
말더듬이가 있나 절름발이가 있나
저 어미새의 슬하에는
수컷이 있나 암컷이 있나
가만히
돌을 두드리며 묻는 밤이여
가만히 차가운 쇠붙이에 살을 대며 묻는 밤이여
이 차가운 쇠붙이의 슬하에는 무엇이 있나
이 차가운 이슬의 슬하에는
무엇이 있나
이 어긋난
뼈의 슬하에는 무엇이 있나
이 물렁한 살의 슬하에는 구더기, 구더기, 구더기가 살고 있나

-「슬하」 전문

저녁이라는 시간은 하루의 일상이 마무리되는 시간이고 이제 삶이 슬슬 저물어 가는 시간이다. 황혼이 지고 나면 어두운 밤을 맞을 준비를 해야 하는 시간이고, 우리들의 인연들이 끊어져 가고 죽음을 맞이해야 하는 시간이다. 시인은 묻는다. "고인의 슬하에는/무엇이 있나 고인의 슬하에는/고인이 있나 저녁이 있나." 오로지 칠흑 같은 한밤중을 위하여 혼자서 떠나야 할 준비를 위한 시간이다. 김언희 시인은 『저녁의 슬하』 발문에서, 유홍준의 시는 "대담하고 활달하고 개구지고 거침없다."고 하면서 이제 그의 시가 '직접'의 세계로 성큼 나아간 몸의 시를 관통하고 있다고 한다(김언희, 「직방인의 초상」). 그의 시에서 보이는 가벼움과 수월성은 "용암의 뜨거움을 거치지 않고는 이룰 수 없는 가벼움, 제 안의 모든 것을 태워버리고 난 다음에야 도달하게 되는

무서운 가벼움"이다. 이제 그의 시는 관념적 사유보다는 강렬한 발상과 감각적인 이미지로 삶의 모습을 새롭게 그려내는 감동을 자아낸다. 마침내 유홍준의 시는 가벼우면서도 무거운, 연약하면서도 강렬한 차원에 도달케 된 것이다.

유홍준은 시집의 뒤에 실린 「시인의 말」에서 '직접'이란 말을 수없이 반복하고 있다. 그는 말한다. "직접은 무모하고 위험해 직접은 힘들고 고달픈 거야 직접 경험을 해보지 않은 사람들이 어떻게 시인이 되고 교사가 돼?" "내 피부로 직접 저 햇살 받는 행복! 내 귀로 직접 저 물소리 듣는 기쁨!" 이제 그의 시는 머릿속에서 관념적으로 흘러가는 것이 아니라 몸 가는 데로 가는 삶의 시이자 '몸의 시'가 되었다. 스스로 "이제 지루하고 하품이 나는 '간접'의 세계가 아닌 힘들고 고달프긴 하지만 재밌고 즐거운 '직접'의 세계로 성큼성큼 나아가고 있다"며 몸의 시 세계를 이야기한다. 우리의 일상을 뒤덮고 있는 상투적이고 지루한 관념과 허위를 벗어 던지고 인간의 본성과 삶의 본질과 육박하고자 하는 결의를 드러내는 말이 아닐 수 없다. 이제 관념이 아닌 '몸', 간접이 아닌 '직접'이라는 유홍준의 시 정신이 어디까지 나아가서 어떤 세계를 창조해 낼 지 지켜 볼 일이다.

최근 여성시인들의 치열함

- 김혜순, 허수경, 나희덕의 시 -

1. 생성과 소멸의 시학: 김혜순

김혜순은 1979년 계간『문학과 지성』을 통해 시단에 나와 시집『또 다른 별에서』,『아버지가 세운 허수아비』,『어느 별의 지옥』,『우리들의 陰畵』『나의 우파니샤드, 서울』,『불쌍한 사랑 기계』,『달력 공장 공장장님 보세요』,『한 잔의 붉은 거울』,『당신의 첫』등을 연이어 발표했다. 그리하여 그는 김수영문학상, 현대시작품상, 소월시문학상, 미당문학상 등 우리시단의 중요한 상을 휩쓸다시피 했다.

김혜순은 워낙 개성이 강한 시를 쓰는 작가이어서 독자에 따라 호불호가 극명하게 갈리는 시인이다. 그러나 그의 시는 언제나 과열되지 않은 냉정한 언어와 상상력을 바탕으로 독특한 미학을 형성함으로써 우리 시단의 주목을 한 몸에 받아 왔다. 우선 그의 대표적인 작품으로 꼽히는「별을 굽다」를 읽어보자.

사당역 4호선에서 2호선으로 갈아타려고
에스컬레이터에 실려 올라가서
뒤돌아보다 마주친 저 수많은 얼굴들
모두 붉은 흙 가면 같다
얼마나 많은 불가마들이 저 얼굴들을 구워 냈을까

무표정한 저 얼굴 속 어디에
아침마다 두 눈을 번쩍 뜨게 하는 힘 숨어 있었을까
밖에서는 기척도 들리지 않을 이 깊은 땅속을
밀물져 가게 하는 힘 숨어 있었을까

하늘 한구석 별자리마다 쪼그리고 앉아
별들을 가마에서 구워 내는 분 계시겠지만
그분이 점지하는 운명의 별빛 지상에 내리겠지만
물이 쏟아진 듯 몰려가는
땅속은 너무나 깊어
그 별빛 여기까지 닿기나 할는지

수많은 저 사람들 몸속마다에는
밖에선 볼 수 없는 뜨거움이 일렁거리나 보다
저마다 진흙으로 돌아가려는 몸을 일으켜 세우는
불가마 하나씩 깃들어 있나 보다

저렇듯 십 년 이십 년 오십 년 얼굴을 구워 내고 있었으니
모든 얼굴은 뜨거운 심장이 굽는 붉은 흙 가면인가 보다

-「별을 굽다」 전문

이 시는 현대 산업사회의 도시 속에서 살아가는 다양한 인간 군상들의 모습을 보여주고 있다. 특히 사회적 약자인 도시 소시민들이 경제적인 어려움에 굴복하지 않고, 나름대로의 '별빛'으로 향하는 원초적

힘의 회복을 기대하고 있다. 시인은 사람 하나하나를 '별'에 빗대어 스스로 빛을 발하는 존재로 인식하고 있다. 그리고 '별'이라는 꿈과 희망을 구워내는 인간존재의 모습을 생성하고자 한다.

시인은 "사당역 4호선에서 2호선으로 갈아타려고/에스컬레이터에 실려 올라가서/뒤돌아보다 마주친 저 수많은 얼굴들"을 흙 가면으로 표현하고 있다. 그리하여 생명 근원의 창조주가 보내는 '별빛'이 스스로가 뜨거운 심장의 불가마를 지니고 있기에 그들이 별을 구워낼 수 있다고 생각한다. 수많은 사람들을 구워내려면 많은 불가마들이 필요하다. 하나님이 땅의 흙으로 사람을 짓고 생기를 그 코에 불어넣어 만들었다는 성경구절을 연상하며 시인은 붉은 흙 가면을 불가마를 거쳐 인간의 얼굴로 다시 태어날 수 있다고 표현한다. 시인은 이에 그치지 않고, 무표정하게 어딘가로 바쁘게 자기 길을 재촉하고 있는 사람들이 밖에서는 기척도 들리지 않는 땅속에 갇혀 고단한 삶을 살아가면서 땅속을 밀물처럼 움직이며 걸어가는 힘이 어디에 숨어있을까 반문한다. 여기서 우리는 김혜순 시의 "상상력은 대상에 대한 보편적인 관찰력의 기준을 위반하고 범주를 확대시키는 시선을 통하여 돌연한 상상력을 제시해 놓고 있는 것이다"(이경호, 「돌연한 상상력의 두 가지 특징-김혜순의 시 세계」)는 사실을 알게 된다.

하늘에서 조물주가 쪼그리고 앉아 별들을 가마에서 구워 운명의 별빛을 지상으로 보내는데, 땅속은 너무 깊어서 별빛이 닿기는 어렵지만, 별은 인간에게 있어 긍정적이고 희망적인 위안을 준다. 인간에게 위안을 주기 위하여 조물주는 쪼그리고 앉아 부지런히 별들을 구워 빛을 내려 주지만, 현대 사회는 이를 다 받아들이지 못한다. 땅 속에서 바쁘게 움직이는 사람들은 몸속에 저마다 뜨거움이 용솟음치는 불가마를 하나씩 지니고 있다. 희망 없는 상황 속을 살아가는 현대인이지만 시인은 사람들 몸속에 뜨겁게 타오르는 가마의 불길을 본다. 사람의 모든 얼굴은 스스로의 몸속 뜨거운 심장이 굽는 흙 가면이다. 뜨거운 심장은 우리들의 삶을 가능케 하는 에너지의 근원이고 생명력의 원천이다. 불가마는 우리들 각자의 몸속에 있는 심장이며, 이 심장을 통해 자신들의 삶을 개척하며 나아가는 것이다. 삶을 살아가면서 그들은 갈수록 삶에 무뎌지고 삶에 대한 열정을 찾아보기 어렵게 되어간다. 그러나 그들은 생명을 지닌 존재이기에 온기가 있으며 뜨거운 심장을 지니고 있다는 점에서 새로운 생명을 구울 수 있고, 이러한 '굽는' 일은 생명의 소멸 속에서 생명의 창조를 보여주고 있다. 결국 이 작품에서 '별을 굽다'는 것은 생명의 소멸을 통하여 새로운 생명의 뜨거운 생명의 생성을 동시에 함축해 준다.

이렇게 김혜순 시인의 작품에서는 언제나 삶과 죽음, 뜨거움과 차가움, 창조와 소멸이라는 상반된 모티브가 등장하며 이것이 인간과 사회를 지탱하는 힘으로 작용한다. 그리하여 그의 시는 언제나 인간적이며 시적이다. "시인은 인간 기도의 총체적 좌절을 확인하고, 그 자신의 개인적인 패배로서 인간 모두의 패배를 증언하기 위하여, 그 자신의 인생에게 스스로 좌절하도록 처신하는 것이다."(김혜순, 『또 다른 별에서』)고 말하는 것도 이 때문이다. '모래 여자'의 존재와 그 생명력을 통해서 여성의 삶의 현실을 보여주는 「모래 여자」에서 이러한 경향은 더욱 극명하게 드러난다.

> 모래 속에서 여자를 들어올렸다
> 여자는 머리털 하나 상한 데가 없이 깨끗했다
>
> 여자는 그가 떠난 후 자지도 먹지도 않았다고 전해졌다
> 여자는 눈을 감고 있었지만
> 숨을 쉬지도 않았지만

죽지는 않았다
사람들이 와서 여자를 데려갔다
옷을 벗기고 소금물에 담그고 가랑이를 벌리고
머리털을 자르고 가슴을 열었다고 했다

여자의 그가 전장에서 죽고
나라마저 멀리멀리 떠나버렸다고 했건만
여자는 목숨을 삼킨 채
세상에다 제 숨을 풀어놓진 않았다
몸속으로 칼날이 들락거려도 감은 눈 뜨지 않았다

사람들은 여자를 다시 꿰매 유리관 속에 뉘었다
기다리는 그는 오지 않고 사방에서 손가락들이 몰려왔다

모래 속에 숨을 여자를 끌어올려
종이 위에 부려놓은 두 손을 날마다
물끄러미 내려다보았다
낙타를 타고 이곳을 떠나 멀리 도망가고 싶었다

꿈마다 여자가 따라와서
검은 눈 번쩍 떴다
여자의 눈꺼풀 속이 사막의 밤하늘보다 깊고 넓었다

-「모래 여자」 전문

「모래 여자」는 미라의 발굴을 소재로 모래 속에서 발견된 한 여자의 죽음을 밝혀나가는 과정을 보여주는 작품이다. "모래 속에서 여자를 들어올렸다/여자는 머리털 하나 상한 데가 없이 깨끗했다//여자는 그가 떠난 후 자지도 먹지도 않았다고 전해졌다"라는 묘사에서도 보여지듯이, 시인은 흡사 고고학자가 미라를 발굴하듯 모래 여자의 존재를 세세히 보여준다. 숨을 죽이고 있는 독자를 향해서 모래 여자가 어떻게 존재했고, 이제 어떤 모습으로 남아 있는지 하나하나 비밀의 베일을 벗겨준다. 그리하여 마침내 그 모래 여자가 결국은 갖은 수난의 삶을 견뎌온 한 여성의 삶의 환유임을 알려 준다. 모래처럼 인간의 삶도 부수었다가 다시 쌓을 수 있다면 얼마나 좋겠는가.

「모래 여자」를 읽으면서 가슴을 열고 머리를 자르고 다시 열었던 가슴을 닫고 꿰매는 의학적 행위들 속에서 살아 있는 사람의 환상과 함께 모래 여자는 살아있는 모습으로 다시 눈뜨게 된다. 김혜순 시에서의 화자는 하나가 아니고 여럿이 되어 나타나다. 정과리의 지적대로 '나'는 무수히 여러 개로 분화된 복수의 '나'이자 실존적 대화 상대자로서의 '너'이기도 하다(정과리, 「망가진 이중나선」). 모래 여자처럼 만들고 부수고 다시 만들어지는 과정에서 그들은 태어나고 사랑하며 죽는다. 그 과정에서 다른 사물로 치환되기도 하고 다른 세계에서 다시 태어나기도 한다.

모래 여자는 전설 속의 미라 같기도 하고, 인어공주 같기도 하다. 감금으로 처절한 수모를 견뎌온 극적인 한 여성의 삶을 모래 여자를 빗대어 표현한다. 그리하여 화자 내면에 존재하고 있는 황폐한 여성들의 삶의 상태를 은유적으로 이야기하고 있다. 그런 의미에서 김혜순에게 여성의 '몸'은 육체의 폐허 속에서 발굴되는 오래된 유적과 같다. 육체의 폐허는 남성중심의 근대사회에서 그 존재성을 인정받은 일이 없는 여성의 육체를 의미한다. 현상으로는 존재하지만 실제로는 부재하는 여성의 육체는 남성 중심의 역사에 의해 조작된 알리바이다. 여성의 육체는 남성/인간의 육체의 타자로, 은폐되어야 할 금기로 취급되면서 실존의 권리를 박탈당했다. 김혜순이 부재하는 여성의 육체 속에서 발굴한 유적은 거대한 왕국과 같다(김수이, 「부재하는 여성 속에서 출토된 '육체 ∈ 몸'-김혜순」).

실제 이 시에서 여자의 남자는 생존경쟁을 위해 전쟁을 했을 수도 있고 지상에 격변이 생겨 물고기가 되었을지도 모른다. 그녀가 살고 있던 지상에서는 천재지변이 일어나서 바다는 육지로 변하고 육지는 바다로 변해 물고기들이 살던 곳이 사라져버리고 나라까지 없어졌다고 할 수도 있을 것이다. 그 시대에 살던 여인은 미라가 되어 지금은 박물관에 누워 있다. 상하지 않도록 내장을 빼내고 다시 약품처리를 해서 유리관에 넣어져 진열해 놓았으니 이 미라를 보기 위해 사람들은 몰려온다. 시인도 "모래 속에 숨을 여자를 끌어올려/종이 위에 부려놓은 두 손을 날마다/물끄러미 내려다보았다." 박물관 유리관 속에서 그녀를 본 시인은 그 모습이 너무 인상적이었기에 날마다 꿈속에까지 나타나게 된다. "꿈마다 여자가 따라와서/검은 눈 번쩍 떴다/여자의 눈꺼풀 속이 사막의 밤하늘보다 깊고 넓었다." 이 세상 모든 시련을 두 눈에 묻고 간 모래 여자, 깊고 넓은 하늘 두 눈에 가득하리라는 시인의 마음에 뜨겁게 다가온다. 이렇게 시인은 육체를 억압적인 현실이 체험되는 공간이자 그러한 억압에 응전할 수 있는 방법적 도구로 활용하고 있다(심진경, 「여성성, 육체, 여성적 시쓰기-김정란과 김혜순의 시를 중심으로」).

2006년 미당문학상 심사위원들의 말대로 「모래 여자」는 마치 미라의 발굴처럼 아주 조심스럽게 '모래 여자'의 존재를 조금씩 펼쳐 보여준다. 독자들은 숨을 죽이고 모래 여자가 어떻게 존재했고, 이제 어떤 모습으로 남았는지를 비밀의 베일을 펼치듯 알게 된다. 그리하여 그 모든 모습이 드러났을 때, 독자들은 그 모래 여자가 결국은 갖은 소외와 수모의 삶을 조용히 견뎌온 한 여성의 삶의 환유임을 알게 된다. 김혜순의 시는 여성의 억압된 역사를 이데올로기나 담론의 차원을 넘어서서 언어와 내면의 차원에서 근본적으로 복원하고자 하는 기획의 산물이라 할 수 있다. 이를 위해 김혜순은 기존의 남성언어의 분할선과 동일성의 폭력을 제거하고, 그 자리에 미로의 상상력과 이미지, 차이와 수사의 기법을 동원한다. "나는 여성의 언어로 여성의 존재의 참혹과 광기와 질곡과 사랑을 드러내는 글쓰기에 대해 말해야 한다."(김혜순, 『여성이 글을 쓴다는 것』)고 한 대로, 시인은 자신의 시 언어가 언제나 남성의 시 언어와 다르다는 인식을 지니고 있다. 김혜순은 몸에 대한 시적탐구를 지속적으로 보여주는데, 그것은 바로 '여성적 글쓰기'의 한 방식이라 볼 수 있다. 실제 김혜순 시에 나타나는 이 같은 특성은 남성중심적 언어를 깨트리거나 여성의 몸을 전복하고자 하는 90년대 여성시인들의 특성이기도 하다(김미현, 「여성성과 여성주의」).

정말 이 세상에는 우리들의 눈앞에서 존재하는 세계와 사라진 세계가 서로 공존하고 있는 것이며, 시란 어떤 세계에 속하는 것일까. 김혜순은 '2006년 미당문학상 수상소감'에서 "시의 나라는 '없음'으로 충만한 나라입니다. 이 나라는 당신과 나 사이, 내 책상과 내 몸 사이, 내 손톱과 내 손가락 사이, 낮과 밤사이, 그 수많은 틈들에 존재합니다. 하지만 이 나라는 한없이 넓어서 작은 제 몸으로 채우기가 가없이 힘들고, 한없이 좁아서 커다란 제 몸을 구겨 넣기조차 힘든 나라입니다."고 말한다. 작가의 말대로, 시인은 마치 죽음에 빠져든 인간처럼 자신의 이름을 벗고, 자신의 몸마저 자신들이 고안한 희한한 리듬들로 벗어버리고, 그 헐벗음으로 이 세상을 꿈꾸는 자들이다. 플라톤이 말하는 이상국가에서의 '시인 추방론'의 어법에 기대면, 이 지구에 종말이 오고, 우리가 다른 행성으로 떠나려 할 때, 승선인원을 초과한 배에서 제일 먼저 그 쓸모없음으로 저 나락에 던져질 인간이 시인이라지만, 시인은 그렇게 버려질지라도 이 세상을 위해 마지막 순간까지 쓸모 있음으로 자리해야 할 존재들인지 모른다.

2. 디아스포라의 사랑과 고독 : 허수경

허수경 시인은 1964년 진주에서 태어났고 1987년 『실천문학』을 통해 등단했다. 허수경은 한국에서 시인이 되었고 라디오 작가를 하였지만 독일로 건너가 뮌스터대학교대학원 고고학 박사가 되었다. 그리고 지금은 독일인과 결혼하여 독일에서 고고학 발굴 작업을 하고 있다. 시인이 고고학자가 되었다는 것, 그것도 모국어의 정수라고 할 수 있는 시어를 구사했던 시인이 낯선 독일의 문화와 역사를 탐구한다는 것은 삶의 터전을 버리고 스스로 유목민이 되기를 선택한 것을 의미한다.

시인의 고향이었던 진주는 조용하고 안온한 느낌을 주는 전통적인 문화적 예향(藝鄕)이었지만, 이런 곳에서 나서 자라고 대학까지 다닌 허수경이란 시인에겐 오히려 진주의 이런 점이 그녀를 모국을 떠나 다른 지역으로 떠나는 디아스포라적인 존재로 만들었다. 바빌론 유수 이후 유대인들이 디아스포라라는 '이산(離散) 유대인'의 삶을 시작했듯이, 허수경도 디아스포라의 눈으로 자신의 삶, 그리고 사랑과 고독을 생각한 지도 모른다. 그의 시에 나타나는 시적 주체는 항상 뿔뿔이 흩어지며 삶의 역경을 겪는다. 이런 디아스포라적 상상력과 유목민적 언어로 말미암아 그의 시는 항상 원형에의 그리움을 나타내고 있다.

그녀의 시에는 고향에의 원형이 들어 있다. 시인의 표현대로 라면 이 고향 진주는 그녀에게 '혼자 가는 먼 집'을 만들 수 있게 한 것이 아닌가 한다. "당신을 부릅니다 단풍의 손바닥, 은/행의 두 갈래 그리고 합침 저 개망초의 시름, 밟힌 풀의 흙/으로 돌아감 당신……."(「혼자 가는 먼 집」) 자기 집에 돌아가는 길이 가장 멀고, 자기 집이 가장 낯설고, 그러나 그곳은 또한 운명적으로 자신의 집일 수밖에 없는 곳이다. 그녀가 독일인과 결혼을 하고, 독일의 땅 속에 묻힌 시간을 발굴하는 일 또한 가장 멀리 돌아서 자신의 집을 찾아가는 여정일 것이다. 이 같은 시인의 여정은 대표적인 시집인『혼자 가는 먼 집』에 실린「불취불귀(不醉不歸)」에서 더욱 잘 드러난다. "어느 해 봄 그늘 술자리였던가"에서부터 시작되는 사랑이야기, 내가 보낸 적도 없건만 혼자 취해 저만치 가버린 사랑, 그것은 시인이 돌아가고자 하고 돌아가야만 하는 곳이다.

어느 해 봄그늘 술자리였던가
그때 햇살이 쏟아졌던가
와르르 무너지며 햇살 아래 헝클어져 있었던가 아닌가
다만 마음을
놓아보낸 기억은 없다

마음들끼리 서로 마주 보았던가
아니었는가
팔 없이 안을 수 있는 것이 있어
너를 안았던가
너는 경계 없는 봄그늘이었는가

마음은 길을 잃고
저 혼자
몽생취사하길 바랐으나
가는 것이 문제였던가, 그래서
갔던 길마저 헝클어뜨리며 왔는가
마음아

나 마음을 보내지 않았다
더는 취하지 않아
갈 수도 올 수도 없는 길이
날 묶어
더 이상 안녕하기를 원하지도 않았으나

더 이상 안녕하지도 않았다

봄그늘 아래 얼굴을 묻고
나 울었던가
울기를 그만두고 다시 걸었던가
나 마음을 놓아보낸 기억만 없다

-「불취불귀(不醉不歸)」 전문

'불취불귀(不醉不歸)', 도저히 취하지 않고는 돌아갈 수 없다는 의미이다. 아마 사랑하는 사람과 헤어져 작별을 고하는 순간 화자는 엄청난 정신적 충격으로 와르르 무너졌을 것이다. 그때가 언제인가 이미 오래 전이어서 분명하지 않다. 술자리였는지, 부끄러운 눈물이나 무너지는 표정을 감출 수 없게끔 햇살이 환하게 쏟아졌는지도 분명하지 않다. 분명한 것은 그가 떠나갔지만 절대 마음만은 그를 보내지 않았다는 것이다. 돌아서는 그는 분명 등을 돌리고 내 곁을 떠났을 것이다. 나는 절망에 빠져 가는 그를 붙잡지도 못했겠지. 비록 그가 등을 돌렸지만 마음은 분명 그를 부둥켜안고 있었을 것이다.

사전에는 '몽생취사'는 없고 '취생몽사'가 있을 뿐이다. 아마 시인은 "술에 취하여 자는 동안에 꾸는 꿈속에 살고 죽는다는 뜻"으로 변형코자 한 것이다. 무엇을 어떻게 해야 할지를 모른다는 것으로, 꿈처럼 몽롱하게 살고 싶다고 화자는 말한다. 취한 듯이, 아니면 취해서 죽자고 하면서, 그 모든 불행의 원인에 대해 외면해 버리자는 것인지도 모른다. 아무리 마셔도 술은 취하지 않았고, 더 이상 그에게로 갈 수도 없고 그도 이제 내게 오지도 않을 그 길에 오랫동안 멈추어 선 채로 서 있을 뿐이다. "봄그늘 아래 얼굴을 묻고/나 울었던가/울기를 그만두고 다시 걸었던가/나 마음을 놓아보낸 기억만 없다." 화자는 울면서, 마냥 걸으면서 부질없이 외쳐본다. 그는 비록 내 곁을 떠났지만,

나는 그의 마음을 결코 놓아주지 않겠노라고. 내가 마치 그들의 마음을 아는 것처럼, 내 맘이 그들의 마음인 것처럼 변명을 하고 외면을 한다. 까뮈가 말하는 죽음과 싸울 힘도 없고, 도스토예프스키가 말하는 아득한 삶의 심연으로 빠져드는 열정도 없다.

우리를 지탱해주는 힘은 무엇인가 하는 질문에 대한 대답을 찾는 것은 무엇이 우리를 흔드는가 하는 질문에 대한 대답과 다르지 않다. 도대체 우리의 삶에서 무엇이 우리를 그렇게 흔들기에 세상의 모든 철학은 끊임없이 진리를 찾아 헤매고 종교는 예외 없이 삶을 고해라고 하는 것인가. 이런 의미에서 「불취불귀(不醉不歸)」는 일견 남녀 사이의 사랑을 전면에 내세우고 있는 듯하지만 그것은 하나의 시적 비유일 뿐이고, 돌아갈 수 없는 삶과 고향에 대한 그리움의 표현이라 할 수 있을 것이다. 이 같은 시인의 의식은 「바다가」에서도 여실히 드러난다.

깊은 바다가 걸어왔네
나는 바다를 맞아 가득 잡으려 하네
손이 없네 손을 어디엔가 두고 왔네
그 어디인가, 아는 사람 집에 두고 왔네

손이 없어서 잡지 못하고 울려고 하네
눈이 없네
눈을 어디엔가 두고 왔네
그 어디인가, 아는 사람 집에 두고 왔네

바다가 안기지 못하고 서성인다 돌아선다
가지 마라 가지 마라, 하고 싶다
혀가 없다 그 어디인가
아는 사람 집 그 집에 다 두고 왔다

글썽이고 싶네 검게 반짝이고 싶었네

그러나 아는 사람 집에 다, 다,
두고 왔네

-「바다가」 전문

어느 날 깊은 바다가 걸어왔다. 화자는 바다를 잡으려 했으나 자신에게 손이 없다는 것을 알게 되었다. 자신에게 손이 없다는 것을 깨달은 화자는 슬퍼서 눈물을 흘리고자 한다. 이번에는 눈이 없다는 사실을 알게 된다. 그리하여 화자는 아무 것도 하지 못하는 무능하고 가엾은 존재감으로 인해 절망하게 된다.

바다는 돌아서 가려고 한다. 마음이 급해진 화자는 가지 말라고 말하려 한다. 그러나 안타깝게도 이제는 자신에게 혀가 없다는 것을 알게 된다. 「바다가」에서 바다가 상징하는 것은 무한함이다. 바다는 내가 잡아두고 싶어 하는 간절한 존재이어서 시적 화자는 바다를 잡고 싶고 울고 싶고 말하고 싶어 한다. 간절히 대상을 잡으려 해도 잡을 수 없고, 울려고 해도 눈이 없어 울 수도 없고, 간절한 말 한 마디를 하려 해도 혀가 없어 말할 수 없어 시인은 절망한다. "글썽이고 싶네 검게 반짝이고 싶었네/그러나 아는 사람 집에 다, 다,/두고 왔네." 시인은 이 세상의 모든 것들에 대한 아쉬움과 허망한 마음을 바다와 나라는 존재를 통해서 여실히 보여주고 있다. 섬세한 표현력과 관찰력을 통하여 아름다운 자연을 빗댄 시인의 인식을 극적으로 표현해 내고 있다.

허수경의 시를 읽으면, 그 자체에 삶의 장면 장면이 녹아 있는 듯해서 군더더기 설명이 필요 없이 언어가 낮게 출렁이는 느낌이 드는 경우가 많다. 이것은 바로 수사적 언어가 시로 잘 형상화된 결실이다. 물론 그녀의 시는 때로 강렬하고 충격적이기까지 한 점도 있다. 그러나 그녀는 그 강렬함과 충격적인 감정을 서정적인 시적 표현으로 환유해 낸다는 것이 중요하다. 말하자면 태풍이 밀려오는 듯한 광포함과 격렬함 속에서도 시인은 순간적으로 깃드는 일종의 에피퍼니(현현)와 같은 절대적인 고요의 순간을 그려내고 있는 것이다. 이것이야말로 언어를 통한 진정한 삶의 평화를 제시하는 것이라고 할 수 있다. 무력하고 고요한 일상의 평화가 아니라 미친 듯한 모랫바람과 태풍 속에서도 평화와 적요의 순간을 맛볼 수 있는 것이 허수경 시의 특징이라 할 수 있다. 그리하여 그녀의 시는 하나의 악기가 되어 몸과 마음을 연주하고 고정된 세계를 현현시키고자 한다. 시인은 말한다.

> 악기만 남고 주법은 소실되어버린 공후를 본다. 體만 남고 用은 사멸되어버린 악기, 썩어 없어질 몸은 남고 썩지 않는다는 마음은 썩어버린 악기.
>
> 악기는 고정된 세계의 현현이다. 주법은 이 현현을 허물어뜨리려 한다. 그러나 주법은 진동의 미세한 입자를 시간 속에 끼워넣으며 악기의 경계와 세계속의 경계를 건드릴 뿐인데 이 건드림, 이 건드림이 직조해내는 무늬, 진동의 미세한 입자들이 뿜어내는 숨과 그 숨의 웅숭그림이 천변만화해내는 세계.
>
> 나는 그 마음이 썩기를 원한다. 오로지 몸만 남아 채취되지 않기를, 기록되지 않기를, 문서의 바깥이기를.
>
> 이것이 마음의 역사다. 그 역사의 운명 속에 내 마음의 운명을 끼워넣으려 하는 나는 언제나 몸이 아플 것이다.
>
> -『혼자 가는 먼 집』에서

"體만 남고 用은 사멸되어버린 악기, 썩어 없어질 몸은 남고 썩지 않는다는 마음은 썩어버린" 이 세상에서 우리들의 몸은 남아 활개를 치고 마음은 전부 타락하고 부패해 버리고 없다. 세상에서 우리의 몸은 아니 시인에게서 여성의 몸은 남성은 물론 스스로에게까지 소외되고 고립되면서 타자화된다. 그러나 허수경의 시편들은 쉽게 허무와 절망에 빠지지 않는다. 오히려 그녀의 곳곳에서는 허무와 절망 대신에 관능적인 희망이 넘친다. 관능적인 희망이 스멀스멀 기어 나와 시인은 마음과 마음이 맺어져서 이 가여운 세상을 덮어주게 되기를 소망한다.

그의 시에서 거듭 돌아갈 수 없는 어린 시절과 고향을 그리워하는 시편들이 나타나는 것도 이 때문이다. 그녀의 유년 시절에 함축되어 있는 「머리에 흰 꽃을 단 여자아이들은」이라는 시는 이 같은 시적 정취를 잘 보여준다.

> 그날의 일기 속에는 불안 같은 흰 꽃을 단 여자아이들, 너의 품을 빠져나온 오랫동안 잠을 잔 혀는 아이들의 머리에 매달린 흰꽃에 입을 맞추고 흐르는 불처럼 창밖 너머 펼쳐진 숲을 건넌다 오 오, 그렇게 다시 시작되고 너의 품속에서 새로운 생을 끄집어내듯 나는 아프다 오 오 새로운 지문의 날들은 그렇게 시작되고 그때 너는 일기를 다시 쓰고 일기장 속에서 오래된 시간은 잠든다 오래된 시간은 얼마나 고요히 우리를 예언했던가 머리에 흰 꽃을 단 여자아이들이 순한 시간 속에서 사라질 것을 오래된 시간은 얼마나 고요히 예언하고 있었던가
>
> -「머리에 흰 꽃을 단 여자아이들은」 전문

여자아이들은 나이가 들어가면서 남모르는 불안과 열병처럼 열정을 앓게 된다. 아이들의 머리에 꽂힌 하얀 꽃조차 순수가 아니라, 불안과 열정의 표상이다. 사춘기 여자아이들은 외견상 너무나 착하고 순수하고 여려 보이지만, 그 순수함과 여림이 얼마나 뜨거운지, "흰꽃에 입을 맞추고 흐르는 불처럼 창밖/너머 펼쳐진 숲을 건넌다." 그래서 그 또래 여자아이들은 "그렇게 다시 시작되고 너의 품속에서 새로운 생을/

끄집어내듯 나는 아프다." 그렇게 우리는 자신의 미래를 예언한다. 너무나 소란한 고요함 속에서 "오래된 시간은 얼마나 고요/히 우리를 예언"한다. 생각해 보면, 우리가 사춘기 시절 일기를 쓸 때 마음이 언제나 가쁘게 수런거렸던가. 성장과 사랑은 그 깊이에 비례해서 아프게 시작하고 아프게 맺어진다. 그래서 미처 제대로 성장하지 못한 어린 아이 같은 자아는 언제나 상처를 입는다. 정말 사랑은 정확하게 상대를 이해하지 못하거나 상대방에 대한 오역으로부터 시작되는 것인지도 모른다. "킥킥거리며 세월에 대한 혹은 사랑과 상처, 상처의 몸이 나에게 기대와/저를 부를 때 당신…. 그대라는 자연의 달과 별…. 킥킥거리며 당신이라고"(「혼자 가는 먼 집」)에서처럼, 허수경에게서 시인과 당신, 마음의 상처와 마음의 무덤이 만들어내는 아득한 거리는 여성적 글쓰기의 참혹한 운명인지도 모른다(정끝별, 「여성성의 발견과 '여성적 글쓰기'」).

허수경 시에는 언제나 부정의 상황에 대한 긍정의 힘이 있다. 우리는 흔히 긍정의 힘을 이야기하지만, 사실 이것은 부정의 다른 이름이며, 긍정은 체념의 다른 의미이기도 하다. 긍정적 관점으로 사물을 보려는 것은 결국 오래된 관점이나 타성이 되고, 결국 삶 전체가 그 관점을 반복하는 것이기도 하기 때문이다. 예컨대 우리가 삶의 어떤 부면에서 행복함을 느낀다면, 그것은 긍정적 관점을 유지하려는 일종의 심리적 방어기제가 거둔 성공이라 할 수 있을 것이다. 이런 의미에서 허수경의 시가 본질적으로 변증법적 관점에 기초하고 있다고 말할 수 있다면, 그것은 바로 철저한 부정과 절망을 통하여 인간과 세상에 대한 긍정을 찾고자 하는 그녀의 인식 때문이라고 할 수 있다. 그런 점에서 허수경 시의 또 다른 특징은 이 세상과 인간에 대한 일종의 유대 찾기가 아닐까 하고 생각할 수 있다. 시인의 표현대로 텅빈 세상 속에서 사랑을 찾고, 사람들과의 연대를 맺고, 그리하여 "잊혀진 상처의 늙은 자리는 환하다."

한참 동안 그대로 있었다
썩었는가 사랑아

사랑은 나를 버리고 그대에게로 간다
사랑은 그대를 버리고 세월로 간다

잊혀진 상처의 늙은 자리는 환하다
환하고 아프다

환하고 아픈 자리로 가리라
앓은 꿈이 다시 세월을 얻을 때

공터에 뜬 무지개가
세월 속에 다시 아플 때

몸 얻지 못한 마음의 입술이
어느 풀잎자리를 더듬으며
말 얻지 못한 꿈을 더듬으리라

-「공터의 사랑」 전문

「공터의 사랑」이 보여주듯, 앓은 꿈이 세월을 얻고 세월 속에 다시 아플 때 우리들의 삶은 "어느 풀잎자리를 더듬으며/말 얻지 못한 꿈을 더듬으리라." 허수경의 시에서 우리는 절망에서 희망을, 슬픔에서 기쁨을, 어둠에서 빛을 찾을 수 있는 시적 체험을 이룰 수 있게 된다. 이것은 디아스포라의 아픈 사랑과 고독을 송두리째 다 겪고 난 이후에 얻어진 깨달음에서 비롯되는 것이리라.

3. 모성적 따뜻함의 미학 : 나희덕 론

나희덕 시인은 1989년 '뿌리에게'로 중앙일보 신춘문예로 등단한 이후, 1998년에 「그곳이 멀지 않다」로 제17회 김수영 문학상, 2001 「엘리베이터」 외 4편으로 김달진 문학상, 2007년 제22회 소월시문학상 대상 등을 수상하면서 우리시대에 가장 역량 있는 여성시인으로 자리하고 있다. 『뿌리에게』(창작과비평사, 1991), 『그 말이 잎을 물들였다』(창작과비평사, 1994), 『그곳이 멀지 않다』(민음사, 1997), 『어두워진다는 것』(창작과비평사, 2001), 『사라진 손바닥』(문학과지성사, 2004) 등 그녀의 시집에 실린 시들을 두루 읽어보면 그녀의 다양한 시적 궤적을 짐작할 수 있고, 그만큼 그녀의 시 세계에 일관되게 나타나는 특징을 한 두 마디로 요약해서 정리한다는 것이 쉽지 않다는 것을 알게 된다.

그러나 한 가지 그녀의 시에서 일관되게 나타나는 태도는 삶의 현실에 대한 흔들림 없는 수용의 자세, 말하자면 이것을 우리는 삶의 운명을 있는 그대로 수용하고 극복하여 시적으로 육화시키는 힘이라고 말해도 좋을 듯하다. 이를테면 그녀는 슬픔과 고통과 이별이 닥쳐와도 그것을 자신의 운명으로 받아들이고자 한다. 굳이 그러한 슬픔과 고통과 이별을 피하고자 하지 않으며 자신이 수용해야 할 삶의 몫이라고 담담히 받아들이고자 한다. 그리하여 그녀의 시는 많은 사람들로부터 '모성적 따뜻함'(정현종, 「모성적 따뜻함」), '저녁'과 '유연함'(허정, 『먼곳의 불빛』), '대지적 모성의 상상력'(오생근, 「저녁의 시간과 모성적 상상력 : 나희덕 시」)의 시인으로 평가되어진다. 예컨대 사랑받는 그의 짧은 시 「천장호에서」 이런 시인의 정서는 잘 드러난다.

> 얼어붙은 호수는 아무것도 비추지 않는다
> 불빛도 산 그림자도 잃어버렸다
> 제 단단함의 서슬만이 빛나고 있을 뿐

아무것도 아무것도 품지 않는다
헛되이 던진 돌맹이들,
새떼 대신 메아리만 쩡 쩡 날아오른다
네 이름을 부르는 일이 그러했다

-「천장호에서」 전문

시인이 보기에 아름다운 호수는 아무것도 비추지 않고, 아무것도 품지 않는다. 호수에서는 "헛되이 던진 돌맹이들,/새떼 대신 메아리만 쩡 쩡 날아오른다." 이 시를 누군가에 대한 혼자만의 사랑의 의미로 해석하고, 메아리 없는 그 아픔을 조용하고 상징적인 행동으로 표현하고자 하는 노력이라고 해석할 수도 있다. 그러나 이 시에 담긴 내용은 단순히 연애시로서의 그것에 그치지 않는다. 이 시에서 시인은 거의 체념에 가까울 정도의 관조적 태도를 통하여 그것이 자연이든 삶의 현실이든 철저히 있는 그대로의 모습에 순응하고자 하는 시인의 태도를 보이고 있다. 다시 그녀의 시 「산속에서」를 보자.

길을 잃어보지 않은 사람은 모르리라
터덜거리며 걸어간 길 끝에
멀리서 밝혀져오는 불빛의 따뜻함을

막무가내의 어둠 속에서
누군가 맞잡을 손이 있다는 것이
인간에 대한 얼마나 새로운 발견인지
산속에서 밤을 맞아본 사람은 알리라
그 산에 갇힌 작은 지붕들이
거대한 산줄기보다
얼마나 큰 힘으로 어깨를 감싸주는지

먼 곳의 불빛은

나그네를 쉬게 하는 것이 아니라
계속 걸어갈 수 있게 해준다는 것을

-「산속에서」 전문

우리는 때로 산 속에서 길을 가다가 한두 번씩 길을 잃은 경험이 있다. 마찬가지로 우리는 살아가면서 한 번 씩은 원치 않는 길을 가게 되는 고통스러운 경험을 하게 된다. 그때 산속의 길에서 어둠을 헤매다 만난 희망의 불빛은 얼마나 반갑고 고마운가. 아마도 길을 잃은 경험이 있는 사람은 그 따뜻한 불빛의 모습을 평생 잊지 못할 것이다. 그 불빛은 어둠 속에서 포근히 어깨를 감싸주는 따뜻함과 희망의 상징이다. 또한 그것은 화자가 말하듯 "막무가내의 어둠 속에서/누군가 맞잡을 손이 있다는 것이/인간에 대한 얼마나 새로운 발견인지" 모른다. 그 불빛은 바로 나그네를 쉬게 해 주는 것은 물론 계속 걸어갈 수 있게 해주는 힘이 되는 것이다. 우리 인생에서 누군가에게 따뜻한 불빛이 되는 것은 쉬운 일이면서도 어려운 일이다. 시인은 무표정하고 담담한 일상과 자연 속에서 삶의 쓸쓸함과 인간의 고통을 부드러운 위로와 구원의 시선으로 길어 올리기 시작한다. 「그곳이 멀지 않다」에서 시인은 이렇게 노래한다.

사람 밖에서 살던 사람도
숨을 거둘 때는
비로소 사람 속으로 돌아온다

새도 죽을 때는
새 속으로 가서 뼈를 눕히리라

새들의 지저귐을 따라
아무리 마음을 뻗어 보아도

마지막 날개를 접는 데까지 가지 못했다

어느 겨울 아침
상처도 없이 숲길에 떨어진
새 한 마리

넓은 후박나무 잎으로
나는 그 작은 성지를 덮어 주었다

-「그곳이 멀지 않다」 전문

인간과 사회에 대한 시인의 인식은 긍정적이다. "새도 죽을 때는/새 속으로 가서 뼈를 눕히"는 거와 같이 "사람 밖에서 살던 사람도/숨을 거둘 때는/비로소 사람 속으로 돌아온다." 어떠한 외로움과 고통 속에서 살면서 사람을 떠나 있던 사람들이 결국 되돌아오는 것은 인간이 사는 고향이다. 이것은 봄과 여름이 지나가고 나면 가을과 겨울이 오는 자연의 이치와 같다. 아픔과 슬픔이 있고 이별이 도래해도 그 모든 것은 자신의 운명이라 생각하고 시인은 현실을 담담하게 받아들이고 운명에 순응하는 태도로 세상을 살아가고자 한다. 시인은 자신에게 닥친 인간의 운명을 자연적인 것과 동일하게 생각하고 그것에 대해 조용하게 순응코자 하는 것이다. 그녀는 시집 『그곳이 멀지 않다』의 「작가 서문」에서 다음과 같이 말한다.

> 고통을 발음하는 것조차 소란처럼 느껴질 때가 있었다. 그것이 안으로 안으로 타올라 한 줌의 재로 남겨지는 순간을 기다려 시를 쓰고는 했다. 그러나 내가 얻은 것은 침묵의 순연한 재가 아니었다. 끝내 절규도 침묵도 되지 못한 언어들을 여기 묶는다. 이 잔해들 역시 얼마 지나지 않아 세상의 소음 속으로 돌아갈 운명이라는 걸 알면서도.

-「작가 서문」, 『그곳이 멀지 않다』에서

절규도 침묵도 되지 못한 언어들은 결국은 얼마 지나지 않아 세상의 소음 속으로 돌아갈 운명이라는 걸 알면서도 타올라 한줌의 재로 남겨지는 순간을 기다리며 한편의 시를 쓰고자 한다고 시인은 밝힌다. 앞서 밝힌대로 그녀의 작품에서는 현실을 담담하게 받아들이지만, 그에 대한 인식은 언제나 단정하고 순연하다. 평론가 황연산은 그녀의 시를 '단정한 기억'이라고 한마디로 요약했듯이, 나희덕의 시는 우리들의 온갖 삶의 욕망과 탐욕으로부터 한걸음 물러나 건강한 사물과 삶의 모습을 단정하게 바라볼 수 있게 한다(황연산, 「단정한 기억」). 이런 점에서 그녀의 시에게 '저녁'과 '밤'이라는 시간이 반복해서 나타나는 것은 우연이 아니다.

> 세상의 구석진 솔기 사이로 숨기 위해 흩어졌지.
> 솔기는 깊어 우리 만날 수도 없었지.
> 마주친다 해도 길을 잃었을 때뿐이었지.
> 이 한 마리마저 키울 수 없다는 걸 알게 되었을 때,
> 나일론 양말들, 다시 그 속으로 들어갈 수 없게 되었을 때,
> 그런 저녁을 밝혀줄 희미한 불빛에게
> 나는 묻지, 네 가슴에도 칸나는 피어 있는가, 라고.
>
> -「칸나의 시절」 일부

> 까마득한 밤길을 혼자 걸어갈 때에도
> 내 응시에 날아간 별은
> 네 머리 위에서 반짝였을 것이고
> 내 한숨과 입김에 꽃들은
> 네게로 몸을 기울여 흔들렸을 것이다
>
> -「푸른 밤」 일부

하루 일과 중에서도 저녁과 밤은 아침이나 낮과는 다른 의미를 지니고 있는 것은 분명하다. 아침이 눈뜸에 의한 시작의 의미를 가지고 낮이 분열과 욕망을 겪는 시간대라면, 저녁은 회상과 회개를 통하여 안정과 자아 인식을 가능케 하는 시간이다. 시인은 시의 시간적 배경으로 빈번히 저녁과 밤의 시간대를 지향하는데, 그러한 선택은 바로 "이제 나 종일 밭을 갈다가/집에 돌아오면 문득 몰매기인 나를 보네./젖무덤 아래 울고 있는 아기를 보네"('몰매기를 기억함')에서도 묘사되고 있듯이, 해진 후에 가지게 되는 어머니와의 만남, 그리고 일몰 이후에 가족들과 가지게 되는 따뜻한 가정의 보금자리를 찾아가고자 함이다. 해가 뜬 시간이 가족들이 서로 헤어지고 떠나는 분열의 시간이라면, 어둠이 깔려 외부와 차단되는 황혼녘은 만남과 안정과 평화의 시간일 것이기 때문이다.

황혼이 다가온 밤이 오면, 시인은 그 속에서 진정한 자신의 모습과 삶의 의미를 응시코자 한다. 시인은 「칸나의 시절」과 「푸른 밤」에서 잃어버린 시간과 나를 찾아 떠난다. 시인이 하나의 별을 응시하고 다른 또 하나의 별을 찾아가듯, 우리들도 그 별의 궤적을 따라나선다. 그것은 결국, 별들이 그러하듯이 나의 모습을 떠나 또 하나의 나를 찾아나서는 것이고, 당신을 찾아 걸어가고 있다는 말이다. 요컨대 시에서 별은 시인의 마음을 대신하고 있는 상징이며 유추관념이다. 인간은 결국 자연의 일부이고 자연으로 돌아가야 할 존재이다. 시인은 언제나 이 같은 사실을 잊지 않고 있다. 시인은 자신의 시에 무의식적으로 잠재되어 있는 모성적 본능을 '대지'의 이미지로 형상화하고 있다. 그래서 그를 가이어의 시인이라고 부르게 한다(김미현, 「여성, 말하(지 못하)는 타자」).

더 나아가 나희덕의 시에서는 호수, 꽃, 햇살, 불빛 등의 서정적인 시어가 빈번하게 등장한다. 이러한 시어는 시의 중요한 제재가 되기도 하는 것이지만 이것은 바로 시인의 시적 표현 대상이 되는 주요한 객관적 상관물의 역할을 한다. 「칸나의 시절」의 칸나, 「푸른 밤」에서의 밤과 별과 꽃은 어둠으로 가득한 우리들의 마음속에 던져지는 한줄기 빛과 같은 기능을 한다. 어린 시절 좋아하던 '칸나'라는 꽃과 '푸른 밤'이라는 시어가 주는 어감은 그 시어가 일반적으로 갖는 희망과 밝음이라는 의미를 넘어서며 보편적이고 원형적인 의미를 구현하게 되는 것이다.

나희덕 시의 진정한 면모는 어둠에서 빛을, 슬픔에서 기쁨을, 절망에서 희망을 키워내고 길러내는 능력이다. 그는 이 암울한 시대의 모순의 삶을 통째로 부둥켜안고 그것을 다독이고 녹여내는 어머니의 시선과 손길 같은 시적 태도를 보여준다. 정끝별의 지적대로 나희덕 시의 매력은 단순히 모성을 소재로 삼았다거나 모성의 중요성을 이야기했다는데 있는 것이 아니라 모성적 체험을 소화하여 그것을 현실적으로 살아있는 모성으로 그려내고 있다는데 있다(정끝별, 「여성성의 발견과 '여성적 글쓰기'」). 이러한 시적 태도는 그동안 우리문학이 빠졌던 서정과 서사 혹은 내용과 형식의 이분법적 도식을 극복하고 삶의 진정성이 어디에서 구해져야 할 것인가에 대한 본질적인 물음을 구현한 것이다. 또한 이런 노력은 삶의 실상을 있는 그대로 받아들이고 껴안으려는 시인의 모성적 따뜻함에서 우러나오는 것이라 할 수 있다.

미래파 시 읽기의 곤혹스러움

1

최근의 한국시는 전반적으로 이완의 현상을 보이고 있으며 탈자본주의의 시대를 살아가는 우리들에게 시의 현재적 의미는 무엇이며 우리 시가 지향해야 할 곳은 어디인지를 깊이 성찰해 보아야 할 때인 듯하다. 그리고 단순히 현재의 이 암울한 현실로부터 도피하는 것이 아닌 우리시의 현재와 미래에 대하여 진지하게 고민해야할 시점에 놓여 있는 것은 분명해 보인다. 이 같은 분위기에 힘입어서인지 작금의 시적 경향도 다양한 모습을 보이고 있다.

그 대표적인 예로 우리 시단에 불고 있는 '미래파'의 돌풍을 주목할 수 있을 것이다. 미래파로 지칭되는 시를 접하며 기성시단은 대체로 당혹감과 곤혹스러움으로 가득하다. 경박한 언어유희의 산물이다, 요령부득의 장광설로 가득하다, 내용 없는 헛소리에 가깝다, 시들이 음악을 상실하고 쓸데없이 길기만 하다, 이미지와 상징의 결이 거칠다,

사회와 역사에 대한 안목이 없거나 삶에 대한 진지한 고뇌가 없다. 긍정보다는 부정적인 인식이 주종을 이루고 있다. 요컨대 하상일 같은 평론가는 미래파들이 2000년대에 들어서면서 오래된 서정의 관습을 송두리째 허무는 새로운 시와 시인들이 무수히 많이 등장했다고 하면서, 그들의 '유희성과 자폐성'은 '요령부득의 장광설'과 '경박한 유희의 산물'이라고 비판하고 있다(하상일, 「'미래파'들의 '다른 서정'」, 『서정의 미래와 비평의 윤리』). 반면에 권혁웅은 황병승, 장석원, 김민정의 시들을 대표적인 예로 들면서 그들이 역사와 시대에 대하여 어떠한 부채인식도 없고 전통서정의 흐름에 기울지 않은 일군의 새로운 흐름을 넣은 시인들을 '미래파'라고 평가한다(권혁웅, 「미래파-2005년, 젊은 시인들」, 『미래파』).

'미래파' 는 문예사조에 있어 미술같은 예술 장르에서 한때 유행하던 미래주의와 유사하지만, 문학적으로 다다이즘, 초현실주의, 포스트모더니즘까지 혼합된 새로움을 추구하는 문학적 전위집단을 일컫는 말이다. 이들은 스스로를 미래파로 호명하며 당혹스럽게도 문학잡지 지면을 파고들더니 상당 부분을 점령해 버렸다. 그리하여 자신들에게 쏟아지는 비판에도 받았지만 건재하고 버젓이 기성세대에 도전하는 한 집단이 되어가고 있다. 원래 미래파는 20세기 초 이탈리아에서 일어난 하나의 신예술 운동이었다. 과거의 정적인 미술을 거부하고 동적인 감각과 형식을 활용하여 미래적인 가치와 아름다움을 표현하려 한 사조다. 이탈리아 시인 마리네티가 1909년 파리 일간지 피가로에 '미래파 선언'을 처음으로 발표하고 , 다음 해에 가트리노의 키아레라 극장에서 3000명의 관중 앞에서 이탈리아 최초로 미래파운동을 선언한 데서 유래했다. 새로운 20세기가 열린 마당에 신세대는 19세기 과거의 미술이나 전통과 단절하고 신시대에 걸맞는 격정적인 예술운동을 펼쳐야 한다고 주장했다. 대상 물체를 파괴하고, 속도와 역동성을 강하게 추구했으며, 입체파의 영향을 받아들여 시간과 공간의 동시성을 표현하는데 주력했다. 지나치게 과격하고 저항적이라 이 예술운동은 1915년 즈음에는 중단되었지만, 이후 이들의 활동은 새로운 시도로 평가받았으며, 다다이즘의 선구자로 역할하는 등 20세기 예술에 큰 영향을 끼쳤다.

신세대는 새로운 생활양식과 표현을 필요로 한다고 주장하며, 기계문명을 예찬하고, 그 속도와 역동성을 표현하려 노력했다. 그러면서 그들은 운동을 강조하면서 대중 앞에도 당당하게 나섰다. 특히 마리네티는 속도, 폭력, 투쟁, 전쟁, 반란, 군국주의, 무정부주의적 파괴까지도 주장하는 한편 미술관과 도서관을 파괴하자고 주장했다. 미래파는 미술뿐만 아니라 문학과 연극 등 다양한 분야에서 동시에 진행되었으며, 1920년대까지도 이탈리아를 비롯해 유럽 전역에서 왕성하게 활동을 벌였다. 또한 미래파라는 말은 새로운 시도이거나 기괴한 표현 등을 나타내는 용어로 즐겨 사용되었다.

우리 시단에 등장한 미래파들의 움직임도 이 같은 사회적·문화적 분위기를 반영하면서 새로운 시적 경향의 하나로 등장하게 되었다. 시 문법의 부정과 파괴를 통해 새로운 전통을 세우려는 전위적 충동을 지닌 일군의 젊은 시인들을 미래파로 지칭하고 있거니와, 우리는 왜 이들을 주목해야 하고 지금 이 시점에서 미래파시인은 왜 문제가 되어야 하는가.

2

미래파의 시적 경향은 21세기 우리사회의 사회적 현상과 무관치 않을 것이다. 우리시대 대표적인 미래파 시인으로 꼽히는 몇몇 시인들의 시를 살펴보면 이런 현상들은 어느 정도 해명이 가능할 듯하다. 우선 미래파 시인들의 의지를 잘 보여주는 박강우의 「미래파 소년 코난」을 살펴보자.

사람의 숲으로 탈출한 나는
쑥과 마늘을 찾는다
기억을 따라 쫓아온 사냥개들이
쑥과 마늘을 먹어 치우기 전에
온전한 쑥과 마늘의 향기를 맡으며
나의 무리를 맞이해야 한다
숨겨 나온 나의 무리가
애니메이션처럼 깃발을 꽂으면
사람의 숲은 마법에서 깨어나
사람의 언어를 버리고
숲의 언어로 이야기한다
애니메이션에서 이루어졌듯이
나의 설법은 숲의 언어가 되고
숲의 언어는
사람의 숲을 신화의 숲이 되게 한다
신화의 숲에서
나의 무리는 사람이 되기 위해
쑥과 마늘을 먹는다
훗날, 사람은 나의 무리를 미래파라 부른다

-「미래파 소년 코난」 전문

이 시는 상징과 은유로 가득 차 있다. 시인은 자신과 일군의 시인들이 미래파라는 시적 집단으로 불리기를 바라면서 이 시에 시단의 미래를 개척하겠다는 의지를 보인다. 마지막 행의 "신화의 숲에서/나의 무리는 사람이 되기 위해/쑥과 마늘을 먹는다/훗날, 사람은 나의 무리를 미래파라 부른다"는 아마도 시인 자신의 시가 미래파로 불리기를 바라는 희망의 표현으로 마무리 짓는다. 작품의 제목이 시사하듯 '미래소년 코난'처럼 미래파의 시들이 앞으로 시의 세계에서 대단한 활약을 하겠다는 의지를 표명하고 있는 것이다.

작품의 서두에서 "사람의 숲으로 탈출한 나는/쑥과 마늘을 찾는다"에서 '사람의 숲'은 바로 자신들의 시의 세계이며, 쑥과 마늘은 시상이나 시적 언어를 의미하는 것이라 할 수 있다. 시인은 이미 여기서 기존의 시적 태도를 거부하고 새로운 시의 모습과 근거를 찾겠다는 의지를 보여주고 있는 것이다. "기억을 따라 쫓아온 사냥개들"은 자신의 세계관에 내재하여 있는 지식이나 사고에 따라 언어를 사냥하는 사냥개가 되겠다는 의미이다. 그리하여 자신은 "사람의 숲은 마법에서 깨어나/사람의 언어를 버리고/숲의 언어로 이야기한다."라는, 즉 시적 언어로 감추어 있었던 비밀스러운 언어가 일상의 언어가 아닌 시의 언어로 쓰여져야 한다는 말을 하고 있다. 그래서 '애니메이션이 이루어졌듯이' 생동감 있는 생명을 불어넣는다는 것이다.

"나의 설법은 숲의 언어가 되고" "숲의 언어는 사람의 숲을 신화의 숲이 되게 한다." 고 말함으로써 시인의 언어는 시의 세계에서 신화처럼 알아보게도 하고 못 알아보게도 해서 마치 신화와 같이 다양한 해석을 가능케 된다는 것이다. 한편의 시로 탄생하기 위해 그 시에는 수많은 상징과 은유가 감기게 되고 사람들은 그 애매모호한 시인의 시를 미래파라 부를 것이라고 한다.

앞서도 지적했듯이, 미래파의 시 세계는 지나치게 자폐적이고 난해하며 비현실적이다는 것은 일반적인 비판이다. 어차피 한편의 시에게 그 시에 담긴 내용과 연상에 대한 어느 정도의 정확한 답은 시를 쓴 시인들만이 가지고 있을 것이다. 아니 어쩌면 그들도 정답을 가지고 있지 않을지 모른다. 재현이 아닌 해체에서는 중심이나 근원이 없고,

중심이 없다면 데리다의 말대로 작품에 대한 최종적 해석도 존재할 수 없다. 기표이기를 포기한 기의를 어떠한 상사(相似)로 읽을 수 있단 말인가? 해체주의의 가장 큰 목적은 '기존의 권위, 즉 중심에 대한 다시 보기 내지는 해체하기'이다. 그러나 해체가 최종의 진리를 얻을 수 없다는 것은 해체론자들도 잘 알고 있다. 그렇기 때문에 해체주의의 정의나 목적에 대해 논하는 것은 해체주의에 대한 올바른 접근방법이 아닌지도 모른다. 해체주의의 정의를 먼저 앞세우게 된다면 그 스스로의 이론마저 해체하게 된다는 딜레마에 빠지는 것이 될 것이기 때문이다. 마찬가지로 미래파의 해체 또한 그 자체의 당위에 스스로 빠져버리게 되는 것은 아닌가. 이에 대한 답은 미래파의 시 몇 편을 더 읽어봄으로써 얻어질 수 있을 듯하다.

> 꽃잎이 피고 질 때면, 그대의 눈동자에 고이는 슬픔 때문에 속절없이 흔들리는 갈대, 갈대의 순정 때문에 그날이 다시 온다 해도, 나는 빛 좋은 개살구
>
> 그대를 보면 입안에 침이 고여, 그대를 만지면 몸이 부풀어, 아흔아홉 풍선이 되어 서쪽으로 날아가 버려, 꽃잎이 피고 또 졌기 때문에, 꽃잎 속에 다시 꽃이 모여들기 때문에
>
> 그날은 부처님 오신 날이었어, 자비는 그들에게 구해야 돼, 살려줘, 날 구해줘, 날 묻지 마, 파헤쳐줘, 뒤에서 날 쑤셔줘
>
> 떨어지는 꽃잎, 삼천의 꽃잎들, 실려 간 청춘, 푸른 청춘, 꽃다운 그대 얼굴 위에, 다시 꽃비 내리는 오월에
>
> 그대 왜 날 잡지 않고, 그대 왜 가버렸나, 누가 사랑을 아름답다 했는가, 누가 내게 사랑을 실어 보냈는가, 나는 토막 난 몸통이고 끊어진 길인데

다만 후회하지 않는, 지워지지 않는, 길 위의 혈흔 더운 피 더러운 피, 나의 시신경에 와 닿는 오월의 햇빛, 희미한 전기 신호, 뭉개진 얼굴

그대는 물질적 증거이기 때문에, 짓이긴 꽃잎이기 때문에, 오월의 햇빛 속에서, 소리 없이 지는 한 점 그림자, 물들자마자 한 겹 벗겨지는 껍질

그리고 나의 사랑스런 벌레들 이 풍진 세상을 만나 번성의 시대를 보냈으니, 변태해야 하리, 벌레들이여 또 다른 살덩어리여, 내 아파트로 와서 하룻밤 즐기시라

그대 또 다른 살덩어리여, 붉은 혀 붉은 젖가슴 붉은 엉덩이여, 어두운 거실 소파 위에 나의 게르니카, 그대 차가운 추상이여

-「김추자에게 보내는 연서」 일부

장석원의 「김추자에게 보내는 연서」의 시구의 상당부분은 우리들의 귀에 익숙한 김추자의 유행가 가사에서 빌려온 것들이다. 난데없이 나타나는 수수께끼 같은 생경한 상징들이 시 전편을 장식하고 있다. 시에서 "꽃잎이 피고 질 때면, 그대의 눈동자에 고이는 슬픔 때문에 속절없이 흔들리는 갈/대, 갈대의 순정 때문에 그날이 다시 온다 해도, 나는 빛 좋은 개살구"가 보여주듯이, 꽃잎은 갈대가 되고, 갈대는 빛 좋은 개살구로 전환한다. 시는 뚜렷한 연상의 이유도 없이 비약하고 있고, 전환은 연결의 의미도 없이 이어진다. "그리고 나의 사랑스런 벌레들 이 풍진 세상을 만나 번성의 시대를 보냈으니, 변태/해야 하리, 벌레들이여 또 다른 살덩어리여, 내 아파트로 와서 하룻밤 즐기시라"에서와 같이 시적 자아는 계속 교체하면서 새로운 호흡을 이루고 있지만 사물과의 부조화를 이루고 있다. 김추자는 다시 나타나 교감하는 듯하지만 "그대 또 다른 살덩어리여, 붉은 혀 붉은 젖가슴 붉은 엉덩

이여, 어두운 거실 소/파 위에 나의 게르니카, 그대 차가운 추상이여" 하며 사라진다.

박강우와 장석원의 시가 중심을 잃어버린 채 방황하고 있다면 화폭에서 맴돌고 있다면, 또 다른 미래파 시인인 황병승과 김민정의 시는 코드화된 추상 속에서 헤매고 있다. 그나마 그들은 뭔가 살아 있는 듯 꿈틀대는 실존을 전달하는 데에는 성공했다. 그러나 그들의 시도 여전히 우리들의 삶에서 우리가 현존하는 곳이 아닌 저 멀리 초월의 영역에서 너울대고 있다.

> 호주머니를 잃어서 오늘밤은 모두 슬프다
> 광장으로 이어지는 계단은 모두 서른두 개
> 나는 나의 아름다운 두 귀를 어디에 두었나
> 유리병 속에 갇힌 말벌의 리듬으로 입 맞추던 시간들을
> 오른손이 왼쪽 겨드랑이를 긁는다 애정도 없이
> 계단 속에 갇힌 시체는 모두 서른두 구
> 나는 나의 뾰족한 두 눈을 어디에 두었나
> 호수를 들어 올리던 뿔의……
> 나는 나의 질긴 자궁을 어디에 두었나
> 광장의 시체들을 깨우며
> 새엄마를 낳던 시끄러운 밤이여.
> 꼭 맞는 호주머니를 잃어서
> 오늘밤은 모두 슬프다
>
> -「검은 바지의 밤」 일부

황병승의 시 「검은 바지의 밤」는 무의식의 반란의 기록이다. 프로이트가 정의했듯이, 무의식은 의식적 인식이 어렵지만 행동에 큰 영향력을 발휘하는 사고, 기억, 욕구를 말한다. 아동기의 트라우마, 부모에 대한 감추어진 적대감, 억압된 성적 욕구 등이 무의식에 속한다고 할 것이다. 시인의 무의식은 다양하게 전개되어 요령부득의 상태로 나타

난다. "호주머니를 잃어서 오늘밤은 모두 슬프다/광장으로 이어지는 계단은 모두 서른두 개/나는 나의 아름다운 두 귀를 어디에 두었나"라는 표현에도 나타나듯이, 시인의 사적이고 자폐적인 기표들은 여기저기서 산재되어 나타난다.

일상에서는 흔히 억제되거나 억압되었던 의식이 무의식에서 뛰어나와 버젓이 활보하고 있다. 무의식은 본능의 세계이며 본능은 일방통행이어서 서로 혼재하며 질서가 없다. "나는 나의 질긴 자궁을 어디에 두었나/광장의 시체들을 깨우며/새엄마를 낳던 시끄러운 밤이여."에서 시인의 의식과 무의식의 혼재는 극치를 이룬다. 도대체 어디까지가 의식의 세계인지 어디까지가 무의식의 세계인지 알 수 없는 세계가 「검은 바지의 밤」에서 전개 된다.

김민정의 「회상의 회상-나는 안 닮고 나를 닮은 검은 나나들 2」에서도 이 같은 현상은 반복된다.

> 담배 피우다 담배 먹은 엄마가 글쎄 날 염통 속에서 건졌다지 뭐예요 아마도 연기가 매콤해서 내가 재채기를 했나봐요 훌쩍거리는 내 콧소리를 듣고 주먹을 입에 넣어 바람 빠진 럭비공 같은 염통을 턱 하니 뽑아냈다나요 염통 껍데기에 크림치즈를 바르고서 시뻘겋게 달군 석쇠에 지글지글 구웠더니 앗 뜨거 앗 뜨거 하면서 내가 혈관 솔기를 뜯고 나와 까꿍 했대요
>
> -「회상의 회상-나는 안 닮고 나를 닮은 검은 나나들 2」 일부

김민정의 시 「회상의 회상-나는 안 닮고 나를 닮은 검은 나나들 2」를 읽고 있으면 어떻게 이런 어법이나 연상이 가능할 수 있는가 할 정도로 정신병원에서 갓 나온 정신분열증 환자의 언어를 듣고 있는 것 같은 느낌을 지울 수 없다. 이런 언어들이 시인의 천재성에 의한 것인지 아니면 착란상태의 화술인 것인지 알 수 없다. 많은 평자들이 지적

했듯이, 그녀의 텍스트들은 몬도가네처럼 괴기하고 끔찍하며 기존의 문법과는 거리가 멀다. "담배 피우다 담배 먹은 엄마가 글쎄 날 염통 속에서 건졌다지 뭐예요 (…) 염통 껍데기에 크림치즈를 바르고서 시뻘겋게 달군 석쇠에 지글지글 구웠더니 앗 뜨거 앗 뜨거 하면서" 같은 어구를 읽으면서 독자들은 너무나 충격적이어서 우리 인식의 한계를 뛰어넘어서 떨게 한다. 아마도 이것은 시인이 잠시 자아와 초자아의 검열에서 벗어난 특별한 심적 상태에서나 가능할 것이다. 정상적인 사람들은 여러 개의 작은 자아를 가지고 있어서 초자아의 통제 하에 아무 문제없이 생활하지만, 이 작품의 시작 자아는 초자아의 통제를 벗어나 있는 듯하다. 그리하여 단어와 단어, 내용과 내용 사이에 환유의 고리가 연결되지 못하고 철저하게 분열되어 있다.

황병승과 김민정의 시에서 보이는 것은 한마디로 자아분열 상태다. 그들은 자아의 분열, 말하자면 세상과의 화합을 이루려는 욕망은 애초부터 포기하고 자아와 세상의 분열 상태를 노래하는 것이 시의 본질인 것으로 생각하고 있다. 그러다 보니 시가 자아로부터 벗어나지 못하고 자아의 경계 안에서 폐쇄적인 상황을 낳게 된다. 그리하여 이들 미래파 시인들은 꿈과 무의식의 상태 속에서 헤매게 된다. 이런 무의식은 그 동안 금지되어 상징계에 서지 못하고 쫓겨났던 것들이다. 그것은 세상의 내면이라는 기의 속에 숨고자 하는 것인지도 모른다. 그러나 그것은 기표라는 언어의 집에 존재하는 감옥일 뿐이다. 그곳에서는 자아의 창으로 보고자 하는 세상이 아니라 위장된 가면으로 내다보아야 할 세상이 존재할 뿐이다. 그들의 시가 다른 세상을 열어 줄 수도 있겠지만 그들은 자신이 만든 가상현실에 스스로 갇혀버리고 만다, 그리하여 자신들이 만든 세계에 들어가 칩거하면서 세계 밖으로 나올 의도가 없다(이경수, 「환상의 이율배반」, 『바벨의 후예들 폐허를 건다』).

물론 모든 미래파 시인이 이 같은 현상을 보이는 것은 아니다. 김경주의 「고등어 울음소리를 듣다」는 그나마 미래파의 폐쇄적 인식에서 벗어나 자아와 세계의 화해를 이루고자 하는 노력을 보여준다.

> 깊은 곳에서 자란 살들은 차다
>
> 고등어를 굽다 보면 제일 먼저 고등어의 입이 벌어진다 아…… 하고 벌어진다 주룩주룩 입에서 검은 허구들이 흘러나온다 찬 총알 하나가 불 속에서 울고 있듯이 몸 안의 해저를 천천히 쏟아낸다 등뼈가 불을 부풀리다가 녹아내린다
>
> 토막을 썰어놓고 둘러앉아 보라색들이 밥을 먹는다
> 뼈도 남기지 않고 먹어치운 후 입 안의 비린내를 품고 잠든다
> 이불 밖으로 머리를 내놓고 보라색 입을 쩝쩝거린다
>
> 어머니 지느러미로 바닥을 치며 등뼈를 세우고 있다 침좀 그만 흘리세요 어머니 얘야 널 생각하면 눈을 제대로 못 감겠구나 옆구리가 벌어지면서 보라색 욕창이 흘러나온다 어머니 더 이상 혀가 가라앉았다가 떠오르지 않는다 나는 어머니 몸에 물을 뿌려주며 혀가 가슴으로 헤엄쳐가는 언어 하나를 찾았다 생이 꼬리를 보여줄 때 나는 몸을 잘랐다
>
> 심해 속에 가라앉아 어머니 조용히 보라색 공기를 뱉고 있다 고등어가 울고 있다
>
> -「고등어 울음소리를 듣다」 전문

환상, 엽기, 외설을 통하여 소통이 불가능하고 자폐적이라는 미래파에 대한 일반적 평가와는 달리 김경주 시인의 시집에 실린 시들은 여전히 자폐적이기는 하지만 시적 보편성을 가지고 있다. 위 시에서는 어머니와 아들이 우울한 보라색 얼굴로 고등어 반찬을 먹고 잠자리에

드는 걸 보여준다. “어머니 지느러미로 바닥을 치며 등뼈를 세우고 있다 침좀 그만 흘리세요/어머니 얘야 널 생각하면 눈을 제대로 못 감겠구나”에서 암시되고 있듯이, 시 속에서 ‘고등어’는 ‘어머니’로 환치되어도 무방할 것이다. 고등어는 무척 서민적인 느낌이 드는 생선인데 그나마도 약간 맛이 갔는지 보라색이고 비린내도 심하다. 자식은 이런 우울한 자신의 운명을 어떻게든 벗어나고 싶어서 꼬리를 자르고 싶어 하고 있다. 그러나 고등어의 자식은 꼬리를 잘라도 고등어로 남는다. 이 시에서의 시인 자신에 대한 연민은 어머니에 대한 연민으로 이어지며 “심해 속에 가라앉아 어머니 조용히 보라색 공기를 뱉고 있다 고등어가 울고 있다”라는 표현대로 다분히 인간적인 모습을 보여주고 있다.

3

한동안 우리 시를 읽는 전범적 방법으로 읽혀졌던 신비평은 너무 형식적이고 구조화되어 예술지상주의로 무장된 채 현실의 삶과 유리된 미학이었다. 미래파의 시에서 볼 수 있는 비현실적인 예술지상주의의 모습에서 우리는 신비평적인 예술미학을 그대로 읽을 수 있다. 미래파 시를 긍정적으로 읽는다고 한다면, 그들에게서 지치고 고달픈 전 시대에서 탈피해 새로운 문학을 이끌고 나가고자 하는 욕망에서 그들의 문학적 의의를 엿볼 수 있다고 말할 수 있을 지도 모른다. 그들은 2000년대 새로운 방식의 시 쓰기를 주장하면서 환상, 엽기, 외설을 시 속에 도입하고, 소통이 불가능하고 자폐적이며 운율이나 서정을 배제한 시들을 이 세상에 나오게 하고자 했을 것이다. 미래파 시인들은 라캉의 “현대시는 선도, 가르침도, 넋두리도 아니다. 그보다는 문제 있는 개인 보고서다. 그러나 그 문제가 의식적이고 이성적인 문제를 말하지 않는다. 알지 못하는 그 무엇이 욕망의 법칙에 따라 옮겨 다니는 '떠도는 기표'로 재현되는 것이다." 라는 말에 깊이 숨고자 한다. 그래서 미래파는 결코 스스로를 엽기적이거나 환상적이라고 생각하지 않을 수도 있다.

그러나 미래파 시인들에게 그침 없이 드러나는 환상적 기법과 낯선 전복적 언어와 외설들이 과연 얼마만큼 '미래파'라는 이름에 어울리는 것인지는 깊이 생각해 보아야 한다. 그들은 미래에 대한 대안을 전혀 갖지 못했으며, 의도적으로 소통을 포기하는 듯한 문학을 지향하고 있다. 마찬가지로 미래파의 시에는 현실의 모순이나 대립, 소통에 대한 고민을 근본적으로 포기하고 있는 듯한 인상을 지울 수 없다. 미래파의 미학적 특징을 거대서사의 조락 혹은 진정한 에토스 소멸 이후의 시적 흐름이라고 규정할 수 있다면, 미래파의 열정이란 실재의 열정이 불가능한 시대에 실재의 열정을 유지하려는 몸부림의 소산으로밖에 이해할 수 없다.

다시 한번 데리다에 기대지 않더라도 어차피 현대는 탈중심의 시대이다. 거기에는 중심도 없고 근원도 없고 정답도 없다. 예술은 미적 준거를 잃었고 시는 각자 존재하는 유사함 속에 서로 다름이 존재할 뿐이다. 오늘의 시는 작품 이후의 세계에 오는 것이 아니라 작품의 성립 그 자체에만 참여하고 있을 뿐이다. 현대시의 가장 커다란 경향은 한마디로 해체이므로, 기존 세계의 진리에서 보이는 진부함은 최대의 적으로 거부되어야 할 대상이다. 이것이 지금 우리 시가 당면하고 있는 과제이며, 미래파는 바로 이런 딜레머에 빠진 사람들이다. 절대적으로 보였던 세계가 허물어진 곳에는 전망이란 없다. 그곳엔 전망부재의 현실만 있고 감각적 사유만 존재한다. 이 같은 상황에서 새로운 미적 패러다임을 통해 삶과 인간 존재는 과연 새로이 포획되고 다시 수립될 수 있을까? 미래파 시인들 앞에는 해답을 찾기 불가능해 보이는 이런 근원적인 질문이 놓여 있다.

만남과 떠남, 노마디즘의 시인들

프랑스의 철학자 들뢰즈는 『차이와 반복』에서 노마드 혹은 노마디즘을 정주하지 않는 떠돌이로서의 '유목민' 혹은 '유랑자'의 개념으로 표현한다. 유목민은 자유로운 시각을 지니며 기존의 가치와 삶의 방식을 부정하고 불모지를 옮겨 다니면서 낯선 세계와 낯선 영역을 끊임없이 넘나들기를 소망한다. 노마디즘은 새로운 삶의 영토, 방식, 가치를 찾아 이동하면서 새로운 것을 창조코자 하는 세계관을 반영하면서 우리시대의 이데올로기로 등장하게 되었다. 과거와는 완연하게 다른 과학기술의 발달로 교통, 통신, 언어의 장벽이 허물어진 이유로 이주를 거듭하는 인류의 변화는 노마디즘의 등장을 불가피하게 한 것인지 모른다.

마찬가지로 문학에서도 기존의 시인들과 같이 정적인 세계에 머물지 않고 역동적이고 창작적인 시적 모티브를 가지고 있는 시인들의 상상력은 다분히 노마디즘에 근거하고 있다. 새로운 세상과 우주를 꿈꾸는 시인에게 노마드는 훌륭한 창작 기반으로서의 역할을 제공해줄 수 있기 때문이다. 노마드는 유목주의로 옮겨지는 노마디즘으로 그 내연과 외연의 확장을 거듭한다. 관습이나 인습의 굴레에 얽매이지 않고 끊임없이 새로운 만남과 떠남을 꿈꾸는 이들을 노마드 시인이라고 부를 수 있을 것이다.

이론적 의미에서의 노마디즘에 기대지 않더라도 인간의 삶은 끊임없는 만남과 떠남의 과정이라고 할 수 있다. 또한 모든 인간관계는 수많은 만남과 헤어짐으로 이루어진다. 삶의 행복과 불행도 모두 어찌 보면 끊임없는 만남의 과정에서 그 만남을 아름답게 승화시켰느냐 그러지 못하였느냐의 차이에 달려 있다. 인간의 만남은 사람과의 만남도 있고 사물과의 만남도 있다. 일상 속에서 만나기 싫은 사람을 어쩔 수 없이 만나게 되는 경우도 있지만, 인생의 전체 과정을 뒤바꿀 정도의 운명적인 만남도 있다. 새벽 산책을 하다가 우연히 풀잎에 영롱하게 맺혀 있는 아침이슬을 만나게 되면서 삶의 희열을 맛보거나, 늦은 시간에 울려 퍼지는 어느 고요한 사찰에서 범종(梵鐘) 울리는 소리를 들으면서 갑자기 삶의 비애를 느끼기도 한다. 그래서 우리는 항상 먼 길을 떠나고자 하고 그 곳에서 어떤 삶의 의미를 찾고자 한다.

시간이 좀 늦었지만 우리 모두 선운사에나 가지요
삶이란 무엇인가 따위로 심사가 사나와 있는
중년의 애인을 데리고
마음은 한결같으나 의견은 한다발로 묶여지지 않는 저녁날
우리 모두 선운사에 가
마음 고생에 헐벗은 영혼을 달래며
좀 늦은 저녁 공양이나마 청해 들지요

막차를 타고 선운사에 가보면 모두 다 알게 되지요
남의 상처도 내 것처럼 아프고
별스러운 게 다 슬프고
서러워 밤새도록 불면의 베개에 이마를 파묻을 때

그것이 바로 삶의 방식이 아니겠냐고
아득히 물어오는 동백꽃이 있다는 것을
선운사 붙박이 식구들은
아주 오래 전부터
그 애절한 사연을 알고 있었지요

-전연옥, 「선운사」 전문

이제 우리에게 집이란 것은 커다란 의미를 지니는 것이 아니다. 집이란 곳은 정지되고 정착된 곳이 아니라 일상의 사건들을 발견하기 위해 출발하는 곳이다. 집이 출발점이라는 것은 낯선 곳으로 떠나기 위한 지점이며 이정표가 된다는 것이다. 집 자체가 몸이 되어 살아 움직이게 되고, 유목하는 집은 주체와 객체가 없다. '만남' '떠남' '귀환'은 목적지가 분명히 어디인지는 알 수 없다고 하더라도 순간순간의 방향성과 목적성을 지니고 움직인다. 또한 집의 내부도 개별적인 고유성을 지니면서 비어있는 공간이 아니기 때문에 변화하는 공간이 된다. 이렇게 우리들의 모든 삶의 공간은 만남과 떠남 속에서 현장성, 직접성, 무한성이라는 의미를 제공해준다.

우리는 누군가를 기다리고 새로운 만남을 기다린다. 생각해보면 우리들에게는 만남 그 자체보다도 기다림의 순간이 더욱 아름답고 행복한 순간인지 모른다. 정호승은 또 「기다리는 편지」에서 "오늘도 그대를 사랑하는 일보다/기다리는 일이 더 행복하였습니다."고 노래한다.

지는 저녁해를 바라보며
오늘도 그대를 사랑하였습니다.
날저문 하늘에 별들은 보이지 않고
잠든 세상밖으로 새벽달 빈 길에 뜨면
사랑과 어둠의 바닷가에 나가
저무는 섬 하나 떠 올리며 울었습니다.

외로운 사람들은 어디론가 사라져서
해마다 첫눈으로 내리고
새벽보다 깊은 새벽 섬기슭에 앉아
오늘도 그대를 사랑하는 일보다
기다리는 일이 더 행복하였습니다.

-정호승, 「또 기다리는 편지」 전문

시골길 앙상한 나무가 한 그루 서있을 뿐인 황량한 벌판 아래서 블라디미르와 에스트라공이라는 두 떠돌이는 고도라는 인물이 오기를 기다리면서 지루하게 시간을 보낸다. 이들 앞에 포조와 럭키가 나타나 한판 난장을 벌이다가 떠나가고, 끝내 고도는 오지 않지만 그들은 기다린다. 마찬가지로 무언가를 누군가를 그리워하며 우리는 기다리고 또 기다린다. 그 기다림이 끝나면 존재의 종말이 올 것이라고 느끼면서 우리는 기다리는 것이다. 사무엘 베케트는 이렇게 인간을 불확실하고 무의미하며 고독하고 자유도 없는 존재로 그렸고, 또 이것을 극복하려는 어떤 노력도 불가능한 것으로 그렸다. 우리들도 인생에 대하여 문학에 대하여 알 수 없는 무수한 질문을 던지면서 그에 대한 해답을 기다리고 있다. 떠오르는 순간의 기억들은 과거가 되고 물음은 또 다른 질문을 낳는다. 대체 우리는 무엇을 그리워하고 무엇을 기다리고 있는 것일까. 오지 않을 사람을, 가버린 시간을, 무수한 말들을 기다리는 것인가.

머나먼 이국땅 시베리아횡단열차 속에서, 인도 바라나시 갠지스 강가의 새벽 화장터에서 잠시 스쳐 지나가며 만난 사람들의 표정과 모습과 언어를 통해서도 삶에 대한 깊은 깨달음을 얻게 된다. "바람부는 강변역에서/나는 오늘도/우리가 물결처럼/다시 만나야 할 날들을 생각"한다.

어느새 강변의 불빛마저 꺼져버린 뒤
너를 기다리다가
열차는 또다시 내 가슴 위로 소리없이 지나갔다
우리가 만남이라고 불렀던
첫눈 내리는 강변역에서
내가 아직도 너를 기다리고 있는 것은
나의 운명보다 언제나
너의 운명을 더 슬퍼하기 때문이다
그 언젠가 겨울산에서
저녁별들이 흘리는 눈물을 보며
우리가 사랑이라고 불렀던
바람부는 강변역에서
나는 오늘도
우리가 물결처럼
다시 만나야 할 날들을 생각했다

-정호승, 「강변역에서」 전문

사람과의 만남은 우리가 어딘가 먼 길을 떠나기 위해 바삐 역(驛)으로 향해갈 때 가로등 아래에서 갑자기 쏟아지는 빗줄기처럼 우연하게 다가온다. 만남이라는 것, 그 빗줄기를 만나는 우연과 같이 우리는 언제 어디서 어떤 사람을 만날지 알 수 없다. 만남과 헤어짐은 보이지 않는 인연의 연속이라 할 수 있다. 그 인연은 시작해서 끝났다가 다시 그 처음의 시작으로 되돌아가는 것인지도 모른다. 그리고 인연에 의해서 만남이 이루어지게 되고 사랑은 시작된다. 사랑은 창조의 기쁨이 충만한 가운데에서 정신과 정신, 육체와 육체가 서로 빠르게 끌어당기는 힘인 것이다. 그러나 모든 것이 사랑이라는 하나의 사슬로 결합되어 버린다면 그때는 더 이상 사랑이 아닐 것이다. 따라서 사랑을 아끼는 사람에게는, 사랑이란 목적지에 도달하는 순간이라기보다는 사랑을 위해 여행하는 매 순간이 더욱 행복한 것이 된다. 왜냐하면 목적지에 도달해 버리면 누구나 사랑을 넘어서게 되고, 아니 오히려 사랑을 초월적인 세계 속에 가두어 버리기 때문이다. 긴 여로 끝에 목적지에 도착한다는 것은 최고의 기쁨이며 행복인지 모른다.

길이 끝나는 곳에서도
길이 되는 사람이 있다
스스로 봄길이 되어
끝없이 걸어가는 사람이 있다

강물은 흐르다가 멈추고
새들은 날아가 돌아오지 않고
하늘과 땅 사이의 모든 꽃잎은 흩어져도

보라

사랑이 끝난 곳에서도
사랑으로 남아 있는 사람이 있다
스스로 사랑이 되어
한없이 봄 길을 걸어가는 사람이 있다

-정호승, 「봄길」 전문

「봄길」에서와 같이 "길이 끝나는 곳에서도/길이 되는 사람"이나 "사랑이 끝나는 곳에서도/사랑으로 남아 있는 사람"을 위하여 사랑이나 길이 끝나도 사랑이나 길이 되어주는 사람은 얼마나 행복한 사람일 수 있을까. 시인은 길을 통해 자신이 나아가야 할 또 다른 길을 찾는다. 시인은 타자를 통해 자신을 발견하고 사랑을 만든다. 사랑을 통하여 시인은 새로운 세계를 만들고 그 속에서 언어를 건져 올린다. 이 세계는 시인의 왕국이고 거기서 건져 올리는 언어는 필연적으로 시인의 인식이 되고 사상이 되고 노래가 된다. 그리고 이 노래는 주관적인 언어와는 또 다른 의미와 존재의 영역을 갖게 된다. 그래서 우리는 시인의 시를 통하여 "너의 우산이 되고 싶"어 하고 "너의 빈 손을 잡고/ 가을비 내리는 들길을 걸으며" 한 송이 꽃이 되고 싶어 한다.

가을비 오는 날
나는 너의 우산이 되고 싶었다
너의 빈 손을 잡고
가을비 내리는 들길을 걸으며
나는 한 송이
너의 들국화를 피우고 싶었다

오직 살아야 한다고
바람 부는 곳으로 쓰러져야
쓰러지지 않는다고
차가운 담벼락에 기대서서
홀로 울던 너의 흰 그림자

낙엽은 썩어서 너에게로 가고
사랑은 죽음보다 강하다는데
너는 지금 어느 곳
어느 사막 위를 걷고 있는가

나는 오늘도
바람 부는 들녘에 서서
사라지지 않는
너의 지평선이 되고 싶었다
사막 위에 피어난 들꽃이 되어
나는 너의 천국이 되고 싶었다

-정호승, 「너에게」 전문

제각각 다른 인연과 우연에 의해 이루어진 만남에 의해서 우리는 때로는 천사가 되어 사랑을 나누며 때로는 악마가 되어 증오를 나누며 살아가게 된다. 그러나 아무리 아름답고 황홀한 사랑이라고 하더라도 아무리 처절하고 사악한 증오가 있다 하더라도 거기에 필연적으로 존재하는 것이 헤어짐이다. 이 지상에서 그렇게 지고지순했던 사랑도 언젠가는 상대에 대한 증오에 의해서 아니면 늙음과 죽음이 그 사랑을 갈라놓게 된다. 그리하여 '그대 떠난 강가에서'에서 처절하게 '나'와 '그대'라는 존재의 의미를 깨닫게 된다.

그대 떠난 강가에서
나 노을처럼 한참을 저물었습니다
초저녁별들이 뜨기엔 아직 이른 시간이어서, 낮이
밤으로 몸 바꾸는 그 아득한 시간의 경계를
유목민처럼 오래 서성거렸습니다

그리움의 국경 그 허술한 말뚝을 넘어 반성도 없이
민가의 불빛들 또 함부로 일렁이며 돋아나고 발 밑으로는
어둠이 조금씩 밀려와 채이고 있었습니다, 발 밑의 어둠
내 머리 위의 어둠, 내 늑골에 첩첩이 쌓여 있는 어둠
내 몸에 불을 밝혀 스스로 한 그루 촛불나무로 타오르고 싶었습니다

그대 떠난 강가에서
그렇게 한참을 타오르다 보면 내 안의 돌멩이 하나
뜨겁게 달구어져 끝내는 내가 바라보는 어둠 속에
한 떨기 초저녁별로 피어날 것도 같았습니다

그러나 초저녁별들이 뜨기엔 아직 이른 시간이어서
야광나무 꽃잎들만 하얗게 돋아나던 이 지상의 저녁
정암사 적멸보궁 같은 한 채의 추억을 간직한 채

나 오래도록 아무르 강변을 서성거렸습니다
별빛을 향해 걷다가 어느덧 한 떨기 초저녁별로 피어나고 있었습니다

-박정대, 「아무르 강가에서」 전문

인간이 외로운 존재라면 시인은 더욱 외로운 존재일 것이다. 보통 사람들과 달리 시인은 항상 자신과의 대화를 통해 세계를 보고, 자연과 교감하고, 고독과 더불어 살아가는 데 누구보다 익숙하기 때문이다. 시인에게 있어 영원한 친구는 자신이고 더 나아가 시인이 쉼 없이 교감하고자 하는 것은 진정한 자신과의 만남일 것이다. 위의 시에서도 시인은 "아득한 시간의 경계를/유목민처럼 오래 서성거"리면서 자신이 바라보는 어둠 속의 고독과 추억과 시간의 의미를 통하여 이 지상에서 "한 떨기 초저녁별"로 다시 태어나는 시인의 모습을 바라본다.

사랑이란 사랑을 사랑하는 사람의 것이라는 말이 있다. 그래서 이 지상에는 언제나 불꽃같이 아름다운 사랑이 존재해 왔다. 그러나 불행하게도 그 사랑을 있게 한 황홀한 만남의 끝자락에는 언제나 슬픈 헤어짐이 자리하고 있다. 사랑은 흡사 영국작가 D. H. 로렌스가 이야기하듯이 밀려오는 밀물과 밀려가는 썰물과 같은 것이다.

사랑은 이 세상의 행복이다. 그러나 행복이란 완전한 완성품은 아니다. 사랑은 둘이 하나가 된다는 것이다. 그러나 하나로 된다는 것은 그 전에 대등한 부분이 서로 분리되어 있다는 것을 전제로 한다. 사랑에 있어서는 모든 것이 기쁨과 찬미의 하나로 결합한다. 그러나 그 전에 모든 것들이 따로 떨어져 있었기 때문에 결합이 있을 수 있다. 이러한 까닭으로 이미 결합이라고 하는 사슬로 묶여져 있는 사람들은 더 이상 사랑을 추구해 나갈 수 없는 것이다. 바로 이 순간 사랑은 마치 물이 가득 차는 만조 때와 마찬가지로 이미 사랑이 완성되어 그 운행을 정지한다. 그리고

만조가 있는 이상 당연히 간조가 있어야 할 것이다.

-D. H. 로렌스의 「사랑」에서

밀물과 썰물 같이 우리가 언제나 하나 일 수는 없다. 때로 사랑은 밀려왔다 밀려가는 파도같이 감당하지 못할 만큼 밀려왔다가 헤어질 땐 쓸쓸하게 빠져나가는 것이다. 마찬가지로 정호승이 노래하듯, "우리가 누가 누구의 해가 될 수"없다. "우리는 다만 서로의 햇살이 될 수 있을 뿐/우리는 다만 서로의 파도가 될 수 있을 뿐 누가 누구의 바다가 될 수"는 없다. "기차가 밤을 다하여 평생을 달려올 수 있었던 것은/서로 평행을 이루었기 때문이 아니겠는가." 서로가 우위에 있는 것이 아니라 평행을 이루며 달리는 것, 조화를 이루며 이끌어가는 것이 사랑이고 인생이 아니던가.

밤을 다하여 우리가 태백을 넘어온 까닭은 무엇인가
밤을 다하여 우리가 새벽에 닿은 까닭은 무엇인가
수평선 너머로 우리가 타고 온 기차를 떠나보내고
우리는 각자 가슴을 맞대고 새벽 바다를 바라본다
해가 떠오른다
해는 바다 위로 막 떠오르는 순간에는 바라볼 수 있어도
성큼 떠오르고 나면 눈부셔 바라볼 수가 없다
그렇다
우리가 누가 누구의 해가 될 수 있겠는가
우리는 다만 서로의 햇살이 될 수 있을 뿐
우리는 다만 서로의 파도가 될 수 있을 뿐
누가 누구의 바다가 될 수 있겠는가
바다에 빠진 기차가 다시 일어나 해안선과 나란히 달린다
우리가 지금 다정하게 철길 옆 해변가로 팔짱을 끼고 걷는다 해도
언제까지 함께 팔짱을 끼고 걸을 수 있겠는가
동해를 향해 서 있는 저 소나무를 보라

바다에 한쪽 어깨를 지친 듯이 내어준 저 소나무의 마음을 보라
네가 한때 긴 머리카락을 휘날리며 기대었던 내 어깨처럼 편안
하지 않은가
또다시 해변을 따라 길게 뻗어나간 저 철길을 보라
기차가 밤을 다하여 평생을 달려올 수 있었던 것은
서로 평행을 이루었기 때문이 아니겠는가
우리 굳이 하나가 되기 위하여 노력하기보다
평행을 이루어 우리의 기차를 달리게 해야 한다
기차를 떠나보내고 정동진은 늘 혼자 남는다
우리를 떠나보내고 정동진은 울지 않는다
수평선 너머로 손수건을 흔드는 정동진의 붉은 새벽바다
어여빠라 너는 어느새 파도에 젖은 햇살이 되어 있구나
오늘은 착한 갈매기 한 마리가 너를 사랑하기를

-정호승, 「정동진」 전문

만남과 헤어짐은 언제나 함께 한다. 그래서 언제나 우리는 만남이 있을 때마다 헤어짐을 준비해야 하고 헤어짐을 연습해야 한다. 사랑하는 사람을 떠나보내는 연습, 그리고 사랑하는 사람을 떠나는 연습까지 해야 한다. 우리는 살아서 사랑하는 동안 누구나 이별을 배워야 한다. 생동하던 봄과 성숙했던 여름이 가고 어느새 찾아온 가을처럼 낙엽 질 날을 기다리며 하얗게 서리 내릴 겨울의 아침에는 이별을 할 준비를 해야 한다. 우린 이별을 배워야 하고 이별을 준비해야 한다.

우리는 일생동안 만남과 헤어짐에서 생겨난 상실의 기억과 안타까움을 지니고 살아간다. 흘러가는 시간 속에 실린 경험들을 지워버릴 수 없기 때문이다. 누가 떠나고 누가 남는 것인가. 그가 떠나고 그녀도 떠난다. 그리고 그들이 떠나므로 나도 떠난다. 그들의 무엇이 이곳에 남으며 또한 나의 무엇이 남는가. 회자정리(會者定離)라고 했듯이, 남는 것은 없고 모두가 다 떠난다. 우리들의 만남과 헤어짐은 '낙화'같이 애

달프다. 봄날에 찬란하게 꽃피던 꽃잎이 가을이 되면 애절하게 떨어진다. 그리고 우리들도 이별해야 한다.

가야할 때가 언제인가를
분명히 알고 가는 이의
뒷모습은 얼마나 아름다운가

봄 한철
격정을 인내한
나의 사랑은 지고 있다

분분한 낙화
결별이 이룩하는 축복에 싸여
지금은 가야할 때

무성한 녹음과 그리고
머지않아 열매맺는
가을을 향하여
나의 청춘은 꽃답게 죽는다

헤어지자
섬세한 손길을 흔들며
하롱하롱 꽃잎이 지는 어느 날

나의 사랑, 나의 결별
샘 터에 물 고인 듯 성숙하는
내 영혼의 슬픈 눈

-이형기, 「낙화」 전문

모든 만남이 영원치 못하여 우리는 언제나 헤어짐을 걱정한다. 사는 동안 즐거웠던 기억들을 뒤로 한 채 이젠 헤어져야 할 시간을 재어야 한다. 우리가 사는 동안 얼마나 많은 인연으로 만남을 이루었던가. 그러나 중요한 것은 만남 그 자체가 아니라 그 만남이 얼마나 기억될만한 소중한 만남이었던가 하는 것이다. 헤어짐은 다시 또 다른 만남의 시작이듯이, 헤어질 시간이 되면 우리는 지난 만남을 정리하고 새로운 만남을 준비해야 한다. 그러나 만남과 헤어짐 속에는 너무 많은 사연들이 배어 있어서, 생각할수록 가슴저며오는 일들이 너무 많아서, 이 기억들은 아픈 상처로 깊이 남게 된다.

꽃잎이 떨어지고, 그리고 기차가 떠나가고 나면, 우리들의 사랑도 증오도 다 끝나고 우리는 헤어져야 하는가. 그러나 사랑을 위해서든 만남을 위해서든 이별을 위해서든 날이 밝은 새벽길을 나서서 길을 떠날 수 있는 사람은 얼마나 행복한가.

날이 밝았으니 이제
여행을 떠나야 하리
시간은 과거의 상념 속으로 사라지고
영원의 틈새를 바라본 새처럼
그대 길 떠나야 하리
다시는 돌아오지 않으리라
그냥 저 세상 밖으로 걸어가리라
한때는 불꽃 같은 삶과 바람 같은 죽음을 원했으니
새벽의 문 열고
여행길 나서는 자는 행복하여라
아직 잠들지 않은 별 하나가
그대의 창백한 얼굴을 비추고
그대는 잠이 덜 깬 나무들 밑을 지나
지금 막 눈을 뜬 어린 뱀처럼
홀로 미명 속을 헤쳐가야 하리

이제 삶의 몽상을 끝낼 시간
순간 속에 자신을 유폐시키던 일도 이제 그만
종이꽃처럼 부서지는 환영에
자신을 묶는 일도 이제는 그만
날이 밝았으니, 불면의 베개를
머리맡에서 빼내야 하리
오, 아침이여
거짓에 잠든 세상 등 뒤로 하고
깃발 펄럭이는 영원의 땅으로
홀로 길 떠나는 아침이여
아무것도 소유하지 않은 자
혹은 충분히 사랑하기 위해 길 떠나는 자는 행복하여라
그대의 영혼은 아직 투명하고
사랑함으로써 그것 때문에 상처입기를 두려워하지 않으리
그대가 살아온 삶은
그대가 살지 않은 삶이니
이제 자기의 문에 이르기 위해 그대는
수많은 열리지 않는 문들을 두드려야 하리
자기 자신과 만나기 위해 모든 이정표에게
길을 물어야 하리
길은 또다른 길을 가리키고
세상의 나무 밑이 그대의 여인숙이 되리라
별들이 구멍 뚫린 담요 속으로 그대를 들여다보리라.
그대는 잠들고 낯선 나라에서
모국어로 꿈을 꾸리라

-류시화, 「여행자를 위한 서시」 전문

절망을 넘어 희망의 세계로

- 김신용론 -

1. 김신용이라는 시인

시인 김신용은 부산에서 태어나 14세 때부터 부랑생활을 시작했다고 한다. 지하도나 대합실에서 노숙하며 피를 팔아 끼니를 해결했다. 더 이상 팔 피가 없으면 걸식, 소매치기, 저녁털이, 뒷밀이, 아리랑치기까지 살아남기 위해서라면 어떠한 일도 했다. 그러는 동안 그는 소년원과 감방을 숙식을 해결할 수 있는 곳 쯤으로 여기며 드나들며 그 동안 별을 5개 달았다. 1987년 서울 대학로에서 일용직 노동자 시절에 인사동 어느 술집에서 우연히 김선유 시인을 만나서 시를 보였고, 그 시를 최승호 시인에게 전했다. 마침 계간 『현대시사상』의 창간을 준비하던 최승호는 1988년 창간호에 김신용의 시 「양동시편-뼉다귀집」 외 6편을 실음으로써 세상에 알려지게 되었다. 그 후 김신용은 시집 『버려진 사람들』(1988), 『개같은 날들의 기록』(1990), 『몽유 속을 건다』(1998), 『환상통』(2005), 『도장골 시편』(2007) 등을 연이어 발표함으로써 우리시대에 가장 주목받는 시인의 한사람이 되었다. 위에서 김신용 시인의 삶을 비교적 꼼꼼하게 살핀 것은 시인으로서의 그의 삶이 그만큼 특이한 이력을 지니고 있기 때문이다. 시인은 자신이 시인으로 출발하던 심경을 이렇게 말한다.

> 나는 모든 버려진 것들을 사랑해야 했다. 바라보면 언제나 막막했던 시멘트의 벌판, 서로의 체온으로 천막삼아 추위를 이겨야 했던 날들……. 그 황량한 삶 속에서 모든 버려진 것들을 사랑해야 했던 나의 사랑법. 그것은 내 생존 방법이었으며 내 시의 명제이자 출발점이기도 했다.
>
> -『버려진 사람들』에서

'모든 버려진 것들을 사랑해야 했던 나의 사랑법', 그것이 김신용 시인의 출발이다. 시인은 "고단한 하루의 삶을 팔기 위해 모여드는 사람들/바람같이 스쳐갈 그 손짓을 기다리고 있다"(「잡부일기 3」)와 같이 분노와 절망을 넘어 가난하고 약한 사람들을 가슴에 품는 저항의 시인으로 자리매김하게 된다. 김신용은 시집 『버려진 사람들』에서 『개같은 날들의 기록』을 거쳐 『환상통』에 이르기까지 적잖은 시적 변용을 하게 된다. 이른바 초창기의 노동시 계열에 있었던 그의 시 세계는 사회에서 상처받고 소외된 사람들의 삶의 모습을 구체성 있게 그려내었다는 점에서 평단에서 상당한 주목을 받게 되었다. 그러나 그의 시적 행보는 이에 그치지 않고 다양한 변용을 이루면서 보편적 언어의 시적 세계를 통하여 동시대의 젊은 시인들의 예외적 대안으로 평가받게 된 것이다.

2. 절망을 통한 소통의 미학

초창기 김신용 시인은 한결같이 소외계층의 절망적인 실존적 삶의 고통을 '사신(捨身)공양'하듯 묘사해 왔다. 이 과정에서 빈약한 학력과 가난으로 인해 지게를 짊어질 수밖에 없었던 밑바닥 삶의 절망적 체험이 시에 배어있다. 그래서 김신용의 시편들은 노동의 고통스러운 현실 속에서 자연과의 합일을 모색하는 시들이 많다. 이른바 노동이 인간과 삶, 인간과 자연과 어울려 회통하는 '소통의 미학'이다. 시인 자신이 부랑아 출신이라 그런지, 그의 시에는 사회에서 상처받고 버려지고 멍들고 긁히고 베인 절망의 냄새가 가득하다. 의도적인 '절망'이 아니라, 삶의 체험에서 우러나오는 어쩔 수 없는 '절망'이라 더욱 그러하다. 그래서 그의 시를 이야기할 때 노동자라는 절망적 삶의 체험에서 벗어나서 이야기 할 수 없다. 김신용의 시는 참혹한 노동 체험과 그에서 나오는 절망과 비애로부터 출발한다. 그의 초창기 시집인 『개같은 날들의 기록』에 실린 시편 에서는 이 같은 기록으로 가득하다.

나는 개였다.
빌딩이 허공의 엉덩이를 찌르는데
공장의 굴뚝들이 하늘의 턱에 주먹질을 하는 서울인데
시장에, 거리에 저렇게 물신物神들이 넘쳐흐르는데
허기의 끈에 목줄을 맨,
품삯의 뼈다귀에 침 질질 흘리는
오뉴월, 비루먹은 개였다
어떤 밥을 먹어야 사나.
굶주려도, 차라리 서울역 남산공원에서 난장을 꿀려도
개밥은 먹지 않아야 하나
오늘도 구청의 댓빵들은 15,000원 짜리 뼈다귀를 내밀며
양동의 개들을 홀리고 있다
방세 하루치만 밀려도 마귀할멈으로 변하는 뭉치

지하도에서 우리가리의 발길질에 넋의 척추가 부러져도
눈썹 하나 까딺 않는 서울,
배고픔의 거리에 쓰러져 신음할 때
물 한 모금 부르튼 입술 적셔주는 이 없는 시멘트 벌판에서
아, 저 구수한 생선 뼈다귀 냄새 어이하나
냄새 코를 막고 뼈다귀 쥔 손을 물어뜯어야 하나
일일취업소의 철제문이 떨어지는 아침이면 목잘려 거리에 뒹구
는 이 하루,
감방의 철문도 너무 낯익어, 니 또 왔나? 와, 바깥에는 잘 데가
없드나?
부끄러워, 얼굴에 아무리 철판을 깔아도 철문보기가 민망해
염치없이 가다밥 좀 씹자고 또 빈대 붙을 수도 없어
눈먼 손에 쥐어주는 함마, 산비탈 판자집을 내리치며
몸 속에 무허가 건물을 짓고 있는 허영을 박살낼 때
이 개같은 놈들아! 철거민의 울부짖음의 손톱에
가슴 갈가리 찢겨도, 이 하루를 헐떡이는 개였다
뼈를 다 뽑아서라도 이 판자집 한 채 몸 짓고 싶은
아무거나와 흘레붙는 나는 개였다.

-「개 같은 날 2」 일부

서사적 성격을 지닌 긴 시 「개 같은 날 2」에서 김신용의 밑바닥 인생에 대한 절망적 심정이 여과 없이 그대로 드러나고 있다. 벌써 이 시를 읽으면서 우리가 느끼는 느낌은 김신용의 시가 상처투성이 노동자의 가슴에서 우러난 '피와 살의 언어'로 '인간과 삶의 조건'을 탐구하는 실존적 측면이 드러나고 있다는 것을 볼 수 있다. 그리하여 그의 시가 동시대의 노동시들 중에서도 가장 뛰어난 완성도를 성취한 예로 꼽아도 부족함이 없다(김수이, 「살아 꿈틀대는 노동의 시」, 『서정은 진화한다』).

문단의 많은 비평가들이 주목한 『환상통』도 지게꾼으로 삶을 영위했던 그의 절망과 고통이 진하게 배어나온다. 그곳에는 지게꾼으로 보

낸 세월, 그리고 그 지게를 부수어 버리고, 다시는 지지 않겠다고 돌로 내리치고 뒤돌아섰을 때의 체험들이 고스란히 새겨져 있다.

새가 앉았다 떠난 자리, 가지가 가늘게 흔들리고 있다
나무도 환상통을 앓는 것일까?
몸의 수족들 중 어느 한 부분이 떨어져 나간 듯한, 그 상처에서
끊임없이 통증이 베어 나오는 그 환상통,
살을 꼬집으면 멍이 들 듯 아픈 데도, 갑자기 없어져 버린 듯한 날
한때,
지게는, 내 등에 접골된
뼈였다
木質의 단단한 이질감으로, 내 몸의 일부가 된
등뼈.
언젠가
그 지게를 부수어 버렸을 때, 다시는 지지 않겠다고 돌로 내리치
고 뒤돌아섰을 때
내 등은,
텅 빈 공터처럼 변해 있었다
그 공터에서는 쉬임없이 바람이 불어 왔다
그런 상실감일까? 새가 떠난 자리, 가지가 가늘게 떨리는 것은?
허리 굽은 할머니가 재활용 폐품을 담은 리어카를 끌고
골목길 끝으로 사라진다
발자국은 없고, 바퀴 자국만 선명한 골목길이 흔들린다
사는 일이, 저렇게 새가 앉았다 떠난 자리라면 얼마나 가벼울까?
물끄러미 쳐다보고 있는 창 밖,
몸에 붙어 있는 것은 분명 팔과 다리이고, 또 그것은 분명 몸에
붙어 있는데
사라져 버린 듯한 그 상처에서, 끝없이 스며나오는 것 같은 바람
이 지나가고
새가 앉았다 떠난 자리, 가지가 가늘게 흔들리고 있다

-「환상통(幻想痛)」 전문

'환상통'이란 사지절단으로 인해 더 이상 존재하지 않는 신체의 부위에서 있는 것 같은 통증을 말한다. 실제로는 통증이 없는데도, 통증을 느끼는 현상이 환상통이다. 언젠가 그가 말했던 것처럼 '지게'는 유일하게 그의 생계를 해결해주었던 단 하나의 수단이었다. 노동은 생명의 원천이다. '지게'는 근원적 생의 체험이며 신산한 삶의 모습을 생생히 보여주는 실존의 방식이다. 남의 물건에 손대지 않고도 자신의 힘으로 벌어먹을 수 있는 유일한 도구였다. 그래서 지게에 대한 그의 애착은 남다르다. 하지만 그 애착이 지게를 짊어지던 고통마저 희석시킬 수 있는 건 아니다. 너무나 고통스러워 지게를 버렸지만, 자신의 수족과 같은 지게를 버렸기에 또 다른 절망이 찾아왔다. '내 등에 접골된' 그리하여 '내 몸의 일부가 된' 지게를 부수어버렸을 때 '내 등은/텅 빈 공터처럼 변해 있었다' 그러나 '물끄러미 쳐다보고 있는 창 밖'을 통해 시인은 자신의 모습을 비통해 하거나 세상을 향한 분노를 표출하지 않는다. 어쩌면 당시의 시대적 상황에서 자신의 처지를 분노할 의지조차 없었을지도 모른다. 나날의 연명하는 삶의 현실은 그의 전편에서 절망적 삶의 실존을 사실적으로 묘사한다. 그 절망적 삶의 전말을 보여주는 것이 그의 시에 흐르는 세상과의 소통방식이다.

"살을 꼬집으면 멍이 들 듯 아픈데도, 갑자기 없어져 버린 듯한", 그래서 이러지도 저러지도 못하는 이 어쩔 수 없는 열패감에 시인은 어찌할 줄 몰라 한다. 시적 화자의 환상통과, 나무가 앓는 환상통, 그리고 허리굽은 할머니의 환상통은 저마다 다 다르다. "몸에 붙어 있는 것은 분명 팔과 다리이고, 또 그것은 분명 몸에 붙어 있는데/사라져 버린 듯한 그 상처에서, 끝없이 스며나오는 것 같은 바람이 지나가고/새가 앉았다 떠난 자리, 가지가 가늘게 흔들리고 있다." 시의 화자가 겪는 환상통은 지게를 버리고 나서 "텅 빈 공터처럼 변해" "그 공터에서는 쉬임없이 바람이 불어 왔다." 이것은 자기 연민 혹은 자기 상실의 환상통이라면, 할머니의 환상통은 "발자국은 없고, 바퀴 자국만 선명한" 삶에 대한 회한의 환상통이다. 나무의 환상통은 이 둘과는 또 다르다. "새가 앉았다 떠난 자리, 가지가 가늘게 흔들리는" 즉, 누군가 곁에 있다가 갑자기 사라져버렸을 때의 허무와 절망의 환상통인데, 이것이야말로 어쩌면 나무가 앓는 환상통이야말로 시인이 가장 심하게 앓았던 환상통이 아닌가 한다. 이 같은 환상통은 단순한 '환상'으로서의 그것이 아니라, 온통 경험적 직접성으로 관류하고 있는 그의 시편으로 육화됨으로써 그 동안 주변부 노동자로 살아온 그를 더욱 심미적이고 심원한 근원적 시선을 가진 시인으로 거듭나게 하는 것이다(유성호, 「김신용 시인을 찾아서」, 『쿨투라』).

새가 앉았다가 떠나가는 나뭇가지와 그 떨림을 바라보며 허무와 절망을 전율같이 느끼는 시인의 감정이입은 결코 예사로운 것이 아니다. 새가 나무에 날아와 앉으면 새의 무게만큼 나무는 떨린다. 새가 날아가고 나면 나무는 다시 새의 무게만큼 떨리며 일어선다. 새와 나무의 이미지를 빈 작가의 인식을 통하여 우리는 서로의 존재를 인정하면서 공존의 아름다운 세상을 이뤄가는 풍경을 바라보게 된다. 우리도 언젠가는 한 마리 새가 되어 어느 나무에 내려앉았을 것이다. 내 무게만큼 휘어졌던 그 사람은 내가 떠나자 다시 제 생의 탄력으로 제자리를 찾았을 테지만, 한 번 휘어졌던 나무의 기억은 그대로 쌓이고 쌓여 굽어진 채 가슴에 있을 것이다. 허리 굽은 할머니의 환상통은 바로 휘어졌던 나무의 기억이 아닌가. 그리하여 그 발자국은 없고, 바퀴 자국만 선명한 골목길이 흔들린다.

스쳐가는 바람 속에는 시간의 흐름이 주는 새로운 공간의 삶이 있다는 것을 모르고 살아가듯이, 새가 앉았다가 떠나는 모습을 우리는 쉽고 가벼운 일상의 것으로 지나치고 있다, 그러나 이동적인 것과 정적인 객체 사이의 모습을 통하여 시인은 나무가 겪고 있는 환상통이라는 아픔을 간파해 내고 있다. 누가 떠난 흔적 위에 때 되거나 아니면 사시사철 서성거리는 것이 사람의 참다운 모습이다. 자신에게 날아왔다가 떠난 새를 기억하는 나무처럼 사람이 떠난 뒷골목을 오래 걸어보는 것도 괜찮을 것이다. 발아래 떨어진 나무 잎에 그물맥으로 돋아난 옛 추억을 읽어가면서 깊게 절망을 맛보는 것도 생을 살아가는 방법일 것이다. 한 마리 새로 날아들었다가 가지를 박차고 떠난 새의 여운이 남은 가지처럼 때로는 그 절망에 한없이 전율하면서 그 무엇인가를 그리워하는 것이 인간이다. 쉼 없이 나타났다 떠나는 우리네 인생같이 파르르 떠는 나뭇가지의 환상통을 물끄러미 바라보며 시인은 가슴 아파한다. 시인의 마음속에는 인생이 끝없이 그 환상통을 어루만지고 떠나가는 바람 같은 것이라는 아픔이 가득 차 있을 것이다. 이 같은 시인의 절망은 「환상통」을 넘어 「아내의 재봉틀」에서도 더욱 극명하게 드러난다.

수의를 만들면서도 아내의 재봉틀은
토담 귀퉁이의 조그만 텃밭을 깁는다
죽은 사람이 입는 옷, 수의를 만들면서도
아내의 재봉틀은 푸성귀가 자라고
발갛게 익은 고추들이 널린 햇빛 넓은 마당을 깁는다
아내의 가내공장, 반지하방의 방 한 칸
방 한 가운데, 다른 가구들은 다 밀어내고
그 방의 주인처럼 앉아 있는 아내의 재봉틀,
양철 지붕 위를 뛰어다니는 맨발의 빗소리 같은 경쾌함으로
최소한의 생활을 자급자족할, 지상의 집 한 칸을 꿈꾸고 있다
지금, 토담 안의 마당에서는 하늘의 재봉틀인 구름이
비의 빛나는 바늘로 풀잎을 깁고, 그 속에 깃들어 사는 생명들을
깁고 있을 것이다
모든 생명들을 기운 자국 하나 없이 깁는 고요한 구름의 재봉틀,
그 천의무봉의 손이듯, 아내의 구름인 재봉틀은

지상의 마지막 옷, 수의를 지으면서도
완강한 생활의 가위로 시간의 자투리까지 재단해
가계(家計)의 끈질긴 성질을 깁는다

-「아내의 재봉틀」 전문

「아내의 재봉틀」에서 시인은 수의를 만드는 아내의 재봉틀 소리를 통하여 텃밭과 넓은 마당을 가진 집 한 칸을 꿈꾸는 희망을 길러 올린다. "수의를 만들면서도 아내의 재봉틀은/토담 귀퉁이의 조그만 텃밭을 깁는다." 그래서 재봉틀 돌리는 소리는 경쾌한 빗소리로 느껴지고 있다. 수의를 짓는다는 것은 흘러가는 시간을 계획된 시간표로 재단하며 죽음을 향해 가는 인생을 읽는 다는 것이다. 고인에게 마지막으로 입히는 옷을 수의라고 한다. 그래서 수의는 주인의 장수를 기원하고 자식들의 복과 번창까지 의미를 담고 있다. 아내는 외견상 수의를 만들고 있지만, 시간의 자투리를 재단해 새로운 삶에 대한 희망과 염원을 한뜸 한뜸 만들어 내고 있는 것이다. 그래서 시인은 "지상의 마지막 옷, 수의를 지으면서도/완강한 생활의 가위로 시간의 자투리까지 재단해/가계(家計)의 끈질긴 성질을 깁는다."

반지하의 방 한 칸에 다른 가구들을 다 밀어내고 방의 주인처럼 앉아 있는 재봉틀은 아무것도 없는 방의 가난한 살림살이를 연상시킨다. 시인의 재봉틀은 하늘에 구름으로 환치된다. 구름이 비가 되어 내리는 것을 바늘이 박히는 것으로 표현하고 있으며, 비를 맞고 자라는 풀잎을 바늘로 기워졌다고 묘사하고 있다. 다시 말해 시인은 공생관계에 있는 모든 생명체의 모습을 재봉틀 구름이 비로 바느질해서 기워 내는 것이라고 표현하고 있는 것이다. 구름 재봉틀은 모든 생명을 자국 하나 없이 잘도 기워내고 있다. 시인의 생명력은 재봉틀 소리와 함께 활기차기 꿈틀댄다. 구름이 비를 통해 기워내는 생명체들은 우리의 인생에서 계절의 변화와 맞물려 계속 바뀌는 것과 같다.

이렇게 아내의 재봉틀은 처참한 가난 속에서 노동의 숭고함이 주는 참 의미와 함께 가느다란 빛의 바느질로 텃밭과 마당이 있는 집을 희망으로 키워내게 된다. 그런 절박한 체험이 이 시를 만들어낸 결정체이기 때문에 이 시에는 더욱 삶의 체험과 희망에 대한 절실함이 묻어나고 있다. 시인은 이 시대의 삶의 어둠과 고달픔을 잘 대변하면서 구름 재봉틀을 빌려 자연의 생태를 깁는 것으로 거시적인 시적 확장을 이루고 있다. 아내의 재봉틀이라는 일상적 체험에서 사물의 깊은 성찰까지 이어지는 시적 울림은 깊은 여운으로 남는다. 그래서 이제 시인의 세계는 절망을 넘어 희망과 사랑의 세계로 나아가고자 한다.

출혈이, 물고기가 숨 쉴 수 있는 숨결인 것처럼
고통이, 그 물고기가 헤엄칠 수 있는 길인 것처럼
오늘도 돌과 모래의 식사를 하는 사람이 있다
머리에 닭의 붉은 볏도 없으면서
뾰족한 부리의 입, 퇴화된 날개도 없으면서
마치 모래주머니 같은 위를 가진 것처럼
끝내 제 몸을 녹일 쇄석기 같은 위산의 바다를 출렁이며—

-「사랑에게」 일부

위의 시를 읽으면서 우리는 '사랑'이라는 모습을 찾기란 용이한 일이 아니지만, "끝내 제 몸을 녹일 쇄석기 같은 위산의 바다를 출렁이"면서도 그는 희망과 사랑을 노래하기 시작한다. 이즈음에서 김신용에게 '절망의 체험'이란 수식어는 거두어야 할 때가 된 듯하다. 지게꾼 날품을 팔며 '환상통'을 겪으며 하루하루를 앙버텨낸 자신의 지난날에서 김신용은 '도장골 시대'를 열기 시작한 것이다.

3. '환상통'에서 '도장골 시대'로

최근의 시인들에게서 자연을 노래하는 시들이 갑자기 많아졌다. 그들 중에서는 자연 자체를 노래한다든가 생태적 사상의 단편을 보여주는 시들도 있지만, 김신용의 시편들은 자연이 신격화된 교훈의 대상도 아니고, 자연과 인간의 교류에 의한 생태적 관점을 제시한 것도 아니다. 그의 시집 『도장골 시편』은 고통스런 인간의 실존적 삶을 자연의 관점에서 연결한 시들로 가득 차 있다. 그의 시편들은 자연이나 사물과의 관계맺음 속에서 실존적 고투를 벌이는 인간의 모습을 묘사해 내고 있다. 자연이 주체로 등장되면서 시인의 삶의 내면을 보여주는 새로운 시적 과정의 모습을 보여주고 있는 것이다. 말하자면 이제 그의 시는 "분노의 기록에서 생명에 대한 성찰로" 나아가게 된다(이승하, 「분노의 기록에서 생명에 대한 성찰로」, 『생명 옹호와 영원 회귀의 시학』).

『환상통』 이후 시인은 개복숭아 숲 우거진 충북 충주시 신리면의 일명 '도장골'에 내려가 한 해를 살았다. 산골에서 시인은 일기를 쓰듯이 시를 썼다. 그것이 모여 '도장골 시편'이라는 연작시를 이루었고, 그것을 다시 추려 『도장골 시편』을 묶었다. 시인이 도장골로 들어간 건 지인의 빈집이 도장골에 있기 때문이었다고 진술한다. 그래서 김신용이 전하는 도장골의 풍경은, 여느 서정시에서 보는 바와 같은 자연과의 친화적 모습이 아니다. 시인은 풀잎, 벌레 등등 속에서 살아있는 것의 소중함과 생명의 존엄을 끄집어낸다. 가령 시인은 '낙법(落法)'이란 시에서 땅바닥에 떨어진 밤 한 송이로부터 어미(밤나무)의 모진 정을 읽어낸다.

> 밤이 떨어진다.
> 익은 가지가 저절로 떨어트리는 듯한 무게
> 바람 불어, 바람이 불지 않아도 무심히 손 놓은 듯한 落下

착지점도 없이, 아무렇게나 떨어져 내리는 듯 보이지만
거기, 누대에 걸친 연습이 있다. 시뮬레이션이 있다.
보라, 밤의 머리에 방석처럼 얹혀 있는 두터운 보호막을, 그 탄력을
바닥에 떨어질 때, 무게가 쏠린 頭部에 부딪쳐오는 충격을 견딜 수 있도록
돌 위에 떨어져도, 몸 다치지 않고 일어설 수 있도록 고안된, 그 완충장치를-.
그리고 젖은 풀숲에 파묻혀도 배어드는 습기에 속살 상하지 않도록
스며드는 寒氣도 막을 수 있도록 솜내의처럼 입혀진 內皮를-.
그 방한방열의 내장재를-.
그 위에 雨衣처럼 덧입혀진, 갑피 같은, 매끄럽고 두꺼운 외피에 둘러싸인 밤의
유선형으로 좁아드는 하복부에 돋아 있는 짧은 돌기를-. 그 닻을-.
비탈에 굴러 떨어져도 브레이크처럼 멈출 수 있도록
제 살 곳, 제 뿌리 내릴 흙 위에 안착할 수 있도록
송곳의 끝처럼 날카롭게 돋아 있는 그 작은 돌기를 보면
밤의 송이 송이마다 무수히 돋은 가시들마저
부디 밥 굶지 말아라, 양지 바른 곳에서 살아라, 당부하는
分家를 염려하는 안타까운 걱정들처럼 보여
家具이듯, 뿌리쳐도 뿌리쳐도 쥐어주는 근심처럼 보여
밤 한 알의 落下-,
가을의 숲속에서 나무들이 공중에 아무렇게나 가지 뻗은 듯 보이지만
고목이 되면서 더 무거운 짐 진 듯 땅 가까이 허리 굽히는, 그 연혁에는
이렇게 누대를 걸쳐 이어온 蠶齡이 있다
제 몸 여위며 가꾸어 온, 휘드러진 휘드러진 彫琢이 있다

-「落法」 전문

길게 인용된 위의 시 「落法」에서 잘 드러나듯이, 김신용의 시에는 우리가 흔한 서정시에 볼 수 있는 상상이나 정서의 관념화가 아닌, 사물에 대한 사실적 관찰을 통하여 그 본질을 꿰뚫어 가는 과정을 보여준다. 이것이 『도장골 시편』의 시들에서 일관되게 나타나는 시인의 시적 정신이다. "고목이 되면서 더 무거운 짐 진 듯 땅 가까이 허리 굽히는, 그 연혁"은 바로 시인 자신의 생존의 길이었을 것이다. '아무렇게나 가지 뻗은 듯 보이지만' '고목이 되면서 더 무거운 짐 진 듯 땅 가까이 허리 굽히는' 시인의 도장골 근황이 들여다보이는 듯하다. '휘드러진 휘드러진 彫琢'으로 '제 몸 여위며 가꾸'는 시인의 삶의 모습은 너무나 객관적이고 사실적으로 그려진다.

또 다른 시 「와선(蛙禪)」에서는 유리창에 달라붙은 청개구리로부터 여린 짐승의 꿈틀대는 본능과 그 움직임을 통하여 생명의 모습을 발견하고 있다. 뿐만 아니라 "개미도 땀을 흘린다/은유가 아니라, 살아 있는 땀을 흘린다"로 시작되는 「개미땀」에서 개미를 바라보는 시인의 시선은 결코 예사롭지 않다. 시인은 그냥 개미를 관찰하는 데 그치지 않고 개미의 등과 그 위에 맺힌 '개미 땀'의 의미를 찾아낸다. 또한 더 나아가 개미의 땀을 핥아먹는 미물들의 생명력과 그 모습까지를 묘사해 낸다.

> 개미도 땀을 흘린다
> 은유가 아니라, 살아 있는 땀을 흘린다
> 쬐그만 개미들이 흘리는 개미땀을 핥아먹고 사는 목숨도 있어서
> 쬐그만 개미의 땀방울을 핥아먹고 살아, 늘 목이 마른 개미손님
> 같은 延命도 있어서
> 지렁이가 몸 속에서 대지를 뱉어내듯이
> 강이 제 몸 풀어 안개를 피워 올리듯이
> 개미도 땀을 흘린다
> 딱딱하게 굳은 갑피의 등짝으로 땀을 흘린다

현미경으로 보면, 바닷가의 몽돌처럼 동글동글 돋아있는 땀방울
사람의 눈에는 보이지도 않는, 365일
먹이를 물어 나르기 위해, 쉬지 않고 흘리는 그 땀방울
햇볕에 마르면 하얗게 소금꽃이 필 듯
갑피를 벗어 짜면 한 바가지 물을 쏟을 듯
개미도 땀을 흘린다
마치 대지가 곡식을 키워내듯이
한 번도 움켜쥐어본 적 없는, 쬐그만 개미들이 흘리는 미립자 같은 땀방울들
그러나 바닷가의 몽돌같이 단단히 맺혀 있을 땀방울들
쉬임 없이 밀려오고 밀려가는 물결에 닳고 닳아, 모서리가 없어진
그 둥글고 부드러운 땀방울들이여
무거운 돌의 짐을 져 나르는, 가느다란 허리가 떠받치고 있는
탑들이여, 한 번도 허물어져본 적 없는 그 돌의 탑을 쌓기 위해
오늘도 굳어 딱딱해진 갑피의 등짝으로 쉬지 않고 피워 올리는
그 몸마저 모서리가 닳아 둥글고 부드러워진
개미도 땀을 흘린다
살아 있는, 살아 있는 땀을 흘린다

-「개미땀」 전문

"한 번도 움켜쥐어본 적 없는, 쬐그만 개미들이 흘리는 미립자 같은 땀방울들"을 흘리며 "무거운 돌의 짐을 져 나르는" 인간의 노동의 현장을 "가느다란 허리가 떠받치고 있는 탑들" 같은 개의 모습에 투사시키고 있다. "지렁이가 몸 속에서 대지를 뱉어내듯이/강이 제 몸 풀어 안개를 피워 올리듯이/개미도 땀을 흘린다"는 묘사는 바로 365일 노동하는 인간의 모습이다. "무거운 돌의 짐을 져 나르는, 가느다란 허리가 떠받치고 있는" 개미와 같은 인간은 노동을 제외하고 인간과 세상을 생각할 수는 없다. 인간의 진화, 문명의 발달은 모두 따지고 보면 노동의 결과라고 할 수 있을 것이다. 아무리 인간의 노동은 자아실현

의 꽃이라고 하지만 인간의 노동은 생존을 위한 것이지만 삶을 위한 속박이다. 그래서 "오늘도 굳어 딱딱해진 갑피의 등짝으로 쉬지 않고 피워 올리는"행위를 계속해야 한다.

「도장골 시편」 연작에서 가장 화제가 됐던 작품은 역시 「민달팽이」이다.

> 냇가의 돌 위를
> 민달팽이가 기어간다
> 등에 짊어진 집도 없는 저것
> 보호색을 띤, 갑각의 패각 한 채 없는 저것
> 타액 같은, 미끌미끌한 분비물로 전신을 감싸고
> 알몸으로 느릿느릿 기어간다
> 햇살의 새끼손가락만 닿아도 말라 바스라질 것 같은
> 부드럽고 연한 피부, 무방비로 열어놓고
> 산책이라도 즐기고 있는 것인지
> 냇가의 돌침대 위에서 오수(吾睡)라도 즐기고 싶은 것인지
> 걸으면서도 잠든 것 같은 보폭으로 느릿느릿 걸어간다
> 꼭 술통 속을 빠져나온 디오게네스처럼
> 물과 구름의 운행(運行) 따라 걷는 운수납행처럼
> 등에 짊어진 집, 세상에게 던져주고
> 입어도 벗은 것 같은 납의(衲衣) 하나로 떠도는
> 그 우주율의 발걸음으로 느리게 느리게 걸어간다
>
> 그 모습이 안쓰러워, 아내가 냇물에 씻고 있는 배추 잎사귀 하나를 알몸뚱이에 덮어주자
> 민달팽이는 잠시 멈칫거리다가, 귀찮은 듯 얼른 나뭇잎 덮개를 빠져나가버린다
>
> 치워라, 그늘!
>
> -「민달팽이」 전문

시인은 처음에는 알몸으로 느릿느릿 기어가는집 없는 민달팽이를 동정어린 눈길로 지켜본다. 차츰 그 여유로움에서 운수납행하는 자의 유유자적함을 읽어낸다. "물과 구름의 운행(運行) 따라 걷는 운수납행처럼/등에 짊어진 집, 세상에게 던져주고/입어도 벗은 것 같은 납의(衲衣) 하나로 떠도는/그 우주율의 발걸음"으로 묘사한다. 이 같은 묘사를 통해서 우리는 「환상통」에서 보았던 시인의 실존을 위한 절망과 투쟁의 모습은 많이 사라진 것을 보게 된다.

삶과 자연 속에서의 섭리를 있는 그대로 인정하고 수용하는 관조적 시인의 태로를 엿볼 수 있게 된다. 등에 짊어진 집도 없고 햇살이 닿으면 말라 바스라질 것 같아 무방비로 노출된 삶으로 민달팽이를 바라보는 시인의 시선은 지극히 사실적이고 객관적이다. 심지어 민달팽이가 느릿느릿한 산책을 하거나 오수(吾睡)를 즐기는 여유도 포착한다. 시인의 상상력은 사물에 대한 새로운 인식을 우리들에게 부여한다. "집도 없는 저것"의 이미지가 "등에 짊어진 집, 세상에게 던져주고"의 철학적인 의미로 환치된다. 민달팽이의 느린 걸음걸이를 디오게네스나 운수납행의 구도 행각으로까지 승격시켜 그에게서 우주의 일원인 생명으로서의 보편성을 얻을 수 있게 한다. 민달팽이의 '그 모습이 안쓰러워' 아내는 '배추 잎사귀 하나를 알몸에 덮어'주려는 인간적 연민을 보인다. 그러나 그것은 지극히 인간적 정서일 뿐이라는 듯 민달팽이는 "민달팽이는 잠시 멈칫거리다가, 귀찮은 듯 얼른 나뭇잎 덮개를/빠져나가버린다." 고통스러울수록 그것에 대한 위로의 대상으로 삼으려는 것이 게 인간의 일반적인 감정은 민달팽이를 통하여 시인은 이것을 거부한다. 시인은 오히려 '치워라, 그늘!'의 일갈 속에 '민달팽이'를 자연의 주체로 삼는 유머를 보여준다. 마지막 연에서 "치워라, 그늘!"이라는 민달팽이의 외침은 시인이 인간의 모든 억압과 속박으로부터 자유롭고자 하는 심정을 드러내며 독자에게 던지는 말 한마디를 통하여 다양한 해석의 가능성을 열어주고 있다고 하겠다. 시인은 '민달팽이'라는 자연 속 미물에 대한 세밀한 관찰을 통하여 자연의 현상에 대한 섣부른 교훈을 하려하거나 인간에게 정서를 강요치 않는다. 오히려 그는 사물과의 적정한 거리두기를 통하여 인간과 자연, 인간과 삶의 의미를 새롭게 전달코자 한다.

4. 기다림의 시간들

민중시가 대표하던 80년대의 리얼리즘 시는 절망적 삶의 상황 속에서 살아남기 위해서 혹은 가진 자들의 권력과 부를 응징하겠다는 의지에 충만해 있었다. 우리 시단을 풍미한 이 같은 시적 움직임은 리얼리즘 시류가 무너지면서 구심점을 잃고 흔들리고 있을 때, 김신용의 등장은 우리 리얼리즘 시의 새로운 가능성을 보여주었다고 할 수 있다. 그의 시는, 우리 시대의 자본과 메커니즘의 논리를 소리 높여 비판했지만 그 파장에서 벗어나고 못한 채 오히려 그 논리에 굴복하거나 확대재생산하기에 급급했던 우리들의 모습을 새롭게 반성하게 한다.

'저항의 시인' '지게꾼 시인'이라는 등의 이름으로 초창기 김신용에 대한 시단의 평은 단순하게 나타났지만, 김신용은 '날 것 그대로의 삶의 밑바닥'을 들여다보는 절망에 대한 체험을 새로운 희망의 언어로 전환시킴으로써 오히려 그를 바라보는 시선은 크게 바뀌었다. 이제 그에게는 기다림의 시간들이 남아 있는 듯하다. '감이 익었다'는 시에서 시인은 이 같은 예감을 잘 인식하고 있다. 시인은 말한다. "제 소실점을 알고, 일말의 망설임도 없이, 마치 분신처럼/자신을 태울 준비가 되어있는 빛깔-, 눈부시다."

누가 손 내밀지 않아도 떨어져 내릴 자세가 되어있는 빛깔은, 선
명하다
눈멀고 귀 멀어 절벽에 투신하는 그런 몸짓들이 아니라
제 소실점을 알고, 일말의 망설임도 없이, 마치 분신처럼
자신을 태울 준비가 되어있는 빛깔-, 눈부시다
가을을 잊은, 혹은, 가을을 잃은 사람들의 눈에 가장 잘 띄도록
공중에 걸어둔 표식등 같은 것, 안내 표지판 같은 것
저 익은 감의 빛깔만큼 가을을 더욱 무르익게 하는 빛깔이 또 있
을까?
들불처럼, 들판을 번져오는 수확의 빛물살들이 마지막 발화점에
모인 것처럼
빛을 켜고, 최후로 확! 불타오를 때를 기다리는 색깔들을 본다는
것은-, 더욱 눈부시다

-「감이 익었다」 일부

짙푸르던 여름을 보내고 가을 시골길을 걷다 보면, 빨갛게 익은 감이 온몸으로 익은 자기 몸을 환하게 내보이면서 가을을 알려준다. 생각해보면 감나무만큼 오랜 세월 동안, 기다림과 그리움의 세월을 심어준 나무도 흔치는 않다. 시인의 말대로 "저 익은 감의 빛깔만큼 가을을 더욱 무르익게 하는 빛깔이 또 있을까?" 여름 한 철의 뙤약볕을 견디던 푸른 땡감은 우리들이 인내해야 할 기다림의 시간들이었다. 그 인내의 시간이 끝나고 나무 가지 끝에 매달린 감은 바로 기다림의 결정체라고 할 수 있다. 시인은 "들불처럼, 들판을 번져오는 수확의 빛물살들이 마지막 발화점에 모인 것처럼/빛을 켜고, 최후로 확! 불타오를 때를"기다린다고 하지만, 감이 익기도 전에 시인의 마음은 먼저 홍시처럼 확! 불타올라버린 것은 아닌지 모를 일이다.

실존과 부재의 변증법

- 이성복론 -

1. '기억에는 평화가 오지 않고'

시인 이성복은 80년대 우리시단의 혜성과 같이 나타나서 무수한 언어의 바닷가에 홀로 찬연한 빛을 띠며 표표하게 떠 있었다. 스물여덟 나이에 1980년 첫 번째 시집 『뒹구는 돌은 언제 잠 깨는가』로 시단에 파란을 일으키며 등장했다. 평론가 김현은 이 시집에 실린 43편의 시들이 하나의 통일적인 유기체를 형성하고 있음을 주목하면서 한국시에 새로운 활로를 열 수 있는 가능성을 보여주고 있다고 극찬했다(김현, 「따뜻한 비관주의, 젊은 시인들의 상상세계」, 『현대문학』). 기존의 시 문법을 파괴하는 낯선 비유, 자유연상기법의 차용, 의식의 초현실적 해체와 같은 주제와 기법으로 당대의 상처를 새롭게 조명한다는 평가를 받으며 등장한 이후 이성복은 황지우·기형도 등 동년배들과 더불어 한국을 대표하는 시인으로 꼽혀왔다. 그를 우리시대의 대표적인 시인으로 만들어 준 것은 「남해 금산」, 「그 여름의 끝」과 같은 절창이 있었기 때문이다.

한 여자 돌 속에 묻혀 있었네
그 여자 사랑에 나도 돌 속에 들어갔네
어느 여름 비 많이 오고
그 여자 울면서 돌 속에서 떠나갔네
떠나가는 그 여자 해와 달이 끌어 주었네
남해 금산 푸른 하늘가에 나 혼자 있네
남해 금산 푸른 바닷물 속에 나 혼자 잠기네

-「남해금산」 전문

우리 현대시의 새로운 좌표를 연 것으로 평가되는 이 시의 모티프가 되는 것은 남해 금산의 상사바위에 얽힌 전설이다. 한 여자를 얼마나 사무치게 사랑했기에 화자는 돌 속으로 들어간다. 그러나 시간이 흐르고 그 여자는 떠난다. 남해 금산 하늘에서 남해 바닷물을 바라보는 화자의 마음은 어떠했을까? 그동안 우리들의 사랑법은 서양의 피그말리온 신화에 등장하는 사랑처럼 돌의 살을 파고 돌의 피를 마셔, 기어이 제가 가지고 싶은 여자의 형상을 새겨 넣는 행위였다고 한다면, 「남해금산」의 화자는 그저 사랑하는 여자가 거기 있어 그 속으로 걸어 들어가 자신이 돌이 되어 버린다. 그러고는 바닷가에 홀로 남겨진다.

시인은 김이 모락모락 솟는 한 덩어리의 밥에서 치욕을 찾아내고 그 치욕이 빽빽한 것을 사랑이라고 노래한다. 아무도 믿지 않는 허술한 기다림의 세월, 기억에는 평화가 오지 않고 기억에는 더럽고 아픈 청춘만이 남아 있다. 마음은 헤아릴 수 없이 외로운 것, 내게 드리운 모든 것이 헐값의 운명 같다고 느끼면서 애써 외면하고 싶은 발버둥 쳤던 순간들 속에 이성복은 서 있었다. 그리하여 시인은 무리지어 날아가는 새를 바라보며, 그 여름의 끝자락에 매달려 관 뚜껑을 미는 힘으로 살아가노라고 고백하는가 하면, 돌에게 아이를 배게 하고, 흙이 게워 놓은 연둣빛의 젖무덤이 몸을 뒤척이는 세계를 보여주고자 한다.

그리하여 그의 시는 자아와 세계의 이원적 대립, 즉 집단/개인, 사회적/존재론적, 인간적/생명적, 시간적/공간적 이라는 이항이 공존하면서 반성과 실천에 이르는 확산의 형식을 갖는다(정과리, 「그의 시를 풍요하게 읽자」, 『숨길 수 없는 노래』).

이성복의 시는 읽을수록 힘센 이미지가 기지개를 켜고, 그 이미지 밑에 거미의 집이 숨겨져 있었다. '그렇게 살고 싶은 것'에서 '그렇게 살아야만 하는 것'에 관한 실존이 그의 언어의 바닷가에서는 밀려와 존재하다 밀려나가 부재한다. 그리하여 우리들에게서는 '무엇과도 바꿀 수 없는 날들이 흘러갔다.'

무엇과도 바꿀 수 없는 날들이 흘러갔다
강이 하늘로 흐를 때,
명절 떡살에 햇살이 부서질 때
우리가 아픈 것은 삶이 우리를
사랑하기 때문이다

무엇과도 바꿀 수 없는 날들이 흘러갔다
흐르는 안개가 아마포처럼 몸에 감길 때,
짐 실은 말의 뒷다리가 사람 다리보다 아름다울 때,
삶이 가엾다면 우린 거기
묶일 수밖에 없다

-「세월의 습곡이여, 기억의 단층이여」 전문

2. 상처의 근원, 근원의 상처

시가 영혼의 피난처가 된 것은 시가 시인들의 비밀 일기만큼 삶의 진실을 잘 보여주는 덕분이다. 시 속에는 시인의 깊은 상처가 담겨 있고, 시인을 제대로 이해하기 위해서는 시 속에 담긴 시인의 상처를 이해해야 한다. 이른바 트라우마는 한 사람의 인생을 뒤흔드는 치명적인 상처가 될 수 있지만 아름다운 문학작품으로 승화될 수 있다. 어린 시절 트라우마의 통과의례를 겪어 낸 시인의 제일 요건은 지금 살아 있다는 것의 소중함, 문학의 영원한 테마인 사랑은 희망이나 보답을 향한 열정이 아니라 이 세상에 그 사람이 살아 있다는 사실만으로도 눈부신 기적을 느낄 줄 아는 지혜이다. 이성복의 경우, 평론가 김수이가 '비극적 역사의 내면풍경으로서의 가족'이라는 이름으로 잘 표현하고 있듯이, 그의 트라우마는 주로 아버지에게서 기인하는 것이었다(김수이, 「비극적 역사의 내면풍경으로서의 가족-이성복」, 『서정은 진화한다』). 그러나 실제 아버지는 시 속의 인물처럼 증오의 대상이거나, 상처를 준 장본인이 아니었다. 그는 "사회적 폭력이 가족사로 구조화된 것"이라며, 자신은 "사회를 투영하는 하나의 공명통일 뿐"이었다고 진술한다. 이것은 어찌 보면 가족사로 사회의 폭력성을 은유했던 카프카적인 해석인 셈이었다고 시인은 해석한다. 아버지에 대한 시인의 심정은 「그해 가을」에서 잘 표현된다.

> 아버지, 아버지! 내가 네 아버지냐
> 그해 가을 나는 살아온 날들과 살아갈 날들을 다 살아
> 버렸지만 壁에 맺힌 물방울 같은 또 한 女子를 만났다
> 그 여자가 흩어지기 전까지 세상 모든 눈들이 감기지
> 않을 것을 나는 알았고 그래서 그레고르 잠자의 家族들이
> 移葬을 끝내고 소풍 갈 준비를 하는 것을 이해했다

아버지, 아버지…… 씹새끼, 너는 입이 열이라도 말 못 해
그해 가을, 假面 뒤의 얼굴은 假面이었다

-「그해 가을」 일부

사실 '아버지'의 이미지는 『뒹구는 돌은 언제 잠 깨는가』의 핵심이기도 했다. 시인의 상상세계에서 아버지는 억압자/무능력자의 이중적 이미지이다. 시인 자신은 이 시집을 "악성(惡性) 신화와 상징이 횡행하는 아버지의 세계"를 비꼬고 풍자한 시집이라고 말한 바 있다. 그는 자신의 시에 나오는 '아버지'에 대해 다음과 같은 글을 남기고 있다.

> 다른 여느 존재와 마찬가지로, 나에게 아버지라는 존재는 극히 현실적인 차원에서 시작하여 고도의 상징적인 차원을 포괄하는 매우 복합적인 존재이다. 말을 바꾸면 나의 시에서 아버지는 현실의 내 아버지이면서, 동시에 모든 사람들의 아버지이며, 하나님 아버지이기도 하다. 처음 시를 시작할 당시, 내가 이러한 생각을 하게 된 것은 프란츠 카프카의 작품을 대하면서이다. 그의 작품들 가운데 특히 「변신」이라는 소설을 읽으면서 나는 개체와 전체, 물질과 정신, 개인과 집단 등의 문제가 결코 둘이 아니며, 내 자신의 가족 관계만을 철저히, 적나라하게 드러낼 수 있다면 인간과 신의 관계라는 종교적 문제까지도 해명할 수 있으리라는 생각을 하게 되었다.
>
> -「아버지 · 어머니 · 당신」에서

시인의 말대로 「그해 가을」에서, "아버지, 아버지가 여기 계실 줄 몰랐어요"라고 했을 때, 그 아버지는 현실의 나의 아버지이면서 동시에 하나님 아버지이기도 하다.

그렇다면 그 상처의 근원은 무엇일까. 이성복은 어느 대담에서 다음과 같이 말한다. "상처야 많지. 겨울날 살얼음 낀 웅덩이의 물도, 추운

날 수족관 속 도다리도 상처라면 상처지"라고 입을 뗐다. 그는 "세상에 발 딛고 살아가는 것이 상처"라고 했다. 내가 죄를 짓지 않을 수 없는 운명의 불가피성, 원죄에 대한 상처이다. 시인의 이러한 발언에는 세상의 모든 고통을 잉크 삼아 시 한 줄 쓰는 시인의 결벽증이 엿보인다. 우리가 갓 핀 미나리를 보면 저걸 솎아 먹으면 얼마나 맛있을까라고 생각하는 것마저 상처, "결국 생명을 해치며 살아가는 우리는 상처의 집합체"라는 것이다. 그가 본 상처의 근원은 보들레르가 말하듯, 인간이 근본적으로 어리석고 무감각하기 때문에 오는 것이다. "불가항력적인 상처도 있지만, 스스로 미성숙해 일어나는 상처, 자기 상처보다 남에게 저지른 상처를 기억하는 자기정화가 필요하다."고 말한다. 그리하여 그의 시는 황동규의 말대로, 끊임없는 자아파괴, 소시민생활의 파괴, 우상파괴행위를 통하여 초현실주의자의 모습을 보이기까지 한다(황동규, 「행복없이 사는 훈련-이성복의 시세계」, 『뒹구는 돌은 언제 잠 깨는가』).

이성복의 시에서는 언제나 표면적으로 삶과 문학에 대한 명확한 규정을 목표로 한다. 즉 그의 시는 삶이란 무엇인가, 문학이란 무엇인가라는 보편적이고도 관념적인 질문으로 시작하지만, 조금만 그 내부를 들여다보면 삶과 문학이 내게 바라는 것은 무엇인가. 내가 삶과 문학에서 할 수 있는 일은 무엇인가 라는 근원적인 질문이 이루어지고 있음을 보게 된다. 대타자를 향한 영원 미해결의 질문은 결국 절대적 의미를 향한 것이다. 그러므로 그는 '삶과 죽음이 불편한 자'를 위해서 '어째서 이런 일이 벌어졌을까'라는 질문을 던지지 않을 수 없게 된다.

내가 나를 구할 수 있을까
시가 시를 구할 수 있을까
왼손이 왼손을 부러뜨릴 수 있을까
돌이킬 수 없는 것도 돌이키고 내 아픈 마음은
잘 논다 놀아난다 얼싸

천국은 말 속에 갇힘
천국의 벽과 자물쇠는 말 속에 갇힘
말이 말 속에 갇힘, 갇힌 말이 가둔 말과 홀레 붙음, 얼싸

돌이킬 수 없는 것도 돌이키고 내 아픈 마음은
잘 논다 놀아난다 얼싸

-「어째서 이런 일이 벌어졌을까」 일부

존재의 근원적인 수수께끼에 대한 의문은 갈수록 확대된다. 상처투성이로 보이는 그의 시 세계는 원죄를 안고 사는 인간의 생명의 순환을 보여준다. 『뒹구는 돌』에서의 '아버지', 『남해 금산』에서의 '어머니', 『그 여름의 끝』에서의 '당신', 『아, 입이 없는 것들』에서의 '사물'로 이어지는 궤적은 라깡이 분석한 성장과정과도 닮았다. 상상계와 상징계, 그리고 실재계를 넘나들며 그는 인간생명의 원죄를 탐구한다. 『뒹구는 돌』에서와 같은 초기의 격동은 가라앉고, 성찰적이고 영성적인 태도로 사물을 관조하기 시작한다. 구조적 폭력에 대한 격렬한 반응도 진정되고 「아, 입이 없는 것들」에서는 아버지의 얼굴에 앉은 파리마저 연민의 대상이 된다. 이런 의미에서 이성복의 시 세계는 장석주가 이야기하듯, 인간 실존의 비극적 실상을 일상적 삶의 풍경을 통해 묘사하는 '부드러움의 시학'으로 명명(장석주, 「방법론적 부드러움의 시학」, 『세계의 문학』 1982. 봄)될 수 있을지 모른다.

그럼에도 근원적 고통은 여전히 그를 옥죄고 있다. 그것은 문학적 창작의 고통이며 시인의 숙명인지도 모른다. 상처는 감각의 깊이지, 상처의 중량 때문만은 아니다. "가장 낮은 자리에 섰기 때문에 누구도 탐낼 수 없던 예수의 상처처럼, 그 상처를 기억하고, 껴안고, 곱씹는 것이 오히려 상처 치유의 지름길일 수 있다."고 말한다. 살아 있기에 상처를 받는다. 그리고 상처의 근원에는 언제나 고통이 있다. 『뒹구는

돌』의 「후기」에서 그는 "상처는 '살아 있음'의 동의어이며 '살아야겠음'의 경보"라고 적고 있으며, 사진에세이집 『타오르는 물』에서 시인은 다음과 같이 말한다.

> 한 생명이 태어나서 상처받는 것이 아니라 태어남 자체가 상처라 하듯이, 모든 형체의 생겨남 또한 상처에서 비롯된다. 달리 말해 형체 자체가 이미 상처인 것이다. 애초에 시간과 공간이 우주와 더불어 태어난 것이기에 우주 이전과 이후의 시공을 생각할 수 없듯이, 상처보다 앞선 형체는 없으며 상처보다 나중 형체도 없다.
>
> -『타오르는 물』에서

시인의 생각에 따르면, 세상에 존재하는 모든 형체는 태생적으로 상처를 안고 나왔으니 서럽지 않은 것은 지상에 존재하지 않는다. 그리하여 "어떤 회한도 슬픔도 묻어있지 않은 눈물, 때로 삶 앞에서 고통이 내보이는 (투명한) 눈물"을 흘리게 되는 것이다. 그는 또한 "결핍과 상처는 아름다움이라는 생체(生體)의 두 숨구멍"이라고 규정하며 아름다움이란 "결핍과 상처의 구멍을 통해 숨 쉬고 살아 있는 어떤 것, 달리 명명하거나 묘사할 수 없는 어떤 것의 이름"이라고 명명한다. 그리하여 시인의 상처는 그의 시의 중심적 은유로 작용한다.

3. 은유의 안과 밖

전통적으로 시에 있어서의 은유란 일상적 언어 쓰임에서 벗어나는 쓰임으로 문장에 명료성과 품위를 더해 주는 문체상의 장식적인 기교로 보아 왔다. 아리스토텔레스에서 비롯된 이러한 생각은 오랜 세월동안 서구문학을 지배해 왔다. 그래서 은유를 언어학 탐구 대상에서 제외시켰을 뿐만 아니라 은유가 시적인 상상력이 탁월한 시인이나, 수사학적 능변가와 같은 특별한 사람들의 특별한 사람만의 전유물로 각인시켜 왔다. 이성복은 글쓰기의 과정이란 하나의 은유에 다름 아니라고 이야기한다.

> 또한 해달은 바다 밑에 뿌리를 두고 수십 미터 웃자란 해초다발에 몸을 감고 잠든다. 밤새 거센 파도에 떠밀려가거나 암초에 부딪히는 위험을 피하기 위해서라고 한다. 몸의 언어로 하는 글쓰기도 그런 것이 아닐까. 누군가 글쓰기는 욕조를 타고 대서양 건너는 일과 같다고 했지만, 언어라는 연약한 물풀에 몸을 감고 밤새 뒤척이며 날 새기를 기다리는 것. 내가 본 프로에서, 어미 해달은 폭풍이 몰아치던 밤 파도에 휩쓸려 떠내려가고, 물질도 할 줄 모르는 아기 해달만 남아 떨고 있었다. 글쓰는 사람이여, 당신도 그런 느낌이 들 때가 있는가.
>
> -「서문」, 『아, 입이 없는 것들』에서

여기서 시인은 글쓰기의 과정을 명쾌한 비유를 들어 설명하고 있다. 모든 글쓰기와 마찬가지로 모든 창작의 행위는 일종의 은유라고 시인은 이야기한다. 그는 글쓰기 과정을 일종의 '연상의 물길질'이라 표현하고 있다. 이성이라는 관념을 벗어나 자신의 감각을 끊임없이 연마하는 몸의 노동이자 자기와의 싸움. 얕은 물길질을 하면 건져 올릴 먹이가 없고 너무 깊게 잠영을 하면 익사할 위험에 빠진다. 아기 해달을 살찌우기 위해서는 그렇게 수많은 물길질이 필요한 법이다. 결국 창작이란 하루 수백 번을 반복해야하는 해달의 물길질처럼 자신만의 언어를 완성해가는 지난한 과정이기도 하다. 얼마나 많은 물길질을 해야 험난한 바다 속을 자유롭게 유영할 수 있을까. 얼마나 많은 아기 해달들이 먹이를 물고 올 어미를 한없이 기다리고 있을까. 아사(餓死) 직전의 아기 해달과도 같은 창작의 고통을 이렇게 훌륭하게 표현한 시인의 상상력과 은유는 놀랍다. 보여준다. 『아, 입이 없는 것들』에서부터 시인은 몸을 통한 금지와 유혹, 욕망과 억압, 삶과 죽음의 무한한 반복운동 속에서 존재는 변증법적 합일에 이른다(강정, 「오, '마라'가 없었으면 없었을」, 『아, 입이 없는 것들』).

『아, 입이 없는 것들』에 이어 시집 『달의 이마에는 물결무늬 자국』에서도 글쓰기에 대한 시인의 인식은 그대로 이어진다. 『달의 이마에는 물결무늬 자국』은 릴케, 파블로 네루다, 프루스트, 보들레르, 폴 엘뤼아르 등의 시 구절 중 한 토막을 에피그램으로 제시하고 그에 대한 단상을 한편의 시로 완성해 놓은모양새를 지니고 있다. 시인은 이를 두고 "내 관심사는 인용된 시를 빌미로 하여 대체 나 자신이 무엇을 말하고 싶어하는지 확인하는 것이었다"라고 말했다. 그것은 '말에 대한 욕망'을 의미하는 것이다. 이를테면 「나는 너의 이름을 끊는다」에서 시인은 파블로 네루다의 사랑의 소네트를 인용하면서 다음과 같이 말한다.

> 나는 너의 이름을 끊는다. 다시는 속지 않겠다고. 끊을 수 없는 것을 끊겠다는 집념의 어리석음. 내 어리석음만큼의 길이와 굵기를 가진 너의 이름. (중략) 그러나 알고 보면 네 이름은 내 환상이 네 환상을 끊어 내는 자리. 내 환상이 네 환상을 똥누는 자리. 만약 네가 '어휴 저질'하고 얼굴 찡그린다면 그냥 '누는 자리'
>
> -「나는 너의 이름을 끊는다」에서

위와 같은 방식에서 알 수 있듯이, 그는 상징주의적 에피그램을 통해 현실주의자로 남는 법을 보여준다. 그런데 그 내면을 들여다보면 그곳은 딜레마와 허기가 공존하는 공간이다. 빈곳을 채우려는 허기와 그것을 메우려는 욕망이 공존하는 부조리한 딜레마. 표면적으로 말에 대한 욕망을 앞세운 이 허기와 딜레마는 뒤집어보면, 삶과 화해하려는 삶에 대한 욕망의 반증일지도 모른다. 허기질수록 욕망하게 된다는 삶의 간절함을 이야기 하려는 것이다. 이성복의 경우, 그토록 불편했던 은유들임에도 불구하고 그의 시에서의 은유는 다시 반추하게 하는 힘이 있다.

찰나의 순간과 풍경에 은유의 생명력을 불어넣고자 하는 시인의 욕망은 갈수록 확대된다. 갯벌 위로 가득 찼던 바닷물이 간조 때가 되어 햇빛을 받으며 빠져나가는 모습을 하늘에서 내려다보는 앵글로 찍어낸 흑백사진들은 대단히 추상적인 빛과 어둠의 무늬를 그려낸다. 『타오르는 물』에서 시인은 이 사진들 하나하나에 다양한 은유의 생명을 불어넣는다. 그에게 은유란 하나로 고정되지 않는다. 시인의 은유는 "어두운 밤 곧추 일어선 몽구스가 두 다리를 내려뜨리고 늑대의 기습을 경계하는 모습이라거나, 불시에 낯선 별에 착륙한 외계인이 은빛 금빛 가루를 방사하며 망연자실 서 있는 모습이라거나, 그도 아니면 어미 짐승의 자궁 속에서 눈도 뜨지 못한 채 혼몽한 잠을 자고 있는 태아의 모습"(『타오르는 물』)으로 이어진다. 그는 "이처럼 다양한 연상을 통해 떠오르는 은유들은 그러나 결코 무작위로 만들어지는 것은 아닐 것"이라며 "그것들을 조심스레 포개놓고 보면 막막한 삶의 가장자리에서 떨고 있는 존재들의 고독감과 무력감이 공통 속성으로 드러난다"고 규정한다. 한마디로 "모든 형체는 은유의 조명을 받아 의미를 갖게 되며, 그렇지 않다면 아무도 모르는 숲 속에서 저 혼자 쓰러지는 나무"(『타오르는 물』)와 같다.

인간 세계는 이성적이며 윤리적인 삶이 중심이나 이것만으로 다 나타낼 수 없는 또 하나의 초월적인 현실이 있다. 이 현실이 인간의 경험에 와 닿을 때, 새로운 절대적 세계에 이르게 되는 것이다. 마찬가지로 사람마다 체험과 무의식의 밑그림들이 각자 다를 수밖에 없어서 똑같은 추상 무늬를 앞에 두고도 수백 수천 가지의 서로 다른 이미지를 떠올릴 수밖에 없다. 이성복 시인이 『타오르는 물』에서 "어째서 기쁨은 슬픔에 비해 감동적인 은유를 만들어내지 못하는 것"인지 묻는다. 그러면서 그는 "은유는 본디 은유하는 자와 아무 관련이 없는 것들에게 은유하는 자 자신의 기억과 욕망을 각인시키려는 부질없는 시도"일 뿐이라고 스스로 답한다. 이는 일견 모든 형체는 은유의 조명을 받아야만 의미를 갖게 된다는 자신의 말을 정면으로 부인하는 모순된 진술이기도 한데, 그만큼 역설적으로 '은유의 바깥'이란 얼마나 황폐하고 무의미한 것인지 강조하기 위한 언술이다. 시인은 언제나 '말의 세계'와 '말 너머의 세계' 사이에서 고뇌한다.

> 말은 보이는 세계와 함께 있다. 말이 없다면 보이지 않는 세계를 생각할 수도 없다. 보이지 않는 세계란 말로 지칭되는 보이는 세계 바로 너머에 있기 때문이다. 보이는 세계 없이 보이지 않는 세계란 있을 수 없다. 그런 의미에서 신비란 말을 넘어선 자리에 있다기 보다는, '말의 세계'와 '말 너머의 세계' 그 사이에 존재한다고 해야 정확한 표현이 될 것이다.
>
> -『오름오르다』에서

그의 '말의 세계'는 빛과 어둠, 선과 면, 구상과 비구상 사이를 오가면서 '말너머의 세계'의 무의미와 불가능성을 타진한다. 삶을 꿰뚫는 통찰력을 바탕으로 깊이 있는 사유의 씨줄 날줄이 또 다른 언어 건축물을 이루고 있다. 이성복과 그의 시를 읽는 우리들은 그 두 겹 사이에 숨어있는 욕망의 본질에서 서로 일치할 수 있다는 것, 그러므로 세상은 인간에게 기대서 있다는 동질성의 위안을 받게 된다.

4. '우리 사랑은 서러움이다'

서러움은 나를 알아보지만 서러움은 스스로 얼굴을 가리고 있어 나는 알 수 없고, 내가 서러움을 알 수 없으므로 숨길 수 없는 노래를 부를 수밖에 없다고 시인은 말한다. 4부작으로 이루어진 연작시 「숨길 수 없는 노래」의 주제는 사랑과 서러움이다. '사랑'과 '서러움'은 김소월·서정주·박목월 등 많은 선배 시인들이 즐겨 쓴 우리들의 귀에 익숙한 주제이다. 그러나 이들 선배와는 달리 이성복은 이 주제를 이루지 못한 사랑의 좌절과 같은 내용으로 풀지 않고, 그만의 독특한 어법을 사용해 사상이나 관념의 형이상학적 세계를 서정적 차원에서 노래하고 있다.

> 아직 내가 서러운 것은 나의 사랑이 그대의 부재를 채우지 못했기 때문이다 봄하늘 아득히 황사가 내려 길도 마을도 어두워지면 먼지처럼 두터운 세월을 뚫고 나는 그대가 앉았던 자리로 간다 나의 사랑이 그대의 부재를 채우지 못하면 서러움이 나의 사랑을 채우리라
>
> 서러움 아닌 사랑이 어디 있는가 너무 빠르거나 늦은 그대여, 나보다 먼저 그대보다 먼저 우리 사랑은 서러움이다
>
> -「숨길 수 없는 노래 2」 전문

남녀 간의 사랑에는 가장 단순하고도 가장 포괄적인 삶의 원리가 담겨 있다고 할 수 있다. 남녀사이의 사랑에는 정신과 육체, 삶과 죽음이 공존하고 있다. 그 이별을 통하여 이 세상과 저 세상의 의미에 대한 탐색을 가능케 한다. 남녀는 왜 항상 엇갈려야만 하는가. 이성복은 엇갈림의 자리를 '서러움'으로 채운다. 마주 서 있는 남녀를 통해 엇갈림

의 순간을 포착해낸다.

> 이 세상에서 남녀간의 사랑이야말로 가장 단순하고 가장 포괄적인 삶의 원리가 아닐까 하는 생각이 든다. 그런 의미에서 연애시는 삶의 비밀을 밝히려는 모든 시의 원형이라고 할 수 있다. 남녀간의 사랑 속에 숨어 있는 원리들을 밝힌다는 것은 곧 삶과 죽음, 정신과 물질, 이 세상과 저 세상의 관계를 밝히는 일이 될 것이다.
>
> -「연애시와 삶의 비밀」에서

사랑의 구조는 대화자의 욕망의 대상이 되고자 하는 욕망의 구조와 동일하다(딜런 에반스, 『라깡 정신분석 사전』). 이성복의 경우도 남녀 간의 사랑 속에는 삶과 죽음과 정신과 육체가 담겨 있다고 생각한다. 사랑과 서러움의 역사의 결정판이 10년 만의 침묵을 깨고 낸 일곱 번째 시집 『래여애반다라』이다. 두 편의 시 사이에 배치된 6개의 장은 래·여·애·반·다·라(來如哀反多羅)로 각각 읽을 수 있다. 좀 더 풀어쓰면 "이곳에 와서, 같아지려 하다가, 슬픔을 맛보고, 맞서 대들다가, 많은 일을 겪고, 비단처럼 펼쳐지다"로 의역되는 이 구절은 이번 시집, 나아가 이성복 시인의 시 세계 전체에 통일성을 부여한다. 6개의 리듬은 이번 시집이 이성복의 일곱번째 시집이라는 점과도 관련이 있다. 1980년에 나온 첫 시집 『뒹구는 돌은 언제 잠깨는가』 이후 『남해 금산』, 『그 여름의 끝』, 『호랑가시나무의 기억』, 『아, 입이 없는 것들』, 『달의 이마에는 물결무늬 자국』은 이성복 시의 생애를 건너온 여섯 개의 마디였고, 그 모두는 이번 시집에 고스란히 들어와 있는 셈이다. 시집의 첫 시와 마지막 시는 향가 '모죽지랑가'에서 빌려온 「죽지랑을 그리는 노래」와 '찬기파랑가'를 참조한 「기파랑을 기리는 노래」인데 이는 탄생과 죽음, 사랑과 서러움이 기본적 주제이다.

향가를 부르던 천삼사백 년 전의 시절에 신라인들은 서러움을 노래했다. 영묘사(靈廟寺)의 불상을 만들면서 여럿이 함께 불렀던 풍요(風謠)는 이렇다.

> 래여래여래여(來如來如來如)/래여애반다라(來如哀反多羅)/애반다의도량(哀反多矣徒良)/공덕수질여량래여(功德修叱如良來如)(오다 오다 오다/오다, 서럽더라/서럽다, 우리들이여/공덕 닦으러 오다)

그 시절이나, 지금이나 우리들 삶의 허리춤을 단단히 휘감고 놓지 않는 서러움은 언제나 존재했다. '오다, 서럽더라'로 해석되는 '래여애반다라'를 시인은 원할 겨를도 없이 생을 부여받은 인간이 차례로 다가오는 시간을 살아내는 과정의 압축으로 노래했다.

> 추억의 생매장이 있었겠구나
> 저 나무가 저리도 푸르른 것은,
> 지금 저 나무의 푸른 잎이
> 게거품처럼 흘러내리는 것은
> 추억의 아가리도 울컥울컥
> 게워 올릴 때가 있다는 것!
>
> -「來如哀反多羅 1」 일부

슬픔을 맛보고 맞서 대들다가 많은 일을 겪는 존재가 비단처럼 펼쳐지는 시절로 넘어간다 해도 서러움이 사그라지는 것은 아니다. 옆구리에 붙어 떨어지지 않는 서러움을 분무기 삼아 주름진 비단을 펴나가는 순간에 인간은 고통을 한걸음 넘어선다. '입술' '구름' '식탁' '신문' 같은 사물에 대한 성찰(1부)이 이어지더니 '시에 대한 각서' '눈에 대한 각서' '생에 대한 각서'처럼 삶의 구조와 진실을 일깨우는 노래(2부)

를 만나게 된다. 그리하여 시인은 "나는 사랑하지 않을 것이기에/내 삶에 숫기 없기를,/나는 이미 뿔을 가졌으므로/내 삶에 발톱 없기를!/눈 대신 쇠꼬챙이를 가졌으므로/내 눈에 물기 없기를!/지금 내 손에 감긴 때 묻은 붕대,/언제 나는 다친 적이 있었던가/지금 내 머릿속 여자들은/립스틱 짙게 처바른 양떼들인가/해묵은 상처는 구더기들의 집,/물 많은 과일들은 물이 운 것이다"(「來如哀反多羅 4」')고 노래한다. 그리하여 삶이 가진 다양한 측면을 구체적인 사적 체험 속에서 밝혀내는 시어들의 성찬을 벌어진다.

> 그리고 또 가시나무에
> 주저앉아 생각한다.
> 사랑이 눈이었으면 애초에
> 감아버리거나 뽑아버렸을 것을!
>
> 삶이여, 네가 기어코
> 내 원수라면 인사라도 해라,
> 나는 결코 너에게
> 해코지하지 않으리라"
>
> -「來如哀反多羅 5」 일부

여기에 오면 삶을 초연하게 대하는 시적 자세가 드러난다. 고통스러운 생에서도 부정할 수 없는 어떤 아름다움에 대한 고백은 나타나는 법이다. 생의 서러움과 서러움을 끌어안고 넘어서는 일로 건너간 시인은 시 「기파랑을 기리는 노래」로 새 시집을 덮었다. 향가 '찬기파랑가'에서 서리를 모르게 가지 드높던 잣나무는 시인의 마지막 시에서 잠잠히 홀로 선다.

「죽지랑을 그리는 노래」에서 "멀리서 내젓는/손사래처럼,/멀리서 뒤채는/기저귀처럼/찰바닥거리며 옹알이하던 물결"로 시작된 한 생애는, 「기파랑을 기리는 노래」에서 "어쩌면 그는 나무 얘기를 들려주러/우리에게 온 나무인지도 모른다/아니면, 나무 얘기를 들으러 갔다가 나무가 된 사람"이란 기억을 남긴 채 우리들에게서 사라져 간다. 시인이 노래하듯이, 우리 모두는 이 세상에 와서 한평생 살면서 서러운 사랑만 맛보고 가는 것이 아니던가.

그럼에도 불구하고, 이 세상에는 '슬퍼할 수 없는 것' 이 너무나 많다. 슬퍼할 수 없고, 슬퍼할 수조차 없는 상황은 너무나 많다. 그것은 가령 풍뎅이 같은 것이 한 번 엎어지면 오만 발버둥을 쳐도 일어나지 못하는 상황, 입이 있어도 그 입이 아무 소용없는 가엾은 것들의 슬픔에 대해 슬퍼할 수 없는 상황이다. 그래서인지 이성복 시인은 근년 자신이 가장 애착이 가는 시는 「슬퍼할수 없는 것」이라고 했다. 시인의 말대로, 생각해보면, 우리네 인생은 "슬퍼할수 없는 것/슬퍼할수 조차 없는 것"인지도 모른다.

> 지금 바라보는 먼산에 눈이 쌓여있다는것
> 지금 바라보는 먼산에 가지 못하리라는것
> 굳이 못갈것도 없지만
> 끝내 못가리라는것
> 나 없이 눈은 녹고 나없이 봄은 오리라는것
> 슬퍼할수 없는 것
> 슬퍼할수 조차 없는 것

-「슬퍼할수 없는 것」 전문

풍경 속 관념, 관념 속 풍경

– 허만하론 –

허만하 시인만큼 특이한 이력을 가진 사람도 드물 것이다. 왜냐하면 그는 어디에서도 특별하게 문학공부를 한 적이 없지만, 김춘수를 잇는 독특한 시적 세계를 지니고 있는 것으로 평가되기 때문이다. 잠시 그의 이력을 살펴보면 이렇다. 그는 1932년 3월 29일 대구에서 출생하여 경북대학교 의과대학을 졸업하고, 1957에는 의학박사 학위를 받았다. 그 후 의사로 근무하면서 1957년 『문학예술』지에 「과실」, 「날개」, 「꽃」 등 3편이 이한직(李漢稷)에 의해 추천받음으로써 시인으로 등단한다. 시인으로 등단한 후 시집 『해조(海藻)』(1969), 『비는 수직으로 서서 죽는다』(1999), 『물은 목마름 쪽으로 흐른다』(2003), 『허만하 시선집』(2005), 『야생의 꽃』(2006), 『바다의 성분』(2009) 등을 연이어 발표하였고, 산문집 『낙타는 십리 밖 물 냄새를 맡는다』(2000), 『청마풍경(靑馬風景)』(2001), 『길과 풍경과 시』(2002)을 발표하였다. 그에 힘입어 박용래 문학상(1999년), 한국시협상(2000년), 이산문학상(2003년) 청마문학상(2004) 등을 수상하였다.

의사로서, 시인으로서, 예사롭지 않은 철학적 깊이를 지닌 허만하의 시세계는 흔히 일상적인 소재에 대한 참신한 인식으로 이루어진 이미지를 중첩시켜 세계와 인생에 대한 관조와 사랑을 노래하려는 청신한 시 정신을 보여주고 있다고 평가되고 있다. 그의 두 번째 시집 『비는 수직으로 서서 죽는다』의 해설 「보려는 의지와 시」에서 평론가 김우창은 그이 시의 '형이상학적' 성격을 지적하면서 "지난 천년의 막바지에 마치 스톤헨지의 유적처럼 발굴되었다"고 하고, 이어서 "어설픈 사고와 감상과 대중적 푸닥거리와 쉬운 위안이 유행하는 시대에 있어서 이만큼 깊이 생각하고 끈질기게 생각하는 시인이 있다는 것은 놀라운 일이다."고 말했다. 이렇게 허만하는 망각의 석관을 열고 저벅저벅 걸어 나와 부동의 자세로 우뚝 서 있는 듯하다. 시인 자신은 이 시집을 내면서 시의 순결이 사라지고 있는 이 무잡한 시대에 시집 없는 시인으로 남는 것이 아름다운 선택이라는 생각도 해보았으나 작품을 통하여 자신이 만들어내는 독자를 만나보고 싶기도 했다고 하고 있다.

그의 시를 몇 마디로 간략히 요약하는 것은 그리 간단치 않은 일로 보이지만 우선 그의 시에 나타나는 철학적 · 관념적인 성격은 주목되어야 할 듯하다. 그의 초창기 시에 나타나는 형이상학적 관념적 성격은 김춘수 시인의 '무의미시' 작업과 무관치 않은 것으로 보인다. 예컨대 우리들에게도 익숙한 김춘수의 대표작 「꽃」을 가지고 생각해 본다면, 이 시는 언뜻 보면 사랑하는 사람과의 마음을 담은 이야기로 보일 수 있다. 연인관계에 놓인 남녀가 서로에게 의미가 있는 존재가 되고 싶다는 사랑의 감정을 노래한 것처럼 보이지만, 대상의 존재를 인식하지 못했을 때에 의미가 없던 것이 이름을 붙여주자 의미가 생긴다는 존재론적 내용을 담고 있는 독특한 시이다. 김소월과 서정주를 통하여 잘 확인할 수 있듯이, 김춘수가 등장하기 전의 우리 현대시는 대부분이 순수 지향적이었다. 반면 김춘수의 등장과 함께 사물의 사물성, 존재와 무존재와 같은 철학적이고 관념적인 것들에 관심을 가진 시가 등장하기 시작했다. 김춘수는 그의 등장 이전에 있었던 시에 대항하여 현대시의 해체작업에 앞장선 것이다. 이데올로기나 역사와 현실이 시 속에서 철저하게 사라져야 한다고 주장하고 이런 것들이 사라진 '무의미시' 영역을 개척하게 되었고, 그리하여 그의 시는 기존의 시가 추구하던 아름다움이나 감미로움을 벗어나 관념적이고 철학적인 의미를 담게 된 것이다.

허만하의 시 세계를 이야기하는 자리에서 김춘수의 시에 대해 이렇게 길게 이야기한 것은 허만하 시의 바탕이 다분히 철학적 관념적 성격에 놓여 있다는 점을 강조코자 함이다. 시인 스스로 철학 책 읽기는 살아 있는 취미라고 이야기 하고 있듯이, 허만하의 시는 다분히 '정신에의 창조'에서 출발한다고 한다. 그에게 '창조'라는 정신은 무엇인가?

옥편을 뒤지면
비롯할 창이다.
옥편풀이와는 달리
創자에는 상처란 뜻도 있다.
創傷이란 의학 용어로도 쓰인다.
창조와 상처가
한 글자 안에 동거하고 있다.
창조하는 정신은 언제나 상처입는다.
한자는 그것을 알고 있다.

날개는 다친 새는
더 멀리 날기 위하여
다시 어둠의 벼랑을 탄다.
휘몰아치던 비바람이 그친 다음날
섬의 벼랑 아래 떨어져 있는

수많은 바다새의 흰 주검들을 보라.

고호의 해바라기가 내뿜는 불꽃의
눈부신 암흑을 보라.
기원전 십수세기
은나라 유적에서 발굴되는
뼈에 새겨진 최초의 기호가
태어날 때의 아픔을
글자는 기억하고 있다.

창조하는 정신은 언제나
피를 흘린다.

-「創자에 대하여」 전문

"창조와 상처가/한 글자 안에 동거하고 있다./창조하는 정신은 언제나 상처입는다."는 시인의 말대로 우리는 새롭게 탄생하는 생명에 대하여 축하하지만, 그 곳에는 언제나 진통과 상처가 담겨 있다. 생명의 탄생과 축하 뒤에는 오랜 기다림과 견디기 힘든 진통이 있다. 뿐만 아니라 새로 태어난 생명의 뒤에는 죽음이 도사리고 있다. 그것을 피해간다고 해도 죽음을 떠안고 살아가는 것은 숙명이다. 생명의 탄생에는 엄숙함과 비장함이 감돈다. "섬의 벼랑 아래 떨어져 있는/수많은 바다새의 흰 주검"을 통해서, "고호의 해바라기가 내뿜는 불꽃의/눈부신 암흑을" 통해서 시인은 태어날 때의 아픔을 기억하고자 한다. 그래서 그는 "창조하는 정신은 언제나/피를 흘린다"고 말한다. 여태 살펴본 대로 사실 「創자에 대하여」에 시인의 시정신은 거의 다 함축되어 있다고 해도 과언이 아니다.

그러나 그의 시가 내면에만 갇혀 형이상학적 관념의 세계만 보여 주는 것은 아니다. 허만하에게 외면적 '풍경'은 하나의 관념이 되고 그것은 다시 시로 육화된다. 세 번째 시집 『물은 목마름 쪽으로 흐른다』의 시인 에필로그에서 허만하는 스스로 "시는 한 번도 본 적이 없는 풍경에 대한 추억이다"라고 말한적 있듯이, 그의 시들은 풍경에 대한 묘사와 사색으로 가득하다. 「프라하 일기」를 살펴보자.

> 비가 빛나기 위하여 포도가 있다. 미로처럼 이어지는 돌의 포도. 원수의 뒷모습처럼 빛나는 비. 나의 발자국도 비에 젖는다.
>
> 나의 쓸쓸함은 카를교 난간에 기대고 만다. 아득한 수면을 본다. 저무는 흐름 위에 몸을 던지는 비, 비는 수직으로 서서 죽는다. 물안개 같다. 카프카의 불안과 외로움이 잠들어 있는 유대인 묘지에는 가보지 않았다. 이마 밑에서 기이하게 빛나는 눈빛은 마이즈르 거리 그의 생가 벽면에서 보았다.
>
> 돌의 길. 돌의 벽. 돌의 음악 같은 프라하 섬. 릴케의 고향 프라하. "비는 고독과 같은 것이다."
>
> 엷은 여수처럼 번지는 안개에 잠기는 다리목에서 창녀풍의 늙은 그림자가 속삭인다.
>
> "돌의 무릎을 베고 주무세요. 바람에 밀리는 비가 되세요."
>
> 중세기 순례자의 푸른 방울 소리처럼 그녀의 목소리는 따라온다.
>
> "그리고 당신이 돌의 풍경이 되세요."
>
> 젖은 포도처럼 은은하게 빛나는 은빛 기교와
> 비에 젖는 지도의 일기.

프라하 칼프펜 거리는 해거름부터 비였다.

-「프라하 일기」 전문

위의 시「프라하 일기」에서도 잘 드러나듯이, 그의 많은 시들은 한국적이란 말보다는 서구적이란 말이 더 잘 어울리는 듯하다. 시를 만들어내는 언어들이 언뜻 생경하게 느껴지기도 하는 것은 서구적인 지명과 인명 그리고 발상, 시적 발상이 독특하기 때문이라고 할 수 있다. "돌의 길. 돌의 벽. 돌의 음악 같은 프라하 섬. 릴케의 고/향 프라하." "비는 고독과 같은 것이다."라는 그의 시어에는 신비성을 감춘 전설 같은 꿈이 숨어있어서 그의 시를 읽다보면 짙은 안개 속을 거니는 것 같은 착각에 빠져든다. 그의 시는 다양한 은유와 이미지를 불러오는 단어들의 결합으로 이루어진다. 이런 시어들은 구체적으로 확연하게 설명할 수 없는 것들이고 보이지 않는 것들이지만 서로 긴밀하게 이어진다. 장미가시에 찔려 죽었다는 릴케, 부조리의 작가 카프카, 기독교 성인들의 조각상이 늘어서 있는 카를교, 외로움이 잠들어 있는 유대인 묘지 등이 중세기 순례자의 푸른 방울 소리와 함께 어우러지는 시적 풍경은 제각각 독립적으로 존재하면서도 서로 아득한 연관성을 만들어내고 있다. 시인의 치밀한 구성에 의해 이 같은 분위기는 독자들의 눈앞에서 연출되고 귀속으로 들려오기도 한다. "나의 쓸쓸함은 카를교 난간에 기대고 만다. 아득한 수면/을 본다. 저무는 흐름 위에 몸을 던지는 비, 비는 수직으로/서서 죽는다." 상징적인 느낌으로 가득한 시어들은 이 시를 읽는 독자들에게 "저무는 흐름 위에 몸을 던지는 비" 처럼 뿌려진다. 그러한 시어들은 시의 길 속으로 우리들 이끌어간다. 그 길은 쉽게 전체를 드러내지도 않고 미로를 열어가는 듯하다가 잠시 모습을 보이면서 다시 미로로 접어든다.

시인은 언젠가 동유럽을 여행하던 중에 프라하의 밤거리에서 자신을 따뜻하게 만들어 준다고 느낀 사물과 인간의 배신 없는 동거의 아름다움 풍경을 보면서 이 시를 쓰게 되었다고 했다. 인간과 풍경의 진정한 교감이란 어떻게 이루어지는 것일까. 인간이 보는 세계는 인간의 몸을 중심으로 유기적으로 하나가 되어 서로 정보를 주고받게 되고, 눈으로 들어오는 시각적인 풍경과 귀로 들어오는 청각적인 음율과 피부와 근육으로 느껴지는 촉각적인 감각은 제각각 다른 모습으로 나타나게 된다. 이 시의 핵심어는 바로 "비는 서서 수직으로 죽는다." 라는 말이라고 할 수 있다. 이 문장 하나가 시 전체를 일으켜 세우고 있다고 한다면, 어쩌면 나머지 어귀들은 이 시어를 받쳐주기 위해 존재한다고 해도 지나침이 없다. 일상적으로 우리에게 내리는 비는 하늘이란 상승의 장소에서 땅이라는 하강의 장소로의 추락의 의미를 지지고 있다. 그러나 시인은 이런 우리들의 상식을 완전히 전복시켜 비의 하강이 단순한 추락이나 소멸이 아니라 자존의 직립으로 본다. 시인은 비의 하강을 수평의 들판에 굴복하는 것이 아니라 수직으로 일어서는 순간을 목격하게 된 것이다. 무너지는 자신을 다시 일으켜 세우며 사는 것이 인생이란 것을 자각하면서도 '비는 서서 죽는다'는 말과 같이 우리 인생을 바르게 세운다는 것 역시 쉬운 일은 아니다. 사물에 대한 인식은 이렇게 단순성을 벗어나 새로운 관념적 다의성을 보이면서 그 아름다움을 획득하게 되는 것이다. 떨어져 소멸되는 비를 '서서 죽게 하는 능력' 이야말로 시인의 예지에서 나오는 것인지 모른다. 이것은 바로 "삶의 절정을 자기 파괴에서 보는 도식"(김우창, 「보려는 의지와 시」)으로 만들어 내는 것이기도 하다.

시인에게 수직으로 서서 죽는 비는 "고독과 같은 것"이어서 산자락을 자르거나 강을 가로지르는 힘으로 구현되는 것이다. 그것은 냉혹한 현실의 면모를 드러냄과 동시에 시인의 시 공간을 만들어내는 힘이 된다. 그래서 그의 시는 때로 곳곳에 사막의 가시 같은 독선이 숨겨져 있으며, 길을 떠나기 앞서 갈길을 밝혀주는 맑은 아침햇살같이 빛난다. 그리하여 시인은 은하처럼 사막의 밤하늘에 누으면서, 배암처럼 모래 위에서 뒹굴면서 눈송이처럼 지던 꽃잎을 보고 싶어 한다. 시인은 사막의 일몰을 마시면서 화약처럼 터지는 언어로 자신의 두 눈을 태우고자 한다.

> 나의 풍경에는 이데올로기는 없다
> 모래 언덕처럼 무너지는 나의 감수성
> 화약처럼 터지는 나의 언어
> 나는 불타는 언어로 내 두 눈을 태웠다
>
> -「사하라에서 띄우는 최후의 엽서」 일부

메를로퐁티는 "풍경이 내 안에서 그 자체를 생각하고, 나는 그것의 의식이다"고 말한 적 있다. 그래서 화가 세잔이 '리얼리즘'을 추구한다고 말할 때, 그가 말하는 리얼리즘은 인간이 사물들의 진리를 포착하기 위해 일상성을 멈출 수 있다는 것을 의미하는 것이다. 다시 말하면 단지 인간적인 사색만이 근본적인 지각에 도달할 수 있으며, 자연은 인간 정신의 사유를 통해서만 그 자의식에 도달할 수 있다는 것이다. 마찬가지로 허만하는 시집 『비는 수직으로 서서 죽는다』에 실린 여러 시편들이 보여주듯이 허만하는 풍경을 느리고 꼼꼼히 관찰한다. 그 관찰은 눈으로가 아닌, 직관으로 행해진다. 그는 스스로 '나는 불타는 언어로 내 눈을 태웠다.'고 말했듯이 보는 것과 말하는 것, 느끼는 것과 만지는 것. 인간과 자연의 한계를 뛰어 넘고 경계를 허문다. '불타는 언어'는 무한으로 자연을 변주시키면서 새로운 시어를 창조한다. '하나의 이미지를 잉태하기 위하여 그는 수많은 풍경을 학살한다.'고 털어놓듯이 그에게 있어 언어는 이제 구속이나 굴레가 아닌 무한의 가능성이다. 그는 자신에게 드리워진 굴레와 경계를 허물기 위해 자연과 함께 머물며 자연을 관조한다. 자연에 대한 인식이 있기 때문에 "누구의 보석상자였을까? 숲속에 쏟아져 있는 복수초 군락/꽃들은 각설탕같이 버석거리는 적설밑에서 소리를 내지 않는다./말이 태어나기 이전의 의미를 안으로 터질듯 머금고 있는/눈부시게 샛노란 꽃." (「나로도 복수초」), "돌이 된 달의 분화구에 꿈의 검은 물을 붓고 숲속의 새처럼 들뜨고,/말은 다시 눈먼 어둠으로 되살아난다."(「시의 등」)와 같은 자연묘사가 가능케 된다. 더 나아가 자연 속 '야생의 꽃' 하나를 통해서도 시인은 삶의 깊은 의미와 성찰을 찾아낸다.

의미에서 풀려난 소리는 비로소 아름답다.
숲 속에서 새의 지저귐 소리 들어보라.
물에 비친 가지 끝 섬세한 떨림을 보라.
의미는 스스로를 노출하지 않는다.
말이 되기 이전의 의미를 그대로 머금고 있는 꽃나무.
지는 꽃잎은 소리를 가지지 않는다.
침묵의 배후에 펼쳐지는 끝없이 넓은 들녘을 보라.
사람의 시선이 머문 적 없는 야생의 꽃들이 있다.
흰 색 가운데서 흰 꽃잎은 희지 않은 것 가운데서 흰 것보다 본
질적으로 희다.
꽃들은 정직하게 미래를 믿고 있다.
흰 꽃은 순결한 미래를 믿기 때문에 희다.
이름 없는 들꽃들이 저마다 다른 빛깔의 꽃가루를 만들고 있다.
바람에 흩날리는 씨앗을 보라. 목숨은 역사 이후의 다른 별까지
날아간다.
지구가 사라진 뒤의 낯선 천체 위에서 꽃들은 바람도 없이 온몸
을 흔들 것이다.
불멸의 언어처럼 인류를 추억할 것이다.

-「야생의 꽃」 전문

현대의 많은 시인들이 보이는 언어에 대한 회의(懷疑)는 이 세상에 대한 회의와 상응한다. 그러나 허만하의 경우 시를 실재에 이르는 도정으로 생각하면서 시의 언어와 이미지를 통해 사물과 세상을 드러내는 방식이 된다. 그리하여 그는 더욱 섬세하고 정교한 의식으로 사물의 풍경에 다가가고 있다. 허만하는 풍경을 이렇게 정의한다. "풍경이 우리의 내부로 걸어 들어와서 우리의 일부가 되는 것은 그 낯선 본질 때문이라는 것이 내 생각이다. 산다는 것은 낯선 것을 받아들여 낯설지 않은 친숙한 것으로 만들어 가는 과정이다. 낯선 것을 만나기 위하여 우리는 길 위에 선다."(「풍경」) 「낙동강 하구에서」는 시인의 이런 생각을 잘 반영해주는 작품이다.

바다에 이르러
강은 이름을 잃어버린다.
강과 바다 사이에서
흐름은 잠시 머뭇거린다.

그 때 강은 슬프게도 아름다운
연한 초록빛 물이 된다.
물결 틈으로
잠시 모습을 비쳤다 사라지는
섭섭함 같은 빛깔
적멸의 아름다움

미지에 대한 두려움
커다란 긍정 사이에서
서걱이는 갈숲에 떨어지는
가을 햇살처럼
강의 최후는
부드럽고 해맑고 침착하다.

두려워 말라, 흐름이여
너는 어머니 품에 돌아가리니
일곱가지 슬픔의 어머니

죽음을 매개로 한 조용한 轉身
강은 바다의 일부가 되어
비로소 자기를 완성한다.

-「낙동강 하구에서」 전문

낙동강의 지형 자체를 변화시켜버린 거대한 하구둑 아랫길을 따라 다대포 쪽으로 향하는 강심에는 그래도 먹이를 찾아 날아와 유행하고 있는 수천 마리 새떼들이 목격된다. 강의 끝자락의 언덕에 서면 다대포 앞바다가 한눈에 들어온다. 한쪽으로 낙동강이, 다른 한쪽으로는 남해가 커다란 삼각주로 함께 흘러간다. 시인은 이 모습을 바라보며 '두려워 말라, 흐름이여/너는 어머니 품에 돌아가리니'고 하며 자연의 거대한 조화와 순환을 일깨워준다. '바다'에 이르는 '강'의 소멸을 "죽음을 매개로 한 조용한 전신"이라 하는 시인의 시선은 자연을 보면서도 언제나 삶과 세상에 대한 깊은 인식과 사유로 향해 있다. "그러나 천사가/하늘에서 떨어지기 위해서는/하나의 캄캄한/절망이 필요하다."(「하늘」) 거나 "낙타는 십리 밖에서도/물냄새를 맡는다/맑은 영혼은 기어서라도 길 끝에 이르고/그 길 끝에서/ 다시 스스로의 길을 만든다/지도의 한 부분으로 사라진다"(「낙타는 십리 밖에서도」).

시인은 세상과 사물을 낯설게 보는 데에 익숙한 정신을 가진 사람들이다. 이는 감수성이란 다른 말로 환치되어도 무방할 터이지만. 시인은 세상을 만나기 위하여 길을 나서고 길 위에서 만나는 이미지들과 하나가 되면 시인의 마음속에서 일렁이는 풍경은 언어들을 만나서 시가 되는 것이다. 그래서 시인은 "나의 눈망울 뒤에는 바다가 있다 나는 그 바다를 다 울어버리지 않으면 안 된다"고 말한다.

> 그 시인은 "나의 눈망울 뒤에는 바다가 있다.
> 나는 그 바다를 다 울어버리지 않으면 안 된다"고 했었지.
> 이제사 나는 깨닫는다. 사람은 아무도 자기의 바다를 다 울지 못하고 만다는 사실을.
> 엠덴 해연의 갈맷빛 깊이.
> 슬픔의 깊이를 견디고 있는 하늘의 높이가 비친 바다의 물이랑
> 신록의 푸른 불꽃처럼 타는 그리움 마지막처럼 잔잔히 불러보는
> 그리운 이름, 이름……
> 그리움은 물빛이 아니다. 뜨거운 이마, 가뭄에 갈라진 논밭처럼 튼 입술. 그리움은 몸살이다.
> 그리움은 슬픔처럼 아프다. 아프다.
> 부풀어 오르는 바다가 마지막 그리움처럼 넘친다.
> 눈시울 안에 쌓인 지난 겨울 함박눈의 추억.
> 캄캄한 밤의 부드러운 벼랑을 흘러내리는 바다의 물빛. 봄 여름 가을 겨울의 바다.
>
> 사람은 고유한 자기의 바다를 가지고 이승의 슬픈 눈시울을 감는다.

-「내면의 바다」 전문

육체를 정신의 바탕이라고 생각한다면 우리는 일차적으로 각각 고유한 육체를 통하여 세상과 접하고 있다. 바꾸어 말하면 육체는 세상을 사귀는 통로이다. 우리들은 몸으로 세상을 지각하고 표현해 내지만, 시인은 언어를 통해 세상을 표현해 낸다. 이런 의미에서 언어는 사유의 껍질이 아니라 사유의 육체라 표현될 수 있다. 어느 경우이든 우리는 지각적 경험에 의해서 세상 안에 깊이 파들어 가고자 한다. 언젠가 김춘수 시인은 허만하의 시를 전형적인 관념시라고 단정지운 바 있

지만, 허만하의 시에 나타나는 관념은 여태 우리가 그의 시를 두루 살펴보면서 느꼈듯이, 이 세상의 풍경에 대한 깊은 사유에서 우러나오는 것이라고 할 수 있다. 요컨대 다시 메를로 퐁티가 "풍경은 내 속에서 자기 자신을 사유하고 있는 것이며, 그리고 내 자신은 풍경의 의식이다."라고 한 말은 허만하에게도 적확하게 어울리는 표현이라 할 수 있다. 시인은 또 다른 풍경을 찾아 길을 나선다. 그러나 그 '기다림은 언제나 길다.'

> 내가 조용히 바라보았던 것은 잎 진 실가지 그물 틈새로 나무 의자 위에 떨어지는 여윈 햇살 부스러기가 아니라, 비어있는 나무 의자보다 철저한 나의 기다림이었다. 기다림은 언제나 길다. 녹슨 가시철조망 안에서 바라보는 또 하나의 눈물겨운 노을. 아, 바깥!
>
> 기다림은 어디서나 길다. 추억은 한 발자국 늦게 도착하거나, 끝내 도착하지 않는다. 가시 철조망 안에서 추억은 가슴저리게 그리운 과거에 대한 아늑한 도취가 아니다. 추억은 고문이다. 암록색 천막 건물 앞 외로운 후박나무에 기대어 길이만 있고 부피가 없는 선분의 잔인한 성격을 생각한다. 아, 부피가 없는 선분의 이쪽과 저쪽!
>
> -「기다림은 길다」 전문

인간과 우주의 화엄

- 정현종론 -

1

정현종 시인은 1965년『현대문학』을 통해 시단에 등장한 이후 지금까지 끊임없는 창작열과 끊임없이 자신의 시세계를 갱신하는 열정으로『사물의 꿈』(1972),『나는 별아저씨』(1978),『떨어져도 튀는 공처럼』(1984),『사랑할 시간이 많지 않다』(1989),『한 꽃송이』(1992),『세상의 나무들』(1995),『갈증이며 샘물인』(1999) 등의 시집과『고통의 축제』(1974),『달아 달아 밝은 달아』(1982),『사람으로 붐비는 앎은 슬픔이니』(1990),『사람들 사이에 섬이 있다』(1991),『이슬』(1996) 등의 시선집을 상자했다. 그는 또한 독특한 시론과 탁월한 산문을 모은『날자, 우울한 영혼이여』(1975),『숨과 꿈』(1982),『생명의 황홀』(1989) 등을 펴냈으며, 시 번역에도 뛰어난 재능을 발휘하여 예이츠, 네루다, 로르카의 시선집을 번역 출간하기도 했다.

정현종의 시는 탁월한 시적 상상력과 언어적 창조에서 독특하고도 수준 높은 한 경지로서 기존의 한국 현대시들과는 뚜렷한 차이점을 보여준다. 특히 그의 시에서 사용되는 시적 이미지와 상상력은 단순한 표현적 · 기법적 특징을 넘어 시작품의 의미구조 전체를 조율하고 시적 발전 과정과 시의식의 방향을 독특하게 제시함으로써 우리 현대시의 모습을 새롭게 정초시키는 역할을 했다. 비평가 김현은 일찍이 정현종의 시적 위치를 이렇게 정리했다.

> 정현종의 시사적 자리는, 50년대를 휩쓴 서정주의 토속적 여성주의를, 유치환 · 박두진 · 김수영의 한문 투의 남성주의와 서구적 구문법(構文法)에 의지한 개인주의에 의해 극복한 곳에 있다. (중략) 그는 유치환·박두진·김수영 등과 함께 여성적 체념·달관을 거부하지만, 그들의 세계관을 그대로 수락하지 않는다. 그는 이 세계가 고통스럽고 절망적인 세계이며, 이 세계에서의 삶은 죽음으로 끝난다는 것을 믿는다는 점에서는 비관적 현실주의자이지만, 이 세계 내에서 이 세계의 무의미성과 싸울 수 있다고 믿는다는 점에서는 낙관적 현실주의자이다. 그의 현실주의는 개인의 자유 위에 기초해 있다는 점에서 개인주의적이며, 자기의 세계관을 억압적으로 내세우지 않는다는 점에서 자유주의적이다. 그가 유치환 · 박두진 · 김수영 등과 갈라지는 곳은 그곳이다. 그곳에서 정현종은 70년대에 가장 아름답게 흐른 물길 중의 하나를 판다.
>
> -김현, 「술취한 거지의 시학」, 『거지와 狂人』에서

위에서 김현이 지적하듯이, 정현종의 문학사적 자리는 50년대의 주류적인 미학이었던 서정주 식의 토속주의를 극복하면서 동시에 유치환 · 박두진 · 김수영과는 또 다른 개성적인 시 세계를 보여 줌으로써 70년대 시의 현대성을 새로운 차원으로 견인한다. 이에 머물지 않고, 정현종은 80-90년대 지속적인 시적 작업을 통해 자기 시의 근원적인

모습을 새로운 시적 지평으로 확대해 나갔다.

그동안 정현종 시에 대한 이해는 초기에는 주로 부정적 세계 인식이 주조를 이루어왔고, 후기에는 자연을 통한 생의 긍정적 수용을 이루어왔다는 평가가 지배적이었다. 말하자면 존재와 세계에 대한 실존적 관심이 자연과 생명에 대한 관심으로 변모해왔다고 보는 것이 대체적인 경향이었다. 말하자면 시인의 전체 시세계에서 일관되고 지속적인 특징으로 흐르는 정신은 인간과 우주에 대한 인식을 모두 한꺼번에 조화하고 종합하는 경지와 같은 것이라고 할 수 있을 것이다. 비유컨대, 이것은 불법(佛法)에서 광대무변하게 온갖 분별과 대립을 이루고 있는 모든 중생과 사물을 아우르고 마치 온갖 꽃으로 장엄하게 장식한 것과 같은 화엄(華嚴)의 경지라 할 수 있을 것이다.

2

정현종의 초기 시세계는 시대적 상황 속에서 세계의 무의미성과 현존재의 불안을 초극하기 위해 '사물'을 인식적 지평 하에서 바라보고 해석하고자 하는 경향을 보인다. 그래서 그의 초기 시에서 '사물'은 주체와 동등한 위상을 지니며, 그의 시 세계를 구성하는 중심 요소가 되고 있다. 정현종의 시각에서는 '사물'은 그것이 생물이든 무생물이든 시적 주체로 지칭될 수 있는 것 이상의 모든 대상을 포괄하여 나타난다. 이처럼 확장된 타자 범주는 그의 세계 인식의 깊이와 넓이를 반영한다. 그는 인간 존재의 한계에서 오는 고통에서 초월하기 위해 '바람', '별', '귀뚜라미' 등과 같은 생물·식물·광물 등 모든 피조물들의 이미지를 사용하면서 초월과 상승에의 끝없는 욕구를 표상해낸다. 정현종은 스스로 '사물'에 대한 개념을 다음과 같이 정의 내린다.

여기서 시의 대상=사물로서의 귀뚜라미는 우리의 모든 시에서 노래불려진 다른 모든 사물, 즉 삶의 모든 현상들 혹은 역사적, 사회적 현상들, 사람들 즉 그들이 빚어내는 모든 내적, 외적 현상들, 생물·식물·광물 등 모든 피조물들, 요컨대 시의 주제와 소재가 될 수 있는 모든 것들로 바꿔 놓을 수 있다. 그리고 〈事物〉이라는 말은 영어의 things의 번역어인데, 그 말은 물질적 대상들 뿐만 아니라 非물질적 대상들, 즉 정신적 대상들도 포괄하고 있고 우리의 정서적 현상들도 포괄하는 개념이라는 점을 적어두고 싶다.

-「詩와 感受性 그리고 그 對象」에서

정현종이 '사물'이라는 개념을 통해 지칭하는 것은 형태의 유무를 넘어 이 세계를 가득 채운 모든 존재들이다. 시인에게 시작(詩作)은 자아 외부의 모든 대상을 향해 열려지면서 대상과 교류하려는 시적 의지의 진정성과 이를 돕는 시적 감수성에서 시작한다. 사물을 주체와 동등한 자리에 세우고 그 본질에 닿으려는 시인의 노력은 거의 '가이아 명상'(정현종, 「가이아 명상」, 『작가세계』, 1990. 가을)에 가깝게 타자에 대한 피상적 이해를 넘어 사물 본연의 생명력을 발견해내기에 이르게 되고, 이 때 시적 주체와 타자 사이에 유기적인 관계가 형성되기 시작한다. 일상적 해석으로 인해 내면의 모습이 간과되던 사물들이 새로운 관계를 형성하게 되는 것이다. 마찬가지로 가변적이고 객관적으로 존재하는 자연현상들도 시인과의 관계 형성에 의해 의인화 · 사물화 과정을 통해 구체적 속성을 부여받고 타자로서의 지위를 얻게 된다. 예컨대 이런 관점에서 다음의 시들을 살펴보자.

i) 바람 소리 한 가닥
모래 위에 떨어져 있다
그걸 주워서 만져보고

귀에도 대본다
달 뜨는 소리 들린다

-「도덕의 원천이신 달이여」 일부

ii) 다시 저 빗소리가
편안한 집을 짓고 있고
빗소리의 흐르는 벽이
다만 사랑하는 방을 꾸미고 있다

-「흐르는 방」 일부

i)의 시에서 자연 현상은 일차적으로"바람 소리"라는 청각 이미지로 제시되었다가 다시 "모래 위에 떨어져 있다"는 말로 시각 이미지로 변모한다. 바람소리에 내재된 겹겹의 속성들은 다양한 감각을 동원하여 시인에 의해 구체화된다. 시적 주체는 바람 소리를 손으로 만져보고 귀로 들어본다. 시인이 이렇게 자신의 오감을 동원하는 것은 보이지 않는 타자의 속성과 깊은 관계를 맺고자 하는 의도에서이다. 마찬가지로 ii)에서도 시인은 "빗소리의 흐르는 벽"이라는 청각적으로 경험되는 자연 현상을 통하여 시적 주체에게 시각과 촉각의 구체적 존재의 의미를 부여한다. 이처럼 정현종의 시에서는 자연 현상을 비롯한 시적 주체 외부의 존재들은 생명을 가진 타자로 실체화되어 나타나고 있다. 시인으로부터 생명력을 부여받은 타자들은 시적 주체에게 직접적이고 실제적인 층위에서의 타자 체험을 가능하게 한다. 정현종의 시에서는 사물이 사물로, 관념이 관념으로만 존재하지 않는다. 물질적 대상은 그 대상이 맺고 있는 관계성 속에서 사물과 관념의 속성을 열어 보이면서 물질적 속성을 부여받아 구체성을 확보한다. 그리하여 그것들은 인류애로 확대되고 생명있는 것들에 대한 사랑으로 섬화된다 (정현종, 「춤·무용·탄력」, 『생명의 황홀』). 외부의 대상들은 타자들의 존재감

뿐만 아니라 자아 스스로에게도 매번 새로운 존재감을 형성하게 해준다. 다시 시인은 '거울'의 이미지를 빌어 사물의 속성을 다음과 같이 말한다.

> 사물은 각각 그들 자신의 거울을 가지고 있다. 내가 나의 거울을 가지고 있듯이. 나와 사물은 서로 비밀이 없이 지내는 듯하여 각자의 가장 작은 소리까지도 각자의 거울에 비친다. 비밀이 없음은 그러나 서로의 비밀을, 비밀의 많고 끝없음을 알고 사랑함이다. 우리의 거울이 흔히 바뀌어 있는 것을 발견한다. 거울 속으로 파고든다. 내 모든 감각 속에 숨어있는 거울이 어디서 왔는지 나는 모른다. 사물을 빨아들이는 거울. 사물의 피와 숨소리를 끓게 하는 입술식 거울. 사랑할 줄 아는 거울. 빌어먹을, 나는 아마 시인이 될 모양이다.
>
> -「거울」 전문

이 시에서 반복해서 사용되는 단어는 '비밀'이다. 주체와 타자는 서로의 '비밀'을 밝히려 들지 않고 "서로의 비밀을, 비밀의 많고 끝없음을 알고 사랑"한다. 타자성이 지닌 규정 불능의 무한성, 그것은 주체에게 끝없는 비밀이며 신비이다. 이런 사실을 인정하고 수용하면서 시적 주체는 타자와의 관계를 시작한다. 주체와 타자의 근본적인 차이와 분리를 자각하는 것은 타자성의 고유한 모습을 인정하면서 타자와 관계를 시작하는 것은 시적 주체의 사물인식과 세계인식의 출발이 된다.

> 그 잎 위에 흘러내리는 햇빛과 입맞추며
> 나무는 그의 힘을 꿈꾸고
> 그 위에 내리는 비와 뺨 비비며 나무는
> 소리 내어 그의 피를 꿈꾸고
> 가지에 부는 바람의 푸른 힘으로 나무는

자기의 생이 흔들리는 소리를 듣는다

-「사물의 꿈 1-나무의 꿈」 전문

'나무의 꿈'이라는 부제가 붙은 이 시에서 시인은 '햇빛', '비', '바람'이 일체가 되는 나무의 모습을 통하여 나무의 나무됨이 되는 과정과 절차를 훌륭하게 그려내고 있다. 이 시에서 나무의 모습을 통하여 볼 수 있듯이, 주체와 타자로서의 '우리'는 어디까지나 기존의 관념에 갇히지 않는 새로운 관계의 실제 속에 있는 것이다. 대지 위에 뿌리내린 주체로서의 나무는 '햇빛', '비', '바람'이라는 다가오는 타자들과 관계 맺으며 새로운 주체성을 세우고 있다. 햇빛과 비라는 타자는 나무로 하여금 그의 생존을 가능케 하는 '힘'과 '피'가 되게 한다. 시인의 말대로 우리는 사물을 통하여 새로운 '꿈'을 꾸면서 '사물'은 다시 자기 자신의 꿈을 꾼다. 이렇게 서로의 꿈을 꾸면서 나와 타자, 타자와 사물은 서로의 경계를 허물고 벽과 한계를 뛰어넘으면서 하나의 아름다운 풍경을 이루어낸다. 이것은 메를로 퐁티가 이야기하는 사물과 자아의 완전한 합일에 의해 예술이 형성되는 것과 같은 단계이다.

나와 사물, 나와 타자 사이의 사랑과 관계를 통해 세계인식을 이룬 시인은 캄캄한 '밤하늘'과 같이 '고통과 죽음'의 영역으로 밀려난 수많은 타자들을 향해 눈길을 보낸다.

옛날엔
별 하나 나 하나
별 둘 나 둘이 있었으나
지금은
빵 하나 나 하나
빵 둘 나 둘이 있을 뿐이다.
정신도 육체도 죽을 쑤고 있고

우리들의 피는 위대한 미래를 위한
맹물이 되고 있다.

최근의 밤하늘을 보라
아무도 기억하지 않고 말하지 않는
어떤 사람들의 고통과 죽음을
별들은 자기의 빛으로
가슴 깊이 감싸주고 있다
실제로 아무 말도 하지 않는 우리들을 향하여
流言같은 별빛을 던지고 있다

-「최근의 밤하늘」 전문

그 옛날에는 우리들은 '별'로 표상되는 아름다운 이상을 꿈꾸면서 살아왔다. 그러나 오늘날의 우리들은 모두 '빵'만을 추구하면서 살아간다. 물론 일차적으로 여기서 시인이 말하는 '빵'이란 물질적 삶을 지칭하는 상징적 기제로 작용한다. 그러나 이 작품에서 시인의 의도가 단순히 물질만능주의로 흐르는 오늘의 세태를 비판하는 데 있는 것은 아니다. 시인이 진심으로 걱정하고 아파하는 것은 '어떤 사람들의 고통과 죽음'에 대해 "아무 말도 하지 않는 우리들을 향하여"있다. 그러나 정작 시인이 '어떤 사람들의 고통과 죽음'이 왜 우리사회에 존재해야 하는지에 대해서는 아무런 언질도 주지 않고 있다. 아마도 그것은 타락하고 부조리한 사회적 권력이나 제도의 억압에 의해 희생된 인간의 고통과 죽음일 것이다. 이 시에서 시인이 더욱 우리에게 경종을 주고자 하는 것은 개인의 희생과 고통을 강요하는 시대적 모순에 대해 침묵하는 우리들의 무관심과 묵종이다. 그리하여 "어떤 사람들의 고통과 죽음을" "자기의 빛으로/가슴 깊이 감싸주고 있"는 별은 헐벗은 타자들의 고통과 슬픔을 대면하면서도 더욱 밝게 빛나면서 우리들에게 다가온다. 시인은 눈앞에 보이는 사물과 이웃들에 대해서는 물론 눈앞에 보이지 않는 타자들을 향해서도 깊은 공동체의식과 연대감을 추구한다.

> 이 편지를 받는 날 밤에 잠깐 밖으로 나오너라
> 나와서 밤하늘의 가장 밝은 별을 바라 보아라
> 네가 그 별을 바라 볼 때 나도 그걸 보고 있다
> (그 별은 우리들의 거울이다)
> 네가 웃고 있구나 나도 웃는다
> 너는 울고 있구나 나도 울고 있다
>
> -「다시 술잔을 들며」 전문

오늘날 삶의 모든 부면에서 우리는 절박한 소통부재를 느낀다. 미지의 독자는 시인에게서 날아온 이 편지를 받고 잠깐 밖으로 나온다. 그리고 '가장 밝은 별'을 보면서 시인과 눈을 맞추듯이 서로 교감하면서 감정의 주파수를 맞춘다. 우리가 서로 마주 보지도 않고, 서로와 감정을 교환하지 않으면서도 어찌 심연의 마음을 열고 소통할 수 있을 것인가. 갈수록 공감과 동정이 사라져 가는 이 시대에 우리에게 타자와의 소통이 왜 필요한 것인지 「다시 술잔을 들며」는 감동적으로 보여준다. 이처럼 정현종의 시적 주체는 타자의 무한성을 향해 적극적으로 접근하고자 하는 의지를 보여준다. 그리고 이 의지는 타자들과 시적 주체 사이에 놓인 분리의 공간에 상상력의 다리를 놓으며 그 사이의 공간을 뛰어넘는 상상력을 가능케 한다. 이 같은 정신은 다시 한 번 「방문객」 같은 시에서도 여실히 드러난다.

> 사람이 온다는 건
> 실은 어마어마한 일이다
> 그는

그의 과거와
현재와
그리고
그의 미래와 함께 오기 때문이다
한 사람의 일생이 오기 때문이다

부서지기 쉬운
그래서 부서지기도 했을
마음이 오는 것이다 – 그 갈피를
아마 바람은 더듬어볼 수 있을
마음,
내 마음이 그런 바람을 흉내 낸다면
필경 환대가 될 것이다.

–「방문객」 전문

시인의 의하면 한 사람의 방문객이 온다는 것은 정말 어마어마하게 중요한 일이다. 한 사람의 방문객은 "그의 미래와 함께 오기 때문이다 /한 사람의 일생이 오기 때문이다"고 시인이 표현하듯이, 존재론적인 인간탐구나 존재에 대한 인식을 하는 것이다. 우리가 사람을 만나고 사람을 방문하는 일은 '존재의 만남과 헤어짐'이라는 엄청난 일이지만, 우리는 이런 일을 너무나 가볍게 생각하고 소홀히 여긴다. 이것은 곧 인간과 존재에 대한 인식을 소홀히 여기는 거와 다를 바 없다. 시인은 삶의 근본이 일상의 작은 일에 대한 존중과 배려에서부터 출발한다는 인식을 세심하고도 소박하게 드러내고 있다.

이러한 시인의 시적 상상력은 부재와 존재의 생동이며 탈물질의 자유이자 물질의 창조적 역학이다. 이를 시인은 "모든 게 다 있으면서 동시에 아무것도 없는 미친 듯 풍부한" 역동적 상태라고 표현한다(정현종, 「역동적 고요의 공간」, 『숨과 꿈』). 정현종의 시세계는 끊임없이 시정신의 역동성과 언어의 유연성을 향해 나아가고 있다. 평론가 박혜경이 "초기의 정현종의 시들이 어렵게 읽혀진다면 그것은 그의 시를 이루고 있는 언어들 자체가 바로 그 언어의 상투화되고 고정된 의미에 저항하고 있다는 점 때문"(박혜경, 「빈 몸과 바람의 시」, 『정현종 깊이 읽기』)이라고 말한 것도 이런 맥락에서이다. 이처럼 그의 초기 시는 타성화되고 고정된 일상적 언어에의 의존을 탈피하고 기존의 관습적 시적 타성에 대한 저항이면서, 동시에 이 세계와 사물들을 보다 역동적으로 재창조하고자 하는 시적 상상력의 결과라고 할 수 있다.

정현종 시에서 고통과 슬픔에 직면하고 있는 것이 사람과 사물만이 아니다. 우리들의 말과 언어도 고통 속에서 썩어 가면서 죽어 가고 있다. "말의 사랑을 모르는 자의 무신적 폭력"에 의해 "피에 젖어 쓰러져 있는 한 떼의 침묵"(「소리의 심연」)이 되어 가고 있다. 이에 대해 시인은 "한 알의 말이 썩는 아픔, 한 덩어리의 말의 불이 타는 아픔"(「말의 형량」)으로 표현한다. 이럴 때의 침묵은 감금된 말 또는 질식된 죽음과 다르지 않다. 이처럼 사물과 존재, 그리고 말과 언어는 어둠 속에서 이성적 의식과 일상의 논리로부터 억압되고 구속된 채 자유로워지기를 소망하면서 새로운 감각과 세계의 풍경을 향해 나아간다.

비에 술 탄 듯 술에
비 탄 듯 비가 내린다
자기의 육체로 내리면서 비는
여성인 바다에 내리면서 여성이 되는 비는
바다의 모든 가장자리의 항구에
불을 켜놓는다 .

헤매는 꿈에 , 무의식에 묻어 있는 땀
묻어 있는 깊은 피
죽음 뒤에도 불타거라

모든 사물의 붉은 입술이 그대를 부르고 있다
가장 작은 것들 속에도 들어가고 싶은 치정
들어가고 싶은 공기, 물, 철, 여자……

비에 술 탄 듯 비가 내린다
자기의 육체로 내리면서 비는
여성인 바다에 내리면서 여성이 되는 비는
바다의 모든 가장자리의 항구에
불을 켜놓는다 .

-「新生」 전문

정현종의 시에서 허다하게 드러나는 '술'과 '성'의 이미지는 자아의 바깥이 아닌 내부에서 도취와 탐닉의 방식으로 이성적 의식을 내파하고 육체를 무화하는 이미지라는 의미를 지닌다. 다시 말해 순간의 도취와 탐닉을 통해 의식의 증발과 육체의 무화를 이룸으로써 육체와 영혼의 조화와 결합을 이루고자 하는 방식이라 할 수 있다. 이처럼 시인은 영혼은 사유하고 자각하는 것이며 몸은 행동하고 움직이는 것이라는 이분법적 인식 체계를 허물고자 하면서, 동시에 몸이란 현실적이고 도구적인 기능과 효능을 가진 차원에서가 아니라 실존적인 차원에서 이해되어야 할 것임을 강조한다. 이같은 자아의 확장을 통하여 시인은 "존재의 영속성을 계시하는 교통의 상태"(조르쥬 바따이유, 『에로티시즘』)로 나아간다고 할 수 있다.

몸을 여기서 저기로 움직이는 것
몸이 여기서 저기로 가는 건
거룩하다
여기서 저기로
저기서 여기로

가까운 데 또는 멀리
움직이는 건
거룩하다
삶과 죽음이 같이 움직이기 때문이다
욕망과 그 그림자--슬픔이
같이 움직이기 때문이다
나와 한없이 가까운 내 마음
나에게서 한없이 먼 내 마음이
같이 움직이기 때문이다
바깥은 가이없고
안도 가이없다
안팎이 같이 움직이며
넓어지고 깊어진다
몸이 움직인다

-「몸이 움직인다」 전문

시인에 의하면 몸은 "안팎이 같이 움직이며/넓어지고 깊어진다." 그리하여 내적으로 충일하고 바깥으로도 열려 있는 실존적 존재로 표현된다. 내적인 깊이와 고유한 본성을 지닌 존재이면서 동시에 타자와의 관계 속에서 새롭게 정의되고 무한히 확장될 수 있는 존재이다. 정현종에 의해 확장된 타자의 범주는 '대상', '타인', '미지의 것' 등의 다양한 양상으로 발현된다. 기쁨과 슬픔, 그리고 삶과 죽음의 내부에서 생성되는 필연적인 아름다움을 시인은 새로운 인식의 전환을 통해 모든 존재를 새롭게 바라볼 수 있는 미적 거리를 확보하게 된다. 이는 그에게 사물과의 교감을 꿈꾸고 사물들을 다시 태어나게 하는 새로운 시적 방법을 가능하게 한다.

안다고 우쭐할 것도 없고

알았다고 깔깔거릴 것도 없고
낄낄거릴 것도 없고
너무 배부를 것도 없고,
안다고 알았다고
우주를 제 목소리로 채울 것도 없고
누구 죽일 궁리를 할 것도 없고
엉엉 울 것도 없다
뭐든지간에 하여간
사람으로 붐비는 앎은 슬픔이니
그게 활자의 모습으로 있거나
망막에 어른거리는 그림자거나
풀처럼 흔들리고 있거나
그 어떤 모습이거나
사람으로 붐비는 앎은
슬픔이니……

-「사람으로 붐비는 앎은 슬픔이니」 전문

위의 시는 일상 속에서 수없이 만나게 되는 사람과 사물을 통한 순간성과 영속성에 내포된 삶의 덧없음을 잘 표현해주고 있다. 시인은 평범한 일상어로 무상한 인생을 관조하는 깨달음을 길어 올린다. 김현은 정현종을 "삶은 죽음으로 끝난다는 것을 믿는 비관적 현실주의자이면서 이 세계의 무의미성과 싸울 수 있다고 믿는 낙관적 현실주의자"(김현, 「술취한 거지의 시학」)라고 평가한 적 있지만, 정현종은 이같이 양립키 어려운 양면성을 추서려 세상을 향해 비추고 있는 거울처럼 오늘 우리의 속된 마음을 고스란히 비추어 준다. 세상사라는 것이 "안다고 우쭐할 것도 없고/알았다고 깔깔거릴 것도 없고" 하지만, 그저 남 앞에서 남보다 앞섰다고 우쭐대거나 왜 나만 고통스럽냐고 투정하면서 '사람으로 붐비는' 삶을 나락으로 끌어내리는 탐욕과 어리석음을 저지르고 있다.

3

정현종의 시 세계는 인간과 사물에 대한 인식을 바탕으로 개인적 실존과 사회적 고통에 대한 성찰과 함께 삶과 죽음, 안과 밖에 대한 처절한 몸부림이 형상화되어 나타난다. 시적 대상과 일체감을 얻으려는 시인의 다분히 비극적이기까지 한 욕망은 사물의 존재성을 찾기 위한 노력이었다. 정현종의 시세계는 후기로 넘어가면서 인간 본연의 결핍과 고통으로 인한 긴장과 갈등의 세계에서 자연의 생명력이 충일한 화해와 조화의 세계를 모색하는 양상을 보인다. 시인의 이런 관심의 범주와 세계관의 변모에 대해 김주연은 "사물신(事物神)으로부터 자연신(自然神)으로의 귀환"(김주연, 「시와 구원, 혹은 시의 구원」, 『문학과 사회』, 1999 가을)이라고 말한다.

초기 시에서 주로 '햇빛', '춤', '바람'의 이미지가 등장한데 비해, 후기 시에서는 보다 구체적인 자연물인 '꽃', '뿌리', '풀잎', '나무'의 이미지가 등장하고 있다. 후기 시에서의 이 같은 이미지들이 많이 등장하는 것은 시인이 삶에 대한 실존적 고뇌로부터 초월하고 상승코자 하는 의지의 소산들이지만, 시인은 이런 상승적 이미지로부터 탄력적인 비상의 힘을 얻는다. 정현종의 상승적 이미지들은 구체적 자연물에서부터 자연과 사물에 대한 교감과 동화의 표현으로 나타난다. 시인은 대상에 대한 스스로의 욕망을 비워나감으로써 인간 실존의 고민으로부터 자연과의 조화와 화해로 나아가는 변화를 보이게 되며, 이것은 시인의 치열한 자유 의지의 소산으로 읽힐 수 있다. 시인은 스스로 자신의 시 세계의 변모를 다음과 같이 이야기한다.

> 세월이 흐를수록 점점 더 나는 생명 현상들에 감동합니다. 모든 생명의 움직임에 감동하지 않고는 시가 나오지 않는 것이니까 옛날이라고 해서 그렇지 않았을리 없겠습니다만, 근년에 한

결 더 그렇습니다. 숲에 가서 초록 나뭇잎과 풀들을 보면 어떤 때는 광희(狂喜)에 가까운 기쁨으로 부풀어 오르고, 나는 새들, 꽃들, 풀벌레들 같은 것들이 너무 사랑스러워 감탄하며 혼자 웃기도 하는 것입니다만, 사실 생명의 기쁨은 무슨 추상적인 이념이나 거창한 철학 속에 들어 있는 게 아니라 이렇게 작은 것들 속에 들어 있습니다.

-「구체적인 생명에로」에서

이제 정현종에게 사물의 본질은 새롭게 해석된다. 시인은 존재하는 모든 것들에 생명을 불어넣음으로써 사물의 본질을 새롭게 추구하고자 한다. 그에게 사물 또는 자연이라는 대상은 시인의 주관적 정서를 표현하기 위한 객관적 상관물로의 그것이 아니라 그 자체로 살아 있는 대상으로서의 의미를 가진다. 자연과 인간에 대한 살아 있는 현실적 구체적 인식, 이것이 정현종 후기시의 기본 인식이라 할 수 있다. 김현의 말대로 "정현종의 세계는 혼란스럽고 괴로운 세계이다. 초기에 그 세계는 형이상학적으로 인식되지만 후기에 그것은 현실적 구체적으로 인식된다."(김현, 「술취한 거지의 시학」)고 진단한 바 있다. 마침내 시인은 '바람결'에서조차 하나의 '숨결'로 그려내고 있다.

이 바람 속에는
모든 게 다 들어 있다
부드럽고
따뜻하고
모처럼 맑은 이
바람 속에는-
어디서 눈이 트고 있다
이 바람결,
살어리 살어리

이 바람결,
포르르 포르르
이 바람결.
허공의 살이네
이 바람결.
멀리멀리 퍼지는 이 몸.
모든 살아 있는 것들에 물들어
자세히 붐비는 이 몸.
오 붐비는 숨결
이 바람결!

-「이 바람결」 전문

초기 시에서 흔히 관념적이고 형이상학적 상승적 역학의 이미지로 그려졌던 바람이 이제는 '바람결'이라는 구체적이고도 감각적인 이미지로 변화한다. 바람결은 부드럽고 따뜻하며 맑은 '허공의 살' 또는 "모든 살아 있는 것들에 물들어/자세히 붐비는" '숨결'로 표현된다. '허공의 살'이 바람의 촉각적이고 육감적인 측면을 강조한다면, '붐비는 숨결'은 살아 있는 존재들과 공기의 기운들로 붐비고 설레는 바람의 모습을 나타낸다. 이러한 바람에 싸여 '빛-심연'인 햇살은 하늘 속으로 날아가고 시적 화자인 '나' 또한 위로 "자꾸 떠오른다."(「바람이여 풀밭이여」) '나'도 붐비는 숨결이자 허공의 살인 바람이 되어 부풀어 오르고 떠오르는 것이다. 시적 화자는 "어디서 눈이 트고 있다/이 바람결"이라고 말한다. 여기서 '눈'이란 가지에서 새로 막 터져 돋아나오는 새싹을 말하는데, 이를 통하여 바람과 함께 막 생성되는 새싹의 모습을 생생하게 느낄 수 있다. 이어지는 "살어리 살어리"와 "포르르 포르르"라는 의성어는 바람의 포근함과 부드러움을 강조하는 동시에 막 새롭게 '눈'이 트며 살아 오르는 느낌을 효과적으로 전달하고 있다.

그의 시에서는 현저하게 생명존중과 우주적 상상력의 미학이 드러나게 된다. 생명의 숨결과 전우주적 일체성을 상징하는 이미지인 '바람', '나무', '새소리'를 통해 정현종은 생명의 약동과 충일이 넘쳐흐르는 우주를 노래한다. 이는 우주 속의 모든 생명들은 고리처럼 서로 연결되어 이 세상과 우주의 질서를 형성하게 된다는 정현종의 생태의식과 관련된다. 이 세상의 모든 것을 사랑하고 '사라지는 모든 것들'을 아프게 생각하는 정현종의 시는 세상 만물과의 관계를 통해 교감을 이루고자 하는 사랑의 표현이다. 심지어 눈 내린 숲에서 만나는 꿩 발자국을 통해 시인은 이 놀라운 우주의 질서와 통합을 본다.

눈 내린 숲
눈 위에
(오 나는 또 크나큰 비밀을 누설하느니)
꿩 발자국!
(발자국과 발자국 사이엔
발 옮길 때 발톱이 그은
아주 작은 線!
누설된 정결
누설된 고요
(앙징은 간질처럼)
一瞬, 우주의 수렴

나는 내려서
숲을 덮는다
나는 희고 또 희다
내 가슴에 꿩 발자국
망막에서 숨 쉬는 그 발자국
눈을 손상하지 않고 걸어간
참 그러한 발자국

-「꿩 발자국」 전문

숲속에 내린 '눈'과 눈 위에 찍힌 '꿩 발자국'을 통해 시인은 "누설된 정결/누설된 고요"와 "우주의 수렴"을 느낀다. 눈이 상징하는 백색은 단순한 색채로서의 의미를 지닌 것이 아니다. 그것은 색의 부재를 나타내는 허무의 색이기도 하며, 동시에 모든 색을 다 담을 수 있는 존재를 상징하는 충만의 색이기도 하다. 말하자면 흰색은 부재이면서 존재를, 빛이면서 어둠을 상징하는 것이면서 동시에 모든 빛과 색깔이 어울리고 녹아 있는 통합의 상징이 될 수 있다.

또한 시인은 우리에게 부과된 과도한 시각의 역할을 덜어내고 다른 감각을 동원함으로써, 시각적이고 형태적인 모습 너머에 있는 전감각적이고 총체적인 사물의 모습을 온전히 복원하고자 한다.

어렸을 때처럼
토끼풀을 들여다본다
네잎 클로버를
찾아 보려고

우주란 무엇인가
풀을 들여다보는 일이여
열반이란 무엇인가
풀을 들여다보는 일이여
구원이란 무엇인가
풀을 들여다보는 일이여

풀을 들여다보는 일이여
눈길 맑은 데 열리는 충일이여

-「풀을 들여다보는 일이여」 전문

시인은 시각의 담지체이자 운동 기관인 '눈'을 통하여 이 세상의 숨겨진 이면을 보거나 겉으로 드러나지 않는 사물의 깊이를 가늠코자 한다. 즉 단순한 시각적 판단 기관이기를 넘어서서 이 세상을 보는 창구의 역할을 '눈'에 부여한다. 시인의 눈에 비친 하나의 풍경은 풍부한 감각의 열림과 접촉뿐 아니라 정서와 상상력의 교류와 교감을 통해서도 이루어질 수 있다.

> 사랑할 시간이 많지 않다
> 아이가 플라스틱 악기를 부--- 부--- 불고 있다
> 아주머니 보따리 속에 들어 있는 파가 보따리 속에서
> 쑥쑥 자라고 있다
> 할아버지가 버스를 타려고 뛰어오신다
> 무슨 일인지 처녀 둘이
> 장미를 두 송이 세 송이 들고 움직인다
> 시들지 않는 꽃들이여
> 아주머니 밤 보따리, 비닐
> 보따리에서 밤꽃이 또 막무가내로 핀다
>
> -「사랑할 시간이 많지 않다」 전문

이 시를 보면 보따리 속에서 파가 쑥쑥 자라기도 하고 아이가 플라스틱 악기를 불기도 한다. 아버지가 뛰어오기도 하고 처녀 둘이 장미를 들고 움직인다. 어쩌면 너무나 일상적이고 평범해서 무의미하고 지루한 풍경에 가깝다. 하지만 꽃 한 송이가 피어날 때 온 우주가 열리는 것처럼 일상적이고 범상한 것 속에 가장 내밀하고 진실된 풍경이 담겨 있다. 이 시에서는 움직임 하나 하나 그리고 소리와 모습 하나 하나를 뒤섞어 가는 가운데 시인은 감각의 연쇄를 통해 정서와 감정의 복합적 관계를 그려낸다. 이렇게 시인은 사물의 감각적 재현이나 미학적 차원에 머무르지 않고 사물에 관한 심미적 통찰로 나아간다.

그의 시들은 사물의 꿈을 생명 현상과의 내적 교감, 자연과 생명의

경이와 황홀을 노래하면서 환경과 우주적 조화의 세계를 지향하는 경향을 보여 준다. 생명의 본원적인 에너지와 인간과 깊은 교감을 노래하면서, 그것을 저해하는 억압적 문명을 비판한다.

세상의 나무들은
무슨 일을 하지?
그걸 바라보기 좋아하는 사람,
허구한 날 봐도 나날이 좋아
가슴이 고만 푸르게 푸르게 두근거리는

그런 사람 땅에 뿌리내려 마지않게 하고
몸에 온몸에 수액 오르게 하고
하늘로 높은 데로 오르게 하고
둥글고 둥글어 탄력의 샘!

하늘에도 땅에도 우리들 가슴에도
들리지 나무들아 날이면 날마다
첫사랑 두근두근 팽창하는 기운을!

-「세상의 나무들」 전문

「세상의 나무들」 역시 생명의 자기실현에 대한 열망으로 타오르고 있지만, 초기 시에서 흔히 나타나던 '나무'와는 달리 나무와 사람 사이의 관계가 보다 적극적으로 부각된다. 마지막 연에서 "하늘에도 땅에도 우리들 가슴에도/들리지 나무들아 날이면 날마다/첫사랑 두근두근 팽창하는 기운을!"이라는 말은 인간에게 들려주는 속삭임의 그것과 같다. 이제 그의 시에서 나뭇가지들은 "하늘의 혈관"(「하늘의 혈관」)이며, 새들도 "지저귀는 실핏줄"이자 "날으는 큰핏줄"(「숲에서」)이 될 수 있다. 이렇게 해서 그의 시에서 '피'는 생명을 지탱하고 순환시키는 핵심 물질이자 생명 운동의 중추로 변모한다. 이 핏줄 속을 순환하는 피가 모이는 곳은 '심장'이다. '심장'은 피의 수렴점이자 순환의 중심 기관으로서 활기와 약동과 열정을 상징한다. 정과리는 정현종 시에서의 생명들 간의 상호 관련성에 대한 지나친 강조가 생명들의 이질성을 고려하지 않은 채 "사실상 존재하지 않는 대통일의 신비주의"로 빠질 수도 있다고 말한다 . 그는 정현종의 시들이 "생명의 무한순환을 절대적 신념으로 강조하고 예찬하기보다는 그런 행복한 상태가 실현되지 못하는 실존의 구체성에 초점을 맞"(정과리, 「환경을 만드는 시인」)추고 있음을 지적한다.

4

문명의 파괴성으로 인해 부정되는 현실에서 정현종 시인이 주목하는 것은 자연친화적인 생태적 삶이다. 자연친화적인 삶은 바로 오랜 세월동안 자신이 소망하던 시학을 실현하는 것이어서 후기의 그의 시에서는 주로 자연과의 진한 교감이 이루어진다. 시의 화자들은 자연에 내재한 이미지들과 교감하며 육체적·정신적인 무거운 현실로부터 자유로워질 수 있기를 소망하게 된다. 예컨대 그의 시 「섬」에서 "사람과 사람 사이에 섬이 있다/그 섬에 가고 싶다"(「섬」)고 노래한 것도 섬처럼 서로 단절되어 홀로 떠 있는 현대인의 고독감과 소외감을 잘 알고 있기 때문일 것이다. 정신에 비해 물질세계가 지나치게 거대화되어 자아는 세계에, 정신은 물질에 종속되고 짓눌려버림으로써 단절과 소외를 겪을 수밖에 없는 삶의 현실에서 우리는 살아가고 있다. 그러기에 정신과 물질 사이, 인간과 세상 사이의 갈등과 부조화로부터 자아의 주체화를 획득하는 일이야말로 오늘의 삶에 있어서 가장 간절한 명제가 아닐 수 없다고 시인은 생각한다.

정현종의 시 세계는 우리시대의 인간과 사회, 정신과 물질, 존재와 부재, 거대와 미시를 혼효하고 결합하는 깊고도 넓으며 복잡하고도 단순한 모습으로 그려지고 있다. 서두에서 밝힌 대로, 이것은 우주의 모든 사물은 그 어느 하나라도 홀로 있거나 홀로 일어나는 일이 없이 모두가 끝없는 시간과 공간 속에서 서로의 원인이 되며, 대립을 초월하여 하나로 융합하고 있다는 화엄의 사상과 같은 것이다. 이러한 모습이 많은 시간과 각고의 노력에 의한 발견에 의해 이루어진 것이라고 한다면 그것은 더욱 큰 의미를 지니는 것이라 하지 않을 수 없다. 정현종의 시세계가 이런 깊고도 넓은 모습으로 존재하고 있기 때문에 그를 읽는 독자와 시단에서 더욱 커다란 위치로 자리하고 있다.

의미와 무의미의 결합

- 김춘수론 -

1

한국 현대시사(現代詩史)에서 김춘수(1922~2004) 만큼 중요한 위치를 점하고 있는 시인은 없을 것이다. 그는 시의 형식과 내용에 있어서 가장 창의적이고 실험적인 시작(詩作)을 거듭해 왔기 때문이다. 시와 시론과 산문 등 문학의 여러 영역에서 60여 년 동안 진행된 김춘수의 쉼 없는 실험 정신은 우리 시사(詩史) 혹은 문학사에서 그를 가장 지적인 시인이자 문학인으로 기록하게 되었다. 평론가 김현은 김윤식과의 공저 『한국문학사』에서 초창기의 「꽃」에서부터 후기의 「처용단장」에 이르기까지의 김춘수의 시적 여정은 서정주, 김수영과 함께 해방 이후의 한국시에 가장 강력한 영향을 미쳤다고 평가한다. 그리고 그 이후의 후배들의 시에 나타나는 '존재의 시'나 '내면 탐구의 시'로 알려진 시들의 상당 부분은 김춘수의 시적 탐구의 결과에 크게 빚지고 있다고 규정한다.

평론가들의 지적대로 김춘수의 시적 경향은 존재의 영역에서 관념을 제거한 '무의미의 시'로 확대되고 있으며 그 같은 논리에 따라 한국 현대시사를 새롭게 쓰는 계기가 되었다는 것이다. 그는 시적 언어의 탐구 작업을 근본적으로 새롭게 감행하는 시인으로 '무의미의 시'라는 개념을 통해서 전통적으로 받아들여진 시에 관한 관념을 해체하거나 언어 밖의 역사와 현실에의 참여를 시에서 철저히 배제시키고자 했다. 말하자면 김춘수는 김준오가 「한국모더니즘시론의 사적 개관」에서 밝힌대로 "시의 언어는 비참여를 본령으로 하고, 산문의 언어는 참여를 본령으로 삼는다고 판단하여 비참여와 참여를 무의미와 의미로 대치" 시키고자 한다. 그리하여 사물에 대한 일체의 선입관을 버리는 방법을 채용함으로써 시의 본질에 대해 새로운 탐구를 하게 된다.

2

김춘수는 자신의 시적 언어를 구축하기 위하여 언제나 자신의 삶과 대상에 대한 존재론적 고민에서 출발하고 있다. 김춘수가 시집 『비에 젖은 달』(1980)의 후반부에 붙인 짧은 산문에서 "나는 日常生活(일상생활)을 남과 함께, 남과의 관계 속에서 하고 있다는 것도 사실이다. 그럴 때 어떤 사실들의 是非(시비)가 뚜렷하게 눈에 뜨이는 때가 있다. 그러면서 내가 살고 있는 사회의 현실이 그것을 해결하지 못하고 있을 때, 나는 그것을 비판하게 된다."(「苦痛(고통)에 대한 콤플렉스」)고 했을 때, 여기에는 문학과 삶을 바라보는 시인의 관점이 여실히 잘 드러난다. 계속해서 김춘수는 말한다.

詩作自體(시작자체)가 또한 遊戲(유희)가 되도록 해야 한다.

그것이 나에게는 구원이 된다. 現實현실(日常일상)의 모든 공리성으로부터 떠나면서(그것을 떠나지 못하는 것이 散文산문이다) 나는 내 자신을 存在次元(존재차원)에서 發見(발견)하면서 유희의 경지에 들어선다. 그러나 그것이 또한 고통일 때가 있다. 그것은 現實현실(日常일상—散文산문)을 떠나는—즉 찢어지는 아픔이다. 이것을 견디기 어려울 때 나는 산문을 쓴다. 산문에서 나는 도덕적이 된다. 그것은 두말할 것도 없이 意味次元(의미차원)의 입장에 선다는 것이 된다. 참으로 쉬운 일이 아니다.

-「苦痛(고통)에 대한 콤플렉스」에서

일상의 모든 공리성을 떠나 시인 자신을 "존재차원에서 발견하면서 유희의 경지에 들어선다."는 시인의 발언에는 김춘수의 시에 대한 인식의 단면이 담겨 있는 것으로 보인다. 그의 시의 다양한 주제로서 운위되는 '무의미', '도피적 자아', '삶의 비공유성' 등과 같은 것들은 모두 그의 시에 대한 존재론적 차원을 규명하고자 하는 노력이라 할 수 있을 것이다. 예컨대 그의 대표적인 시로 인용되며 사람들에게 널리 애송되는 「꽃」을 보더라도 이 같은 현상은 잘 나타난다.

내가 그의 이름을 불러 주기 전에는
그는 다만
하나의 몸짓에 지나지 않았다.

내가 그의 이름을 불러 주었을 때
그는 나에게로 와서
꽃이 되었다.

내가 그의 이름을 불러준 것처럼
나의 이 빛깔과 향기에 알맞는
누가 나의 이름을 불러다오

그에게로 가서 나도 그의 꽃이 되고 싶다.

우리들은 모두
무엇이 되고 싶다.
나는 너에게 너는 나에게
잊혀지지 않는 하나의 의미가 되고 싶다

-「꽃」 전문

「꽃」은 흔히 서정적으로 읽히지만, 여기에는 깊은 인식과 철학이 담겨있다. 말하자면 이 시에는 "내가 꽃의 이름을 불러주었을 때에만 꽃은 꽃이 된다" 라는 실존적 존재론적 철학이 내재해 있는 것이다. '꽃'은 대상을 인식하기 이전의 무의미한 존재이었다가, "내가 그의 이름을 불러 주었을 때" 의미 있는 존재가 되어 나에게 다가온다. 그리고 "내가 그의 이름을 불러준 것처럼/나의 이 빛깔과 향기에 알맞은/누가 나의 이름을 불러다오"라는 소망은 존재의 본질 구현에 대한 근원적 갈망을 나타내는 것이며, 더 나아가 마지막 연에서의 "우리들은 모두/무엇이 되고 싶다./나는 너에게 너는 나에게/잊혀지지 않는 하나의 의미가 되고 싶다"는 존재의 본질 구현에 대한 소망을 드러낸 것이라 할 수 있다. 이 시에서의 꽃의 몸짓은 상호 의미 없는 존재로 있다가 일방적 의미를 가지는 존재가 되었다가 마침내 상호 의미를 가지는 존재로 전화한다. 말하자면 문혜원이 『한국 현대시와 모더니즘』에서도 밝혔듯이, 하나의 몸짓에 지나지 않는 꽃에 감성이 주어지고, 시인은 구상력에 의해 종합된 대상에 오성을 통해서 개념(이름)을 만들어낸다. 대상은 이런 과정을 거쳐 경험 될 때 비로소 나에게 의미를 가지게 된다. 따라서 김춘수의 명명 행위는 직관에 주어진 대상을 사고하기까지의 과정을 밟고 있는 셈이다.

존재에 대한 의미 찾기는 김춘수의 시편에 다양하게 나타난다. 또 다른 시 「서풍부(西風賦)」를 보자.

너도 아니고 그도 아니고, 아무것도 아니고 아니라
는데…… 꽃인 듯 눈물인 듯 어쩌면 이야기인 듯 누가
그런 얼굴을 하고,
간다 지나간다. 환한 햇빛 속을 손을 흔들며……
아무것도 아니고 아무것도 아니고 아무것도 아니라
는데, 온통 풀냄새를 널어놓고 복사꽃을 올려놓고 올려만
놓고,
환한 햇빛 속을 꽃인 듯 눈물인 듯 어쩌면 이야기인 듯
누가 그런 얼굴을 하고……

-「서풍부(西風賦)」 전문

19세기 영국의 낭만주의 시인 셸리(P.B. Shelley)의 「서풍의 노래」에서 차용한 듯한 이 시에서도 '서풍'은 그 자체가 하나의 사물이 되어 작품 속에서 작동하고 있다. 「서풍부」에는 어떤 사실의 부정을 뜻하는 동사 '아니다'에서 파생된 '아니고'와 '아니라는데'가 작품의 도처에서 활용되고 있다. 또한 짐작이나 추측을 나타내는 표현인 '~인 듯' 역시 폭 넓게 사용되고 있다. 심지어 "누가 그런 얼굴을 하고"라는 대명사가 가리키는 대상은 쉽게 드러나지 않는 존재이다. 시인은 어떠한 사물과 대상에 대해서도 확신을 가지지 못하고 있다. 작중에 등장하는 '꽃'과 '눈물'과 '이야기' 사이의 거리는 간격이 멀어져 있다. "환한 햇빛 속을 손을 흔들며", "온통 풀냄새를 널어놓고 복사꽃을 올려놓고 올려만 놓고," 지나가는 이 대상 또는 사물을 '서풍'으로 볼 수 있겠으나, 이 시는 독자들과의 거리를 쉽게 좁혀 주지 않는다. 독자들은 '꽃'과 '눈물'과 '이야기' 사이를 자유롭게 오가면서 누군가의 모습을 상상할 수 있을 뿐이다. 시적 화자와 시인 사이, 시인

과 독자 사이, 시인과 사물 사이에는 쉽게 접근할 수 없는 아득한 거리가 있을 뿐이다.

이렇게 김춘수의 시는 초창기부터 사물을 통하여 존재의 본질을 추구하는 모습을 추구하는 특징을 나타낸다. 「꽃」이 그렇듯이, 그의 시는 사물과 인간, 주체와 대상이 주종(主從)의 관계가 아니라 상호주체적인 만남의 관계를 형성함으로써 존재의 의미를 조명하고 그 정체를 밝히려는 의도를 지닌다.

3

김춘수 시의 존재론적 성격은 시가 사물에 대한 일체의 판단이나 선입관을 배제하는 방식을 통해 관념과 의미를 해체하고 대상이 가지는 순수한 이미지만을 추구하는 이른바 '무의미시'로 발전된다. 말하자면 언어를 도구삼아 시인의 감정이나 관념을 드러내지 않고 오히려 주관적인 의미나 습관화된 판단을 중지해 대상의 묘사만으로 하나의 세계를 이룬다. 우리가 흔히 익숙해 있는 서구의 예술지상주의문학에 있어서의 '예술을 위한 예술'에서와 같은 오직 '시를 위한 시'의 개념으로 김춘수는 시 밖의 맥락은 철저하게 배제하고 시 안의 세계만으로 자족적인 세계를 이루고자 한다. 삶의 체험을 위시한 현실에 대한 정직한 맞섬 또는 대응에서 한 발짝 뒤로 물러선 자세에서 실행되는 미학적인 관조의 태도로 규정될 수 있을 것이다. 이것이 바로 김춘수 시의 '무의미성'이라고 할 수 있다. 김춘수는 스스로 무의미성을 다음과 같이 정의한적 있다.

약 10년 가까이 나는 내 시작에 대한 해설 비슷한 글을 많이 써왔다. 생각건대 내 시작의 의도에 대하여 독자 측의 오해가 있을까봐 그랬는 듯하다. 독자 측의 오해를 스스로 예측할 만큼 나는 약 10년 가까운 세월 동안 매우 아슬아슬한 실험적 태도를 고집해왔다. 이른바 '무의미의 시'라는 것이 그것이다.

-「자서(自序)」, 『의미와 무의미』에서

김춘수는 "독자 측의 오해를 스스로 예측할 만큼 나는 약 10년 가까운 세월 동안 매우 아슬아슬한 실험적 태도를 고집해왔다."고 하면서, 이 '매우 아슬아슬한 실험적 태도'의 산물을 '무의미시'로 규정하고 있다. 계속해서 그는 "현대의 무의미 시는 대상을 놓친 대신에 언어와 이미지를 시의 실체로서 인식하게 되었다고 할 수 있다. 그 가장 처음의 전형을 우리는 이상의 시에서 본다."(『의미와 무의미』)고 말한다. 실제 그의 무의미시의 개념을 구체적으로 살피기 위해 「샤갈의 마을에 내리는 눈」을 읽는 것은 유효할 듯하다.

샤갈의 마을에는 삼월(三月)에 눈이 온다.
봄을 바라고 섰는 사나이의 관자놀이에
새로 돋는 정맥(靜脈)이
바르르 떤다.
바르르 떠는 사나이의 관자놀이에
새로 돋는 정맥(靜脈)을 어루만지며
눈은 수천 수만(數千數萬)의 날개를 달고
하늘에서 내려와 샤갈의 마을의
지붕과 굴뚝을 덮는다.
삼월(三月)에 눈이 오면
샤갈의 마을의 쥐똥만한 겨울 열매들은
다시 올리브빛으로 물이 들고
밤에 아낙들은

그 해의 제일 아름다운 불을
아궁이에 지핀다

-「샤갈의 마을에 내리는 눈」 일부

1969년에 발표된 『김춘수 시선집』에 수록된 「샤갈의 마을에 내리는 눈」은 봄의 순수한 생명의식을 이미지로 포착하는 데 성공하고 있다. 표현주의 화가 마르크 샤갈(Marc Chagall)의 "눈 내리는 마을"이 연상되는 이 시는 마르크 샤갈의 화풍인 초현실주의 경향의 작품세계와도 부합되고 있다. 시의 눈이라는 제재를 통하여 맑고 순수한 생명감을 표현하고 있다. "샤갈의 마을에는 삼월에 눈이 온다."로 시작해 "삼월에 눈이 오면/샤갈의 마을의 쥐똥만한 겨울 열매들은/다시 올리브빛으로 물이 들고/밤에 아낙들은/그해의 제일 아름다운 불을/아궁이에 지핀다."로 끝맺는 이 시에 나오는 '샤갈의 마을'은 실재하지 않는 가공의 세계이다.

15행으로 구성된 이 작품이 '삼월'로 시작해서 삼월로 끝나는 것은 유의할만하다. 여기서 '삼월'은 '새로 돋는 정맥(靜脈)' '올리브빛' 과 어울리면서 '새봄'의 청신함을 잘 드러낸다. 그러나 '삼월' 곧 '새봄'에는 푸른 잎이 돋고 부드러운 바람이 부는 것이지만, '샤갈의 마을'에는 '눈'이 내린다. 더구나 '샤갈의 마을'에 내리는 '눈'은 적극적이고 본격적인 태도를 취한다. "눈은 수천수만의 날개를 달고/하늘에서 내려와 샤갈의 마을의 지붕과 굴뚝을 덮는다."로 되어 있는데, 이러한 압도적인 '눈'의 정황으로 인해 시인이 창조한 '샤갈의 마을'은 어떤 예외적이고 특별한 장소의 공간으로 규정될 수 있다. 시인은 '삼월'임에도 불구하고 아직 오지 않은 '봄'을 기다리는 '사나이의 관자놀이' 또는 '새로 돋은 정맥'이 "바르르 떤다."라고 말한다. 정맥의 '푸른 빛'과 '가느다란 떨림'은 '사나이'의 '불안'을 효과적으로 전달한다. '희망'

으로 치환될 수 있는 '봄'이 아직 도래하지 않았다는 점은 사나이에게 내재한 불안 때문이라고 할 수 있을 것이다.

그러나 이 같은 불안의식에도 불구하고 작품에 등장하는 '눈' '봄' '정맥' '불' 등과 같은 다양한 이미지들은 모두 순수하고 생명력 있는 세계를 연상시켜 준다. 눈이 오는 와중에 열매가 "올리브빛으로 물이" 든다는 것은 단순히 겨울이 가고 봄이 온다고 해석되기 보다는 태동하는 새로운 '생명력'을 의미한다고 봐야 할 것이다. 이 시는 관념과 의미를 철저히 배제한 객관적인 어조로 사물의 순수한 이미지를 동원함으로써 새로운 생명의 세계에 대한 염원을 담고 있다고 할 수 있다.

대표적인 무의미시의 하나로 평가되는 「처용단장(處容斷章)」은 또 다른 중요성을 지니는 연작시이다. 4연으로 이루어진 김춘수의 「처용단장 I-1」은 「처용단장」 연작의 서시(序詩)에 해당하는 작품이라는 점에서 특별한 의미를 갖는다. 「처용단장」연작의 주요 모티프는 삼국유사의 '처용설화'와 긴밀하게 관련된다. 시인은 1991년에 장편 연작시 「처용단장(處容斷章)」을 한 권의 시집으로 간행하면서 자신의 심경을 "나의 장편 연작시 「처용단장(處容斷章)」의 제1부와 제2부는 처용의 유소년기, 즉 바다 밑의 생활을 그리고 있다. 의식의 미분화 상태다. 한시 절구의 구성으로 말하면 기와 승에 해당한다."(「장편 연작시 「처용단장(處容斷章)」 시말서」)고 피력한 바 있다.

바다가 왼종일
새앙쥐 같은 눈을 뜨고 있었다.
이따금
바람은 한려수도에서 불어오고
느릅나무 어린 잎들이
가늘게 몸을 흔들곤 하였다.

날이 저물자
내 근골(筋骨)과 근골 사이
홈을 파고
거머리가 우는 소리를 나는 들었다.

베꼬니아의
붉고 붉은 꽃잎이 지고 있었다.
그런가 하면 다시 또 아침이 오고
바다가 또 한 번
새앙쥐 같은 눈을 뜨고 있었다.
뚝, 뚝, 뚝, 천(阡)의 사과알이
하늘로 깊숙히 떨어지고 있었다.

가을이 가고 또 밤이 와서
잠자는 내 어깨 위
그 해의 새눈이 내리고 있었다.
어둠의 한쪽이 조금 열리고
개동백의 붉은 열매가 익고 있었다.
잠을 자면서도 나는
내리는 그
희디흰 눈발을 보고 있었다.

-「처용단장 I-1」 전문

이 시에서 '바다'와 '바람'은 시공(時空)을 제시하는 일종의 배경이면서 동시에 시적 자아인 화자의 관찰의 대상이다. 화자가 말하는 "바다가 왼종일/새앙쥐 같은 눈을 뜨고 있었다."라는 서술을 통해 우리는 비현실적인 어떤 환상을 연상할 수 있으며, 아울러 여기서 햇빛이 반짝이는 바다를 바라보는 '나'를 떠올릴 수 있게 된다. '새앙쥐'와 '어린 잎들' 등의 어휘에서 우리는 시인의 '유년'의 체험을 통하여, 어린 시절을 연상케 하는 '한려수도'라는 단어와 결부되는 체험을 하게 된다.

'바다'와 '바람'과 '느릅나무 어린 잎들'은 햇빛이 가득한 시간 곧 날이 저물기 전의 시간을 배경으로 삼고 있으나, 이제"날이 저물자"는 화자는 "내 늑골과 늑골 사이/홈을 파고/거머리가 우는 소리"를 들었다고 말한다. 특히 여기서 우리의 관심을 끄는 어구는 "거머리가 우는 소리"일 것이다. '거머리'의 '울음'은 '나'의 울음이면서 동시에 시인 자신의 슬픔으로 이해될 수 있다. "늑골과 늑골 사이/홈을 파고" 올라오는 '우는 소리'는 그야말로 깊은 통곡이며 슬픔의 소리일 수 있다. 이어지는 '베꼬니아의/붉고 붉은 꽃잎' 역시 중요하게 읽혀져야 할 이미지이다. '베꼬니아의 꽃잎'은 현실의 슬픔을 대변할 수 있는 어떤 은유나 상징이다. 시인은 유복한 어린 시절 속에서도 고통이나 슬픔을 인식하며 이것은 바로 시인으로서의 인간의 존재론적 한계라고 할 수 있는 것이다.

바다 위로 태양이 서서히 떠오르며 햇빛이 조금씩 반짝이면서 바다를 적시기 시작하는 바로 그 순간같이 "바다가 또 한 번/새앙쥐 같은 눈을 뜨고 있었다."라는 서술로 시는 다시 이어진다. 어느새 계절은 바뀌어 "가을이 가고 또 밤이 와서/잠자는 내 어깨 위/그 해의 새눈이 내리고 있었다." '나'는 '잠'을 자고 있으나, 동시에 '개동백의 붉은 열매'와 '희디흰 눈발'과를 관찰한다. 이같은 모습은 바로 시인 자신이 말한 '의식의 미분화 상태'를 뜻한다. 잠들어 있으나 깨어 있는 상태, 의식과 무의식, 의미와 무의미, 존재와 부재의 교호하는 상황을 시인은 우리에게 보여주고 있는 것이다.

이렇게 김춘수는 무의미의 시에서도 시인은 존재와 부재에 대한 탐구를 게을리하지 않는다. 그의 '죽음'의 시편에서 이러한 경향은 더욱 분명히 드러난다. '죽음'의 시편에는 인간의 물리적 정신적 한계랄 수 있는 죽음을 통한 존재의 확인을 하고자 하는 의지가 극명하게 드러난다.

바다는 이쪽 기슭까지 와서
숨을 죽이고 또 한번 잠이 든다.
바라보면, 서천(西天)은 피어나고
보리밭 너머 잡목림 저쪽
그대는 가고 있다.
너무 일찍 떠나는 그대
돌아오라 돌아오라고
어리디어린, 대낮에
갓 태어난 별 하나가
나를 슬프게 한다.
그대 두고 가는 하늘 아래 거기
오늘은 그늘이 나고 바람이 일고
햇살이 스미는데
이제 내 눈에는 잘 보이지도 않는다.
……언제나 나를 앞질러 나보다는 먼저 떠나는 그대,

-「꽃, 순수한 거짓」 전문

위의 시에서 '그대'는 "가고 있다./너무 일찍 떠나는 그대/돌아오라 돌아오라고"해도 그대는 어디론가 가고 있다. 떠나는 '그대'에게서 죽음의 향기가 난다. '그대'가 가는 곳으로 제시되는 '서천(西天)'이나 '보리밭 너머 잡목림 저쪽' 등 이미지는 바로 죽음의 세계이다. 살아있기에 "먼저 떠나는 그대"를 바라보는 일이 가능하다. 그러나 이 시의 백미(白眉)라고 할 수 있는 "언제나 나를 앞질러 나보다는 먼저 떠나는 그대"를 나는 슬퍼한다. '나'와 '그대'의 서로 공존할 수 없는 부재의 상황은 바로 인간의 존재론적 비극을 의미하는 것이다. 「살을 감추는」에서 "나는 죽고 오늘 밤/살을 감추는 별 혹은 석류꽃 그늘에/눈뜨는 그대,/나는 이미 죽었나니 눈뜨는/그대의 눈물, 깨지 않는 내 밤을/젖게 하여라."(「살을 감추는」)라고 시인이 묘사하는 시적 상황도 「꽃, 순수한 거짓」의 그것과 다르지 않다. 이 시에서도 '나'는 더 이상 '별 혹은 석류꽃 그늘'을 느낄 수 없는 '살을 감추는' 존재이다. 나와 그대를 통하여 우리는 삶과 죽음, 존재와 부재의 상황을 인식할 수 있다. 특히 "눈뜨는/그대의 눈물, 깨지 않는 내 밤을/게 하여라."라는 구절은 죽은 자는 다시는 돌아오지 못할 것이라는 의미를 던져주면서 산자와 죽은 자 사이에 놓인 깊은 심연을 느끼게 한다.

4

우리 현대시의 역사에서 김춘수 문학의 진폭은 가장 다양한 층위에서 규명되었다. 그러나 그의 시에 존재하고 있는 역설적 이원성이라는 변증법을 제대로 이해하고 않고서는 김춘수에 대한 올바른 접근이 이루어진 것이라 할 수 없다. 그의 시에서는 의미와 무의미, 존재와 무존재, 일상과 초월, 동양과 서양, 현실과 관념이라는 상반된 이원적 의식이 복합적 변증적 결합의 성격을 띠고 있다. 대립을 보존하면서도 통합을 지향하는 사고는 김춘수의 특이한 사고 모델이자 세계관이었다고 규정할 수 있다.

물론 김춘추 시 세계를 관통하는 기본적 정신은 이른바 '무의미 시'로 불리는 일군의 시적 속성이 드러나는 것이 사실이지만, 그가 반드시 '무의미' 만을 추구한 시인은 아니었으며, 그의 시는 언제나 의미와 무의미, 현실과 관념의 세계 속에서 변증적 통일을 이루고자 하였다는데 의의가 있다. 양립 불가능한 모순에 가까운 상반된 세계의 결합을 위해서 시적 실험을 거듭한 김춘수의 문학적 노력과 작업은 그런 의미에서 더욱 뜻깊게 규명되어야 할 것이다.

생명과 사랑의 서정 시학

- 강방영의 시세계 -

1. 들어가며

시인 강방영이 지난 20여 년 동안 출간한 다섯 권의 시집을 정리하고 결산하는 시 선집을 내게 되었다. 강방영은 1982년 『시문학』을 통해 등단한 이래 『집으로 가는 길』(시문학사, 1986), 『생명의 나무』(아름다운 세상, 1993), 『달빛 푸른 그곳』(경원, 1995), 『은빛목소리』(로드, 1999), 『인생학습』(대학사, 2005)과 같은 시집을 연이어 발표함으로써 우리문단에서 중요한 시인의 한 사람으로 자리하게 되었다. 그는 영미시를 전공하고 대학에서 후학을 가르치면서도 한국적인 삶의 체험과 정서를 바탕으로 독자적인 서정적 시세계를 구축하고 있는 것으로 주목된다. 그의 서정적 시 세계는 자신이 성장해온 제주도의 풍광 속에서 체득된 자연스러운 지향의 결과라고 할 수 있을 것이며, 그로 인해 그는 제주가 낳은 탁월한 역량을 지닌 흔치 않은 시인으로 인정받게 되었다.

한 시인이 수 십 년 동안에 걸쳐 이룬 업적을 몇 마디의 해설로 갈래 지운다는 것은 그리 용이한 일이 아니지만, 시집 전반에 흐르고 있는 일관된 흐름을 추적함으로써 그의 시적 상상력의 본질은 어느 정도 규명될 수 있을 것이다. 시인에게서 나타나는 시적 상상력의 본질은 무엇보다도 시적 자아에 대한 해명으로부터 이루어질 수 있다. 시적 자아는 인간과 세계에 대한 원초적인 관계를 사유하고 인식하는 시인의 본질적인 정서와 상상력의 원천이기 때문이다. 말하자면 시인과 시적 대상 사이에 얽힌 세상과 인간의 원초적 관계에 대한 해명이란 하이데거와 같은 철학자의 어법을 빌면 '존재의 은폐성'을 드러내는 작업이라고 할 수 있다.

그런 점에서, 필자가 강방영의 시집들을 두루 읽으면서 느낀 일차적인 소감은 도대체 이 혼탁하고 남루한 동시대를 살아가는 한 시인의 시가 어찌하여 이렇게 맑고 순수한 서정으로 가득 차 있는가 하는 점이다. 그의 시편들을 읽어가는 동안 내내 필자는 따뜻한 누군가의 손을 잡고 제주의 고즈넉하고 청량한 어느 시골길을 오랫동안 걷는 듯한 느낌을 가졌다. 그의 시에서 우러나오는 이 같은 순수함과 따뜻함은 어디에서 비롯되는 것일까. 그것은 그의 시의 원형질에 내장해 있는 서정성에 바탕한 생명과 자연에 대한 깊은 사랑에서 우러나오는 것이 아닐까 한다.

실제 강방영의 시들은 주로 시인의 주관적인 정서를 통해 인간과 세상을 인식하는 담론 양식으로서 서정시가 지니는 본래적인 시의 문법에 충실하게 기초하고 있다. 말하자면 시인이 처한 환경과 시적 자아가 서로 통전되는 일체감 속에서 미적 인식이 흘러나오고, 그것이 세상과 시인의 거리를 아름답게 결합시킨다. 따라서 그의 시는 현실적 삶과 인간의 모습에 대하여 구체적인 시적 감정이나 의도를 드러내기보다는 시인의 내적 정서의 세계를 충실하게 표현하고 있다. 그의 시에서 나타나는 '생명과 사랑'의 주제는 인간 삶에 있어서의 가장 본질적이고 원초적인 내용들이지만, 이를 통하여 시인은 인간과 삶의 의미를 새롭게 일구어 낸다. 그의 시집 전반에서 나타나고 있는 생명과 사랑을 위한 시인의 상상력과 정서는 오염되고 혼탁한 현대적 삶과 인간에게 밝고 맑은 생기와 활력을 제공하는 것임이 분명하다.

2. 생명의 나무, 나무의 생명

강방영은 처녀 시집이었던 『집으로 가는 길』에서부터 생명에 대한 관심을 짙게 드러내고 있으며, 특히 그의 두 번째 시집의 제목은 『생명의 나무』일 정도로 시인의 생명에 대한 관심과 인식은 일관되게 나타난다.

생명의 기원은 어디에서 비롯되는 것인가. 이 질문은 세상과 우주에 대한 인식과 사유의 궁극적이고 근원적인 물음이기 때문에 그동안 많은 철학자들과 시인들이 이에 대한 탐색을 거듭해 왔다. 어떤 이들은 우주 만물을 존재케 하는 생명의 근원이 '물'이라고 하기도 했고, '불'이라고 하기도 했고, '원자'라고 하기도 했다. 강방영 시인의 경우, 그의 시 전편에서 가장 많이 등장하는 시적 제재는 어린아이와 그들의 생명에 대한 것이며, 이들을 생명력의 근원으로 인식하고 있는 듯하다. 새롭게 태어나기 위해 움직이는 어린 생명이나 이미 태어나서 세상에 존재하는 어린 생명들에 대하여 시인의 관심은 다양하게 나타난다.

> 찰랑찰랑
> 어둠의 바다를
> 일렁이는
> 반달에 기대어 누운
> 너

심장 박동 따라
파닥이며
고개를 젓고
손발을 흔들며
너는 너의 노래에
취해 있다

어느 날
너는 어떻게
내게 왔지?

-「우주와 아이」 일부

위의 시에서 시인은 '아이'로 상징되는 새로운 생명의 모습과 탄생에 각별한 관심과 사랑을 보여준다. 「우주와 아이」는 제목대로 어머니의 뱃속이라는 '우주'에서 유영하고 있는 아이의 모습을 그려낸다. 이 세상에 태어나지 않은 어린 생명은 오염되지 않은 원초적 우주의 생명력 그 자체를 의미하는 것이다. 어린 생명은 "심장 박동 따라/파닥이며/고개를 젓고/손발을 흔들며" 노래에 취해 있다. 이제 생명은 무한한 축복을 자신의 온몸으로 받아들이려는 신생의 몸짓으로 활기차게 움직인다. 시인은 찰랑대는 어둠의 바다에 누워있는 '태아'의 모습을 통하여 생명과 사랑에 입각한 진정한 모성(母性)을 보여주고 있다. 아울러 여기서 우리는 시인의 생명에 대한 사랑의 형태를 짐작할 수 있다. "어느 날/너는 어떻게/내게 왔지?"라는 아직 태어나지 않은 생명과 나누는 대화에서도 잘 드러나듯이, 시인은 어리고 보잘것없어 보이는 작은 생명체에 주목하고 그것을 따뜻하게 감싸 안는 사랑이야말로 인간이 구현해야 할 '참 사랑'임을 일러준다.

새로운 생명의 경이로움과 존엄함에 주목하는 시인의 태도는 요즘의 문학작품에서 흔히 발견키 어려운 소중한 미덕이다. 「우주와 아이」

에서 우리는 태아를 통해서 순결하고 오염되지 않은 생명의 결정(結晶)을 보게 되며, 동시에 시인에 의해 태아는 원초적인 순결함을 표현하는 사랑의 대상으로 충만하게 된다. G. 바슐라르가 『공간의 시학』에서 말했듯이, 이미지를 창조한 작가의 상상력과 그 이미지를 떠올림으로써 독자는 감동적인 정신적 체험을 하게된다. 상상력은 단순히 외계 대상들의 이미지를 기억하는 것이 아니라 작가에 의해 재창조될 때 새로운 의미를 갖는다. 「우주와 아이」에서와 같이, 우리들의 내밀한 삶의 공간 속에서 시인의 상상력으로 일구어 보여주는 새로운 생명의 모습을 우리는 확인할 수 있게 된다.

이렇게 해서 태어난 어린이들에 대해서도 시인의 눈길은 잠시도 멈추지 않는다. 세상이 어둠 속에 잠기고 이제 아이와 시적 화자만이 남은 시간에 "감은 네 눈꺼풀/네 이마 위에/숨결 위에"(「비 오는 날의 자장가」) 모든 상념은 다 담기게 되며, 부서지는 오후의 햇살 속에서 집으로 가는 길에 시인의 발걸음을 행복하게 하는 것은 "산으로 꿈속에서도/산으로 달리는 아이들"(「집으로 가는 길」)이 기다리고 있기 때문이다. 강방영에게 어린 생명은 세속의 때가 묻지 않은 영혼과 정신의 순결을 의미하는 것이며, 이러한 생명은 우주의 원천이며 삶의 본질이다. 「작은 네가」와 같은 작품에서 이 같은 시인의 정신은 더욱 잘 드러난다.

작은 네가 통통통 달려와
손 잡아 나를 이끌어 간 마루 끝
가리키는 하늘
구름 지나간 뒤편에는
빛나는 반달이 헤엄치고 있었다
정답게 작은 별도 함께 데리고

-「작은 네가」 전문

영국시인 W. 워즈워드는 '아이는 어른의 아버지'라고 했지만, 세파에 찌들어 오염되고 타락한 어른들과 달리 어린이는 자연 상태와 같이 순수한 생명력을 지니고 있다. 어른들의 마음과 달리 아이들의 마음속에는 시내가 흐르고 달빛과 별빛도 그대로 반짝인다. 삶에 찌든 어른들의 눈은 아름다운 자연의 모습을 살펴볼 겨를도 여유도 없는 것이지만, 아이들은 저무는 해와 새로이 뜨는 달의 모습이 모두 신기하기만 하다. 그리하여 힘든 하루 일과를 마치고 어른이 집으로 돌아오면, 작은 아이는 '통통통' 어른에게 달려와 구름 뒤편에서 헤엄치고 있는 반달과 정답게 떠있는 작은 별이 있는 마루 끝으로 어른을 데리고 간다. 이제 어른이 아이에게 '별 하나 별 둘'을 일러주는 것이 아니라 오히려 아이가 어른에게 달과 별의 모습을 보여준다. 이 시에서 어른에게 다가오는 아이의 '통통통'이라는 의성어는 세상을 향한 아이의 '열린 가슴'과 어른의 '닫힌 가슴'을 잇고자 하는 소중하고 아름다운 느낌으로 우리에게 다가온다.

강방영의 시가 호소하는 생명가치의 존귀함은 단순히 자신의 아이에 대한 그것에 머무는 것이 아니라 자연과 우주와 같은 보다 넓은 지평에 대한 서정적 울림을 우리에게 제공한다. 자연으로부터 시인은 더욱 깊은 생명의 원천을 발견한다. 우리의 생명이 피어 나온 곳이 자연이고 우리의 육신이 돌아갈 곳도 자연이라고 시인은 생각하기 때문이다. 시인은 그의 시 전편에서 자연의 만물인 '억새' '나무' '숲' '바람' '돌하루방'에 이르기까지 생명을 부여하고 그들을 통하여 새로운 인식의 세계를 구축하고자 한다. 그는 '생명의 나무'를 사랑하는 시인이지만, 동시에 '나무의 생명'도 사랑하는 시인이 된다.

은하를 바라보며
동트는 새벽하늘
여명을 바라보며,

해 진 길을 걸으며
조용한 시간
닫힌 창을 보며
가꾸어낸 나의 나무를.

-「나의 나무」 일부

언젠가는 나도
걸어 들어갈 수 있으리라
저 초록빛 속으로

나무가 나무속으로 녹아
산이 다시 산으로 들어가
드디어 이루는
드넓은 빛

하늘 가득한 웃음소리로
낭랑하게 햇살 울려 퍼지고

-「숲을 지나며」 전문

이제 그의 시는 자연의 내밀함을 사물로 육화시킴으로써 그 존재론적 의미를 새롭게 일구어 낸다. 시인이 숲을 지나면서 "언젠가는 나도/걸어 들어갈 수 있으리라/저 초록빛 속으로"라고 말하는 것은, 자연을 통하여 자신의 모습을 확인하고 자연 속에서 거처할 피난처를 찾는 것이라 할 수 있다. 자연과 동화되어 함께 거주하고자 하는 시인의 소망은 현실과의 대립에서 한걸음 물러서서 자신의 모든 헛된 욕망을 다 내려버리고자 하는 무욕의 공간 속에서 형성된다. 이것은 바로 온갖 헛된 인간의 욕망을 거두어들이고 정적인 자연의 상태로 가까이 다가서고자 하는 소망의 표현이다. 시인이 나무와 숲과 같은 자연을 대상으로 새로운 삶을 꿈꾸는 것은 인위적이고 가공적인 세상의 위선과 추악에서 벗어나서 우주의 원초적 순수함과 순결성의 세계로 귀의하고자 하는 바람이라 할 것이다.

강방영의 시 전편에 나타나는 '바다'의 이미지도 이와 다를 바 없다. 그의 시에서 허다하게 나타나는 바다의 이미지는 물론 시인이 제주바다를 일상적으로 마주보며 살아온 이유 때문이기도 하지만, 시인이 생동하는 바다의 모습을 통하여 새로운 생명과 순환의 의미를 찾고자 하기 때문이다. M. 엘리아데의 해석대로 "물에 들어가는 것은 형태 이전으로 되돌아감, 완전한 재생, 새로운 탄생을 상징한다." 그리하여 바다는 새롭게 태어나는 신생의 의미를 표현하고 있으며, 죽음과 생명의 순환적 상징이다. 시인은 바다를 이렇게 노래한다.

어둠을 깔아
기름처럼 매끄러운 바다여,
너의 가슴을 열어
지친 나를 받아다오.

나도 너를 따라
밝아오는 아침 하늘을 노래하고
흰 모래밭 차르르 밀어보고,

나도 너처럼
깔깔거리며 뜀박질하고
포부에 넘쳐 당당한 배를 띄우고
아기자기 고깃배도 쓰다듬고,
또 너처럼 때로는
폭풍에 머리 풀어헤치고
분노에 넘친 밤
하늘을 때리고

벌판을 휘몰아쳤었다.

-「나의 바다에게」 일부

시인은 바다에 자신을 맡기고자 하고 바다와 함께 있고자 한다. 바다는 모든 것을 포용해준다. "어둠을 깔아/기름처럼 매끄러운 바다여,/너의 가슴을 열어/지친 나를 받아다오."고 하면서, 자신을 향하여 모든 것을 무한히 열어 받아들이는 바다와 한 몸이 되고자 한다. 강방영의 시 전편에서 바다의 이미지가 모성의 이미지와 빈번하게 함께 등장하는 것도 이 때문이다. 바다는 어머니의 품과 같이 평화와 안락의 대상이다. 시인에게 바다와 어머니는 동어 반복이며 어머니와 바다는 언제나 함께 있다.

입속에서 가만히
어머니 하고 부르면
화악 펼쳐지는
이른 아침 맑은 하늘
햇살을 받아 빛나는
눈부신 바다

다시 눈감고
어머니 하고 되뇌면
여름 바람 서걱이는
푸른 수수밭
지평을 달리는
잎사귀의 물결

-「입 속에서 가만히」 전문

그의 시에서 어머니는 '깊은 바닷물'이며, '맑은 하늘'이며, '푸른 생명'이다. 원초적인 바다의 모습과 여름 수수밭 같은 푸른 물결은 모두 시를 풍요롭고 윤택하게 해주는 상징적 기제들이지만 동시에 이것은 바로 생명력과 포용력으로 가득한 어머니의 모습이다. 실로 자연은 우리에게 많은 것을 알려주며 많은 것을 베풀어주고 많은 것을 앗아간다. 생명과 세상에 대한 사랑은 자연으로부터의 가르침에서 생겨나는 것이라는 사실을 시인은 간과치 않는다. 그래서 '제주 오름'으로부터도 시인은 세월과 인생의 의미를 찾는다.

그래서 꽃 떨어지듯
우리가 사라져도
산과 들의 저 빛이
부채 살 접었다 펴듯이
영원한 계절을 반복하는 동안
아득한 시간의 파도에 실려
다른 해안에서 너 다시 살아
언젠가는 또 이야기를 나누고 있을 것이라고.
오늘처럼 돌 위에 앉아서
기다리고 있을 거라고.

-「오름의 시간」 일부

제주의 오름은 "산과 들의 저 빛이/부채 살 접었다 펴듯이/영원한 계절을 반복"하는 수많은 세월의 흐름 끝에 지금의 모습으로 존재하고 있다. 시인은 알고 있다. 오름이 현재의 모습과 같이 있는 것은 "수세기 시간을 건너/너는 이 곳에 온 것이고/시간은 우리 삶 안에서도/그 씨앗을 키우고 있다"는 사실을. "그래서 꽃 떨어지듯/우리가 사라져도" 이 세상은 영원하리라는 사실을.

3. 사랑의 세상을 꿈꾸며

강방영 시의 바탕에 흐르는 기본적 인식이 생명과 사랑을 위한 것임은 앞서 살펴본대로이지만, 이때 사랑의 개념이 단순히 남녀 간에 이루어지는 사랑이라기보다는 그 내연에는 생명체, 이웃, 자연에 대한 넓은 사랑의 의미가 담긴다. 그리하여 그의 시는 인간과 자연과 공동체적 삶에 대하여 더 깊은 사랑을 꿈꾸기 시작한다.

예컨대 강방영의 시 도처에서 나타나는 상실된 고향과 시골 마을사람들에 대한 그리움과 추억은 우리들 주변에서 흩어진 삶의 잔해들처럼 남아있다. 그의 시편들, 특히 『달빛 푸른 그곳』에 실린 시들에서 이런 모습은 잘 드러나고 있다. 한편의 서사극을 보듯 고향의 옛 모습과 동무들의 모습이 파노라마처럼 펼쳐지는 「달빛 푸른 그곳」, 고향마을의 풍요로움과 너그러움을 기억케 하는 「서홍리 새 길」, 「산촌」 등이 바로 그런 작품이다. 사라진 혹은 사라져가는 고향에 대한 향수와 기억을 통하여 시인은 과거가 아닌 현재의 시간 속에서 우리들이 기댈 수 있는 존재의 집이 찾아질 수는 없을 것인가를 묻고 있다. 사라진 고향의 아름다운 풍경과 이웃을 기억하면서 문명화된 현실을 비판하거나 새로운 삶을 위한 상상력을 이끌어내는 것은 많은 시인들이 흔히 기대는 상투적인 기법인지 모른다. 그러나 다른 시인들과 같이 고향과 자연이라는 소재를 이용하고 있으면서도 강방영의 시에서 드러나는 시골과 자연에 대한 태도와 인식은 완연히 다른 모습을 보이고 있다. 산골마을의 서정적인 모습을 통하여 고향의 정서를 그려내고 있는 「산촌」을 살펴보자.

석유등잔이 밝히는 밤
노르스름하게 물드는 흰 종이
빛과 어둠이 섞여

점 하나 잘못은
보이지도 않고

창호지를 통과하면
햇살도 여려져

화악 드러내어
잘 잘못 가리는
예리한 섬광은
어디에도 없던 동네

-「산촌」 일부

「산촌」은 존재의 의식 뒤에 은폐되어 있던 부재의 추억들 속으로 우리를 인도한다. "석유등잔이 밝히는 밤/노르스름하게 물드는 흰 종이/빛과 어둠이 섞여" 있는 일몰의 시간은 한낮에 긴박하던 일상의 현실들을 되돌려 우리를 고즈넉한 정적과 아련한 회억의 순간으로 이끌어간다. 강방영의 시에서 고향에의 추억이나 자연에의 이끌림은 새로운 희망을 꿈꿀 수 있는 터전이다. 이미 사라져버렸거나 변방으로 밀려버린 고향의 시골 마을에서 시인은 자신이 기댈 수 있는 또 다른 존재의 집을 찾고자 하는 것이다. "몽롱한 꿈이 졸고//포근하게 숨쉬는/나무들 아래에서/아이들은/영원을 살았다."고 표현되고 있듯이, 시인에게 고향에의 추억이나 자연에의 이끌림은 역동적인 자기투여의 공간이 된다.

강방영의 시에서 과거를 추억하는 힘은 과거의 기억 속에 매몰되었거나 사라져버린 사물들을 현실의 삶 속에서 환기시키는 역할을 한다. 오랜 망각의 그늘 아래 잠겨있던 수많은 삶의 파편들은 과거의 일로 숨어 있지만, 그에 대한 발굴은 현재적 삶의 의미를 새롭게 재생시킨다는 사실을 그의 서정시는 잘 보여준다. 과거로부터 삶을 불러내어 현재와 연결시키고 미래로 나아가게 하는 것은 그의 시가 삶과 인간에 대한 견고한 전망에 기초해 있다는 평가를 가능케 한다.

그러나, 그의 시가 언제나 희망과 낙관의 분위기에만 젖어 있는 것은 아니다. 때로 그의 시도 슬픔과 어둠을 동반하는데, 중요한 것은 그 슬픔이 사사로운 감정의 토로에 그치는 것이 아니라 인간의 본래적인 선이나 믿음의 상실에 대한 것이라는 사실이다. 말하자면 그것은 이 시대와 삶을 향한 일종의 구원의 메시지와 같은 것이다. 실제 우리가 현대 사회에서의 사랑부재의 현실에 대해 얼마나 절망하고 있는가. 삶의 현실이 암울한 것이듯이, 시인도 '안개'와 '어둠'에 쌓인 삶의 현실을 슬퍼한다.

하늘을 가리고
바다를 가리고
나무를 지우고
돌을 지우고
창문을
눈을
가리는 안개

단단히 잎을
오므리는
섬에서

(중략)

울음소리는
핏빛처럼
안개를 뚫고 가지만

캄캄한 걸음에

부딪치는
어둠

어둠으로만
어둠은
열려있다.

-「霧笛」 일부

우리시대의 삶과 역사에는 '어둠'과 '안개'가 자욱하다. 등대에서 배에서 아무리 안개를 피하기 위해서 '무적(霧笛)'을 울려도 어둠과 안개는 짙게 드리워져 있다. 제주의 아픈 역사인 4·3에 대한 기억도 미해결인 상태로 "어둠으로만/어둠은/열려있다." 이 시대가 인간을 인간답게 존재하지 못하게 하고, 인간과 세상 사이의 고유한 관계를 파괴하는 '궁핍한 시대'라고 할 때, 시는 인간과 세상 사이의 진정한 관계를 복원해야 하는 역할에 직면하게 된다. 그래서 자크 데리다는 진정한 시인이란 더러운 것 앞에서 숨지 않고 더러운 것에 대항하며 더러운 것에 대해서 글을 쓰는 사람이라고 했다. 시인에 의해서만이 사물이 사물일 수 있고 언어가 언어일수 있는 상태로 돌아 갈 수 있다는 것이다.

이제 시인은 가장 최근의 시집 『인생학습』에서부터 자신을 근본적으로 되돌아 보기 위한 실존적 주체 찾기의 노력을 하게 된다. 이 시집에서부터 갑자기 '어둠'와 '안개'의 이미지가 더욱 자주 나타나는 것도 이와 무관하지 않다. 이를테면 「폭포에서」와 같은 시에서 시인은 폭포를 바라보면서 그동안 자신의 일그러진 욕심과 고통을 "쏟아져 내려 거칠게 흐르는 물속에/던져 버리고" 싶어 한다.

무엇이 보이니?
장대한 물줄기
내뿜는 흰 물보라 속에,
보이는 것은 오직
보고 싶지 않은 네 모습,
쏟아져 내려 거칠게 흐르는 물속에
던져 버리고 싶은
일그러진 욕심과 고통,
아니면 그에 따르는 부끄러움?

(중략)

지난 세월 허망한 믿음들
도려내자,

오랜 세월 검은 바위 위에
날개 접고 앉았던
매 한 마리
퍼덕이기 시작한다.

-「폭포에서」 일부

시인은 폭포를 바라보면서 그동안 자신의 일그러진 욕심과 고통을 "쏟아져 내려 거칠게 흐르는 물속에/던져 버리고" 싶어 한다. 그리하여 칼날을 들어 "지난 세월 허망한 믿음들"을 도려내는 대대적인 수술을 감행하고자 한다. 시인은 "삶의 진실/그것은 무엇인가요"라는 본질적인 물음에 당면하게 된다. 여기서 시인이 "장대한 물줄기/내뿜는 흰 물보라 속에" 자신을 내던지고자 하는 것은 바깥세상을 향한 역동적인 욕망의 표출이라기보다는 오히려 내성적인 사색과 관조의 지혜를 얻을 수 있는 힘을 얻고자 함이다. 말하자면 시인은 일상적 욕망을 비워냄으로써 자신에게 지워진 세상의 무게에서 벗어나고자 한다. 그가 꿈꾸는 것은 욕망을 소유하고자 하는 것이 아니라 오히려 거기서 벗어남으로써 의식의 가벼움을 얻고자 하며, 더 나아가 부정적인 세상을 긍정의 힘으로 끌어안음으로써 절망에서 희망을 얻고자 하는 것이다.

강방영의 세계인식은 언제나 긍정적이다. 부정을 긍정으로, 슬픔을 기쁨으로 환유하고 환치하는데 그의 시의 특징이 있다. 그것은 기본적으로 시인에게 긍정의 미학, 사랑의 정신이 있기 때문에 가능하다. 시인이 이 세상 만물의 생명을 존중하고 그에 대한 사랑을 이야기하는 것도 이 세상에 대한 절망이 아니라 희망을 노래하고자 하기 때문이다. 희망에 대한 시인의 감정은 때로 결연하기도 하고 때로 간절하기조차 한데, 이는 따뜻한 사랑의 감정으로 이 세상의 모든 것을 구원할 수 있다는 낙관적인 시적 전망에서 우러나오는 것이다. 세상의 모든 어둠과 슬픔과 절망에 맞설 빛과 희망과 낙관적 전망이 있기 때문에 그의 시는 서정의 폭과 깊이를 더하게 된다.

4. 저기, 다시 피어나는 한 송이 꽃이 되어

강방영의 시는 언제나 다정하고 따뜻하게 우리에게 다가온다. 그는 격렬하거나 고조된 언어 없이도 세상의 아픔과 고통을 봄날에 다시 피어나는 한 송이 꽃처럼 보여주는 시인이다. 저 혼돈과 환멸의 시기였던 80년대와 90년대를 관통해 오면서 우리들에게 칠흑같이 엄습했던 어둠과 슬픔 속에서도 그는 놀라울 정도로 따뜻하고 명징한 영혼으로 생명과 자연에 대한 사랑과 희망을 꿈꾸며 노래해왔다. 그리하여 그는 이 고통의 시대를 견뎌낼 수 있는 찬란한 '서정의 시학'을 구축하였다.

무릇 시인은 삶의 진정한 가치와 의미를 찾기 위해 생명과 자연을 찬미해야 하며 인생과 세상에 대한 근원적인 믿음과 사랑을 노래해야 하는 창조적 정신을 가진 자들이다. 오늘날과 같은 과학기술시대에 갈수록 메마른 삶을 살아가는 우리들에게 진정한 시인이란 그래서 위대하고 소중한 존재이다. 어느 글에서 강방영이 "시인은 고립, 슬픔, 믿음 등 현실의 포괄적인 관심사를 시로 표현한다. 그래서 시는 인류의 정신적 질환을 치유하고 삶을 해명하는 예지를 전달한다."(『잃어버린 마음을 찾아서』)고 말했듯이, 그의 시는 이 암울한 시대에 생명과 사랑의 정신이 왜 필요한지를 일관되게 물으면서 그 실현을 노래하고 있다. 그가 창조적 시 정신을 가진 훌륭한 시인으로 평가될 수 있는 이유도 여기에 있다.

아메리카 인디언들이 하늘에서 흘러가는 구름과 바람에 흔들리는 잎새를 바라보면서도 영혼의 떨림을 느꼈듯이, 오늘도 그는 제주 푸른 바다의 밀려오는 파도를 바라보며, 홀로 적요한 제주의 오름에 올라, 해맑은 영혼으로 생명과 사랑을 노래할 것이다. 속진에 찌든 채 잠든 우리들의 머리맡에 앉아서 눈물겨운 서정의 노래를 속삭여 줄 것이다. 저기, 다시 피어나는 한 송이 꽃이 되어.

●제4부

글쓰기 욕망의 존재론적 시각

수필문학의 현재와 미래

1

우리 문단을 되돌아보면 여러 문학 장르 중에서 가장 외면 받고 냉대 받는 가운데에도 지난 얼마 동안 가장 왕성하고 활발한 활동을 보여준 것은 수필문학 장르가 아닌가 한다. 시와 소설이라는 문학 장르가 사회적 · 정치적 변화 속에서 일정한 부침을 거듭해 온 것과 달리 수필은 사회변화와 문단 내의 냉담한 시선에 아랑곳없이 끈질기게 자신의 자리를 지키며 진지한 열정을 보여 왔다.

그러나 수필문학은 그 성실성과 진지함에도 불구하고 기본적인 정의조차 제대로 갖추지 못한 채로 오리무중을 헤매고 있는 듯하다. 거칠게 말해 시가 상징적 은유적 시어를 창작하는 문학이어야 하고 소설이 인물과 사건을 갖춘 서사문학이라고 할 때 아직까지도 수필 문학에 대한 정의는 명확하게 수립되지 못하고 있다. 언제까지 수필의 미적 대상에 대한 범주 설정도 없이 그야말로 아무런 외적 내적 '형식 없이' '붓 가는대로' 그냥 쓰기만 할 것인가.

우리가 살고 있는 20세기 이후의 시대는 흔히 후기대중문화시대나 포스트모던의 시대로 명명되고 있다. 리요타르같은 사회학자가 이야기하듯이, 대중문화와 포스트모던의 정신에 바탕해서는 변증법이나 인류 해방과 같은 '거대설화'의 담론 기능은 이제 그 기반을 상실하고 있다(J. 리요타르, 『포스트 모던의 조건』). 실제 지금 우리는 거대설화로의 복귀가 배제된 엄청난 변화의 시대에 살고 있다. 삶의 가치와 인식을 근본적으로 뒤흔들어놓을 만한 지식정보의 시대에서 우리는 하루하루 요동치는 삶을 살고 있는 것이다. 우리사회가 산업화된 이래 오늘날에 이르기까지 나타난 제반 현상들, 즉 급격한 경제발전과 더불어 이루어진 대중소비사회적인 시장체제의 출현, 생존경쟁이 야기하는 대도시의 비대화와 비인간화 등등의 사회적 상황들은 서구의 포스트모던한 현실의 재현을 의미하면서 우리의 '문화풍경' 자체를 송두리째 바꾸어 놓았다.

이제 '소녀시대'와 같은 대중문화가 문화의 중심에 놓이게 되었고, 이들이 문화권위주의와 맞서자며 고급문화와 대립하고 있다. 인터넷 통신은 거의 광풍을 일으키며 다양한 문화적 욕구를 분출시키면서 새로운 문화의 자생지가 되었다. 마찬가지로 문학과 예술의 영역에서 고급문화는 사라지고 대중문화가 주류로 자리하면서 그곳에서 인문정신이나 서사의 정신은 사라져 가고 있다. 포스트 모던 시대 이후 "문학이라는 실체, 작가의 창조성, 비평가와 독자를 위한 작가와 작품은 모두 격파되었다."(앨빈 커넌, 『문학의 죽음』) 대중문화의 이 엄청난 야만적 폭력을 어떻게 할 것인가.

대중문화의 공격 속에 시와 소설 같은 문학장르는 과학기술시대에 부응하는 문학적 기능을 더 이상 감당하기 힘들게 되었다. 오히려 그동안 주변부로 밀려있던 수필은 허구에 의존하는 문학장르가 아니기 때문에 앞으로 더욱 힘을 얻으며 발전해 나갈 것으로 보인다. 인터넷은 개인의 감정과 사상을 보여줄 수 있는 공간이면서 동시에 다중이 모여 교류하고 교감할 수 있는 공간이다. 따라서 인터넷의 발달과 더불어 수필은 더욱 다양한 소재를 통해 개인적 감정과 사회적 인식을 토로할 수 있게 되었다. 인간은 끝없이 말하고 행동하며 진화해온 존재이다. 과학기술과 대중문화가 지배하는 세상에서 우리의 언어와 행동은 더욱 춤출 것이다. 정신과 영혼은 사라지고 물질과 육체만 난무하는 이 암울하고 '궁핍한 시대'에 말과 행동은 형편없는 불량품이라 할지라도 더욱 기승을 부릴 것이다.

이 같은 상황 속에서 이제 수필문학은 자신의 모습을 되돌아보며 시대에 걸맞는 자기변화의 노력과 자기영역의 확대가 어떻게 필요한 것인가를 새롭게 고민하기를 요구받고 있다. 이 '문학 위기'의 시대에 그동안 수필문학이 빠져있던 딜레마를 극복하고 새로운 문학장르로 다시 서기 위해서 수필문학의 자기정체성을 확립하고자 하는 노력은 더욱 절실한 과제가 아닐 수 없다.

2

오늘날 우리 수필계의 현황을 살펴보면 양적 풍요로움에 비해 질적 수준은 실망감을 금치 못할 정도이다. 우선 비교적 활발하게 운영되고 있는 수필전문지들을 살펴보면, 꽤 오랜 연륜을 쌓은 『한국수필』(1974, 격월간), 『에세이문학』(1982. 『수필공원』 개제, 계간), 『수필문학』(1988, 월간), 『수필과 비평』(1992, 월간) 등에서부터 보다 최근에 발간되어 활발한 활동을 하고 있는 『에세이문예』(2004, 계간), 『에세이스트』(2005, 격월간) 등에 이르기까지 거의 20여종이 출간되고 있다. 여기에 동인지 성격으로 간행되는 잡지들까지 포함하면 엄청난 수필잡지들이 출간되고 있는 셈이다.

이 수필전문지들에서는 작가지망생들을 이른바 '등단'이라는 이름으로 '수필가'로 배출하고 있으니 매년 엄청난 수필가가 등장하고 있다. 그래서 한국문인협회에 등록된 수필가의 숫자가 3,000여명을 육박하고 있으며 이는 전체 회원의 사분의 일이나 된다고 한다. 여기에 더해 각종 문화센터와 교육기관에서 수필 강좌가 개설되고 이곳의 수강생들이 왕성한 욕구를 바탕으로 수필을 창작하여 발표하고 있으니 가히 수필의 백가쟁명시대라 해도 과언이 아닐 정도이다.

그동안 수필전문지를 비롯한 여러 매체들의 노력 덕분으로 수필인구의 증가와 함께 수필문학 자체의 발전에도 적잖은 기여를 해 왔다. 그러나 문제는 질적 향상이 없는 가운데 수필의 외형적 확장이 과연 어떤 의미를 지닐 수 있는 것인지, 이것이 오히려 다른 문학장르로부터 수필을 더욱 고립시키는 빌미를 제공하는 것이 아닌가 하는 점이다.

그동안 수필문학이 올바른 평가를 받지 못한 데에는 앞서 지적한 이유 이외에도 보다 본질적으로 수필문학이 지니고 있는 대중적 성격 때문이라 할 수 있을 것이다. 동서양을 막론하고 대중문학은 일반적으로 고급문학 혹은 본격문학에 지배되거나 주변부적 역할을 해왔다. 대중문학이란 말 그대로 일반 대중들이 선호하는 쉽고 재미있는 문학이라고 정의할 수 있다. 따라서 대중문학이란 문학의 대중성에 역점을 두면서 대중적 감성에 호소하는 문학이다. 전자매체의 급속한 보급은 문학을 사람들에게서 멀어지게 했다. 이때부터 대중문학은 대중들의 기호에 영합하며 고급문학을 앞질러 위세를 떨치기 시작했고 현대의 소비사회에서 하나의 상품과 같이 서점뿐만 아니라 전자매체에서 손쉽게 구입되고 소비될 수 있게 되었다.

지금도 많은 매체에서 수필들이 쏟아져 나오고 있지만 수필과 잡문은 엄격히 구별되어야 한다. 시나 소설과 마찬가지로 수필도 문학이 되기 위해서는 반드시 문학적 요건을 갖추어야 한다. 문학적 요건이란 형상화이다. 형상화란 일차적으로 주재와 소재의 선택, 적절한 에피소드의 도입과 소재의 의미화를 위한 세련된 은유의 사용, 그것의 전달이 가능한 문장과 자연스러운 구성 같은 다양한 요소로 이루어진 통일된 질서이다. 그것은 한편의 문학작품으로서 갖추어야 하는 기본적 미적 질서이다. 다른 문학작품과 마찬가지로 수필에서도 독자가 무한한 상상력으로 정신적 충족감에 이를 수 있는 미학적 의미의 부여가 필요한 것이다.

수필은 적당한 감성에 적절한 문장력만 있으면 누구나 쓸 수 있는 글이 아니다. 세상과 인생에 대한 깊은 인식과 성찰이 요구되는 글이다. 예컨대, 이 세상의 풍경에 대하여 어느 노시인이 쓴 에세이를 읽다가 늙은 소나무 사이로 하얀 달이 뜨는 것 같은 감동을 받은 적이 있었다.

> 풍경이란 수동적으로 눈에 비치는 영상이 아니라 숨어있는 그것을 찾아낼 수 있는 능력이 만들어내는 창조적 소산이란 것이 내 생각이다. 풍경은 있는 그대로의 바깥이 아니라 아름다움을 사랑하는 정신이 발견하는 체험의 결과다. 그런 의미에서 풍경은 끊임없는 수련의 결과다. 하나의 풍경을 찾아내는 과정은 거의 시 쓰기와 같다. 풍경은 그것을 알아주는 정신을 만나는 순간을 기다리며 조용히 숨죽이고 있다. 그 순간이 고유한 것을 풍경은 알고 있다. 풍경은 형이상학적 가치다. 그것은 경치가 아니다. 그래서 나는 풍경을 찾아 길 위에 선다.
>
> -허만하, 「길과 풍경과 시」에서

허만하에게 풍경은 단순히 우리의 외부에 존재하며 눈에 보이는 광경이 아니다. 풍경이 우리의 내부로 걸어 들어와서 우리의 일부가 되는 것은 그 낯선 본질 때문이라고 한다. 산다는 것은 낯선 것을 받아들여 낯설지 않은 친숙한 것으로 만들어 가는 과정이다. 낯선 것을 만나기 위하여 우리는 길 위에 선다. 러시아 형식주의자들의 금과옥조를 빌지 않더라도 작가란 모름지기 사물을 '낯설게 보게' 하는 데에 익숙한 정신을 가진 자들이다. 문학이 세상의 낯섦 혹은 세상에 없는 낯섦을 번역하는 일이라 할 때 작가는 세상의 사물을 자신의 감정으로 새롭게 받아들이고 그려내는 감수성을 가져야 한다. 작가는 길을 나서고 길 위에서 만나는 이미지들이 마음속으로 깊이 들어와 풍경이 되면, 그 풍경들이 작가의 머릿속에서 일렁이는 언어들을 만나서 시가 되고 수필이 되는 것이다.

허만하의 「길과 풍경과 시」는 매우 철학적이면서 동시에 삶과 인간에 대한 메타적인 성찰을 담고 있다. 제주도 산방산 벼랑의 바위를 바라보며 그의 상상력은 제주에 유배 왔던 추사와 그가 사랑한 수선화와 추사체로 나아간다. "산방산 은백색 바위의 꼿꼿한 자세가 수선화의 향기에 버금가는 황홀한 향기를 뿜고 있기 때문에 사람들이 그 벼랑으로 끌려드는 것이 아니겠는가. 추사체는 생시에 추사가 쳐다보았던 산방산 벼랑이 내뿜는 향기를 머금고 있을지도 모른다."고 말하는 그의 안목에서 문학과 삶, 인간과 자연을 동일성의 원리로 파악하는 깊은 성찰이 느껴진다. 우리들의 눈앞에 보이는 세상의 '풍경'을 깊은 성찰에서 얻어지는 새로운 탄생으로 이해하는 또 다른 예를 보자.

> 나에게, 풍경은 상처를 경유해서만 해석되고 인지된다. (…) 풍경은 밖에 있고, 상처는 내 속에서 살아간다. 상처를 통해서 풍경으로 건너갈 때, 이 세계는 내 상처 속에서 재편성되면서 새롭게 태어나는데, 그때 새로워진 풍경은 상처의 현존을 가열하게 확인시킨다. 그러므로 모든 풍경은 상처의 풍경일 뿐이다.
>
> -김훈, 『풍경과 상처』에서

위 인용문에서 김훈은 특유의 언어적 감수성과 치열한 사유로 풍경과 상처 사이에 언어의 징검다리를 놓고자 한다. 그리하여 '이 세계가 그 우원(迂遠)한 언어의 외곽 너머로' 펼쳐져 있는 우리의 불우한 풍경임을 보여준다. 김훈이 풍경을 바라보는 시선은 메를로 퐁티가 "풍경은 내 속에서 자기 자신을 사유하고 있는 것이며, 그리고 내 자신은 풍경의 의식이다"(메를로 퐁티, 『눈과 마음』)고 한 말에 다름 아니다. 세상을 읽는 눈은 열린 사고에서 나온다. 세상의 사물을 바라보고 읽는 시선과 그를 언어로 표현하는 방식은 이렇게 인간과 삶에 대한 깊은 성찰에서 우러나오는 것이다. 이것이 바로 수필을 쓰는 자세이며 진정한 수필이다.

생각해보면 앞으로 수필문학의 여정은 '머나먼 삼만리'이다. 그러나 데카르트가 탄식했듯이 삶이든 문학이든 결국 모든 것은 아포리아(aporia)라는 '길 없음'에서 길을 찾아가는 행위가 아니던가. 문학은 길 없는 길을 찾아 헤매는 우리를 더 나은 세계로 나아가도록 인도한다.

3

문학작품은 대상에 대한 단순한 진술의 전달이 아니라 표현을 통하여 세상과 삶을 새롭게 인식시킨다. 앞서도 강조했듯이, 삶과 세상에 대한 깊은 성찰을 바탕으로 한 새로운 인식이 없다면 결국 수필은 사적인 차원의 잡문이 될 위험을 면키가 어려워진다. 말하자면 수필은 '나'를 통해 세상을 말하는 통로이고 삶을 보는 프리즘이다.

여기서 우리는 수필문학의 신선함과 자기영역의 확대라는 문제에 당면하게 된다. 그동안 시와 소설이 주제와 소재의 측면에서 관심영역을 끊임없이 확대해간데 비해 수필문학은 언제나 답보상태에 그치고 있는 듯하다. 새롭게 간행된 잡지와 신간수필집을 정독해보아도 도대체 눈길을 끌만한 신선한 주제나 소재가 눈에 띄지 않는다. 이것은 이미 지적한대로 근본적으로는 작가의 세계관의 부재 탓이겠지만, 더 나아가 인간의 행복을 겁탈하는 억압적인 현실에 대한 치열한 고민의 상실 때문이라 할 수 있을 것이다. 미시적 글쓰기에만 매달리면 거시적으로 세상과 인생을 보는 안목이 퇴행될 수밖에 없다. 자질구레한 사적인 일상성에 매달려 입에 발린 미시적 수사를 할 것이 아니라 그것을 넘어서는 거시적 성찰이 필요하다.

지금 우리들 주변에는 인간의 행복을 위태롭게 하고 삶 자체를 불행하게 하는 요소들이 허다하다. 이를테면 인류의 생존문제와 직결되어 있는 환경생태 문제는 21세기를 사는 인간들의 가장 중요한 키워드이다. 과학기술과 자본주의의 과도한 발전으로 인하여 파괴되고 훼손된 생명 경시의 시대를 회복하기 위해 수필문학은 지속적인 관심과 사랑의 눈길을 보내야 한다. 질식할 것 같은 기술문명의 위력과 그로 인해 야기된 생태적 위기 속에서 구원과 안식의 미학으로서의 역할을 수필은 해낼 수 있어야 할 것이다. 법정은 「수류화개실 여담」에서 이렇게 이야기한다.

> 꽃이 피어나는 것은 생명의 신비다. 자신이 지니고 있는 특성과 잠재력이 꽃으로 피어남으로써 그 빛깔과 향기와 모양이 둘레를 환하게 비춘다. 그 꽃은 자신이 지닌 특성대로 피어나야 한다. 만약 모란이 장미꽃을 닮으려고 하거나 매화가 벚꽃을 흉내내려고 한다면, 그것은 모란과 매화의 비극일 뿐 아니라 둘레에 꼴불견이 되고 말 것이다.
>
> -법정, 「수류화개실 여담」에서

꽃이 철따라 피고 지는 것은 과학적으로는 기온과 햇볕과 토양과 수분의 영향이라 하겠지만 '생명의 신비요, 자연현상'인 우주의 섭리가 아니고서는 그 해명이 불가능하다. 이것이 바로 법정이 말하는 자연의 생명력이라고 할 수가 있다. 법정의 유명한 '무소유'의 철학도 "지구환경의 위기도 따지고 보면 인간들의 끝없는 탐욕이 원인"이라는 근원적인 인식과 연계된 것이다. 이러한 생태 철학적 상상력의 외연은 그의 수필 속에 하나의 정신으로 자리하고 있다. 자연과 역사는 대립적인 개념이 아니다. '자연의 역사'와 '인간의 역사'는 별개의 것이 아니고 맞물려 있는 것이다.

앞으로 수필을 위시한 우리 문학이 관심을 기울여야 할 것이 어찌 환경생태문제 뿐이겠는가. 고도산업화와 후기자본주의 시대의 도래 이후에 전 지구적 차원으로 더욱 확대되고 있는 빈곤과 가난의 문제, 비인간화와 인간상실의 문제, 공해와 자연재앙의 문제 등이 산재해 있고 이것은 전부 수필의 주제나 소재가 되어야 할 내용들이다. 사회의 발전과 진보의 이면에 드리워진 좌절과 위기를 한때의 기억과 망각으로 치부하지 않고 그에 잠복된 숨은 의미를 되새겨서 문학적으로 형상화해야 할 구원의 역할을 수필은 감당해야 할 것이기 때문이다.

우리 수필문학이 해결해야 할 또 다른 중요한 과제의 하나는 수필비평의 활성화이다. 수필을 쓰는 작가들의 숫자는 폭발적인 증가세를 보이는 반면 수필작품이나 작가에 대한 비평이 현저하게 모자라는 현상은 일차적으로는 수필이라는 문학의 장르적 특성에서 그 원인을 찾을 수 있을 듯하다. 이미 살핀 대로 수필은 작가 자신의 자기고백적 성격이 짙은 문학이어서 수필을 쓰는 주체는 자신의 삶의 체험에서 우러나는 주관적 감정을 언어로 표현하기 마련이다. 따라서 다른 문학장르에 비해 독자가 그것을 이해하고 해석하는 폭은 넓은데 반해 객관적 비평의 여지는 그만큼 줄어든다. 그러나 작품을 쉽게 읽을 수 있고 그에 대한 해석이 용이하다고 해서 수필비평이 무의미하다고 할 수는 없다. 수필의 내용이 주로 작가의 삶에 바탕한 체험이다 보니 작품에 대한 비평이 곧 작가의 삶이나 인격을 건드리는 실례를 범하는 것이 아닐까 해서 조심하게 된다. 그러다 보니 비평을 한다 해도 이른바 '주례사 비평'으로 전락해 버리고 마는 것이다. 주례사 비평은 텍스트를 감식하여 좋은 작품을 추천하고 그렇지 못한 작품을 비판하는 기능을 극도로 약화시킨다. 주례사 비평은 신통찮은 작품들을 만났을 때 오히려 더 빛을 발하게 되고, 수필문학의 경우 비평무용론의 위기를 증폭시킨다. 그럴수록 수필의 경우에도 비평가의 엄정한 해석과 평가를 통해 옥석을 가리는 작업이 필요하다. 그러한 작업이 수용될 수 없는 분위기이다 보니 '악화가 양화를 구축'하는 일이 반복되고 졸작의 수필이 양산된다. 시나 소설의 경우와 같이 폭넓은 지식과 전문성을 갖춘 비평가들에 의해 좋은 수필이 가려지고 평가되어야 본격적인 수필의 시대가 열릴 것이다.

신화 속 오이디푸스는 스스로 제 눈을 찌름으로써 '진정한 자신'의 모습을 보길 원했고 '주체화'의 길을 택했다. 아이러니컬하게도 오이디푸스는 제 눈을 찌르기 전에는 자신의 운명에 대해 '맹목'이었지만 눈을 찌르고 난 이후에야 자신의 운명에 대해 '통찰'을 얻는다. 이제 우리들 자신을 보다 엄정하게 바라볼 수 있는 비평문화의 정착과 주제의식의 확장을 통하여 수필문학 자체의 기능과 역할을 새롭게 확충시켜 나아가야 할 것이다.

4

수필문학은 대표적인 산문문학임에도 불구하고 우리문단에서는 아마추어리즘의 혐의와 함께 본격문학에서 소외되어왔다. 주요 일간지 신춘문예 공모에도 수필은 거의 없고 문학창작지원금에도 수필분야는 아예 제외되고 있으며 수필작가들에게는 그 흔한 문학상조차 수여가 인색하다. 그러나 수필은 고유의 무형식성과 일상성을 특징으로 하면서도 삶과 세상에 대한 통찰과 미래를 내다보는 혜안으로 시대를 선도하는 문학으로 기능할 수 있다. 아니 수필은 그 일상성과 주관성이라는 특성 때문에 더욱 더 새로운 세계이해와 표현이 얼마든지 가능할 수 있을 것이다.

문학위기의 시대에 수필의 역할은 앞으로 더욱 확대될 전망이다. 수필은 인터넷을 비롯한 새로운 의사소통의 공간속에서 새로운 글쓰기의 모습을 보여줌으로써 위기에 처한 시와 소설의 영역을 감당할 수 있을 것이다. 기술정보시대에 삶의 환경이 그렇듯이 앞으로 우리들의 글쓰기 환경도 갈수록 험난해질 것으로 보인다. 그럴수록 수필문학은 세상과 삶에 대한 전망을 확대해야 하고, 오이디푸스적인 자기통찰을 이루어내야 한다. 또한 이 물화된 세상의 상업주의적 욕망으로부터도 자유로워야 한다. 수필문학은 이제 '수술'이냐 '사망'이냐 라는 기로에 놓여 있다. 빛이 보이지 않는 어둠의 길 위에서 한줄기 빛을 기다리며 자기정체성을 새롭게 모색해야 하는 단계에 서 있는 것이다.

디지털시대 수필문학의 새로운 가능성

1

오늘날 각종 기술과 디지털매체들이 범람하는 이 세상은 흡사 유령이 출몰하여 문자매체인 문학을 죽음으로 몰아가는 형국이다. 물론 지금까지는 그나마 문자매체가 여전히 세상에 대한 인식과 삶의 지평을 열어주는 영향력 있는 매체로 기능하고 있지만, 우리가 세상과 삶에 대한 정보와 지식을 얻는 결정적 힘이 아날로그적 공간을 지나 디지털의 공간으로부터 산출되기 시작한지는 오래다. 컴퓨터의 칩 밀도가 18개월마다 두 배씩 증가한다는 '무어의 법칙'이 일반화될 만큼 현대사회는 급속한 변화를 이루며 전자기술과 영상매체들이 만들어낸 디지털시대가 등장한 것이다.

인간의 자연스러운 발화 행위인 언어와 그에 대한 기록 방식인 '글쓰기' 행위 또한 예외가 아니다. 소쉬르가 '기표'와 '기의'라는 언어체계를 통해 언어이론에 일대 혁명을 가져왔다면, 디지털시대는 언어의 소통과정과 본질에 혁명을 가져왔다. 이제 문자는 갈수록 이 세계에 대한 인식과 사유의 길을 열어주는 사회적 기능을 상실하고 있으며, 정보와 지식을 얻는데 디지털문명이 갖는 힘은 엄청난 속도로 그 영역을 확대해 가면서 우리시대 문화의 담론 공간을 장악해 가고 있다.

디지털시대의 이 같은 문화적 상황은 문학적으로는 개연성과 리얼리티가 없어지고 '이야기'가 사라져 버린 서사부재의 상황을 초래하게 되었다. 서사문학은 오랫동안 인간과 세상 사이에 존재하는 다양한 관계망을 통해 그에 대응하는 실천적 삶을 가능케 하는 역할을 하여 왔다. 그러나 발터 벤야민이 「이야기꾼」이라는 글에서 문학 스토리의 몰락을 예견했듯이[1], 현대사회에서 사회적 소통의 주도적인 위치를 점유해가고 있는 지식과 정보가 인간 삶에 있어서의 경험적 가치를 밀어내게 되고 더불어 문학 스토리도 사라지게 되었다. 모든 것이 비트화된 정보들로 환원되어버릴 이 디지털 세상에서 지혜와 경험과 이야기는 존폐의 위기에 처하게 된 것이다. 컴퓨터에 의해 습득되는 정보들은 인간의 개별적인 경험의 흔적이 새겨져 있지 않은 하나의 익명화된 자료에 불과하다. 인간은 자신의 정신적 경험과 사유의 구성물인 지혜를 버리고 비트의 연쇄로 이루어진 차가운 정보의 세계에 도달했다. 그러나 기술에 의해 얻어진 모든 정보는 그 자체로 인간적 경험이나 인식을 통하여 습득된 것이 아니라 지식의 단편들이며 파편화된 의미의 잔해들일 뿐이다. 넘쳐나는 지식정보의 바다 속에서 인간의 정신은 점점 빈곤해지며 삶에 대한 보다 종합적인 사유와 인식의 지평을 상실하게 된 것이다.

이런 서사부재의 상황 속에서 서사문학은 그동안 상실해버린 문학정신을 새롭게 일구어내고 복원해내야 하는 당위에 직면하게 되었다. 특히 소설과 더불어 주요한 서사문학으로 자리 잡았지만 양적 팽창에

1 Walter Benjamin, "The Storyteller," *Illuminations* (Schocken Books, 1969), 83-109쪽.

도 불구하고 만족할만한 질적 성장을 이루지 못한 수필문학은 디지털 시대 서사부재의 상황을 극복하면서 새로운 문학으로 거듭날 수 있는 가능성을 다양하게 모색해야 할 지점에 서 있다.

2

디지털시대 기술의 발전은 인간에게 빛과 어둠을 동시에 가져 왔다. 눈부신 기술의 발전은 인간의 지능과 판단력까지 대신할 수 있는 기계를 만들어 내고 있지만, 문제는 이들이 벌이는 기술의 발전과 경쟁이 결국 우리의 정신을 파멸시키고 삶의 터전마저도 파괴하고 있다는데 있다. 이를테면 컴퓨터는 기억이나 정보의 처리 능력에 있어서 인간보다 뛰어나다는 이점 때문에 오늘날 누구나 컴퓨터에 의존하고 있지만, 이를 이용하는 인간은 결과적으로 그 기능에 의존하게 되면서 인간 스스로의 능력을 도태시키고 있다는 사실을 간과하고 있다. 컴퓨터는 우리로 하여금 어떤 인식의 단계를 생략하고도 결과를 얻게 해줌으로써 그 기억장치의 효율에 의존하는 습성은 모든 일에 있어서 단계와 과정보다는 결과만을 중시하는 사고방식을 조장케 되는 것이다. 결국 이런 사고방식은 인간의 인식 주체가 객체화되거나 개인화·비인간화되는 현상으로 인해 인간 자신의 주관적 판단의 가능성을 봉쇄하고 궁극적으로 인간도 거대한 기계복합체의 부품으로 전락해 버릴 위험성을 내포하게 되었다.

디지털문화가 지배하는 상황에서 그동안 인간의식의 발전과 전달을 위한 중요한 기능을 맡아온 문자문화는 점점 외면되어가고 있다. 이제 문학이 컴퓨터와 영상 매체에 그 가치와 영향력을 양도하고 역사 속에 흔적만 남기고 떠나게 될 것이라는 전망은 곳곳에서 나오고 있다. 마샬 맥루한이 지적한대로, 구텐베르크의 인쇄술 발명 이후 책의 증가와 함께 출판, 저작권, 학문제도의 문제 등 지식체계 전반에 걸친 다양한 개념과 형식이 폭발적으로 나타나면서 탄생한 세계인 '구텐베르크 은하계'는 전자매체의 등장으로 사라질 위기에 놓이게 되었다. 이제 '책'을 중심으로 이루어왔던 학문의 전통과 방법론인 인과론적·선형적 사고는 쇠퇴하고, 전자매체를 중심으로 하는 이질적·비선형적 사회화 과정이 도래한 것이다. 그리하여 우리들의 삶의 공간은 글이 지배하는 문자사회에서 말이 지배하는 구어사회로 변해가고 있다.[2]

디지털시대의 공적 담론구조 중에서 한 가지 결정적인 변화는 거창함으로 대표되는 거대담론과 사소함으로 대표되는 미시담론, 혹은 주변성을 의미하는 하위담론을 명확히 구별하는 기준이 모호해졌다는 사실일 것이다. 돌이켜보면 우리문학은 오랜 세월동안 사회의 민주화와 새로운 문학지형을 열기 위해 지나칠 정도로 역사적·정치적 이데올로기의 논리에 빠져 거대담론에만 치중해오다시피 했다. 특히 서사문학의 경우, 그 발생론적 기원에서부터 시민계급의 이데올로기를 반영하며 발생하고 성장해 왔기 때문에 그 자체에 다분히 역사적·사회적 성격이 담보되어 있다. 그러나 이와 무관하게 본질적으로 문학은 그것이 꿈꾸는 세상과 사회적 이념이 대립하는 자리, 다시 말해 이 세상과 사회에 대한 현실적 담론을 끊임없이 확대재생산하는 자리이다. 그동안 거대담론은 폭넓고 큰 사유에 의해 이루어졌지만 이제는 뇌관이 제거된 지뢰처럼 폭발력을 상실하게 되었다. 리오타르는 『포스트모던의 조건』에서 거대서사의 종말을 '포스트모던의 조건'이라고 하면서 근대를 장식한 계급투쟁, 자연과학의 객관성, 계몽주의 등과 같은 것이 유효하지 않게 되어 버렸다고 말한다. 이제 세상에 남은 것은 회의, 불확실성, 상대주의와 같은 것뿐이며, 파편화되고 단편화된 개인

2 마샬 맥루한, 『구텐베르크 은하계』, 임상원 역(커뮤니케이션 북스, 2001), 48쪽.

들 사이에는 어떤 공감과 연대도 불가능하다.[3]

리오타르의 포스트모던 인식에 전적으로 동의치 않는다고 하더라도, 이 같은 현상은 문학에서도 여실히 드러난다. 오랫동안 우리의 문화 혹은 문학은 '나와 이웃'이라는 공동체적 의식을 존중하고 그러한 의식에 의해서 고무되는 경향이 지배적이었다. 그러나 오늘날은 손쉽게 인터넷에 접속하여 지식과 정보를 확보하면서 이 같은 공동체의식과는 동떨어진 개별화된 공간에서 자의식과 개인의식에 몰입한다. 말하자면 예전의 문학에 나타났던 공동체적 삶의 인식에 인터넷이 침투하면서 사람들의 감정과 상상력에 기술 이데올로기가 만연하게 되고 사람들의 정서는 근원적으로 형질 변경되었다고 할 수 있는 것이다.

기술문명이 지배하는 디지털시대는 현대인간과 삶을 소외와 고립의 상황으로 몰아가고 있으며, 이러한 상황은 모더니즘 혹은 포스트모더니즘이라 불리는 현대문학의 한 특징으로 나타나게 되었다. 이제 디지털시대에서 파편화되고 비인간화된 문학정신의 회복을 위하여 수필문학의 현황을 살펴봄과 동시에 수필문학의 새로운 가능성을 점검해보는 것은 유효한 일이 될 것이다.

3

그동안 우리 수필문학은 일상의 작은 대상에 대한 인식을 통하여 인간과 세상에 대한 진실을 규명하는데 주력해 왔다. 문학에서 일상적·개인적 삶의 체험이 중시되고 사람의 정서적 경험이 주목받게 되는 것은 당연한 일이라 할 수 있다. 반드시 일상적 체험만이 그런 것은 아니겠지만 일상적이고 개별적인 체험을 통하여 보편적이고도 특수한

3 장 프랑수아 리오타르, 『포스트모던의 조건』, 유정완 외 역(민음사, 1992), 28~31쪽.

체험을 구성한다는 것은 중요한 일일 것이다. 흔히 이러한 성공을 우리는 문학적 형상화나 전형화를 잘 이루었다고 표현하고 있거니와, 어떠한 비일상적인 경험이라 하더라도 문학 속에서 성공적인 형상화에 도달하기 위해서는 그것 역시 우리의 일상적인 체험을 통해 매개되는 것이어야 할 것이다. 이런 의미에서 앞으로 우리 수필문학은 그동안의 노력과 성과에 힘입어 일상적인 '작은' 대상으로부터 보다 넓고 높은 차원의 '큰' 진실을 찾기 위한 노력을 해야 할 듯하다. 일상적 삶의 작은 부면에서 큰 진실을 획득한다는 것은 내용과 형식의 면에서 절제와 집약을 강조하는 수필문학의 본령과도 부합하는 너무나 당연한 일이겠지만, 이것이 지닌 함의는 말과 같이 그렇게 간단한 것이 아니다.

사실 오늘날 우리의 삶은 한없이 확대 지향적이며, 인간의 행복 또한 무한한 확장을 통하여 이루어진다고 생각한다. 작아지기의 미학은 대개 자신이 부족하거나 타자보다 우월하지 않다는 것을 깨달을 때 생겨난다. 이것은 필경 기술문명과 자본주의시대에 고무되어 한없이 성장되고 확대되기만 하며 우리들이 오래전에 홀대해버린 작은 의미의 복원일 것이다. 소중하게 꿈꾸어지는 사물들은 절대로 함부로 확장되지 않으며 그 어떤 크기로도 고정되지 않는다. 우리에게 글쓰기의 대상으로 다가오는 몽상들은, 이를테면 다니엘 데포의 「걸리버 여행기」에 나오는 릴리풋과 같은 소인국의 몽상일지도 모른다. 그것은 우리에게 사물의 은밀성이 가진 보물들이 건네주는 몽상과 같은 것이다. 「걸리버 여행기」를 낳은 18세기 신고전주의 시대의 '이성'과 '균형'을 위한 문학적 몽상은 어찌 보면 21세기라는 '혼돈'과 '무질서'의 시대를 살아가는 우리들이 지향해야 할 덕목이 아닌가 한다. 데포가 묘사한 '소인국의 몽상' 속에 내장되어 있는 변증법적 의미는 바로 우리시대의 디지털시대라는 광란 속에서 찾아야 할 '이성'이며, 문명과 도시문화 속에서 이루어야 할 자연과의 '균형'이다.

또한 우리는 이 지상의 모든 "작은 것이 아름답다"고 했던 에른스트 슈마허의 '작은 것'을 위한 명제를 떠올려 볼 수도 있을 것이다. "인간은 작은 존재이므로, 작은 것이 아름답다. 거대주의를 추구하는 것은 자기 파괴로 가는 것이다."[4]고 주장한 슈마허는, 거대기술과 물질주의에 근원적 도전을 던지며 경제 성장이 아무리 물질적인 풍요를 가져온다 해도 그 과정에서 환경파괴와 인간성 파괴라는 결과가 생긴다면 성장지상주의는 맹목적인 수용의 대상이 아니라 성찰과 반성의 대상이라고 지적한다. 그는 이러한 자본주의적 경제구조를 진정으로 인간을 위한 것으로 탈바꿈시키기 위해 필요한 것은 바로 '작은 것'을 위한 헌신이라고 강조한다.

마찬가지로 우리의 수필문학도 길거리의 작은 돌 하나에서 거대한 산맥 전체와 필적하는 실체를 느끼고, 숲속의 풀잎 하나에서도 우주의 깊은 생명력과 소통할 수 있는 것이어야 할 것이다. 당연한 이야기이지만 예술이란 지금 여기에 없는 것을 창조하는 일일 수도 있지만, 그에 앞서 새로운 시선으로 일상을 재발견할 때 세상의 모든 경이로움을 재현할 수 있다. 길거리의 작은 돌과 숲 속의 풀잎과 같은 미물들을 포함한 모든 생명체들은 그저 아무렇게나 존재하는 것이 아니라 거기에는 나름대로의 긴밀한 공동체를 이루는 상생적 사유가 담겨있기 때문이다. 이 세상의 모든 만물은 크기에 상관없이 모두 존엄하고 의미 있는 존재로 살아있기 때문에, 작은 것을 통하여 큰 것을 호명하고 그들에 상상력을 불어 넣을 때 진정한 문학적 은유가 생성될 수 있다.

이럴 때, 수필문학은 개별성으로부터 보편성으로 나아가고, 일상성으로부터 특수성으로 나아가는 크고 깊은 문학이 될 수 있다. 이를테면 칸트가 예술작품에 대한 '미적 판단'의 핵심은 개별적인 것의 체험을 통하여 보편성에 대한 인식을 이루어가는 과정이라고 한 사실은 여

4 에른스트 슈마허, 『작은 것이 아름답다』, 이상호 역(문예출판사, 2002), 204쪽.

기서도 매우 중요한 시사가 된다. 보편성은 말의 진정한 의미에서의 보편성을 위한 한 개별성에서 출발한다. 우리에게 개별적인 체험이 허용되어 있을 때만이 보편성에 대한 인식으로 나아갈 수 있기 때문이다. 그래서 칸트는 예술작품에 대한 가치평가를 위한 미학적 판단을 위해 모든 인식행위 중에서도 보편성을 담보하기 위한 개별성에 대한 인식에 결정적 중요성을 부여한다. 마찬가지로 미적대상과 주체 사이에는 '목적이 없는 객관적 합목적성'이란 존재하지 않는다는 칸트의 명제도 여기에서 나온다.[5]

일상성과 개별성에 바탕한 작은 것으로부터의 상상력은 단순히 수필에서의 소재주의의 차원에 머무는 것이 아니라, 그것은 낮은 데로 임하는 작가의 정신적 자세를 의미하는 것이고 세상을 새롭게 지각하고 인식하는 세계관을 말한다. 다시 말해 그러한 관점은 우리가 살고 있는 이 우주의 공간이 인간만을 위한 거처가 아니라 온갖 생물들과 무생물까지 더불어 살고 있는 공간임을 인식해야 한다는 것을 의미한다. 과학과 기술, 그리고 대량 소비로 이어지는 오늘날의 세상에서 작고 하찮은 것들에 대한 우리들의 관심은 '인간중심주의'를 넘어 생명공동체의 가치를 일깨우는 생태주의로도 승화될 수 있는 것이다. 이런 의미에서 모든 문학은 본질적으로 생태주의적 가능성을 내포하고 있는 것이라 할 수 있으며, 특히 일상의 재발견을 통한 '인간과 세상의 관조'를 지향하는 수필문학의 경우에는 그 같은 가능성은 더욱 의미있게 찾아질 수 있을 것이다.

오늘날 전 세계적으로 벌어지고 있는 환경파괴와 생태계 위기의 본질도 개인주의적이고 이기적인 인간규범에서 비롯되는 것이라는 사실을 염두에 둘 때, 문학의 생태적 가능성은 윤리나 도덕과 연관된 인간

5 크리스티안 헬무트 벤첼, 『칸트 미학: 주요 개념들과 문제들』, 박배형 역(그린비, 2012), 133쪽.

의 내면적 진실을 밝히고자 하는 노력과 결부되는 것이다. 여기서의 윤리적 관심이란 사회적 규범으로서의 그것이라기보다는 우리들의 전인적인 인격, 또는 총체적인 인간성에 대한 호소를 전제로 하는 개념이다.

문학이 기본적으로 윤리적이고 도덕적인 동기나 지향을 전제하는 것이라고 한다면, 디지털시대의 수필문학은 인간성 회복을 위한 노력에 보다 깊은 관심을 가져야 할 것이다. 지금 우리에게 무엇보다 필요한 것은, 인간의 삶이 기술과 자본에 의해 운영됨으로써 억압과 지배의 구조를 낳고 있으며 삶의 공간이 갈수록 착취, 폭력, 파괴의 결과를 가져오는 비인간적 관계 속에서 이루어진다는 사실을 인식하는 일이다. 이 세상에 존재하는 것은 모두 관계를 이루고 있으며, 이러한 관계가 모여 우리의 삶이 형성되는 것이라는 사물에 내재하고 있는 본질적 이치를 되새김으로써 상대방으로 존재하는 타자 역시 나의 환경의 일부를 이루고 있다는 사실을 인정해야 한다. 우리의 삶의 위기는 단지 외부적인 것만이 아니라 근원적으로는 우리 자신의 개체적 삶의 인식에서 생겨나는 인간다움의 상실에서 만들어지는 것이라는 사실을 망각하고 있다.

흔히 수필은 가치 있는 자기 체험을 정제된 언어로 독자에게 전달하는 열린 형식의 '자기고백의 문학'이라고 규정되지만, 우리는 수필문학을 통하여 개인적인 면에서는 물론 사회적으로도 구원과 치유의 문학으로 기여할 수 있는 가능성을 보다 적극적으로 찾아야 할 것이다. 디지털기술과 자본주의에 의해서 황폐하고 남루해진 우리들의 삶에서 문학의 역할은 바로 인간의 치유와 구원에 있다. 돌이켜보면, 동서양의 많은 문학작품들의 진정한 가치는 인간과 사회의 상처와 고통을 치유해 주었다는데 있다. 수필문학이 기본적으로 휴머니즘적 글쓰기를 지향하는 것이라면, 인간과 세상의 아픔과 상처를 치유하고 구원하는 글쓰기를 통하여 수필은 앞으로 더욱 의미 있는 문학양식으로 발전할 수 있을 것이다.

4

헤겔의 어법을 빌면, 이제 문학은 황혼이 질 때까지 나래를 접어 두고 기다리는 미네르바의 올빼미가 아니다. 작가가 서 있는 바로 그 시점이 황혼이다. 따라서 그는 항상 여명을 재촉해야 할 과제를 떠맡고 있다. 작가는 시대의 종말이 곧 도래하고 새 시대가 열린다는 메시아적 선언을 하는 사도가 아니다. 작가는 디지털문명이 드리워진 현실 속에서 인간과 세상의 희망을 보여주어야 하는 현세적 책임을 짊어진 예언자들인지 모른다.

현대문학은 삶의 상황을 묵시록적인 위기로 상정하고 도저히 인간의 힘으로는 어떻게 해볼 수 없는 절망적인 것으로 파악하고 있다. 20세기 초반부터 자본주의 물질문명과 디지털기술의 엄청난 발전으로 급격히 악화되어온 인간 생존의 위기를 극복하고자 하는 의지가 현대문학과 예술에서는 상실되어있고, 이러한 상실감은 문학을 끝없는 폐쇄성과 허무주의적 태도를 띠게 하고 있는 것이다. 그래서 현대문학은 인간의 내면세계에서 존재와 삶의 의미에 대한 새로운 모색을 하고 있으며, 그러한 시도의 일환으로 데리다와 같은 사람은 언어에 대한 '해체와 의미의 유희'를 되풀이하는 것인지 모른다. 이러한 현상은 우리 문학과 예술에도 깊이 침투해 들어와 근년에는 하나의 압도적인 경향으로 나타나고 있다.

이제 우리 문학에서도 고향, 땅, 자연과 같은 원초적 차원의 삶에 대한 동경은 영원히 사라지고 말 것이 아닌가 하는 생각마저 든다. 그래서 문학에서 이러한 원초적인 것에 대해서 노래하는 것은 아주 먼 옛날 낭만주의 시대에서나 찾아 볼 수 있는 유토피아에의 동경쯤으로 여겨지게 되었다. 거칠게 말해서, 문학행위란 본질적으로 땅에 대한 관심과 이해에서 출발하는 것이 아닌가. 인간은 하늘과 땅을 살펴 삶의 의미와 만물의 이치를 깨닫고, 그 가운데에서 마음의 동요가 일어나고 거기서 말이 솟구쳐서 그것을 글로 옮기면 문학이 되는 것이다. 그러나 오늘의 문학은 우리의 삶이 그러하듯이 기술과 자본화 속에서 갈수록 찌들어가고 있다. 이제 우리의 문학은 디지털문명의 위세로 인해 위기에 처한 인간과 삶의 복원을 위해서 또 다시 나설 때이다. 우리의 삶이 위기의 상황에 처할수록 문학은 시대와 문명을 넘어서서 인간적이고 원초적인 것을 이야기하고, 또한 그러한 것에 대한 그리움이 사라지지 않게 해야 할 책무가 있기 때문이다. 이제 우리의 수필문학은 어떠한 치명적인 전략으로 그러한 책무를 수행할 것인가? 지금 수필문학은 새로운 가능성을 안고 그 질문의 전면에 오롯이 서 있다.

삶을 위한 글쓰기, 글쓰기를 위한 삶

-『낙동강변 사람들』의 수필들 -

1. 머리말

영국의 위대한 시인이자 비평가였던 매슈 아놀드는 문학은 모름지기 '삶의 비평'이어야 한다고 주장했다. 문학은 작가 개인은 물론 그 사회의 산물이므로 문학을 사회와 분리해서 생각할 수 없는 것이며, 따라서 문학이 관계하는 삶이란 개별적인 인간이 영위하는 구체적인 삶이자 동시에 시대와 사회 전체의 삶과 분리 될 수 없는 것이라고 하였다(매슈 아놀드, 「현대에 있어서의 비평의 기능」). 문학을 통해 삶과 사회에 관한 적극적인 통찰을 읽어내고자 한 아놀드의 주장은 동시대는 물론 오늘날까지 영문학의 주요한 정신으로 흘러왔다. 아놀드의 이 같은 설파는 우리시대 문학의 기능과 문학하는 자세를 새롭게 되돌아보게 한다.

지금도 이 세상 곳곳에서는 이데올로기와 종교라는 이름으로 끊임없는 폭력과 전쟁이 저질러지고 있고, 지진과 홍수 같은 엄청난 자연적 재앙과 과학기술에 대한 인간의 끝없는 탐닉과 교만이 가져온 문명적 재앙이 그치지 않고 있다. 일본지진과 후쿠시마 원전 사고가 극명하게 보여주듯이 인간이 만들어낸 '멋진 신세계'라는 문명이 하루아침에 무너질 수 있고, 인간의 삶은 하루하루 위태로운 벼랑 끝에서 영위되는 것임이 여실히 드러나고 있다. 이러한 지극히 일상적이면서도 지극히 '거대한 설화'들을 외면하며 들으려 하지 않고 그 목소리를 복원하지 않고자 하는 문학이 무슨 의미가 있을 것인가. 사회적 억압과 폭력, 자연과 문명의 재앙 속에서 사라져간 사람들의 언어를 처절히 번역해 내지 못하는 것이라면 또한 문학은 무엇인가.

폭력과 재앙의 시대는 계속되고 있으되 그러한 경험은 척박한 기억과 깊은 망각 속에서 사라져 가고 있다. 우리들 주변에 문학하는 사람들은 도처에 널려있지만 모순과 허구로 가득찬 이 암울한 삶의 현실을 문학적 진실로 치열하게 보여주고자 하는 정신을 가진 사람을 찾기란 쉽지 않다. 말을 바꾸어 아놀드가 주장하는 '삶의 비평', 즉 '삶을 위한 문학'과 '문학을 위한 삶'을 실천한다는 것이 얼마나 가능한 일일까.

이러한 문제의 제기와 함께 이 글은 2010년에 쓰인 '대표에세이'라는 이름으로 최근에 발간된 『낙동강변 사람들』(에세이스트사, 2011)을 통하여 우리 수필문학의 현황과 문제점을 살펴보고자 하는 의도로 쓰여진다.

2. 최근 우리 수필문학에 대한 반성

오늘날 우리 문학계의 여러 분야 중에서도 수필문학은 가장 큰 인기와 호황을 누리고 있는 듯하다. 경향 각지에서 수필전문지가 수십 종 발행되고 있고, 이를 통해서 이른바 '등단'이라는 이름으로 많은 수필가들이 등장하고 있다. 한국문인협회에 등록된 수필가의 숫자가 수 천명에 달하고 있으며 이는 전체 회원의 절대다수를 차지한다고 하니 가히 수필의 백가쟁명시대라 해도 과언이 아닐 정도이다. 그러나 이 같은 양적 풍요로움에 질적 수준이 담보되어 있는지는 극히 의심스럽다고 하지 않을 수 없다.

수필인구가 엄청나게 증가하고 있는 것은 긍정적이면서 동시에 부정적이다. 글쓰기 인구가 대중화 되는 것은 우리사회 전체의 문화적 인식을 증가시킨다는 측면에서 축하할 만한 일이지만, 이것이 수필문학에 순기능만을 가져오는 것은 아닌 듯하다. 시나 소설을 창작한다는 것은 글 읽기와 글쓰기 같은 상당한 문학수업과 훈련을 받아야 가능한 일인데 반해 자신의 실제 삶에서 우러나오는 감정을 '붓 가는대로' 표현해내는 수단으로서 수필만큼 손쉽고 편리한 문학 장르는 없을 것이다. 오늘날 수필가들이 발표하는 작품이 문학적 완성도와는 상관없이 무조건 발표하고 보자는 식의 대중추수주의적 결과라면 이는 꼭 경사할 일만은 아니다. 그래서인지 최근 들어 우리주변에서 '수필가'라는 직함을 가진 사람들이 양산되는 현상과 더불어 수필이 유한 계층의 지적사치를 위한 도구라는 비아냥이 나오고 있는 실정이다. 또한 이런 현상이 수필문학 자체의 위상을 위협하는 단계에 이르기까지 된 것이 사실이다.

수필문학이 아직도 그 위상이 열악한 까닭은 우리 문학계가 여전히 시나 소설 혹은 평론은 본격문학으로 취급하면서도 수필은 대중문학의 범주에 속하는 것으로 인식하고 있기 때문이다. 그래서 본격문학은 문학본연의 정서와 상상력을 갖추고 있지만 대중문학은 대중적 인기에 부합하는 미적감동의 결핍과 지나친 소재주의로 인한 품격이 낮은 읽을거리에 불과한 것으로 보고 있다. 실제 본격문학에서 곱지 않은 시선으로 바라보듯이 많은 수필은 작가의 일상적 삶에 대한 감정 토로나 백화점식 신변잡기에 그치고 있다. 물론 수필은 자기 고백적 성격이 짙은 문학이고 많은 수필가들이 이러한 경향에 빠져 있는 것이 사실이다. 그러나 고백이라고 해서 자신의 사사로운 감정이나 경험을 단순히 토로하는 단계에 그쳐서는 안 될 것이다. 가정과 직장에 얽힌 사사로운 체험들이 자신에게는 중요한 일이 되겠지만 그것이 문학적으로 제대로 형상화되지 못한다면 수필이 될 수 없다. 개인주의와 일상성에 매몰된 현재의 수필문학은 자폐적 세계에 갇혀 출구를 찾지 못하고 있는 듯하다. 자기 폐쇄적 글쓰기가 되어간다는 것은 결과적으로 작가와 독자를 연결하는 문학의 존재론적 입지를 스스로 약화시킨다는 혐의를 낳게 된다.

수필가가 쓴 수필이 신변잡기의 차원을 뛰어넘고자 한다면 이 세상과 삶의 모든 대상에 대한 깊은 성찰을 이루어 새로운 의미를 인식하고 전달해야 한다. 그것은 세상과 인생을 객관적으로 진지하게 바라볼 수 있는 냉철한 인식의 경지를 뜻한다. 수필은 개인이 겪은 사실의 단순한 전달이 아니라 작가의 상상력에 의해 재생산되는 창의적 문학 장르이기 때문이다. 삶을 산다는 것은 낯선 것을 받아들여 낯설지 않은 친숙한 것으로 만들어 가는 과정이다. 러시아 형식주의자들의 금과옥조를 빌지 않더라도 작가란 모름지기 사물을 '낯설게 보게' 하는 데에 익숙한 정신을 가진 자들이다. 문학이 세상의 낯섦 혹은 세상에 없는 낯섦을 번역하는 일이라 할 때 작가는 세상의 사물을 자신의 감정으로 새롭게 받아들이고 그려내는 감수성을 가져야 한다. 작가는 길을 나서고 길 위에서 만나는 이미지들이 마음속으로 깊이 들어와 풍경이 되면, 그 풍경들이 작가의 머릿속에서 명멸하는 언어들을 만나서 시가 되고 수필이 되는 것이다.

세상을 읽는 눈은 열린 사고와 깊은 인식에서 나온다. 세상의 사물을 바라보고 읽는 시선과 그를 언어로 표현하는 방식은 이렇게 세상과 삶에 대한 깊은 성찰에서 우러나오는 것이다. 이것이 바로 진정한 수필을 쓰는 자세이며 우리 수필이 앞으로 나아가야 할 지향이다.

3. 일상성에 매몰되기 혹은 총체적 삶을 보여주기

수필문학은 삶의 현실과 가장 밀접한 관계가 있으나 역설적이게도 삶의 총체적 모습을 가장 잘 보여주지 못하고 있다. 이미 시사했듯이 오늘날 우리 수필문학의 문제점은 여러 가지로 지적될 수 있으나 무엇보다 중요한 것은 수필문학이 '삶의 비평'이 되지 못하고 있다는 사실이다. 삶과 세상에 대한 깊은 성찰을 바탕으로 한 새로운 인식이 없다면 결국 수필은 사적인 차원의 잡문이 될 위험을 면키 어려워진다. 말하자면 수필은 '나'를 통해 세상을 말하고 삶을 그려내는 프리즘이 되어야 한다.

'2011 대표에세이' 그리고 '에세이스트 80여 명의 작가가 선정한 2011 최고의 수필'이라는 찬사가 붙어 있는 『낙동강변 사람들』을 읽으면서 필자가 느낀 일관된 느낌은 한 해의 대표적인 작품들이 실린 이 수필선집에서 과연 세상과 삶을 총체적으로 충실하게 그려낸 작품이 몇 편이나 되는가 하는 회의였다. 대부분의 작품은 일상성에 매몰되어 신변잡기에 머물고 있거나 나름대로의 주제의식을 가진 작품들도 스토리텔링에 그치고 있어 충분히 문학적으로 형상화되지 못하다는 인상을 받았다. 그나마 필자가 인상 깊게 읽은 몇 편의 작품은 다음과 같다.

김응후의 「호박뭉개미」

김응후의 「호박뭉개미」는 어린 시절 어머니가 할머니들에게 대접하던 '호박뭉개미'(호박범벅)에 얽힌 이야기이다. 작가는 떠나온 농촌의 삶에 대한 그리운 회상의 언어들을 흡사 낡은 흑백영화의 화면을 돌리는 것처럼 잔잔히 풀어내고 있다. 일견 이 작품은 어린 시절 누구나 체험했던 시골생활의 한 에피소드로 쉽게 읽힐 수 있으나 음미할수록 많은 의미를 담고 있다.

「호박뭉개미」를 통하여 작가가 우리들에게 던져주는 일차적인 메시지는 인간과 자연의 관계맺음이다. 자연에서는 끊임없이 강자와 약자 사이에 잡고 잡아먹히는 생존의 법칙이 일어난다. 약한 자가 강한 자에게 먹히는 것은 당연한 이치이고 그래서 생존경쟁은 어디에서나 살벌하게 진행되지만 자연계에서 인간은 가장 잔인한 약육강식의 포획자인지 모른다. 인간과 자연의 관계는 포획자와 피포획자의 관계이고 먹이를 보게 된 인간은 잔인한 포획자가 된다. 호박꽃에 매달려 잉잉대는 호박벌들에게마저도 인간은 그들의 "열락과 절망을 좌지우지하는 작은 조물주"여서 "벌의 입장 같은 것은 생각할 필요도 없었다. 나는 포획자였고 포획자는 얼마든지 잔인해도 좋았다"고 작가는 고백한다. 심지어 엄마가 아침반찬으로 딴 애호박도 하나의 포획물일 뿐이고 엄마는 포획자이다. 인간은 자연의 철저한 포획자이다.

포획당한 호박 한 덩이에 대한 작가의 시선은 애틋하다. 누군가의 죽음이 누군가에게는 삶의 양식이 된다는 자연의 섭리에 순응할 수밖에 없을 때 누구를 미워하고 동정할 수 있을까. 그러나 포획자 사이의 경쟁은 자연의 질서를 파괴하는 주요한 요인이 되었다. 인간이 자본주의라는 경제 이데올로기를 만들고 그 발전은 인간과 자연 사이의 관계를 가속하게 균열시키는 이념으로 작용해 왔다. 자본주의는 이윤의 획득이 주된 목적으로 이윤은 재투자되어 또 다른 이윤을 낳고 확대하기 위해 무분별하게 자연에 대한 약탈과 착취를 거듭해 왔다. 작가도 이 점을 간과치 않고 있는 듯하다. 포획은 '피'를 통하여 이루어진다. "나는 피가 두렵다. 피는 나를 울게 한다. 왜 그런지 알 수 없지만 피는 어둡고 슬프다!" 포획자와 피포획자 사이의 관계에서는 언제나 '피'를 낳는다. 먹이사슬로 인해 잔인한 포획자가 된 작가는 자신의 모습이 두렵다.

애호박은 순식간에 숨이 죽었다. 상처에 소금을 뿌렸으니 얼마나 아릴까. 그러나 내가 호박벌의 고통에 관심 없듯 엄마도 애호박의 고통 따위와는 무관했다. 우리 모녀는 먹이 사슬의 꼭대기에 올라앉은 잔인한 포식자였다. 식물의 푸른 피를 빨아 제 몸의 붉은 피를 만드는 평화로운 드라큘라들이었다.

-김응후, 「호박뭉개미」에서

"식물의 푸른 피를 빨아 제 몸의 붉은 피를 만드는 평화로운 드라큘라들"이라는 절묘한 은유가 보여주듯이, 인간이 자연에 저지르는 훼손과 파괴에 대한 자책감은 계속해서 "죄의식 혹은 회한 같은 미묘한 것" 이 되어 작가의 몸 안을 가득 채운다. 작가는 호박벌과 호박의 포획, 잠자리 사냥 등을 통하여 인간과 자연의 관계에 대한 깊은 자성을 이루고자 한다. 인간이 동물처럼 살 때는 자연 속에서 자연과 분리됨이 없이 서로 공존해 왔다. 그런데 이 같은 상황으로부터 인간이 타자를 존중함이 없이 혼자만 살고자 하면서 생태위기의 문제가 생겨나기 시작했다. 자연과 함께 공존하고자 하는 생각을 버리고 자연을 착취의 대상으로 여기면서 인류에게는 엄청난 생태적 위기가 생겨나기 시작한 것이다. 무분별한 개발의 논리로 강과 숲을 파헤쳐서 물고기는 떼죽음을 당하고 많은 생물들은 멸종위기에 처하게 되었다. 인간과 자연의 관계가 파괴되는 것은 강한 자들의 이기적인 사욕추구에 의해서 일어나는 것이다. 양자의 관계가 이상적인 것이 되기 위해서는 지배하고 착취하겠다는 의식을 버리고 서로 존중하고 배려하는 공동체가 되어야 할 것이다. 「호박뭉개미」에서 작가의 문제의식이 이 같은 단계에까지 이르지는 못하고 있지만, 자연과 인간의 관계가 지금 어떠한 상황에 있으며 또한 앞으로 어떠해야 할 것인가에 대한 소중한 암시를 우리에게 던져 주고 있다.

작가는 '호박뭉개미'를 만들기 위해 호박이 늙어가는 것을 바라보며 늙어가는 호박이 어떤 의미를 지니는가를 묻는다. 호박은 한여름 무더위의 뜨거운 낮과 칠흑의 밤을 견뎌내고 가을이 시작되면 누렇게 익어간다. 무릇 모든 과실은 힘든 자연환경 속에서 잘 견뎌내어야 건강하게 성장할 수 있으며 제철이 되어야 제 빛깔과 모양을 드러낸다. 작가는 자연의 섭리 속에서 자라나는 호박의 모습을 묘사하는 데에 그치지 않고 있다. 호박에 대한 작가의 시선은 여기서 머무르지 않고 호박을 사람으로 환치시키면서 호박에서 새로운 의미를 찾고자 한다. 애호박은 오랜 시련과 고난을 겪어야 마침내 원숙하고 의젓한 '늙은호박'이 된다. 비록 자연의 미물에 불과한 것이지만 늙은 호박은 어렵고 힘든 시간을 헤쳐 나온 일종의 원숙한 경지의 산물이다. 하물며 인간에게 있어서 무엇이 다를 것인가. 늙은 호박을 좋아하는 할머니들은 늙음과 성숙의 의미가 무엇인가를 되새기게 한다. 젊은 사람들에게는 호박 '범벅'이라는 발음도 쉬운 것이지만 노인들에게는 그 발음조차도 힘들다. 그래서 범벅 대신 '뭉개미'라고 하지만 "이가 빠지고 귀가 먹고 허리가 굽고 다리가 가늘어지면서" 비로소 인간은 "제 무거운 껍질" 다 벗어버리고 어떠한 '경지'에 이르게 된다.

> 이 없는 노인의 웃음은 아이의 천진한 웃음에 닿는다. 귀먹은 노인의 눈은 아이의 무죄하고 무오류한 눈으로 이어진다. 인간이 마침내 도달할 경지는 바로 그런 것이다. 아무런 갈등도 번민도 부족도 없는 고요의 상태! 도니 해탈이니 무소유니 깨달음이니 요란을 떨 일도 없다. 이가 빠지고 귀가 먹고 허리가 굽고 다리가 가늘어지면서 인간은 비로소 제 무거운 껍질을 벗어놓을 수 있다.
>
> -김응후, 「호박뭉개미」에서

"귀먹은 노인의 눈은 아이의 무죄하고 무오류한 눈으로 이어진다."

나이 들고 늙어간다는 것이 이 세상에서 폐기되어야 할 대상은 아니다. 그들은 인간이 마지막으로 '도달할 경지'에 이른 존재들이다. 그래서 우리에게 노인의 이미지는 삶의 온갖 지혜와 예지를 지닌 것으로 인식되었다. 특히 농촌사회에서 노인들의 삶의 지혜는 거의 신적인 것으로 존경받았지만 산업화와 도시화의 급속한 물결에 휘말리며 가족공동체와 농촌 공동체가 붕괴되면서 노인들은 갈 곳이 없어졌다.

「호박뭉개미」에서 할머니들은 한 시대의 삶을 살다가 사라져 가는 가슴 아픈 추억이다. "할매들이 말을 안 한 대서 말을 아예 잃은 것은 아니었다. 말수를 줄이고 꼭 필요한 말만 한다는 뜻이었다." 그들은 우리의 가슴 속에 희미하게 드리워진 상실된 삶의 대표적인 이미지로서의 추억의 밑그림을 형성하고 있다. 고난의 삶을 헤쳐 나오며 이빨이 다 빠져버린 합죽할머니, 그 할머니는 고향의 이미지로 환치된다. 시골에 갔다가 떠나올 때, 동구 밖 먼 곳까지 따라 나와 손을 흔들어 주시던 할머니, 그 모습은 바로 우리들 고향의 모습과 같다. 물론 이 작품에서 보여주는 돌아가고 싶은 고향으로서의 할머니 이미지는 많은 문학작품에서 다루어진 진부한 상징인지 모른다. 또한 이 작품에서 나타나는 할머니에 대한 감정이입의 정서 또한 그리 새로운 것이라고 할 수는 없다. 그럼에도 불구하고 김응후의 「호박뭉개미」가 우리의 마음 속에 불러일으키는 따뜻한 울림은 그의 문학적 상상력에 깃들여 있는 어린아이의 그것과 같은 순진무구함, 더 나아가 이 세상과 자연을 향한 깊은 연민의 시선과 같은 것이다.

최민자의 「눈 내린 날의 모놀로그」

최민자의 「눈 내린 날의 모놀로그」는 한나절의 폭설로 도시가 마비되어버린 날, 치과 진료 중 의사와 나눈 대화 혹은 독백을 중심으로 전개된다. 그동안 필자가 읽은 바에 의하면, 최민자의 작품들은 자신의 내면세계의 모습을 쉽게 외부에 드러내기 부끄러워하는 '절제된 언어미학'을 지니고 있었다. 그러나 이 작품에서는 의외로 치과병원에서 자신의 입속을 드러낸 김에 내면마저도 드러내기로 작정한 듯 자신의 감정과 생각을 적나라하게 보여주고 있다. 작가 스스로 고백하듯이, 이제는 얼마만큼 '내공'이 쌓인 듯 젊은 치과의사와 '발칙한 상상여행'을 떠나는 장면까지 고백할 정도가 된 것인지 모른다.

짧은 수필이지만 「눈 내린 날의 모놀로그」는 주제와 형식의 여러 면에서 '의식의 흐름'과 '내적독백' 기법으로 유명한 20세기 영국의 여성작가 버지니아 울프의 소설 『댈러웨이 부인』을 연상시킨다. 댈러웨이 부인은 외견상으로는 평온하고 호화로워 보이는 일상 속에서도 문득 숨이 막히고 의미를 잃은 삶이 고통스럽게 느껴진다. 그래서 그는 "어둠 속에서 혼자 고통 받고 있으며 그 고통을 아는 건 나뿐이다"(버지니아 울프, 『댈러웨이 부인』)고 생각한다. 현대인의 고통의 원인은 여러 가지가 있겠지만 무엇보다 사람과 사람 사이, 사람과 사회 사이의 의사소통의 부재 때문이다. 이 의사소통의 부재가 인간의 소외와 고립을 낳고, 이는 현대인의 삶과 문학의 가장 중요한 주제가 되어 왔다.

인간이 동물과 가장 커다란 차이점은 바로 언어를 사용한다는 점이다. 그러나 인간이 사용하는 언어는 때로 소름 끼칠 정도로 불완전하고 일방적이다. 「눈 내린 날의 모놀로그」에서도 작가는 우리가 만나게 되는 인간과 사물에 대한 감각적 경험과 언어라는 추상적 기호 사이에 놓인 회복할 수 없는 단절의 심연을 보여주고 있다. 디지털 시대에 살고 있는 우리는 최첨단의 테크놀로지와 사이버문화로 세상에 대한 완벽한 의사소통을 추구하고 있다. 그럼에도 불구하고 개인이나 사회적 의사소통의 부재는 확산되고 불확정성은 더욱 증대된다. 고비사막을 횡단한 여행가가 이야기하듯이 사막에서 만난 유목민들과의 의사소통에는 아무런 문제가 없었지만 사막 밖 세상에서의 소통에는 문제가 많다. 작가의 말대로 "고등동물의 신호체계인 언어가 오히려 의사소통을 훼방"하고 그들이 사용하는 어휘 때문에 빚어지는 오해와 갈등도 다반사이다. 철학자 하이데거의 말대로 '언어는 존재의 집'이다(M. 하이데거, 『숲 속의 길』). 언어는 우리 자신을 존재케 하면서도 파괴하고 제한한다. 마찬가지로 언어는 자신의 정체성을 확인시켜주면서 동시에 왜곡하고 혼돈시키고 우리의 존재를 밝히면서 동시에 은폐한다. 또한 사람들 사이의 관계를 가능케 하면서 동시에 관계를 차단시킨다.

신의 노여움으로 '바벨탑'이 쌓아진 이후로 인간 사이의 완전한 의사소통이란 불가능하게 된 것인지 모른다. 바벨탑 이후로 인류는 언어의 차이로 분열하고 갈등해 왔다. 언어가 다르다는 것은 단순히 말이 통하지 않는다는 차원이 아니라 세계관과 인생관, 가치관까지 다르다는 것을 의미한다. "차라리 사람들이 수화(手話)를 사용하면 세상에서 전쟁이 줄어들지 않을까 하는 생각"이나 "뇌가 없고 생식기만 있는 하등생물이 사랑이라는 복잡한 감정회로를 가진 인간보다 종족번식에 더 성공적"이라는 작가의 말은 사실일지 모른다. "도리도리냐, 끄덕끄덕이냐. 예스냐 노냐. 수용이냐 거부냐…"는 몸짓언어는 원초적인 언어로서 가공되지 않은 자유로운 생각을 가장 잘 보여줄 수 있기 때문이다. 바벨탑 이후부터이든 아니든 현대인들의 언어와 삶은 닫힌 공간에서 맴돌고 있다.

의사소통의 부재 속에서 현대인은 고립과 단절을 자기 삶의 본질로 끌어안고 살아가는 불행한 존재이다. 이 세계가 더 이상 삶에 대한 비전을 제시하지 않는 시대, 무의미하게 반복되는 일상적 삶 속에서 존재의 가치는 상투화되고 세속화된다. 고도 자본주의의 외형적 삶의 활기에도 불구하고 우리네 삶의 현실은 적막하고 우울하다. 현대인의 삶은 작가의 말대로 "이렇게 건어물처럼 메말라 가는 것, 마른 사과처럼, 가을 억새처럼 물기 없이 사위어 가는 것"이다. 그래서 「눈 내린 날의 모놀로그」에는 실제적인 지시대상들과 유기적으로 연결되지 못한 눈발같이 흩날리는 지시어들로 가득하다. 작품은 이야기의 구성요소인 사건의 인과론적인 연결 대신에 전후 맥락 없이 파편화된 이야기들의 입자가 부유한다. 삶에 대한 표상적 기능을 상실한 채 허공을 떠도는 듯 시니피앙들은 "가만히 눈을 감고 돌이켜보니 내게 남아 있는 것들은 모두 흔들리고 서성거리던 시간의 기억 뿐"이다. 끝없이 삶에서 미끄러져 내리는 기표들은 시간 속에서 표류한다. 그리하여 "바람 한 점 스미지 않게 앞섶 꽉 여미고, 눈 가린 말처럼 내달려왔다면 지금쯤은 더 멀리, 더 높은 곳에 당도해 있을까"하고 반문케 한다. 그곳은 바로 작가 자신이 지나왔지만 당도하지 못한 좌절된 시니피앙의 세계이다. 끊임없이 표류하고 휘발하는 시니피앙으로 덮인 세계에서 인간 존재는 하나의 허구이거나 환영에 지나지 않는다. 그래서 작가는 우리에게 묻는다.

> 태양을 향하여 솟구쳐 오르는 불새의 날갯죽지처럼, 달빛을 휘감고 승천하는 강물신의 지느러미처럼, 날렵하게 허공을 후려치며 곤두박질치는 등푸른 물고기를 다시 꿈꿀 수 없다면, 시간의 불가역성을 한탄하며 해풍에 꾸덕꾸덕 말라가야만 한다면, 돌아오지 않는 바다를 잊기 위해 헤픈 농담이나 주절거리며 산다면, 사는 게 좀..... 그렇지 않나요?
>
> -최민자, 「눈 내린 날의 모놀로그」에서

「눈 내린 날의 모놀로그」에서 작가는 흡사 자신을 상실한 듯 텅 빈 세계 속을 떠도는 무인칭의 존재 같다. 작가는 댈러웨이 부인과 같이 '돌아오지 않는 바다'를 향해 자신의 아쉬움을 내던지고자 한다. "바다는 그 모든 슬픔을 대신해 한꺼번에 한숨지으며 처음으로 돌아가 층층이 쌓이고 무너져 내린다."(버지니아 울프, 『댈러웨이 부인』)

최민자는 "떨림도 울림도 없는 건어물들" 같이 지극히 건조하고 비루한 일상을 살아가는 낙담한 인간의 모습을 담담하게 보여준다. "나이가 든다는 것은 낯가죽에도 가슴팍에도 무소불위의 방패 같은 굳은살이 박혀간다는 뜻"이라는 자조적인 그의 독백은 삶의 구체성이 되어 산다는 것의 도저한 본질을 꿰뚫게 한다. "첫눈이 와도 설레지 않고 해가 바뀌어도 가슴 뛰지 않는 것, 먹다 남은 빵처럼 굳어지고 나무토막처럼 딱딱해져서 목불이 되고 석상이 되고…"라는 망가진 마음에서 흘러나오는 듯한 독백은 오히려 더 절절하게 읽는 이의 마음을 뒤흔들어 놓으며 강렬한 여운을 남긴다. 그의 이야기는 여기에 머물지 않고 일상성을 넘어 인간 역사를 되돌아보는 데로까지 나아간다. "지나간 역사를 돌이켜 볼 때 인간은 줄기차게 종교와 윤리라는 이름으로 감정을 죽이는 데 몰두해" 왔다. 기실 인간이 사랑하고 늙고 병들고 죽어간다는 것은 지극히 엄숙하고 경건하고 중요한 삶의 일상성이지만 역사는 그에 아랑곳없이 종교와 윤리라는 이름만을 미화하며 발전해 왔다는 것이다. 그리하여 우리는 "설레고 떨리고 방황하고 머뭇거리고, 스치는 바람 한 자락에도 미란성 위염 같은 찰과상을 입고" 떠돈다.

치과의사가 제일 좋아하는 여자는 예쁜 여자도 아니고 똑똑한 여자도 아닌 입 큰 여자라는 농담으로 작품은 끝나고 있지만, 여기에는 지나가버린 과거와 현재의 시간 속에서 잃어버린 자신의 정체성을 되돌아보고자 하는 절박함과 쓸쓸함이 배여 있다. 우리는 시간의 흐름과 함께 주체로서의 개인의 존재를 인정받지 못하는 인간들, 혹은 주체로서 호명 받지 못하는 인간들인지도 모른다. 그런 점에서 「눈 내린 날의 모놀로그」는 텅 빈 실존성을 끌어안고 살아가는 우리들의 모습을 쓸쓸하게 보여주고 있다.

작가의 말대로 "떨림도, 울림도, 흔들림도 없는 삶, 눈부신 고립 같은 뜻밖의 폭설조차 꿈꾸지 못하고 산다면" 우리의 삶은 얼마나 건조하고 무의미한 것인가. 그래서 우리는 신화 속 오디세우스와 같이 험난한 삶의 운명에 처할지라도 새로운 세상으로 떠나려 하고 새로운 삶을 꿈꾸는 것인지 모른다.

정성화의 「기차는 그냥 지나가지 않는다」

어둠이 내리기 시작하는 시간이 되면 사람들은 그리움과 추억의 공간 속으로 빠져들고자 한다. 빛과 어둠 사이에서, 현존과 부재 사이에서 우리의 영혼이 빠져나와 어디론가 먼 길을 떠나고자 하는 것이다. 낮 동안의 번잡하고 소란스러운 존재의 지겨움이 어둠 속의 쓸쓸하고 고즈넉한 부재의 환영에 자리를 내어주는 시간이 되면 사라져가는 것들을 그리워하고 꿈꾸기 때문이다.

어린 시절의 저녁나절, 시골의 강둑 어딘가에 앉아 숨 가쁜 기적소리를 내쉬며 달려와서 저 멀리 산모퉁이로 사라져 가는 기차를 본 적이 있는가. 바로 눈앞에까지 다가 왔다가 시야에서 아득히 멀어져가는 것을 바라보면서 저 기차는 어디로 가는 것일까. 저 기차 속에서는 어떤 사람들이 무슨 이야기를 하고 있을까 하는 상상을 하곤 했다. 또한 우리도 떠나가는 기차에 몸을 싣고 "기차가 길게 내쉬는 숨비소리"와 같은 기적소리를 들으며 어디론가 떠나고 싶어 했다. 기차는 우리가 "한 번도 가보지 못한 곳에 대한 그리움"을 일깨워 주고, 만나고 싶은 사람들에게 데려다 줄 것으로 생각했기 때문이다.

정성화의 「기차는 그냥 지나가지 않는다」는 어린 시절 우리가 바라보았던 '기차'를 통한 꿈과 그리움을 표현해내고자 한다. 그리움이란 현실에서 이루지 못한 정체불명의 그 무엇으로 이해하지만, 생각해보면 그것은 현실의 변화에 대한 낯모를 열망으로 풀이할 수 있다. 도대체 이 권력과 재화와 출세에 대한 욕망을 위해 수많은 질곡과 고통이 강요되는 삶의 상황 속에서 사는 사람들치고 현재보다 더 나은 세상을 그리워하고 꿈꾸지 않는 이가 있을 것인가. 이 험난한 물질만능과 경쟁의 삶 속에서 우리가 간절히 바라는 것은 지나간 아름다운 세상에 대한 그리움과 평화롭고 밝은 세상에 대한 열망이다. 글을 쓰는 작가는 그 누구보다 깊은 그리움을 꿈꾸는 사람일 것이다.

「기차는 그냥 지나가지 않는다」는 돌아가고 싶은 머나먼 곳에 대한 향수로 가득 차 있다. 작품은 우리들이 유년시절 고향에서 겪었던 일을 되돌아보면서 시작한다. 요즘 많은 아이들은 도시의 아스팔트에서 성장했기 때문에 고향의 시골길이 어떠한지 강둑에 앉아 바라보던 기차가 어떠한 모습이었는지 상상키 어렵다. 작품은 시골에서 유년을 보낸 사람들에게 공감과 향수를 불러일으킬 수 있는 친숙한 세계를 제시하고 있다. 작가의 상상력이 열차가 다니던 시골길의 모습을 통하여 어린 시절에 대한 아름다운 추억을 제시하는데 그치고 있는 것만은 아니다. 정성화는 시간의 망막 저편으로 사라져가는 사물을 추억의 이름으로 재생시켜 이미지의 투망 속에 가두고자 한다. 과거의 어느 순간에 체험된 현실은 현재의 시간 속으로 끌어들이는 사람의 의식 내부에서 꿈과 그리움으로 재생된다.

꿈과 그리움이 간절하고 깊을수록 그 그늘은 깊고 짙다. 작가에게 기찻길은 그리움에 대한 깊은 정서를 드리운다. "멀리까지 이어지는 시각적 이미지 때문인지 기찻길이 상기시키는 그리움은 과거 지향적이면서도 미래 지향적이다. 돌아가고 싶은 곳으로의 향수와 달려가고 싶은 곳에 대한 잔잔한 열망을 동시에 품느라고 기찻길은 아마 평행선이 되었을 것이다." 문학에서 꿈꾸는 그리움은 지나가버린 과거의 세계일수도 있고 아직 다가오지 않은 미래의 세계일 수도 있다. 잃어버린 상실의 시간을 노래하든 다가올 불안한 미래에 대해 노래하든, 문학은 현실의 세계와 꿈과 그리움의 세계 사이의 경계선 위에 서있다.

문학은 희망과 절망 사이에서 표류하면서 현재와 미래를 이야기한다. 「기차는 그냥 지나가지 않는다」에서 작가는 그리움의 세계에 맞선 현실 세계로서의 기차의 풍경을 통하여 우리네 삶의 모습을 그려낸다.

> 기차에서 잠깐 잠들었다가 깨어보면, 옆에 앉았던 사람이 내리고 다른 사람이 그 자리에 앉아 있을 때가 많다. 삶 또한 그러하다. 몇 정거장 지나다 보면 내 옆에 앉아있던 슬픔이 내리고 그 대신 기쁨이 찾아들며, 어두운 얼굴로 앉아 있던 절망이 내린 뒤엔 환한 미소를 띤 희망이 내 옆에 사뿐히 앉기도 한다. 질주와 멈춤, 채움과 비움을 반복한다는 것, 그리고 종착역에 이르러서는 모든 걸 내려놓고 다시 빈 차가 되는 것까지, 기차는 우리의 삶과 아주 많이 닮았다.
>
> -정성화, 「기차는 그냥 지나가지 않는다」에서

삶에서는 수많은 기쁨과 슬픔, 희망과 절망이 교차한다. 한평생동안 얼마나 많은 기쁨과 희망에 가슴 설레고 절망에 빠져 슬픔의 시간을 보냈던가. 그러나 슬픔이 있기 때문에 기쁨이 있고, 절망이 있기 때문에 희망이 있다. 생각해보면 우리들은 기쁨과 슬픔 사이에서, 희망과 절망 사이에서 저울처럼 매달려 살아가는 존재이다. 마찬가지로 삶을 휘몰아치는 탐닉과 욕망의 회오리바람에 싸여 앞만 바라보며 멈춤을 모른 채 질주하고, 채움을 위해서만 버둥대며 비움을 모른다. 그러나 종착역에 이르면 결국 빈 차가 되고 마는 것이 아닌가. 그동안 우리들 삶의 기차는 끝없는 욕망에 휩싸여 "이것저것 잔뜩 이어 붙이는 바람에" 너무 긴 기차가 되었다. 또한 "기차가 제 속도 때문에 정작 좋은 풍경을 다 놓친"거와 마찬가지로 우리도 달려가기에 급해서 정작 소중한 것들은 다 놓쳐버렸다. "그동안 내가 무사히 잘 달릴 수 있도록 건널목에서 차단기를 내려 준 사람들과 나를 위해 철로를 보수해준 사람들, 그리고 기찻길 옆에 피어 있던 꽃과 나무들도 모두 잊은 채 달리기에 급급했던 것 같다." 우리들도 삶에 몰두한 나머지 죽음은 생각하지 못하고, 사랑에 빠진 나머지 이별은 기억치 못하고, 빛의 세계만 추구한 나머지 어둠의 세계는 보지 못한다.

「기차는 그냥 지나가지 않는다」에서 기차는 돌아가고 싶은 곳 혹은 떠나가고 싶은 곳에 대한 향수를 불러일으키는 기제이다. 작가가 건널목에서 만난 동해남부선 기차는 겨우 다섯 량의 객실만 달린 기차이다. 작가는 이제 곧 기차 역사(歷史)에서 사라지게 될 동해남부선 기차를 바라보며 우리들의 삶에 대한 우울한 노스탤지어의 언어를 길어 올리고자 한다. 이 삭막하고 물화된 삶의 상황으로부터 눈앞에서 멀어져가고 사라져가는 기차를 통하여 작가는 우리들에게 깊은 향수와 그리움의 정서를 일깨운다.

문학은 언어를 통하여 그리움을 노래하고 자유를 노래한다. 자신의 정신과 온몸으로 자유를, 아니 자유가 불가능한 삶의 현실을 노래한다. 문학은 고통과 방황으로 가득 찬 심연 속으로 깊이 내려감으로써 세상을 항해하는 돛을 더욱 긴장시킨다. 좋은 글은 바로 삶과 세상을 향하여 정신적 모험을 새롭게 하는 것이다.

4. 맺는말

수필은 대표적인 산문문학임에도 불구하고 우리문단에서는 아마추어리즘의 혐의와 함께 본격문학에서 소외되어왔다. 그러나 수필은 삶과 세상에 대한 통찰과 미래를 내다보는 전망으로 우리시대를 선도하는 문학으로 기능할 수 있다. 여태 우리가 살펴본 바와 같이 『낙동강변 사람들』에 실린 여러 작품들은 이 같은 가능성을 향하여 열려있다.

문학위기의 시대에 수필의 역할은 앞으로 더욱 확대될 전망이다. 수필은 인터넷을 비롯한 새로운 의사소통의 공간속에서 새로운 글쓰기의 모습을 보여줌으로써 위기에 처한 시와 소설의 영역을 감당할 수 있을 것이다. 기술정보시대에 삶의 환경이 그렇듯이 앞으로 우리들의 글쓰기 환경도 갈수록 험난해질 것으로 보인다. 그럴수록 수필문학은 빛이 보이지 않는 어둠의 길 위에서 한줄기 빛을 기다리며 자기정체성을 새롭게 모색해야 하는 단계에 서 있다. 그야말로 "한국의 수필은 최고의 기회이면서 동시에 최고의 위기에 처해 있음"이 분명하다. 『낙동강변 사람들』을 발행한 평론가 김종완은 이 책의 '발간사'에서 수필문학의 미래에 대한 염원을 다음과 같이 피력한다.

> 수필이 미래의 주도적 장르가 되기 위해서는 변해야 합니다. 그러면 그 변화의 주역은 누구입니까? 바로 우리 한국의 수필가들입니다. (…) 스스로 깨어나 내가 나를 찾는 것만이 남았습니다. 실천만이 남았습니다. 각자(各字) 각자가 바로 자기의 메시아인 것입니다.
>
> -김종완, 「발간사」에서

김종완의 이야기는 수필문학을 진정으로 사랑하는 사람이 수필가들에게 주는 깊은 사랑의 메시지에 다름 아니다. 김종완은 "모두가 깨어나 나름나름 제 삶을 향유하는" '화엄(華嚴)의 경지'에 이를 때에야 우리 수필문학은 활짝 피어날 수 있을 것이라고 말한다. 그렇다. 수필은 아니 문학은 결국 삶과의 치열한 싸움을 통해 자신의 고통과 영광을 실현한다. 문학이 처한 운명적 딜레마는 문학이 뿌리내린 삶이 그 근원적 토양이기 때문이다.

글쓰기 욕망의 존재론적 시각

-『수필과 비평(134호)』의 수필들 -

1. 수필문학의 새로운 지형도를 구상하며

그동안 수필문학만큼 수많은 모멸과 기대를 한 몸에 받으며 성장해 온 문학 장르도 없을 것이다. 우리가 막 거쳐 온 21세기 초반의 십여 년을 되돌아볼 때, 우리 수필문학은 여전히 양적인 풍요로움에 비해 그 정체성을 제대로 이해받지 못한 자의 치욕스러움으로 가득하다. 시나 소설과 같은 다른 문학 장르와 비교해서 문학사적 역사나 전통에서의 모자람은 그렇다 치더라도 수필문학은 아직도 자신의 모습에 대해 스스로의 정당성을 인정받지 못하며 그 문학적 특성마저도 비판되거나 부정되어 왔다. 이제 또 다시 시작되는 한 해를 맞으며 여태까지의 수필문학의 준거틀을 반성하고 현재의 모습을 살펴봄으로써 수필문학을 새롭게 정초시킬 구상을 해볼 필요성이 있을 듯하다. 필자가『수필과 비평』의 새로운 월평을 시작하며 '수필문학의 새로운 지형도를 구상하며'라는 비교적 거창한 화두로 '서론'을 삼고자 하는 이유도 그 때문이다.

오늘날의 문학은 분명 변하고 있다. 고도자본주의와 과학기술의 영향으로 인해 문학은 다른 모습으로 변신해 가고 있다. 우리 삶의 모든 부면에 준동하고 있는 자본화는 문학시장에도 깊게 침투해서 문학상업주의 현상을 낳고 있고, 과학기술의 상징과 같은 컴퓨터로 대변되는 전자매체와 영화 등의 시각매체들이 문학을 주변화시키며 문학의 존재 자체를 위협하는 치명적인 외부조건으로 작용하고 있는 것이다. 지금 우리의 우려는 문학의 생존을 위협하는 이런 조건이 문학정신을 훼손하고 그 양식 자체에까지 위협을 가하는 단계에 이르러 마침내 문학의 운명을 바꿀 수 있다는데 있다.

그러나 생각해보면, 흔히 '문학위기론'으로 불리어지는 이런 현상이 반드시 당대적인 현상만은 아니다. 근대적인 의미에서의 문학은 그 태생에서부터 자본주의와 뗄 수 없는 함수관계를 지닌 것이었다. 특히 소설이나 수필과 같은 산문문학은 산업화 이후의 근대자본주의의 성장과 더불어 발생하고 발전해 왔다는 사실이 이를 잘 말해준다. 아니 오히려 서구사회에서 산업혁명이 완결되고 기술문명이 본격화되면서 산문문학은 경쟁적 동반 관계를 이루면서 근대의 산물이라는 새로운 문학양식으로서의 가능성을 보여 왔다. 따라서 자본주의와 과학기술 시대의 문학의 운명을 운위하는 것은 어제 오늘의 이야기가 아니며 문학 장르에만 한정되는 고유한 문제라고 할 수 없을지도 모른다. 여기서 이에 관하여 더욱 상세하게 논의할 여지는 없지만, 문제는 사회 전반에 작용하고 있는 거대 자본의 시장 메커니즘과 그에 편승한 대중매체들이 현대예술 전반을 휩쓸고 있고, 이 같은 현상이 문학의 위기를 넘어 문학 허무주의를 고취시키며 우리들에게 심각한 불안감으로 엄습해 오고 있다는 사실이다.

싸이의 '강남스타일'이라는 요령부득의 대중음악이 전 세계적으로 선풍적인 인기를 모으는 것을 바라보면서, 이 같은 현상이 결국 대중영상매체의 극치일 뿐이라고 폄하하면서도 그러면 왜 사람들은 이런 대중음악에 열광하면서도 문학의 존재는 부인하는 것일까. 우리 주변에서 영상을 매개로 한 행사는 수없이 이루어지고 있음에도 불구하고 그에 맞서는 인쇄매체를 중심으로 한 새로운 문학전성시대는 올 수 없는 것인가 하는 의문을 가지지 않을 수 없게 된다. 이제 우리들에게 예술이 종교적 제의와 같은 품위를 지니던 시절은 사라져버린 것인지도 모른다. 발터 벤야민이 말했듯이, 예술작품과 인간사이의 몰입을 통해 신비한 신적 체험을 맛보는 아우라는 상실되어 버리고 말았다(Walter Benjamin, *Illuminations*, New York: Schoken Books, 1969, 224쪽). 모든 사람들의 관심은 오직 눈앞에 보이는 현실뿐이다. 눈앞에 보이는 사람, 돈, 명예, 권력…. 가시적인 현실보다는 상상적이고 환상적인 정신의 산물인 문학과 예술 세계에 더 커다란 관심을 기울일 수는 없는 것이며, 깊은 상상력과 정서를 통한 현실 세계의 재현은 불가능한 것인가. 반복되는 인간과 삶의 일상과 역사에 대한 새로운 글쓰기와 글읽기, 그를 통한 '작가의 탄생'과 '독자의 탄생' 이 이루어질 수는 없는 것일까. 이제 우리가 고민해야 할 것은 자본과 대중문화, 그리고 미디어와 기계에 독자들을 모두 빼앗겨버렸다는 데서 문학 위기의 원인을 찾을 것이 아니라 독자들이 문학을 외면하는 이유에 대한 보다 근본적인 자기성찰이 필요하다는 점이다. 그리하여 문학의 위기라는 현실에 맞서 오히려 가장 문학다운 본령을 회복하기 위한 새로운 방향을 찾아야 할 것이다. 지금 문학은 탈현대를 넘어 문학의 본질을 담아내는 새로운 좌표와 실천적 방향에 대해 보다 심각하게 고민해야 하는 자리에 서있다.

여러 문학 장르 중에서도 특히 소설이나 수필은 영화, 인터넷 등의 대중매체와 더불어 끊임없이 교접하면서 자신들의 새로운 담론구조를 만들기 위해 애쓰고 있다. 서사문학은 종이에서 뛰어나와 온갖 장르 속에서 몸을 비틀고 다시 그 변화의 양상을 자신의 몸에 담고 스스로를 진화시키고 있는 것이다. 삶의 부면 곳곳에 침투된 인터넷과 스마트폰의 등장과 더불어 서사문학은 이제 형태는 물론 세계관에서 조차 새로운 모습을 보이고 있다. 특히 세상과 어우러진 삶과 나의 모습을 드러내는 것이 수필문학의 본령이라고 할 때, 멀리서 가까이서 혹은 안과 밖에서 삶과 존재의 모습을 바라보고자 하는 것은 수필문학의 운명이다. 산문문학이 탈현대의 시대를 맞아 새로운 방향으로 몸 바꾸기를 하는 경향을 보이고 있는 상황에서, 이제 오늘의 수필문학도 고도자본주의와 과학기술시대의 문학담론이 만들어내는 스펙트럼의 자장에서 벗어날 수 없다. 수필문학은 어떻게 자신의 모습을 새롭게 정초시켜야 할 것인가.

수필문학에 대한 새로운 전망을 구상하는 이 자리가 조금이라도 생산적인 것이 되기 위해서는 그동안의 수필문학에 대한 몇 가지의 고정된 사유방식에 대한 수술, 즉 일종의 패러다임의 전환이 필요하다는 점을 지적하지 않을 수 없다. 우선, 아직도 많은 수필가나 비평가들은 수필문학의 특성이라고 할 수 있는 '붓 가는대로 쓰기', '자기 고백의 문학', 혹은 '일상성의 문학'이라는 명제에 얽매여 있다. 그리하여 수필은 가뜩이나 소통 불가능한 시대에 외로운 독백에 그치는 문학이라는 혐의에서 벗어나지 못하거나 심지어 수필문학이 저급한 대중문화와 손잡고 있는 키치에 불과하다는 비난을 받고 있다. 이제 우리시대 수필문학에 대한 평가절하의 알리바이로 사용되는 이 같은 관점에서 벗어나기 위해서 수필문학은 무엇보다 '일상성'의 집착에서 벗어나야 한다. 물론 다른 문학 장르와 마찬가지로, 아니 특히 수필문학은 일상적 생활체험이 창작의 원천이 된다. 여기서 일상적 생활체험이 강조되는 것은 단순히 실제 생활에서 획득된 체험에 바탕을 둔 작품이라는 의미는 물론이고 작가의 일상체험을 통해서만 객관적 현실을 반영할 수 있다는 의미이기도 하다. 특히 체험은 작가가 만나는 현실과 창작 주체인 작가의 접촉이 이루어지는 장소로서의 일종의 관문의 역할을 하는 것이다. 그러나 체험이 곧바로 문학의 진실을 담보해주는 것은 아니다. 체험에만 의지해서는 다양한 양상의 사회적 삶의 전체성을 파악하기 어렵다. 일상생활에서의 체험은 작가의 '문학적 진실'을 창조하는 과정에서의 기초자료일 뿐이다. 여기서의 문학적 진실이라는 말은 작가의 주관이 개입된 진실이다. 복잡다단한 일상생활의 양상들을 통하여 본질적이고 합법칙적인 내용을 구축해냄으로써 하나의 문학적 형상으로 만들어져야 한다. 작가는 일상적 삶의 체험을 진술하는데 그치는 것이 아니라 문학적 형상화를 통하여 자신의 인식이나 사상과 감정을 드러내야 하기 때문이다. 이처럼 일상생활이라는 객관적 요소를 작가의 주관적 인식 혹은 이데올로기라는 모습으로 변화시킴으로써 문학적 진실이 담기게 되고 문학적 형상화가 이루어진 진정한 작품이 나타나게 된다.

앞으로 수필문학이 더 높은 단계로 발전하기 위해서는 일상성의 집착에서 벗어나는 것은 물론, 보다 넓은 전망을 지닌 문학으로 나아가야 한다. 말하자면 실체론적 전제를 바탕으로 일상에서 역사로, 개인에서 집단으로, 대중문화적 관점에서 고급문화적 관점으로 나아가야 한다. 이 같은 대립항들을 어떻게 발전시키고 혼효하느냐 하는 것은 전적으로 작가의 역할에 달려 있다. 작품 창작에 있어서 작가의 관점은 전적으로 작가 개인의 독자적이고 창조적인 활동이라는 점에서 더 주동적인 위치에 있기 때문이다. 중요한 것은 수필문학을 새로운 패러다임으로 바라보면서 더 큰 전망으로 인간과 삶을 이해해야 할 것이라는 점이다. 작품이 이야기하는 주체의 내면만을 지향하느냐 아니면 주체의 경계를 넘어서서 타자와 세상을 지향하느냐 하는 문제가 작품의 예술성과 문학성을 따지는 주요한 지표가 될 수 있어야 한다. 이런 관점에서 그동안 수필문학에서 금기시 되어온 전형성이나 총체성의 개념들도 앞으로 보다 적극적으로 수용되어야 할 것이다. 실제 작품에서 작가의 세계관이 어느 정도 주도적으로 담겨 있느냐에 따라서 그 작품은 이 세상과 인간에 대하여 열린 전망을 가진 것으로 평가될 수 있다. 세계관은 작가의 눈으로 세상을 바라보는 프리즘으로 비유된다. 그야말로 세계관은 "모든 개인의 심오한 개인적 경험이며, 그가 살고 있는 시대의 보편적인 문제를 상징적인 방법으로 반영하는 이념의 총체"(게오르크 루카치, 「등장인물의 지적 인상」,『예술의 새로운 시각』, 지양사, 1985, 49쪽)이다. 흔히 시와 소설에 비해 수필문학이 남루하다는 평가를 받는 이유도 문학주의라는 이름으로 대사회적 삶과 인간에 대한 관계맺음의 외연 확대에 소홀하기 때문이라 할 수 있다. 이제 수필문학은 텍스트주의에 대한 집착에서 벗어나 보다 원대한 전망의 세상읽기와 글쓰기로 나아가야 할 것이다.

이에 대해서는 수필가들뿐만 아니라 비평가들도 일정 부분 책임을 면키 어렵다. 그동안 우리 수필비평은 초보자를 위한 수준의 문체, 구성 등에 대한 형식적 논의에 머물러 수필문학의 담론 자체를 답보 상태로 머물러 있게 한 감이 없지 않다. 이런 형식적 논의는 물론 그 자체로서 기본적으로 중요한 것이지만, 수필론을 다룬 허다한 저술이나 수필 강습에서 충분히 다루어지고 있다. 문제는 이 같은 비평적 방식이 여러 형태로 반복되며 수필비평으로 자리하고 있다는데 있다. 문학연구방법론으로서도 문학작품에 나타나는 형식이나 구조만을 중점적으로 따지는 형식주의비평이나 신비평과 같은 식의 비평태도는 이제 구시대의 방식이 되었다. 비평의 본질적인 임무는 여러 가지가 있겠지만, 그중에서도 가장 중요한 것은 관습적이고 통상적인 사유구조의 각질을 파괴하는 데 있다. 시와 소설 비평에서와 같이 수필문학 비평에서도 보다 높은 차원에서 작품에 담긴 작가의 상상력과 정서를 밝혀내고 이를 고무시킬 수 있어야 할 것이다. 그래야만 그에 힘입은 작가들도 새로운 차원에서의 학습과 창작을 할 수 있다. 오랜 세월 동안 수필문학은 일상적 글쓰기와 형식적 비평이 반복, 답습되어 왔다. 그리하여 이익을 남기기 위한 자본이 시장에서 승리를 위한 이벤트에 들러리 서듯이 주례사비평과 들러리비평이 난무하고 있다. 보다 깊고 폭넓은 인식으로 수필비평을 새로운 단계로 이끌어 올려야 수필문학도 발전할 수 있을 것이다. 비평의 기능은 "개인이 배운 바를 남에게 전달하고 그것을 이미 알려진 현실과 연관시키며, 말과 글을 통해 새로운 현실을 창조하려는 노력"이라고 정의한 어느 서구 비평가의 이야기는 (Raymond Williams, *The Long Revolution*, Harmonsworth: Penguin Books, 1984, 315쪽) 이 경우에도 유효하다. 이 같은 노력은 작가의 몫이면서 동시에 비평가의 몫이다. 형식뿐만 아니라 내용의 차원에서도 본격적인 메타비평과 논쟁적 대화가 수필문학을 더 높은 차원으로 향상시킬 수 있을 것임은 분명하다.

또 한 가지 지적되어야 할 것은 우리 수필문학계가 안고 있는 구조적 문제점이다. 먼저 오늘날 여기저기서 우후죽순 식으로 생산되고 있는 문학 매체들과 거기서 양산되는 수필가들이 수필문학의 발전을 저해하는 요인으로 작용하고 있음을 간과할 수 없다. 많은 수필가들이 등장한다는 사실은 문학의 대중성 확보라는 순기능으로 볼 수도 있지만, 이 같은 대중추수주의가 문학의 고급성을 담보해주는 것은 아니다. 지금 우리 수필문학은 양적 풍요와 질적 저하라는 대중성과 고급성 사이의 갈림길에 서서 그야말로 악화가 양화를 구축하는 형국에 놓여있다. 여기서 더 나아가 수필문학에 애정을 가지고 그 발전을 바라는 사람들은 우리 수필문학계에 만연해 있는 상업주의와 제 식구 감싸기 식의 분파주의를 심각한 우려의 눈길로 바라보고 있다. 우리사회

전반이 그렇듯이, 지금 우리에게 필요한 것은 겸손과 절제의 미덕이 아닌가 한다. 우리의 선배들이 안 밖으로 견지했던 겸손과 절제의 문학적 태도와 미덕이 훌륭한 수필문학을 꽃피울 수 있었음을 기억해야 할 것이다. 지금 수필문학은 우리문학계의 재앙인가 축복인가의 기로에 서 있다.

여태 수필문단의 우울한 현실을 이야기한 것은 수필문학이 더 나은 단계로 나아가기 위한 제언적 성격의 논의에 불과한 것이지만, 앞으로 이런 논의는 보다 본격적으로 이루어지며 그에 대한 방책이 구상되어야 할 것이다. 그렇다고 하더라도 이제 우리 수필문학에 대한 자학과 좌절은 그만두자. 어렵고 힘든 상황 속에서도 지금 우리가 다시 일어나 기약할 수 없는 항해를 계속해야 하는 이유는, 수필문학이 그동안의 수난을 넘어서는 어떤 초월적 가능성을 내장하고 있는 희망의 문학이라고 생각되기 때문이다. 그러기 위해서 지금 우리 모두에게 무엇보다 필요한 것은 대장장이의 시뻘건 풀무질과 같은 가열된 단련이다.

2. 고통의 해석학 혹은 고통의 글쓰기

T. 아도르노의 어법을 빌면, 문학이 우리시대에 할 수 있는 일은 아무 것도 없다. 아도르노에게 철학이 '지금 여기'에서 벌어지고 있는 폭력과 구체적인 고통을 읽어내는 작업을 의미하는 것이듯, 마찬가지로 우리 시대의 철학이나 문학이란 고통의 진리성에 대한 의미 찾기, 즉 '고통의 해석학'이라 할 수 있기 때문이다(이종하, 『아도르노 고통의 해석학』, 살림출판사, 2007, 13쪽). 그렇다면 다시 우리가 문학을 통해서 할 수 있는 일이 무엇일까? 이 질문에는 문학이 세상에 대한 고통과 좌절의 체험으로부터 시작된다는 인식이 전제되어 있다. 또한 이때의 문학은

미래에 대한 희망이나 위안 대신에 현재의 삶에 대한 깊은 좌절과 절망을 받아들여야 한다는 인식이 담겨 있다. 작가가 자신의 눈앞에 보이는 어두운 절망의 창을 통하여 세상과 대면해야 하고, 그 모습을 그려내어야 한다는 것은 바로 고통의 기록이다. 그러나 다른 한편 작가는 그 고통을 바라보고 견뎌내야 하며 그 의미를 읽어내야 하는 존재이다. 그래야만 작가는 문학을 통하여 우리가 삶의 조건을 얼마나 변화시킬 수 있는가를 인식할 수 있으며 독자들에게 새로운 삶의 세계를 보여 줄 수 있다. 말하자면 작가란 절망과 고통의 물음을 통하여 희망과 신념을 찾아내야 하는 존재들이다. 앞서도 비추었듯이, 문학의 사회적인 존재 조건 자체가 문제시되는 오늘날과 같은 시대에 많은 작가들이 '문학이 무엇을 할 수 있을 것인가' 혹은 '문학의 존재이유가 무엇인가'를 되묻고 있는 이유도 그 때문이다.

작가들이 선택한 문학적 주제에는 이미 필연적으로 작가의 내적인 욕망이 다양한 형태로 투사되어 있다. 특히 작가들의 작품에서 반복적으로 등장하는 주제와 제재는 일정한 지향성을 지닌 채 존재론적 욕망의 근원을 이룬다. 우리시대의 많은 작가들은 개인적·사회적 삶의 고통에 대해 담지하고 그것을 자신들의 중요한 담론 영역으로 발전시켜 나아가고자 한다. 예컨대 박용수의 「하루」, 정윤택의 「세월의 빈 모퉁이」, 심종은의 「갯벌」과 같은 작품을 살펴보자.

> i) 하루살이에 비하면 나는 또한 얼마나 나를 변화시키기 위해 노력하였던가. 게으름과 안일, 무능력과 이기심. 고달프다, 배고프다, 아프다, 싱겁다, 짜다, 덥다, 춥다, 무료하다. 헤아릴 수 없는 불평과 불만은 또 어떤가. 혹시 더 단단한 성을 쌓고 변신을 두려워하며 지키기에 급급한 삶은 아니었던가.
>
> -박용수, 「하루」에서

ii) 때로는 지난날 살얼음을 걷던 가긍可矜스러운 일들이 분홍빛으로 찾아들 때도 있다. 아마도 기억과 망각 사이를 오가는 상념의 뿌리에는 모든 것을 어우르는 그리움이 돋아나고 있는지도 모른다. 쓰디쓴 눈물방울도 달콤함을 간직하고, 날 세운 시선도 세월의 가슴을 비비고 나면 내 안에 달무리를 짓는다.

-정윤택, 「세월의 빈 모퉁이」에서

iii) 갈매기와 노랑부리백로, 그리고 저어새와 도요새, 물떼새 등이 터를 잡았던 보금자리. 그 터전에 자리 잡힌 동심을 아예 잃어버릴까 벌써부터 가슴이 아려온다. 먼 훗날 우리들 가슴에 꽃피울 한 토막 추억거리를 잃는다는 것은 매우 서글픈 일이 아닌가.

-심종은, 「갯벌」에서

i)의 작품에서 작가는 하루살이와 인간의 대조를 통하여 현대적 인간과 삶의 허무한 모습을 그려내고자 한다. 하루살이는 하루를 살기 위해 "새살이 돋도록 단단한 껍질을 벗어내는 고통을 스물다섯 번이나" 하면서 거듭나기를 한다. 그야말로 하루살이는 "자멸을 통해 얻은 자득의 자유. 자기를 죽이고 또 죽이는 일"을 통하여 진정한 삶의 모습을 이루어 낸다. 그에 반하여 현실에 안주해서 살아가는 인간의 모습은 어떠한가. 하루하루 변화 없이 무의미한 삶을 살아가는 것은 고통이다. i)에서 화자가 자책하듯이, 우리는 "게으름과 안일, 무능력과 이기심" 속에서 "헤아릴 수 없는 불평과 불만"을 거듭하며 살아간다. 카프카의 『변신』에서 그레고르 잠자가 그랬듯이, 「하루」에서 작가의 물음은 다분히 실존적이다. 그야말로 현대인간의 하루하루는 늘 피곤하고 불안에 쫓기는 것이어서 한편으로는 삶에 대한 지독한 무력함과 다른 한편 억압된 삶 속에서 자유와 변신을 얻고 싶어한다. 여기서

화자가 하루살이로 변신하고자 하는 욕망은 바로 현대사회에서 소외된 인간의 무력과 자유에 대한 갈망을 보여주는 것이라 할 수 있다.

그러한 욕망에도 불구하고, 우리는 "그러면 나는 정말 오늘, 하루살이같이 생의 끝자락 불꽃 속으로 나를 던질 수 있는가"라는 물음에 다시 당면하게 된다. 개인적 삶의 고통과 사회적 불화를 겪으면서도 그곳에서 한걸음도 벗어날 수 없고, 조금도 변신할 수 없는 것이 현대 인간의 비극적 운명임을 「하루」의 작가는 보여준다.

ii)의 「세월의 빈 모퉁이」, iii)의 「갯벌」에서 작가들의 삶에 대한 고통은 더욱 커다란 영역으로 나아간다. 「세월의 빈 모퉁이」는 우리 현대사의 깊은 상처로 남아 있는 제주 4·3 사건에 대한 역사적 물음을 던지고 있다. 역사는 4·3 사건을 덮으려 하고 있지만 그 역사에 대한 가슴앓이는 지금도 계속되고 있다. 화자가 4·3에서 겪은 혼돈과 미망(未忘)의 체험 속에서 자각하게 되는 것은 "잊어버려야 할 과거, 잊지 못하는 과거, 피아가 따로 없는 상처투성이" 뿐이다. 제주의 4·3에서 맞부딪혔던 비합리적인 과거를 통해 현실의 낯선 이면을 들여다보게 되었고, 그것이 "역사의 한 페이지로만 남아있기에는 너무나 가슴 아픈 상흔(傷痕)이었다." 역사로 남아있는 기록은 미망(迷妄) 속 고통스러운 현실로 다가온다. 무장대가 집에 불을 지르고 가족들은 뒷마당으로 피신하고, 뒤좇아 온 무장대 칼끝이 아버지를 내리치는 순간을 화자는 "기억과 망각 사이를 오가는 상념의 뿌리"로 기억하고 있다. 그가 머물렀던 제주라는 공간은 역사적 실체와 기록, 혹은 사실과 허구 사이에 놓여있는 건널 수 없는 심연의 공간이다. 그 공간은 화자의 일상을 지배하는 합리의 세계로부터 일탈된 비합리의 세계이며, 언어라는 기록으로 표현될 수 없는 공간이다. 자신을 지탱해 온 합리적인 언어소통의 기반이 허물어지는 곳이다.

아무리 시대적 상황이 낳은 폭력이라 할지라도 그것은 개인의 삶 속에 은밀하고도 집요한 내면적 파괴력으로 남아 있게 된다. 4·3이라는 역사적 사건에 대한 작가의 인식은 개인에게 잘못된 역사란 하나의 억압이며 폭력일 뿐이라는 절망감을 내포하고 있다. 그래서인지 「세월의 빈 모퉁이」에서 작가의 다음과 발언은 아픈 여운으로 남는다. "내 삶에 새겨진 존재의 의미가 때로는 기차의 선로 위를 스쳐가는 바람이 된다. 그래도 각인된 아픈 상처는 쓰나미의 뒷모습으로 남는다. 상처는 아물지만 흉터는 남아있는 것처럼……."

인용 iii)이 보여주듯이, 「갯벌」의 기본적 에피소드는 가족들과의 인천 앞바다 야유회에서 바라보는 오염된 바다와 물질적 삶의 현실로부터 이루어진다. 작가는「갯벌」에서 이 시대의 넘쳐나는 물질적 풍요와 현란한 욕망과 소비의 현상을 바라본다. "갯벌이 놓였던 자리에 조개와 게를 잡으며 낚시질을 즐기던 추억들"은 모두 사라져 버리고, 이제 "가까운 세월 안에 꿈도 희망마저도 모두 삼켜버리고 말 것" 임을 예고하며 절망감에 사로잡힌다. 우리시대의 자본주의적 삶의 상황 속에서는 오직 개인들이 삶의 현재를 탐닉하면서 자본주의가 제공하는 물질적 풍요의 혜택만 누리고자 할 뿐이다. 매립한 갯벌에는 공항 청사를 비롯한 건물들만 들어섰을 뿐, 황량한 벌판으로 남게 되었다. "시대적 변천과정이라고 짚고 넘어가기엔 그저 아쉬움만 가득 고여 올 뿐이다" 는 화자의 진술에는 눈에 띄는 생태계의 파괴뿐만 아니라, 이 같은 문제를 불러일으킨 물질문명과 인간중심주의, 걷잡을 수 없는 인간의 욕망에 대한 성찰까지 담겨 있다. 「갯벌」에서 작가는 인간과 자연의 조화로운 관계성의 상실은 오늘날 우리사회가 겪고 있는 고통의 다른 표현이며, 이를 '갯벌'이라는 중의적인 의미를 통해 상징적으로 표현해 주고 있다.

3. 어머니 · 채송화 · 다락방의 기억, 그리움의 서정

최근 들어 장르를 막론하고 많은 문학작품들은 그리움과 기다림의 정서로 가득 차 있다. 우연의 일치로만 돌릴 수 없는 이 같은 현상은 고통스러운 삶의 현실로부터 상실된 아득한 곳 혹은 머나먼 과거의 시간으로 떠나고자 하는 소망의 다른 표현이라 할 수 있다. 이런 현상을 '그리움의 서정'이라 명명할 수 있다면, 여기에는 작가들이 당면하고 있는 우리 시대의 삶의 현실이 고통과 절망의 그것이라는 함축이 담겨 있다. 그리움의 서정이라는 말이 주는 울림처럼. 시대와 사회와의 여러 불화로 인해 무력한 길을 걷고 있는 작가들이 보이고 있는 돌이킬 수 없는 시간이나 대상에 대한 정서적인 친화는 우리에게 지금 현재의 삶의 모습을 우울하게 반추하게 한다.

루이스 보르헤스가 이야기 했듯이, 현재의 암울하고 곤궁한 삶의 현실 속에서 글을 쓴다는 것은 과거의 기록으로 소장되어 있는 환상을 찾아내는 것이다. 따라서 언어가 가장 아름다울 때는 바로 세월이 문학을 깎아 내릴 때가 아니라 풍부하게 만드는 때이다(호르헤 루이스 보르헤스, 『보르헤스, 문학을 말하다』, 박거용 옮김, 르네상스, 2008, 29쪽). 보르헤스에 기대지 않더라도, 우리들의 실재와 현실인식이 기실은 모두 환상에 근거한 것일지도 모른다. 우리가 빠져드는 환상이나 상상 속에 진짜 이 세상과 우주의 비밀을 이해할 수 있는 근거가 숨겨져 있다. 그래서 작가는 환상 속의 신선하고 낯선 어휘로 이 세상과 삶을 그려내야 한다는 은밀한 의무감에 사로잡히며, 저 피안의 시간 속에 담긴 '어머니', '채송화', '다락방'을 기억하며 그리워한다.

i) 특히 잘 익은 김치를 넣어 조린 돼지등뼈 깊은 맛은 환상적이고 감각적이다. 배추김치 서 너쪽에 돼지등뼈 마늘생강, 매실청, 들기름 듬뿍 넣어 압력솥에 찜을 할 때 뿜어져 나오

는 냄새는 나를 수 천길로 떨어져 나온 곳으로 데려다 준다. 넓은 들판 옹달샘이 있는 고향으로, 부모님과 행복하게 살던 복사꽃 꽃비 내리던 과수원으로…….

-김윤재, 「겨울은 익어간다」에서

ii) 기다림을 주고 기다릴 수 있는 믿음을 주는 것은 삶을 행복하게 해주는 명약이다. 행복한 마음을 갖기 위해 난 봄부터 부지런해야 했다. 화분에 흙을 고르고 씨를 뿌리고 새순이 올라오면 열심히 물을 준다. 키워낸 채송화와 봉선화가 아침 햇살을 받고 꽃을 피우기 시작하면 꽃송이를 세는 즐거움으로 긴 여름이 지루하지 않다. 또 다음날 아침을 기다리면서 가는 세월의 야속함을 잊는다.

-최행자, 「가을 속 내 공간」에서

iii) 어쩌면 나는 다시 아이에게 젖을 물리고 싶어하는 지도 모른다. 끊어진 젖줄을 다시 회복하는 일이 불가능한데도 시간을 거꾸로 돌리고 싶은 거다. 어느 때보다 위로가 필요하다. 개미꿀단지들을 바라보며 내 기억의 다락방에서는 그동안 시간과 함께 단맛을 갈무리해 왔다는 생각이 든다. 오래도록 저장해온 우리들의 추억들이 그 속에 녹아있다.

-송복련, 「달콤한 위로-꿀단지」에서

위에서 예시한 「겨울은 익어간다」, 「가을 속 내 공간」, 「달콤한 위로-꿀단지」는 모두 그리움과 기다림의 정서로 가득하다. 「겨울은 익어간다」에서 작가는 김장을 매개로하여 우리들 삶의 근원이며 생명의 근원인 어머니에 대한 그리움의 정서를 그려낸다. i)의 인용에서처럼, 화자는 어머니와 함께 담그던 김장김치를 기억하며 "넓은 들판 옹달샘이 있는 고향으로, 부모님과 행복하게 살던 복사꽃 꽃비 내리던 과수원으로" 달려간다. 김치로부터 화자가 얻는 지혜는 어머니에 대한 연상으로 환치된다. 속이 꽉 찬 배추는 어머니와 같이 속이 꽉 찬 사람의 모습과 같다. "결속에 웬만한 일은 넣어두고 겉으로 드러내지 않는다. 아파도 신음하지 않고 기뻐도 겅중거리지 않는다. 서러워도 대거리하지 않고 억울해도 변명하지 않는다." 이것은 바로 "김치가 짠지가 되고 그릇이 그륵이 되는 과정을 겪으며 터득한 사랑인 것"이다.

두말할 필요도 없이 어머니는 새로운 생명을 탄생시킨다는 점에서 모든 사물의 시원을 상징하는 의미이기도 하고, 자녀들을 위해 자신이 아무리 힘들고 아파도 언제나 헌신하고 자애를 베푸는 인자함을 상징한다. 어머니의 이 같은 모습은 속이 꽉찬 배추와 같다. 이 시대에는 어머니의 모습과 같은 그런 헌신, 사랑, 너그러움이 사라져 가고 있다. 그래서 겨울이 익어가는 속에서 이 같은 '아름다운 정서'는 어머니에 대한 모정(慕情)과 함께 사각대며 피어오른다.

「가을 속 내 공간」에서 작가는 베란다의 화분에서 자란 꽃들을 통해서 그리움과 기다림의 시간을 추적한다. 화자는 말한다. "채송화, 봉선화 그리고 국화가 마음껏 꽃을 피워내 어린 시절의 꽃밭으로 나를 끌고 간다." 채송화, 봉선화, 국화는 제 각각 다른 모습으로 시간과 인생의 의미를 제시한다.

채송화를 바라보면서 화자는 "진액이 다 빠져 버린 듯한 늙은 살가죽 같은 채송화의 모습, 그 생애를 지켜본 내가 아닌 다른 누가 보면 초라하다고 서둘러 걷어내기를 바랄까?"하고 느낀다. 그러면서도 삶의 보람과 의미를 찾고자 하는 생명체는 마지막 순간까지 지난날의 아름다움을 잃고 싶어 하진 않는다. 봉선화의 모습을 바라보면서도 봉선화가 한창 꽃 피울 때 손톱에 곱게 물들이고 싶은 동심과 연심(戀心)이 아직도 살아나는 것을 차마 어찌하지 못한다. "첫사랑 그리며 손톱에 물든 꽃물 지워질까 애태웠다던 옛 여인들의 애절함이 생각나 그 설움

내 설움처럼 한번 울어보고 싶었다"고 말한다. 이렇게 봉선화를 통하여 작가가 그려내는 흘러간 시간과 사람에 대한 그리움은 애절하게 독자에게 다가온다. 또한 국화는 "강추위 속 찬바람 맞을 땐 얼지 않았을까 걱정하면서도 봄이면 보란 듯이 새순 키우는 강인함" 으로 기다림과 인내의 모습을 보여준다.

작가가 바라보는 채송화, 봉선화, 국화의 모습은 각기 다른 '나'의 모습이다. 화자는 꽃이 피고 지는 것을 바라보면서 인생에서 그리움과 기다림이 얼마나 소중한 것인가를 깨닫는다. 그리하여 작가의 "기다림을 주고 기다릴 수 있는 믿음을 주는 것은 삶을 행복하게 해주는 명약이다"라는 발언은 독자들에게 따뜻한 울림으로 다가온다.

「달콤한 위로-꿀단지」는 어린 시절 다락방에 숨겨진 꿀단지를 몰래 훔쳐 먹던 기억을 떠올리며 현재의 삶의 의미를 되돌아본다. "걸상을 딛고 철봉 하듯이 다락 위로 올라가서 먹는 꿀맛은, 몰래 먹기 때문에 더 달콤했"던 기억으로 남아 있다. 인생에 있어서 그 꿀맛에 대한 추억은 언제나 달콤한 위로가 되어주었다. 그러나 이제 삶의 연륜을 더해 갈수록 그러한 위로가 사라져 가고 있다. 화자는 어느새 아이들과 남편이 자신을 위로의 대상으로 삼는 존재가 되었다는 사실을 깨닫는다. 위로는 그 위로를 받는 사람으로 하여금 스스로가 위로의 대상이라는 사실을 확인하게 함으로써 또 다른 슬픔에 빠지게 하는지도 모른다. 화자는 자신이 이미 중년으로 깊숙이 들어와 있다는 것을 알게 되고, 이제는 거꾸로 "내가 꿀단지가 된 것"을 느끼게 된다. 이것은 바로 자신을 중년으로 만들어버린 세월의 무정함, 그리고 함께 살아온 가족에 대한 아쉬움과 원망의 감정이기도 하다.

「달콤한 위로-꿀단지」의 말미에서 작가는 북극에서 빙하가 녹아들어감으로써 북극곰들이 새끼를 더 이상 거느릴 수 없는 현실을 자신의 삶의 모습에 견주어 비유적으로 표현하고 있는데, 이 묘사가 다분히 생태적 관심에서 비롯되고 있다는 점에서 흥미롭다. 실제 근래의 많은 작품들이 크고 작은 생명의 소중함, 생명현상에 대한 관심을 현저하게 드러내고 있다는 것은 의미 있는 사실이다. 이런 현상은 다각도로 논의되어야 할 것이지만, 과학기술문명이 지배하고 있는 삭막한 삶의 현실로부터 위기에 처한 생명의 소중함과 그에 대한 인식과 관심의 표명이라 할 수 있다. 이런 관점에서, 자신의 화실 앞 비둘기 새끼들을 통하여 생명의 소중함을 인식하고 있는 「그날 나는」(박정옥), 나무들이 보여주는 경이로운 생명력과 생존력을 묘사한 「나무들의 반성문」(허석) 등은 주목할 만한 작품들이다.

4. 나가며

수필문학을 위하여 지금 우리가 해야 할 일은 그것을 과거가 아니라 현재에 있게 하는 것, 또한 미래로 나아갈 수 있게 하는 것이다. 신화에 대한 계몽이 또 다른 신화를 낳는 것처럼, 미래로의 진보와 발전에 관한 약속은 반복되는 과거와 현재의 오류를 극복할 때에야 가능한 일이다. 수필이 우리시대 문학의 안티테제로 기능하기 위해서는 스스로에 대한 존재증명을 해야 하는 과제를 안고 있다. 수필은 더욱 깊은 감수성과 미학을 통하여 새로운 자의식과 세계인식을 보여주어야 한다. 과학기술과 고도 자본의 삶의 상황 속에서 질주해가야 하는 우리들이 글쓰기를 통해 존재론적 근거를 확보하려는 욕망은 자기 정체성의 언표화이기도 하지만, 삶의 현실과 세계에 대하여 문학이 찾아내야 할 사회적 몫에 대한 절박한 확인이기도 하다. 새로운 삶과 시대적 상황은 새로운 문학적 대응을 요구한다. 이제 우리수필은 고정된 내용과 형식을 지양하여 일상성 · 대중성 · 서사성에 고착된 문학이라는 혐의에서 벗어나서 열린 출구를 찾아 나아가야 할 것이다.

앞으로 수필문학의 판을 꽃이 피고 잎새 푸른 생명의 잔칫상으로 만들기 위해서는, 길고 힘든 한겨울의 추위와 삭풍을 지혜롭게 이겨내야 할 것임은 분명하다. 진정한 문학이란 무수한 어려움과 외로움을 이겨내고 마침내 황홀한 광휘로 등장하기 때문이다.

오르페우스를 위하여

-『에세이문예』(2011년 겨울)의 수필들 -

1. 머리말

'지금 우리는 어디를 떠돌고 있는가?' 이 질문은 우리들 삶에서 가장 중요한 화두의 하나이다. 우리의 몸과 마음은 잠시도 어느 한 곳에 머물지 못하고 '떠돎'이라는 천형을 짊어지고 오늘도 떠돌이, 이방인, 아웃사이더가 되어 헤매고 있다. 사랑과 구원을 갈망하면서 상실과 좌절을 겪으며 떠돌고 있다. 우리는 어떻게 해서 이 같은 천형을 업보로 간직하게 된 것일까.

신화 속 오르페우스의 고통스러운 방랑의 모습을 보면 삶과 문학에서의 유랑이나 자유를 향한 의지는 숙명인지도 모른다. 오르페우스는 자신이 사랑하던 죽은 아내 에우리디케를 구하기 위해 저승길로 뛰어든다. 지상으로 돌아갈 때까지는 아내를 돌아보지 말라는 저승의 왕 하데스와의 약속을 어기고 사랑과 구원의 유혹을 이기지 못하고 뒤돌아봄으로써 지옥에서 간신히 구출한 그녀를 다시 잃는다. 그 후 그는 끝없는 상실과 좌절과 탄식의 삶을 영위하게 된다. 오르페우스의 이미지를 통하여 우리는 문학의 두 가지 존재양상을 볼 수 있다. 한편으로 사랑과 구원을 통해 위안을 주는 문학과, 다른 한편 상실과 좌절을 통해 고통을 보여주는 문학이 그것이다.

2. 사랑과 구원의 미학

오르페우스의 유랑은 지옥의 나락과 천상으로 향한 비상을 동시에 꿈꾸며 이루어지고 있다. 문학이란 바로 지옥과 천국, 선과 악, 빛과 어둠의 세계를 넘나들며 인간과 삶에 대해 느끼는 사랑과 구원 그리고 상실과 좌절을 보여주는 것이라 할 수 있을 것이다. 오르페우스가 천국과 지옥을 넘나들었듯이, 문학은 우리를 단단히 구획하는 경계에 머물지 못하게 한다. 이분법을 비켜가며 다성적 언어의 경계 양쪽을 동요시키면서 유동하는 세계를 보여주는 것이 문학이다. 더 나아가 문학은 삶의 양면성 가운데에서 새로운 세상을 향한 자기구현의 의지를 이끌어 낼 수 있는 길이기도 하다.

이 같은 의미에서 『에세이문예』(2011 겨울)에 실린 많은 수필들 중에서도 최숙미의 「까치밥 사랑」과 임형묵의 「돈이 뭐길래」는 우리들 삶에서 사랑과 구원, 선과 악의 의미가 무엇인지를 잘 형상화해주고 있는 작품이다.

최숙미의 「까치밥 사랑」

삶에 있어서 사랑의 의미는 무엇이며, 우리가 사랑을 통하여 할 수 있는 일이 무엇일까. “내가 접근할 수 있고 내가 사랑할 수 있는 사랑은 기껏해야 가진 것의 가장자리를 아주 약간만 내어주는 까치밥 사랑"이라고 작가가 말하고 있듯이, 우리는 온갖 탐욕에 휩싸여 살고 있으면서도 작은 사랑조차 실천하지 못하며 살아가고 있다. 오히려 겨울이 되어 감 따는 할아버지는 어김없이 새들이 겨우내 먹을 수 있는 홍시를 넉넉하게 남겨둔다. 이삭을 베던 농부들도 언제나 논밭 언저리에 몇 가닥 이삭을 남겨두면서 누군가를 위한 작은 배려를 한다. 이것은 바로 "나그네와 미물을 위해 남겨줄 줄 아는 배려심"이며 "가난했지만 늘 마음만은 풍요로워 나누기를 즐겨하는" 마음에서 나오는 것이다. 이렇게 우리의 삶과 사회는 작은 사랑의 실천으로 더욱 풍요로워질 수 있다. 작은 사랑의 실천을 위해 작가는 다음과 같이 다짐한다.

> 올 한해도 누군가를 위해 남겨 둔 것이 있나 돌아 볼 때, 사랑하고 싶은 것만 골라 사랑을 했고 마음 가는 데만 골라 마음을 주었다. 참사랑은 사랑할 수 없는 것까지 사랑하라는 명령인데 그것을 외면했다. 창가에 주렁주렁 매달린 홍시만큼의 배려를 할 수 있는 마음의 여유는 언제쯤에나 가져 보려나.
>
> -최숙미, 「까치밥 사랑」에서

"사랑하고 싶은 것만 골라 사랑을 했고 마음 가는 데만 골라 마음을 주었다"는 작가의 자성은 우리들에게도 아프게 와 닿는다. 생각해보면 우리들의 사랑이라는 것이 얼마나 편협하고 이기적인가. 에리히 프롬은 『사랑의 기술』에서 "만약 네가 꽃을 사랑한다면 꽃에 물을 주어야 한다. 물주는 일을 게을리 하면서 꽃을 사랑한다고 말할 수는 없다"고 말한 적이 있다. 우리가 살아가는 세상과 삶을 진실로 사랑하는 마음이 있다면, 이 세상에 대해 비록 '까치밥 사랑'과 같은 작은 사랑이라고 할지라도 실천의 의지가 필요하다. 참된 겸손, 용기, 믿음이 없다면 개인과 사회에 대한 사랑이 이루어질 수 없을 것이다.

최숙미의 「까치밥 사랑」은 탄탄한 구성과 문학적 표현력도 돋보이는 작품이지만, 자본주의사회의 공허한 탐욕의 삶을 살아야 하는 일상 속에서 작은 사랑의 실천이 얼마나 중요한 것인가를 일깨워주는 작가의 주제의식은 적잖은 감동을 일으킨다.

임형묵의 「돈이 뭐길래」

일생동안 우리는 크고 작은 죄악을 저지르면서 살아간다. 선과 악 사이를 배회하면서 인간이 저지르는 죄악은 다양한 양상을 보인다. 비록 문학 작품 속이지만 도스토에프스키의 『죄와 벌』에서 전당포 노파를 살해한 라스콜리니코프의 고뇌, 호손의 『주홍글씨』에서 간통이라는 죄를 범하고 일생동안 주홍글자의 그늘에서 벗어나지 못했던 헤스트 프린은 모두 인간에게 죄악이라는 것이 얼마나 커다란 형벌인가를 보여준다.

임형묵의 「돈이 뭐길래」는 부부의 등산길에서 보았던 1만원도 안 되는 돈을 만나서 그것을 줍느냐 마느냐를 두고 고민하는 작가의 모습을 보여주고 있다. 비록 작은 돈이지만 그것을 주운 '횡재'로 복권을 살 수도 있고, 고기도 살 수가 있다. 그러나 그 돈의 출처에 대한 궁금증과 돈을 줍고 난 후에 있게 될 죄의식으로 작가는 혼란에 빠진다. 작가는 선과 악의 문제가 행복이나 불행처럼 단순하게 구분되고 파악되지 않은 채 암울하고 착잡한 심정으로 빠져 든다.

그래서 작가의 의식은 그 돈을 취득하는가 마는가 하는 데에 대한 고민에서 벗어나 자본주의 물질사회에서의 돈의 의미를 생각하는 단계로까지 나아간다. "행복은 얼마나 많이 소유했느냐보다 얼마나 많은 것으로부터 자유로운가에 있는데도 그 사실을 종종 놓치고 산다. 아무리 경전을 읽고 정화수 떠놓고 기도하지만 하루 밥 세끼 해결하기 바빠 마음을 반쯤 열어두고 지낸다" 라는 작가의 인식은 예사롭지 않다.

자본주의사회에서 소유란 무엇이며 우리가 삶에서 구원을 얻을 수 있는 길은 무엇인가. 우리는 끊임없이 무언가를 소유하고자 한다. 돈, 명예, 권력을 소유함으로써 만족하고, 소유함으로써 삶의 의미를 찾는다. 물질이 지배하는 사회에서 우리는 돈에 집착하고 돈에 목을 맨다. 그러나 소유의 실존양식은 주체와 객체사이의 살아 있는 관계에 의해 생겨나는 것이 아니라, 마르크스의 설파대로 '물화'(物化)된 그것으로 만듦으로써 관계를 죽은 것으로 만들어 버린다. 임형묵의 「돈이 뭐길래」는 이 같은 점을 간과치 않고 있다. 이런 인식이 있기 때문에 등산길에서 보게 된 돈을 주어서 소유함으로써 『주홍글씨』의 헤스트 프린과 같이 구원받지 못할 죄인으로 남지 않고자 한다.

글을 쓴다는 것은 세상이나 삶을 아름답고 훌륭한 문장으로 표현해낼 수 없기 때문에 힘든 작업이지만, 위선과 허위의식으로 가득 찬 삶 속에서 자신을 정화하고 구원할 수 있는 기능을 하기 때문에 중요한 것이다.

3. 상실과 좌절의 미로 속에서

최숙미의 「까치밥 사랑」과 임형묵의 「돈이 뭐길래」가 사랑과 구원을 통해 위안을 주는 문학이라고 한다면, 김영이의 「숫자 '9'의 행방」, 박혜자의 「의문부호」, 서정란의 「세한도」는 우리들의 삶에 있어서 상실과 좌절의 의미가 무엇인가를 되돌아보게 하는 철학적 수필이다.

김영이의 「숫자 '9'의 행방」

우리네 인생길은 끝없는 나아감 혹은 오름의 연속이다. 우화 속 거북이가 묵묵히 결정점을 향해 나아가듯이, "나는 어디쯤 올랐는가. 목적지는 어디던가. 지나온 생의 여정은 오름의 날들이었다. 오르고 올라도 다른 오름이 버티고 있었다."

그런데, 김영이의 「숫자 '9'의 행방」에서 화자가 처녀시절부터 오르던 '49계단의 언덕'이 어느 날부터인가 '40계단의 언덕'이 되어 있다. 화자는 묻는다. " '9'는 어디서 왔고 어디로 사라졌단 말인가." 사라진 '9'의 의미는 "내 어린 날의 페르소나를 푸는 암호였다." '9'는 가난하고 암울했던 "어린 날의 굴욕과 절망" 속에서 사라진 것인가. 한때는 세속의 모든 영광을 뒤로 하고 자연의 절대적 가치를 사랑하며, 자연 속의 '존엄한 가난'을 선택하여 살고자 했던 미국의 데이비드 소로우와 같이 살아보고자 했다. 그러나 그리움 속에서 어린 시절은 다 사라져 버렸다.

우리는 모두 시간의 현존으로부터 상실되고 잊혀져가는 존재들이다. 생의 어둠과 상실을 기억하고자 하는 노력은 생의 긍정을 위한 눈물겨운 노력에 다름 아니다. 작가는 「숫자 '9'의 행방」에서 시간과 현존의 상실을 슬퍼한다. 범박하게 말해서 문학의 일차적인 대상은 인간이다. 인간은 복잡한 심리상태를 가진 존재로서 그 자체가 다양한 패러독스의 무늬로 구성되어 있다. 마르셀 프르스트가 『잃어버린 시간을 찾아서』에서 아침부터 저녁까지의 시간의 흐름 속에서 인간존재의 모습을 그렇게 힘들여 그려내고자 했던 이유도 그 때문이다. 프르스트 이후 많은 현대 작가들에게 인간의 다양한 복잡성, 내적 심리상태의 가변성을 존중하면서도 인간 존재의 모습을 조명해내는 것이 주요한 임무가 되어버렸다. 「숫자 '9'의 행방」 에서도 일상생활의 범속함과 단조로움, 삶의 허구성과 인간의 무력함, 상실된 시간에 대한 그리움과 인간의 근원적 고독과 같은 문제들이 섬세하면서도 대담하게 그려지고 있다.

프르스트가 '잃어버린 시간'을 찾아가듯이, 작가는 "'9'의 행방을 쫓다가 마음의 우물을 찾는다. 우물의 두레박으로 시원한 물을 길어 올리는 상상만으로도 마음이 가라앉고 개운해진다. 우연히 찾은 옛 자리에서 인연에 얽혀 있는 나의 참모습을 본다"는 진술을 한다. 어느 작가의 작품인들 나름대로 고통과 인고의 결정체가 아닌 것이 있으랴만 「숫자 '9'의 행방」은 시간과 삶에 대한 작가의 깊은 고뇌의 산물로 보여진다.

「숫자 '9'의 행방」은 우리에게 시간의 흐름과 함께 상실되어가는 현존의 의미를 복합적으로 캐묻는 흔치 않은 수필이지만, "멜랑콜리하게 교정을 하염없이 거닐었다", "'9의 행방 찾기'의 미션은 내게 새 삶을 위한 오리엔테이션이었다"와 같은 불필요한 외래어의 남발과 "정체성을 찾으려 용을 썼다"와 같은 비속어의 사용은 작품의 품위를 스스로 손상시키는 티로 남는다.

박혜자의 「의문부호」

김영이의 「숫자 '9'의 행방」이 시간의 흐름 속에서 현존재의 상실을 다룬 수필이라면, 박혜자의 「의문부호」는 생명의 상실에 대한 좌절을 다루는 수필이다.

우리는 만물의 영장으로 큰소리치며 존재하고 있지만 인간의 생명이란 기실 우주의 커다란 질서 속에서는 하나의 미물에 불과한 것이다. 비 내린 날 땅 위로 기어 나온 지렁이가 딸의 발에 밟혀 참변을 당하는 거와 같이, 작가의 지인의 딸은 사소한 의료사고로 인하여 식물인간이 되어 석 달째 병상에 누워있는 참담한 현실에 직면하게 된다.

> 인간의 생로병사는 자연의 흐름의 한 부분이고 생명체라면 무엇이든 태어나면 그러한 과정을 거쳐 죽어간다. 생명들은 먹이사슬처럼 얽혀 그 속에서 생존의 처절한 싸움과 경쟁으로 얼룩져 있다. 지렁이와 인간도 그 생명의 무게는 다르지 않을 것이다.
>
> -박혜자, 「의문부호」에서

인간은 자연의 섭리인 생로병사의 원리에 따라서 늙고 병들고 죽어간다. 그러나 우리는 작은 생명체임에 불과한 존재이어서 어느 날 불의의 사고에 의해 갑자기 움직일 수 없고 숨 쉴 수 없는 상황이 되기도 한다. 간호사의 작은 실수에 의해서 지인의 딸은 움직이지 못한다. 이에 비해 우리들이 매일매일 숨 쉬며 살아가는 '생명'의 신비로움과 외경은 얼마나 위대한 것인가. 죽음을 눈앞에 둔 현실 앞에서도 우리 인간들이 살아서 활동하고, 말을 하고 화를 내고, 서로 잘난 체 하면서 싸우는 모습은 역설적이다. 모든 이원적인 대립이 그렇듯이 각각의 상반된 모습을 통한 관계맺음을 보여줌으로써 죽음과 삶은 서로를 필요로 한다.

인간이 감당하기 힘든 삶의 상황에 도달하면 매달리게 되는 것이 신의 힘이다. 신이란 과연 존재하는 것인가. 작가는 말한다. "비실체적이고 비논리적인 신의 실체를 믿는 것은 개인의 믿음에 관계된 사항이지만, 세상의 모든 것이 라이프니츠가 말한 '예정조화'처럼 이미 정해진 신의 뜻이라면 사람의 의지란 한낱 바람에 나부끼는 먼지조각에 불과하다." 인간이 스스로 어떠한 선택의 자유를 가지고 있지 못하다고 생각하는 라이프니츠의 사상에 경도되지 않는다 하더라도 삶의 위기상황에서 우리들이 가장 의지하고자 하는 것은 신이다. 그러나 신 중심의 세상에서 인간 중심의 근대사회가 도래한 이후로 신은 우리 곁에 없다. 니이체의 어법에 기대면 "당신들과 내가 신을 죽였다. 우리는 모두 신의 살해자들이다."

신이 사라진 세상, 삶이 위기의 상황인 오늘날, 작가의 말대로 "생의 본질에 대한 해답을 찾아가는 과정"은 우리가 앞으로 더욱 간절하게 추구해야 할 '의문부호'인지 모른다.

4. 맺는말

신화 속 오르페우스는 지상에서 가장 아름다운 음악을 연주하는 악사였고, 아름다운 시를 만들어내는 시인이었다. 그가 악기를 연주하고 시를 노래하면 사람은 물론 나무와 돌이 춤을 추고 맹수도 얌전해졌다고 한다. 오죽했으면 저승의 왕을 감동시켜 그곳에 떨어진 아내를 구출할 수 있었을까. 그는 치열한 예술에 대한 열망으로 이 소통 불가능한 세상의 절망을 넘어 상실과 좌절을 슬퍼하고 사랑과 구원을 노래했다.

글을 쓰기 위해 앉은 의자가 형틀처럼 두렵고 어려운 사정이야 글 쓰는 사람들의 공통된 체험이다. 마찬가지로 떠돌이가 되어 이 세상을 살아가는 표박의 삶이 그 누구에겐들 간난하고 곤고하지 않으랴. 『에세이문예』에 실린 많은 수필들은 오르페우스적인 시심(Muse)의 가능성을 향해 열려 있다. 『에세이문예』의 발전과 함께 오르페우스를 뛰어넘는 작가가 앞으로 계속 등장하기를 기대한다.